Pour Jennifer Decker,

prédestinée par ses initiales à aimer cette femme héroïque, passionnée, aventureuse et spirituelle

Juliette Drouet

Florence

Florence Naugrette

Juliette Drouet

Compagne du siècle

Flammarion

ISBN : 978-2-0815-1045-6

À Jean

« Souvenir profond et doux. Nuit sacrée ! Il y a quarante-huit ans tu t'es donnée à moi ! […] toi la beauté, toi la grâce, toi la femme de ton siècle ! »

Victor Hugo à Juliette Drouet, 16 février 1881

« C'est toujours Mme Drouet qui dit le mot le plus fin et qui conte l'histoire la plus gaie. Elle a tout vu, elle a tout deviné. »

Arsène Houssaye, *Les Confessions. Souvenirs d'un demi-siècle*

« Le bonheur ne veut pas être regardé de trop près et gagne beaucoup à être pris les yeux fermés. »

Juliette Drouet à Victor Hugo, 13 juin 1857

Avant-propos

C'est l'histoire d'une enfant indigente sans père ni mère, d'une adolescente livrée à elle-même et donc au premier venu, d'une carrière sacrifiée, d'une femme empêchée, d'une maîtresse tenue à l'écart, d'une compagne bafouée.

C'est aussi l'histoire d'une orpheline sauvée par l'adoption, d'une provinciale émerveillée par la capitale, d'une artiste bohème qui choisit ses amants et qu'envient ses rivales, d'une icône de la mode, d'une comédienne en pleine ascension, de sa rencontre avec un génie, de leur rêve étoilé, de l'amour libre qu'ils inventent comme ils peuvent.

C'est l'histoire d'une lectrice naïve et sensible de l'œuvre immense qu'elle découvre avant le monde entier, l'ayant un peu inspirée, beaucoup copiée, religieusement écoutée (lue à voix haute par son auteur sur le manuscrit en chantier), et qu'elle commente la première, dans l'identification, la compassion, le suspense, l'inquiétude, le scandale et l'admiration.

C'est l'histoire des campagnes bretonnes après les guerres de Vendée, d'un couvent pour jeunes filles pauvres et femmes pécheresses, des artistes et des théâtres au temps du romantisme, des barricades et des révolutions, de la tuberculose et du choléra, de la république démocratique et sociale, du coup d'État, de la résistance et des compromissions, de la proscription et des enterrements civils, des animaux domestiques qu'on mange dans Paris assiégé, de la Commune réprimée, du combat pour l'amnistie des prisonniers politiques, pour l'abolition de l'esclavage et de la peine de mort, pour l'assistance sociale, pour le droit au travail, l'éducation des enfants et l'émancipation des femmes.

C'est l'histoire d'une époque où l'on mourait jeune, où le temps d'aimer était compté, où la misère était partout visible, où l'on se soignait avec des sangsues, de la magnésie granulée et de l'alcali volatil, où l'impuissance des médecins poussait à s'en remettre aux somnambules et au magnétisme, où la charité tenait lieu de fraternité, où vivre plus d'un demi-siècle était rare, mais où l'on s'émerveillait de prendre le bateau à vapeur d'abord, le train et le tramway ensuite, de s'éclairer au gaz, de s'envoyer des messages par télégraphe et de monter en ballon.

C'est l'histoire du XIXe siècle vécue, subie, accompagnée, faite et observée par une femme.

Cette femme, la presse de son temps l'a d'abord encouragée, voire adulée pendant sa carrière d'actrice, puis oubliée et dénigrée. Le « petit ménage » qu'elle avait formé avec le plus célèbre écrivain de son temps, marié et père de famille, continuait de faire jaser. Ses premiers biographes ont souvent repris à leur compte les clabaudages des échotiers en quête de scandale, de tel proche de l'épouse enclin à médire sur la maîtresse, des polémistes appliqués à ruiner le crédit du héros républicain, défenseur des communards, promoteur puis emblème de l'école publique, laïque et obligatoire. Colportés, déformés, amplifiés, ces racontars et clichés ont fini par broder une légende misogyne, qui court encore, et souvent se contredit : une pauvre fille à la dérive, mauvaise actrice, vivant de ses charmes, qui séduit un homme en vue, l'ensorcelle et s'accroche à lui, jusqu'à devenir sa chose et accepter servilement toutes les humiliations dans un dévouement oblatif impensable aujourd'hui.

Ce n'est pas cette légende qu'on lira ici.

Le récit que voici est celui d'une vie autrement imprévue, irréductible, singulière. C'est aussi le récit d'un couple, et celui d'une famille aux « idées larges », selon l'expression certes tardive de Mme Hugo. Il s'efforce de balayer stéréotypes durables et rumeurs infondées en s'appuyant sur des archives consultables, des traces tangibles, des sources fiables. À commencer par le journal épistolaire que Juliette a tenu pendant cinquante ans, les lettres et les carnets de Hugo. Ils interdisent absolument d'inventer ici aucune fiction, de conjecturer aucun mouvement de l'âme, de combler le scénario quand l'information manque : elle restera lacunaire lorsqu'elle fait défaut. Les notes permettront au lecteur curieux de se reporter aux sources et de mener l'enquête lui-même. Aucune d'entre elles n'étant nécessaire au récit, on peut se dispenser de les lire.

Cette biographie de Juliette Drouet n'est pas la première. Elle se nourrit au plus près de l'édition en ligne de ses 22 000 lettres à Victor Hugo, qui forment un journal épistolaire. Une centaine de chercheurs m'ont accompagnée dans cette aventure. De mes discussions avec mes collègues, doctorantes, proches, étudiants et amis, dont certains ont eu la patience de relire ce livre, sont nées des interrogations, a jailli le scrupule, me sont apparues aussi, peut-être, des solutions.

Les interrogations portent sur ce que peut nous inspirer aujourd'hui cette relation, certes sentimentale, mais aussi économique, entre une femme qui renonce à sa carrière par amour, mais peut-être également par intérêt plus ou moins bien compris, et un homme qui l'entretient, la rudoie ou la néglige parfois, la rassure toujours, la surveille, la trompe, la protège, la ménage, la soigne et ne saurait se passer d'elle, parce qu'elle est sa certitude et son âme sœur. Les mots ont changé avec nos jugements sur des pratiques et des mœurs d'autrefois. Ce qu'on appelait « protection » pour l'un, « sacrifice » pour l'autre, nous l'appelons aujourd'hui « emprise » et « dépendance ». Ce qu'on appelait « amours ancillaires », qui faisaient presque partie de la condition domestique féminine, nous l'appelons aujourd'hui « harcèlement » et « abus de pouvoir ». Inversement, ce que l'on appelait « courtisanerie » (cette forme parfois choisie et revendiquée du commerce de son corps) et ce que l'on appelait « adultère » à une époque où même le mariage civil était indissoluble, on le considère parfois, non sans ambiguïtés, comme une forme d'« amour libre ». On aurait tort, en tout état de cause, de croire que Hugo et Drouet ont vécu pendant cinquante ans leur relation tumultueuse, exaltante et douloureuse, et ses à-côtés, en toute sérénité morale. Les tempêtes sous leurs crânes associées à leurs choix de vie domestique, sexuelle et sentimentale, tout comme les réflexions et les jugements qu'ils portaient eux-mêmes sur ce qu'ils voulaient, pouvaient et devaient faire dans ce domaine sont l'un des fils conducteurs de ce livre.

Le scrupule tient au geste même de raconter la vie de qui ne peut plus légalement ni donner son accord ni s'y opposer, mais dont on contribue à forger la mémoire. Au droit moral des morts. Certes, Hugo a voulu laisser derrière lui non seulement ses propres carnets intimes, mais aussi les 22 000 lettres de Juliette Drouet. Traces quotidiennes de leur vie commune et séparée, elles invitent qui les a toutes lues à les transformer en histoire, donc en destin. Juliette Drouet connaissait le sort posthume de son journal épistolaire, voué par Hugo, qui l'a conservé et transmis, à la postérité : elle le remarque elle-même, plusieurs fois, non sans amusement. Il n'empêche, le scrupule subsiste. Où s'arrêter dans le récit des pensées secrètes et des comportements inavouables ? À ce scrupule tourné vers la personne dont on recompose la vie (et dans son orbite, par bribes, la vie des autres) s'ajoute le souci du lecteur à qui on la raconte. Où passe la frontière entre le détail piquant et l'anecdote insignifiante, le concret et la trivialité, le renseignement et l'encyclopédie, la contextualisation et le didactisme ? Comment régler l'objectif entre le premier et le second plan ? Autant de questions auxquelles seule répond l'aventure du récit.

La mienne aura atteint son but si, en refermant ce livre, on considère aussi Victor Hugo comme l'homme qui eut l'intelligence, la chance et le bonheur d'aimer cette femme. Et qui le savait. Car elle ne fut pas seulement sa maîtresse. Si son amour lui a inspiré des poèmes, si son passé lui a fourni des personnages, si sa façon de parler lui a soufflé des bribes de dialogues, elle ne fut pas à proprement parler sa muse, et encore moins son égérie. Elle fut beaucoup plus. Amante, âme sœur, collaboratrice, première lectrice, copiste, soutien moral, éternel recours, elle était aussi, par son humour et son esprit, une des rares à pouvoir tenir à l'« homme-siècle » un discours de vérité. Parce qu'elle sut se faire aimer d'un des plus grands hommes de son temps, transformer une servitude volontaire en liberté, et lire à livre ouvert dans son époque chahutée, elle fut, à sa manière naïve et inspirée, ardente et sage, la compagne du siècle.

Première partie

Comment Julienne Gauvain devint Mlle Juliette (1806-1832)

I

L'orpheline au couvent (1806-1821)

> « Moi, ma mère n'était pas là quand je suis née. »
> *Les Misérables*, II, VI, 4

Mais comment s'appelait-elle ? Julienne ou Juliette ? Gauvain ou Drouet ? Pas Hugo, en tout cas. Elle qui vivrait un jour « chez M. Victor Hugo, en son avenue », ne porta jamais ce nom, même après la mort de l'épouse. Ses noces à elle n'étaient pas de ce monde. L'état civil ne lui imposa jamais le patronyme d'un mari. Au théâtre, elle était Mlle Juliette, comédienne. À la ville, elle signait « Droüet », avec cette précision sur son passeport, « née Gauvain » : c'est que son oncle Drouet lui tenait lieu de père.

Car de père biologique, elle n'en avait plus. Et de mère pas davantage : celle-ci était morte quelques mois après sa naissance, le père un an plus tard. Julienne Gauvain, fille de tailleurs bretons, orpheline à vingt mois, ne garderait d'eux aucun souvenir. Cette déréliction de l'enfant arraché par la mort à la protection de ses parents, Hugo en fera un motif de son œuvre. La Jane de *Marie Tudor*, orpheline, est recueillie par un brave ouvrier. Jean Valjean adopte la Cosette des *Misérables*. Dans le poème de *La Légende des siècles* « Les Pauvres Gens », la femme du pêcheur découvre chez sa voisine, la nuit,

> Un cadavre – autrefois mère joyeuse et forte,
> Le spectre échevelé de la misère morte,
> Ce qui reste du pauvre après un long combat [1].

Juliette et sa fratrie se profilent derrière le berceau où sourient les orphelins endormis. Si Hugo est un si grand poète de l'adoption, Juliette Drouet n'y est peut-être pas pour rien.

Les faulx penchées sur son berceau

Dans le poème, les petits de la morte sont sauvés par Jeannie, qui les prend sous son manteau sans réfléchir, et par son mari pêcheur, confiant en Dieu pour multiplier les poissons en proportion des nouvelles bouches à nourrir. Juliette avait-elle eu cette chance ? Une bonne âme s'était-elle aussi penchée sur son berceau ?

Son père, dont elle n'avait aucun souvenir, était un ancien chouan. À dix-huit ans, en 1795, Julien Gauvain combattait chez les Blancs qui tenaient la région de Fougères près de Rennes, réquisitionnaient, attaquaient les convois et les bataillons républicains[2]. On ne sait quelles missions lui furent confiées, ni de quelles atrocités il a pu être le témoin. Il décrira pour la justice l'enterrement furtif d'un camarade sur le lopin de terre où on l'avait retrouvé tué[3]. Il avait quitté les chouans à l'époque de ce qu'on appelle pudiquement la « pacification » de la Vendée par Hoche, jeune général nommé à la tête des armées de l'Ouest pour reprendre *manu militari* le contrôle de la région : après plusieurs exécutions et redditions de chefs rebelles, Julien Gauvain, comme bien d'autres en ces sombres temps, déposa armes et munitions au quartier général[4].

C'est donc dans une municipalité républicaine que le 29 avril 1799, à Fougères, il prit pour femme Marie Marchandet, dont la famille était du coin. Il était venu chercher du travail depuis Saint-Étienne-en-Coglès, à trois lieues de là. À Fougères, gros bourg spécialisé dans l'industrie textile depuis le Moyen Âge, du travail, il y en avait. Julien y exerça avec sa femme le métier de tailleur.

Leur maisonnette de la rue de la Révolution (aujourd'hui rue de Rillé) comportait un grenier et une pièce à vivre de vingt et un mètres carrés. Le jeune couple y vécut sept ans et demi jusqu'à ce que la mort les sépare. Marie mit d'abord au monde Renée-Françoise et Thérèse, en 1800 et en 1801. Puis vint le garçon, Amand, en 1803. La petite dernière, Julienne-Joséphine (future Juliette), naît trois ans plus tard, le 11 avril 1806, et reçoit le baptême le lendemain en l'église Saint-Sulpice.

L'inventaire notarial après décès du domicile de Julien et Marie Gauvain nous renseigne sur leurs conditions de vie ; c'est celui d'un humble logis ; à la mort de la mère, le juge de paix inscrit la mention « indigent » sur son procès-verbal[5]. On trouve chez eux deux paires de ciseaux, un fer à dépresser[6] et des pièces de tissu. Le trousseau de la maman est modeste : deux chemises seulement, cinq jupes, une jaquette, deux gilets, un justaucorps, une veste bleue, quatre mouchoirs pour couvrir les épaules, deux tabliers (un blanc, un noir), un déshabillé, deux serre-tête et vingt coiffes.

Le père a plus de chemises (six), mais seulement deux pantalons, un habit et une peau de chèvre, une paire de bas, deux hauts-de-chausses et des guêtres. Cela ne va pas loin.

On est croyant, comme en témoignent, sur l'inventaire, une « boîte à bonne Vierge » et un bénitier de chevet[7]. Une écritoire et plusieurs livres indiquent qu'on a un peu d'instruction, ce que confirment les signatures en toutes lettres des parents de Juliette et de leurs témoins sur leur acte de mariage.

La vie commune tourne autour de la cheminée, dans ou près de laquelle se trouvent la crémaillère, le crémaillon, un soufflet, un havet pour pousser ou retirer les cendres, la saunière (coffre à sel), deux pots, une casserole de cuivre, trois poêles de fer ou d'airain, une marmite de bois et un petit pot-à-feu. On y trouve aussi tout le nécessaire pour réaliser les galettes de blé noir : les récipients pour préparer la farine (deux grandes poches pour s'approvisionner au moulin, le cuveau où l'entreposer, un vieux sas pour séparer du son la fleur de farine, un sas neuf qui permet ensuite de bien la travailler dans un bassin d'airain) ; ce qu'il faut pour la cuisson : la tuile et son trépied qui la soutient dans le feu, la palette à étaler la pâte, la claie où étendre la galette cuite. De ce côté-là, on est bien équipé. La vaisselle, en revanche, est sommaire : onze assiettes, sept cuillers d'étain, sept écuelles, une salière, un plat, un saladier, une cruche et deux pots. Mais apparemment, ni fourchettes, ni couteaux. Ce que la cuiller n'attrapait pas, le mangeait-on avec les doigts ?

Les parents dorment dans un lit dont les rideaux, tirés la nuit, pendent le jour en quenouilles, enroulés sur les colonnes d'angle ; les enfants s'entassent dans un petit lit et une couchette. Ces trois couchages sont équipés d'une paillasse, d'un grand sac rempli de balle d'avoine en guise de matelas, de draps et de couvertures. L'inventaire mentionne aussi une courtepointe, un oreiller de plume et un traversin. Les meubles sont réduits au nécessaire : un guéridon, une armoire à un seul vantail, un dressoir surmonté d'une crédence, une petite table, sept chaises et un fauteuil. Les divers éléments en sept exemplaires donnent à penser que la tante paternelle Françoise Gauvain, fileuse et célibataire, vivait chez eux.

Elle fut en tout cas la première à y mourir. Quelques mois après la naissance de Julienne, la grande faucheuse fit une première moisson chez les Gauvain : Françoise rendit l'âme chez son frère à trente-neuf ans, en septembre. Dix jours avant Noël, c'est Marie, la mère, qui est emportée à vingt-neuf ans. Malade, le père ne pouvait s'occuper de tous ses enfants. Les deux benjamins furent donc d'abord confiés à l'Hôtel-Dieu, puis placés en nourrice, séparément, Amand (trois ans) à Romagné, Juliette (huit mois) chez Marie Bondel à Fougères. Les deux aînées (six et cinq ans) restèrent avec leur père jusqu'à ce que la cadette, Thérèse, soit aussi placée en nourrice, en juin 1807, à Saint-Germain-en-Coglès. Dès lors, la fratrie est éparpillée. Seule l'aînée, Renée, reste auprès de son père, qu'elle soigne. Plus pour longtemps.

Car la mort revint à l'automne suivant, emportant à Fougères plus de monde que d'habitude, signe, peut-être, d'une épidémie. Après la mère et la tante, le père et l'oncle succombèrent à l'hôpital : Julien le 12 septembre 1807, à trente ans, et son cadet Nicolas en décembre. À la mort du père, les scellés furent posés sur la maison, et la petite Renée, sept ans, d'abord accueillie dans l'urgence par sa tante paternelle Marie Battais, fut ensuite admise à la salle des enfants de l'hospice Saint-Nicolas.

Un mois et demi après la mort de Julien, le conseil de famille, exclusivement masculin, comme le voulait le Code civil, se réunit sous l'égide du juge de paix[8]. Du côté de la mère, personne n'est venu. Côté paternel, aucun oncle, mais deux hommes de parenté plus éloignée se sont déplacés, dont le cousin germain du père, Jean-Marie Gauvain, arrivé de Saint-Ouen-la-Rouërie où il est meunier : il accepte le rôle de tuteur. L'un des trois fabricants de toiles qui siègent en tant qu'« amis et voisins des défunts » endosse la fonction de « subrogé tuteur » : cela consiste à protéger les intérêts des enfants au cas où le tuteur abuserait de ses prérogatives, qui consistent essentiellement à gérer l'héritage.

Dix jours plus tard, la vente aux enchères des biens du couple, en présence du tuteur, rapporta 360,62 livres, l'équivalent de six mois de salaire pour un ouvrier, d'un an de salaire pour une ouvrière. Parmi les enchérisseuses, trois parentes de Julien, dont ses sœurs Marie et Georgine. Et cette fois-ci, la famille maternelle est représentée : la tante Françoise Drouet (née Marchandet) rachète deux paniers, un tablier noir et un gilet de sa sœur Marie. Elle a parcouru soixante-dix lieues pour venir du Finistère, où elle habite avec son mari militaire.

Difficile de savoir ce que devinrent les quatre enfants. Que décida le tuteur, lui qui avait perdu trois filles, à qui il restait un fils, et dont les deux femmes étaient mortes jeunes accouchées ? Il demanda sûrement la garde du garçon, puisqu'on retrouve un Amand Gauvain, domestique meunier, à Antrain, près de Saint-Ouen-la-Rouërie où Jean-Marie Gauvain avait son moulin[9]. Il en fit sans doute le compagnon de son petit gars qui avait un an de moins : en attendant de se remarier neuf ans plus tard, il dut élever les deux garçons ensemble et leur apprendre son métier. Renée resta-t-elle à l'hospice Saint-Nicolas, ou fut-elle placée, comme l'avaient été ses deux sœurs ? On ne sait. Elle demeura en tout cas à

Fougères : on la retrouve admise à l'hospice Saint-Louis en 1811, avec sa sœur Thérèse qui, elle, y meurt le 18 mars 1813, à onze ans. Renée, d'après le registre des enfants trouvés, sera emmenée dans le Finistère par sa tante maternelle le 29 mai 1812.

Mais de Julienne (Juliette) Gauvain, nulle trace n'a été conservée entre le moment où, à huit mois, elle fut placée en nourrice à Fougères, et celui où elle est avec ses oncle et tante Drouet à Paris, en 1816. Dix ans dont sa mémoire même semble avoir perdu l'impression, soit qu'aucun souvenir ne mérite mention, soit qu'elle préfère garder le silence sur son enfance qui, de son propre aveu, « ne fut rien moins que riante [10] ».

Arsène Houssaye, ancien directeur de la Comédie-Française et dédicataire des *Petits poèmes en prose* de Baudelaire, a beau indiquer qu'elle avait été élevée dans un couvent de Bretagne, rien ne le corrobore [11]. Houssaye a sans doute amalgamé les origines bretonnes de Juliette et son éducation ultérieure dans un couvent parisien. Car lorsqu'elle racontera à Hugo ses souvenirs de pensionnaire pour qu'il les réutilise dans *Les Misérables*, elle ne mentionnera que les dames de Sainte-Madeleine à Paris. À Fougères, la maison de la Providence des sœurs de la Sagesse avait une salle d'asile et des classes pour jeunes filles pauvres. Juliette y fut-elle élevée avec ses deux sœurs [12] ? Cette hypothèse paraît fragile, car les registres de Fougères mentionnent encore la présence des deux aînées en 1811 (où elles sont admises à l'hospice Saint-Louis, tenu par les sœurs de la maison de la Providence), mais nulle part celle de Juliette.

Un faisceau d'indices donne plutôt à penser que Juliette fut rapidement recueillie par sa tante maternelle et son oncle Drouet, et qu'ils l'emmenèrent avec eux dans la région de Brest, Camaret et Crozon, où l'on trouve des traces de leurs affectations ou domiciles. Le premier indice, c'est l'évocation par Hugo de l'enfance bretonne de sa bien-aimée : en 1809, à l'âge de trois ans, elle courait, écrit-il, « pieds nus sur les grèves de l'Océan [13] ». Or, à Fougères, on était dans une campagne intérieure, et les pauvres ne se rendaient jamais à la mer : Hugo a donc plutôt en tête les plages bretonnes. D'autres témoignages invitent à penser que le très jeune âge de la benjamine de la fratrie, qui la rendait pourtant, des quatre orphelins, la plus vulnérable, fut aussi précisément ce qui la sauva. Quand son oncle Drouet mourra, Juliette adulte manifestera son attachement à celui qui lui avait « servi de père », la recueillant quand elle allait être « portée à l'hôpital » [14]. Elle exprimera le désir de lui dire tout ce qu'il y a au fond de son cœur « de gratitude et de vénération pour le soin et l'affection » qu'il lui a donnés quand elle était « petite et abandonnée de tout le monde » [15]. De plus en plus alarmée, elle espérera avoir le temps, avant qu'il ne soit trop tard, de lui témoigner sa « reconnaissance pour les bons soins » qu'il lui a prodigués « toute petite et abandonnée de tous, même du bon Dieu » qui lui a ôté ses « vrais parents presque en venant au monde » [16]. À quel âge renvoie ce « toute petite » ? Peut-on aller jusqu'à imaginer que la tante Françoise, à qui son mari ne donnait pas d'enfant, vint la chercher le plus tôt possible, le jour de la vente aux enchères, voire avant la mort du père ? Un dernier argument plaide en faveur de cette hypothèse : Juliette porta le nom de Drouet, mais pas ses deux sœurs. Si son oncle et sa tante sans enfant l'ont recueillie bébé, il leur était sans doute plus commode de lui donner pour nom d'usage le leur, le seul peut-être qu'en âge de parler elle ait jamais utilisé. Ces indices convergents invitent à penser que Juliette, parce qu'elle était la benjamine, très tôt adoptée sinon de droit, du moins de fait, par son oncle et sa tante de la région brestoise, eut plus de chance que ses aînées placées à l'hospice de Fougères, où Thérèse mourrait et d'où Renée ne serait retirée qu'à douze ans.

En tout cas, lorsque Juliette fut ensuite emmenée à Paris en 1815 par son oncle et sa tante, Renée, qui l'avait rejointe dans le Finistère depuis trois ans seulement, et en âge de travailler désormais, ne fut pas du voyage : on la laissa dans la région de Brest où elle vécut jusqu'à la mort de son mari. Juliette resta toujours en contact avec elle, mais oublia jusqu'au prénom de leur frère (indice supplémentaire de leur séparation géographique pendant la petite enfance). Lors d'un pèlerinage dans sa région natale accompli avec Hugo en 1836, elle ne cherchera pas à retrouver Amand, et passera tout près de son moulin sans savoir ce qu'il était devenu. Sur ses vieux jours, dans une lettre de félicitations à sa sœur devenue grand-mère d'un petit gars nommé « René » en son honneur, Juliette, mue par une pulsion généalogique de circonstance, s'interrogera : « Écris-moi, je te prie, le prénom de notre frère, que je ne retrouve plus dans ma mémoire [17]. »

Le nom du père

Si « Drouet » devint son identité, le nom de naissance de Juliette connaîtrait tout de même une postérité littéraire : Hugo lui rendrait un hommage furtif dans *Les Misérables*, où deux religieuses, Mère Sainte-Mechtilde et Mère des Anges, sont nées respectivement Mlle Gauvain et Mlle Drouet. Puis, dans *Quatrevingt-Treize*, il appellerait Gauvain le héros de ce roman de la guerre civile, déchiré entre ses origines nobles et ses convictions républicaines.

Sa seconde naissance, c'est donc à son oncle René-Henry Drouet qu'elle l'attribue. C'est lui qu'elle appelle son « père ». On connaît la carrière de ce brave soldat grâce à Gérard Pouchain qui l'a reconstituée [18]. Originaire de la Sarthe, il s'était engagé dans l'infanterie en 1792, à dix-huit ans, dans l'armée des volontaires pour défendre la Révolution. Il participa ensuite, comme canonnier, aux opérations de Vendée et fut affecté à l'armée de l'Ouest où il devint caporal en 1795. Peut-être se retrouva-t-il donc au combat face à son futur beau-frère, Julien Gauvain. À Brest, l'amour lui sourit en la personne de Françoise Marchandet, sœur de Marie (la future mère de Juliette). Il l'épousa en août 1803, en présence d'un « imprimeur-libraire pour l'art militaire » qui était son employeur à Brest. On le retrouve en 1814, lieutenant et gardien de batterie à Camaret. À quarante ans, il a derrière lui vingt-deux années de services, dont dix de campagnes de guerre. Blessé au pied jadis pendant les opérations de Vendée, souffrant de rhumatismes, il vient de se fracturer la jambe, et demande son affectation parmi les vétérans, afin de se retirer à Crozon. Ayant été « admis à la pension par la décision royale » le 4 janvier 1815, il monte à Paris avec sa femme et Juliette, âgée de neuf ans. Grisé par le mirage de la capitale, il compte s'y reconvertir pour compléter sa retraite. Mais ses démarches étant restées vaines, le vieux soldat de l'an II cherche à se réengager dans l'armée après la Restauration des Bourbons, et se croit obligé de se réjouir, dans sa pitoyable supplique du 27 avril 1815, de « l'heureux retour de sa majesté sur son trône » qui lui fait espérer de « reprendre et continuer ses anciens services ». Il supplie qu'on le réintègre chez les canonniers-gardes-côtes, les blessures dont il se plaignait naguère et qu'il alléguait pour prendre sa retraite étant, prétend-il maladroitement, soudain « devenues légères ». Il ne sera pas exaucé.

Son couple ne résista pas à ces bouleversements et aux tentations de la capitale. Il lui fallut reconnaître l'enfant d'un autre que sa femme mit au monde un an plus tard, en juin 1816 ; il n'eut guère le choix, le Code civil stipulant, dans le prolongement du droit romain, que l'époux de la mère est considéré comme le père (*pater est quem nuptiæ demonstrant*). Juliette fit les frais de leur séparation : après avoir d'abord suivi sa tante au 44, rue Saint-Louis (actuelle rue de Turenne) tandis que l'oncle Drouet s'installait rue Saint-Denis avec une femme qui resterait sa compagne jusqu'à la mort, elle fut envoyée au couvent à la naissance de sa cousine.

Contrairement à l'oncle, la tante Françoise ne lui aura pas laissé un très bon souvenir. Juliette se souvient de sa sévérité bigote. Forcée d'aller tous les samedis à confesse, la petite provinciale de dix ans, lassée de s'accuser toujours des mêmes péchés, s'en inventa un nouveau pour paraître moins niaise :

> Mon père, je m'accuse d'avoir été adultère !
> — Adultère, mon enfant, vous ne savez pas ce que vous dites. [...] Combien de fois, mon enfant ?
> — Trois fois, mon père.
> — Eh bien ! Vous direz trois *Pater* et trois *Ave* pour ne plus retomber dans ce péché-là [19].

Ayant constaté la fois d'après que le prêtre s'amusait de ses fautes imaginaires, elle se rendit coupable le samedi suivant d'un péché plus à sa portée en allant non pas à l'église Saint-Louis mais au boulevard du Temple.

Boulevard du crime

Elle y découvrit un théâtre de rue comme elle n'en avait jamais vu en Bretagne : la « foire perpétuelle [20] » y battait son plein. Ce fut comme un émerveillement. Sur le côté extérieur de cette artère s'étirant vers le sud depuis la place du Château-d'Eau (notre place de la République), aux marges de la ville alors plus resserrée qu'aujourd'hui [21], s'alignaient les théâtres populaires où l'on jouait le mélodrame, le vaudeville, la féerie, la pantomime et les « spectacles de curiosités », tels les funambules, les acrobates, les montreurs d'animaux, pour le plus grand plaisir d'une foule bigarrée à qui le boulevard du Crime (ainsi surnommé à cause des actions horrifiques qui se jouaient sur ses scènes surexcitées) fournissait à la fois des sensations fortes et une promenade arborée. Dans une atmosphère électrique de délassement, d'excitation et d'effroi liée à la mixité sociale, au risque de vol et à la prostitution, les banlieusards descendus des collines de Belleville, Ménilmontant ou Montmartre se mêlaient aux Parisiens, prolétaires du centre médiéval de Paris ou des faubourgs du Temple, Saint-Antoine et Saint-Martin, mais aussi bourgeois, aristocrates et élégants venus des beaux quartiers s'encanailler sur le boulevard et se montrer au Café Turc [22]. En 1816, la Gaîté, l'Ambigu-Comique, le Cabinet des figures de cire et le Théâtre des Pygmées y attiraient la foule, le Cirque-Olympique faisait faillite avant de revenir l'année suivante, et deux lieux ouvraient : le Spectacle des acrobates de Madame Saqui et le théâtre des Funambules qu'immortaliserait le film de Carné *Les Enfants du paradis*.

Tout le monde n'entrait pas forcément dans les théâtres. Le spectacle était aussi à l'extérieur, donné par les badauds et par les parades qui suscitaient chez le promeneur l'envie d'en voir plus, d'entrer dans l'établissement et d'y acheter sa place. Parmi les attractions les plus populaires du boulevard, deux bonimenteurs enchantaient la foule devant le Théâtre des Pygmées : sous les noms de Bobèche et Galimafré, Antoine Mandelart (fils d'un tapissier du faubourg Saint-Antoine) et Auguste Guérin (ouvrier menuisier), s'étant recyclés pitres sous l'Empire, commentaient l'actualité dans des parades désopilantes. Juliette, à dix ans, découvrit éberluée les mines extravagantes de leurs personnages contrastés : Galimafré, le niais des champs, qui s'annonçait avec une immense crécelle, jouait le paysan normand bedonnant et paillard, affublé d'un bonnet de coton à rayures ; Bobèche, plus distingué, vêtu d'une culotte jaune, de bas bleus, d'un habit écarlate, coiffé d'une perruque rousse et d'un bicorne gris surmonté d'un papillon, cachait sous son intonation timide une férocité caustique et matoise qui lui servait à épingler les mœurs et la politique. Ancêtres des chansonniers, ces deux amuseurs dont la réputation était connue dans la France entière devaient leur succès à leur art de mêler bonhomie et cynisme, gaudriole et sarcasme.

Pour la tante Françoise, « très dévote, qui voulait que tout le monde fît son salut » – ce qui ne l'empêcha pas de concevoir un enfant illégitime –, le boulevard du Temple était un lieu de perdition. Mais pour Juliette, l'excitation était si forte et le spectacle si drôle qu'elle y retourna plusieurs soirs de suite, sous prétexte de se rendre à confesse. Jusqu'au jour où, à côté d'elle, c'est son confesseur qu'elle entendit rire à gorge déployée ! Par bonheur, il ne la vit pas. « Au même moment, raconte-t-elle, ma tante arrive et me prédit toutes les foudres de l'Église. "Mais, ma tante, mon confesseur aussi vient à Bobèche : il était là tout à l'heure..." [23] » Le prêtre n'était pas le seul homme respectable à raffoler de cette parade que ne dédaignaient pas les esprits fins. Ainsi, Charles Nodier, arrivé en retard dans son ministère, ayant donné comme excuse qu'il ne pouvait passer sur le boulevard du Temple sans s'arrêter à Bobèche et Galimafré, s'entendit répondre par le ministre : « Monsieur, vous voulez m'en imposer, car je ne vous y ai jamais vu [24]. »

Chez les dames de Sainte-Madeleine

Entre les joyeuses parades foraines du boulevard du Temple ouvertes à tous vents et le couvent où Juliette fut recluse la même année 1816, il y avait un abîme.

Des cinq années qu'elle passa chez les dames de Sainte-Madeleine, entre dix et quinze ans, elle a laissé un récit, à la demande de Hugo. Tandis qu'il conçoit pour *Les Misérables* l'épisode où Jean Valjean et Cosette vivent au couvent du Petit-Picpus, il fera écrire leurs souvenirs de pensionnaires à Juliette et à l'autre maîtresse qu'il fréquente alors (en 1847), afin de nourrir son roman de détails véridiques. Il ne les réutilisera pas tous, mais s'appropriera les plus saisissants.

À son arrivée au couvent, Juliette, dix ans, entra dans une petite maison neuve de deux étages, donnant sur le jardin de l'établissement Saint-Michel, située à l'angle de la rue d'Ulm et de la rue des Postes, aujourd'hui rue Lhomond : c'est là qu'en attendant la fin des travaux de leur établissement, les dames de Sainte-Madeleine avaient élu domicile. L'entrée commune aux deux couvents se trouvait rue Saint-Jacques.

Juliette fut frappée par la beauté de l'abbesse qui dirigeait le couvent Saint-Michel, « pâle avec des grands yeux noirs, des sourcils bien dessinés, le nez un peu busqué et des dents admirables », impressionnante dans son costume « de serge blanche, la guimpe et le bandeau en toile blanche, et par-dessus un scapulaire de serge noire faisant chape, partant du cou et tombant devant et derrière jusqu'aux pieds : voile noir, croix noire au cou et gros chapelet noir au côté »[25]. Son allure noble et digne contrastait avec le sort des femmes adultères et des prostituées repenties accueillies en son établissement, employées aux tâches ménagères les plus viles. La petite fille les observait travailler sous la direction d'une ou plusieurs professes, en petits groupes, aussi étroitement surveillées que des bagnards par leurs gardes-chiourmes, sous la menace d'un nerf de bœuf pointant parfois sous le bras d'une religieuse. Le couvent Saint-Michel accueillait aussi de jeunes pensionnaires, que leur uniforme de mérinos bleu et blanc, agrémenté le dimanche d'un voile blanc, mettait à égalité, tandis que Juliette et ses camarades, chez les dames de Sainte-Madeleine, étaient vêtues en semaine des habits fournis par leurs familles, et seulement le dimanche d'une tenue identique : robe de serge bleue, fichu, bonnet et voile de mousseline blanche.

L'instruction dispensée à ces enfants de quatre à quinze ou seize ans était rudimentaire. Écrire, compter, « travailler en linge ». Le reste du temps était consacré à la prière.

Les punitions étaient sévères. Outre les restrictions (pain sec, privation de récréation, cachot) et la verge – pour y échapper, une de ses camarades, sautant par la fenêtre, se cassa le bras –, la plus traumatisante était l'humiliation d'avoir à faire des croix sur le plancher avec la langue quand on avait parlé pendant les heures de silence. Il fallait en tracer trois ou cinq pour les peines les moins graves, cinquante ou soixante pour les plus sévères, en prenant soin de bien les marquer de salive par terre. On finissait « la langue en sang, et toujours on y avait des boutons, ce qui n'empêchait pas les pauvres petites filles de recommencer la même faute dans le moment même[26] ». À la sévérité des peines infligées aux pensionnaires correspondaient les mortifications des religieuses, que Juliette et ses camarades voyaient prosternées pendant des heures à genoux ou allongées les bras en croix, dans la chapelle, dans les couloirs ou à la porte.

Le déjeuner du matin se résumait à du pain sec ; les provisions offertes à Juliette, paniers de fruits, chocolat, lui étaient subtilisées sitôt reçues au parloir. À midi, on vous servait une soupe, agrémentée de bœuf les jours gras et de légumes secs les jours maigres. Au goûter, pris dans la classe, juste un quignon de pain. Le repas le plus substantiel était le souper pris au réfectoire, une salle très longue, très étroite et très haute. Il consistait, « selon la saison, en salade, en pommes de terre ou en haricots à l'huile, en fromage, en noix, et quelquefois en fruits tournés, gâtés ou pourris, l'été. Jamais que d'une seule chose à la fois, excepté les jours de grande fête ou les dimanches où on donnait trois ou quatre pruneaux et autant de noix en dessert[27] ». Au repas, on lisait *L'Imitation de Jésus-Christ* le midi, la *Vie des saints* le soir, dans des in-folio placés sur un pupitre tournant installé en fond de salle, sous le grand Christ. L'élève lectrice dînait après, un peu mieux que les autres. La prière du soir se disait à la chapelle. Sur les tables longeant les murs du réfectoire, chaque pensionnaire prenait soin de sa timbale, de son couvert en étain, de son couteau et de son assiette en faïence brune. À intervalles, par groupes de cinq, une écuelle en terre vernie, plus large que haute, le rond-d'eau, recueillait l'eau de vaisselle de chacune. Pas question d'y jeter des morceaux rebutés, fussent-ils « des peaux grasses, des ouïes pas fraîches, des pommes de terre aigres, du fromage véreux ». La sanction pour les délicates était immédiate, et collective : le détritus, repêché par la surveillante, était administré de force aux cinq élèves attachées au rond-d'eau[28].

Dans le dortoir infesté de punaises, une ou deux heures après le coucher, une religieuse, lanterne au poing, inspectait ce qui se passait sous les draps et les couvertures, en les arrachant d'un geste brusque : les pensionnaires endormies ne s'en apercevaient pas toujours ; celles qu'on réveillait protestaient parfois ; d'autres, surprises en conversation particulière avec elles-mêmes, sermonnées à voix basse par la religieuse, se levaient le lendemain entravées dans une camisole de force, sous les yeux de leurs camarades ébahies.

Les distractions étaient rares. Le long du chemin qui menait au couvent des dames de Sainte-Madeleine, les jeunes pensionnaires trouvaient parfois des fruits défendus, « quelques abricots jetés par le vent, des pommes vertes et des poires piquées par les vers et tombées à terre », raconte Juliette dans ses souvenirs, « une pomme verte, ou un abricot gâté, ou une poire habitée », écrit Hugo dans *Les Misérables*[29]. Il était interdit de les ramasser. À cause des punitions sévères, « on les cachait comme on pouvait pendant le trajet, et, si c'était après la messe, on les mangeait dans les commodités ou le soir dans son lit parce qu'en montant mettre le voile sur le lit en attendant le souper on les cachait sous son traversin[30] ». D'après le narrateur des *Misérables*, « c'était là une de leurs voluptés les plus vives[31] ». La seule distraction licite était la récréation, le long de la rue d'Ulm, dans une allée de peupliers. On avait le droit d'y courir en faisant des allers-retours depuis le calvaire et son grand Christ en croix jusqu'au bassin situé au milieu du jardin. Lors d'une de ces courses, Juliette se démit le genou gauche, ce qui lui valut trois semaines d'infirmerie.

La grande attraction attendue toute la semaine était la célébration de la messe dans la chapelle dont une moitié était réservée au public, l'autre aux deux couvents. C'était l'une des rares occasions, pour Juliette, d'être en contact avec du monde, d'un coup d'œil furtif, quand, au moment de l'élévation et de la bénédiction, le voile noir séparant les pensionnaires du public se levait au-dessus de la grille de fer.

Les autres jours, elle s'ennuie, et se sent seule. Son récit ne mentionne aucune camarade de cœur. Elle raconte en revanche l'« effet magnétique » produit sur elle par un joueur de flûte qui faisait résonner à l'extérieur un air de Boieldieu, la romance du *Calife de Bagdad* dont les paroles, à la scène, étaient :

> Ma Zétulbé, viens régner sur mon âme,
> Viens embellir, égayer mon destin,
> Si tes beaux yeux ont commandé ma flamme,
> Par tes vertus termine mon chagrin.

Pour voir le musicien, premier inconnu à faire vibrer son cœur, elle montait en courant à l'étage des commodités, grimpait jusqu'à la fenêtre en hauteur qu'on appelait « jour de souffrance », de là apercevait l'artiste de rue et agitait son mouchoir. Jamais elle ne parvint à se faire remarquer de lui, ni à distinguer sa figure. Peut-être Juliette n'était-elle pas la seule dont il troublait l'âme et les sens. C'est ce qu'imagine l'auteur des *Misérables* : « Les jeunes filles passaient des heures à écouter, les mères vocales étaient bouleversées, les cervelles travaillaient, les punitions pleuvaient[32]. »

La seule personne dont Juliette s'était finalement rapprochée, c'est une religieuse qui l'avait prise en pitié, puis en amitié. Quand elle fut mortellement atteinte de la poitrine, on ne la vit plus à la chapelle ni aux classes. C'était quinze jours avant le départ de Juliette, qui, après cinq ans passés au couvent, n'avait pas du tout acquis la vocation.

Le jour de la visite du coadjuteur, à qui l'on présentait professes, novices, postulantes et grandes pensionnaires, agenouillées tour à tour à côté de lui sur un grand oreiller pour un entretien particulier, Juliette attendait anxieusement son tour. Quand Mgr de Quélen, assis sur son grand fauteuil, lui prit le menton pour lui demander si elle était heureuse au couvent et attendait impatiemment son noviciat, elle éclata en sanglots. Le saint homme la rassura : on ne la forcerait pas.

Quinze jours après, elle sortit du couvent, à peu près inculte, manquant de tout le nécessaire : les liens avec son oncle et sa tante s'étaient distendus ; elle n'avait ni biens ni amis ; son éducation se résumait à la couture et au ménage. Elle avait quinze ans. Elle était belle, très belle, brune aux yeux noirs, la peau blanche et délicate, un corps parfait, et ne voulait plus jamais connaître la misère. En quittant le couvent pour la rue, elle pointait le nez vers le ruisseau.

II

Le nez hors du ruisseau (1822-1828)

> « Sortie des plus insondables épaisseurs de l'ombre sociale, elle avait au front le signe de l'anonyme et de l'inconnu. »
>
> *Les Misérables*, I, III, 2

Se réfugia-t-elle auprès de sa tante dévote ? de son oncle bien-aimé ? chez d'autres gens ? Fut-elle livrée à elle-même ? Comment gagna-t-elle sa vie ? On ne sait. Nulle archive, nul témoignage ne nous indique de quoi elle a vécu avant de commencer sa carrière d'actrice sept ans plus tard. Elle évoquera juste, sans autre précision, « le ruisseau » où elle était tombée, jetant un voile pudique sur sa déchéance. Son amour, son dévouement voire sa dévotion pour Hugo en ont été – c'est ainsi qu'elle a vu les choses – la rédemption.

Dans la famille Drouet, l'oncle, la tante et la cousine

Juliette est certainement restée à Paris. C'est là qu'on retrouve sa trace quatre ans plus tard sur l'acte de baptême de sa fille. Son bon oncle n'avait pas de quoi l'entretenir : il vivait sur sa maigre pension, dont l'insuffisance lui fit demander son admission à l'hôtel des Invalides, pour y rejoindre « ses vieux compagnons d'armes [1] ».

De sa tante Françoise, elle ne gardait pas un bon souvenir. La dévotion ne suffisait pas à protéger cette femme acariâtre des vices ordinaires. Ainsi, une fois Juliette devenue la maîtresse de Hugo en 1833, la tante prétextera la maladie pour lui soutirer de l'argent – les Thénardier usent du même stratagème auprès de Fantine – alors qu'elle en a besoin en réalité pour déménager [2]. Une autre fois, en février 1843, peu de temps après la mort de l'oncle, la « monstrueuse » femme fera irruption chez elle pour lui débiter des injures, rechercher le scandale public et exercer un vain chantage[3]. Juliette finira par lui pardonner, apitoyée par son malheur et sa vieillesse[4].

Quant à la cousine Eugénie, née en 1816, fille adultérine de cette tante Françoise, Juliette, malgré une brouille passagère, lui restera attachée. Les deux jeunes femmes aiment les arts, et auront chacune un enfant avec un sculpteur. Juliette, de dix ans son aînée, avait été pour Eugénie, en tant que marraine, un peu moins qu'une mère, un peu plus qu'une sœur. Le même écart d'âge séparait Eugénie de sa petite cousine Claire, pour qui elle était, elle aussi, un peu moins qu'une mère et un peu plus qu'une sœur. Juliette avait eu Claire hors mariage, en 1826, avec le grand sculpteur suisse James Pradier.

Avant lui, entre sa sortie du couvent et l'époque où elle conçut Claire, Juliette a connu d'autres hommes. Mais le complet silence dont elle recouvre ces années-là réduit le biographe aux conjectures. C'est dans les personnages hugoliens de jeunes filles pauvres livrées à elles-mêmes entre quinze et dix-sept ans que l'on retrouve Juliette, qui rendit l'écrivain dépositaire de son passé. Il en fit bon usage. La Jane de *Marie Tudor*, personnage écrit pour elle, « belle et charmante enfant de dix-sept ans », se décrit comme une « malheureuse fille du peuple, pauvre et vaine, folle et coquette, amoureuse de parures et de beaux dehors, qui se laisse éblouir par la belle mise d'un grand seigneur », et raconte sa faute en une ellipse : « Je suis séduite, je suis déshonorée, je suis perdue. Je n'ai rien à ajouter à cela[5]. » Pour forger le caractère de la Tisbe dans *Angelo, tyran de Padoue*, Hugo prend encore modèle sur Juliette, qui se reconnaît dans son histoire et son portrait : « je crois me rappeler que j'ai *posé* pour l'amour, la jalousie et le dévouement de *la pauvre Tisbe*[6] ». Elle répétera pour son propre plaisir le rôle de cette comédienne qui, s'étant, à seize ans, « trouvée sans pain », avoue avoir été « ramassée dans la rue par des grands seigneurs », et être ainsi « tombée d'une fange dans l'autre. La faim ou l'orgie »[7]. Quant à la Fantine des *Misérables*, pour qui Juliette éprouve la plus vive compassion, « sortie des plus insondables épaisseurs de l'ombre sociale », ayant « au front le signe de l'anonyme et de l'inconnu », à qui « on n'avait jamais connu de père ni mère », restée pure « le plus longtemps qu'elle put »[8], elle aime, et se perd.

De tous les personnages féminins de Hugo, celles auxquelles Juliette s'identifie le plus, ce sont les courtisanes Marion de Lorme (dont Hugo a inventé le personnage quatre ans avant de la rencontrer) et la Tisbe d'*Angelo, tyran de Padoue*, qui, dit-elle, lui ressemblent[9]. Elle a inspiré à Hugo deux autres femmes vivant de leurs charmes, qui réapparaissent dans le théâtre de l'exil. Dans le vaudeville social *L'Intervention*, Eurydice est entretenue par un baron ridicule, et rêve de retrouver son innocence perdue. Zabeth, dans *Les Deux Trouvailles de Gallus*, se suicide pour échapper à sa prison dorée et à l'humiliation [10], après un discours féministe désespéré. Déjà, dans la préface d'*Angelo, tyran de Padoue*, Hugo, pour défendre la « femme dans la société » contre le « despotisme » conjugal et la « femme hors de la société » contre le « mépris » public, voulait « rendre la faute à qui est la faute, c'est-à-dire à l'homme, qui est fort, et au fait social, qui est absurde » [11]. Si Hugo est un si énergique avocat des droits des femmes, s'il dénonce avec une telle force la misère et l'injustice qui mènent les plus démunies à la prostitution, Juliette y est bien pour quelque chose.

Dans la famille Pradier, le sculpteur et sa fille

Les amants ou protecteurs qu'on lui connaît sont des artistes ou des hommes du monde. Juliette a le goût sûr : avant de devenir la compagne du plus célèbre écrivain de son siècle, elle a un enfant avec le sculpteur le plus renommé de son temps, James Pradier.

On ne sait comment elle fit sa connaissance. Est-ce le peintre Pierre-Joseph Redouté, dont elle dit avoir suivi les cours de dessin [12], et que Pradier connaissait [13], qui lui conseilla de s'intéresser au travail de son confrère ? Comme beaucoup d'autres Parisiennes, Juliette assista aux cours de ce « Raphaël des fleurs », maître de dessin pour les plantes du Muséum d'histoire naturelle depuis 1823. Ses séances publiques avaient débuté par une leçon donnée le 15 avril 1824 dans la galerie de Buffon donnant sur le Jardin des Plantes. Elles attiraient des femmes de toutes conditions, des grandes dames oisives aux domestiques curieuses en passant par les jeunes artistes et les ouvrières qui cherchaient une embauche dans des manufactures de porcelaine ou de tapisserie. Est-ce pour travailler dans ce genre d'artisanat typiquement féminin, ou simplement pour parfaire son éducation, que Juliette suivit ces leçons ? En tout cas elle en tira un profit limité, car elle ne pratiquera plus guère le dessin, si ce n'est pour orner ses lettres à Hugo de vignettes humoristiques ou rêveuses, qu'elle commente toujours avec autodérision, trouvant qu'il y a entre ses lettres et celles de Mme de Sévigné « le même rapport qu'entre [s]es dessins et les cartons de Raphaël [14] ». Ces centaines de croquis délicieux, poignants, spirituels et satiriques, qui moquent Hugo cheveux gonflés, habillé comme un mirliflore, parlant à la tribune, ou ses autoportraits en mégère bottant les fesses à Victor, lui donnant des coups de bâton, lui faisant un pied de nez, lui tirant la langue, le battant au loto, copiant ses œuvres, l'embrassant sans déranger sa coiffure, lui souhaitant la bonne année, recevant extasiée un de ses cadeaux, se promenant avec lui en voiture à cheval, en bateau à vapeur, jardinant dans une campagne imaginaire, en toucan faisant le pied de grue à l'attendre, ou suicidée pendue à une porte, ont un trait naïf qui enchante sans pour autant révéler quelque don graphique particulier.

Quand Juliette fut la maîtresse de Pradier, fréquentait-elle son atelier ? On en est réduit aux conjectures. Il est très peu probable, en tout cas, qu'elle ait voulu apprendre la sculpture. On s'imagine plus aisément qu'elle a pu être son modèle. C'est possible, mais cette hypothèse n'est confortée par aucun témoignage de première main. Juliette a certes un corps splendide ; en témoigne le portrait qu'en brosse Théophile Gautier, qui s'y connaissait, dans le recueil collectif *Les Belles Femmes de Paris* : « Le col, les épaules, les bras, sont d'une perfection tout antique chez Mademoiselle Juliette ; elle pourrait inspirer dignement les sculpteurs, et être admise au concours de beauté avec les jeunes Athéniennes qui laissaient tomber leurs voiles devant Praxitèle méditant sa Vénus [15]. » Inspirées peut-être par ce témoignage au conditionnel mais surtout par un sensationnalisme qui n'engage que leurs auteurs, maintes légendes courent sur le nombre de statues de Pradier plus ou moins lascives dont Juliette serait le modèle. L'une d'elles, délirante, imagine ainsi qu'en 1834, Juliette, qui était déjà la maîtresse de Hugo, serait revenue spécialement poser pour Pradier sous les yeux du futur acheteur, le comte Anatole Demidoff, à qui l'on prête aussi, sans preuve [16], une liaison avec elle. Ce dispositif qui aurait supposé la complicité des trois hommes ne reflète que les fantasmes du premier biographe à l'avoir imaginé, et la crédulité de ceux qui se les sont appropriés ensuite. En réalité – les spécialistes de Pradier l'ont souligné –, la plupart des attributions de modèles à Juliette sont fantaisistes, faute de s'appuyer sur des preuves [17]. Elle a pu poser pour l'une des Trois Grâces du groupe dont il achève le modèle en avril 1825 et qu'il exposera au salon de 1831, mais ce n'est pas certain. La seule statue dont Juliette se revendique le modèle, c'est l'allégorie de la Ville de Strasbourg, au coin nord-est de la place de la Concorde. Néanmoins, la statue ayant été réalisée en 1836, elle n'a pas pu poser pour elle. Pradier a-t-il travaillé à partir d'un ancien moulage ? ou de ses souvenirs ? ou sur un autre modèle – vraisemblablement sa propre femme –, tout en lui faisant croire qu'il s'inspirait d'elle ? Toujours est-il qu'elle s'amusera de son « triomphe » au lendemain de la défaite de Sedan, parce

Juliette Drouet, « Portrait de Hugo à la chevelure léonine » (8 juillet 1840), « Portrait de Hugo en mirliflor » (21 mai 1841), « Portrait de couple : coup de pied au derrière » (10 avril 1842), « Portrait de couple : coups de bâton » (8 avril 1844), « Autoportrait au pied de nez » (30 mars 1847), « Autoportrait à la langue tirée » (15 avril 1855), « Portrait de couple : la victoire au loto » (3 juin 1847)

« Portrait de couple, le baiser » (16 septembre 1842), « Portrait de couple, la bonne année » (1er janvier 1841), « Portrait de couple au cadeau, la soupière » (2 mai 1840), « Promenade en bateau à vapeur » (7 août 1838), « Portrait de couple, la vie aux champs » (26 mai 1840)

« qu'on la pavoise et qu'on la couvre de fleurs[18] » en témoignage de patriotisme, pour soutenir l'Alsace et la Lorraine convoitées par l'ennemi.

Quand Pradier rencontra Juliette, il sortait d'une relation avec une femme rencontrée à Rome, en 1823, à l'occasion d'un retour dans cette ville où il avait été jadis pensionnaire à la villa Médicis. Après son premier séjour romain, il s'était installé avec d'autres artistes rue Neuve-de-l'Abbaye, au Palais abbatial, et commençait sa carrière avec une commande d'un monument à la mémoire du duc de Berry pour la cathédrale Saint-Louis de Versailles, en 1821, et l'achat par le gouvernement de ses statues *Une bacchante* et *Un fils de Niobé.* Lors de son deuxième séjour à Rome en 1823, il s'éprit du modèle de la *Psyché* qu'il exposerait au Salon de 1824, une femme mal mariée à un butor qu'elle quitta pour le suivre à Paris[19]. Elle y mena à son côté une vie artiste, avant qu'il ne se lasse d'elle et la laisse à son déshonneur. Un témoin retrouvera vingt ans plus tard cette Marianne Brun dans la Galerie Borghèse, à Rome, copiant, « pour les vendre quelques baïoques à des marchands italiens, de quoi ne pas mourir de faim, des miniatures exécutées sur ivoire, d'après les maîtres les plus à la mode dans ce moment en Italie[20] ».

Les mœurs étaient libres dans la bohème romantique. Pour la guider dans son effervescence, Juliette pouvait compter sur son amie Laure Krafft, de cinq ans son aînée, à qui elle pouvait tout demander, soutien, réconfort, conseil, alibis, argent, gîte et couvert, qui l'invitait dans sa famille, et comprenait tout. Laure, artiste musicienne, était mère de deux enfants qu'elle avait eus hors mariage à dix-sept et dix-neuf ans[21]. Elle a pu introduire Juliette dans l'atelier de Pradier.

On s'y amusait bien. Devenue vieille, Juliette raconterait au fils de Pradier venu dîner chez elle une anecdote mettant en scène le peintre Champmartin : celui-ci s'était amusé à attacher aux ressorts d'un fiacre les bustes d'un mouleur qui fréquentait l'atelier de la rue Neuve-de-l'Abbaye[22]. Pradier attirait les personnalités originales.

L'homme était charismatique. Des années plus tard, une fois marié, il tiendrait un salon, où se retrouverait une société composite d'artistes peintres, de musiciens, d'écrivains, de personnalités politiques, de femmes du monde et d'actrices à qui le maître de maison offrirait de somptueux festins. Et il cultiverait une mise extravagante : l'un de ses premiers biographes se souvient l'avoir vu arborer lors d'une soirée mondaine « son pourpoint de velours noir tailladé aux crevés doublés de satin violet, sa cravate algérienne, son gilet soutaché d'or, son pantalon collant de casimir blanc à large bande d'or[23] ». Il sera parfois chaussé « de hautes bottes découpées en cœur sur le devant, vêtu d'un pantalon de velours violet, d'un justaucorps de même étoffe, soutaché de brandebourgs à la polonaise, coiffé d'un feutre aux ailes battantes, à demi enveloppé d'une cape à collet ». Voilà bien, jusque dans la tenue vestimentaire où se rencontrent exotisme, Moyen Âge et mode Louis XIII, le fameux mélange des genres romantique.

Pradier, raconte un de ses anciens élèves, « était d'un naturel doux et porté à la mélancolie, lorsque le côté loquace et tant soit peu genevois ne venait pas lui mettre la puce à l'oreille, prendre le dessus et solliciter ses faiblesses vaniteuses[24] ». Surdoué, le sculpteur était aussi musicien. Ami de Boieldieu, Lesueur, Berton, et du puissant Cherubini (tous enseignant à l'École royale de musique), il accueillerait dans son futur salon les étoiles de la musique française Meyerbeer, Auber et Adolphe Adam. Lui-même jouait du piano, de la guitare, de l'orgue et de la harpe, et composait des romances, dont deux dédiées à Juliette, romantiquement intitulées *Le Chagrin de l'absence* et *Rochers inaccessibles.*

Fruit de leurs amours, leur fille Claire, conçue début 1826 (la mère n'a alors que dix-neuf ans, et le père trente-cinq), naquit à Paris le 12 novembre, au domicile de Juliette, rue de Furstemberg, à côté de l'atelier de Pradier au Palais abbatial, et fut baptisée deux jours plus tard en l'église Saint-Germain-des-Prés. Le sculpteur, célibataire, était père pour la première fois, à moins que ce soit la deuxième (peut-être avait-il eu un fils hors mariage en 1814[25]), mais son nom ne figure pas sur l'acte de baptême de Marie-Sophie Claire Gauvain : elle ne portait encore que le nom de sa mère. Le parrain, Jean-Charles Marie Lalung de Férol, est de grande famille ; la marraine est une actrice, Sophie-Octavie Ader (Mlle Félicie à la scène), qui épousera un peintre de presque vingt ans son cadet. On ne sait quel degré d'amitié la liait à Juliette, puisqu'il ne sera plus question d'elle dans les lettres à Hugo. Le parrain, en revanche, réapparaîtra à l'occasion, pour offrir quelque cadeau à sa filleule.

On aurait tort de juger sévèrement Pradier au prétexte qu'il ne reconnut pas tout de suite Claire et n'envisagea pas d'épouser Juliette. Rien ne dit, au demeurant, dans leur correspondance ultérieure, qu'elle y aurait consenti[26]. C'était une attitude courante, le Code civil ne prévoyant aucune disposition pour les enfants nés hors mariage, alors privés de droit à l'héritage, raison pour laquelle la bâtardise et l'adultère sont de si fréquents motifs romanesques, mélodramatiques et vaudevillesques dans la fiction du XIXe siècle. Dans *Les Misérables*, les jeunes gens qui fréquentent Fantine et ses amies ne s'imaginent pas davantage s'engager auprès d'elles et ne se sentent pas responsables de leur paternité éventuelle. Hugo s'en émeut et les condamne. Pradier, quant à lui, n'abandonna pas Juliette, à la différence de Tholomyès qui disparaît sans prévenir Fantine, ni se soucier de leur enfant, ni plus jamais lui donner de nouvelles. Contrairement au personnage du roman, le sculpteur reconnaîtra Claire deux ans plus tard et lui donnera son nom. Daté du 22 mai 1828, jour, festif pour la mère, de la Sainte-Julie, l'acte de reconnaissance de paternité, où il énumère ses titres récemment acquis, « professeur de l'Académie, et membre de l'Institut royal de France, membre de l'Académie de Genève, chevalier de la Légion d'honneur, etc., etc. », laisse à deviner qu'il avait désormais suffisamment confiance en lui et en sa situation pour assumer son rôle auprès de son enfant. Peut-être aussi était-il préoccupé par l'avenir de Claire dont la mère avait la tête ailleurs, était insolvable, et fuyait la justice à l'étranger avec son nouvel amant. Aussi prit-il soin, dans une disposition testamentaire, de léguer à l'enfant, à sa majorité, tout son bien s'il devait « mourir garçon », et la moitié s'il devait se marier[27].

Pradier, une fois marié, versera irrégulièrement à Juliette l'argent nécessaire à l'entretien de leur fille, s'enquerra de sa santé, lui enverra quelques présents. Dans son atelier, elle rencontrera ses demi-frères et sœurs, avec qui elle nouera des liens affectueux. Mais il n'ira pas jusqu'à l'accueillir régulièrement en son foyer conjugal, où elle sera reçue tout au plus une ou deux fois[28]. Ses soins resteront fluctuants, soumis au caprice du moment, aux déboires conjugaux, aux soucis d'argent de l'artiste courant après les commandes officielles, remboursant ses frais par des réalisations faciles de nus sensuels qu'on s'arrachait.

Plus âgé que Juliette, Pradier conserva avec elle une attitude protectrice. Jusqu'à ce qu'elle rencontre Hugo, et même après, il s'inquiéta de la voir risquer d'abord son honneur et son intégrité dans des fréquentations douteuses, puis sa santé dans un travail épuisant. On ne sait jusqu'à quand exactement elle continua – si jamais elle le fut – d'être son modèle. En 1827, elle posa en tout cas pour le peintre Champmartin qui, dans une phase orientaliste après son retour du Levant, la représenta en « Femme de Smyrne », rayonnante dans la plénitude de sa jeunesse *(voir cahier hors texte)*.

Quand elle accoucha en 1826, Juliette n'envisagea pas de s'occuper de sa petite. Très vite, Claire, comme beaucoup d'enfants naturels ou non à cette époque, fut mise en nourrice. On lui en trouva une à Vert, près de Mantes. C'est à Pradier que celle-ci écrit pour donner, le 13 mai 1828, des nouvelles de sa « petite fille qui se porte très bien. Elle augmente toujours dans ses petits progrès, elle est bien vive [et] parle passablement[29] ». Une semaine après avoir reçu cette lettre printanière encourageante, Pradier, craignant sans doute pour l'avenir de sa petite de dix-sept mois qui ne pouvait plus compter sur le soutien de sa mère enfuie, la reconnut. À l'automne, il la ramena à Paris, et la confia à une femme attentionnée qui s'attacha à elle, Cécile Watteville : elle tenait un pensionnat rue Garancière, où elle avait déjà comme élève la cousine de Juliette, Eugénie, âgée de douze ans. Naît alors entre les deux enfants, l'une jeune fille déjà, l'autre encore bébé, une affection durable.

Dans la famille Pinel, l'aliéniste et son fils

Le nouvel amant de Juliette lui avait fait tourner la tête et oublier Pradier. Gérard Pouchain l'a montré, il ne s'agit pas – contrairement à ce qu'on a longtemps dit – du graveur Bartolomeo Pinelli ni de son fils, mais du médecin Scipion Pinel, à qui sa passion pour Juliette fit faire des folies.

Cet homme marié était médecin-surveillant à la Salpêtrière. Son père, Philippe Pinel, en était le médecin-chef. Une statue érigée devant cet hôpital commémore aujourd'hui encore ce pionnier de la psychiatrie moderne, renommé pour avoir renouvelé la typologie des maladies mentales, incité ses confrères à libérer les aliénés de leurs chaînes, pour s'être efforcé de soigner les patients par le dialogue et l'écoute, en prenant en considération leur histoire, leur raison et leur personne *via* un « traitement moral[30] ».

Philippe Pinel n'eut pas le temps de s'inquiéter pour les incartades de son fils. Il mourut quelques mois avant que son rejeton irresponsable se retrouve devant les tribunaux. Scipion et son frère avaient reçu, selon leur oncle, « une déplorable éducation ». Gâtés par leur père qui, les ayant eus sur le tard (à cinquante ans), leur passait tout, ils n'avaient guère la tête sur les épaules. Intelligent et frivole, Scipion fit de bonnes études, favorisées par un népotisme qui ne choquait guère à l'époque. Sitôt après avoir soutenu en 1819 sa thèse intitulée *Recherches sur quelques points de l'aliénation mentale* devant un jury présidé par son papa, il est engagé à la Salpêtrière à vingt-cinq ans, dûment recommandé. Scipion Pinel était aussi un homme de lettres et un esprit distingué. Il avait même écrit un roman historique, *L'Aspirant de Saint-Côme*, sur la jeunesse d'Ambroise Paré, et un drame en cinq actes et en vers, *André Vésale*, ainsi que des articles de critique littéraire, sous un pseudonyme. Il partageait avec Victor Hugo l'horreur de la peine de mort, qu'il combattit courageusement. Marié à une riche héritière qui lui donnera deux garçons et une fille, il habitait un hôtel particulier du Marais où logeaient aussi ses belles-sœurs et sa belle-mère qui l'adoraient. Il aurait pu y mener une vie bourgeoise prospère et rangée. Il n'en fut rien. Car il n'avait pas le sens de l'économie : « L'argent lui filait entre les doigts, et plus d'une fois il eut recours, pour le sortir d'embarras, aux bons offices de son cousin. »[31]

Lorsqu'il tomba amoureux de Juliette Drouet, elle-même fort dépensière, sa prodigalité les perdit et les envoya devant la justice. Début novembre 1827, quelques semaines avant la publication du *Cromwell* de Hugo et de sa célèbre préface, Scipion Pinel, follement épris, décida de donner à sa maîtresse « des preuves solides de sa tendresse », selon l'expression du rédacteur de la *Gazette des tribunaux* couvrant l'une des séances du procès interminable qui minera des années durant la vie de Juliette. Ces preuves tangibles étaient « des bijoux, des pierreries et de magnifiques cachemires des Indes ». Il y en avait pour 20 000 francs (ce qui représentait environ vingt-sept ans de travail pour un ouvrier). Mais Scipion Pinel paya les factures par lettres de change en faveur d'une dame Ribot, « revendeuse, bien connue pour prêter à gros intérêts aux fils de famille »[32]. Les lettres de change étant arrivées à échéance sans qu'il eût remboursé ses dettes, Scipion Pinel fut condamné quelques mois plus tard, en février et mars 1828. Les huissiers vinrent saisir ses meubles en son hôtel particulier, mais la somme récoltée par la vente ne couvrait pas tout. Ni lui ni Juliette ne savaient où trouver les 8 000 francs qui restaient à régler. Aux abois, dans une fuite en avant, ils quittèrent ensemble la France pour l'Allemagne.

On ne sait presque rien de ce séjour outre-Rhin, qui dura quelques mois entre le printemps (ou l'été) et l'automne 1828. La présence des amants à Francfort mi-août est attestée par une lettre de Pradier à Juliette. Elle-même se souviendra encore, à la fin de sa vie, au cours d'une conversation privée portant sur la persécution des Juifs, avoir été témoin des mauvais traitements dont ils étaient victimes en Allemagne. Avant son départ, le ministre de l'Intérieur Martignac lui avait donné des lettres de présentation pour les Rothschild et les Goetz, dont elle fit usage en leur rendant visite dans le ghetto de Francfort, « quartier maudit » où « ces familles israélites, malgré leurs colossales fortunes, étaient parquées ». On avait raconté à Juliette qu'un membre de la famille Rothschild, prêt à payer 100 000 francs pour être admis dans un cercle bourgeois de Francfort, avait été éconduit. Elle remarque aussi : « À Francfort, une promenade particulière était assignée aux Juifs, et, le soir, on fermait leurs rues par des chaînes. » Juliette n'oubliera jamais non plus une scène d'antisémitisme ordinaire dont elle avait été témoin : invitée par les Goetz en promenade à Mayence, elle avait vu de ses yeux le soldat à l'entrée de la ville les regarder « d'un air farouche, et, si la voiture n'eût pas passé rapidement, sans nul doute il eût insulté les voyageurs » ; au retour, le premier factionnaire ayant sans doute donné le mot aux suivants, les voyageurs avaient essuyé « des cris et des huées », et reçu « de la boue et des pierres »[33] jetées dans la calèche.

Les courriers que Pradier adresse à Juliette en ce mois d'août 1828 le montrent à la fois généreux et préoccupé. Il la rassure au sujet de Claire, tout en cherchant à la responsabiliser : « J'espère que son éducation et l'exemple lui éviteront les tourments que ton sort malheureux te fait souffrir. » Il s'occupe de la santé de sa cousine Eugénie, qu'il mène chez son médecin pour empêcher que « l'humeur qui lui court au nez ou aux yeux ou aux oreilles » n'empire. Il lui propose des lettres de recommandation, dont une de l'influent comte de La Rochejacquelein, frère du chef des insurgés vendéens. Prêt à lui envoyer de l'argent, il envisage même de vendre « les ouvrages de M. Pinel » (sans doute son roman et sa pièce de théâtre) et de leur faire « parvenir la somme entière ». Mais surtout, il la supplie de se reprendre : « Sans jugement que celui de ta passion, qui t'a enlevé tout sens de conservation pour toi et les tiens, tu ne verras clair que quand il ne sera plus temps. » Jaloux peut-être, mais pas forcément, il lui fait voir qu'elle et son « compagnon d'infortune » sont « la cause mutuelle »[34] de leurs malheurs, et la conjure d'écouter enfin les bons conseils de ses amis.

L'équipée prit fin en octobre 1828, lorsque, après quelques mois d'errance, Juliette, séparée de Scipion Pinel, se résolut à embrasser enfin une vraie carrière, en devenant comédienne à Bruxelles. C'est à ce moment-là que Pradier s'en alla chercher Claire chez sa nourrice à Vert, près de Mantes, accompagné de la cousine Eugénie et de Mme Lanvin. Née Antoinette-Eliza Véron, Mme Lanvin (future grand-mère de la grande couturière Jeanne Lanvin) était, comme son mari, domestique de Pradier. Chargée ensuite par son maître de maintes missions auprès de Claire, comme aller la chercher et la ramener à sa pension, elle deviendra une très bonne amie de Juliette.

Pour l'heure, sur la route du retour vers Paris, la petite Claire, qui va sur ses deux ans, voyage donc entre son père, la cousine et Mme Lanvin. Pradier la plaça dans la pension de Mlle Watteville, qui servira pendant quelques années de seconde mère à l'enfant. Juliette lui en sera toujours redevable. Elle s'inquiétera, en 1834, de la savoir souffrante : « Je suis fort affligée [de] la maladie de cette pauvre femme que j'aime parce qu'elle a aimé et soigné ma Claire, dans un temps où mes soins lui manquaient[35] ». Espérant réveiller en Juliette l'instinct maternel maintenant qu'elle semblait se reprendre, Pradier s'empressa de lui donner des bonnes nouvelles de sa fille : il s'attendrit, se promet de lui acheter « quelques robes et chapeaux car elle n'a rien, elle est comme un *pou* » ; il se plaît à imaginer Juliette, quand elle reviendra, fredonnant avec elle « ron, ron, ton, ton, ron, ton, ton, ton, ton, ton, taine », et la lui décrit non seulement avec le cœur d'un père, mais aussi avec l'œil du sculpteur et l'âme d'un moraliste : « Elle a des cheveux comme de l'or, très clairs, ses yeux sont bruns et son nez se redresse avec des *méplats*, comme le tien. Elle te ressemble beaucoup déjà. Pourvu qu'elle soit meilleure, c'est ce que je demande. » La dernière phrase est franche, mais le contexte en atténue la dureté : Pradier se réjouit de savoir sa « chère amie » enfin prête à « mériter l'attachement »[36] qu'on a pour elle et la croit capable de faire ce qu'il faut pour s'assurer un état.

On ne sait à quelle date Scipion Pinel, de son côté, rentra d'Allemagne en France, ni ce qu'étaient devenus sa femme et ses enfants pendant son absence. On le retrouve en 1831 en Pologne, dans une mission, étudiant l'épidémie de choléra-morbus venue de Russie qui déferlera sur la France l'année suivante. Attaché à l'hôpital des housards à Varsovie, Pinel aura le courage de s'inoculer à l'avant-bras du mucus intestinal prélevé sur un cadavre, pour mener à bien ses expériences. Après une escale à Berlin, où l'épidémie s'était propagée, il viendra en France reprendre son poste et diriger une maison de santé près d'Ivry, quittera l'hôpital des femmes (la Salpêtrière) pour celui des hommes, Bicêtre, où étaient accueillis les aliénés, les vénériens, des prisonniers, les enfants qu'on disait alors « idiots », et d'où partait la chaîne pour le bagne. Il en partira au bout de trois ans, mais poursuivra les recherches de son père sur le traitement des maladies mentales. Toujours aussi impécunieux, il mourra en 1859 sans rien laisser en héritage à ses enfants.

Malheureusement pour Juliette, si leur relation, après 1828, était bel et bien finie, la dette, elle, restait en souffrance. Refoulée, elle ne manquerait pas un jour de faire violemment retour. D'ici là, la jeune maman, qui ne connaissait pratiquement pas sa fille, s'appliquait, selon les mots à la fois encourageants et circonspects de Pradier, à se « rendre capable de quelque chose » qui la mette « au-dessus du vulgaire »[37] en faisant ses débuts de comédienne au Théâtre du Parc de Bruxelles. Cette petite scène belge passait pour l'antichambre de Paris.

III

Débuts à Bruxelles
(1828-1829)

> « Elle était décidément d'une beauté merveilleuse. La seule remarque qu'on pût faire qui ressemblât à une critique, c'est que la contradiction entre son regard qui était triste et son sourire qui était joyeux donnait à son visage quelque chose d'un peu égaré, ce qui fait qu'à de certains moments ce doux visage devenait étrange sans cesser d'être charmant. »
>
> *Les Misérables*, III, VI, 5

Rares étaient les acteurs parisiens qui n'avaient pas débuté en province. Certaines villes comme Rouen, Lyon et Bruxelles étaient considérées comme des tremplins pour la capitale, si l'on s'y faisait remarquer. Telle était l'ambition de Juliette, soutenue et conseillée à distance par Pradier.

Le Théâtre du Parc avait été édifié en 1780, à une époque où les grandes villes européennes se dotaient de belles salles de spectacle. La bourgeoisie française, s'appropriant la culture savante et des divertissements de moins en moins réservés à la Cour, se dotait ainsi d'établissements où accueillir en province, dans les semaines ou mois qui suivaient leur Première, les pièces créées dans la capitale. Avec le Parc, dit aussi « Petit-Théâtre », la ville de Bruxelles ouvrait une seconde salle, puisqu'elle jouissait déjà d'un beau bâtiment, la Monnaie, situé en centre-ville, au milieu des immeubles d'habitation. Le second théâtre, lui, s'inscrivait dans une réalisation paysagère, l'ouverture de la place Royale sur un parc déployé en pleine ville, au bout duquel il dominait un ensemble architectural voué aux plaisirs, un *waux-hall* avec cafés-restaurants, parfumeries, bijouteries, soieries et magasins de mode où Juliette pouvait flâner[1].

À l'origine, le Théâtre du Parc avait été conçu comme une école d'art dramatique pour les enfants (d'où ses petites dimensions), censée alimenter ensuite la troupe de la Monnaie. Puis on l'avait utilisé pour des spectacles forains ou amateurs, et comme manège. Son directeur était alors responsable des deux théâtres, ce qui facilitait la programmation. La Monnaie se spécialisait dans les grands genres – tragédie, comédie, opéra ; le Parc, dans les formes plus populaires – mélodrame, vaudeville. Cette répartition des genres en fonction des publics, qu'on retrouvait dans les grandes villes françaises dotées de deux établissements, avait beau induire une certaine différenciation sociologique, les deux théâtres étaient fréquentés par des aristocrates et des petits-bourgeois. Mais comme les places étaient plus chères au grand théâtre, il y avait plus de commis, d'artisans et d'étudiants au Parc qu'à la Monnaie. C'est donc devant un public populaire que Juliette débuta sa carrière, ce qui l'effrayait un peu. L'idée était d'y faire ses premières armes et puis de revenir à Paris dès qu'elle serait un peu formée.

Ironie du sort, le tout premier auteur qu'elle interpréta, et qu'elle devait jouer beaucoup par la suite, est, de tous ses confrères, celui pour qui Hugo aura le plus de mépris. Eugène Scribe, grand maître de la comédie, de l'opéra-comique et du vaudeville, librettiste d'opéra, auteur de plus de quatre cents titres – dont beaucoup de collaborations comme c'était l'usage dans les théâtres secondaires [2] –, inventeur de la « pièce bien faite », défenseur du droit d'auteur au sein de la SACD dont il favorisa la fondation [3], était alors le dramaturge fétiche du Théâtre du Gymnase à Paris. Sa célébrité avait fait un bond en février 1828, après la création de l'opéra patriotique d'Auber *La Muette de Portici*, dont il est le librettiste. Ses comédies légères, virevoltantes, bien ficelées, gentiment satiriques mais respectueuses des convenances, étaient aussitôt reprises dans les provinces et à l'étranger. Coup sur coup, en décembre 1828, Juliette joua, à quelques jours d'intervalle, les rôles de jeunes premières dans trois de ses pièces à succès.

L'indéfectible soutien de Pradier

Beaucoup d'acteurs, à cette époque, se formaient sur le tas, sans passer par le Conservatoire. N'ayant encore aucune technique, en attendant de prendre modèle sur leurs partenaires, ils ne pouvaient se fier, à ce stade précoce, qu'à leur instinct, à leur tempérament, à leurs atouts physiques et vocaux. Les « débuts », rite de passage périlleux, terrifiaient les novices : il fallait affronter les réactions incontrôlées d'un public houleux, aussi peu discret et retenu dans les sifflets que dans les bravos, et qui se considérait, puisqu'il payait sa place, comme l'employeur de l'artiste.

On sait peu de choses sur la vie quotidienne de Juliette à Bruxelles. Les lettres que Pradier lui adresse sont notre principale source d'information. Elle les recevait poste restante, par l'entremise d'une lingère arrivée de Francfort un mois après elle, qu'elle faisait passer pour sa mère et qui lui servait vraisemblablement de femme de chambre[4]. Celles de Juliette à Pradier, où ne figure que ce qu'elle voulait bien lui dire, ne nous sont pas parvenues, mais on en devine en creux la teneur aux réponses qu'il lui fait. On comprend ainsi que Juliette cherchait à nouer dans la communauté française de Bruxelles des contacts susceptibles de l'aider à percer ensuite.

Pradier lui demanda comment s'appelait le directeur, quelles relations il pourrait faire jouer en sa faveur à Paris. Sur place, elle pouvait compter sur Charles Durand, publiciste de trente-neuf ans récemment arrivé à Bruxelles, pour lui prodiguer « attentions » et « bons conseils ». Encore fallait-il ne pas se dire mariée : « L'homme, lorsqu'il vous aide, espère toujours. [...] Je ne veux pas dire que tu combles l'espérance. D'ailleurs tu as assez d'autres jolies qualités pour récompenser ceux qui seront assez nobles pour t'aider[5]. » Il était difficile, pour les jeunes et jolies actrices, de bénéficier de protections sans rien accorder. On ne sait de quel ordre était l'intérêt que portait à la débutante cet orateur brillant arrivé quelques jours avant elle à Bruxelles, où il venait de fonder un journal (après en avoir dirigé deux en Suisse), et où il deviendrait un homme de lettres en vue, conférencier au musée de la ville, et animateur de soirées littéraires et musicales au *waux-hall*[6]. Toujours est-il que Pradier promit à Juliette son entremise auprès de lui et de son confrère, autre Genevois, le peintre sur émail et porcelaine Abraham Constantin. Pradier n'était pas à court de camaraderie : un de ses amis professeur au conservatoire mit Juliette en contact avec une cantatrice bruxelloise qui pourrait la conseiller, en plus du maître d'orchestre du théâtre qui lui apprendrait ses rôles avec le violon, comme on faisait en province[7] ; il dépêcha son cousin à Bruxelles pour la recommander auprès de deux acteurs, ses compatriotes, qui jouaient sur les deux théâtres, et se proposa même d'écrire au ministre[8].

Une légende noire a longtemps présenté Pradier comme un dandy velléitaire et brutal, peu fiable, condescendant et moralisateur. À cette époque du moins, il n'en est rien. Sans ménager sa peine, soucieux de l'avenir de la jeune femme, il l'encourage, lui donne confiance, la conseille, et prépare son retour à Paris.

Nerveuse, mais désireuse de percer, Juliette s'estime trop vieille, à vingt-deux ans, pour commencer une carrière. Pradier la réconforte : il lui donne en exemple les artistes ayant réussi un coup de maître dès leur coup d'essai, prône la tempérance, la régularité, le sérieux, l'application, la persévérance et la volonté.

Pour l'inciter à se dépasser, afin, le moment venu, de se faire engager à Paris, il fit miroiter à la jeune maman les plaisirs qu'elle aurait à retrouver leur « Pove Petit », comme ils surnommaient Claire : à tout juste deux ans, celle-ci était « fraîche comme une petite pomme », « enchantée de ses beaux habits »[9], « coquette et surtout décente[10] », obéissante, et s'émerveillait de découvrir l'atelier de son papa, qui réalisa son portrait. Il donna également à Juliette des nouvelles de la cousine Eugénie, douze ans, éduquée dans la même pension que Claire, et dont il s'occupait aussi, s'efforçant de lui apprendre l'ordre, le soin et l'hygiène dont, disait-il, elle manquait : tout le contraire de sa charmante bambine, parée, elle, de toutes les qualités. Bien placé pour connaître les risques auxquels le milieu artiste expose la vertu des filles, il s'émeut d'avoir vu la petite, déjà mélomane à deux ans, courir embrasser un musicien au « bal de la fête des demoiselles », et se promet, tel Arnolphe avec Agnès, de lui donner une éducation minimale centrée sur la « propreté » et la « décence »[11] afin que son émotivité artistique ne l'entraîne pas sur les chemins de la perdition.

Sans doute Pradier cherchait-il, par l'éloge répété de Claire, à rassurer Juliette sur le sort de sa fille et à réveiller son instinct maternel en suscitant sa jalousie à l'égard des mères de substitution : Mme Lanvin, sa domestique, à qui Claire fait la fête, et Mlle Watteville, la directrice de la pension, « très sage et d'une organisation extraordinaire pour tout[12] », dont Claire, écrit-il, « est devenue la fille », et qui en retour « l'aime d'une amitié qui lui était inconnue »[13]. De Juliette, on devine qu'elle s'avoue jalouse de « Pove Petit », si bien entourée et tant choyée.

Avant son premier début, prévu le 6 décembre dans le vaudeville *La Mansarde des artistes*, Pradier préconisa « du courage et des pastilles de menthe[14] » comme panacée à ses angoisses, et du chocolat sans pain pour engraisser un peu. Il lui conseilla de soigner ses entrées, et pour trouver le ton juste, de se fier au sentiment et au naturel à la manière des Anglais. L'année précédente, en effet, une troupe d'acteurs shakespeariens avait triomphé à Paris : le fougueux Kean (à qui Dumas consacrera une pièce ensuite remaniée par Sartre), le distingué Kemble (inquiétant Hamlet), la ravissante Harriet Smithson, sublime dans les rôles d'Ophélie, de Juliette et de Desdémone, et que Berlioz, fou amoureux, allait épouser, avaient montré à leurs camarades français l'expressivité dans le jeu muet, la violence, la pantomime et la flexion des corps. Ils s'autorisaient même à tourner le dos au public. Pradier n'alla pas jusqu'à préconiser cette révolution à sa jeune protégée. Il lui suggéra, au contraire, de parler toujours face aux spectateurs comme si elle s'adressait à eux, sans se tourner vers les coulisses, et de soigner son port et sa démarche.

Scribe au Théâtre du Parc

Le jour J, 6 décembre, l'affiche ayant été changée *in extremis*, elle débuta dans *Simple histoire*, comédie-vaudeville de Scribe et De Courcy donnée au Gymnase deux ans plus tôt[15]. La scène est à Londres, chez le tuteur de la jeune Miss Milner. Quand Juliette franchit le seuil entre les coulisses et le plateau, il lui fallut rassembler de l'assurance, de l'entrain et de l'aplomb : Miss Milner, fringante et déterminée, revient d'une vente publique, couverte d'emplettes dont elle charge ses gens de maison de s'occuper. C'était la première réplique de sa vie d'actrice : « Portez chez moi les vases, les porcelaines, et prenez garde de ne rien abîmer *(au domestique)* ; et vous, placez là ce tableau[16]. » Légère, franche, étourdie, Miss Milner finit par réussir à avouer ses sentiments à son tuteur qu'elle aime en secret, et réciproquement. Après maints imbroglios et malentendus, les obstacles à leur mariage sont levés, et tout se termine sur des chansons, suivant la loi du genre.

Pradier peut être rassuré : lorsque Juliette s'est avancée pour saluer, on l'a beaucoup applaudie. Les journaux du lendemain lui font bon accueil. La *Gazette des Pays-Bas* loue « une tentative audacieuse » de cette « très jolie » débutante au visage mélancolique, qui a joué avec intelligence[17]. « Début fort remarquable » de Mlle Juliette, écrit le journaliste de *L'Argus*, qui remarque « une jolie figure, des yeux pleins de charme et d'expression, une voix faible, mais douce et juste, une excessive timidité, mais sans gaucherie, de la gentillesse et de l'intelligence, des inflexions qui viennent de l'âme, et qui ne sont le fruit ni de l'étude ni de l'expérience »[18]. Ce jugement est confirmé par *La Minerve des Pays-Bas*, le journal de Durand, qui repère les mêmes atouts et les mêmes faiblesses. La première impression fut donc très bonne : l'expérience qui lui manquait encore, par définition, s'acquiert.

Une semaine plus tard, le 16 décembre, Juliette devait donc faire sans trop d'appréhension ses seconds débuts dans *La Mansarde des artistes*, autre comédie-vaudeville en un acte de Scribe, associé à Dupin et Varner, créée au Gymnase en 1824. La scène se passe dans une mansarde où un musicien et un peintre vivent en compagnie de l'orpheline Camille qu'ils ont recueillie et élevée comme une sœur. Tous deux sont amoureux d'elle, comme leur ami médecin. Tout se termine par un mariage, grâce à l'intervention providentielle d'un vieil oncle à héritage qui dote Camille et offre un bel appartement aux deux artistes bohèmes, ravis de quitter leur mansarde. Est-ce parce qu'elle avait assisté à la Première bruxelloise de la pièce quelques semaines plus tôt, dans un tumulte indescriptible dû à l'indiscipline et à la vulgarité de quelques plaisants du parterre [19], toujours est-il que ce deuxième essai fut nettement moins concluant que le premier, voire franchement mauvais. *L'Argus*, qui l'avait louée la semaine précédente, se désola qu'elle se soit reposée sur ses lauriers, et ait troqué sa « physionomie si aimable » pour une mine « maussade et rechignée » ; on lui déconseilla de tenter un troisième début si elle voulait éviter de « descendre jusqu'aux sifflets » [20]. Même déception dans la *Gazette des Pays-Bas*, qui se dit mal payée des encouragements prodigués à sa première apparition : « Samedi dernier, ce n'était plus cela : à peine entendait-on Mlle Juliette qui semblait bouder les acteurs et le public, et dont, par conséquent, le jeu était comme le visage, fort maussade et fort triste [21]. » Juliette n'en dit rien à Pradier, qui s'étonna : « Tu ne me parles pas de ton second début. Ah ! ah ! je ne sais pas ce que cela veut dire [22]. » Il s'en doutait, Juliette avait gardé un silence pudique sur son échec, se contentant de lui annoncer qu'elle allait jouer dans *La Marraine*.

Encore et toujours une comédie-vaudeville de Scribe, associé, cette fois, à Lockroy. *La Marraine* avait aussi été créée au Gymnase, un an plus tôt. Pradier s'empressa de donner à Juliette des conseils pour composer son personnage, Mme de Néris, dont le mari est mort et qui songe à se remarier. Elle se débat dans les calculs, secrets et fausses confidences de trois hommes : son filleul galant, amoureux et étourdi ; son homme d'affaires véreux qui veut l'épouser par intérêt ; un fermier matois, dont elle est aussi la marraine, qui cherche à empêcher son remariage pour préserver son héritage. Son personnage annonce les jeunes veuves du théâtre de Musset : fraîche, futée, enjouée, frivole, elle doit irradier de son charme [23]. Juliette regagna les faveurs du public à ce troisième début. La *Gazette des Pays-Bas* se demanda s'il fallait attribuer cette meilleure performance à une application plus grande portée par la débutante aux seuls personnages intéressants, défaut dont il ne fallait pas qu'elle prenne l'habitude. Le critique de *L'Impartial* estima qu'elle ne pouvait manquer « de s'en retourner satisfaite des Bruxellois, car elle n'eût pas trouvé en France des chevaliers plus galants que ceux qui ont encouragé ses infructueux essais [24] ». Juliette avait révélé ses qualités naturelles, on lui reconnaissait une grande beauté, une jolie voix, et de l'intelligence, mais elle péchait encore par irrégularité, émotivité et manque de confiance en elle.

Pradier lui conseilla de travailler sérieusement, d'« acquérir du talent, de la hardiesse[25] », le temps qu'il lui trouve un point de chute à Paris, par exemple aux Nouveautés ou au Gymnase, et mit l'accent sur le « joli succès[26] » de son troisième début.

La troupe de Pierre Victor, Salle des Beaux-Arts

Le moyen de parfaire sa formation s'offrit dans l'engagement de trois mois que lui proposa Pierre Victor, venu à Bruxelles avec une troupe de jeunes artistes pour douze représentations données à la somptueuse Salle des Beaux-Arts, place de Bavière, devant un public choisi, qui avait réservé sa place par souscription, et qui comptait des membres de la famille royale. Pierre Victor, talentueux tragédien, fâché avec la Comédie-Française où il avait joué de grands rôles mais d'où son caractère frondeur et ombrageux l'avait chassé, promoteur de la tragédie et opposant au romantisme, sillonnait le nord de la France, la Belgique et la Hollande, pour y donner le répertoire de la Maison de Molière avec sa troupe ambulante. Pradier encouragea Juliette à se former auprès de lui à un registre plus élevé, et à se forger une culture classique. Il lui fit valoir que le niveau de la grande comédie et de la tragédie étant plus ardu, la formation qu'elle recevrait lui permettrait de briller davantage lorsqu'elle reviendrait aux genres plus faciles. Au reste, selon lui, mieux valait « jouer devant un public noble » que « devant les savetiers ». On y progressait dans le ton, et on y gagnait une meilleure réputation[27].

L'année 1829 commençait bien : interprète de Jenny dans la comédie de Désaugiers et Gentil *L'Hôtel garni, ou la Leçon singulière*, Juliette s'acquitta avec grâce de ce rôle de jeune première, à partir du 17 janvier 1829. La grande Mlle Mars l'avait créé quinze ans plus tôt à la Comédie-Française. L'espiègle Jenny se prête à une ruse conçue par sa mère : elle fait mine d'accepter les feintes avances d'un colonel qui veut jouer un bon tour au jeune homme à qui elle est promise. Tout se termine par une reconnaissance générale : le colonel, qui avait laissé sa femme et leur fille sans nouvelles depuis dix ans, retombe dans leurs bras, et les deux couples parallèles se laissent aller à leur bonheur retrouvé. L'accueil critique fut bon : on nota les progrès de Juliette, on loua sa beauté, on lui conseilla de rester naturelle, on reconnut son talent dans la comédie comme dans la tragédie, puisque le soir de la Première, elle joua en parallèle, après ce lever de rideau, un rôle de confidente dans le *Hamlet* de Ducis. Cet adaptateur des tragédies de Shakespeare pour la Comédie-Française avait fait découvrir à la scène le génie anglais célébré par

Voltaire. Dans *Hamlet*, le rôle de Juliette était secondaire, mais elle séduisit la critique dans les deux pièces. Elle se surpassa même, ayant « cessé de faire des mines [28] », à la quatrième représentation de *L'Hôtel garni*, le soir où la troupe joua devant la famille royale.

Malheureusement, par la même incartade qu'au Théâtre du Parc deux mois plus tôt, Juliette, se reposant sur ses nouveaux lauriers, négligea de travailler son texte pour la deuxième comédie où elle parut, le 24 février, *Les Rivaux d'eux-mêmes* de Pigault-Lebrun [29]. Mal lui en prit, car le rôle de Mme Derval exige une vivacité qu'une mémoire défaillante ne peut que desservir. Cette jeune femme de seize ans, mariée à un garçon qu'elle n'a pas eu le temps de connaître, et qui est devenu soldat, part à sa rencontre dans une auberge où elle espère le soumettre à l'épreuve de sa séduction. Ayant deviné le stratagème, le jeune officier lui tend à son tour un aimable piège en déguisant lui aussi son identité. Heureusement, comme chez Marivaux dont Pigault-Lebrun s'inspire, le couple se trouve finalement amoureux et bien assorti, après révélation de leur double ruse. Juliette, prise de fatigue, d'angoisse, de paresse ou de maladie, ne possédait pas son texte, ce qui n'était guère excusable, selon le rédacteur du *Journal de la Belgique* :

> Mlle Juliette avait oublié que, pour savoir un rôle, il faut s'être donné la peine de l'apprendre : en conséquence, elle avait remis sa procuration au souffleur qui s'est montré digne de cette confiance en le récitant pour elle d'un bout à l'autre. La jeune actrice a mis dans tout cela un aimable abandon, une aisance gracieuse, qui prouvent à l'évidence qu'on croyait le spectateur suffisamment dédommagé par le plaisir de contempler son fort joli minois [30].

Elle reparut dans *Othello* de Ducis, on ne sait dans quel rôle. Puis les journaux ne rendent plus compte de ses performances ultérieures, et Juliette écrivit à Pradier qu'elle n'avait pas réussi dans la tragédie [31]. On ne sait donc si Pierre Victor cessa de la distribuer dans ses spectacles en attendant la fin de son engagement, ou s'il lui donna des petits rôles, voire lui fit jouer les utilités dans les tragédies qu'il programma ensuite jusqu'à la fin de son séjour [32], *Britannicus* de Racine, *Venceslas* de Rotrou, *Marie Stuart* de Lebrun, *Frédégonde et Brunehaut* de Lemercier, et *Alzire* de Voltaire.

Inlassablement, Pradier l'encourage. Il la rassure quand elle se plaint d'avoir été seule et de n'avoir ni reçu d'étrennes au Jour de l'An, ni pu elle-même lui en offrir. Il souffre ses plaintes et les reproches dont elle l'accable alors que, dit-il, il continue à la soutenir sans faillir malgré les torts qu'elle a envers lui comme envers elle-même, dont elle se rachète en gagnant désormais sa vie honorablement, par son travail. Il lui raconte le sien, la difficulté à obtenir des contrats, son vœu de s'imposer par un chef-d'œuvre pour se débarrasser des confrères intrigants et moins talentueux qui font obstacle à sa carrière et accaparent les commandes[33]. Il lui promet un portrait de Claire, toujours aussi mignonne et affectueuse avec Mlle Watteville, lui raconte qu'il couvre bien Eugénie par ces temps d'hiver, lui donne des cours de dessin dans son atelier, et espère faire d'elle une artiste afin qu'elle trouve « un moyen honorable de vivre et de soutenir ses parents[34] ». Enfin, il lui donne de nouveaux conseils : prendre modèle sur la statuaire pour travailler son costume et son maintien, s'imaginer qu'un peintre est là qui vous transforme en tableau, exercer sa mimique, nuancer son personnage, étudier son caractère. Ces conseils témoignent du mélange des genres à l'œuvre dans la nouvelle esthétique romantique : d'un côté, le modèle classique persiste dans le goût pour les lignes pures ; de l'autre, Pradier convoque les codes du mélodrame lorsqu'il lui recommande de « se servir de ses bras pour la surprise » ou « pour s'indigner »[35] ; enfin le dernier chic consiste, comme les Anglais, à ménager des oppositions dans le geste, la voix, la démarche, le réglage de la parole et du silence, l'antithèse poétique trouvant son équivalent scénique dans les postures contrastées.

Début mars, tandis que le contrat avec Pierre Victor touchait à sa fin, Pradier dépêcha Mme Lanvin pour trouver à Juliette un appartement à Paris, dans le quartier des théâtres, près du Vaudeville qui pouvait l'engager. Assumant jusqu'au bout son rôle d'impresario, il fit diffuser dans la presse parisienne des extraits de la critique bruxelloise, afin de disposer d'avance le public en sa faveur. Encore fallait-il qu'elle y mette du sien. Alarmé d'apprendre qu'elle était encore en contact avec des amies peu recommandables à qui elle avait annoncé son retour, Pradier la mit en garde : les « vrais amis sont rares », elle devait « entrer dans une autre ère »[36], faire table rase de son passé sulfureux, s'apprêter à souffrir pour réussir, s'armer de constance et soigner sa réputation. En serait-elle capable ?

IV

Brûler les planches (1829-1831)

« Allez-vous quelquefois au spectacle, monsieur Marius ? Moi, j'y vais. J'ai un petit frère qui est ami avec des artistes et qui me donne des fois des billets. Par exemple, je n'aime pas les banquettes de galeries. On y est gêné, on y est mal. Il y a quelquefois du gros monde ; il y a aussi du monde qui sent mauvais. »

Les Misérables, III, VIII, 4

Avant sa rencontre avec Hugo, la carrière de Juliette trace une ascension et épouse une quête. Une ascension, parce qu'elle s'élève du vaudeville au drame et des théâtres secondaires à la scène officielle ; une quête, parce que ses engagements accompagnent l'errance des romantiques d'une scène à l'autre, le drame étant à l'étroit dans le système du « privilège ».

Ce système distinguait deux sortes de théâtres : les institutions subventionnées pour les grands genres, et les établissements privés pour les spectacles populaires. Les scènes officielles étaient l'Opéra, l'Opéra-Comique, la Comédie-Française, l'Odéon et les Italiens. Parmi les théâtres secondaires, les plus anciens, autorisés par Napoléon Ier dans son décret de 1806, étaient d'un côté le Vaudeville et les Variétés, spécialisés dans les pièces comiques en un acte, et de l'autre l'Ambigu et la Gaîté destinés au mélodrame. Sous la pression d'un public avide de distractions, de nouveaux théâtres secondaires avaient ouvert.

Débuts au Vaudeville

Juliette avait acquis en Belgique son brevet de capacité dans le vaudeville, cette forme mixte de théâtre parlé et chanté, pour lequel sa voix mélodieuse, claire et douce était un atout. Aussi fut-elle engagée au Vaudeville[1].

Situé dans le quartier des Tuileries, rue de Chartres-Saint-Honoré, c'était l'un des plus anciens théâtres secondaires de Paris, édifié en 1792 pour accueillir le répertoire comique de la foire désormais sédentarisée. Les deux petites pièces où Juliette fit ses débuts pendant l'été 1829 ont un schéma commun : les retrouvailles d'une jeune femme et d'un militaire parti en mission sans donner de nouvelles. Dans *Kettly, ou le Retour en Suisse*, de Duvert et Paulin (24 juillet 1829), elle est une montagnarde amoureuse d'un officier disparu : après un quiproquo, elle finit par l'épouser à son retour au village. Dans *Une visite à Bedlam*, de Scribe et Delestre-Poirson (19 août 1829), elle est Amélie, jeune noble réfugiée en Angleterre : elle retrouve fortuitement son mari envolé, un militaire, de passage à Bedlam pour visiter l'asile de fous proche de chez elle.

Le trac passé, Juliette, dans *Kettly*, séduisit la critique, charmée par sa beauté, son intelligence et son jeu sensible ; mis à part le *Courrier des théâtres*, que dirigeait le venimeux Charles Maurice habitué à monnayer ses compliments aux actrices par leurs faveurs, la presse, unanime dans ses louanges, l'encouragea à surpasser sa timidité. Elle y était parvenue pour son second début, dans *Une visite à Bedlam* que la troupe fut conviée à rejouer au Théâtre de Madame. C'est l'autre nom du Gymnase, où Pradier avait un temps songé à faire engager Juliette. Scribe, auteur de la pièce, y régnait en maître. On était le 26 septembre, c'était la troisième fois que Juliette jouait le rôle de la délicate Amélie. Pendant ce temps, Hugo mettait la dernière main à *Hernani*.

En cette fin de Restauration où la révolte grondait contre les mesures réactionnaires et les attaques contre la liberté de la presse, Hugo, indigné que sa *Marion de Lorme* ait été interdite parce qu'elle donnait une piètre image de Louis XIII, ancêtre du roi en exercice Charles X, était décidé à ne pas en rester là, d'autant que ses amis Dumas et Vigny, eux, avaient déjà été joués à la Comédie-Française. En réaction à la brimade dont il avait été victime, il écrivit aussitôt une nouvelle pièce. Elle était cette fois située en Espagne pour ne pas être suspectée d'allusions politiques, et devait passer l'épreuve de la censure. Celle-ci devait l'accepter pour éviter, en sévissant de nouveau, de faire passer le jeune lion romantique pour un martyr. Mais il existait des moyens plus discrets de se débarrasser d'un spectacle indésirable. Au moment où Juliette quittait le Vaudeville pour la Porte-Saint-Martin, en janvier 1830, on fomentait une cabale contre *Hernani* : un censeur faisait fuiter de faux vers, les ultras se gendarmaient qu'un roi soit représenté en vil séducteur, et la campagne de presse s'alimentait de la jalousie des auteurs néoclassiques, irrités que la jeune garde les supplante depuis l'arrivée du baron Taylor à la tête de la Comédie-Française[2]. Taylor était favorable aux romantiques qu'il avait accueillis en 1829 en programmant *Henri III et sa cour* de Dumas et *Le More de Venise* de Vigny. Les trajectoires de Juliette et Hugo, en cette année 1830, commencèrent à se rapprocher. Mais Hugo visait encore les théâtres officiels[3], tandis que Juliette, ambitieuse et portée par le succès, poursuivait son ascension dans la hiérarchie des boulevards par l'obtention d'un engagement à la Porte-Saint-Martin.

Partenaire de Bocage à la Porte-Saint-Martin

En cette période troublée, le romantisme apportait un souffle exaltant dans le répertoire, et les théâtres devaient se renouveler sous peine de faillite. C'est le cas de la Porte-Saint-Martin, qui était en difficulté financière. Juliette profita d'un changement de direction et d'une réorganisation de la troupe pour y entrer. Début janvier 1830, ses meilleurs comédiens désertaient. On en vint même à envisager sa fusion avec l'Odéon dirigé par Harel, favorable aux romantiques, comme Taylor à la Comédie-Française. C'est finalement Crosnier qui reprit les rênes de la Porte-Saint-Martin, avec une équipe de choc : Saint-Hilaire, ancien régisseur au Cirque-Olympique, où l'on savait régler de spectaculaires tableaux, et le chef d'orchestre Piccini, qui composait la musique de scène de nombreux mélodrames. La proximité entre cette scène, la plus prestigieuse des théâtres secondaires, et l'Odéon, le plus pauvre des théâtres officiels, s'observe aussi dans la programmation par Crosnier, pour démarrer sa mandature, d'un succès créé à l'Odéon, *L'Homme du monde* d'Ancelot et Saintine. Juliette y débuta le 27 février 1830, deux jours après la Première d'*Hernani*.

À la Porte-Saint-Martin, dans le drame et le mélodrame, sa carrière prend un rapide essor. Elle a pour partenaire Bocage, comédien charismatique, ardent républicain. Spécialisé dans les jeunes premiers ténébreux, il créera l'année suivante le rôle-titre d'Antony, dans la pièce de Dumas qui fut l'un des plus grands scandales du romantisme à cause de son intrigue immorale : le héros tue sa maîtresse, femme de militaire, pour la sauver du déshonneur. Le succès sera tel qu'on accusera Dumas de pousser la jeunesse à la délinquance et le romantisme d'être un ferment de désordre social. Enfant d'artisans toiliers (comme Juliette), Bocage avait connu longtemps la misère. « Beau comme Apollon[4] », selon Heine, après s'être illustré à l'Odéon et à la Gaîté, il deviendrait vite, avec son engagement à la Porte-Saint-Martin, un des lions des boulevards. Pendant l'année 1830, il fut le principal partenaire de Juliette.

Ce fut le cas dans *L'Homme du monde*, pièce à succès reprise jusqu'à l'année suivante. Juliette y égalait la créatrice de son rôle à l'Odéon[5], par son intelligence et sa sensibilité. Avec ce drame en cinq actes à fin tragique, elle changeait de registre, et s'essayait au pathétique. Emma, séduite par un ambitieux sans scrupules, le voit renouer avec son ancienne maîtresse, et en meurt de chagrin. Le soir de la Première, plusieurs spectatrices s'évanouirent sans attendre le cinquième acte. Une autre, au dénouement, tandis que Juliette jouait l'agonie, dut être évacuée quelques répliques avant la chute du rideau. La Cour, qui quelques mois plus tard connaîtrait d'autres émotions fortes, ne voulut pas manquer ça, et invita donc Bocage, Juliette et leurs camarades à se produire au Louvre le 4 mars, devant la duchesse de Berry.

Hugo faisait indirectement de la concurrence à Juliette : la Porte-Saint-Martin donna une parodie d'*Hernani* intitulée *N, I, Ni, ou le Danger des castilles, amphigouri romantique en cinq tableaux et en vers*. Deux autres pochades données sur les scènes secondaires attestent la popularité du drame de Hugo. Le succès de *N, I, Ni*, proportionnel à l'intensité et à la durée du scandale[6], retarda la programmation à la Porte-Saint-Martin de *Shylock* de Dulac et Alboize, drame imité de Shakespeare initialement créé à l'Ambigu. Juliette y jouait le rôle de Jessica, fille du Juif Shylock, interprété par Bocage. On se rua à ce spectacle horrifique, pour lequel la gendarmerie à cheval dut contenir la foule qui se pressait dès la deuxième représentation, attirée par les monstruosités à l'anglaise : « des tempêtes, des naufrages, des enlèvements, puis un lit de mort, un convoi funèbre, des conciliabules dans de vieux souterrains, une séance de tribunal, enfin, l'épouvantable triomphe de la haine et de la vengeance dans le cœur du Juif[7] ». Tout cela dans le décor saisissant du grand Cicéri, jouant le contraste entre le grandiose palais du doge et la sordide salle des tortures où trône la balance du bourreau destinée à peser la livre de chair que Shylock exige de son jeune débiteur. Juliette excellait dans ses morceaux de bravoure : le chant où elle implore la Vierge de protéger ses amours pour un chrétien contre la fureur jalouse de son père ; la tempête essuyée en pleine mer par les amants en fuite ; l'aveu à son père de sa conversion consécutive au prodige qui les a sauvés du naufrage ; son évanouissement au moment où il s'apprête à la poignarder ; sa supplique pour qu'il épargne le jeune homme, si touchante qu'une gravure l'immortalisa dans *La Silhouette* : dans le double mouvement des bras, la gymnique des jambes semi-agenouillées et la flexion du corps, on reconnaît le style de jeu mélodramatique, anglais et romantique, dont raffolait le public[8].

Shylock de Dulac et Alboise, lithographie parue dans *La Silhouette*, 1830, volume 2, 4e livraison

Contrairement à ces deux reprises de succès qui assuraient à Crosnier ses premiers mois d'exercice, *Le Bigame, ou Toinette et Stéphanie* était une création. Les auteurs de ce mélodrame[9] durent revoir leur copie après la Première du 7 mai 1830, houleuse, non pas tant en raison d'un incident de mise en scène (une toile se décrocha en plein premier acte) qu'à cause des longueurs dans les tirades. Une fois quelques effectuées coupures, la pièce remporta un vif succès. Juliette y jouait le rôle de Stéphanie, seconde femme d'un officier revenu du front russe, passé pour mort, se croyant veuf, et remarié. La méprise découverte, ses deux femmes font assaut de générosité. La première finit par déchirer son extrait de mariage, rendant ainsi sa liberté au bigame. Dans le rôle de la seconde, « sensible, bonne et affable[10] », Juliette s'était composé des toilettes de toute beauté. Les actrices des théâtres privés prenaient alors en charge la conception de leurs costumes, en finançaient le coût sur leurs propres deniers ou par les largesses de leurs protecteurs, et se tenaient à la pointe de la mode, voire la lançaient. Juliette en changeait à chaque acte : elle entrait en scène « en robe de velours violet ouverte sur le devant, corsage montant, manches longues », chapeau assorti ; elle réapparaissait en « robe de tulle blanc, ornement en fleurs, cerise et argent ; coiffure et bouquet au côté, pareils » ; enfin au dernier acte elle était en « redingote de mousseline blanche, garnie tout autour d'une large bande de tulle festonné »[11], mais en cheveux, à cause du trouble où la plongent l'embarras de la situation, les risques qu'elle encourt et le geste sacrificiel de sa rivale. Pour Juliette, le succès se redoublait alors d'une activité intense : non seulement elle répétait le prochain spectacle, mais encore il lui arrivait, dans la même soirée, de jouer consécutivement les rôles de Jessica et de Stéphanie. À l'époque, en effet, la plupart des théâtres proposaient chaque soir deux voire trois pièces de suite.

Le Bigame en était à sa trentième représentation lorsqu'au soir du 27 juillet 1830, la révolution s'invita au théâtre. Portant le corps sanglant d'un jeune homme qui venait d'être abattu dans une fusillade, un groupe d'insurgés s'engouffra dans la salle : ils agitaient des drapeaux tricolores, brandissaient leurs sabres nus et firent honte aux spectateurs de se divertir à la comédie pendant qu'on égorgeait leurs frères. Le chahut fut tel que Juliette et ses camarades durent interrompre le spectacle : on fit tomber le rideau, l'incident mit fin aux représentations.

Parallèlement, curieuse d'apprendre et de progresser encore, elle s'initiait à un nouveau genre, le drame historique. Il permettait aux romantiques de faire œuvre pédagogique en enseignant l'histoire par l'image, et de parler de l'actualité à mots couverts à travers le prisme de situations lointaines dans l'espace ou le temps. C'est le cas d'*Aben Humeya, ou la Révolte des Maures sous Philippe II*, dont la Première remarquée eut lieu le 19 juillet 1830, huit jours avant la révolution. Juliette y jouait le rôle de Fatime, fille d'Aben Humeya, le chef des morisques de la région de Grenade en révolte contre l'oppresseur castillan qui bafoue leurs coutumes et leur religion. Au dénouement, Aben Humeya (joué par Bocage) est assassiné, avec son épouse, mais sa fille parvient à s'échapper par un souterrain. Ce n'est certes pas ce rôle secondaire qui marqua le plus le public. Ce qui l'impressionna, ce sont les merveilleux décors exotiques. La mise en scène et les décors qui avaient coûté 40 000 francs, somme colossale, étaient éblouissants : la maison de campagne du chef morisque, une grotte en montagne, la place du village montagnard où l'ancienne mosquée transformée en église par l'oppresseur espagnol est attaquée par les Arabes, le château où a lieu l'assassinat. Aux costumes typiques des Maures et des Espagnols portés sur le plateau répondaient, dans la salle et au foyer du théâtre, les toilettes à la mode castillane arborées par les spectatrices de la haute société le soir de la Première. Le Tout-Paris s'y pressait d'autant plus que l'auteur, Martinez de la Rosa, dont Bocage fit applaudir le nom, était un prestigieux exilé espagnol, ancien ministre des Affaires étrangères. Libéral, proche des doctrinaires français, il dénonçait dans cette pièce l'intolérance religieuse de ses compatriotes. On comprend que ce drame historique ait fait sensation, tant il résonnait avec l'actualité française : l'histoire de ce héros de la résistance morisque à l'Inquisition espagnole, fin XVIe siècle, pouvait évoquer, par analogie, la conquête de l'Algérie que le gouvernement de Charles X, contesté en ce printemps 1830, accélérait pour détourner l'attention de l'opinion ; mais surtout, les spectateurs de la Première furent sensibles aux appels à la rébellion contre la tyrannie qui émaillent le texte. La crainte de troubles à l'ordre public fit aussitôt retirer la pièce de l'affiche[12]. Dès la réouverture des théâtres, après les Trois Glorieuses, on s'y rua de nouveau. Précisément, elle avait pris le sens que redoutait la censure désormais abolie : la révolte des Maures entrait en résonance avec la Révolution ; les passages coupés avaient été rétablis, et les chants des partisans ajoutés au début et à la fin, qui appellent à se soulever contre « la tyrannie », saluent le « drapeau de la patrie », exaltent la « liberté, liberté chérie » défendue sur les barricades[13], portèrent jusqu'au délire l'enthousiasme des spectateurs exaltés.

L'esprit de Juillet enflammait encore les planches à l'automne 1830, où se multiplièrent les pièces à la gloire de Napoléon[14]. Le bruit avait couru, pendant l'été, que l'Empereur n'était pas mort, et pourrait encore sauver la France. D'où une efflorescence d'œuvres racontant l'épopée impériale, en particulier le *Napoléon, ou Schönbrunn et Sainte-Hélène* de Dupeuty et Régnier-Destourbet, créé à la Porte-Saint-Martin le 20 octobre 1830. Le sujet, longtemps resté « tabou », comme l'écrit Sylvie Vielledent, devenait « rentable ». Les bonapartistes et le peuple frustrés par l'issue orléaniste de la révolution trouvaient dans cette gloire scénique de leur homme providentiel une « compensation par l'image »[15] ; mais le nouveau régime, qui en 1840 rapatriera les cendres de Napoléon aux Invalides, profitait lui aussi de l'image libérale et réconciliatrice que ces spectacles donnaient de l'Empereur héroïsé.

En deux actes dont les lieux correspondent à son sous-titre, *Napoléon, ou Schönbrunn et Sainte-Hélène* raconte d'abord une visite de l'Empereur en Autriche, où il échappe à un attentat, puis son exil définitif sous la surveillance de Hudson Lowe campé en traître de mélodrame. Juliette joue un petit rôle touchant au premier acte, celui d'une Autrichienne patriote fiancée à un terroriste dont elle implore la grâce en s'accusant de l'avoir exalté et poussé à l'attentat : après sa complainte, Napoléon renvoie le peloton d'exécution et épargne le jeune homme[16]. Mais le principal attrait du spectacle, outre de splendides décors, reste la composition de

Gobert dans le rôle-titre : leçons prises auprès de l'ancien valet de chambre de l'Empereur, il imite à la perfection son modèle, en reproduisant ses tics légendaires (la main derrière le dos ou la prise de tabac). L'illusion ajoutée au patriotisme porte certains spectateurs au délire : on crie à Gobert de se méfier de son agresseur, on invective Provost (l'interprète d'Hudson Lowe), qu'un spectateur va jusqu'à menacer de lui « faire [s]on affaire tout à l'heure [17] ». Quelques mois plus tard, l'acteur de l'Odéon qui incarnera Hudson Lowe dans la pièce de Dumas *Napoléon, ou Trente ans de l'histoire de France* sera menacé à son tour à la sortie du théâtre, au point qu'il faudra le raccompagner chez lui pour le protéger de la vindicte. De toutes les pièces du même sujet jouées alors sur les scènes parisiennes et lyonnaises (Lyon est un des hauts lieux du bonapartisme), c'est celle où jouait Juliette qui remporta le plus de suffrages : des petits malins achetaient même des places à l'avance pour les revendre trois fois plus cher. Gobert était si populaire que la pièce fêta sa centième représentation en février 1831 et se poursuivit jusqu'en avril.

C'est à cette date que Juliette partit pour l'Odéon, où son arrivée était annoncée depuis février. Fût-elle restée à la Porte-Saint-Martin, elle aurait rencontré Hugo, et aurait pu jouer dans *Marion de Lorme*. Mais en quittant la plus grande scène des boulevards pour le théâtre officiel préféré de la jeunesse romantique, elle continuait son ascension. On murmurait que le directeur de l'Odéon, Harel, avait des vues sur la Comédie-Française. Juliette comptait-elle utiliser l'annexe du Théâtre-Français comme marchepied pour la Maison de Molière ? Plus vraisemblablement, la promesse de jouer un premier rôle aux côtés du grand Frédérick Lemaître l'attirait à l'Odéon. Elle avait hâte aussi de fuir les coulisses de la Porte-Saint-Martin où les rivalités féminines faisaient rage. L'effet qu'y produisait Juliette en entrant au foyer nous est connu par un témoignage rétrospectif : « Sa présence suffisait pour l'animer. Les méchancetés pleuvaient sur elle de toutes parts. Elle ne disait rien, mais qu'elle était belle avec son petit balancement de tête, ses épaules qu'elle montrait jusqu'à la chute des reins, et sa bouche toujours séduisante [18] ! » Adulée, elle s'attirait des jalousies : les autres comédiennes prenaient ombrage du train de vie mirifique qu'elle devait à la prodigalité de ses admirateurs, et cherchaient à lui nuire.

Partenaire de Mlle George à l'Odéon

Considéré comme le « second Théâtre-Français », seul grand établissement de spectacles de la rive gauche, l'Odéon était deux fois moins cher que la Comédie-Française. Le Quartier latin était alors surtout fréquenté par un public d'étudiants pauvres et obscurs. Son répertoire mêlant des pièces néoclassiques et des drames romantiques, l'Odéon tenait le milieu entre la Porte-Saint-Martin et la Comédie-Française.

On ne sait comment Juliette y négocia son arrivée auprès de Harel, qui l'admirait, ni quel crédit accorder aux rumeurs sur leur liaison supposée. Ce brillant journaliste avait exercé très jeune, sous l'Empire et les Cent-Jours, de hautes fonctions politiques. Sa compagne, la grande tragédienne Mlle George, avait été jadis la maîtresse de Napoléon Ier. On ne peut pas vérifier non plus si Juliette eut ou non une liaison avec Louis-Marie Fontan, auteur de la première pièce qu'elle joua à l'Odéon. Ce dramaturge et journaliste d'origine bretonne (comme Juliette), véhément opposant à la Restauration, plusieurs fois condamné pour écrits séditieux, proposait, avec *Le Moine*, une adaptation du roman gothique de Lewis lui-même inspiré du *Faust* de Goethe. Ce drame fantastique créé le 28 mai 1831 a pour héros un frère franciscain (Frédérick Lemaître) et la jeune Antonia (Juliette), qui l'aime. Ayant passé avec le diable un arrangement, le moine croit vendre son âme contre dix ans de délices terrestres et la possession d'Antonia. Mais le pacte qu'il a signé sans le lire ne prévoyait en réalité qu'une seule journée de jouissance, pendant laquelle Antonia se refuse. Satan, habillé en prêtre, arrivé avant minuit, vient chercher son dû. Dans un dénouement frénétique, il l'emmène en haut d'un rocher d'où il le précipite dans l'abîme, à la grande joie des démons qui dansent une ronde infernale sous le tonnerre et une pluie de feu. Cette pièce rejoignait les œuvres anticléricales qui faisaient florès depuis l'abolition de la censure ; avec une violence satirique visant à conspuer l'hypocrisie et les turpitudes de l'église, on y représentait force religieux paillards ou corrompus[19].

Dans la même optique, la Porte-Saint-Martin, quelques mois plus tôt, quand Juliette y était encore, avait programmé *Tartuffe* (fer de lance de la propagande anticléricale depuis la Restauration) pour une représentation unique[20]. Juliette, dans le rôle de Mariane, avait à cette occasion côtoyé la grande Marie Dorval qui jouait Elmire, et enchantait le public : son jeu sensible dans les rôles de victimes où elle excellait, sa grâce fébrile, sa délicatesse expressive et poignante faisaient fureur.

En passant de la Porte-Saint-Martin à l'Odéon, Juliette y avait importé ce style. Dès son premier rôle dans *Le Moine*, on remarqua sa façon d'adopter « la démarche, les gestes, jusqu'à l'organe de Mme Dorval[21] » ; certains lui reprochèrent ce mimétisme parfois maladroit, mais tous louèrent la « suavité d'ange[22] » avec laquelle elle chantait la musique d'Auber. Au total, *Le Moine* étant repris l'année suivante, elle joua Antonia une cinquantaine de fois.

À l'Odéon, alors, la grande actrice, c'est Mlle George, distribuée par son amant Harel dans tous les premiers rôles tragiques. Passée par la Comédie-Française, elle savait comme personne passer du tendre au terrible. D'une beauté olympienne, grande, brune aux yeux noirs (comme Juliette), sculpturale, elle commençait, la quarantaine passée, à prendre de l'embonpoint. Dumas, dont elle était la grande amie, la peint chaleureuse, hospitalière et dévouée. Juliette joua pour la première fois à son côté dans *Norma, ou l'Infanticide*, tragédie de Soumet inspirée du mythe de Médée, créée à l'Odéon le 6 avril 1831 et adaptée quelques mois plus tard à l'opéra par Bellini. Juliette reprit le rôle d'Adalgise à Mlle Noblet, qui partageait son emploi de jeune première, et avec qui elle alternerait souvent. La pièce de Soumet offre plusieurs duos déchirants entre l'héroïne gauloise Norma (Mlle George), prêtresse druidique qui a eu secrètement deux enfants du proconsul de Rome, et son amie Adalgise, la jeune vierge dont il est amoureux. Les témoignages manquent sur la manière dont Juliette, qui prononce sur scène des alexandrins tragiques pour la deuxième fois de sa carrière (après le *Hamlet* de Ducis à Bruxelles), fut perçue dans ce rôle[23]. Ils abondent, en revanche, sur le jeu sublime de George, notamment au moment où, devenue folle, elle se ressouvient, « *comme se réveillant d'un horrible songe*[24] », avoir tué son premier fils, avant de se précipiter avec le second dans la mort. Le succès de la pièce tint aussi au sous-texte patriotique qui exalte les vertus guerrières, le courage et la résistance des Gaulois révoltés contre l'envahisseur romain[25].

De Mlle Noblet, Juliette, quelques années plus tard, serait fort jalouse, lorsqu'elle interprétera du Hugo à la Comédie-Française. Cet été-là, elles furent de nouveau associées dans une comédie en trois actes de Merville, *Le Jeune Prince, ou la Constitution de* ***, où Noblet jouait en travesti le jeune duc de dix-sept ans. Juliette interprète Emma, fille du grand archiviste accusé d'une félonie imaginaire à dessein d'éprouver la clairvoyance du souverain. La pièce, que la critique éreinta tout en épargnant les comédiens, délivre une morale orléaniste, puisque son dénouement heureux ne tient pas qu'au mariage d'Emma, mais aussi à l'adhésion du jeune prince à la constitution libérale qu'on lui propose.

L'interrogation sur la légitimité du pouvoir, typiquement romantique, est encore au centre de *L'Homme au masque de fer*. Ce drame reprend l'hypothèse émise par Voltaire, pour qui le mystérieux prisonnier masqué mort à la Bastille en 1703 était le jumeau de Louis XIV, légende à laquelle

Dumas donnera tout son éclat dans *Le Vicomte de Bragelonne* et qui inspirera aussi la pièce inachevée de Hugo *Les Jumeaux*. Le drame en cinq actes et en prose d'Arnould et Fournier, dont la Première eut lieu le 3 août 1831, déploie son action sur quarante-deux ans : de la naissance gémellaire de Louis, futur roi, et de son frère Gaston (joué par Lockroy), écarté secrètement pour éviter toute contestation future, puis tenu prisonnier, jusqu'à son élimination. Juliette joue le rôle de son amoureuse Marie d'Ostanges. Quoiqu'il dénonce l'absolutisme et la mainmise de l'Église catholique sur la monarchie, ce drame déçut la critique. D'autant qu'au même moment, Marie Dorval triomphait à la Porte-Saint-Martin dans une autre pièce peu indulgente envers Richelieu et la royauté : *Marion de Lorme* de Victor Hugo. La comparaison avec Marie Dorval desservit Juliette, non pas auprès du public, qui lui fit bon accueil, mais de la critique qui regretta l'irrégularité de son jeu, touchant, sensible, et visiblement imité de l'étoile de la Porte-Saint-Martin.

Elle fut pourtant aussitôt immortalisée dans ce rôle par une statuette en plâtre réalisée par Chaponnière, élève, ami et compatriote genevois de Pradier, qui serait exposée au Salon de 1833, et dont le succès témoigne de la faveur du public. Intitulée *Mademoiselle Juliette, artiste dramatique*, cette sculpture la représente voilée, en robe de brocart, tenant à la main un livre intitulé *Le Masque de fer*. « Tout le monde en veut », écrit Pradier à Juliette[26] *(voir cahier hors texte)*. Faute de recueillir l'assentiment de la critique, le spectacle eut le mérite de remplir les caisses du théâtre, bien que ce fût une pièce « *sans George* », comme on disait, selon un préjugé entretenu par Harel, qui prétendait « qu'une pièce ne faisait pas d'argent du moment que George n'y jouait pas[27] ».

Lockroy, auréolé de son succès dans le rôle du Masque de fer, s'associa dans la foulée à Arnould pour écrire une comédie où Juliette allait triompher aux côtés de George, *Catherine II*, créée à l'Odéon le 29 septembre 1831. George joua l'impératrice, en sa cour de Pétersbourg. Sa dame d'honneur, la vertueuse comtesse Marie Rachmanoff (Juliette), mal mariée à un vieillard ambitieux, retrouve son premier amour en la personne du favori de Catherine II. Au dénouement, l'impératrice, jalouse mais magnanime, joue un tour au vieux comte : elle l'exile en Sibérie et réunit les jeunes gens, montrant ainsi sa grandeur d'âme et sa malice. Le rôle de Juliette est court, mais elle y excella, et porta on ne peut mieux un costume ravissant, ainsi décrit dans la brochure de la pièce éditée à l'intention des théâtres de province qui voudraient la reprendre : « Robe en velours bleu de ciel, ouverte par-devant, sur une autre robe de soie brochée bouton d'or. Pour ceinture, une écharpe en cachemire. Sur la tête, une calotte à trois pointes en velours bleu de ciel brodée en perles, avec deux bandes de mousseline plissée qui retombent derrière[28]. » Ainsi parée, rayonnante et inspirée, elle enthousiasma.

Malgré cette bonne presse, Juliette ne revint pas sur une décision qu'elle avait déjà prise : quitter l'Odéon en pleine gloire pour un long séjour en Italie. Elle qui, dans *Norma*, avait repris le rôle d'Adalgise à Mlle Noblet, lui céda à son tour celui de Marie Rachmanoff. Le départ d'une des figures les plus appréciées de la scène parisienne émut les journaux : « On assure qu'aucun théâtre, soit de la province, soit de l'étranger, ne s'enrichira de notre perte. C'est presque une consolation[29]. »

S'absenter des scènes parisiennes en plein succès, c'était prendre un risque. N'était-ce pas folie ? Avec qui partait-elle ? Qu'allait-elle faire en Italie ?

V

Amants, bienfaiteurs, amis et parasites (1829-1832)

> « Pauvreté et coquetterie sont deux conseillères fatales ; l'une gronde, l'autre flatte ; et les belles filles du peuple les ont toutes deux qui leur parlent bas à l'oreille, chacune de son côté. »
>
> *Les Misérables*, I, III, 2

Autant son futur journal épistolaire permet de connaître l'amour de Juliette pour Victor Hugo dans toute l'étendue de sa dépendance économique, de son dévouement moral et de son oblation mystique, autant ses relations avec les hommes qui l'ont précédé restent mystérieuses, faute d'archives, c'est-à-dire, selon les cas, impossibles à identifier, à dater, à caractériser ou à estimer : Qui étaient ces hommes ? Comment les a-t-elle choisis ? Lesquels l'entretenaient ? Était-ce elle qui les congédiait, ou eux qui rompaient ? À qui se donnait-elle sans contrepartie ? Comment vivait-elle les amours libres et la courtisanerie ?

Raconter ce qu'on sait de ces premières amours est un défi. On s'expose, comme historien, à des frustrations, comme conteur, à des impasses. Et l'on redouble de prudence : d'abord parce que ses premiers biographes ne se sont fondés que sur des racontars ; ensuite parce que les documents de première main font défaut : Juliette a enseveli les souvenirs amoureux de cette époque sous un *black-out* intégral.

Qu'elle ne fasse allusion à ces relations qu'en évoquant le « ruisseau » ou sa « chute » n'implique pas que toutes aient été vénales. Leur rejet en bloc relève d'une morale rétrospective. Sa dévotion à Hugo, Juliette la vivra comme le moyen d'accéder enfin et définitivement au statut d'« honnête femme », et comme une rédemption. Elle achètera son salut en se donnant à lui corps et âme et en renonçant à la liberté dont elle avait joui. Elle réussira là où Esther, héroïne de *Splendeurs et misères des courtisanes*, échoue malgré son amour pour Rubempré.

Train de vie

Cette liberté, confondue après coup avec sa perdition, n'était pas sans contraintes, ni sans risques. Certes, le métier d'acteur, au XIXe siècle, gagne en considération. L'Église accepte désormais d'enterrer les saltimbanques en terre chrétienne. Certains comédiens acquièrent non seulement une célébrité, mais aussi, tel Talma sous l'Empire, une gloire légitimée par la faveur du souverain. Cependant, en l'absence de protection sociale, ils sont nombreux à finir leurs jours à l'hospice, dans l'indigence et l'oubli. Dans les années 1820-1830, rares sont ceux, même adulés, qu'on invite à dîner dans un salon aristocratique ou bourgeois. L'acteur fréquente d'autres artistes, mais il n'entre pas dans la bonne société ; une vague indignité reste attachée à son art. Pour les femmes, la précarité sociale se double de vulnérabilité morale. Celles qui se marient, le plus souvent à un camarade ou à un artiste, accèdent à une certaine respectabilité, mais il reste à peu près impensable d'épouser une comédienne pour un homme extérieur à ce milieu. Certaines s'autorisent l'amour libre : Dorval, mariée au dramaturge Jean-Toussaint Merle, est la maîtresse de Vigny, sans s'interdire d'autres liaisons. Les célibataires, quant à elles, n'ont en principe de comptes à rendre à personne. Mais l'opprobre pèse sur leur réputation : aux actrices qui embrassent cette profession par tradition familiale (telles Mlle Mars, Mlle George et Marie Dorval, enfants de la balle) s'ajoutent de jolies filles du peuple recherchées d'abord pour leur beauté, qui leur permet d'interpréter, en début de carrière, les jeunes premières ou les accortes soubrettes, mais aussi de bénéficier de la protection d'hommes dont elles deviennent les maîtresses occasionnelles. Les coulisses du théâtre et de l'opéra sont un vaste marché des charmes, décrit par Balzac dans *Illusions perdues*. Car le cachet d'une actrice ne suffit pas à payer son loyer, ses costumes, son train de vie. Tout le monde le sait, et l'économie générale des théâtres en profite. Échanger des faveurs contre des libéralités fait à l'époque partie de la vie d'une comédienne.

Juliette passait pour l'une des plus jolies femmes de Paris. Elle avait un mobilier luxueux, était couverte de bijoux et de cachemires, ses toilettes faisaient pâlir d'envie ses camarades. Sans fortune, sans autre famille qu'un oncle retiré aux Invalides et une tante couturière qui lui réclame de l'argent, elle devait son train de vie dispendieux à des largesses achetées. À qui ? C'est ce qu'on croit savoir, mais qu'on ne sait pas.

Rumeurs

Comme les premiers récits sur elle ont été, de son vivant, des parodies, des satires ou des pamphlets, puis après sa mort et celle de Victor Hugo, des portraits-charges conçus pour discréditer l'un par l'autre, il est impossible d'ajouter foi aux légendes qu'ils colportent, répétées sans preuves, par paresse, veulerie goguenarde ou horreur du vide.

Du reste, le jeu des racontars était monnaie courante dans le milieu des théâtres. C'était la rançon de la célébrité des actrices, dont la vie libre était source de fantasmes. Plusieurs articles de presse excitent en ce sens la curiosité du lecteur, tel ce ragot colporté en 1832 dans *La Rampe et les coulisses*. Le plumitif, après avoir loué la beauté de Juliette, sa jolie voix et sa démarche « pleine de décence », regretté que son jeu manque de variété, et espéré qu'elle sorte bientôt de sa chrysalide, en vient au petit jeu des allusions et des portraits à clefs :

> Faite comme elle est, le teint rafraîchi par le rouge, la taille habilement dessinée par le costumier, et toute brillante de l'éclat de la rampe, Mlle Juliette devait nécessairement faire tomber à ses pieds toute une cour d'adorateurs. Auteurs, directeurs, agents de change, seigneurs russes, et jusqu'à un certain préfet de police, se pressaient sur ses pas, comme autrefois les dieux à l'apparition de la belle déesse. Ce serait ici le cas de rapporter quelques anecdotes fort curieuses, mais Mlle Juliette nous donnerait peut-être au diable, et nous tenons beaucoup à être de ses amis. La langue nous démange pourtant, et la plume frémit entre nos doigts ; avec cela, le public est si curieux, que c'est le voler que de lui taire certaines choses [1]...

Il n'en dira pas plus. Les choses n'ont guère changé – le phénomène est vieux comme la marchandisation de la presse : les échotiers tirent leur gagne-pain de ce voyeurisme et leurs lecteurs se satisfont de n'importe quelle rumeur pourvu qu'elle donne chair à leurs fantasmes. Ce qui n'aurait pas dû autoriser les biographes ultérieurs à contenter les leurs. Beaucoup l'ont fait : on répète, on déforme, on amplifie, on complète à l'aveugle, sans vérifier, tout en se prétendant témoin oculaire ou historien digne de foi.

Peut-on affirmer que le préfet de police (puis président du tribunal de première instance) Debeyllème, qui avait fourni à Juliette un laissez-passer pour l'Allemagne en 1828, et à qui elle continuerait à demander occasionnellement des services pour ses proches, se comporterait chez elle en maître des lieux ? Les journaux, en tout cas, s'en faisaient l'écho.

Quel crédit accorder à Arsène Houssaye, dont *Les Confessions* contiennent d'authentiques souvenirs mais aussi maintes rumeurs et élucubrations, lorsqu'il affirme que le dramaturge Louis-Marie Fontan avait été son premier amour ? Ce témoignage fût-il véridique, que faudrait-il en conclure ? Qu'elle avait aimé Fontan *avant* Pradier, donc vers 1824-1825, voire plus tôt ? Aucun journal de l'époque où ce genre de ragots avait pourtant cours ne l'indique. Ou qu'elle doit à la faveur de Fontan son engagement à l'Odéon en mai 1831 ? Si elle a obtenu le rôle d'Antonia dans *Le Moine* dont il était l'auteur, le devait-elle à leur amitié particulière ? C'est possible. Mais si leur liaison supposée date de cette époque, comment soutenir que Fontan est son premier amour, après Pradier dont elle a un enfant, après Pinel qui lui a tourné la tête et fait faire des folies ? Le témoignage de Houssaye se fragilise de cette approximation. Il s'affaiblit encore lorsqu'on repère la facticité de la mésaventure qu'il prête à Fontan, anecdote émoussée[2] : surpris chez elle par l'arrivée de son protecteur régulier, un homme de pouvoir (son initiale, D., a été comprise comme ne pouvant cacher que Debeyllème), Fontan se serait caché derrière une tenture d'où il aurait fini, impatienté, par demander à Juliette de lui passer sa pipe. Cette saynète est un recyclage : sketch déjà attribué par les journaux à une « Floriette » fictive, il pouvait aussi bien s'appliquer à toute autre courtisane, ou relever de l'invention pure.

Autre fantasme, la liaison avec un prince russe. Jean Savant l'a mise en doute. Gérard Pouchain l'a démentie. La légende remonte à ce fameux article de 1832 paru dans *La Rampe et les coulisses*, et sort renforcée, aux yeux des biographes peu regardants, du témoignage de Paul Chenay. Son *Victor Hugo à Guernesey*, publié en 1902, l'année du centenaire de la naissance du grand homme, servira de base aux élucubrations ultérieures. Lui qui ne l'a connue que tardivement après son mariage avec la jeune sœur de Mme Hugo, prétend donner des informations de première main. Il veut surtout venger sa belle-sœur Adèle. Aussi s'acharne-t-il sur Juliette, falsifiant ses révélations afin de la discréditer : il la présente, entre autres erreurs volontaires, comme une simple figurante de la Porte-Saint-Martin, et, reprenant à son compte la rumeur, forge un « richissime prince russe propriétaire de mines en Sibérie, qui la comblait de cadeaux[3] ». Moins titré mais plus riche encore, le prince russe devient, dès l'année suivante, sous la plume de Léon Séché, « un milliardaire russe ou polonais » qui « la couvrait d'or et de pierreries »[4]. Pour faire bon poids, il aurait même continué à l'entretenir en parallèle à Hugo, hypothèse proprement délirante. Les plumitifs égrillards (Michaut, Fleischmann, Beaunier...) brodent à l'envi sur cette figure vaudevillesque d'un prince russe prodigue, m'as-tu-vu et brutal. Son nom reste inconnu, et pour cause, jusqu'à ce que Louis Guimbaud se sente obligé de l'identifier : ce sera Demidoff, et plutôt Paul que son frère Anatole ; pour d'autres après lui, ce sera, sans plus de preuve, plutôt Anatole que son frère Paul, peut-être parce qu'Anatole, futur époux de la princesse Mathilde Bonaparte, leur paraît plus reluisant.

Sous prétexte qu'Anatole Demidoff a séjourné à Florence, en son palais de San Donato, à l'époque où Juliette s'y trouve aussi à l'automne 1831, Guimbaud s'imagine que l'adresse où Pradier lui écrit, « Casa Peruzzi », n'est qu'une boîte aux lettres. Mais aucun des journaux florentins et parisiens qui racontent quotidiennement la vie mondaine de Demidoff et s'amusent à dresser la liste de ses bonnes fortunes ne mentionne la présence de Juliette à son côté ; du reste, le courrier qu'il échange avec son ami le diplomate Simone Peruzzi regorge de prénoms féminins recommandés sans évoquer la moindre Juliette[5].

Casa Peruzzi

La seule archive qui témoigne du séjour de Juliette à Florence à l'automne 1831 est cette lettre confiée aux bons soins de sa tante, qui l'y rejoint quelque temps. Pradier la lui adresse, mi-novembre, « Casa Peruzzi ». Fils d'une très grande famille de banquiers florentins jadis liée aux Médicis, le Cavaliere Simone Peruzzi est le secrétaire de légation du ministre de Toscane en France et en Belgique. C'est un esthète, francophile, mondain, passionné de théâtre. Il vit à Paris avant le départ de Juliette en Italie, séjourne à Florence en même temps qu'elle, et revient à Paris trois mois après elle. L'a-t-il invitée à le rejoindre en son palais ? C'est possible. Mais pas certain.

Lorsqu'en octobre 1831 les journaux annoncent le départ de Juliette pour un voyage en Italie, nul n'en indique le motif ni la destination. Elle-même a retiré le 29 septembre son passeport à la préfecture de police, le jour de la Première de *Catherine II*. À Lyon, où elle fait escale le 8 octobre, elle s'enregistre dans un hôtel de la rue de Provence sous une identité honorable, et en profite pour se rajeunir un peu : « Julie Drouet, propriétaire, 22 ans. » Bon, elle en a vingt-cinq. Pour destination, elle indique Naples. A-t-elle vraiment l'intention de s'y rendre, ou brouille-t-elle les pistes afin de protéger son incognito ? Toujours est-il qu'elle se rend à Florence, en passant par Marseille et Gênes. On n'en sait pas plus sur son itinéraire, ni si elle y retrouve Peruzzi quand il arrive chez lui le 26 octobre, pour prendre ses quartiers d'hiver dans sa propriété de la via San Sebastiano, aujourd'hui via Gino Capponi, derrière la basilique Santa Annunziata. C'est à cette adresse (localisée par Douglas Siler) que Pradier, un mois après le départ de Juliette, poste cette fameuse lettre qui pose plus de questions qu'elle n'en résout.

Car elle ne nous informe guère sur les motifs du séjour de Juliette en Italie. Avait-elle l'intention d'y progresser dans son art ? C'est ce que laisse entendre la question de Pradier : « Travailles-tu bien ? Emploies-tu bien ton temps[6] ? » Mais les journaux florentins de l'époque et les archives des théâtres de la ville ne mentionnent aucun spectacle où elle se serait produite[7]. Pradier l'encourage à visiter les monuments de Florence, à perfectionner son italien, lui enjoint même de s'entraîner à lui répondre dans cette langue, pour lui montrer les progrès qu'elle y fait. Apprenait-elle l'italien pour sa curiosité personnelle ou pour son travail ? Encouragée par les compliments récurrents de la presse à chaque fois qu'elle avait chanté sur scène en France, envisageait-elle une future carrière lyrique ?

Quels espoirs Pradier nourrissait-il pour elle ? Pensait-il qu'elle tenterait de percer en Italie ? Qu'elle y trouverait une protection ou une position la mettant à l'abri du besoin ? Ou qu'elle rentrerait bientôt en France ? Si seulement elle pouvait profiter de son séjour en Italie pour enfin devenir économe et ordonnée, se mettre à l'abri de la misère, sans « plus de soucis et de craintes » ! Il ne manque pas de lui figurer sous des dehors avantageux leur pauvre petit noyau familial éclaté, que chacune de ses lettres œuvre à recomposer. Il la rappelle au bon souvenir de ses vrais amis, lui recommande de prendre soin d'elle-même, de penser à leur pauvre Claire, cinq ans, intelligente et studieuse. L'art même vient au secours de l'amour maternel. Il lui adresse une statuette qui la représente, et annonce l'arrivée d'une autre à l'effigie de Claire, toutes deux œuvres de Chaponnière, ami et élève de Pradier. La première figurine est celle de Marie d'Ostanges du *Masque de fer (voir cahier hors texte)*. La prochaine est en cours de moulage, car, comme celle de Juliette, on se l'arrache. Conservée au musée d'Art et d'Histoire de Genève, cette charmante composition représente une écolière, portant cartable et crayon, vêtue d'une robe dont les manches ont la même forme que celles de Marie d'Ostanges sur l'autre figurine *(voir cahier hors texte)*. Après la mère, puis la fille (toutes deux en plâtre), c'est le père (en bronze) que Chaponnière s'apprête à sculpter *(voir cahier hors texte)*, encouragé par Pradier lui-même. Il attache une valeur sentimentale à cette série, présentée comme un triptyque. Conçues pour le Salon de 1832, annulé à cause du choléra, elles attendront un an pour être exposées au public, sans risque qu'il reconnaisse dans l'écolière anonyme la fille du sculpteur et de l'actrice. Au printemps 1833, deux mois après le coup de foudre entre Juliette et Victor, et quatre mois avant le mariage de Pradier avec une femme qui lui donnera trois enfants légitimes, ce groupe réunit incognito sous les yeux des badauds leur famille de hasard soudée par la bohème.

On ne sait ni pour quelle raison Juliette se faisait adresser son courrier Casa Peruzzi, ni combien de temps elle comptait rester en Toscane, ni ce qu'elle y faisait, et l'on ne sait pas mieux ce qui la fit rentrer en France. Est-ce le climat politique instable – agitation des sociétés secrètes, insurrections populaires en Romagne, à Parme et à Modène, bruits de bottes autrichiennes – qui convainc la Française, peut-être conseillée par le diplomate, de retrouver sa patrie[8] ? À supposer qu'elle ait traversé les Alpes par amour, avait-elle fait le tour de cette aventure ? Avait-elle le mal du pays ? Ou l'envie de remonter sur scène ?

Début janvier 1832, trois mois après son arrivée, Juliette prépara ses bagages de retour. Elle fit de nouveau escale à Lyon, le 25 janvier, cette fois-ci à l'Hôtel de l'Europe, 6, rue Bellecour, où elle enregistre sa provenance, Florence, et sa destination, Paris. Cette fois, elle ne se dit plus « propriétaire », comme à l'aller, mais « rentière », ce qui n'était pas moins respectable pour une femme en voyage. Trois mois plus tard, Simone Peruzzi était de retour en France, pour son travail.

Simone Peruzzi a-t-il plus de chance que Demidoff d'avoir été l'amant de Juliette, avant, pendant et après son séjour à Florence ? On pourrait se plaire à le croire, et ce fut peut-être le cas. Pourtant, rien ne l'atteste : que Pradier écrive à Juliette « Casa Peruzzi » invite certes à prendre au sérieux l'hypothèse qu'elle a pu vivre chez lui. Mais on peut aussi imaginer que la « Casa Peruzzi » n'était qu'un lieu commode où lui écrire, chez un diplomate connu des milieux mondains et artistiques français, à qui Pradier avait pu être recommandé. Jusque-là, donc, l'adresse seule ne prouve rien. Ce qui a pu susciter l'espoir d'identifier l'amant italien, c'est la découverte du *Diario autografo* de Peruzzi : lors de ses séjours parisiens, il y indique se rendre très régulièrement chez « Giulia » et dîner avec elle avant de sortir au théâtre, au bal, dans des réceptions mondaines où elle l'accompagne parfois, par exemple chez le comte Apponyi. Ce diplomate hongrois hâbleur se vantera lui-même, dans son propre journal trafiqué pour l'édition, d'avoir reçu les avances de Juliette Drouet. La tentation de reconnaître Juliette derrière Giulia était donc grande. Mais la lecture du journal interdit d'y céder[9]. En effet, quand Giulia part en voyage, Juliette joue sur les scènes parisiennes. Il faut s'y résoudre, Giulia et Juliette sont deux femmes différentes. En réalité, l'homonyme du journal de Peruzzi est Giulia Ranieri, grand amour de Stendhal qui la demanda vainement en mariage, fille adoptive du commandeur Berlinghieri, ministre de Toscane à Paris et Bruxelles dont Peruzzi était le secrétaire de légation. Ne nions pas absolument, mais doutons que Peruzzi ait été lié à Juliette.

Au bout du compte, de tous les candidats à la protection de Juliette, aucun ne réussit à coup sûr l'examen de passage. La plupart de ses protecteurs nous restent inconnus. Hugo lui-même n'en savait peut-être pas plus que nous.

Charles Séchan et Alphonse Karr, l'ami fidèle et l'opportuniste

En revanche, outre James Pradier et Scipion Pinel, on identifie, archives à l'appui, deux hommes qui, sans avoir les moyens de régler ses dépenses, lui ont apporté réconfort ou soutien, chacun à sa manière.

À la Porte-Saint-Martin, Juliette côtoyait le jeune décorateur Charles Séchan, qui devint son ami, et vraisemblablement aussi son amant. Il travaillait dans l'atelier du père Lefèvre, peintre de scène attitré du théâtre, qui signait tous les décors mais faisait exécuter la plupart d'entre eux par ses élèves. C'est ainsi que Séchan dessinera les décors de *Périnet Leclerc*, la pièce adaptée de Dumas où Juliette jouera en novembre 1832. Séchan, grand admirateur de Hugo, n'était alors que débutant, et s'il fut amoureux de Juliette, il n'avait certes pas les moyens de lui offrir cachemires ni bijoux. Ce n'est que plus tard qu'il deviendra l'élève du grand Cicéri, pionnier de la décoration romantique soucieuse de couleur locale et de vérité historique. Puis, en association avec ses confrères Despléchin et Diéterle avec lesquels il fonda son propre atelier, Séchan fournira de merveilleux décors à la Comédie-Française et à l'Opéra, dont ceux d'*Angelo, tyran de Padoue*, pour Hugo, en 1835. Il collaborera à l'aménagement de nombreuses salles de spectacle ou d'apparat en France et en Europe, et laissera des Mémoires posthumes riches en anecdotes, révélations et détails finement observés sur les créations auxquelles il a participé et sur les acteurs qu'il a côtoyés, telle Marie Dorval dont il décrit avec précision le jeu bouleversant dans *Chatterton* de Vigny.

La nature exacte de son attachement à Juliette n'est pas attestée, d'autant que, plus pudique que le comte Apponyi, il ne la mentionne pas dans ses *Souvenirs*. Ce ne sont donc pas eux, mais les lettres qu'elle lui écrivit dans les premiers temps de sa relation mouvementée avec Hugo, où elle l'appellera au secours et lui demandera de venir la rejoindre en cachette, qui témoignent d'une affinité élective faite de compréhension, de confiance et de tendresse [10].

On ne peut en dire autant de l'intérêt que portait à l'actrice revenue d'Italie l'ambitieux Alphonse Karr, brillant journaliste de deux ans son cadet (il a alors vingt-quatre ans). En 1832, ayant renoncé à la poésie (comme Rubempré dans *Illusions perdues*), il publia son premier roman, *Sous les tilleuls*, et signa un engagement au *Figaro*. Plus tard, il en deviendrait le rédacteur en chef, avant de livrer une revue satirique, *Les Guêpes*, qui prenait pour cible les gens en vue. Là aussi, la durée de leur relation est incertaine. Arsène Houssaye, dans son recueil de souvenirs peu fiables, évoque « les Cent Jours de Karr [11] » ; il désigne sans doute par là les trois mois qui précédèrent la rencontre de Juliette avec Hugo, début 1833. Philibert Audebrand, lui, compte différemment : « un an de vache enragée, soit dit entre nous [12] ». C'est-à-dire que le journaliste n'aurait pas tardé à jeter son dévolu sur l'actrice dès son retour d'Italie. Quoi qu'il en soit, pour obtenir ou conserver ses faveurs, il avait mis au point une tactique efficace. Fort du pouvoir que lui donnaient ses entrées dans la presse, il entreprit de l'y encenser systématiquement dès sa nouvelle embauche à la Porte-Saint-Martin. Une fois Juliette conquise, il lui promit le mariage et en profita pour vivre à ses crochets.

VI

Alexandre Dumas et sa camaraderie (1832)

> « Le printemps à Paris est assez souvent traversé par des bises aigres et dures dont on est, non pas précisément glacé, mais gelé. [...] Au printemps de 1832, époque où éclata la première grande épidémie de ce siècle en Europe, ces bises étaient plus âpres et plus poignantes que jamais. C'était une porte plus glaciale encore que celle de l'hiver qui était entr'ouverte. C'était la porte du sépulcre. On sentait dans ces bises le souffle du choléra. »
>
> *Les Misérables*, IV, VI, 2

Réintégrer la Porte-Saint-Martin était une bonne idée : dans les coulisses, le destin réservait à Juliette la rencontre qui allait bouleverser sa vie. En revanche, revenir à Paris début 1832 ne l'était pas. Le moment était mal choisi. Le choléra allait déferler sur la France. L'épidémie, apparue en Inde en 1817-1818, remontée par la Perse, avait gagné la Russie, puis balayé l'Europe d'est en ouest ; portée par des immigrants irlandais, elle allait traverser l'Atlantique jusqu'au Québec, puis ravager le continent américain. Entre mars et septembre 1832, les Parisiens moururent par milliers. Juliette fut épargnée, mais la reprise de sa carrière fut perturbée par les précautions sanitaires et la phobie de la contagion qui s'empara du public.

Les journaux bruissaient de son retour. On y lança le jeu des devinettes pour savoir quelle scène aurait sa préférence. Harel, son ancien directeur à l'Odéon, qui avait entre-temps pris les rênes de la Porte-Saint-Martin, entraînant avec lui plusieurs vedettes de la troupe, l'y embaucha avec un contrat confortable de 6 000 francs par an [1]. La place était enviable, et enviée : Dumas cherchait à y faire entrer Ida Ferrier, sa jeune protégée, mais la récente embauche de Mlle Juliette était un obstacle. D'où une rancœur tenace de Dumas envers celle qui avait sans le vouloir freiné la carrière de sa future femme. Elle se traduit, dans ses *Mémoires* écrites au début du Second Empire, par l'évitement du sujet, motivé aussi par la discrétion, à une époque où Hugo, exilé, est vulnérable et doit protéger sa réputation. Résultat, bien qu'elle ait joué pour lui dans trois spectacles, Dumas évince Juliette de son autobiographie, tandis qu'il livre maintes anecdotes sur les acteurs qu'il a fréquentés.

La revenante

Pour laisser à sa protégée le temps d'apprendre de nouveaux textes, Harel remet *Shylock* à l'affiche. La revenante renoue ainsi avec le succès dans le rôle de Jessica où elle avait brillé, en attendant la pièce suivante, qui marqua les contemporains, *Dix ans de la vie d'une femme, ou Les Mauvais Conseils*, de Scribe et Terrier. Elle ne joue pas à sa création, le 17 mars, mais seulement deux semaines plus tard. Elle a donc pu assister à la Première. Ainsi résumée par Jules Janin, le critique du *Journal des débats*, « c'est l'histoire d'une jeune femme du monde qui commence par une bouderie de ménage dans un salon doré et qui finit par la prostitution publique au coin d'une borne[2] ». Les « mauvais conseils » qui donnent son sous-titre à la pièce sont ceux que deux amies dévergondées prodiguent à l'héroïne, incarnée par Marie Dorval. Le thème fait scandale : le soir de la Première, les cris et les injures d'un public choqué par l'immoralité de l'intrigue l'obligent à quitter quelques instants la scène et à repartir en coulisse en attendant l'accalmie.

La presse se déchaîne contre Scribe. Lui qui jusqu'à présent avait habitué les spectateurs à des comédies légères, et dont les premiers drames se terminaient bien, frappe fort avec cette intrigue scabreuse. Son héroïne, Adèle Darcey, perd son couple, puis sa réputation, puis sa sécurité matérielle, et en meurt. Sa descente aux enfers, le dénouement lamentable et le sous-titre délivrent certes un message moralisateur. Mais la représentation d'une femme gouvernée par ses pulsions choque et excite à la fois : on a beau, à la Porte-Saint-Martin, raffoler des sensations fortes, on n'en est pas moins sensible au risque que fait courir à la société patriarcale la libération du désir féminin. Attiré par le scandale, le public se rue aux représentations suivantes. La critique s'en donne à cœur joie. L'auteur est accusé d'immoralisme par les uns, d'hypocrisie par les autres, voire d'opportunisme. Aussi, quelques années plus tard, pour l'entrée de Scribe à l'Académie française, le redoutable et très intelligent critique de la *Revue des deux mondes* Gustave Planche rappellera le scandale de cette pièce écrite « pour la ronde de nuit, la patrouille grise et les lieux de prostitution », qui « annonce toutes les débauches futures du théâtre », et reprochera à son auteur de jouer sur les deux tableaux :

> Quand on signe de son nom une pareille ineptie, qui n'a ni l'énergie d'une priapée ni la licence ingénieuse d'un souper de petite maison, il faut soutenir jusqu'au bout son rôle de marchand. Si on a vendu le scandale et le vice à la foule ébahie, il faut se souvenir de son premier trafic et ne pas ouvrir une boutique de vertu en pleine Académie[3] !

Ces « débauches futures » que dénonce Planche en 1836, peu après le rétablissement de la censure abolie par la révolution de 1830, désignent les pièces romantiques, nombreuses à envisager un désir féminin dont la possible libération fascine et terrifie. Dans les drames historiques, les souveraines ogresses s'abandonnant à leurs instincts débridés – telles Marguerite de Bourgogne, Lucrèce Borgia ou Marie Tudor – n'ont de compte à rendre à personne : leur bon plaisir suffit à justifier leur licence. Mais dans les drames d'actualité, ce sont des épouses bourgeoises qui revendiquent une liberté de mœurs incompatible avec l'esprit et la lettre du Code civil. *Dix ans de la vie d'une femme* respire ainsi l'air des temps modernes, entre deux drames de Dumas qui défraient la chronique sur le même sujet : *Antony*, créé quelques mois plus tôt à la Porte-Saint-Martin, avec la même Marie Dorval dans le rôle d'une autre Adèle, mal mariée et séduite par son amour de jeunesse retrouvé ; *Teresa*, créé le mois précédent à l'Opéra-Comique, et dont Juliette reprendra le rôle-titre pendant l'été à la Porte-Saint-Martin, celui d'une femme qui, ayant épousé le beau-père de son ancien amant, devient donc la rivale de sa propre belle-fille. Dans ces pièces, on voyait une incitation à la débauche, même si, dans les trois cas, la femme pécheresse meurt à la fin, tuée dans *Antony*, suicidée dans *Teresa*, de misère chez Scribe. Bridé par le mariage bourgeois qui, selon Balzac dans *La Femme de trente ans*, et Musset dans *La Confession d'un enfant du siècle*, n'est alors qu'une forme de prostitution légale, le noir continent du désir féminin sera bientôt au cœur des *Caprices de Marianne*.

Afin d'atténuer l'indécence des situations, les auteurs de *Dix ans de la vie d'une femme* apportèrent maints changements aux dialogues. Harel fit reprendre à Juliette le rôle d'une des deux mauvaises conseillères, Sophie Marini. Elle donna de la décence à ce personnage, nouveau pour elle, de sulfureuse intrigante qui a fait la fortune de son mari en monnayant ses charmes auprès des puissants. Elle s'écartait ainsi de son emploi de jeune première, ce qui n'échappa pas à Alphonse Karr, rédacteur au *Figaro* et à *L'Entracte*. Était-elle déjà sienne ? Était-elle flattée par les prémices d'une campagne de séduction qui porterait ses fruits ? « Cette charmante personne, écrit-il, a donné un nouvel attrait à la pièce de MM. Scribe et Terrier. Nous espérons qu'un rôle, plus fait pour elle, lui permettra bientôt de développer encore mieux sa grâce et son talent[4]. » Juliette s'illustrera longtemps dans ce spectacle, joué plus de cinquante fois jusqu'au début de décembre 1833, où il lui arrivera même de remplacer Marie Dorval dans le rôle-titre, avec les honneurs.

Le choléra à Paris

Pendant ce temps, le choléra faisait rage : le 2 avril, selon *Le Constitutionnel*, 7 631 personnes en étaient déjà mortes à Paris. Victor Hugo passait ses nuits au chevet de son fils Charles, cinq ans, qui en réchappa. Le père de Musset en mourut, tout comme le général Lamarque, dont les obsèques firent se dresser les barricades peintes dans *Les Misérables*.

Juliette s'alarmait. Pradier, qui avait fui la contagion en entraînant un de ses élèves dans un voyage en Italie, la rassura depuis son escale genevoise. Il y avait consulté pour elle un docteur qui avait étudié la maladie en Prusse et en Pologne : il préconisait les infusions de fleurs d'oranger. Il fallait, selon lui, se coucher tôt et se lever tard, fuir le soleil, s'occuper quand on était debout, ne pas marcher, et surtout, « éviter de parler de la maladie et de ses malheurs[5] ». Il fallait faire passer le message autour d'elle. Pour protéger leur petite Claire, elle devait recommander à Mlle Watteville de ne pas lui parler de la maladie, de ne pas l'exposer au soleil et de ne pas la fâcher.

Ces conseils farfelus donnent une idée de la psychose. De folles rumeurs circulaient : le gouvernement souillait les eaux des fontaines et les brocs des marchands de vin pour empoisonner le petit peuple ; ou c'étaient les républicains, au contraire, qui intoxiquaient en sous-main les Parisiens pour faire porter le chapeau à la nouvelle monarchie. Devant les risques et la chute de la fréquentation, certains théâtres, tel l'Odéon, durent mettre la clef sous la porte. Une aide publique de 7 500 francs fut versée aux établissements de spectacle pour les dédommager du manque à gagner. Harel, esprit fort et adepte des Lumières, pour faire revenir le public en fuite, fit paraître une annonce ahurissante dans les journaux : « On a remarqué avec étonnement que les salles de spectacle étaient les seuls endroits publics où, quel que fût le nombre des spectateurs, aucun cas de choléra ne s'était encore manifesté. Nous livrons ce fait INCONTESTABLE à l'investigation de la science[6]. » Juliette traversa l'épidémie dans l'ambiance lugubre dont se souvient Dumas : « Oh ! qui a vu Paris à cette époque ne l'oubliera jamais, avec son ciel implacablement bleu, son soleil railleur, ses promenades désertes, ses boulevards solitaires, ses rues sillonnées par les corbillards, et hantées par des fantômes[7]. »

La justice à ses trousses

Un autre fantôme ressurgit alors dans sa vie : lui aussi connaissait le choléra, pour l'avoir étudié en Pologne puis à Berlin en suivant son avancée vers l'ouest ; c'était Scipion Pinel, l'amant impécunieux qu'elle avait suivi en Allemagne quatre ans plus tôt. Une convocation au tribunal fit ressurgir son spectre. Juliette, trop bonne, avait imprudemment accepté, le 8 octobre 1830, de se porter caution des 8 000 francs qu'il devait encore après la saisie de ses meubles. Sachant l'actrice revenue d'Italie, et recrutée à la Porte-Saint-Martin, l'usurière Ribot entendait faire valoir ses droits : sa débitrice ne pouvait plus se prétendre insolvable. Pourtant, elle n'avait pas la somme en réserve : 8 000 francs, c'était vingt-cinq ans de salaire pour une ouvrière, un tiers de plus que son cachet annuel. Le 10 avril, Juliette étant convoquée au tribunal, on déprogramma *Dix ans de la vie d'une femme*. Les jours suivants furent chaotiques et agités pour Juliette, dont l'avocat obtint un renvoi de l'audience au 13. Elle joua donc le 11 et le 12, mais fut incapable de se produire le 13. Le jugement ayant été reporté derechef, elle se présenta à la barre le 17, couverte d'un « tout petit capuchon noir et vêtue d'une robe et d'un châle couleur lilas, bordure rose », pâle et tremblante. La *Gazette des tribunaux* relate la défense mise en œuvre par son avocat pour gagner du temps :

> Mlle Gauvain-Drouet possède un superbe mobilier, et on lui causerait un préjudice énorme, si, dans les circonstances présentes, on le mettait en vente avec la rapidité d'exécution que comportent les sentences consulaires, au lieu que, devant la juridiction civile, on obtiendra un sursis de plusieurs mois, qui permettra à la débitrice de se procurer les fonds dont elle a besoin pour faire honneur à sa signature[8].

Il lui aurait suffi de vendre son cachemire et ses boucles d'oreille, mais elle ne put s'y résoudre. Elle compta plutôt sur le report de l'échéance *sine die*, et sur un découragement de l'usurière. Mauvais calcul : la Ribot ne lâcherait pas sa proie. Quelques jours après l'audience, les potins mondains s'emparèrent de cette affaire croustillante : on s'étonna que

Mlle Juliette ait eu l'imprudence de se porter caution des dettes faramineuses contractées par son amant irresponsable.

Aux soucis d'argent s'ajoutait la risée publique. Juliette perdit ses moyens à la scène, et se replia dans sa coquille. Pradier eut comme un pressentiment. La semaine qui suivit l'audience, il se demanda pourquoi la jeune femme lui donnait si peu de détails sur sa vie. Il soupira : que n'avait-elle pris un congé du théâtre pour respirer à son côté le bon air des montagnes, au lieu de croupir avec les malheureux Parisiens exposés aux miasmes [9] ? Il regretta qu'elle ne l'ait pas accompagné, avec leur enfant, auprès de sa mère. Celle-ci aurait tant aimé câliner sa petite-fille et connaître sa maman, pour qui elle avait confectionné un charmant bonnet que Pradier lui dessina. Juliette lui répondit tendrement et donna des nouvelles de Claire. Elles réveillèrent en lui son admiration pour l'intelligence, la grâce et la gentillesse de la petite. Cette enfant, c'était tout son bonheur : c'était pour elle qu'il se maintenait en vie, raison pour laquelle, précise-t-il, il était parti.

Contrairement à Charles Hugo, dont elle avait l'âge (ils sont nés à huit jours d'intervalle), Claire fut épargnée par l'épidémie. Comme beaucoup de Parisiens, elle assista, le 19 mai 1832, à l'enterrement de Casimir Périer, chef du gouvernement, qui émut la France entière. Elle vit passer son corbillard depuis la croisée d'une amie, comme elle l'écrit dans la première lettre de sa jeune vie qu'elle adresse à sa mère, pour la Sainte-Julie. Dans l'innocence de ces cinq ans et demi, elle lui promet d'être sage, de ne jamais la contrarier, et de lui composer un bouquet de son jardin [10].

L'ombre d'elle-même

Juliette avait bien besoin de ce baume sur ses plaies. Troublée par son procès, elle n'avait pas appris son rôle dans *Jeanne Vaubernier, ou la Cour de Louis XV*, comédie de Rougemont, Lafitte et Lagrange créée en janvier à l'Odéon et reprise en avril à la Porte-Saint-Martin. Elle y joue la marquise de Saint-Sorlin, évincée par la roturière Jeanne Vaubernier qui devient comtesse du Barry et maîtresse du roi. Est-ce parce que le personnage était très secondaire qu'une fois encore, Juliette n'avait pas mémorisé son texte, ou avait-elle la tête ailleurs ? La critique ne l'épargna pas : « Imitant les écoliers qui écrivent leur leçon dans le creux de leur main », elle a noté ses répliques, « en grande partie, tantôt sur des lettres, tantôt sur un éventail qu'elle tenait à la main » [11], tantôt derrière son masque pendant la fête à Versailles. Seul Karr l'excusa sur le peu de temps qu'elle aurait eu pour apprendre son rôle, au reste minime, et espéra la voir bientôt donner sa mesure dans une composition d'envergure.

Il n'en fut rien : elle dut se contenter, pendant trois mois, d'incarner à nouveau Sophie Marini et la marquise de Saint-Sorlin, puis de rejouer dans *Le Moine*, donné en alternance avec *La Tour de Nesle*. Mlle George, splendide, licencieuse, incestueuse et meurtrière Marguerite de Bourgogne, y triomphait, et Dumas avec elle. Cet immense succès de scandale accapara l'attention au détriment du *Moine* où Juliette pâlit dans le rôle d'Antonia, qui lui avait réussi l'année précédente à l'Odéon. Est-ce le choléra qui rôdait toujours, la panique financière qui l'amena à emprunter à de nouvelles usurières et à recourir au mont-de-piété dont elle prit l'habitude désastreuse de négliger ou égarer les reçus [12], l'absence de Pradier pour lui donner des repères, autre chose ou tout cela réuni ? Toujours est-il qu'elle connut un passage à vide. Mis à part Karr qui continuait à l'encenser dans *Le Figaro* et *L'Entracte* et louait cette « belle et bonne actrice, au visage mobile, à la voix accentuée, à la diction pure et gracieuse, femme de bon ton et d'esprit qui a du talent [13] », rares furent les critiques qui lui pardonnèrent sa baisse de régime, l'affaiblissement de sa voix et la diminution de ses moyens dramatiques, « bien au-dessous des grandes émotions qu'elle savait si bien exprimer autrefois [14] ». Selon son humeur, elle était capable du meilleur et du pire.

Elle aurait bien eu besoin, pour se remettre en selle, du retour de Pradier, mais il tardait à rentrer d'Italie. Est-ce la contemplation des chefs-d'œuvre qui l'absorbait, le farniente qui le ralentissait, la *dolce vita* qui l'échauffait ou la crainte du choléra qui le refroidissait, les lettres qu'il lui envoya pendant l'été n'en finissaient pas de repousser l'échéance d'un retour imminent. Nostalgique de leurs amours défuntes, inquiet de ne pas savoir ce qu'elle devenait au théâtre, soucieux de préserver sa propre santé pour ne pas risquer, s'il attrapait la mort, de laisser une orpheline et sa mère sans ressources, il alternait promesses et dérobades, impatience et procrastination. Parviendrait-il à lui rapporter le bracelet à neuf camées qu'il avait repéré pour elle à Rome, mais qu'il n'était pas sûr de pouvoir lui offrir ? De Genève, où il repassa voir sa mère, il envoya l'argent pour se le faire expédier en France. Il lui rapporterait aussi deux chapeaux, et une pipe, mais ne réussit pas à dégotter le costume de paysanne de la campagne romaine qu'il voulait lui offrir. À la place, il chercherait une tenue de Bernoise qu'il envisageait de commander ou d'aller quérir lui-même « dans un pays où le costume est fort beau et peu connu [15] ». Juliette, de son côté, avait bien envoyé à Mme Pradier mère la belle étoffe parisienne qu'il lui avait commandée. Il lui transmit les remerciements de la vieille femme, et se réjouit de raconter à la jeune « bien des choses » dès son retour, « en mangeant l'huître à l'atelier[16] », dans l'espoir que les visites qu'elle lui rendrait à l'avenir soient plus longues que ses habituels passages éclair. L'expression répétée de sa souffrance au souvenir de leurs amours métamorphosées en attachement fraternel indique suffisamment qu'après la naissance de Claire, ce n'est pas Pradier qui a abandonné Juliette, comme on le dit trop souvent, mais elle qui a repris sa liberté. Il s'y résolut, en toute amitié, tout en lui laissant la porte ouverte si par miracle elle voulait lui revenir, et ne manqua pas de la charger, avec une ironique et discrète amertume, de faire ses amitiés aux « *mauvais sujets* » de sa connaissance, sans les nommer : « Oh, tu me comprends bien[17] », ajoute-t-il, ce qui veut dire qu'il sait parfaitement les identifier. Nous, non.

Les silences de Dumas

Juliette avait perdu pied, mais Harel lui garda toute sa confiance : c'est à elle qu'il attribua le rôle-titre dans la reprise de *Teresa* à la Porte-Saint-Martin à partir du 14 août 1832. Dumas avait écrit la pièce pour faire plaisir à Bocage, à qui le succès d'*Antony*, l'année précédente, devait beaucoup. Le grand acteur républicain aspirait à varier sa palette en jouant un vieillard, pour ne pas se laisser enfermer dans l'emploi du beau ténébreux. Dumas accepta de collaborer avec Anicet-Bourgeois pour ce nouveau drame où, dit-il, il y a trois rôles faux, et deux rôles vrais. Le premier rôle « vrai », c'est Delaunay, veuf, soixantenaire, remarié à une Italienne qui lui redonne le goût de vivre. Le second, c'est Amélie, sa fille, spontanée, au cœur pur. Les trois personnages « faux » sont Teresa, la femme de Delaunay, déracinée et mélancolique ; Paolo, son domestique et âme damnée, amoureux d'elle ; Arthur, le mari volage d'Amélie qui convoite la femme de son beau-père. Lors de la création à l'Opéra-Comique, Ida Ferrier, qu'on venait de présenter à Dumas, jouait Amélie. Sans la nommer, Dumas, dans ses *Mémoires*, complimente celle qui, entre-temps, était devenue sa femme, et rend hommage à la créatrice du rôle de Teresa, Mme Moreau-Sainti. Mais afin de ne pas avoir à mentionner Juliette, qui endossait le rôle-titre à l'été, à la Porte-Saint-Martin où sa présence avait empêché le recrutement d'Ida, Dumas passe sous silence les acteurs de cette reprise[18]. Même raccourcie pour la Porte-Saint-Martin, la pièce, qui avait eu un succès relatif à l'Opéra-Comique, où l'on avait surtout admiré Bocage dans le rôle du père outragé, n'enthousiasma pas les foules. Juliette se vit reprocher son « jeu froid » et sa « diction monotone », qui n'avaient

« pas peu contribué à rendre le drame plus ennuyeux encore »[19]. Tel n'est évidemment pas l'avis de Karr, qui, dans *L'Entracte* et *Le Figaro*, loua sa sensibilité et son intelligence, surtout quand elle pousse son amant coupable dans ses retranchements. En ce mois d'août 1832, est-elle déjà sa maîtresse, ou s'apprête-t-elle à le devenir, c'est ce qu'on aimerait bien savoir dater.

Est-ce parce que Pradier revint fin août à Paris qu'elle retrouva son dynamisme et une meilleure hygiène de vie ? Est-ce pour rembourser ses dettes ou assurer son train de vie luxueux qu'elle eut besoin de multiplier les feux, ces primes de jeu journalières qui s'ajoutaient au cachet fixe ? Est-ce parce qu'elle était devenue un pilier de la troupe que Harel se reposa sur elle ? Mi-août, elle reprit le travail intensif : pendant plus d'un an elle va jouer quasiment tous les soirs, parfois plusieurs pièces consécutives lors d'une même séance.

Elle renoua avec le comique dans la folie-vaudeville *M. Lombard, ou le Voyage d'agrément*[20]. Dans cette pièce médiocre qui reste tout de même à l'affiche pendant trente représentations jusqu'au début de l'année suivante, elle est l'espiègle Julie, qui fait passer le confiseur Lombard pour son mari afin de se débarrasser d'un voyageur entreprenant. Pradier la félicita d'avoir plutôt bien chanté et lui transmit les compliments de jeunes gens qui, sans le connaître, lui avaient confié leur admiration pour la beauté, la voix émouvante, le jeu simple mais vrai de Mlle Juliette, qui gagnerait à s'affirmer. Pour l'y aider, il lui donna en modèle trois des grandes vedettes de la scène parisienne : Mlle Mars, gracieuse et distinguée, toujours jeune à cinquante-trois ans, qui savait exprimer les sentiments ; Mlle George, sa camarade de la Porte-Saint-Martin, chaleureuse et énergique ; et Mlle Smithson, « pittoresque et pleine d'âme », qui utilisait toutes ses ressources corporelles, « sa tête, ses yeux, ses cheveux, tout ». Ce sont elles qu'il faut imiter, selon lui (et non pas Dorval, donc, qu'il ne mentionne pas), pour faire sensation. Et il réitéra le conseil qu'il lui avait déjà donné à ses débuts bruxellois : s'imaginer qu'un artiste est là, qui va vous croquer en son tableau, « soi-même être peintre pour bien imiter les caractères et dessiner les poses », s'inspirer des acteurs shakespeariens chez qui « la pantomime fait plus d'effet que les paroles ». À preuve l'impression produite sur lui par Harriet Smithson qu'il avait vue jouer la veille : « Je ne sais pas l'anglais et cependant rien ne m'a tant touché que cette femme et j'ai presque compris. »[21]

Une autre femme, en ce mois de décembre, toucha Pradier d'une tout autre manière : Louise Dupont, née d'Arcet, jeune veuve de dix-huit ans à qui, pour le moment, il se contentait d'envoyer un bouquet, d'offrir des contredanses et de dédier une romance de sa composition. Juliette était brune aux yeux noirs, Louise rousse aux yeux bleus. Selon Maxime Du Camp, « elle passait pour belle », mais ne l'était pas, avec « ses dents éblouissantes, ses fortes épaules, sa poitrine ombrée d'un duvet d'or et son rire qui vibrait comme un harmonica », mais avec des mains « qui étaient sans grâce et dans tous les gestes […] quelque chose de trivial qui ne plaisait pas »[22]. Pradier, amoureux, renonçait à Juliette qui depuis longtemps lui avait signifié son congé. Huit mois plus tard, il épousait la flamboyante rousse.

Le retour au vaudeville amorcé en août fut une parenthèse. Juliette enchaîna avec deux drames écrits ou inspirés par Dumas, interprétés par ses acteurs fétiches. Le premier, *Le Fils de l'émigré*, drame en prose conçu en collaboration avec Anicet-Bourgeois, et créé à la Porte-Saint-Martin le 28 août, chuta lourdement. Dumas n'assista pas à sa création car il avait fui la France. Sa participation à l'émeute consécutive aux funérailles du général Lamarque avait attiré l'attention sur lui. On l'avait vu arpenter les boulevards en uniforme d'artilleur et participer aux discussions entre Harel et les émeutiers venus réquisitionner les fusils du magasin aux accessoires de la Porte-Saint-Martin. Loin de participer au coup de feu, il avait plutôt cherché à temporiser, mais enfin le bruit courut qu'il avait été arrêté, traduit devant un conseil militaire et passé par les armes. Bientôt se tiendrait le procès contre les meneurs des affrontements sanglants dans le quartier du cloître Saint-Merri : ils devraient rendre des comptes à l'automne. Épuisé par l'agitation politique, affaibli par le choléra, étourdi par le succès sulfureux de *La Tour de Nesle* et fatigué par les récriminations de son collaborateur Gaillardet qui s'estimait spolié, inquiété par le pouvoir qui se méfiait de ce républicain notoire, averti par l'aide de camp du roi qu'on envisageait son arrestation[23], Dumas avait fui la France pour la Suisse. C'est à Koenigsfelden, deux semaines après la Première, qu'il découvrit dans un vieux numéro du *Constitutionnel* un compte rendu catastrophique du *Fils de l'émigré*.

Mlle George avait demandé à Dumas de lui inventer un personnage contemporain, pour changer des reines. Elle joue une femme d'armurier, mère de deux garçons : un fils naturel conçu avec un émigré de passage, et un cadet légitime. Juliette joue la maîtresse de l'émigré et de son fils revanchard, qui vole sa mère, se ruine au jeu, tue son amante et finit sur l'échafaud. La pièce, qui fustige le personnel politique corrompu de la Restauration, fut jugée dangereuse en cette période troublée, deux mois après l'émeute. Le public s'enflamma, pendant le prologue, au son de *La Marseillaise*, interdite sur scène, mais jouée en coulisse pour accompagner le passage des soldats de la Révolution. La censure abolie, les ouvrages présentés à la scène n'étaient plus soumis au contrôle préalable. La réaction s'opéra donc indirectement, par le biais de la presse gouvernementale, qui avait d'avance orchestré la cabale contre l'auteur impliqué dans l'émeute républicaine de juin. Les royalistes se déchaînèrent : on jeta des petits bancs sur la scène, se souviendra Frédérick Lemaître, qui n'avait encore jamais vu ça[24]. Harel eut beau rafistoler le texte, y opérer des coupes, *Le Fils de l'émigré* ne tint que neuf représentations. On se hâta de reprogrammer *La Tour de Nesle*, inébranlable[25].

Juliette s'était bien sortie de son rôle de femme entretenue qu'elle avait nimbé de grâce et de décence. Aussi fut-elle réembauchée pour le prochain spectacle dont Dumas était l'auteur indirect. Anicet-Bourgeois et l'acteur Lockroy furent en effet chargés d'adapter *Périnet Leclerc*, « scène historique » qu'il avait publiée en janvier 1832 dans la *Revue des deux mondes*. Ce genre didactique, où un fragment d'histoire est exposé sous forme de dialogues, réservé à la lecture et souvent publié en revue, fleurissait dans les cercles libéraux depuis les dernières années de la Restauration. Certains finissaient par être transformés en drames, telle *Une conspiration en 1537* de George Sand, dont Musset tirerait *Lorenzaccio*.

Périnet Leclerc, ou Paris en 1418, drame historique en cinq actes et en prose créé le 3 novembre 1832 à la Porte-Saint-Martin, fut un triomphe, dont Juliette eut sa part. Comme de coutume, elle joue le second rôle féminin après Mlle George, qui interprète Isabeau de Bavière, femme infidèle du roi Charles VI, fou par intermittence. Marie est censée espionner la reine pour le compte de son ennemi le connétable, mais elle n'en fait rien et reste loyale à sa souveraine, tout comme son amoureux, le vaillant Périnet, qui tue le traître et meurt en brave.

Les jours suivants, on fait la queue pour obtenir des places. On pleure le sort des femmes victimes de la tyrannie masculine incarnée par le connétable, on prend fait et cause pour le brave Périnet. On s'émerveille devant les décors de Séchan : les remparts du château de Vincennes ; l'oratoire de la reine avec ses portes secrètes ; la vue du Vieux-Paris en bord de Seine, avec ruelle, taverne, maison praticable, pont et parapet par-dessus lequel est jeté à l'eau l'amant de la reine atrocement torturé ; l'intérieur du château, avec sa riche portière, sa grande fenêtre et son coffret d'or ciselé ; une tente militaire dressée en campagne ; la porte Saint-Germain et ses remparts, avec la maison à deux niveaux de l'échevin Leclerc ; une boutique avec, sur plusieurs plans en perspective, ses vitraux, sa grande cheminée gothique, son escalier, sa porte basse. Les émotions fortes se succèdent : traîtrises, sauvetages, reconnaissances, insurrections, poursuites, assassinats, effractions, incendie, trompettes, fanfares, tocsin. Les yeux sont éblouis et les cœurs échauffés.

George (Isabeau) et Lockroy (Périnet) se taillent la part du lion. La presse loue aussi Juliette. On regrette que son rôle soit si mince : pourquoi les auteurs ne lui ont-ils pas composé une partition plus copieuse ? Elle l'aurait mérité. On s'inquiète pour sa santé : elle a maigri, ses traits se sont amincis. Nul doute qu'elle travaille trop, elle qui vient d'enchaîner soixante-dix représentations en moins de trois mois [26]. Mais le costume qu'elle s'est offert lui vaut les honneurs des journaux de mode. *Le Charivari* du 24 décembre 1832 le donne à contempler, dans une estampe de Stanislas Darondeau *(voir cahier hors texte)*. Une aquarelle de Tony Johannot coïncide avec la description donnée par le *Registre des théâtres (voir cahier hors texte)* : « jupe de velours violet à queue, imprimé argent, robe satin ponceau, corsage juste, décolleté, jupe plissée et tombant jusqu'aux genoux, le bas fixé sur la jupe de velours, manches satin ponceau très courtes, et manches satin jaune à poignet fixé à la manche rouge et se terminant à la pagode doublée de satin blanc, le tout bordé velours noir et argent, ceinture velours noir et or ». La description de la coiffure correspond, elle, à l'estampe de Darondeau : « même forme que celle d'Isabeau de Bavière au troisième acte, velours violet et or, garnie de pierreries, brides soie et or, se terminant avec des glands et tombant plus bas que la ceinture » [27].

Elle en éclipserait presque Mlle George. En témoigne cet admirateur assez audacieux pour le lui écrire : « J'entrai. Mlle George parut en Reine, une autre femme l'accompagnait : je fixai volontairement la première, mes yeux se portèrent naturellement sur la seconde. Dieu, que celle-là était belle ! Sa démarche avait quelque chose d'aérien ; ses paroles étaient douces et s'échappaient sans contrainte d'un sein d'albâtre [28]. » De plus en plus enflammée, la déclaration d'amour se poursuit sur trois pages. Les passions qu'elle inspirait allaient-elles finir par faire de l'ombre à George, et rendre les dieux jaloux ?

Juliette joua encore plusieurs mois dans *Périnet Leclerc*, qui eut presque autant de succès que *La Tour de Nesle*. Le Paris médiéval réussissait à Dumas, et les spectateurs de la Porte-Saint-Martin en raffolaient. Elle s'y produirait encore au printemps suivant. Entre-temps, *Le Pêcheur de Schevning*, dernière de ses créations avant sa rencontre avec Hugo, fut un échec. Sifflé dès la Première, le 7 décembre, ce vaudeville de Masson, Saintine et Villeneuve ne tint pas l'affiche plus de quatre soirs. Elle y jouait le rôle de la pauvre Isèle, que ses parents pêcheurs font passer pour une riche héritière jusqu'à ce que leur stratagème soit éventé. La critique déplora une intrigue misérabiliste éculée. Filant la métaphore maritime autorisée par le milieu des pêcheurs et le naufrage de la pièce, Karr jugea que Juliette, « embarquée dans cette maudite galère, était la plus jolie et la plus aimable de l'équipage », et qu'elle avait « chanté comme une sirène »[29]. Son avis était partagé par le rédacteur du *Vert-vert* (sans doute lui encore), qui la trouva « charmante envers et contre tous[30] ». Pour d'autres, en revanche, elle s'était contentée de copier Dorval et de faire admirer ses costumes : « une robe de velours noir et un bibi blanc, une robe de soie jaune et un béret bleu de ciel avec un esprit[31] ». Quoi qu'en pense ce critique, le soin que les actrices portaient à leur toilette n'était pas simple affaire de coquetterie. Il ne s'agissait pas seulement d'exhiber leur aisance et leur train de vie luxueux, mais aussi de composer leur personnage par une recherche personnelle susceptible de lancer la mode. Juliette était en train de s'affirmer non seulement comme une des plus belles actrices, et des plus prometteuses, mais aussi comme une des plus élégantes femmes de Paris.

Peu de temps après, la revue *L'Artiste* lui consacra un dossier : son portrait, tout en grâce et douceur, par Léon Noël, reflète la finesse de ses traits, la pleine et gracile courbure de ses formes, la bonté de ses yeux noirs. Il est accompagné, sur deux colonnes, d'un dithyrambe d'Alphonse Karr intitulé « Mlle Juliette, artiste de la Porte-Saint-Martin ». Karr a insisté auprès du directeur de la revue pour l'écrire lui-même, car l'actrice, précise-t-il, y tient beaucoup. Il rappelle les grandes étapes de sa jeune carrière : les débuts à Bruxelles, l'arrivée à Paris dans le vaudeville, sa reconversion dans le drame, ses succès à l'Odéon, son retour à la Porte-Saint-Martin, où elle a joué le difficile rôle de Teresa avec passion, et celui de la spirituelle marquise de Saint-Sorlin avec grâce et piquant. Il le concède, elle a encore des progrès à accomplir dans l'apprentissage d'un métier dont elle ne maîtrise pas encore toutes les techniques enseignées au Conservatoire : autant elle est énergique et vraie dans les morceaux de bravoure, autant elle manque d'assurance et de précision lorsqu'il s'agit de compter ses pas, de mesurer la hauteur à laquelle il convient de lever les bras, d'arranger ses cheveux épars, de régler les transitions. Lorsqu'il passe au portrait, on sent parler l'homme amoureux sous son commentaire de la gravure de Léon Noël. Quoique ressemblante, elle ne saurait exprimer, à ses yeux, l'alliance de l'harmonie apollinienne et de la beauté dionysiaque qui fait tout le charme de Mlle Juliette. Aucune actrice de son temps ne lui est comparable pour « cette pureté, cette jeunesse, cette naïveté de contours, qui rappellent les statues grecques, et à la fois cette poétique et expressive physionomie qui fait comprendre les héroïnes de Shakespeare ». Selon Karr, seul le portraitiste anglais Thomas Lawrence,

Léon Noël, *Mlle Juliette*, lithographie (1832)

mort récemment, aurait pu rendre à « ces traits suaves et purs »[32] leur sublime expression.

Que leur liaison date de cet article ou des éloges qu'il lui prodigue depuis le printemps, qu'il faille donner raison à Audebrand lorsqu'il évoque « un an de vache enragée » ou à Houssaye lorsqu'il parle des « Cent jours de Karr », il ne restait plus à l'actrice et au journaliste que trois mois de vie commune. Il n'en avait plus pour longtemps à monnayer ses éloges et ses promesses de mariage contre des faveurs et des avances d'argent qu'il se gardait bien de rembourser. Juliette n'allait pas tarder à être débarrassée de son parasite, qui, obligé de lâcher sa proie, ne tarderait pas non plus à se venger d'elle.

L'amour allait frapper à la Porte.

Elle avait déjà beaucoup joué pour Dumas, mais n'avait pas encore croisé Victor Hugo. En cette fin décembre 1832, l'auteur du *Roi s'amuse*, échaudé par ses démêlés avec la Comédie-Française, s'était décidé à revenir vers le temple du drame, où Dumas, qui allait devoir désormais y partager le succès avec lui, ne l'attendait pas. Harel, en revanche, lui tendait les bras. Il ne serait pas le seul.

Deuxième partie

Vivre d'amour, mourir au monde (1833-1851)

VII

Naître à l'amour
(1833)

« Il y a des instincts pour toutes les rencontres de la vie. »
Les Misérables, II, III, 5

Comment s'étaient-ils rencontrés ? Hugo, dans un poème, se rappellera l'avoir vue dans un bal, « blanche avec des yeux noirs, jeune, grande, éclatante [1] », captant tous les regards. Il n'aurait alors pas osé l'approcher. De son côté, Juliette garde « le souvenir à jamais sacré du premier jour » de leur rencontre, « à la lecture de *Lucrèce Borgia* en décembre 1832 » [2]. Hugo situera cette lecture quelques jours plus tard : « Il y aura après-demain 2 janvier vingt-deux ans que je te vis pour la première fois. Te le rappelles-tu ? Depuis ce moment-là, c'est le 2 janvier (et non pas le 1er) que commence pour moi l'année, je dis plus, la vie [3]. »

Jour de chance côté cœur, de guignon côté Cour : ce même 2 janvier 1833, Hugo recevait le verdict du tribunal de commerce dans son procès contre la Comédie-Française après l'interdiction du *Roi s'amuse*. Copieusement sifflée pour son esthétique grotesque, sa peinture au vitriol de la cour dépravée et son portrait de François Ier en soudard licencieux, la pièce avait été interdite après la Première, le 8 novembre 1832. Hugo avait attaqué le théâtre pour rupture de contrat. Devant une foule nombreuse, il avait lui-même plaidé à son procès pour dénoncer le retour indirect de la censure, abolie depuis 1830. Dans une intuition prophétique, il avait tonné :

> Aujourd'hui on me fait prendre ma liberté de poète par un censeur, demain on me fera prendre ma liberté de citoyen par un gendarme ; aujourd'hui on me bannit du théâtre, demain on me bannira du pays ; aujourd'hui on me bâillonne, demain on me déportera [4].

Le tribunal de commerce, en déclarant son incompétence en matière administrative, déboutait l'auteur de sa plainte. Au lieu de faire appel,

Hugo diffusa une lettre ouverte où il renonçait à la pension que lui avait accordée Louis XVIII en 1822 pour ses odes royalistes. Il montrait ainsi qu'il ne se laissait pas bâillonner sans réagir. En outre, il avait impressionné par ses talents d'orateur. C'est illuminé de cette nouvelle aura de tribun qu'il fut accueilli par les comédiens à la Porte-Saint-Martin.

Lecture, répétitions et Première de Lucrèce Borgia

À Mlle George revenait, par contrat, le grand premier rôle, celui de la sulfureuse Lucrèce, duchesse de Ferrare. Elle cherche à se venger des jeunes Vénitiens qui l'ont outragée, et à sauver son fils caché de la jalousie du duc. Frédérick Lemaître préféra le rôle de Gennaro, jeune premier matricide, à celui du duc d'Este, tyran et mari jaloux. Le rôle de la princesse Negroni, qui prête sa demeure à Lucrèce pour attirer les jeunes seigneurs dans un banquet fatal, échut à Mlle Juliette. Il se résumait à neuf répliques, deux rires et une pantomime. Elle l'accepta néanmoins, même s'il ne correspondait pas à son contrat : « Quoique je sois engagée, Monsieur, à votre théâtre pour ne jouer que les premiers rôles, je jouerai avec empressement la princesse Negroni dans *Lucrèce Borgia*. Il n'y a pas de petit rôle dans une pièce de V. Hugo [5]. » Harel envoya la lettre à Hugo le jour même.

Elle fit bien d'accepter, elle qui était justement en pleines négociations avec Harel au sujet de son contrat. La lettre que celui-ci lui écrivit le 10 janvier donne à penser qu'elle s'estimait trop peu payée, ou qu'elle commençait à se lasser des rôles trop minces qui lui avaient été confiés depuis Teresa :

> Je regrette bien sincèrement que mes offres ne puissent pas convenir à Mlle Juliette. C'est avec beaucoup de peine que je la vois s'éloigner d'un théâtre où son talent aurait trouvé des occasions de se développer avec avantage, et où sa personne avait des amis dont l'intérêt ne lui eût jamais manqué.
>
> Avec un peu de patience, le temps serait venu où de meilleures conditions auraient pu être posées. Aujourd'hui la nécessité me fait la loi [6].

Le billet qu'elle avait adressé à Harel ne pouvait que lui attirer la sympathie de l'auteur. Pendant les répétitions, il est plus présent que jamais. Il avait suivi celles d'*Hernani* en 1830, écouté les conseils des interprètes pour faire passer la rampe à certaines répliques, et leur avait, en retour, expliqué le jeu muet. En 1831, pour *Marion de Lorme* à la Porte-Saint-Martin, il n'était guère intervenu, et la pièce n'avait réussi qu'à moitié : les acteurs des boulevards étaient mal à l'aise avec les vers. L'année suivante, depuis sa villégiature, il n'avait suivi que de loin les répétitions du

Roi s'amuse à la Comédie-Française : le résultat avait été catastrophique. Cette fois-ci, secondé par Frédérick Lemaître que son expérience du mélodrame a formé à la mise en scène, Hugo, résolu à réparer le fiasco du *Roi s'amuse*, est assidu au théâtre. Il peut y rencontrer quotidiennement Juliette, qui, en janvier, reparaît dans les reprises de *M. Lombard*, *Jeanne Vaubernier* et *Dix ans de la vie d'une femme*.

Hugo se préoccupe du jeu des acteurs et de la construction du décor, qu'il veut exact et suggestif. Il exige ainsi qu'au troisième acte on remplace une imitation du café à la mode Le Cadran bleu par « une espèce de tombeau doré[7] » ; il demande qu'on change une porte trop somptueuse pour l'évasion à laquelle elle doit servir. Il collabore avec le compositeur attitré de la Porte-Saint-Martin, Piccini, à la grande satisfaction de Harel, ravi que Hugo ne dédaigne pas un accompagnement musical mélodramatique : à l'inverse, drapé dans sa dignité d'écrivain, Casimir Delavigne, l'année précédente, avait refusé qu'on mette de la musique sur son *Marino Faliero*.

Hugo ne pouvait ignorer les ennuis financiers de Juliette : ils faisaient les choux gras de la chronique judiciaire et des potins mondains. Fit-elle appel à lui pendant les répétitions ? Est-ce le sens de ce billet non daté, adressé à « M. Victor Hugo, Au théâtre », qui donne l'adresse où elle loge (5 *bis*, boulevard Saint-Martin) et ne précise pas le motif du rendez-vous : « Pouvez-vous me consacrer un moment ce soir après dix heures ? / J'ai besoin de vous parler. »[8] Sollicite-t-elle des conseils sur son rôle, un prêt d'argent, sa caution dans le procès qui la prend à la gorge, autre chose ? Indique-t-elle son adresse pour qu'il lui réponde, ou pour qu'il la rejoigne ?

L'usurière Ribot, avertie de son engagement pour une pièce de M. Victor Hugo, réclama ses 8 000 francs. Cela représentait plus d'un an de salaire pour Juliette, qui devait en répondre le 23 janvier devant la Cour royale. Heureusement, son avocat obtint le renvoi devant les tribunaux civils : nouveau rebondissement dans cette saga judiciaire dont se délectait la presse. *L'Observateur des tribunaux* attendait de savoir si elle rembourserait « les cachemires et les diamants que M. P***, plus généreux que sage, a déposés à ses pieds[9] ». Sous le titre accrocheur « L'actrice et ses cachemires », la *Gazette des tribunaux* reconnaissait que « garantir le paiement de ces lettres de change » relevait, de la part de Mlle Juliette, d'un « élan de cœur qu'on ne saurait trop admirer », et ironisait : « jusqu'alors il n'y a eu de sa part qu'une simple promesse de payer, ce qui, comme chacun sait, n'équivaut pas au paiement »[10]. Six jours après la Première de *Lucrèce Borgia*, le tribunal rendait son verdict : à défaut de contrainte par corps immédiate (qui l'eût privée de son gagne-pain), elle devrait vite verser la somme sous peine d'emprisonnement.

Elle était aux abois. Sur qui compter ? En quel homme avoir confiance ? Pinel l'avait ruinée. Karr vivait à ses crochets. Pradier était sur le point de se marier. Victor Hugo, lui, allait la protéger, la consoler, lui éviter la prison, rembourser ses dettes, assurer son existence, et l'aimer à jamais.

Le soir du 2 février, dans l'attente du verdict, Juliette, vêtue d'une robe de damas violet broché d'or conservée à la Maison de Victor Hugo, plumes et perles entrelacées dans ses cheveux *(voir cahier hors texte)*, entra en scène sitôt effectué le changement de décor du dernier acte. Installée sur le plateau avec ses camarades, elle vit s'ouvrir le rideau. En face d'elle, les spectateurs découvraient le somptueux tableau dont elle était l'attraction. La scène est à Ferrare, dans le palais de la princesse Negroni attablée parmi les seigneurs vénitiens auxquels son amie Lucrèce va servir un repas empoisonné. Lors d'un échange avec Maffio Orsini, empreint d'ironie dramatique, la princesse l'interroge sur son amitié avec son frère d'armes Gennaro, rit à l'évocation du jour de leur mort commune prédite par un bohémien, l'aguiche, et lui échappe.

Dans une note rédigée huit ans plus tard, Hugo commencera ses éloges aux comédiens par celui de sa bien-aimée :

> Le public a vivement distingué Mademoiselle Juliette. On ne peut guère dire que la princesse Negroni soit un rôle, c'est, en quelque sorte, une apparition. C'est une figure belle, jeune et fatale, qui passe, soulevant aussi son coin du voile sombre qui couvre l'Italie au seizième siècle. Mademoiselle Juliette a jeté sur cette figure un éclat extraordinaire. Elle n'avait que peu de mots à dire, elle y a mis beaucoup de pensée. Il ne faut à cette jeune actrice qu'une occasion pour révéler puissamment au public un talent plein d'âme, de passion et de vérité [11].

Théophile Gautier, avec son art raffiné de décrire les acteurs, retiendra la Negroni pour louer ses talents :

> Elle avait deux mots à dire et ne faisait en quelque sorte que traverser la scène. Avec si peu de temps et si peu de paroles elle a trouvé le moyen de créer une ravissante figure, une vraie princesse italienne, au sourire gracieux et mortel, aux yeux pleins d'enivrements perfides ; visage rose et frais qui vient de déposer tout à l'heure le masque de verre de l'empoisonneuse, si charmante, d'ailleurs, qu'on oublie de plaindre les infortunés convives, et qu'on trouve heureux de mourir après lui avoir baisé la main. [...] On aurait dit une couleuvre debout sur sa queue, tant elle avait une démarche onduleuse, souple et serpentine. [...] Avec quelle prestesse inquiétante et railleuse elle se dérobait aux adorations prosternées des beaux seigneurs vénitiens [12] !

Juliette avait apporté sa pierre à l'édifice. Quant à Mlle George, Hugo jugeait qu'elle avait réuni « au degré le plus rare les qualités diverses et quelquefois même opposées que son rôle exige ». Tour à tour mère attentionnée, femme séductrice, tyran assoiffé de pouvoir, furie vengeresse, « elle passe comme elle veut, et sans effort, du pathétique tendre au pathétique terrible ». À ses côtés, Frédérick Lemaître « a réalisé avec génie le Gennaro que l'auteur avait rêvé »[13]. Cet enfant trouvé apprend à la réplique finale ce dont le spectateur est informé dès la troisième scène : que Lucrèce Borgia, incestueuse, tyrannique, tueuse en série, est la mère qu'il n'a jamais connue, qui de loin l'aime et le protège, et qu'il vient d'assassiner.

Ce fut un triomphe. Le public fut subjugué par la beauté du texte, la puissance de l'intrigue, la splendeur du décor, la solennité du plain-chant pendant la procession des moines, le charisme de George et le magnétisme de Frédérick. Le beau-frère de Hugo en témoignerait le lendemain, « toute la salle avait la chair de poule[14] ». On réclame l'auteur, on l'acclame, on le porte en triomphe. Les critiques, en revanche, pour ne pas se déjuger deux mois après avoir éreinté *Le roi s'amuse*, font l'hypothèse que la prose et les boulevards conviennent mieux au talent de Hugo que les vers et la Maison de Molière, son théâtre étant plus matériel que littéraire.

Le public accourut. Les recettes furent miraculeuses, jamais Hugo n'avait gagné ni ne gagnerait autant d'argent au théâtre : 10 000 francs, plus les 4 000 francs versés par Renduel pour l'édition originale. Il pourrait bientôt soustraire à son pactole de quoi commencer à aider son actrice.

L'heure mystérieuse

Le soir de la Première, samedi 2 février, Hugo rentra chez lui pour y recevoir ses nombreux amis, qui faisaient la queue sous les arcades de la place Royale pour le féliciter. Treize jours plus tard, le 15 février, Juliette et lui se promènent ensemble, pour la première fois, sur les boulevards extérieurs, entre l'Arc de triomphe et la barrière de Clichy[15]. Le lendemain, elle lui a donné rendez-vous chez son amie Laure Krafft, qui la loge : « Viens me chercher ce soir chez Mme K. Je t'aimerai jusque-là pour prendre patience – À ce soir – Oh ! ce soir ce sera tout ! Je me donnerai à toi tout entière[16]. »

Pour Hugo, que sa femme avait repoussé trois ans plus tôt après la naissance de leur petite dernière, Juliette fut une révélation. Trois ans plus tard, au jour anniversaire, à « 1 h. ½ du matin », il écrira n'avoir « jamais eu d'heure plus rayonnante que cette heure mystérieuse »[17]. Tous les ans, il commémorera cette nuit dans un Livre rouge soigneusement conservé et régulièrement relu par Juliette : les *Poesias* publiées en 1834 par le romantique espagnol Jacinto de Salas y Quiroga, une fois dépecées de leurs poèmes, accueilleront, protégée de leurs pages blanches et de leur reliure, la collection des lettres que Hugo y déposera pour elle au retour de cette date bénie. Il l'immortalisera aussi dans *Les Misérables*, en situant le 16 février 1833 le mariage de Marius et Cosette.

Trois jours plus tard, le 19, c'était mardi gras. La ville était en fête. Juliette jouait dans *Périnet Leclerc*, puis Hugo devait se rendre à un bal d'artistes au foyer du Gymnase. L'invitation précise : « Le bal commencera à onze heures et demie. Le souper sera servi à deux heures et demie. [...] On est prié, autant que possible, de se présenter en costume[18]. » Qu'à cela ne tienne, Victor s'était pour l'occasion offert des souliers neufs. Mais Juliette lui mit le marché en mains :

> Si vous allez au bal ce soir, c'est que vous acceptez une rupture définitive entre vous et moi. Je souffre trop de la pensée que vous allez vous trouver au milieu de femmes charmantes et heureuses pour que vous puissiez le faire sans être coupable envers moi. Répondez chez Mme K. – Si vous ne me répondez d'ici à minuit, je comprendrai que vous tenez peu à moi – et que tout est fini – et à tout jamais[19].

Hugo renonça au bal, et il fit bien. Il fut plus heureux seul avec elle que perdu dans la foule, dans l'obscurité de sa chambrette que sous les lumières de la ville, dans le don de soi que dans les plaisirs factices : « Au dehors, nous entendions Paris rire et chanter et les masques passer avec de grands cris. Au milieu de la grande fête générale, nous avions mis à part et caché dans l'ombre notre douce fête à nous[20]. » Rentrant chez lui le lendemain, dès l'aube, à l'heure où blanchit le ciel parisien, il croisa les fantômes des fêtards mélancoliques :

> Le jour naissait, il pleuvait à verse, les masques déguenillés et souillés de boue descendaient de la Courtille avec de grands cris et inondaient le Boulevard du Temple. Ils étaient ivres et moi aussi ; eux de vin, moi d'amour. À travers leurs hurlements, j'entendais un chant que j'avais dans le cœur. Je ne voyais pas tous ces spectres autour de moi, spectres de la joie morte, fantômes de l'orgie éteinte, je te voyais, toi douce ombre rayonnante dans la nuit, tes yeux, ton front, ta beauté et ton sourire aussi enivrant que tes baisers. Ô matinée glaciale et pluvieuse dans le ciel, radieuse et ardente dans mon âme ! Souvenir[21] !

Ces deux dates redoublent les occasions de fêter leur anniversaire, et se confondent parfois : par une de ces précisions aussi pointilleuses que fantaisistes dont Hugo a le secret, le narrateur des *Misérables* inventerait avec aplomb « pour la pure satisfaction d'être exact [...] que le 16 était un mardi-gras [22] ».

Qu'en dira-t-on ?

Très vite, tout le monde fut au courant : les gens du théâtre, la famille du poète, les artistes et les journalistes. Les amants, en proie aux premiers tourments d'une passion jalouse, avaient tout contre eux : les intérêts particuliers de Mme Hugo, bafouée, et d'Alphonse Karr, destitué et dangereux, puisqu'il disposait d'une tribune dans *Le Figaro* ; les rivalités entre artistes et entre auteurs ; la curiosité malsaine de la presse à scandale.

Karr, qui, dans son compte rendu de la Première de *Lucrèce Borgia*, avait consacré, contre toute justice, plus de lignes à Juliette qu'à Mlle George dans un nouveau dithyrambe, se retrouvait supplanté, et ruminait sa colère. À sa barbe (qu'il ne portait pas encore longue), l'auteur de *Lucrèce Borgia* lui avait dérobé l'une des plus belles femmes de Paris. À son dépit s'ajoutait une rancœur alimentée par le déni des sommes qu'il devait à Juliette. Il allait désormais utiliser son pouvoir médiatique pour se venger d'elle selon une stratégie graduée.

Mi-mars, il publia une nouvelle mélodramatique où il est question d'argent, de trahison, d'amour déçu et de chantage, dont l'héroïne frivole et jalouse, sous le nom arrangé de Mlle Gaussain, « l'actrice la plus séduisante et la plus à la mode de son temps [23] », a pour clef Juliette, née Gauvain. Puis Karr cessa de parler d'elle : il se tut quand elle reprit ses rôles anciens au printemps, et ne dit rien de ses deux nouvelles performances estivales. Il lui donna le coup de grâce à l'automne, en faisant paraître un roman, *Une heure trop tard*, où on la reconnaît sous le personnage d'Hélène, jeune paysanne aventureuse, au corps superbe, « flétrie et déshonorée [24] » ; le jeune Maurice accepte de la prendre telle qu'elle est, mère d'une petite fille dont elle ignore qui est le père, réduite par la nécessité à vendre ses effets précieux, diamants, émeraudes et cachemires. La trahison de Karr était contemporaine d'un recueil d'Hermance Lesguillon (dite Sandrin), poétesse moralisatrice qui reprochait à Hugo d'avoir « dédaigné l'épouse chaste et belle » pour « la courtisane impure au souffle revendu » [25], et d'un roman à succès d'Eugène Guérin, *Une actrice*, histoire d'une orpheline qui échappe à la misère en vivant de ses charmes, multiplie les amants, habite boulevard Saint-Martin, est poursuivie pour dettes et trouve finalement un protecteur compréhensif résolu à la réhabiliter.

On ne voyait pas cette liaison d'un bon œil non plus dans la famille de Mme Hugo. Au début de l'été, son père, parti en voyage, s'informa auprès de sa belle-sœur restée à Paris :

> J'ai hésité à vous prier de me tenir au courant d'une chose qui me revient souvent en tête, à cause d'Adèle. Vous savez, cette dame, la belle dame de la Porte-Saint-Martin, qui, dans ses projets de réforme, a quitté son grand appartement pour un plus modeste, la princesse Negroni, enfin ; cela donne-t-il toujours des inquiétudes à Adèle ? Où en est la conversion de la princesse ? Je voudrais bien que la liaison qui continuait lors de mon départ se terminât et que ce fût à la satisfaction de ma fille. Il est bien entendu que tout ce que vous m'écririez sur ce chapitre serait de vous à moi, seulement [26].

Quelques jours plus tard, il reçut une réponse rassurante : Adèle était « tranquille ». Tranquille, mais pas dupe. Son cœur étant lui-même pris ailleurs – par l'écrivain, critique et ami de Hugo Sainte-Beuve –, que son mari se console pouvait sinon lui faire plaisir, au moins la rassurer. Dans un de ces récits invraisemblables où il a le chic pour se donner le beau rôle, Dumas prétendra qu'Adèle lui avait elle-même demandé de choisir la maîtresse jolie, intelligente et bonne qui pourrait rendre heureux son époux sans menacer l'équilibre familial. Ce qu'elle pouvait craindre, en revanche, c'est que son mari dilapide l'argent du ménage, nécessaire à l'éducation de leurs quatre enfants, non seulement pour entretenir Juliette, mais aussi pour rembourser ses dettes faramineuses. Elle mettrait Hugo en garde contre ce risque-là et, pour le reste, ferait contre mauvaise fortune bon cœur, comme en témoigne Hugo lui-même dans une lettre à son ami Victor Pavie :

> Je n'ai jamais commis plus de fautes que cette année, et je n'ai jamais été meilleur. Je vaux bien mieux maintenant qu'à mon temps d'*innocence* que vous regrettez. Autrefois, j'étais innocent, maintenant, je suis indulgent. C'est un grand progrès, Dieu le sait. J'ai auprès de moi une bonne et chère amie, cet ange qui le sait aussi, que vous vénérez comme moi, et qui me pardonne et qui m'aime [27].

Désormais, Hugo et Adèle mèneront leurs vies sentimentales chacun de son côté, non sans heurts, blessures et jalousies, tout en conservant l'un pour l'autre respect et attachement. Jamais ils ne penseront à la séparation de corps, cette solution de rechange au divorce – interdit depuis 1816 –, qui permettait, en cas de faute grave ou d'incompatibilité d'humeur, de ne pas vivre sous le même toit et d'être dispensés du devoir conjugal. Ils garderont un foyer commun, une famille stable, tout en s'octroyant la liberté de vivre chacun sa vie.

Moins compréhensif qu'Adèle, Balzac, dans une lettre à Mme Hanska, s'affiche plus conformiste et bien-pensant qu'il ne l'est habituellement, et donne la mesure de l'incompréhension générale :

> Tout cela court les oreilles dans les salons ; il faut bien les entendre. Je vous en ai déjà dit sur V. Hugo. Eh bien, lui marié, par amour, ayant femme et enfants, s'est épris d'une actrice nommée Juliette, qui, entre autres témoignages de tendresse, lui a envoyé un mémoire de 7 000 francs de blanchisseuse, et V. Hugo a été forcé de souscrire des effets pour payer ce billet doux !
>
> Voyez-vous un grand poète, car il est poète, travaillant pour payer la blanchisseuse de Mlle Juliette[28] !

Dans la bohème artiste, qu'un écrivain collectionne les maîtresses, c'est banal. Qu'un prince ou un bourgeois entretienne une actrice l'est aussi. Les vaudevilles du temps sont riches en échanges de couples et en mésaventures conjugales, qui, au dénouement, ne portent pas à conséquence et ne remettent pas le Code civil en question. Ce qui étonne, c'est cette forme d'amour libre dans la servitude volontaire que vont inventer Juliette et Victor, sans même songer à leur mariage impossible ni à la dissolution, tout aussi inconcevable, de celui qui liait déjà Victor à Adèle devant Dieu et les hommes ; c'est, pendant cinquante ans, la solidité inébranlable de leur « petit ménage » parallèle, menacé, mal assorti, jalousé et incompris ; c'est l'aveuglante évidence de la force, hasard ou nécessité, qui les avait destinés, lui à elle, elle à lui.

Frénésie de travail

Écoutant les conseils que lui prodiguait Hugo, Juliette chercha à économiser, comme elle pouvait, et à gagner plus d'argent. Son rythme de travail, déjà soutenu l'année précédente, devint frénétique. Au printemps, elle reprit, en alternance avec les représentations de *Lucrèce Borgia* interrompues par une tournée de Mlle George à l'étranger, ses rôles dans les pièces à succès de la Porte-Saint-Martin : Marie d'Ostanges dans *L'Homme au masque de fer*, la marquise de Saint-Sorlin dans *Jeanne Vaubernier*, le rôle-titre dans *Térésa* de Dumas, et Marie dans *Périnet Leclerc*. À partir du 1er mai, aux spectacles qu'elle y enchaînait déjà certains soirs elle ajouta un autre engagement en soirée au Théâtre Molière qui venait de rouvrir rue Quincampoix : elle y joua Rita dans *Le Fils de Zambular* d'Amédée, petit emploi de vieille gardienne de pharmacie dans un couvent, qui défend de toucher tel mystérieux flacon bleu à l'héroïne suicidaire. En juillet, elle reparut aussi dans *Norma, ou l'Infanticide* de Soumet, où elle jouait le rôle d'Adalgise, faire-valoir de Mlle George dans le rôle-titre ; *Le Corsaire*, tout en reconnaissant le triomphe de la vedette, complimenta les deux actrices, et encouragea Juliette « à s'animer davantage ».

S'animer davantage ? Alors qu'elle s'épuisait ! Gérard Pouchain, qui en a fait le compte, dénombre qu'elle joua une centaine de fois entre février et avril 1833, cent vingt fois entre mai et juillet[29]. Elle se plaint à Hugo de l'altération de sa santé, qu'elle attribue aux chagrins et inquiétudes de leur passion, mais qui venait sans doute aussi du surmenage. Pradier s'en inquiéta :

> Je n'aime pas à savoir que tu es malade. Sacré Dieu, fais donc ce qu'il faut faire pour cela, vois quelque bon médecin. [...] Tu ne veux pas que j'aille te voir mais tranquillise-toi, chère amie, ton sincère ami ne t'abandonnera jamais. Notre *pove petit* est un lien pour la vie. Rétablis-toi pour que je puisse aller l'embrasser et lui donner son mouton et mon amitié[30].

Si Juliette ne voulait pas laisser Pradier venir la voir, c'était sans doute, comme il semble le croire, pour éviter la contagion ou ne pas ajouter à sa fatigue, mais c'était peut-être aussi pour ne pas risquer de rendre Victor jaloux.

Les deux hommes, du reste, allaient bien s'entendre. Sans le connaître encore personnellement, Hugo publia dans *L'Europe littéraire*, journal des lettres et des arts, un article où il prenait le parti de Pradier et David dans un différend qui les opposait à Thiers, afin de convaincre celui-ci de leur rendre un chantier qu'il venait de leur retirer. Pradier demanda à Juliette de transmettre à Hugo ses remerciements :

> Je te prie d'être mon interprète auprès de lui. Dis-lui bien que mon respect pour son beau talent, ma reconnaissance pour ce qu'il a fait sans me connaître, me rendent plus que jamais son tout dévoué serviteur, et qu'il ne craigne pas de m'employer dans tout ce qu'il sera en mon possible de faire[31].

Ainsi débutait, entre les deux hommes, une camaraderie tressée de sentiments et d'intérêts complémentaires : une admiration réciproque pour la grande œuvre de l'autre ; la reconnaissance du père oublieux pour les soins que le nouveau compagnon prodiguerait à son enfant, puisque Hugo finirait par occuper auprès de Claire la place que son père allait lui déléguer ; l'intérêt économique de chacun dans la réussite professionnelle de l'autre pour l'entretien de la petite et sa mère ; cette étrange solidarité, enfin, qui nous lie parfois à l'ancien amour de qui nous aimons, comme au nouvel amour de qui nous a aimé.

Au lieu de profiter de l'été pour se mettre en congé, Juliette redoubla de zèle, et se lança un défi : reprendre, dans *Dix ans de la vie d'une femme*, le rôle d'Adèle Darcey à Marie Dorval, tandis que celle-ci courait les provinces pendant la pause estivale pour gagner l'argent nécessaire à l'entretien de sa famille. Dans cette histoire d'une femme qui se perd en suivant le mauvais exemple de ses amies, Juliette interprétait jusqu'ici l'une d'entre elles ; voici qu'on lui confiait le rôle-titre. Harel fut content d'elle, et le lui écrivit : « Je vous fais mon compliment de la part de plusieurs personnes que j'avais chargées de vous entendre dans *10 ans*, et qui ont été très contentes de vous, beaucoup plus que de Mme Dorval[32]. » Mais la critique pensa autrement. La *Gazette des théâtres* jugea qu'elle avait été « écrasée » par son rôle, et qu'en imitant « presque servilement »[33] Dorval, elle ne se distinguait guère.

Les journaux lui furent plus favorables lorsqu'en août elle créa le rôle d'Agathe de Montalais dans *La Chambre ardente* de Bayard et Mélesville, que vit le jeune Flaubert, onze ans. Ce drame, « dans lequel meurent sept personnes[34] », écrit-il à un ami, a pour héroïne la Brinvilliers, célèbre empoisonneuse à la cour de Louis XIV. Le public en redemanda : selon le critique du *Journal des débats*, « les auteurs connaissaient bien leur parterre, car toutes les plaisanteries sur la religion, tous les sarcasmes contre la police ont été applaudis[35] ». Il faut dire qu'entre 1830 et 1835, où la censure était abolie, l'anticléricalisme prospérait, en réaction contre la collusion du trône et de l'autel qui avait marqué la Restauration. Une scène spectaculaire fit remarquer Juliette, malgré la modestie de son rôle. Agathe, rivale involontaire de la fille de la Brinvilliers (Mlle George), s'attire la vengeance de l'empoisonneuse, qui trouve l'occasion de se débarrasser d'elle lorsqu'elle vient se faire servir un verre d'orangeade. La Brinvilliers y verse discrètement quelques gouttes de poison. Mais Agathe, qui n'était pas venue pour elle, porte le verre d'orangeade empoisonnée à Henriette d'Angleterre, ce qui lui vaut le privilège de prononcer, avec Bossuet à son côté, le fameux « Madame se meurt ! Madame est morte ! ». Ce clou du spectacle fit merveille : « La mort de Madame, qui était charmante, expirant dans les bras de Mlle Juliette, qui est fort jolie, a semblé du meilleur goût[36]. » Karr, quant à lui, ne dit pas un mot sur son ancienne maîtresse ; il reprocha à la Porte-Saint-Martin d'être « un lieu d'abominations où les crimes les plus atroces ont été entassés » ; pour lui, il ne s'agissait plus d'un drame, mais d'une « morgue » pleine de « scélérats qui veulent s'empoisonner réciproquement, puis un homme de police qui se déguise en prêtre, une séance de la chambre ardente et une véritable exécution en place de Grève, la marquise de Brinvilliers en chair et en os, conduite au bûcher avec une chemise soufrée »[37]. Le succès de la pièce lui ayant donné tort, il se corrigerait comme il pourrait deux semaines plus tard, reconnaissant qu'on n'avait jamais vu « poison plus subtil et plus agréable à prendre. C'est Mlle George qui tient la coupe et Mlle Juliette qui verse[38] ». Il s'était un peu rattrapé. Dans l'ensemble, les critiques louèrent le jeu de Juliette, et plusieurs trouvèrent trop modeste pour elle cet emploi de comparse.

Un rôle plus important allait justement lui être proposé, qui se révélerait un cadeau plus empoisonné que le faux verre d'orangeade : Mlle George lui céda la place pour reprendre son rôle, mi-août, dans *Bergami et la reine d'Angleterre* de Fontan, Dupeuty et Alhoy. Créée fin juin, la pièce conte la persécution exercée contre sa femme par le roi George IV, qui cherche à la convaincre d'adultère pour l'écarter du trône. Mlle George eut tôt fait de comprendre qu'elle n'y était pas à son avantage et que son seul talent ne pourrait y faire des miracles. Aussi se déchargea-t-elle du rôle sur Juliette. Celle-ci commença par rechigner et par négocier avec le directeur pour ne pas jouer « cette dégoûtante rhapsodie[39] ». Mais elle fut finalement obligée d'accepter, par contrat, de s'y produire une douzaine de fois. Elle apprit son rôle avec une mauvaise volonté qui lui mit la critique à dos. C'est dans ces conditions difficiles que débutèrent les répétitions de *Marie Tudor*, tendues par la mésentente entre Hugo et Harel qui s'était envenimée depuis le printemps.

De l'amour et de ses tourments

Pendant ces neuf mois de travail intensif, entre la création de *Lucrèce Borgia* (février) et les répétitions de *Marie Tudor* (octobre), Juliette avait pu compter sur le soutien de Victor, amoureux fou. Elle était si belle, si aimante, si généreuse dans le don de soi, qu'il connaissait le souverain bonheur et la résurrection. Mais aussi les affres de la jalousie. L'attesteraient, si elles existaient encore, la plupart des lettres qu'il lui écrivit dans les six mois qui suivirent leur rencontre, qu'elle brûla un jour de désespoir. On en a toutefois gardé des traces : les souvenirs rétrospectifs de Victor consignés dans le *Livre de l'anniversaire* et quelques lettres de cette période sauvées du désastre, autographes ou recopiées par Juliette dans des carnets[40].

Juliette devint son élixir de vie, et il le lui dit : « Le jour où ton regard a rencontré mon regard pour la première fois, un rayon est allé de ton cœur au mien, comme de l'aurore à une ruine[41]. » Il célèbre en poète sa déité cosmique : dans un huitain écrit le 30 août à minuit, elle est « l'étoile » qu'il contemple, « la voile » qui le conduit, lui, « barque errante », et l'éclaire de son « jour radieux »[42]. L'image la plus fréquente est celle de l'ange, pur, divin, protecteur, intercesseur. Dans tel autre billet consolateur, on passe des sphères célestes aux grands fonds marins : « Écoute-moi, ma bien-aimée : La perle se cache au fond des grandes mers, le véritable amour au fond des grands cœurs[43]. » Il négligeait sa famille et ses amis pour elle, au point que Sainte-Beuve, en juillet, écrit à Victor Pavie : « Je n'ai pas vu Hugo depuis deux mois en vérité ou plus ; on a peine à le découvrir, même ceux qui vont chez lui[44]. » Il la retrouvait le plus souvent possible après le spectacle, restait tard chez elle, jusqu'à ce qu'elle s'endorme parfois, et pouvait lui glisser un mot sur son lit qu'elle trouvait au réveil. Il travaillait pour elle, comme en témoigne ce billet accompagnant un versement : « Cet argent est à vous. Je viens de le gagner pour vous. C'est le reste de ma nuit que j'ai voulu vous donner. Il fallait avoir fait la chose qu'on me demandait ce matin, ou pas. La plume m'est vingt fois tombée des mains. Mais c'était pour vous. J'ai travaillé. » Ce travail rémunéré correspond vraisemblablement à l'un des copieux articles que Hugo livra à *L'Europe littéraire* les 1er et 19 septembre[45].

Pour Juliette, l'écart entre Hugo et les autres hommes, la différence de nature entre cette relation et les précédentes s'imposaient comme une évidence, au point d'occuper entièrement son esprit, ce qu'elle ne manqua pas de lui écrire, dans le style cursif et ponctué de tirets qui caractérise ses premiers billets : « – Mon Victor – tu es tout pour moi – parents – amis – tout. Ne l'oublie pas – Je t'aime – Tu es mon dieu – ma seule croyance[46]. » Touchée par la grâce, elle éprouve comme une bénédiction sa sincérité, son soutien et sa délicatesse, et le vénère comme un dieu. C'est de lui qu'elle attend la rédemption de son passé flétri, idolâtrie qu'elle assume, et dont Jean Gaudon a résumé le cérémoniel : « Pendant cinquante ans, Juliette a pratiqué la religion de l'amour, inventant un rituel, des sacrifices, un système d'indulgences, un culte des reliques, un calendrier liturgique, acceptant même la clôture[47]. » Ne pensant qu'à son amour, elle connaît, les jours où il ne peut passer la voir, l'amère douleur du manque. Par moments, sachant qu'aucune séparation n'est envisageable entre Hugo et sa femme, elle entrevoit la fatalité de ce qu'elle appelle sa « position », qui lui inflige, en double peine, l'opprobre et la séparation.

D'abord étourdie par la passion, Juliette mit quelques semaines à prendre conscience du prix à payer pour la suite de leur histoire : « Je suis bien malheureuse de t'aimer autant puisqu'il faut que tu passes la plus grande partie de ta vie loin de moi[48]. » Puis, comme toute maîtresse résignée, elle fantasma les scènes de la vie conjugale, et se prit à s'inquiéter pour la santé des enfants de l'autre femme. Puisqu'elle ne briserait pas le ménage légitime, Juliette voulait au moins s'assurer de son privilège exclusif : « Je t'aime tant avec cette idée que je suis ta femme – ta seule femme en amour[49]. » D'où sa jalousie envers Adèle et toute inconnue, dont l'expression lui inflige la double peine d'agacer Victor : « J'ai eu tort de te montrer la plaie hideuse de mon cœur : la jalousie qui l'ulcère et le gangrène. » Elle souffre particulièrement lorsqu'il part en villégiature, en famille, chez les Bertin, aux Roches, dans la vallée de la Bièvre. Bertin l'Aîné, directeur du *Journal des débats*, le recevait dans sa charmante maison de campagne avec sa femme et leurs quatre enfants : Léopoldine, l'aînée (alors âgée de neuf ans), Charles (bientôt sept), François-Victor (cinq) et la benjamine Adèle (trois). Léopoldine y avait pour amie de cœur la fille de Bertin, Louise, compositrice, pour qui Hugo écrirait le livret de *La Esmeralda*, produite à l'Opéra en 1836, et première adaptation musicale de *Notre-Dame de Paris*. Les deux hommes s'estimaient ; leurs deux familles se chérissaient. Les étés suivants, Hugo louerait une maisonnette à proximité pour y rejoindre Juliette ; mais pour l'heure, tandis qu'elle jouait presque tous les soirs à Paris sans la perspective de le retrouver après le spectacle, elle n'entrevoyait aucun remède à sa solitude.

La jalousie de Juliette envers les actrices viendrait plus tard. Pour le moment, elle ne doutait pas de sa séduction. George seule lui causait du souci, qui avait pourtant dix-neuf ans de plus qu'elle, quinze de plus que Hugo, et dont l'embonpoint était la cible des caricaturistes. Mais Hugo la respectait et l'admirait pour son talent. Aussi Juliette ne manquait-elle pas une occasion de le mettre en garde contre « la vilaine, vieille et grosse femme[50] », et surveillait du coin de l'œil leurs entretiens : « Vous étiez bien assidu – et bien tendre hier – auprès de la grosse dame[51]. » Jalousie sans objet, mais réciproque.

Violentes étaient en effet, entre eux, les scènes de dépit amoureux, épuisantes, dévastatrices, accompagnées de menaces de rupture, de gestes fous et de réconciliations fébriles.

Certes le récit des malheurs passés de sa bien-aimée bouleversait Hugo, qui s'en inspirerait dans son œuvre pour réhabiliter les femmes déchues. La jeunesse flétrie de Juliette lui ouvrait les yeux sur les hypocrisies de la bourgeoisie puritaine :

> Je ne suis pas comme les autres hommes. Je fais la part de la fatalité. Même dans votre chute, je vous regarde comme l'âme la plus généreuse, comme la plus digne et la plus noble créature que le sort ait jamais frappée. Ce n'est pas moi qui me réunirais aux autres pour accabler une pauvre femme terrassée[52].

Malgré tout, il cédait parfois au soupçon. Rarement, mais durement, il lui arrivait d'accuser la femme qu'il protégeait de « lâche complaisance », d'« infâme spéculation »[53]. La moindre cachotterie de Juliette était interprétée à mal, et donnait lieu à d'odieuses accusations qui l'obligeaient à protester de sa fidélité : « La confiance, chose indispensable dans une liaison comme la nôtre, n'existe plus chez toi. Dieu m'est témoin que je ne t'ai pas trompé dans notre amour une seule fois *depuis quatre mois*, soit en actions soit en pensées[54]. » Trois mois plus tard, torturée par la passion, Juliette ne vit d'autre issue que la rupture. En pleine nuit, après une dispute, Victor était reparti de chez elle accablé de souffrance, et elle espérait qu'il ne commettrait pas de folie sur la route qui le ramenait chez lui :

> Je ne trouve pas de mot pour vous dire mon regret, mon repentir, mon désespoir, de tout ce qui s'est passé ce soir. […] Je vous demande pardon d'avoir consenti à vous appartenir après ce qui s'était passé entre nous. J'aurais dû prévoir ce qui devait arriver, ce qui est arrivé. Dieu sait que j'avais courageusement résisté, et que je n'ai cédé qu'à la promesse sainte et solennelle que vous m'aviez faite de ne parler jamais des souillures de ma vie passée tant que ma conduite serait honnête et pure. Ma vie depuis 7 mois a été honnête et pure ! Votre promesse, l'avez-vous tenue ? Encore si je ne faisais que souffrir seule, je me résignerais à souffrir, mais vous êtes aussi malheureux que moi. Vous êtes aussi honteux des injures dont vous m'accablez que je le suis moi-même de les recevoir. […] C'est bien vrai, je ne vous ai jamais trompé, c'est bien vrai, oh, c'est bien vrai. Et pourtant depuis sept mois, combien de scènes affligeantes comme celle de ce soir.

Elle envisagea une solution radicale : rendre d'abord visite à sa fille en pension à Saumur, puis partir gagner sa vie à l'étranger, confier à un homme d'affaires, au besoin, le soin de liquider son mobilier afin d'acquitter une nouvelle créance, contractée auprès du tapissier Jourdain (2 000 francs), dont Hugo avait répondu pour elle. Et de conclure : « Je vous remets en m'en allant tout amour et tout bonheur. Je ne garde même pas l'espérance. Je vous laisse mon âme, ma pensée, ma vie. Je n'emporte que mon corps, ne le regrettez pas. »[55] Une nouvelle réconciliation l'empêcha de mettre son projet à exécution. Ce n'était ni son premier coup de tête, ni le dernier. Un mois plus tôt, elle avait brûlé toutes les lettres qu'il lui avait écrites. Il comprit :

> Tu as brûlé mes lettres, ma Juliette, mais tu n'as pas détruit mon amour. [...] Ces lettres, quand tu les as détruites, je sais tout ce qu'il y avait de douleur, de générosité et d'amour dans ton âme. C'était tout mon cœur, c'était tout ce que j'avais écrit de plus vrai et de plus profondément senti, c'était mes entrailles, c'était mon sang, c'était ma vie et ma pensée pendant six mois, c'était la trace de toi dans moi, le passage, le sillon creusé bien avant de ton existence dans la mienne. Sur un mot de moi que tu as mal interprété, et qui n'a jamais eu le sens injuste que tu lui prêtais, tu as détruit tout cela. J'en ai plus d'une fois amèrement gémi. Mais je ne t'ai jamais accusée de l'avoir fait. Ma belle âme, mon ange, ma pauvre chère Juliette, je te comprends et je t'aime[56].

Fallait-il qu'elle ait le cœur en cendres ! Dès le début, les lettres de Victor lui sont secours et réconfort. Elle les réclame hardiment : « Je t'écris – pour t'encourager à m'écrire – Tes lettres sont si bonnes, elles me font passer mes seuls moments heureux quand nous sommes séparés[57]. » Hugo s'y plie de bonne grâce. Lui-même valorise celles qu'il reçoit d'elle, ce qui la remplit de joie : « Le prix que tu attaches à mes lettres est une des meilleures preuves d'amour que tu m'aies données[58]. » Elle ne peut encore prévoir qu'il conservera, pendant cinquante ans, les quelque vingt-deux mille lettres qu'elle lui adressera.

Celles de son bien-aimé veillaient sur son sommeil : « Si tu m'aimes aussi beaucoup – et si tes yeux te le *permettent*, tu me feras l'*avance* d'une bonne petite lettre que je baiserai bien – et qui couchera avec moi – cette nuit[59]. » Elle collectionnait chacune de ces reliques avec une ardeur fétichiste : « Celle-ci – et les autres – vont coucher avec moi cette nuit – Je les relirai tes bonnes lettres, si pleines d'amour et de poésie[60]. » Les années passeront sans que ce rituel ne change : le lit sera toujours le lieu privilégié de la lecture, de la relecture et de la conservation des lettres, dont la place sous l'oreiller sera censée favoriser la vertu télépathique. Le rêve aussi relie les âmes des amants séparés par la nuit. Hugo, qui, contrairement à Juliette, est un couche-tard, en tira deux vers : « La nuit, tu dors, moi je veille. / Rêve de moi, je pense à toi[61]. »

Cette ferveur amoureuse contrariée, la violence de leurs disputes, l'exaltation de leurs retrouvailles, les pressions qu'elle subissait au théâtre, les menaces judiciaires qui pesaient sur sa tête l'amenèrent en quelques mois au bord de l'épuisement. C'est dans cet état dépressif d'inquiétude et d'insécurité qu'elle dut, à l'automne 1833, aborder ce qui aurait dû être l'un des plus grands rôles de sa carrière. Il en précipiterait la fin.

Le désastre Marie Tudor

Suivant un schéma courant, dans *Marie Tudor* comme dans *Lucrèce Borgia*, il n'y a que deux rôles parlants de femmes. Le personnage de souveraine sanglante était naturellement destiné à Mlle George, auprès de qui Juliette était habituée à jouer les jeunes premières. Autant celui de la Negroni était mince, autant celui de Jane est important. Autant la vénéneuse princesse lui ressemblait peu, autant Jane avait été composée sur mesure pour elle : enfant abandonnée, elle a été recueillie par un ouvrier qui l'a élevée, choyée, l'aime et veut l'épouser. Mais elle fréquente en secret un aventurier qui l'a déshonorée, amant de la redoutable reine ; il cherche à détourner l'héritage de Jane, la sachant fille secrète d'un lord. Leurs infortunes respectives découvertes, l'ouvrier et la reine s'unissent pour se venger, au prix du sacrifice de la vie de l'ouvrier désespéré. Au dénouement, que Hugo a modifié pour satisfaire le public de la Porte-Saint-Martin, l'ouvrier est sauvé, et Jane, touchée par la reconnaissance, lui donne son amour.

Les conditions dans lesquelles on répéta la pièce, en octobre, n'étaient pas optimales pour Juliette, victime collatérale des tensions entre Hugo et une coalition formée de Harel, Mlle George, Dumas et leurs amis. Elle subit « les misérables vexations de ces ignobles gens du théâtre[62] ». La situation avait commencé à se détériorer fin avril, quand le directeur, qui avait d'autres pièces à placer, d'autres auteurs à satisfaire, avait voulu interrompre *Lucrèce Borgia*, où le public se ruait toujours. Hugo avait protesté, et demandé qu'on reprenne. Le ton était monté entre les deux hommes : Hugo avait provoqué Harel en duel, heureusement évité. Harel obtempéra, mais lors des tractations estivales pour le contrat de *Marie Tudor*, le conflit reprit : le directeur trouva déraisonnables les exigences financières de Hugo et le nombre de reprises de *Lucrèce Borgia* qu'il exigeait (105 d'ici la fin de l'année 1834). Juliette se demanda si, en l'obligeant à reprendre pendant l'été le rôle que lui abandonnait George dans *Bergami*, où elle risquait fort de tomber, Harel (qui avait peut-être été son amant jadis et la protégeait jusqu'alors) n'avait pas pour but d'affaiblir Hugo par personne interposée.

Le 5 septembre, sitôt la pièce écrite (en trois semaines), l'intrigue de *Marie Tudor* avait été dévoilée aux acteurs lors d'une lecture qui, selon le *Courrier des théâtres*, les avait enthousiasmés : « Quinze d'entre eux n'en ont pas dormi. On assure que l'ouvrage est tout bonnement sublime[63]. » Mais Harel s'inquiétait : les décors prévus par l'auteur, somptueux, l'obligeraient à engager des sommes folles. Hugo en convint, et accepta de revoir ses exigences à la baisse. On aboutit à un traité impossible à appliquer[64]. Hugo n'ayant pu obtenir Frédérick Lemaître pour jouer Gilbert, c'est Bocage qui fut engagé ; mais, actif dans la coterie Dumas, il rechignait à apprendre son rôle, et dut être remplacé. Les journaux bruissaient de son engagement possible avec Marie Dorval à la Comédie-Française, et Dumas annonça son intention d'y retourner aussi, ce qui incita Harel à le retenir, et à le promouvoir au détriment de Hugo.

La proximité de *Marie Tudor* avec plusieurs pièces de Dumas faisait jaser : cette souveraine tyrannique, qui envoie son amant à la mort en l'accusant d'un crime de lèse-majesté dont il est innocent, ne ressemblait-elle pas d'un peu trop près à la reine de Suède dans *Christine*, jouée à l'Odéon en 1830, et à la sanglante Marguerite de Bourgogne de *La Tour de Nesle*, créée à la Porte-Saint-Martin en mai 1832 ? La scène où la reine s'entretient avec le bourreau rappelait la promotion de ce personnage dans *Richard Darlington*. En réalité, Sylvain Ledda l'a montré, il s'agit là d'un motif courant dans le drame romantique, et déjà exploité antérieurement dans le mélodrame[65] ; de même, les souveraines monstrueuses ou vengeresses existent au théâtre depuis l'Antiquité et on en trouve chez Corneille (la Cléopâtre de *Rodogune*) et Racine (la Roxane de *Bajazet*). Il n'y avait donc pas de raison de crier au plagiat. Mais les amis de Dumas lui montèrent la tête. Sa maîtresse, Ida Ferrier, concurrente de Juliette à la Porte-Saint-Martin, jalousait le rôle de Jane obtenu par faveur, « moins en harmonie avec l'intérêt de l'ouvrage qu'avec le caprice de l'écrivain », lisait-on dans le *Courrier des théâtres*[66] ; elle attendit le premier faux pas de sa rivale pour le lui souffler. Le clan Harel-George-Dumas-Ferrier fit tout pour démoraliser Juliette, qui s'en souviendrait amèrement : « Tu te rappelles ce que je te disais, lors des répétitions de *Marie Tudor*. Ces gens m'ont ôté la confiance en moi, je n'ose plus, je ne peux plus répéter, je suis paralysée[67]. » Dans l'autre camp, un journaliste publia dans le *Journal des débats*, cinq jours avant la Première, un article favorable à Hugo et agressif envers Dumas, accusé de ne savoir qu'imiter et de manquer de style. Sommé par Dumas de s'expliquer, Hugo reconnut avoir eu vent de l'article, mais assura ne l'avoir pas suscité, et protesta en vain de sa loyauté[68]. Une brouille s'ensuivit.

Le soir de la Première, 7 novembre, l'ambiance est surchauffée. Le Tout-Paris se mêle à la « cohue déguenillée[69] » des rapins et bousingots indisciplinés et barbus. Les ouvreuses peinent à contenir leur horde. Avant le lever du rideau, un plaisant des secondes galeries imite l'aboiement d'un dogue ; croûtes de pain, pommes et chapeaux sont lancés sur les spectatrices ; et l'on chante *La Marseillaise* dans une cacophonie typiquement française.

Mis à part Chilly, excellent dans le rôle du Juif, les acteurs, dans l'ensemble, et même Mlle George, ne furent pas brillants. Juliette, à bout de forces, craqua. Épuisée, elle était aussi trop attendue : avec bienveillance par Hugo qui avait écrit pour elle ce rôle d'orpheline perdue par un séducteur et sauvée par l'amour ; avec malice par George, Harel, Dumas et leurs amis, que sa chute arrangeait : la première, par rivalité de femme et d'artiste ; le deuxième, par intérêt, volonté de rester maître chez lui, et jalousie peut-être ; le troisième, par ambition et amour-propre. Sous ces pressions trop fortes, elle s'écroula : on entendit à peine sa voix, sa gestuelle paralysée se réduisit au minimum. Dès les premiers sifflets, elle se désunit, et ne parvint jamais à se remettre d'aplomb. Le rôle lui fut retiré : il passa dès le lendemain à Ida Ferrier, future épouse de Dumas, ravie de le reprendre au pied levé.

Les comptes rendus furent accablants[70]. On reprocha à Juliette son « air emprunté[71] », sa tête baissée au point que « toute sa personne formait à la lettre un demi-cercle[72] ». Le *Courrier des théâtres* l'accusait d'avoir « gravement compromis » le succès de la pièce, et fut féroce : « Elle avait l'air de chercher une épingle tombée de son joli costume. L'effet de cette mauvaise pose était affreux quand on voyait l'actrice par-derrière : à ces épaules sans l'ornement principal, on aurait dit une horrible décollation »[73]. Le journal satirique *Brid'oison* s'en donna à cœur joie : « Mlle Juliette, sultane favorite de l'empereur, a, comme de coutume, ri pour faire pleurer, pleuré pour faire rire. Son maître prétendait qu'il la ferait jouer d'une manière brillante, il n'est encore parvenu qu'à faire jouer ses épaules[74]. » Trois jours plus tard, sous le titre poussif « Épisode de coulisse : Jeanne, tu dors », une historiette du même journal imagina Hugo consolant sa « somnambule romantique », sa « poupée à ressorts »[75]. Dans *La Revue des deux mondes*, Gustave Planche, grand ennemi des romantiques, se déchaîna :

> Le jugement le plus sévère et le plus juste que je puisse porter sur Mlle Juliette, c'est de dire qu'elle n'a pas joué ; car je ne dois compter pour rien le mouvement assidu de ses épaules, ni la perpétuelle prière que ses yeux adressaient au ciel. Elle n'a pas été mauvaise, elle a été nulle. [...] Elle ne semblait occupée que du satin de sa robe ou des pierreries de sa coiffure[76].

La plupart des autres critiques, moins méchantes, furent néanmoins obligées de reconnaître qu'elle avait été écrasée sous ce rôle. Seul le *Vert-vert* apprécia « son talent plein de suavité, [...] son procédé plein de modestie[77] ». *Le Journal de la France* fut encourageant, lui aussi, affirmant qu'elle avait fait « de remarquables progrès » et deviendrait « une actrice très remarquable », mais c'étaient des jugements d'Alphonse Karr qui se prévaudrait de ce geste charitable pour refuser de lui régler l'argent qu'il lui devait. Le lendemain, Hugo écrivit une longue lettre consolatrice :

> Vous n'avez joué le rôle de J… qu'une fois, mon amie, mais la trace que vous y avez laissée pour moi est aussi profonde que si vous l'aviez joué cent fois. […]
>
> Ce que vous avez mis dans ce rôle de votre cœur, de votre âme, de votre esprit, de votre caractère, de votre passion, de votre amour, de votre beauté, de votre nature, je l'écrirai un jour. […] Si mon nom vit, votre nom vivra.

Il la félicita d'avoir compris son personnage de « femme qui est coupable et qui est repentante, qui a un crime sur le cœur et un remords sur la tête, qui est tout à la fois humble, honteuse et digne ». Il la loua aussi pour son accent « vrai », « passionné », « pathétique » au dernier acte, tout en nuances, « chose rare et difficile dans la passion ». Il fallait reprendre confiance :

> Soyez tranquille, on vous rendra toute justice un jour.
>
> Vous avez une âme profonde, un noble cœur, une intelligence qui s'adapte à tout, une beauté qui idéalise toutes les réalités d'un rôle. Je ne comprends pas comment d'une femme si supérieure on n'extrairait pas aujourd'hui ou demain une grande actrice. Ayez seulement le courage d'être sur la scène ce que vous êtes dans la vie. […] Les salles crouleront d'applaudissements.[78]

Juliette ne se faisait plus d'illusions. Dépassée par la célébrité de son bien-aimé, jalousée pour sa beauté et la protection dont elle bénéficiait auprès de l'auteur romantique le plus en vue, talon d'Achille de Hugo dans la lutte des clans interne au mouvement romantique, criblée de dettes, surveillée par la critique, moquée par les satiristes, elle se terra, désespérée. La maîtresse de Dumas lui ravissait son emploi de jeune première, avec la complicité de la presse. Karr modéra l'hallali dans les journaux où il avait ses entrées, attribua son retrait à la fatigue. Juliette remonta quelques soirs sur scène dans d'anciens succès, *La Chambre ardente* et *Dix ans de la vie d'une femme*. Avec « un air tout contrit[79] », elle joua les utilités (quelle humiliation !) dans un intermède du *Malade imaginaire* où toutes les actrices de la troupe sauf Mlle Ida figuraient en travesti les porte-seringues, docteurs, apothicaires et chirurgiens qui chantent des vers macaroniques.

Le lendemain de la reprise de *Dix ans de la vie d'une femme*, elle fut convoquée par la 6e chambre correctionnelle pour le 8 décembre. Les ennuis judiciaires recommençaient.

Son état d'âme pendant la fin de cette année commencée dans l'allégresse transparaît dans ce récit de cauchemar transparent :

> Je t'écris sous l'impression d'un *rêve affreux* que je viens de faire – le voici. Je me trouvais sans trop savoir comment propriétaire d'un beau jardin – Ce jardin, pour une raison que je ne m'expliquais pas, était dans un état d'inculture et d'abandon qui faisait mal à voir –
>
> Moi avec le désir et la possibilité d'en faire un séjour de repos et d'ombre pour toi – je me hâtais pour aller chercher un jardinier – l'espoir de te faire un peu de bonheur me faisait presser le pas – mais plus j'avançais plus [le] chemin devenait étroit et pénible – les ronces et les chardons me déchiraient et embarrassaient ma marche – Tout à coup le terrain manque sous mes pieds – effrayée je veux en connaître la cause – et je m'aperçois que je suis au milieu de montagnes de sable qui en s'éboulant m'entraînent et m'engloutissent toute vive – *Deux hommes* causaient au-dessus de ma tête il me semblait qu'ils n'avaient qu'à tendre la main pour me sauver – je les appelle je les implore de la voix et du regard – ces hommes ils ont vu mon danger sans me secourir sans même – en être émus – Enfin le danger est à son comble je vais mourir – mais avant je veux te jeter ma dernière pensée et mon dernier soupir – ce nouvel effort me réveille.

La suite du rêve se confond avec son interprétation :

> Cette fois la réalité avait pris la place du rêve, ma vie passée – s'était idyllisée, mais c'était toujours ma vie telle que la perfidie et l'indifférence l'ont faite –
>
> Ce jardin c'était ma vie que je voulais défricher pour t'en offrir la fraîcheur et le repos – pour cela il ne fallait pas craindre les ronces et les chardons qui bordaient la route – il fallait du courage – tu sais si j'en ai manqué – et sans le terrain Harel et la cruelle insouciance de tes amis – peut-être aurais-je réussi – Au lieu de cela je suis enterrée vivante – je suis engloutie dans une vie qui n'aura pour moi qu'une issue favorable la mort – dans mon rêve c'est le réveil[80] –.

Pendant cinquante ans, son journal épistolaire consignerait ses rêves, jamais aussi développés et explicites que celui-ci, mais d'une tonalité semblable : la plupart sont des cauchemars d'angoisse, d'abandon, de détresse et de mort.

VIII

Cris et renoncements (1834-1836)

« C'est un douloureux labeur que la rupture des sombres attaches du passé. »

Les Misérables, I, V, 8

Ce fut comme un effondrement.

Plaies d'argent

Endettée auprès de son propriétaire, elle dut se défaire d'une partie de ses meubles, vendus sur la place du Châtelet. La saisie de ses effets ayant été prononcée par la Cour royale, elle trouva un moyen risqué d'échapper à la sanction : à la faveur d'une absence de son gardien judiciaire, elle mit à couvert une tabatière en argent et de nombreux atours, des plus simples aux plus sophistiqués, chemises en flanelle, en jaconas, ou garnies de dentelles, bas de soie ou ajourés, robes en gros de Naples, percaline ou soie, manteaux garnis de fourrure, boa, cachemire, châles, peignoirs en calicot, etc. Ce geste imprudent ne passa pas inaperçu : la Ribot, autre créancière, l'assigna en justice pour « détournement d'objets saisis et gardés par un tiers en vertu de décisions judiciaires [1] ». Juliette fit appel à ses proches, en vain : Pradier, qui désormais la vouvoyait, attendait encore une rentrée d'argent ; Laure Krafft n'avait pas le sou ; lorsqu'elle demanda à Karr les sommes qu'il lui devait, il ne vit pas bien de quoi il s'agissait, lui demanda d'en dresser un mémoire, et l'estima suffisamment dédommagée par les articles qu'il avait écrits en sa faveur.

La Ribot momentanément déboutée de sa plainte, d'autres créanciers brandissent divers impayés, dont Hugo ignore l'existence. Juliette cherche des reconnaissances du mont-de-piété égarées Dieu sait où, consigne dans son carnet les remboursements effectués et les prêts d'argent consentis à des amis, sans reçus. Hugo s'impatiente à l'approche de leur premier anniversaire : cessera-t-elle un jour de dépenser sans compter ? Pour qui a-t-elle engagé ces sommes ? Une « ignoble lettre » arrive – dont on ignore l'auteur et la teneur –, qui l'accable. Victor la somme de s'expliquer : lui est-elle fidèle, oui ou non ? Qu'elle soit chez elle tout à l'heure si c'est oui, qu'il trouve porte close si c'est non. Tout sera dit. Ces soupçons répétés l'anéantissent. Parviendra-t-elle jamais à laver ses fautes passées ? Elle en doute : « Je suis encore pour vous aujourd'hui ce que j'étais pour tout le monde il y a un an : une femme que le besoin peut jeter dans les bras du premier riche qui veut l'acheter. »[2] Certes, elle reconnaît l'avoir blessé cinq mois plus tôt : est-ce d'avoir brûlé ses lettres, ou bien regrette-t-elle un écart de conduite, on ne sait. Elle l'assure n'avoir manqué depuis ni au respect, ni à l'amour, ni à la résignation, avoir « résisté avec courage à la nécessité chaque jour plus pressante » (donc avoir renoncé à gagner de l'argent rapide selon le moyen habituel) : en somme, elle s'est sacrifiée pour lui. La passion leur fait perdre la tête. Car de son côté, Juliette est jalouse aussi : « de la plus belle, de la plus douce, de la plus admirable femme de la terre – et cette femme, c'est la tienne »[3].

Elle boucla son contrat, jusqu'à fin mars, par quelques apparitions – vingt en trois mois, c'est peu – dans des reprises : *M. Lombard*, *Périnet Leclerc*, *La Chambre ardente*, *Jeanne Vaubernier* et *Le Moine*. Mais puisqu'elle s'apprêtait à partir, Harel ne lui confia aucun rôle nouveau.

Entrée à la Comédie-Française

Tous les espoirs lui étaient pourtant permis, puisqu'elle décrocha un contrat de pensionnaire à la Comédie-Française[4]. Il devait lui rapporter 3 000 francs par an, la moitié de ce qu'elle gagnait jusqu'ici, mais c'était encore une très belle somme, à laquelle devaient s'ajouter des « feux » pour chaque représentation. Pradier, qui l'apprit par personne interposée, s'en attribua l'idée première : « Je suis fâché que le plaisir que j'éprouve de cette nouvelle ne me vienne pas de vous. Sachez donc que je suis très content de ce changement. Il y a six ans que je l'ai souhaité pour vous. C'est là le seul champ à cultiver et qui doit vous apporter honneur et profit[5]. » Sur le profit, il voyait juste puisque le statut de pensionnaire garantissait à Juliette des revenus stables pendant deux ans. En revanche, elle n'en tirera aucun honneur, car elle ne sera jamais distribuée. *Persona non grata*, elle avait été engagée au prix d'un chantage. Hugo ne consentait à donner sa prochaine pièce à la Comédie-Française qu'à cette condition[6]. Autant dire que son arrivée ne ravit ni ses camarades, ni l'administration, qui note : « Mlle Juliette est une fort jolie personne, qui a peu de talent, mais le talent nécessaire pour jouer les rôles qui devraient lui être confiés : ceux de troisième amoureuse[7]. » Elle qui a joué plus de vingt jeunes premières, n'est ici guère flattée.

Bien que ce fût alors une pratique courante, cet engagement par favoritisme fait jaser. La poétesse Marceline Desbordes-Valmore en fait la confidence à son mari, cet engagement a quelque chose de honteux. Elle n'est pas la seule à s'offusquer. Le *Courrier des théâtres* ironise : après Mlle Juliette, la Comédie-Française va-t-elle engager le mime Deburau, attraction des Funambules ? La *Revue théâtrale* trouve absurde de promouvoir dans le temple de l'art dramatique celle qui a chuté à la Porte-Saint-Martin. Karr, rendu venimeux par le dépit, fait courir le bruit d'une pièce de Hugo en préparation, sur Jésus-Christ et Marie-Madeleine, dont elle serait le modèle.

La faveur dont a bénéficié Juliette donne des idées à Pradier, dont la femme attend un enfant. Il passe par Juliette pour obtenir l'appui de Hugo auprès des instances qui attribuent les marchés publics d'embellissement de la capitale. Tout le monde y gagnerait : les émoluments de Pradier, redevenu solvable, allégeraient d'autant la charge pesant sur les épaules de Hugo. Pradier a proposé ses services au ministre de l'Intérieur et des Cultes, Adolphe Thiers, pour le groupe qui doit surmonter l'acrotère de l'Arc de triomphe. Ses chances sont réelles, puisqu'il a déjà sculpté les *Renommées* pour l'ornementation de l'Arc. Convié par le ministre à visiter le chantier, il comprend qu'il a deux concurrents, et s'en inquiète : sûr de son fait, Hugo écrit alors coup sur coup dans la *Revue de Paris* deux articles d'une maladresse croissante[8]. Dans le premier, paru le 20 juillet 1834, il fait l'éloge de Pradier, selon lui le meilleur des candidats. Au point qu'il conseille au ministre de ne pas ouvrir de concours, mode de sélection réservé, dit-il, aux talents médiocres, et non au génie : « Les grands papes du seizième siècle ne mettaient pas les Loges ou la chapelle Sixtine au concours ; ils allaient tout bonnement trouver Michel-Ange ou Raphaël[9]. » Récidive quinze jours plus tard : cette fois Hugo hausse le ton, et met en garde Thiers contre un mauvais choix. L'anonymat des deux articles ne dupa personne. Le journal *L'Artiste*, qui défendait les jeunes talents contre le monopole des milieux académiques (Pradier était membre de l'Institut) eut beau jeu de réfuter l'argument hostile au concours (gage, au contraire, de transparence) et de suspecter l'auteur masqué d'intérêts particuliers. Ces deux lettres ne servirent à rien et firent même peut-être effet contraire : Pradier n'obtint pas la commande, ni aucun de ses rivaux, d'ailleurs. L'Arc de triomphe resta sans couronnement.

Feu aux poudres et poudre d'escampette

Entre-temps, Juliette avait pris le large. La crise couvait depuis des mois. Le printemps avait été trop dur. L'alignement des astres ne lui était pas propice : côté travail, la Comédie-Française ne lui donnait aucun rôle à apprendre ; côté argent, les créanciers étaient à ses trousses ; côté cœur, les disputes et les réconciliations alternaient avec une épuisante régularité.

Hugo lui écrivait pourtant des lettres merveilleuses, et l'été avait bien commencé : le 24 juin, lors d'une virée à Montmartre (alors un village champêtre), il lui avait offert le manuscrit de *Claude Gueux* à paraître quinze jours plus tard dans la *Revue de Paris* ; cette nouvelle, inspirée d'un fait divers, raconte l'amitié d'un condamné à mort avec un jeune détenu, Albin. Hugo y dénonçait la peine de mort, et la misère comme cause de la criminalité ; ce serait l'une des sources des *Misérables*, et une inspiration pour Genet ; sur le manuscrit offert à Juliette (qui s'identifie à Albin), Hugo note : « À ma Juliette bien-aimée, à qui j'ai lu ces quelques pages immédiatement après les avoir écrites, le 24 juin 1834, sur la colline Montmartre, entre trois et quatre heures après midi. Il y avait deux jeunes arbres qui nous donnaient leur ombre, et au-dessus de nos têtes, un beau soleil – moins beau qu'elle. » Le 3 juillet, c'est un saut de puce à Jouy-en-Josas, soirée exquise à l'Écu de France, certifiée par ce procès-verbal : « Moi, Juliette, j'ai été la plus heureuse et la plus fière des femmes de ce monde, je déclare encore que jusque-là je n'avais pas senti dans toute sa plénitude le bonheur de t'aimer et d'être aimée de toi [10] » ; puis un pèlerinage à Notre-Dame de Paris (le 17) ; le temps de déménager Juliette (le 20) de la rue de l'Échiquier à la rue de Paradis que Hugo trouve « bien nommée », ils s'accordent une excursion (22-26) en Normandie, jusqu'à Évreux en passant par Saint-Germain, Triel et Meulan, Rolleboise et Louviers, et retour par Pacy-sur-Eure, Poissy et Saint-Germain.

Une semaine plus tard, le samedi 2 août, Juliette, qui a retrouvé la réalité, et vient d'essuyer la dispute de trop, prend ses cliques et ses claques en laissant ce message : « Adieu pour jamais, adieu pour toujours. C'est toi qui l'as dit. Adieu donc, et puisses-tu être heureux et admiré autant que je suis malheureuse et déchue [11]. » En post-scriptum, elle précise qu'elle part prendre sa fille au passage (à Saumur) et que pour n'être pas en faute si par extraordinaire la Comédie-Française la sollicitait, elle a donné ordre à la bonne d'ouvrir son courrier et lui a laissé son adresse chez sa sœur en Bretagne, à Saint-Renan près de Brest.

Hugo se rend aussitôt à l'atelier de Pradier. Monsieur est sorti. Qu'à cela ne tienne, il lui laisse un message d'alerte : à eux d'unir leurs forces pour rasséréner Juliette et lui trouver de l'argent. Puis il écrit à la fugitive, lui demande pardon de sa dureté, lui rappelle le procès-verbal de leur bonheur à Jouy-en-Josas, et lui donne des assurances : « Je vais remuer des pieds, des mains, des ongles. Tu verras ce que c'est que l'amour. » Affolé, il lui écrit encore cinq lettres en deux jours, dont une à la hâte sur le comptoir d'un épicier de la rue Saint-Honoré. Il a pu voir Pradier, l'a pris « par les entrailles ». Pourvu qu'elle ne voyage pas malade et sans passeport ! Et si elle était « arrêtée en route par un gendarme ou par la fièvre » ? La préfecture de police lui a délivré un passeport valable aussi pour Juliette et Claire, désignées sur le document officiel comme sa femme (vingt-huit ans) et sa fille (huit ans), il voudrait « l'avoir sauvée, et puis mourir », il vient de « ramasser mille francs » avec ses ongles. Il espère qu'elle ne rebroussera pas chemin en route : ce serait trop bête qu'ils se croisent tandis qu'il court la rejoindre ! Qu'elle lui écrive à Rennes, poste restante, pour qu'il sache comment la retrouver à Saint-Renan. Toutes ces lettres, adressées chez M. Koch, beau-frère de Juliette, il sait qu'elle ne les recevra qu'une fois à destination (si elle y arrive). Entre-temps, de Rennes où elle fait escale le 4, Juliette lui écrit qu'elle l'aime plus que jamais, mais fuit pour ne pas le compromettre davantage : c'est sa santé et sa vie qu'il met en danger par son dévouement. Elle espère qu'il lui pardonnera, et reprend sa cavale. Hugo quitte Paris le 5 avant l'arrivée des lettres. De Rennes, où il passe deux jours plus tard, il écrit à Léopoldine qu'il va voir la mer. Quel prétexte a-t-il donné à sa femme pour justifier ce départ soudain ? On ne sait, mais il ne l'oublie pas, puisqu'il l'avertit de son arrivée en termes affectueux.

Parvenu à Brest « par une aube de vent et de brume [12] », Hugo retrouve enfin sa bien-aimée le 8 août. Jours heureux, à l'unisson du ciel, qui, note-t-il sur l'agenda de Juliette, passe de l'orage au grand bleu : « Ici notre union s'est scellée dans une promesse solennelle. Ici nos deux vies se sont soudées à jamais. [...] J'écris ceci pendant le crépuscule de ce beau jour. Pour notre amour, Juliette, il n'y aura pas de crépuscule [13]. »

Ce jour-là, Victor a respiré l'air du large, baigné ses pieds dans l'océan, visité la rade et le bagne de Brest. Le lendemain, la petite famille clandestine reprend la route pour un beau voyage de trois semaines, où Hugo prend des notes et dessine paysages et monuments. En passant par la Bretagne sud (Carnac, Locmariaquer, Auray, Vannes, Nantes), ils remontent la Loire en bateau à vapeur, visitent Angers, Tours (où *Lucrèce Borgia* est à l'affiche), Blois, et le château d'Amboise [14]. Au retour, après une nuit à Pithiviers (Juliette et Victor y dorment dans le lit où a couché le pape Pie VII vingt ans plus tôt après son entretien de Fontainebleau avec Napoléon), ils s'attardent à Saint-Germain-en-Laye où Hugo écrit le 25 août le premier poème des futures *Contemplations*, qui commence ainsi :

> Mon bras pressait ta taille frêle
> Et souple comme le roseau ;
> Ton sein palpitait comme l'aile
> D'un jeune oiseau.

Ils prirent encore le temps de visiter Marines, Gisors, Beauvais, Senlis, Chantilly et Pontoise. Adèle, distraite par Sainte-Beuve, était peu pressée de voir rentrer son mari, et ne s'étonnait guère de son retard prolongé. Elle voyait bien, aux lettres qu'elle recevait, qu'il tournicotait autour de Paris plutôt que de rentrer directement :

> Et puis d'ailleurs je crois que tu m'aimes au fond de tout cela, et que tu t'amuses, puisque tu tardes ainsi à revenir ; et en vérité ces deux certitudes me rendent heureuse. J'espère que nous ne nous quitterons plus après et que tu sentiras le bonheur d'être auprès d'une amie si véritable et si dévouée, et près de tes chers petits qui t'aiment tant, et que tu aimes tant ; car tu es pour eux plus mère que père [15].

Plutôt que de les ramener à Paris, Hugo, sachant qu'il serait bientôt en villégiature dans la vallée de la Bièvre, installa Juliette et Claire dans une maisonnette située sur la colline qui surplombe Jouy-en-Josas en bordure de la forêt de Versailles, au hameau des Metz. Il revint lui-même deux jours plus tard avec sa famille se reposer huit semaines aux Roches, chez les Bertin. Discussions avec le père, directeur orléaniste du *Journal des débats*, et travail avec la fille musicienne, Louise, pour qui il devait écrire le livret d'un opéra adapté de *Notre-Dame de Paris*. À une lieue de là, Juliette était exclue des réjouissances.

Auprès d'un couple de vieux paysans qui lui faisaient la cuisine, elle apprit, pendant deux mois, une autre vie, simple et frugale. Finie la coquetterie, elle porterait une robe de toile et de gros souliers, recoudrait elle-même ses vêtements. Fini le luxe, elle mangeait dans des cuillers de fer. Finies les frivolités, elle mettait à jour le compte de ses dettes, attendait l'arrivée de Victor, lisait son œuvre et copiait ses vers, s'occupait de sa fille : elle l'emmenait promener, lui faisait l'école (« c'est la plus musarde et la plus paresseuse des écolières [16] »), lui faisait apprendre et réciter la poésie de Hugo. Il fallait une demi-heure environ aux amants pour se retrouver à mi-chemin des Roches et des Metz (distants de quatre kilomètres), en pleine forêt, le plus souvent en début d'après-midi, sous un vieux châtaignier, point de départ aux balades qui leur servait aussi de boîte aux lettres.

À en croire ce qu'elle écrit à Hugo, cette nouvelle vie lui convenait. Encore ne lui disait-elle pas tout ce qu'elle pensait de ce déclassement et de son oisiveté pendant que la saison théâtrale battait son plein à Paris, ni de ce qu'elle ressentait en s'imaginant Hugo heureux au milieu de sa femme, de ses enfants, de leurs amis et de leurs invités. Car à son vieux camarade Charles Séchan, elle tenait un tout autre discours. Déjà en juin, à son offre de secours elle avait répondu qu'entre eux, c'était « à la vie à la mort », qu'elle lui serait toujours redevable de tout ce qu'il avait fait pour elle, s'excusant d'avoir tardé à lui répondre en raison de « mille circonstances douloureuses »[17]. « Bien souvent il m'a pris la folle idée d'aller me jeter dans vos bras en vous demandant une douleur pour consoler la mienne[18] », lui avait-elle écrit entre-temps, et au mois d'octobre, elle lui répondit ce billet qui aurait édifié Hugo :

> Vous me demandez le but de mon voyage [...] cela serait trop long à vous expliquer dans une lettre. Tenez-vous prêt à venir du 25 au 30 de ce mois à Versailles. Je vous écrirai où vous devez venir et ce qu'il faudra faire. Alors je vous dirai pourquoi je ne suis pas heureuse, pourquoi je pleure tous les jours, pourquoi la vie m'est insupportable[19].

Séchan vint-il retrouver au lieu dit celle qui, onze mois plus tard, se déclarerait irréprochable « depuis un an[20] » ? On ne sait.

À son retour à Paris fin octobre, elle quitta la rue de Paradis, Hugo ayant loué pour elle, pendant son séjour aux Metz, un autre appartement rue des Tournelles, n° 5, au nom de l'ami Lanvin, afin de tromper les créanciers. Là, logée au premier étage, côté rue, elle se trouvait à deux pas de la place Royale (actuelle place des Vosges). Hugo pouvait donc venir la voir très facilement. On avait reconduit Claire à Saumur auprès de Mlle Watteville ; la petite, qui venait d'avoir huit ans, écrivit à sa mère combien elle l'aimait, à quel point elle voulait la contenter[21] ; Juliette, en retour, l'assurait de son amour, lui recommandait obéissance et application, la priait de lui écrire toutes les semaines sans attendre une réponse à chaque fois ; son ami « M. Toto » ajoutait : « Travaille bien, deviens sage et grande, deviens une noble et digne personne comme ta mère[22]. » Pour être heureuse, il ne manquait plus à Juliette que le théâtre. Elle comptait sur son amant pour lui composer un rôle de son cru. Mais celui-ci, absorbé dans la composition des *Chants du crépuscule*, ne lui laissait encore rien espérer de tel, d'où son inquiétude :

> J'ai peur d'être à tout jamais *une pauvre fille*. J'ai peur que cette inaction dans laquelle je vis depuis un an n'achève ma ruine déjà commencée par

> l'échec de *Marie Tudor*. J'ai peur que ton apparente insouciance en ce qui regarde ma carrière dramatique ne soit considérée comme l'aveu le plus formel que je ne peux pas aspirer à un avenir dans mon art[23].

Il ne la poussait guère à remonter sur les planches. Ne croyait-il pas suffisamment en son talent ? Protégeait-il sa propre réputation ? Était-il jaloux ? Juliette allait continuer à espérer, vainement, et à se décourager, progressivement.

Ainsi s'opérait une conversion forcée vers une vie monacale dont la vocation lui avait fait défaut au sortir du couvent, mais à laquelle elle consentirait par adoration perpétuelle pour son nouveau seigneur et maître.

La Tisbe, un rôle pour trois

C'est un tel personnage de seigneur et maître que Hugo compose pour son drame en prose *Angelo, tyran de Padoue*, en février 1835, mois béni de leur deuxième anniversaire. À cette occasion, Victor, qui vient d'offrir à Juliette certains des plus beaux poèmes des futurs *Chants du crépuscule*, lui a déclaré : « Le 26 février 1802 je suis né à la vie, le 17 février 1833 je suis né au bonheur dans tes bras. La première date ce n'est que la vie, la seconde c'est l'amour. Aimer c'est plus que vivre[24]. » Amante et seconde mère, âme sœur, Juliette restera toujours, pour lui, la femme totale.

Angelo, tyran de Padoue reflète la situation de son auteur, partagé entre deux femmes comme les deux héros de la pièce : Catarina, l'épouse légitime d'Angelo, froide et distante, en aime un autre, Rodolfo (telle Adèle amoureuse de Sainte-Beuve) ; Angelo entretient Tisbe, comédienne amoureuse, elle aussi, de Rodolfo. Les références autobiographiques abondent : Catarina et Rodolfo se rencontrent secrètement depuis un 16 février (anniversaire de leur première nuit pour Juliette et Victor) ; Tisbe s'exprime comme Juliette, au mot près parfois, dans ses déclarations d'amour et de jalousie comme dans son parler populaire ; les confidences de Juliette sur les séductions faciles et sa chute dans le péché ont nourri le personnage qu'elle espère pouvoir jouer, ce que, sans le lui promettre positivement, Hugo lui a laissé entrevoir jusqu'au dernier moment.

Des rôles féminins à distribuer, il y en a deux, d'égale importance. Mlle Mars s'imposait : toujours chef d'emploi des jeunes premières, épargnée par le temps, elle avait déjà cinquante-deux ans lorsqu'elle avait créé le rôle de doña Sol en 1830 dans *Hernani*. Elle en avait maintenant cinquante-sept. Elle s'était illustrée dans le drame romantique dès 1829, en étant la duchesse de Guise dans *Henri III et sa cour* de Dumas et Desdémone dans *Le More de Venise* de Vigny, deux grandes dames martyrisées par leur puissant mari jaloux : le rôle de Catarina lui allait comme un gant. Juliette ne s'étonna donc pas qu'on fasse appel à elle, et se serait bien vue lui donner la réplique dans la Tisbe, comme elle la donnait naguère à Mlle George. Mais Hugo avait une autre idée. Faire jouer sa maîtresse, qui ne faisait pas l'unanimité, et restait sur un échec, eût hasardé sa réputation. Il voulait faire coup double : il lui fallait Marie Dorval, l'étoile des boulevards que son amant Vigny avait fait engager à la Comédie-Française, et qui venait d'y triompher en interprétant pour lui Kitty Bell dans *Chatterton*. La Tisbe s'inscrit dans la lignée des filles perdues qu'elle avait déjà incarnées, dont la courtisane Marion de Lorme, quatre ans plus tôt, à la Porte-Saint-Martin. Elle avait pour elle la beauté fragile, la jeunesse, un immense talent, une expressivité romantique qui faisait fureur. Juliette se sentit trahie. Depuis un an qu'elle était payée à ne rien faire par la Comédie-Française, elle se consolait en espérant que son tour viendrait avec la prochaine création de son amant. Le choix de Marie Dorval lui fit donc l'effet d'une bombe à retardement :

> Ce soir plus que jamais, je suis décidée à séparer nos deux causes l'une de l'autre. Ce que tu m'as dit de la vieillesse de Mlle Mars, de l'impossibilité d'obtenir un double succès avec elle ; succès littéraire et succès d'argent, la nécessité où tu te trouverais d'avoir recours à Mme Dorval ou de toute autre actrice jeune et en crédit auprès du public, toutes ces considérations me font désirer de séparer au plus vite mon avenir du tien, n'importe où je devrais aller, n'importe à quelles conditions d'argent. [...]
>
> Dès ce soir, nous cessons toute communauté d'intérêt dramatique. Je reprends l'attitude première que je n'aurais jamais dû quitter, celle d'une journalière actrice qu'on emploie le plus mal possible et qu'on paie de même. Toi, tu redeviens libre de toute entrave. Tâchons que cette nouvelle résolution tourne mieux à l'avantage de notre bonheur [25].

Une lettre adressée par l'administrateur de la Comédie-Française Jouslin de La Salle au caissier, datée du « 6 avril [1835] », laisse à penser que Juliette et Victor en tirèrent les conséquences, qu'elle s'arrangea pour retrouver sa liberté, sans qu'ils perdissent pour autant l'argent qui leur était dû :

> Mon ami,
>
> J'ai donné à M. Hugo un bon de 1 000 F. pour prime qui lui est due par suite de la résiliation de l'engagement de *Juliette*. Cette prime se monte à 3 000 F. et sera payée le 6 de chaque mois ; pour éviter les cris et les causeries,

on fera entrer cette somme dans les droits d'auteur, comme on l'a fait pour M. Casimir Delavigne [26].

Ce système de « primes » permettait au Théâtre-Français de garder les auteurs prompts à repartir sur les boulevards [27]. Mais Juliette ne s'engagea nulle part, et attendit l'échéance du contrat pourtant résilié [28]. Le pli était pris, Hugo préférait la savoir à sa disposition, et l'entretenir, au prix d'un travail acharné, plutôt que de lui rendre une liberté qui pouvait remettre en cause l'exclusivité de son amour. Il avait sous les yeux l'exemple d'actrices soumises à toutes les tentations, dont Marie Dorval, régulièrement mariée au dramaturge et journaliste Jean-Toussaint Merle, maîtresse officielle de Vigny, occasionnelle de Dumas, sensible à l'amitié passionnée de George Sand, libre de ses choix, ce qui inquiétait Juliette. Les répétitions, dont Hugo l'exclut, la mirent à la torture : elle remarquait à sa mise qu'il était en train de « prendre l'habitude d'être le plus *fashionable* des hommes de lettres [29] », elle savait Dorval affectueuse et démonstrative, et craignait que son compagnonnage artistique avec l'auteur ne prenne un tour dangereux. Ce qui ne l'empêcha pas de l'applaudir « avec probité » le soir de la Première [30].

Jusqu'au bout Juliette avait espéré jouer la Tisbe, que s'accapara Mlle Mars, l'auteur lui ayant laissé le choix entre les deux personnages féminins. Pensa-t-elle mettre en difficulté sa rivale, de vingt ans plus jeune, en laissant à sa partenaire le rôle inattendu de la grande dame, et en demandant, pendant les répétitions, qu'on réduise les répliques de Dorval ? Les caprices de Mars firent que Juliette espéra récupérer son rôle si « la vieille déchaînée [31] », cette « affreuse ronce », « cette vieille magote en forme de pot » [32] venait à faire faux bond. Vain espoir. Mars comptait sur l'effet de surprise que pouvait produire le contre-emploi en sa faveur, elle qui n'était pas habituée à jouer les filles des rues. Le résultat fit merveille : les deux femmes se livrèrent un duel au sommet devant leur double public de la tragédie classique et du mélodrame. *Angelo* fut un succès. En témoigne le nombre des parodies qui fleurirent sur les boulevards, dont l'inénarrable *Cornaro, tyran pas doux*, qui fit se déchaîner Juliette contre leurs auteurs, « de misérables gredins indignes des galères », « ces ignobles têtards appelés vaudevillistes en général, Dupeuty et Duvert en particulier » [33]. Ce qui ne l'empêcha pas de reprendre à son compte leur jeu de mots facile, et de traiter régulièrement Hugo, désormais, de « tyran pas doux ».

D'amour et d'eau fraîche

Non sans raison. Il la soupçonne pour des riens, surveille son courrier, lui reproche ses jérémiades, lui fait des scènes. Prise entre deux feux (la volonté de lui être agréable et l'obligation de consigner tout ce qu'elle ressent sans rien lui cacher de ses états d'âme), elle s'excuse de se plaindre, et cite la chanson de Phébus dans le livret de *La Esmeralda* dont il est l'auteur :

> Comme ma belle fiancée
> Gronde aujourd'hui !
> Le soupçon est dans sa pensée.
> Ah ! quel ennui !
> Belles, les amants qu'on rudoie
> S'en vont ailleurs.
> On en prend plus avec la joie
> Qu'avec les pleurs.

Pour Juliette, qui espère parvenir, « à force de courage et de résignation, à effacer [s]es deux vies passées, celle de la fatalité et celle de la calomnie[34] », débute une vie de confinement et d'attente, ponctuée par l'écriture de son journal épistolaire, qu'elle commence à dater en octobre 1835. Occupée à son ménage, ou à recevoir ses rares amies, elle dévore la presse, notamment le *Courrier des théâtres*, qui lui fait vivre par procuration l'actualité artistique. Elle étudie ce que Hugo lui donne à lire : son œuvre, les amis romantiques et les grands classiques. Son style s'en ressent : elle écrit de mieux en mieux, pratique l'humour et la citation. Compagne de son œuvre, qu'il lui lit, elle regarde écrire Hugo quand il vient travailler chez elle, se consacre à lui corps et âme, lui voue un culte :

> Mon Victor adoré, c'est à en mourir de joie quand tu me parles seulement. Il y a d'autres moments, et ceux-là sont les plus fréquents, où je voudrais me mettre à genoux devant toi et baiser tes pieds. Il y en a d'autres encore où mon cœur déborde. J'ai besoin d'initier les passants à mon bonheur. Je le dis tout haut, je t'appelle *mon mari*, je t'appelle *mon amant* dans mon cœur et devant Dieu[35].

Malgré l'obligation du secret, l'incognito et les soupçons, Juliette ne doute pas d'être aimée. L'insupportable, c'est l'absence prolongée, notamment quand Victor est malade, et qu'elle est sans nouvelles. S'il ne peut se déplacer jusqu'à elle, elle ira sinon jusqu'à lui, du moins sous ses fenêtres, au risque de se faire remarquer :

> C'était la seconde fois de la *seconde fois* que je passais sous tes croisées lorsque je t'ai aperçu – Pauvre ami, le bonheur de te voir et de m'assurer par

mes yeux que tu allais mieux n'a pas été de longue durée, car si j'ai bien compris le signe que tu me faisais, tu me disais de m'en aller. J'ai été d'autant plus fondée à le croire qu'il m'avait semblé qu'on me remarquait chez toi – Je suis donc repartie le cœur moins inquiet sur toi, mais le désespoir dans l'âme de ne pouvoir pas même rester dans ta rue[36].

Ce « on » qu'elle redoute, sa plus grande rivale, celle qu'on ne nomme pas, qu'elle n'a jamais rencontrée, mais qui connaît et réprouve son existence, finit par repérer son manège :

ainsi, ce que je craignais est arrivé. On m'a *remarquée* et presque *reconnue*. Le bonheur fugitif que j'ai été chercher hier aura eu ces conséquences les plus malheureuses – Du trouble chez toi, de l'ennui pour toi – Pour moi, la privation de t'entrevoir un moment par une fenêtre, d'arrêter mon regard sur ton pauvre être souffrant, de toucher des yeux toutes les places de ton corps qui te font mal, de deviner ta pensée dans un signe – de te dire de la main tout ce que mon cœur renferme *d'amour et de douleurs*[37].

Une autre fois, c'est elle qui est malade : elle enrage d'avoir manqué la visite tardive de Victor, qu'elle entend toquer deux fois, mais à qui le portier ne daigne pas ouvrir. Elle se jette à bas de son lit, court à la fenêtre, le voit parti, en conclut qu'il ne l'aime plus comme avant. C'est à en devenir folle.

Quand tout va bien, ses visites lui semblent trop courtes. Elle déploie tous ses charmes pour le retenir, mais se garde de l'effrayer par son désir, dont elle confie l'expression à ses lettres, et à l'humour, comme lorsqu'elle développe cette théorie onirique avantageuse :

Dites donc, vous avez été bien méchant envers moi cette nuit. Vous m'avez fait trop pleurer en rêve. J'ai bien besoin que vous répariez en réalité les torts que vous avez eus envers moi en songe. C'est bien le moins que vous récompensiez le jour le mal que vous faites la nuit. Aussi je vous attends *sur place*, c'est sur le lieu même du délit que je veux que justice soit faite[38].

À l'automne, sur le même thème, elle profitera du passage de la comète de Halley pour reprocher à Hugo de s'en faire « le vil plagiaire » dans l'art de « cache[r] sa queue »[39]. Mais lorsqu'ils sont ensemble, elle doit modérer ses ardeurs pour se conformer aux codes en vigueur. « L'homme doit toujours être l'agresseur de la femme », lui a-t-il expliqué. Spontanément, elle ne voit pas les choses comme ça, mais s'efforce d'en convenir : « Il y a toujours un inconvénient à ce que l'un des deux change de rôle – Je le sens bien, moi qui te parle. Je sens bien qu'une caresse première de toi me donne plus de bonheur et de sécurité que mille caresses que j'aurais provoquées[40]. » Les ardeurs de sa maîtresse, certes, comblent Hugo, mais elles lui rappellent aussi son passé de courtisane, et ravivent sa jalousie.

Pour mettre fin à cette éternelle suspicion, Juliette attendait impatiemment leur voyage d'été. Improvisé l'année précédente, prévu cette fois-ci, il deviendra bientôt rituel. Pourvu qu'ils soient à l'abri des regards, voient du paysage, et se retrouvent enfin tranquilles, unis l'un à l'autre, nuit et jour, elle a hâte de partir, « à pied, à cheval, en diligence, en ballon, ou autre[41] ». Mais c'est en bateau à vapeur qu'ils s'embarquèrent, le 25 juillet, jusqu'à Montereau, avant de poursuivre leur voyage en voiture, difficile à trouver parfois, et donc souvent, aussi, à pied. Ils mirent le cap sur la Picardie, en passant par Provins, Coulommiers, Château-Thierry où la maison de La Fontaine était à vendre, Soissons, Saint-Quentin, Péronne, Amiens et Abbeville. Puis ils longèrent la côte vers la Normandie, admirèrent Fécamp, les falaises d'Étretat, Montivilliers, Le Havre, Bolbec, et remontèrent la vallée de la Seine, en passant par Caudebec et Saint-Wandrille, visitèrent Jumièges, qui émerveilla Hugo, scandalisé que l'abbaye ait servi de carrière de pierres pendant la Révolution, passèrent par Duclair et s'arrêtèrent trois jours pour visiter Rouen, la ville aux cent clochers. La veille de leur retour à Paris, *via* Les Andelys, La Roche-Guyon et Mantes, ils prolongèrent amoureusement leur voyage, comme l'année précédente, en s'octroyant un crochet par Senlis et Villers-Cotterêts, où Hugo composa le 21 août un huitain galant pour *Les Chants du crépuscule* :

> Anacréon, poète aux ondes érotiques
> Qui filtres du sommet des sagesses antiques,
> Et qu'on trouve à mi-côte alors qu'on y gravit,
> Clair, à l'ombre, épandu sur l'herbe qui revit,
> Tu me plais, doux poëte au flot calme et limpide !
> Quand le sentier qui monte aux cimes est rapide,
> Bien souvent, fatigués du soleil, nous aimons
> Boire au petit ruisseau tamisé par les monts[42] !

Une autre pièce destinée au même recueil, écrite quelques jours plus tard, est d'une tonalité plus sociale. En écho à la préface d'*Angelo* dont la lecture avait ému Juliette parce que Hugo y relevait « la pauvre femme tombée » et voulait consoler « la pauvre femme sacrifiée »[43], « Oh ! n'insultez jamais une femme qui tombe ! » excuse la prostitution par la misère et la faim. Perle tombée dans la fange, la fille perdue est rachetée par le poète, qui dénonce le coupable : « La faute en est à nous ! À toi, riche, à ton or ! » Pour qu'elle retrouve sa pureté, « Il suffit, c'est ainsi que tout remonte au jour, / D'un rayon de soleil ou d'un rayon d'amour ! ».

Le rayon de soleil manqua à l'automne pluvieux, mais Hugo continua de réchauffer Juliette au rayon de son amour lors de leur nouveau séjour d'un mois dans la vallée de la Bièvre. Comme l'année précédente, elle logea aux Metz, à une lieue de chez les Bertin où la famille Hugo était en villégiature. En septembre, ils se retrouvèrent de nouveau plus d'une fois sous le vieux châtaignier, d'où partaient leurs promenades. Juliette rentrait chez elle le cœur léger, rempli du souvenir des paysages traversés et de la main de son amant sur son front. Elle ne craignait pas de rentrer seule, ni de faire d'autre mauvaise rencontre sur le chemin qu'un « énorme et affreux crapaud » qui lui fit pousser « un cri sauvage » et prendre ses jambes à son cou[44], ou deux ouvriers qui la fixèrent du regard avec une insistance pénible. Mais elle ne redoutait ni la solitude ni la nature sauvage. Peu après l'équinoxe, Hugo consigna le souvenir romantique d'un après-midi de tempête :

> N'oublions jamais cet effroyable orage du 24 septembre 1835 si plein de divines choses pour nous. La pluie tombait à torrents, les feuilles de l'arbre ne servaient qu'à la conduire plus froide sur nos têtes, le ciel était plein de tonnerres, tu étais nue entre mes bras, ton beau visage caché dans mes genoux ne se détournant que pour me sourire, et ta chemise collée par l'eau sur tes belles épaules. Et pendant cette longue tempête d'une heure et demie, pas un mot qui n'ait été un mot d'amour. Tu es ravissante. Je t'aime plus qu'il n'y a de paroles pour le dire. Ma Juliette, quel affreux tumulte hors de nous, en nous quelle délicieuse harmonie[45] !

À l'abri de sa maisonnette, Juliette, en attendant que Hugo l'y rejoignît parfois tard le soir ou tôt le matin, se replongea dans la lecture de *Lucrèce Borgia*, de *Marie Tudor*, de *Notre-Dame de Paris* et de *Claude Gueux* ; elle lut même aux locataires et à leur bonne trois poèmes des *Orientales*, dont « Les Têtes du sérail » qui leur fit grand effet[46]. Elle devint économe, réduisit sa consommation de bois de chauffage, et envoya, pour la première fois de sa vie, ses brodequins usés chez le savetier. Il y eut bien quelques disputes, dont une scène qui lui donna envie de rejoindre sa fille à Saumur, de la prendre avec elle – ce qu'elle ne fit pas – et de se remettre à travailler, mais la constance dont elle avait fait preuve toute l'année lui vaudrait finalement, pour ses étrennes, ce certificat de bonne conduite :

> Tu es une noble et angélique femme. Tu es aujourd'hui pleinement relevée d'un passé qui désormais ne chargera plus ton avenir. Cette nouvelle année

te confirme et te consacre dans une nouvelle vie [...]. Ceci est un moment presque solennel. Je te remercie d'avoir tenu toutes tes promesses, ton amour avait promis, ton courage a tenu[47].

Le « petit ménage » qu'il formait avec sa maîtresse valait à Hugo une réputation de bigamie qui choquait non seulement le bourgeois, mais aussi ses proches. Entretenir une maîtresse, soit. Quoi de plus banal ? Mais l'honorer à l'égal de l'épouse dans un même recueil, voilà qui dépassait les bornes.

De haine et de fiel

Sainte-Beuve, bien informé, avait repéré, dans *Les Chants du crépuscule* sur le point de paraître, que le poète y célébrait, sans les nommer, non seulement Juliette, mais aussi Adèle. Lui qui venait de renouer secrètement avec la femme de son camarade à l'occasion du mariage de Victor Pavie où ils s'étaient retrouvés près d'Angers, déchaîna sa plume auprès de leurs amis communs d'abord, dans la presse ensuite. Au poète et chansonnier Béranger, il annonce que « les beaux vers, comme seront les siens, je n'en doute pas, couvriront et glorifieront le péché[48] » ; il prévient Pavie que plusieurs poèmes sont destinés « à cette belle Dalila. Il a accoutumé tout cela comme il peut à la chinoise, avec l'amour conjugal des *Feuilles d'automne* qu'il ne veut pas rompre officiellement, mais il y aura éclat, je pense, et curiosité maligne très en jeu lors de cette publication[49] ». En fait de curiosité maligne, Sainte-Beuve savait de quoi il parlait. Ce qu'en revanche il était mal placé pour comprendre, lui qui, comme bien d'autres hommes à l'époque, trouvait naturel, gratuit et peu compromettant de fréquenter la femme d'un autre, c'est que la relation entre Victor et Juliette était pour eux, précisément parce qu'il l'entretenait et qu'elle lui était soumise, non pas le triomphe du péché, mais la condition de ce qu'elle considérait, non sans paradoxe, comme son honnêteté.

Quatre jours après la publication des *Chants du crépuscule*, Sainte-Beuve en livra une critique ambivalente dans la *Revue des deux mondes*. Tout en admirant la puissance, les élans lyriques et l'invention, il reproche au recueil son manque d'unité (il ne dit pas franchement laquelle, mais à Béranger il signalait que Hugo rompait « l'unité *domestique* après la *politique* et la *religieuse* ») ; il regrette des images incongrues et une certaine artificialité (notamment dans le dernier poème « *Date lilia* » qui célèbre l'amour conjugal et la mère dans l'épouse) ; il réprouve surtout le mélange de « deux couleurs qui se heurtent, deux encens qui se repoussent » : jamais il n'évoque les deux femmes, mais la perfidie affleure, pour qui connaît la situation, derrière les sous-entendus, telle cette suite du commentaire sur « *Date lilia* » : « Il n'a pas vu que l'impression de tous serait qu'un objet respecté eût été mieux honoré et loué par une omission entière[50]. » C'en était trop. D'après un témoin rapportant les propos de Renduel, éditeur du recueil, l'auteur offensé voulut en venir au duel. Celui-ci fut évité, mais la rupture entre les deux hommes était consommée. Quant à Juliette, dont on ne sait si elle était au fait de l'infortune conjugale de son amant, mais qui lisait tout ce qu'on écrivait sur lui, elle se scandalisa de la « perfidie » et de « l'infamie » de ces « misérables »[51], et s'empressa de faire entrer Sainte-Beuve au panthéon de ses principales têtes de Turc.

Au reste, si elle était l'inspiratrice anonyme de la grande majorité des pièces d'amour contenues dans ce recueil, elle ne pouvait pas ne pas se sentir mortellement blessée par ces vers du poème conclusif dédié à l'épouse :

> C'est elle ! la vertu sur ma tête penchée ;
> La figure d'albâtre en ma maison cachée ; [...]
> La femme dont la joie est mon bonheur suprême ;
> Qui, si nous chancelons, ses enfants ou moi-même,
> Sans parole sévère et sans regard moqueur,
> Les soutient de la main et me soutient du cœur ;
> Celle qui, lorsqu'au mal, pensif, je m'abandonne,
> Seule peut me punir et seule me pardonne ;
> Qui de mes propres torts me console et m'absout ;
> À qui j'ai dit : toujours ! et qui m'a dit : partout[52] !

Poursuivant sa lecture de la presse, Juliette s'étonna que Hugo lui apporte un journal où avait été arrachée une page consacrée au recueil, et fit remarquer amèrement :

> Tu dois être bien heureux et bien fier pour *la personne* à laquelle tu as consacré *tes plus sublimes vers* (comme ils disent). L'article de M. F. Dugué me paraît singulièrement informé de ton retour à la famille. Je ne suis pas la seule à m'apercevoir que depuis un an, tu as changé et d'habitudes et de sentiments. Je suis peut-être la seule que cela fasse mourir de chagrin, mais qu'importe puisque *le foyer est gai, et que la famille est heureuse*[53].

Le lendemain, il n'y paraissait plus, elle demandait pardon de son mouvement d'humeur, et jurait de ne jamais recommencer.

La quadrature du cercle

Il y aurait bien eu un moyen de ne plus être jalouse du foyer conjugal : elle aurait bien voulu fonder de son côté une petite famille. Le bruit courait qu'elle en avait déjà une. Son dossier personnel à la Comédie-Française expliquait déjà son absence par « une indisposition assez commune au théâtre », qui l'aurait « éloignée de la scène pendant neuf mois », et dont les suites « ont été telles que sa santé ne lui a pas permis de débuter »[54]. Ainsi se colportaient des ragots sur la descendance supposée de Hugo avec sa maîtresse, dont Balzac se fera l'écho plus tard dans une lettre à Mme Hanska où il leur prête quatre enfants.

Hélas, il n'en est rien, au grand dam de Juliette qui, dans ses lettres de la seconde quinzaine de février, scrute les signes de ce qu'elle prend d'abord pour des maux d'estomac. Les jours passant, elle les voudrait annonciateurs de tout autre chose : « Cher petit homme chéri, je voudrais bien que ce qui *m'occupe* soit vrai. [...] Tu ne sais pas le bonheur que cet autre petit *toi* répandrait sur ma vie. Tu ne sais pas quelle joie, quelle félicité j'aurais en ayant un petit *double* de toi qui m'appartiendrait en toute propriété. » L'après-midi même, on dirait que ça se confirme :

> Décidément je crois *que je le suis*, je le crois à beaucoup de symptômes dont un seul suffirait pour être bien certaine. D'abord, je vous aime plus que je ne l'ai jamais fait ; ensuite, je suis très chipie. Ce que j'ai désiré il y a une minute me fait mal au cœur à présent. Je viens de faire l'expérience que les pommes qui autrefois ne me passaient pas me réussissent très fort à présent. Enfin, je sais ce que je sais, je sens ce que je sens, et je dis plus que jamais : je crois que JE LE SUIS[55].

Elle le croit si fort que la semaine suivante, elle en rêve : « Bonjour mon petit Toto, j'ai passé la nuit avec vous, et mon autre petit Toto que je portais sur mes bras en le promenant dans toutes les rues de Paris[56]. » Hélas, la prémonition s'évanouit dès le lendemain. Victor la console si bien qu'elle lui déclare, le cœur « gonflé de tristesse », qu'elle n'oubliera jamais sa « noble conduite » et ses « adorables paroles »[57] de réconfort.

Ces trois semaines d'espoir déçu n'avaient pas fait avancer son travail. Elle n'avait pas mené à bien le projet, nourri depuis fin janvier, d'intégrer la Porte-Saint-Antoine. Anténor Joly et Ferdinand de Villeneuve, ses directeurs, lui avaient proposé un engagement. Le premier, ancien ouvrier typographe, journaliste, soutien inconditionnel de Victor Hugo et du drame romantique, avait jadis publié une critique enthousiaste de *Lucrèce Borgia* dans son journal, *Vert-vert*. Le second était un vaudevilliste prolifique. Tous deux recrutaient, car ils venaient d'ouvrir une salle secondaire[58], près de la Bastille. On y jouerait des pièces légères, peu exigeantes.

Aussi craignit-elle de se dévaloriser définitivement en acceptant cette proposition qui transitait par son protecteur. « Je voudrais devenir une grande *acteuse* », lui écrit-elle, « d'abord pour jouer vos rôles, et puis pour gagner beaucoup d'argent et puis pour vous enrichir[59] ». À la Porte-Saint-Antoine, elle ne risquait pas de jouer ses rôles, avait peu de chance de devenir une grande « *acteuse* », mais elle pourrait en effet s'enrichir et ne plus lui être à charge. Aussi se montra-t-elle d'abord intéressée. Puis refusa. Se ravisa ensuite. Il aurait sans doute mieux valu la Porte-Saint-Martin, mais « l'affreux couple[60] » Harel et George y était toujours ; elle avait bien envie tout de même d'y retenter sa chance. Hugo, lui-même sur le sentier de la gloire, puisqu'il se présentait pour la première fois à l'Académie française (dans ses visites il emmenait avec lui Juliette, qui l'attendait au fond de son cabriolet), hésita sans doute à la laisser reprendre les négociations ici ou là, partagé entre l'envie de lui faire plaisir, de la promouvoir, d'alléger la charge qui menaçait le confort de son foyer légitime, et la crainte qu'elle ne s'épuisât à la tâche comme jadis, alliée à la fierté possessive de pouvoir subvenir seul à ses besoins. Il n'en fut plus question.

Le déménagement fit diversion. Dans le même quartier, elle quitta le petit nid d'amour du 5, rue des Tournelles, pour un autre, le 14, rue Sainte-Anastase, où elle s'adonna pendant quelques jours à la « féerie de la décoration[61] », et pendit la crémaillère le 10 mars, avec Hugo et Claire. Celle-ci avait été rapatriée le 26 janvier de Saumur, sa mère voulant désormais la savoir près d'elle après un an d'éloignement. Victor et Juliette l'escortèrent le 13 avril pour son entrée dans un pensionnat de Saint-Mandé, avenue du Bel-Air. Elle en reviendra régulièrement, conduite par les amis Lanvin, passer le jeudi ou la fin de semaine chez sa mère, dont elle apprit à aimer le compagnon : il prenait le relais d'une éducation que le père délaissait de plus en plus, et finançait de moins en moins.

Le printemps ramena le spectre de la jalousie, avec les nombreuses sorties au théâtre que s'octroyait Hugo sans Juliette. Qu'avait-il besoin de tant fréquenter la Porte-Saint-Antoine ? Ne s'intéressait-il pas d'un peu trop près à Mlle Fierville et Mlle Clémence, qui, elles, n'avaient pas fait les difficiles quand Joly et Villeneuve leur avaient proposé un engagement ? Pourquoi ne venait-il pas la retrouver dare-dare après les représentations de *Lucrèce Borgia*, reprise en avril à la Porte-Saint-Martin ? Ne faisait-il pas les doux yeux à Mlle Volnys, qui interprétait désormais Catarina dans *Angelo* ? Ou était-ce à Dorval ? Juliette n'oubliait pas que Hugo et elle s'étaient connus cinq ans plus tôt, à la Porte-Saint-Martin, à la création de *Marion de Lorme*, et s'inquiétait de leur compagnonnage artistique :

> Chaque fois que vous la voyez, il vous reste d'elle un souvenir *de grâce, d'esprit et de gentillesse* qui ne m'est pas indifférent. La GRAINE DORVAL est comme la graine d'asperge qui met cinq ans à pousser, elle n'en pousse pas moins pour cela, et je serais bien stupide de me fier à l'apparente indifférence que vous montrez pour elle dans ce moment-ci, puisqu'il n'est que trop vrai que vous avez fait votre bouche en BROCHET à tous les mots charmants qu'elle vous a débités aujourd'hui [62].

Et puis, il ne devrait pas l'appeler « ma comédienne ».

Hugo avait certes obtenu satisfaction avec cette reprise d'*Angelo*, mais il se sentait à l'étroit à la Comédie-Française. On lui avait déjà coupé un tableau entier à la création, sous prétexte qu'il se passait dans les bas-fonds, et la reprise n'eut droit qu'à dix représentations ; en 1836, *Hernani* ne fut pas repris, et *Marion de Lorme* n'était toujours pas jouée (alors que Marie Dorval avait créé le rôle à la Porte-Saint-Martin, et que la pièce était au répertoire du Français). Dumas et Hugo, réconciliés, rêvaient désormais d'avoir un théâtre à eux, où donner au drame romantique toute sa mesure. Juliette le rassura : elle dissocierait sa carrière de la sienne. Qu'il agisse au mieux pour ce qui le concerne. Pour elle, on verrait plus tard, et ça ne pressait pas.

Visites souvenirs, guidées, inopportunes, académiques

Ce qui pressait, en revanche, c'était de partir en vacances d'été, de passer ensemble « des journées et des NUITS ENTIÈRES [63] ». Le temps pour Hugo d'installer sa famille pour six mois, de mai à octobre, dans une belle maison de Fourqueux, près de Marly-le-Roi, d'y assister le 6 juin à un dîner de réconciliation avec Dumas organisé par Adèle [64], le 14 à la procession du Saint-Sacrement, et de revenir chercher Juliette à Paris, les voilà partis, le 15, pour un voyage d'un bon mois à la conquête de l'Ouest.

Victor n'oubliait pas sa femme, à qui il adressa un journal de voyage épistolaire chargé d'affectueux messages pour les enfants. Il pouvait tranquillement s'y raconter à la première personne du pluriel : au moins pour les premiers jours du voyage, il avait convié son ami peintre Célestin Nanteuil, qu'on fit passer pour le frère de Juliette, et qui lui enseigna les rudiments de son art. Traînant sa mélancolie comme un fardeau, ce doux compagnon dessinait les principales curiosités sur un album [65]. Parmi elles, la cathédrale de Chartres leur fit une impression d'autant plus forte qu'elle avait subi un incendie deux semaines plus tôt. Cinq jours plus tard, Juliette redécouvrit sa ville natale, Fougères. Enthousiaste, Hugo la décrit à Adèle :

> [C'est] une ville qui a un vieux château flanqué de vieilles tours les plus superbes du monde, avec des moulins à eau, des ruisseaux vifs, des rochers, des jardins pleins de roses, des rues à pignon qui montent à pic, des églises hautes et basses, de vieux buffets de bois luisant dans les boutiques, toutes sortes de vieilles architectures rongées de lierres[66].

L'une des tours du château servira de modèle à la Tourgue dans *Quatre-vingt-Treize*, où Lantenac sauve les enfants de l'incendie et dont le narrateur révèle l'étymologie : ce serait l'abréviation paysanne de « la tour Gauvain », comme le héros à qui Hugo donnera le patronyme de Juliette. Les souvenirs des lieux traversés abondent dans le roman : Antrain, Pontorson, Dol, le Mont-Saint-Michel (où Juliette crotta sa robe à la boue des cachots), Avranches, Granville (où leur frêle esquif, conduit par deux jeunes garçons, emporté par le courant de la marée descendante, leur fit craindre de se retrouver le lendemain à Jersey). Saint-Malo contemplé de nuit réapparaîtra, lui, dans *Les Travailleurs de la mer*. La semaine suivante, ils retrouvèrent Célestin Nanteuil dans le Cotentin. Une excursion en chasse-marée l'après-midi au large de Barfleur donna envie à Hugo d'y retourner de nuit, mais on leur refusa l'autorisation, le maire de la ville ayant décrété que le passeport de Nanteuil n'était pas en règle. Le retour par la Normandie les mena à Douvres-la-Délivrande (où ils se recueillirent dans la chapelle Notre-Dame), Pont-l'Évêque, Honfleur, Pont-Audemer et La Bouille, près de Rouen d'où ils remontèrent sur la côte. Sur le chemin du retour, prévenus de l'ouragan qui arrivait, ils rebroussèrent chemin pour le voir sur la mer à Saint-Valery-en-Caux : entre-temps la tempête s'était calmée, mais ils restèrent huit heures à observer les flots grondants, où s'engloutissent « marins » et « capitaines » dans le poème « *Oceano Nox* » écrit en juillet 1836[67].

Après leur retour *via* Rouen, Gisors et Marines, Juliette retrouva la rue Sainte-Anastase, où elle ne tarda pas à dépérir, « seule avec [s]on amour, c'est-à-dire seule dans l'immensité[68] ». C'était comme ça à chaque retour de voyage, et cette fois-ci plus encore : maintenant que la famille Hugo était à Fourqueux, elle enrageait de ne plus être à proximité de leur villégiature, comme les deux années précédentes dans la vallée de la Bièvre. Est-ce de l'épouse ou d'une autre femme qu'elle est jalouse lorsqu'elle se demande avec qui il couche lorsqu'il se rend à « Fourequeux[69] » ? On ne sait. Adèle, désolée de la tiédeur que commençait à lui marquer Sainte-Beuve, qui désormais la vouvoyait et se tenait à distance, s'impatienta que son mari se montre si peu aux côtés des siens. Car c'était toujours en coup de vent qu'il les rejoignait : d'abord pour la Saint-Victor, célébrée joyeusement dès son retour le 21 juillet ; puis pour l'Assomption et la communion de Léopoldine, dont la toilette avait été faite dans une des anciennes robes de Juliette, en mousseline blanche, ce qui était certes généreux de sa part, mais pas très catholique *(voir cahier hors texte)*.

Pour revenir voir Juliette, Hugo avait un alibi solide : *La Esmeralda*, l'opéra de Louise Bertin adapté de *Notre-Dame de Paris*, sur le libretto duquel il avait travaillé les deux étés précédents, entrait en répétition à l'Opéra. Juliette n'était pas jalouse de la musicienne infirme, mais du temps que Victor lui consacrait. Il en passait beaucoup aussi à s'inquiéter pour elle, à qui la justice s'intéressait de nouveau. Elle n'était certes plus accusée, mais cela revenait un peu au même pour sa réputation, puisqu'elle était citée au procès d'une bande d'escrocs parmi lesquels figurait la Ribot. Plus de deux cents personnes avaient été entendues lors d'une instruction qui avait duré dix-huit mois. Scipion Pinel, convoqué à l'audience du 22 juillet, avait expliqué qu'on lui réclamait des sommes faramineuses qu'il n'avait pas souscrites[70]. La Ribot plaida si bien sa cause qu'elle fut la seule acquittée : voilà qui n'arrangeait pas Juliette, dont le nom avait encore été plaisamment traîné dans la boue par la *Gazette des tribunaux*.

Pour la distraire, Hugo eut la riche idée de lui faire visiter son appartement de la place des Vosges, profitant de l'absence de Mme Hugo et des enfants. Comme quiconque à sa place, Juliette vécut cette transgression dans la plus complète ambivalence :

> Savez-vous que vous êtes bien charmant de m'avoir ouvert les portes de chez vous. C'était plus que de la curiosité satisfaite pour moi et je vous remercie de m'avoir fait connaître l'endroit où vous vivez, où vous aimez et où vous pensez. Mais pour être sincère avec vous mon cher adoré je vous dirai que j'ai rapporté de cette visite une tristesse et un découragement affreux. Je sens bien plus qu'avant combien je suis séparée de vous et à quel point je vous suis étrangère, ce n'est pas de votre faute mon pauvre bien-aimé, ça n'est pas de la mienne non plus mais c'est comme cela. Il ne serait pas sensé que je vous attribue dans mon malheur plus de part que vous n'y avez, mais je puis sans cela mon cher bien-aimé vous dire que je me trouve la plus misérable des femmes[71].

Nouvelle déconvenue quelques jours plus tard : le portrait de Hugo par Célestin Nanteuil, qu'elle réclamait depuis des semaines, n'est pas ressemblant du tout ! Quel guignon ! Cela, plus la raréfaction des visites de Victor, partagé entre l'Opéra et sa villégiature, et l'inactivité qui la fait grossir, allait-il encore longtemps la laisser se « tourifier[72] », accroupie dans son coin ?

Ce qu'elle voulait, ce n'était pas la sécurité matérielle, c'était « de l'amour ou rien[73] ». Quelques jours avant la communion de Léopoldine, n'y tenant plus, elle annonça à Victor qu'elle comptait se réengager à la Porte-Saint-Martin. C'était la seule façon pour elle de supporter qu'à l'avenir il propose une nouvelle pièce à la Comédie-Française où elle ne jouerait pas[74]. Elle comptait sur lui pour l'emmener voir Mlle George, toujours très influente[75]. Il n'en fut pas question. Hugo était fâché avec Harel. Soit. Elle était prête à signer n'importe où, n'importe comment, fût-ce, menaça-t-elle par boutade, chez Dorsay, qui avait repris le théâtre de l'acrobate et danseuse de corde Madame Saqui.

Les distractions étaient rares en cet hiver 1836. Outre ses amies habituelles (Mme Lanvin et la couturière Mme Pierceau), elle reçut la visite de ses deux oncles qui empuantirent son appartement de la fumée de leur tabac ; elle espéra emmener sa petite Claire à l'inauguration de l'obélisque de Louxor, pourvu que Hugo daignât les y conduire ; elle étudia le rôle de Marion de Lorme, non pour le jouer, mais pour s'en imprégner, et se persuader qu'il l'aimait déjà avant de la connaître ; elle découvrit émerveillée quelques nouveaux poèmes, mais s'attrista d'en inspirer de moins en moins[76] ; elle consentit à ne pas se montrer à la Première de *La Esmeralda*, et se contenta d'en dévorer le livret. Comme la fois précédente, elle accompagna le candidat à la Coupole jusqu'au seuil de ses visites académiques, trop rarement à son goût, pour aussi peu de succès, et aussi peu d'amusement :

> Nous avons encore les goutteux, les goitreux, les pierreux et les foireux à voir. Tâche de les approcher le moins longtemps possible et de leur dire m… à tout ce qu'ils te disent.
>
> Je suis vraiment dans une colère atroce contre ces vieux baveurs, qui au lieu de se cacher dans les commodités de leur maison pour y puer à leur aise, ont l'audace de faire salon et d'y retenir avec de sales propos les malheureux assez courageux pour y entrer.
>
> Si c'était moi le *CANDIDAT*, je leur dirais joliment leur fait une bonne fois pour toutes et j'emploierais le temps qui me resterait à baiser MA JUJU, ça serait bien plus *saint* et bien plus gentil[77].

Hugo ne sera toujours pas élu cette fois-ci, mais il prit date pour les années suivantes. Juliette ne voyait pas si loin, et prenait date d'un jour sur l'autre seulement. Du soir pour le lendemain, elle était candidate à sa part de bonheur : du vrai, du tangible, en « espèces sonnantes[78] », celui dont il était « un peu chiche[79] », et qu'elle leur prescrivait, en automédication, comme « *panacée*[80] » à tous leurs maux, en ce rigoureux hiver où, passé le jour de l'an, elle aurait bien aimé que le dégel des toits s'étendît jusque « sous [s]es couvertures[81] ». Elle note aussi, comme dates mémorables, celles où il s'est octroyé une « petite station » dans son lit[82], où, après s'être comporté depuis des lustres en « simple *bourgeois du Marais* », il est « redevenu le superbe, le brillant, le vainqueur de *Juliette* dans tout son éclat et toute sa splendeur, [...] le magnifique amoureux d'autrefois »[83]. De ce bonheur-là, rêvé, précieux, trop rare et toujours recommencé, le journal épistolaire de Juliette est l'agenda, l'ordonnance, le registre et l'album.

IX

L'adieu au théâtre (1837-1839)

> « Les théâtres sont des espèces de vaisseaux retournés qui ont la cale en haut. »
>
> *Les Misérables*, III, I, 3

Juliette évoque encore de temps à autre ses rêves de « grande acteuse gagnant de l'or gros comme [elle] [1] ». Mais sa présence au côté de Hugo donne désormais un sens à son existence. De ce soin prodigué en partie à domicile, en partie à distance, et qui fait sa fierté, le journal épistolaire est à la fois la trace et l'exercice.

Appliquée à son journal

Elle y consigne tout ce qu'elle lui prépare : des bains d'yeux pour calmer ses ophtalmies, de bons petits plats, la copie de son courrier ou des œuvres dont il veut garder un double avant envoi à son correspondant ou à l'éditeur. Sans compter cette autre chose qu'au lieu de considérer comme un devoir, elle réclame comme un dû : « Quand viens-tu coucher avec moi ? La question est un peu féroce n'est-ce pas ? Mais moi je n'y vais pas par quatre chemins [...] et ce n'est qu'au lit que je me sens de force à lutter avec toi pour l'abondance et la richesse d'expression [2]. » Cette « abondance » et cette « richesse d'expression » sont aussi mises au service de sa plume :

> Chronique – On ne parle dans le monde politique et littéraire que du grand événement arrivé dans la nuit du 12 au 13 mars rue Sainte-Anastase n° 14 : une très *jeune* et très *jolie* femme, s'étant couchée à 1 h. du matin, est réveillée sur les 6 h., ou peu s'en faut entre les bras d'un homme qui avait su pénétrer jusqu'à elle par les moyens les plus audacieux et les plus mystérieux. Cette infortunée dame se voyant au pouvoir d'un homme aussi féroce

qu'inhumain s'est vue dans la nécessité, après une lutte des plus courageuses, de céder à la force brutale et féroce de cet homme que la justice ne tardera pas à découvrir, nous l'espérons pour l'honneur et la sécurité de nos femmes [3].

En cette année 1837 où elle lui écrit deux ou trois fois par jour, les talents d'écrivain de Juliette commencent à percer. On ne saurait les comparer à ceux de son amant ; mais le devoir, qu'il lui impose, de tenir quotidiennement son journal adressé, la transformera en femme de lettres qui s'ignore. Comme il le fera plus tard avec son épouse et sa fille, Hugo confie à sa maîtresse le rôle d'écrire leurs vies [4].

Pour former sa plume, il lui donne à étudier les mémorialistes et épistoliers du Grand Siècle et des Lumières, parmi lesquels Tallemant des Réaux, le cardinal de Retz, la princesse palatine, Julie de Lespinasse. Parfois même Juliette recopie des passages, pour son plaisir à elle ou son usage à lui, et les commente. Cette lecture lui paraît « passablement édifiante » pour son propre compte, « par la quantité de galanteries qu'on y voit consigner tout au long ». Chez les grands elle apprécie « ces beaux coups de soleil sur le récit qui éclairent jusqu'à l'esprit obscur qui les lit » [5], illuminations qui manquent au style fade de Mme de Motteville [6]. Dès 1834, Hugo lui avait fait découvrir Mme de Sévigné, qui devint son livre de chevet. Toute sa vie elle la citera et lui reprendra des expressions qui l'amusent : « chien de », ne pas vouloir quitter quelqu'un « qu'on ne l'ait vu pendu », lire ou entendre des « ravauderies », appeler « cabinet » une boîte à tiroirs et à volets. Se laisse-t-elle aller à vanter les mérites d'une de ses connaissances qu'elle se compare encore à Sévigné s'adonnant à l'éloge « du grand roi » [7]. Mais le rapprochement avec son illustre modèle est toujours burlesque : « Il y a entre mes lettres et celles de Mme de Sévigné le même rapport qu'entre mes dessins et les cartons de Raphaël [8]. »

Les dessins en question sont les petites vignettes qu'elle commence à insérer dans certaines lettres en 1837. Encore rares, timides et petits, ils figurent Hugo endimanché [9], un cœur marqué « Toto [10] », un vase dont elle trouve le tracé « assez artiste [11] », les petits pieds chéris de son amant [12]. Au fil des ans, ils gagnent en inventivité, en taille, en gravité, en drôlerie et en impertinence, mais guère en réalisme. Écrire ses lettres quotidiennes devient un accomplissement, un exercice de style et une création graphique. Celle du 27 juin présente ainsi deux niveaux d'écriture, dont la déclaration « Mon Toto bien-aimé, je t'aime de toutes mes forces et de toute mon âme », en très grosses lettres tracées avec la grâce des pleins et déliés. Elle est signée « Jujulina », mot-valise qui l'affilie à une artiste peintre en vogue : Lina Jaunez, dite Mlle Lina, avait ouvert deux ans plus tôt un cours pour dames, et promouvait la peinture féminine contre les préjugés masculins dans les organes où elle était chroniqueuse, tel le *Journal des femmes*. Le surnom Jujulina a-t-il été affectueusement donné à Juliette par Victor, à titre d'encouragement, ou se l'attribue-t-elle par autodérision ? On ne sait[13]. Toujours est-il qu'il revient plusieurs fois cette année-là.

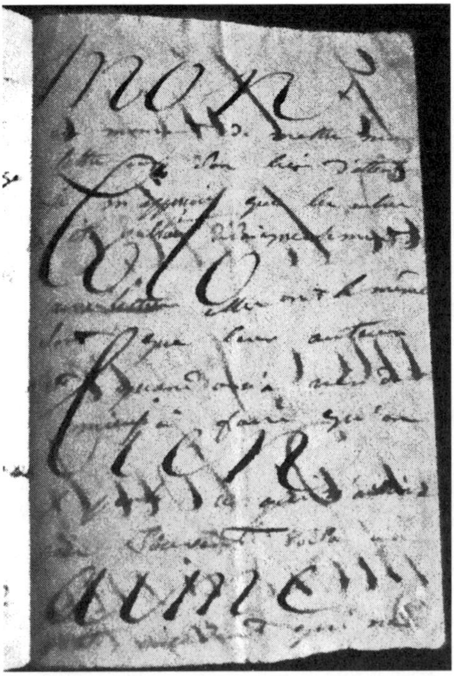

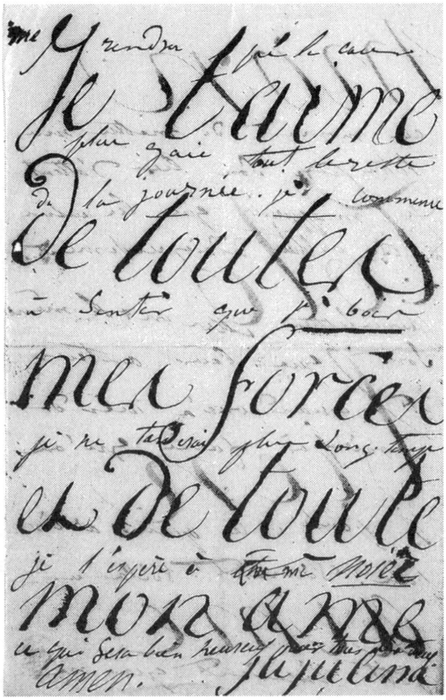

Je t'aime
de toutes
mes forces
et de toute
mon âme
amen. Jujulina

Juliette Drouet, lettre du 27 juin 1837

Ce soin particulier accordé à son style signifie-t-il qu'elle prévoyait la destination ultime de son journal épistolaire, voué à devenir une archive publique ? Probablement pas, car elle ne rivalise pas avec Mme de Sévigné, et les sujets qu'elle aborde sont parfois triviaux, depuis les détails de ses « cacades » et « foirades »[14] digestives (dont le récit donne lieu à des morceaux de bravoure), jusqu'aux feuilles de comptes justifiant le budget alloué par son protecteur. Aussi n'y croit-elle sans doute pas sérieusement lorsqu'elle écrit à Hugo, qui lui a fourni un papier à lettres constellé de taches d'encre : « Quand *la postérité* s'emparera de ma correspondance, j'aurai à subir non seulement les brioches de mon orthographe, mais encore la responsabilité de vos monstrueux pâtés[15]. » Jeux de mots et calembours lui servent à exprimer avec légèreté ses frustrations et ses envies[16].

Coup sur coups

Parmi ces désirs qu'il peut seul satisfaire revient celui dont elle devra un jour, comme pour le théâtre, faire le deuil. À l'approche de ses trente et un ans, ce serait encore possible. « Il faudra bien que vous m'en fassiez au moins UN », lui écrit-elle, jalouse des espérances conçues par une autre : « Que le diable emporte les servantes qui font des enfants ! Tandis que moi, hélas et trois fois hélas !!! Cependant si vous vouliez, mon cher petit Oto, il en est encore temps. Hein ? Voulez-vous[17] ? » Sans doute celui qu'elle appelle son petit Toto, son petit Oto, son petit Nono ou son petit O ne voulait-il pas pousser la multiplication de soi jusqu'à faire un enfant à sa maîtresse, même s'il la désirait toujours autant, comme en témoigne cette confidence écrite deux mois plus tard pour la Sainte-Julie, un après-midi qu'il était plongé dans l'écriture d'un poème[18] :

> Oh ! que je voudrais te voir en ce moment, te tenir dans mes bras, te couvrir de mes baisers ! Décidément c'est charmant de t'écrire, mais j'aime encore mieux *cela*. C'est qu'aussi, ma belle ombre, vous êtes la plus délicieuse de toutes les réalités. [...] Je vous aime, je baise votre belle bouche, vos belles mains, vos beaux pieds, et jusqu'à la fameuse lettre de l'alphabet[19].

Cet hommage pour sa fête attendu depuis le matin, Juliette en couvrit chaque ligne de baisers, et y répondit à l'unisson : « Moi aussi j'aime mieux *cela*. C'est si bon *cela*. Je donnerais ma vie pour *cela*. Pour *cela* je donnerais toutes les lettres de l'alphabet moins celle qui vous *sert* à faire des *calembours*. » La grivoiserie n'empêche pas la gravité. Hugo ayant écrit dans la marge « C'est ta fête aujourd'hui, et le dernier jour de mon deuil ! », Juliette répondit : « Désormais dans ta vie c'est moi qui ôterai tous les vilains crêpes qui voudraient la voiler. »[20] Trois mois plus tôt, en effet, Hugo avait perdu son frère Eugène, le compagnon de son enfance, frappé par la folie et interné à Charenton depuis une quinzaine d'années.

Deux autres deuils les touchèrent en ce triste printemps : Gabrielle Dorval, fille de l'actrice, mourut à vingt et un ans de la tuberculose, quelques semaines avant son compagnon Antoine Fontaney. Sa mère, en tournée, en sera informée plus tard par une lettre de Vigny, dont elle ne comprendra pas les termes trop elliptiques[21]. Fontaney n'invita que quelques fidèles, mais Juliette accompagna Victor en pensée le 16 avril. Sans doute eût-il préféré l'avoir à son côté plutôt que Sainte-Beuve : dans leur voiture qui roule au pas derrière le corbillard, de l'église Saint-Sulpice au cimetière Montparnasse, ils n'échangent pas un mot. Hugo n'a pardonné ni l'article venimeux que l'ancien amant de sa femme a écrit sur

Les Chants du crépuscule, ni la nouvelle poussive qu'il a fait paraître dans la *Revue des deux mondes* un mois plus tôt[22]. Sainte-Beuve y transpose son amour avec Adèle dans l'histoire de deux aristocrates du XVIIIe siècle qui raniment leur flamme adultère chancelante. Entre cette publication et l'enterrement de Gabrielle, Juliette a copié les vers de Hugo « sur la trahison et l'hypocrisie d'un ex faux ami », poème qu'elle juge « sublime et triste comme le combat de l'aigle contre la vipère »[23], et que son auteur, plus digne que son rival, ne fit pas paraître de son vivant.

Juliette soutint encore Hugo à la mort de Fontaney, quelques semaines après sa compagne, du même mal : « Voici deux cérémonies lugubres en bien peu de temps et quoique ce malheur ne nous touche pas de près, je me sens le cœur serré en y pensant[24]. » Sans doute n'appréciait-elle pas bien le degré de proximité entre les deux poètes que révèle le journal de Fontaney, source précieuse sur la sociabilité romantique.

La publication des *Voix intérieures*, le 26 juin 1837, produisit sur Juliette un effet ambigu. Déjà, dans *Les Chants du crépuscule*, elle cohabitait avec l'épouse légitime. Cette fois, c'était pire : « Je ne me dirai pas jalouse d'une *seule personne*, je suis jalouse de toutes, même de moi quand elle sert de prétexte à des sublimes vers que tout le monde doit lire à genoux[25]. » Dans « À Ol. » par exemple, cette femme « blanche avec des yeux noirs, jeune, grande, éclatante », à « l'ardente épaule », et au « cœur brûlant »[26], c'était son image aliénée, idéalisée, volée à leur intimité. Les romans, les pièces de théâtre, les discours et la poésie épique ne lui faisaient pas cet effet-là. Mais elle découvrait dans la poésie lyrique l'ampleur d'une vie intime dont elle n'était ni l'alpha ni l'oméga.

À ce trouble passager succéda une vive angoisse. La petite Adèle Hugo, qui allait sur ses sept ans, tomba gravement malade, d'une fièvre cérébrale due à la typhoïde. « En tiers dans cette paternité de chair et d'os[27] », Juliette s'inquiète pour « cette chère petite femme qui se mêle déjà de souffrir comme si la vie n'était pas déjà assez longue sans cela[28] ». C'est dans cette atmosphère nerveuse que Hugo se laissa aller, le 21 juillet, à frapper sa bien-aimée jalouse au cours d'une dispute dont elle reconnaîtra le lendemain porter la responsabilité. Chez lui, au réveil, se remémorant l'atroce scène de la veille, il prit conscience de la gravité de son acte, et se confondit en excuses :

7 h. du matin

> Une ligne pour toi. J'ai besoin de t'écrire. J'ai besoin de te crier que je t'aime, à genoux, avec larmes. Je t'aime. Je ne t'ai jamais plus aimée et je ne me suis jamais plus détesté.

Hélas ! pardonne-moi. Je ne savais ce que je faisais. Je baise tout ce que j'ai frappé. Je mets de l'adoration partout où j'ai mis de la fureur. Pardonne-moi !

Oh ! tout à l'heure quand je te verrai, je voudrais bien, mon Dieu ! qu'il n'y eût dans tes beaux yeux adorés ni reproches, ni tristesses, ni traces de larmes surtout. Pour moi toute la vraie joie vient de toi comme toute la vraie lumière du soleil.

Je me mets à genoux et je baise tes ravissants petits pieds bénis [29].

La réponse de Juliette est édifiante. Non seulement, dans sa lettre du matin, sans avoir encore reçu celle de Victor, elle cause de choses et d'autres, sans sembler se souvenir des coups, mais encore, dans celle de l'après-midi, écrite après réception de ses excuses, elle s'exclame : « Tu as fait de l'incident d'hier le plus beau jour de ma vie aujourd'hui. Si tu dois m'écrire une lettre aussi adorable que celle que je viens de recevoir chaque fois que tu auras été méchant, je te permets de me battre tous les jours plutôt deux fois qu'une [30]. » De fait, dans le journal des années précédentes il est parfois question de coups que Juliette, bravache, prétend ne pas craindre, se dit prête à endurer, voire réclame parce qu'à l'en croire, ils sont la preuve de la vraie passion, et qu'elle est « une pierre dont on tire du feu en la battant [31] ». Mais après ce sinistre épisode de l'été 1837, il ne sera plus jamais question de gifles ni coups reçus. Sur la violence faite aux femmes, comme sur d'autres questions sociales, telles la misère et la prostitution, son amour pour Juliette ouvrit les yeux à Hugo et éveilla sa conscience.

Six jours après la dispute, il lui fit don de l'exemplaire de Quinte-Curce qu'il possédait enfant. C'était le deuxième fétiche qu'il lui offrait en juillet, puisqu'elle avait déjà reçu au début du mois sa décoration toute fraîche d'officier de la Légion d'honneur. La dédicace du Quinte-Curce opère l'adoubement symétrique de Juliette, parce qu'elle rapproche l'enfance du garçonnet qui apprenait le latin à l'école et celle de la sauvageonne qui balbutiait la langue des Celtes sur la lande et les grèves. Juliette ne fut pas dupe de cette comparaison. Entre le petit garçon et le grand poète, la progression était éclatante. D'elle, pouvait-on en dire autant ? Elle en doutait :

Moi, je suis toujours restée la pauvre petite fille inculte que vous savez, et il y a gros à parier que l'éducation aurait ajouté peu de richesses à ma pauvre nature, les plantes des grèves de l'océan gagnant peu à être cultivées. De ce côté-là, Dieu merci, je n'ai pas à me plaindre. Personne jusqu'à vous ne s'était guère soucié d'en faire l'essai. Mais vous êtes venu, vous mon grand et sublime poète, et vous n'avez pas dédaigné de ramasser à vos pieds la pauvre petite fleur inodore qui se faisait belle et épanouie pour attirer vos regards vivifiants comme le soleil[32].

Début août, c'est aux rayons des astres qu'ils vivifièrent leur amour. Hugo, qui a installé sa petite famille à Auteuil pour les vacances, enfin libre de passer ses nuits avec Juliette, lui conte fleurette sous la voûte étoilée. Elle en redemande : « C'est si gentil de regarder la Grande et la Petite Ourse avec vous, de rebondir sur Pallas à cent pieds de haut, de s'épater dans Mars à deux pieds, de rôtir dans Mercure et de geler dans Saturne, hein[33] ? » Partis le 10 août pour leur voyage annuel qui les menait en Belgique, *via* la Somme et le nord de la France, ils y poursuivirent leur observation du cosmos. Le 16 août, ils contemplèrent le clair de lune à Mons, au son magique du carillon, et passèrent leur première nuit ensemble à l'étranger.

Le train, la patache et le bateau à vapeur

Juliette avait déjà vécu en Belgique. Pour Hugo, ce fut une découverte, et un enchantement, en comparaison des villes du nord de la France qu'il n'avait pas trouvées belles[34]. Sillonnant le plat pays pendant deux semaines et demie, ils s'abreuvèrent d'architecture et de peinture flamandes, surtout à Bruxelles, Malines, Anvers, Gand, Tournai, Ypres et Bruges. Juliette adopta vaillamment les manières touristiques épuisantes de son mentor : visiter d'abord la ville rue par rue, maison par maison, puis prendre de la hauteur au sommet des clochers et des tours. Au début de leur équipée belge, après leur journée de rêve à Mons, Victor s'enthousiasma pour la grand'place de Bruxelles et pour la cathédrale Saints-Michel-et-Gudule, avec sa chaire baroque. Sans doute Juliette lui fit-elle voir le Théâtre du Parc, et l'emplacement de la Salle des Beaux-Arts où elle avait débuté. Hugo se garde bien de mentionner ces détails-là dans ses lettres à sa femme. En revanche, dessins à l'appui, il lui décrit en détail les monuments visités, les paysages traversés, les émotions ressenties, dans un style qui relève plus du récit de voyage que de la correspondance, ce que la destinataire ne manqua pas de lui reprocher : ne pouvait-il pas consacrer au moins la dernière page de ses rendez-vous épistolaires aux siens, et aux « choses du cœur[35] » ? Au reste, s'il utilisait depuis quatre ans la première personne du singulier dans ses lettres de voyage, elle n'était pas dupe de ce mensonge par omission. Elle le lui fit comprendre : désormais, elle l'accompagnerait, c'était son droit, après tout. Cette demande n'engageait qu'elle.

Juliette et Victor découvrirent en Belgique une innovation venue d'Angleterre : le train. Leur baptême, le 21 août 1837, dura quatre-vingt-cinq minutes, le temps de parcourir la cinquantaine de kilomètres qui sépare Anvers de Bruxelles. Sous les yeux de Juliette émerveillée défilait un paysage dont Hugo brossa pour sa femme une peinture impressionniste :

> La rapidité est inouïe. Les fleurs du bord du chemin ne sont plus des fleurs, ce sont des taches ou plutôt des raies rouges ou blanches ; plus de points, tout devient raie ; les blés sont de grandes chevelures jaunes, les luzernes sont de grandes tresses vertes ; les villes, les clochers et les arbres dansent et se mêlent follement à l'horizon [36].

Après les émotions fortes que leur avait procurées la Belgique, le retour en France sembla fade. Dunkerque et Calais laissèrent Hugo indifférent. La vue du rivage anglais depuis Boulogne, en revanche, le fit rêver, « long serpent de brume avec des écailles de soleil çà et là posé sur l'horizon tout au fond de la mer [37] ». Montreuil-sur-Mer deviendrait le cadre des aventures de Fantine et M. Madeleine dans *Les Misérables*. Après quelques jours dans la Somme, ils arrivèrent en Normandie, firent escale à Dieppe, remontèrent la Seine en bateau à vapeur du Havre à Elbeuf, prirent une patache entre Évreux et Vernon, redescendirent la Seine en sens inverse de Vernon aux Andelys, avant de rentrer à Paris en diligence.

Hugo partant retrouver sa famille à Auteuil, le retour au bercail, avec son lot de factures impayées, fut douloureux pour Juliette. Victor tâcha de remonter son moral en berne : « Je t'aime plus que jamais ma Juju. Tu es tous les jours plus charmante et moi plus amoureux [38]. » Elle aurait préféré qu'il le lui prouvât en l'emmenant en pèlerinage aux Metz, comme promis, mais il s'y rendit seul, profitant d'une visite à Louise Bertin aux Roches. La déception de Juliette valut tout de même à Hugo un de ses plus beaux poèmes, « Tristesse d'Olympio », que ne lui aurait peut-être pas inspiré une visite accompagnée. Deux strophes évoquent sa promenade en forêt jusqu'à la maisonnette où elle avait séjourné naguère :

> Il voulut tout revoir, l'étang près de la source,
> La masure où l'aumône avait vidé leur bourse,
> Le vieux frêne plié,
> Les retraites d'amour au fond des bois perdues,
> L'arbre où dans les baisers leurs âmes confondues
> Avaient tout oublié.
>
> Il chercha le jardin, la maison isolée,
> La grille d'où l'œil plonge en une oblique allée,

Les vergers en talus.
Pâle, il marchait. – Au bruit de son pas grave et sombre
Il voyait à chaque arbre, hélas ! se dresser l'ombre
Des jours qui ne sont plus[39] !

À son retour, le poème achevé[40], Hugo mit du temps avant de le montrer à Juliette impatiente. Il prétexta qu'elle ne comprendrait pas tout. Sans doute redoutait-il qu'elle interprète sa nostalgie comme le symptôme d'un désamour. Il n'en fut rien, puisqu'elle trouva les vers « admirables[41] », sans toutefois développer davantage son appréciation, d'ordinaire plus prolixe. Elle n'avait pas renoncé à retourner aux Metz avec lui, et tenta encore vainement sa chance le lendemain, preuve qu'en effet, elle n'avait pas tout compris.

Loin de lui tenir rigueur de sa promesse non tenue, elle lui prêta main-forte dans son bras de fer contre la Comédie-Française, qui ne reprenait pas ses pièces autant que son contrat le stipulait, alors qu'elles rapportaient beaucoup d'argent. Il se défendit lui-même, comme il l'avait fait en 1832 lors de l'interdiction du *Roi s'amuse*. Comme la direction du théâtre lui refusait l'accès aux registres, Juliette dépouilla les journaux en remontant des années en arrière, afin d'établir l'avantage énorme donné sur lui à Scribe et Delavigne dans la programmation de la salle Richelieu. Hugo gagna devant le tribunal de commerce, puis en appel devant la Cour royale. Juliette s'en réjouissait tant qu'elle lisait ses plaidoiries à haute voix à ses amies. Le verdict eut pour conséquence trois reprises rapides d'*Hernani*, *Angelo, tyran de Padoue* et *Marion de Lorme* au premier trimestre 1838. Mais le dégât collatéral de cette victoire, c'est que Hugo allait se rapprocher de Marie Dorval, dont la liaison avec Vigny, amoureux d'une Anglaise, touchait à sa fin. Bien que l'actrice n'ait pas soutenu Hugo dans son conflit avec la Comédie-Française, c'est à elle seule que revenaient les premiers rôles dans les trois reprises à venir, où elle incarnerait tour à tour doña Sol, Marion et Catarina.

La loge C

Évincée des répétitions d'*Hernani*, Juliette s'alarma : depuis leur retour de voyage, Hugo ne se montrait plus en public avec elle. Ne voulait-il pas faire croire à « quelqu'un ou à *quelqu'une*[42] » que leur liaison était terminée ? Elle menaça de s'inviter aux répétitions, mais sa bonne humeur revint avec le succès de la Première. Elle en redemanda, voulut assister à chaque représentation[43], depuis sa petite loge C au fond de laquelle Hugo lui tenait compagnie. Pradier la remercia de lui avoir procuré une place, et lui demanda de lui faire savoir quel jour elle s'y trouverait pour y retourner lui-même afin de la voir à nouveau, fût-ce de loin, car elle lui manquait depuis cinq ans qu'ils ne se fréquentaient plus[44]. Il avait peu de chances d'être exaucé. En revanche, Juliette ne manqua pas d'offrir le spectacle à Claire, en récompense pour son travail. D'autres soirs elle y emmena des amies choisies, telle Mlle François, malheureuse femme maltraitée par ses parents, mais intelligente, qui accepta son invitation « avec des rugissements de joie », en faisant « de l'écume et des bonds »[45]. Pendant la reprise de *Marion de Lorme*, Juliette fut au comble de l'excitation, tant elle se reconnaissait dans l'héroïne inventée par Hugo avant de la connaître. Pendant celle d'*Angelo, tyran de Padoue*, elle se repassa dans son lit le rôle de la pauvre courtisane Tisbe à qui elle s'identifiait aussi. Quand l'auteur ne pouvait pas l'accompagner, elle invitait de nouveau une connaissance afin de ne pas se retrouver seule dans les rues le soir. Au pire, elle emmena sa servante, Suzette, qui, étant « stupide », ne comprenait « rien de rien »[46], et que son amoureux jaloux aurait préféré garder auprès de lui le soir plutôt que la laisser sortir.

Les recettes des trois reprises étaient bienvenues. Juliette vivait en effet le plus chichement possible, et en souffrait autant que de sa claustration. Elle envisagea encore de remonter sur les planches. Mais ne surévaluait-elle pas son talent ? Cette question l'obsédait, et Hugo ne l'encourageait guère.

Ce dont elle ne doutait pas, en revanche, c'était d'être aimée. Alors qu'ils avaient tous les deux laissé passer la date de leur anniversaire, Hugo répara son oubli en lui adressant, à l'occasion de son propre anniversaire, une déclaration qui la félicite pour ces « cinq années d'amour, d'abnégation, de dévouement, de résignation et de courage ». Il y fait l'éloge des « charmantes lettres » qu'elle lui écrit tous les jours : « C'est mon trésor, mon écrin, ma richesse. Notre vie est là, déposée jour par jour, pensée par pensée. Tout ce que tu as rêvé est là, tout ce que tu as souffert est là. Ce sont autant de petits miroirs charmants dont chacun reflète un côté de ta belle âme. »[47] Cette lettre enchanta Juliette, tout comme les quelques lignes qu'il ajouta rétrospectivement sur le *Livre de l'anniversaire*. Mais ces hommages et les dessins qu'il lui offrait et qu'elle gardait comme des reliques au même titre que ses mèches de cheveux ne la consolaient pas longtemps de sa solitude. Elle continuait de tenir le compte exact de ce qu'elle appelle leurs « *déjeuners* », nom de code employé depuis l'année précédente : « par *déjeuner*, je m'entends[48] ». Tous les moyens étaient bons pour en accélérer la fréquence, dont le recours à la sagesse antique : « J'ai l'honneur de vous rappeler une loi du grand SOLON qui ordonne à tout mâle de coucher *trois fois par mois* avec sa femelle. Je trouve cette loi très sage et j'ai l'honneur de vous en faire part[49]. » Elle lui indique aussi les moments propices, et ceux qui ne le sont pas, où elle souffre le martyre et qu'elle désigne souvent par périphrase, « ce que vous savez », « l'époque », « autre chose », « le moment de l'abstinence forcée », « les barricades de Juliette », « ce que nous attendions » (et dont la signification le réjouit plus qu'elle), « cette absurde incommodité » qui fait souffrir « sans profit pour personne ». Elle avait beau lui indiquer les dates à l'avance, il ne s'arrangeait pas toujours pour venir au meilleur moment.

Lorsqu'il se fait rare, Hugo lui donne comme excuse le temps passé à travailler pour elle. Souvent convoqué aux séances du Comité des monuments, de la Société des gens de lettres, et de la Société des auteurs et compositeurs dramatiques, il y combat la censure et défend les intérêts des dramaturges contre les directeurs de théâtre ou contre les librettistes qui se dispensent de leur verser les droits censés leur revenir. Autant de raisons pour espacer ses visites.

S'il n'y avait eu qu'elle, passe encore, mais pourquoi manquer au peu de bonheur qu'il pouvait procurer à Claire quand elle avait une permission de sortie ? Parmi ses camarades, il y avait les petits Pierceau, si nombreux que Hugo, parce que leur mère demeurait à Auteuil, l'avait surnommée « l'enceinte continue des fortifications ». Encore fallait-il, pour qu'elle pût les rejoindre, qu'il se donnât la peine de faire le trajet pour l'accompagner. Il lui arrivait de renâcler, ce que Juliette trouvait injuste, quand elle comparait le sort de sa fille unique, mise en pension et privée d'amis, à celui des quatre enfants Hugo, choyés par leur père, et qui pouvaient jouer ensemble. Il y avait deux poids deux mesures entre son foyer légitime et l'autre.

Quand la coupe était pleine, il la payait d'une bonne lettre d'amour, telle cette protestation désarmante qui manie l'antithèse réparatrice : « Tu te fâches, je te sourirai ; tu me grondes, je te caresserai ; tu me détestes, je t'aimerai[50] » ; il lui proposait aussi, exceptionnellement, une sortie en ville agrémentée de cadeaux, comme en ce 10 mai où il lui offre une robe et une ombrelle. Juliette aurait bien fini la journée aux Marronniers, le restaurant chic de Bercy, mais on ne peut pas avoir tous les bonheurs à la fois, et pour ce genre de festins, de « culottes », comme ils disent, on attendrait le voyage d'été.

Espoirs de Renaissance

Les affaires du théâtre allaient bon train pour eux en ce mois de mai. De nouvelles perspectives s'ouvraient, pour lui, en tant qu'auteur, pour elle, en tant qu'actrice. Depuis trois ans, Hugo ne savait plus vers quelle scène se tourner. À la Comédie-Française, son esthétique choquait : en 1832, le public du *Roi s'amuse* n'avait pas supporté le grotesque (quant à la charge contre la Cour et le roi, elle avait indisposé le pouvoir) ; en 1835, pour *Angelo, tyran de Padoue*, l'administration du théâtre lui avait demandé de sacrifier tout un tableau situé dans les bas-fonds. Dumas et lui auraient bien pu retourner à la Porte-Saint-Martin, mais la programmation s'y était dégradée. Harel, contre qui Juliette gardait une éternelle rancœur, attirait désormais le chaland avec des montreurs d'ours et autres animaux savants.

Hugo et Dumas, dont la brouille de 1833 était désormais loin derrière eux, s'adjoignirent leur rival Casimir Delavigne pour demander aux autorités l'ouverture d'un nouvel établissement dédié aux auteurs contemporains. Ils voulaient en faire un espace de liberté, de respiration, d'innovation et de qualité « entre le Théâtre-Français, voué aux morts, et la Porte-Saint-Martin, vouée aux bêtes[51] ». Grâce à leur entregent, ils obtinrent non pas un nouveau théâtre subventionné, comme ils l'auraient voulu, mais un théâtre privé dont le privilège fut attribué à Anténor Joly, ancien ouvrier typographe, journaliste puis directeur de la Porte-Saint-Antoine, où Juliette avait refusé deux ans plus tôt ses propositions d'engagement. Situé dans la ravissante salle Ventadour, rue Neuve-des-Petits-Champs, entre la colonne Vendôme et la Bourse, le bien-nommé Théâtre de la Renaissance ouvrirait à l'automne[52]. On y jouerait des drames modernes et des spectacles musicaux, dont raffolait l'associé de Joly, Ferdinand de Villeneuve, bailleur des fonds. En mai, Joly recruta. Des comédiens, et des auteurs, dont trois couples : Ida Ferrier et Dumas qui s'épouseraient deux ans plus tard ; Louise Beaudoin et Frédérick Lemaître, qui s'étaient rencontrés à la création du *Kean* de Dumas, en 1836. Hugo n'était pas en reste : Joly fit affaire avec Juliette pour un contrat qui lui destinait « les rôles en tous genres qui conviennent à son physique et à son talent dans la comédie et le drame[53] ». Il devait prendre effet le 1er octobre, juste avant l'ouverture du théâtre, et précise qu'elle ne pourra débuter que dans un rôle agréé par elle, qu'on ne pourra lui imposer de chanter dans le vaudeville, l'opéra ou l'opéra-comique, qu'elle disposera d'une loge individuelle dans laquelle « on ne pourra faire entrer, installer ni habiller aucun autre individu », qui sera « chauffée et éclairée de manière convenable ». Elle touchera, par an, 4 000 francs. C'était trois fois moins que Frédérick Lemaître, et six fois moins que Dorval, embauchée l'année suivante, mais c'était cinq fois plus qu'un ouvrier, dix fois plus qu'une ouvrière. Il fallait ajouter à cela 5 francs de feux pour chaque représentation où elle paraîtrait. Ces conditions lui laissaient concevoir les plus grandes espérances. Elle accepta, après avoir hésité, de peur de placer Hugo en situation embarrassante, scrupule qui n'aurait effleuré ni Ida Ferrier ni Louise Beaudoin, pourtant dans le même cas.

Fin mai, Hugo lui confia qu'il avait deux pièces en tête. Dans l'une (on ne sait laquelle), il n'y avait assurément pas de rôle pour elle. Mais dans l'autre ? Il ne lui promettait rien encore. Juliette se troubla. Avait-elle attendu cinq ans en vain ? Que dirait-on s'il écrivait des pièces pour un théâtre où elle était engagée et qu'elle n'y jouait pas ? Elle se remémora ses débuts où, sans lui, elle avait réussi à percer : « Je sais que tu es le plus loyal des hommes mais cela ne suffit pas, il paraît, pour m'aider dans une carrière où seule j'avais presque réussi[54]. » La protection des femmes artistes par les hommes de lettres était ambivalente : elle les confortait et les favorisait, mais les exposait aux pressions et au qu'en-dira-t-on.

C'est ce que lui rappela, le 9 juin, l'enterrement de Laure d'Abrantès. Cette ancienne maîtresse du jeune Balzac, encouragée par lui à écrire ses Mémoires, venait de mourir abandonnée de tous, misérable, dans une mansarde d'hôpital. Projetant son propre avenir sur celui de la malheureuse, Juliette fit le vœu de mourir avant que Victor ne cesse de l'aimer. Elle pouvait se rassurer, de ce côté-là il n'y avait rien à craindre, et le poème qu'il lui offrit pour sa fête le lui rappela, qui, à défaut de la joie, l'invitait à se contenter de l'amour, et de n'avoir, avec lui, qu'une seule vie et qu'un seul espoir pour deux[55].

Cette vie et cet espoir commun, pendant l'été 1838, ce fut l'écriture de *Ruy Blas*, dont la rédaction dura plus d'un mois. En attendant, Juliette voyait reculer la date de leur voyage d'été, et prenait son mal en patience entre deux visites, comme en témoignent ses autoportraits en toucan dansant d'une patte sur l'autre. Mais le résultat valait la peine. Dès le 1er août, Hugo, qui n'avait pas chômé, lui lut les trois premiers actes. Le 12 août, sa pièce achevée, c'est à elle qu'il la fit découvrir en exclusivité. Cette histoire d'un laquais devenu Premier ministre par la faveur de la reine, et victime de la machination de son maître, lui parut son plus grand chef-d'œuvre : « C'est une richesse, une magnificence, un éblouissement, dont on ne peut pas se faire une idée avant de l'avoir entendu. C'est miraculeux[56]. » Quand il lui fit miroiter la possibilité de jouer le premier rôle féminin, elle se sentit « comme une pauvre somnambule à qui on a fait boire beaucoup de vin de champagne[57] ». Il le savait pourtant, l'imposer ne serait pas facile. Mais il ménagea cette possibilité auprès de Joly, à qui il écrivit ce message sibyllin :

> Quant au rôle de la Reine, je me déciderai probablement pour ce dont nous avons parlé : mais n'en soufflez mot à personne. Il est important que

nous examinions de nouveau ensemble toutes les chances, et cela surtout pour celle que je veux servir. Ainsi profond silence sur ceci [58].

Ayant installé sa famille à Boulogne, Hugo emmena Juliette faire avec lui le tour de la Champagne et de l'est de la France du 18 au 28 août. Ils suivirent les traces des grands auteurs du siècle de Louis XIV : Saint-Simon à La Ferté-sous-Jouarre (où la vue d'un crapaud confit dans le bocal de l'apothicaire divertit la voyageuse [59]), Bossuet à Meaux, Racine à La Ferté-Milon, La Fontaine à Château-Thierry. Habités par le souvenir de Louis XVI, ils empruntèrent ensuite la route de sa fuite et de son arrestation à Varennes, *via* Clermont-en-Argonne. Puis ils rebroussèrent chemin en s'arrêtant à Reims, qui rappela à Hugo sa présence au sacre de Charles X en 1825, d'autant plus que le bedeau qui les fit monter sous la charpente de la cathédrale, au milieu des rats, des chauves-souris et des araignées, leur montra le tapis déroulé treize ans plus tôt. Ses souvenirs de voyage, qui se retrouveront dans *Le Rhin*, font, pour certains, l'objet préalable de lettres à sa femme. Mais pas tous. Il a ainsi la délicatesse de ne pas lui adresser sa rêverie onomastique sur les hommes qui firent arrêter Louis XVI à Varennes : « Aujourd'hui je traverse la fatale petite place triangulaire de Varennes, qui a la forme du couteau de la guillotine. / L'homme qui assistait Drouet et qui saisit là Louis XVI s'appelait Billaud. – Pourquoi pas Billot ? » Si Hugo rappela cette anecdote à Juliette, elle ne put manquer d'associer le nom de son oncle adoptif, qui avait servi dans l'armée républicaine, à celui du révolutionnaire prénommé, lui, Jean-Baptiste, futur député à la Convention, à qui l'on raconte que Napoléon, en le décorant de la Légion d'honneur, aurait dit : « Monsieur Drouet, vous avez changé la face du monde. »

Mme Drouet ne prétendait pas changer la face du monde, mais continua à prétendre au rôle de la reine durant tout le voyage. Pressé d'en finir avec l'épineuse question de la distribution de *Ruy Blas*, Hugo écrivit à sa femme pour lui demander d'inviter chez eux Joly le soir de son retour. Il pouvait compter sur elle. Elle avait pris les devants.

Du torpillage au sabordage

Profitant de l'absence de son mari parti courir la prétentaine au lieu d'accéder au désir qu'elle avait formulé l'année précédente de voyager désormais à son côté, Mme Hugo mangeait froid le plat de sa vengeance. Le lendemain du départ de Victor, elle avait adressé à Joly une lettre efficace et bien tournée où elle lui représentait les risques qu'il ferait courir

6 juillet 1838

8 juillet 1838

10 juillet 1838

12 juillet 1838

14 juillet 1838

25 juillet 1838

Juliette Drouet, « Toucans »

à son établissement si, pour son ouverture, il confiait le premier rôle féminin de la pièce à « une personne qui a été un des éléments du tapage qui a été fait à *Marie Tudor* », et à qui l'opinion publique, « à tort ou à raison », était « défavorable ». Que son mari, « qui porte intérêt à cette dame », l'ait fait engager, « rien de mieux », mais « que cela aille jusqu'à remettre en question le succès d'une des plus belles choses qui soient », c'est ce qu'elle ne pouvait tolérer. Allons, il y aurait bien d'autres rôles, écrits par d'autres auteurs, dans lesquels employer Mlle Juliette, et tout le monde serait content. Elle comptait naturellement sur la discrétion de son interlocuteur pour que « tout ceci reste strictement » [60] entre eux.

Joly fut convaincu. La cause était entendue, et Hugo n'avait pas de contre-arguments à avancer pour défendre sa protégée. Peut-être aussi doutait-il de la capacité de Juliette à garder son sang-froid et reprendre confiance, et voulait-il assurer le succès de sa pièce sans mêler des considérations personnelles à sa vie artistique. De plus, la fidélité de sa maîtresse était mieux protégée dans le secret de son petit logis que dans les coulisses du théâtre. Le lendemain, la pauvre Juliette se douta de quelque chose : « Je sens bien tous les efforts que tu fais pour me dissimuler un affront ou me cacher un chagrin [61]. » Elle voyait juste : ce même jour, Joly écrivit à Frédérick Lemaître que Hugo et lui s'étaient entendus la veille au soir pour proposer le rôle à Louise Beaudoin. Frédérick était chargé de l'amener avec lui le lendemain, pour la lecture dans le salon de la place Royale.

Juliette ne se faisait guère d'illusions. Quel mensonge l'auteur trouva-t-il pour lui expliquer son guignon ? Inventa-t-il un chantage de Frédérick Lemaître pour imposer sa maîtresse ? On ne sait. Mais il lui laissa croire qu'il l'avait défendue bec et ongles, et elle le crut :

> Je suis triste, mon pauvre bien-aimé, je porte en moi le deuil d'un beau et admirable rôle qui est mort pour moi à tout jamais. Jamais *Marie de Neubourg* ne vivra *par moi* et *pour moi*. J'ai un chagrin plus grand que tu ne peux te l'imaginer ; cette dernière espérance perdue m'a donné un coup terrible. Je suis démoralisée au point de ne pas oser jouer dans la pièce de n'importe qui un rôle de n'importe quoi. Je suis vraiment bien malheureuse. Pourtant, mon bon ange, je reconnais que ce n'est pas ta faute et que tu as tout fait pour lutter contre mon guignon, mais cela n'a servi qu'à montrer dans tout son jour ta persévérance et ton dévouement. Je suis bien découragée. Mon Dieu, qu'est-ce que je deviendrai [62] ?

D'autres rôles dans la pièce auraient pu lui convenir. Mais on ne lui proposa pas davantage celui de Casilda, la suivante enjouée, et elle trouva le pis-aller de jouer les duègnes « bien peu intéressant[63] ». Non, plutôt qu'un emploi subalterne, mieux valait encore ne rien jouer du tout. Elle se contenterait d'apprendre le rôle de la reine, pour le plaisir. Ça ne pouvait pas lui faire de mal, en attendant qu'on lui en propose un autre. Elle emprunta donc le manuscrit, pour le travailler à loisir.

Exclue des répétitions, où l'auteur, qui suivait de près la mise en scène, était assidu, elle s'inquiéta de n'avoir pas de tenue présentable pour assister à la Première. La plus jolie de sa garde-robe, en mousseline de laine non doublée, que son amie Laure lui avait procurée l'été dernier, ne faisait pas l'affaire. Il lui en aurait fallu une en damas. Elle fut détournée de ces futilités par une peur bleue rétrospective : lors d'une répétition, une poutre de fer était tombée de la voûte sur le fauteuil occupé par Hugo, qui venait de se lever pour donner une indication de placement aux acteurs. Sans ce hasard et son intérêt pour la mise en scène, il aurait pu mourir au théâtre ce 25 octobre 1838.

La Première, le 8 novembre, fut un succès public (ce qui n'empêcha pas les critiques d'éreinter la pièce). Tandis que Hugo, depuis la coulisse, encourageait ses artistes, Juliette, dans sa loge, s'enthousiasmait jusqu'à déchirer son gant. Elle emmena ses amies aux représentations suivantes, et fit bonne figure lorsque, préparant la sortie de l'ouvrage en librairie, Hugo passa un après-midi chez elle à tourner ses rituels compliments aux acteurs. De Louise Beaudoin, qui s'était « élevée très haut dans ce rôle » dont elle avait su rendre « la pureté, la dignité et le pathétique », il loua la « rare et exquise » intelligence. Bonne joueuse, Juliette lui fut reconnaissante d'être venue écrire ces lignes sous ses yeux, dans son « taudis »[64].

Le lendemain, sollicitée par la direction du théâtre pour jouer dans un opéra-comique, elle fit la difficile. La visite à domicile que lui rendit Joly n'y changea rien. Non, décidément, elle avait de l'antipathie pour ce genre-là, moins digne à ses yeux que le drame, et – ce qu'elle se garda de dire à Joly mais confia à Hugo – elle méprisait souverainement « l'idiot Villeneuve[65] », son codirecteur. Elle refusa donc le rôle. N'étant pas à une contradiction près, elle se plaignit la semaine suivante de ne pas gagner suffisamment d'argent pour délester Hugo du travail auquel son entretien l'obligeait. Les journaux, eux, se demandaient quand et dans quelle pièce on allait l'applaudir de nouveau, et Pradier aussi, dans une lettre où il remercie Hugo de lui avoir envoyé un exemplaire de *Ruy Blas*[66]. En décembre, deux autres occasions se présentèrent. Nerval avait un rôle pour elle. Était-ce dans *L'Alchimiste*, écrit en collaboration avec Dumas, et que la Renaissance créerait au printemps suivant ? Ou *Dolbreuse*, qui ne verrait finalement jamais le jour ? On ne sait. Juliette s'en remit à la décision de Hugo. Il n'en fut plus question. Du reste, les directeurs, en pleines négociations avec Nerval, préféraient pour l'heure embaucher Juliette dans une pièce d'Alphonse Royer et Roger de Beauvoir adaptée d'un roman de ce dernier, *Safia, ou la Décadence de Venise*, où elle jouerait la femme du doge Alessandro. Le sujet rappelait un peu *Lucrèce Borgia.* D'abord réticente, elle finit par donner son accord, mais la pièce ne serait finalement pas programmée.

Après avoir appris quels racontars haineux à leur égard sortaient des « fangeuses coulisses[67] », Hugo, pour le jour de l'an, lui offrit un poème réparateur, où il comparait le rude hiver à l'hostilité des méchants et des envieux, et lui recommandait de ne pas se laisser abattre ni submerger par la haine[68].

Son guignon aurait pu prendre fin au début de l'année suivante, quand Louise Beaudoin, souffrante, dut être remplacée dans *Ruy Blas*. Juliette savait son rôle, que les directeurs du théâtre lui proposèrent fin janvier. Elle envisagea le pour : débuter enfin dans ce théâtre qui la payait à ne rien faire, et jouer ce rôle dont elle avait rêvé. Elle se représenta le contre : sa position embarrassante, l'hostilité d'un des deux directeurs, l'incurie de l'autre, l'humiliation de faire ses débuts dans une doublure et la crainte de décevoir là où la créatrice du rôle avait convaincu. Tout bien pesé, elle refusa. Après avoir, depuis six mois, conçu de faux espoirs, ensuite fait la difficile, puis joué de malchance, elle venait de se saborder.

Était-ce orgueil ou manque de confiance en soi ? Défaut de jugement ou extra-lucidité ? Hugo la soutenait-il ou la freinait-il dans ses ambitions ? Son ambivalence était-elle calculée ou involontaire ? En faisant affaire avec un nouvel éditeur à qui il confiait non seulement *Ruy Blas*, mais aussi ses œuvres passées et à venir, il venait de s'acheter une rente confortable qui les mettait à l'abri du besoin, lui, son foyer légitime, et sa maîtresse.

Joly et Villeneuve avaient fini par trouver que Mlle Juliette n'était jamais contente. Inversement, elle considérait qu'ils manquaient à leur mission, avec leur penchant insupportable pour le théâtre chanté. Elle fit les comptes : on renâclait à programmer *Ruy Blas* qui rapportait 2 800 francs par séance contre 1 400 francs en moyenne par opéra. La conclusion s'imposait : « Rien n'est plus positif ni plus insolent que les chiffres et l'Anténor n'a qu'à se cacher comme un péteux qu'il est[69]. » Son associé n'était pas mieux loti : « Je ne pense pas qu'on puisse désinfecter le Théâtre de la Renaissance de l'*étron* Villeneuve. Il faudrait la pelle, le balai et la chaux vive et encore je ne m'y fierais pas[70]. »

Les choses ne s'arrangèrent pas lorsqu'en février, à la Comédie-Française, le rôle de Marion de Lorme passa à Mlle Noblet, qui, jadis, à l'Odéon, partageait avec Juliette l'emploi des jeunes premières. Son ancienne camarade devint, sinon l'unique, du moins le nouvel objet de son ressentiment.

Non, décidément, il fallait quitter cette mascarade, présenter sa démission à Villeneuve et Joly, et proposer ses services ailleurs. Elle était libre, après tout. Sa liaison avec Hugo, finalement, la desservait : elle ne l'avait assumée ni à la Porte-Saint-Martin, à partir du moment où leurs sorts y avaient été liés, ni à la Comédie-Française, ni à la Renaissance. Elle aspirait désormais à retrouver l'indépendance dont elle jouissait avant de le connaître, pendant les cinq ans de sa belle ascension à la force du poignet. Hélas, il était trop tard. Cela faisait trop longtemps qu'elle n'était pas remontée sur les planches. Aussi attendit-elle jusqu'à l'été 1839 la fin de son contrat annuel en continuant d'exiger ses appointements, dédommagement proportionné au tort qu'on lui faisait en ne lui proposant aucun rôle à sa hauteur.

À tout prendre, elle était toujours mieux lotie que son camarade Saint-Firmin, créateur du rôle de César de Bazan dans *Ruy Blas* : la camarde était venue chercher l'acteur en février 1839. Quelques jours plus tôt, l'amie Mlle François, âme délicate et meurtrie, s'était suicidée.

Frappée par ce geste désespéré qu'elle n'avait pas vu venir, Juliette se réchauffa le cœur auprès des petites Besancenot, enfants du voisinage qu'elle gardait fréquemment. Leur babil l'enchantait, surtout celui de la benjamine, Résisieux, sa préférée. Les fillettes lui tiraient gentiment les cheveux ; elle leur rendait leurs taquineries en baisers, chatouilles et câlins. Victor leur racontait des histoires, et leur commentait les pitreries des *Pilules du diable*, féerie qu'on venait de créer au Cirque-Olympique : il leur expliqua les dessous de la scène où les personnages, assoiffés, ayant absorbé des potions laxatives qu'ils confondent avec du vin, sont victimes de « singuliers symptômes ». Juliette s'amusa de leur réaction : « L'homme qui a la colique et qui demande un pot de chambre sur la scène leur paraît d'un comique et d'un raffiné exquis. »[71]

Plus fin que le goût dramatique des petites Besancenot était celui de la nouvelle servante de Juliette, Suzanne Blanchard, embauchée le 18 mars 1839. Le soir même, elle se précipita à *Ruy Blas*, et y retourna trois semaines plus tard admirer son béguin, le « capitaine César ». Il ne lui échappa pas que ceux qui faisaient des pièces comme ça avaient dû « étudier *bigrement* » parce que c'était « beau comme un *diantre* »[72]. Juliette ne pouvait qu'abonder en son sens ; du reste, elle y retournait dès qu'elle pouvait, comme à *Marie Tudor* et *Lucrèce Borgia* qui continuaient à faire les beaux jours de la Porte-Saint-Martin.

Spectatrice de l'œuvre du grand homme, c'était la seule activité artistique qui lui restait. Hugo donna à son dépit une expression poétique lorsqu'il se remit à l'écriture des *Rayons et les Ombres*, dont il composa près de la moitié des pièces en ce printemps 1839. Juliette inspira celle où le poète demande à sa bien-aimée pourquoi son front s'assombrit :

> Elle lui répondit de sa voix grave et douce :
> – Ami, vous êtes fort. Sûr du Dieu qui vous pousse,
> L'œil fixé sur un but, vous marchez droit et fier,
> Sans la peur de demain, sans le souci d'hier,
> Et rien ne peut troubler, pour votre âme ravie,
> La belle vision qui vous cache la vie.
> Mais moi je pleure ! – Morne, attachée à vos pas,
> Atteinte à tous ces coups que vous ne sentez pas,
> Cœur fait, moins l'espérance, à l'image du vôtre,
> Je souffre dans ce monde et vous chantez dans l'autre [73].

À ce cadeau mélancolique il ajouta bientôt un bijou réparateur, puis une perruche que sa propriétaire eut du mal à domestiquer, et dont la cage lui rappelait sa prison dorée.

Juliette consentait pourtant à sa servitude, et ne vivait plus que pour son amour, aussi obsédant que l'esprit du mal dans l'opéra de Weber : « C'est un sentiment qui revient dans toutes mes idées et dans tout ce que je dis comme la note INFERNALE sur la musique du *Freischütz* [74]. » Tiraillée entre adoration et jalousie, elle se torturait de voir Hugo si coquet, comme ce 10 mai où on l'attendait à une réunion de la Société des auteurs et compositeurs dramatiques à laquelle il n'est pas certain qu'il se soit rendu (son nom ne figure pas au procès-verbal). La citation humoristique d'*Andromaque* aide Juliette à poser sans trop s'appesantir la question qui la taraude : « Mais je voudrais savoir pour qui sont ces cheveux si artistement arrangés qui sifflent sur votre tête [75]. »

Deux jours plus tard, ce sont des balles perdues qui sifflèrent sur la tête de Victor, au débouché de la rue où habitait Juliette, d'où s'échappèrent quelques jeunes gens participant à l'émeute républicaine fomentée par Barbès et Blanqui. Juliette raconte la frayeur de sa voisine, la femme du repasseur de couteaux, dont la maison, prise pour abri par « sept ou huit vauriens [76] », avait été couchée en vue par les soldats. Hugo, lui, narra cette échauffourée dans son « Journal d'un passant pendant l'émeute du 12 mai 1839 », où il dit avoir vu les jeunes gens détaler, échappant lui-même à la mitraille [77]. Les deux meneurs républicains, qui avaient réussi, en partant de la morgue, à s'emparer de l'Hôtel de Ville pendant quelques heures, furent arrêtés, et Barbès condamné à mort. Hugo écrivit aussitôt un quatrain pour demander sa grâce au roi. Celui-ci s'apprêtait justement à exercer sa clémence, et les vers du poète le confortaient dans son intention, fit-il savoir à l'auteur par son secrétaire de cabinet. Juliette trouva mesquin que « ce stupide Philippe[78] » n'ait pas daigné répondre directement. Barbès, dont la peine fut commuée aux travaux forcés à perpétuité, remercierait Hugo plus tard, s'étant reconnu dans le personnage des *Misérables* désigné comme « un condamné politique qui est une des plus généreuses figures de notre temps[79] ». Juliette, en 1839, n'était certes pas encore républicaine, mais elle avait pitié de ce pauvre hère, et adhérait au combat de Hugo contre la peine de mort, qu'il lui avait fait partager.

Du reste, elle s'en remettait à lui pour tout : ses opinions politiques, sa carrière, sa santé. Ainsi, il l'avait convaincue de se faire immuniser contre la variole. Elle le fit non sans appréhension, fin mai : et si elle allait contracter la maladie, avec cette nouvelle méthode de la vaccine, qui remplaçait l'inoculation ? Il ne manquerait plus qu'elle attrape la petite vérole ! Tout se passa bien. Les effets indésirables ressentis les jours qui suivirent, elle les attribua à une autre fièvre, celle du voyage qui commençait à échauffer son esprit, comme chaque année à l'approche de l'été.

D'ici là, ils avaient d'importants travaux à achever, chacun dans son genre. Au 14, rue Sainte-Anastase, qui demandait rénovation, Juliette dut supporter plusieurs semaines les artisans maçons, peintres, toiseurs, raboteurs, parqueteurs, doreurs et autres encaustiqueurs, dont le ballet incessant finissait par la lasser : « Excepté l'amour, j'aime tout ce qui finit vite[80]. » Pour lui, c'était sa nouvelle pièce, *Les Jumeaux*, qu'il espérait achever avant les vacances.

Juliette piaffait d'impatience. Aussi Hugo lui offrit-il son portrait, en lieu et place de sa personne appelée à se faire rare le temps de l'écriture. C'était la copie en réduction d'un tableau de Boulanger exposé au Salon de 1839, que Juliette réclamait depuis des mois, et qu'elle obtint enfin le 21 juillet[81] *(voir cahier hors texte)*. La ressemblance l'enchanta. Elle fut confortée dans son appréciation par son amie Laure Krafft, plus diplomate que les petites Besancenot qui n'y reconnurent pas davantage le modèle que sur les petites vignettes de son journal épistolaire où Juliette le croquait de plus en plus souvent.

Les Jumeaux reprenait la légende du Masque de fer, ce supposé frère de Louis XIV, qui aurait pu lui contester la couronne, et qu'on aurait enfermé dans une des îles de Lérins, puis à la Bastille. Juliette connaissait l'histoire, elle qui en 1831 avait joué son amoureuse dans *L'Homme au masque de fer*. Hugo situait l'acte I à la foire Saint-Germain, dans le milieu des comédiens où s'infiltre le proscrit Jean de Créqui, à la recherche de sa fille secrète et du détenu qu'il veut délivrer. Les deux premiers actes furent bouclés entre le 26 juillet et le 15 août. Victor ne dormait plus que deux heures par nuit, d'où ophtalmies et maux de tête à répétition. Juliette le supplia de se ménager, et lui réclama la lecture du premier acte, qu'il lui accorda le 13 août. Époustouflée, elle se reprit à espérer un rôle, mais cette fois-ci, Hugo lui fit comprendre qu'il n'y fallait pas compter. Elle ne serait donc pas Alix de Ponthieu, la fille secrète de Jean de Créqui, amoureuse du Masque de fer. Mais aucune actrice ne la supplanterait : Hugo n'irait pas au-delà de l'acte III, et laisserait sa pièce inachevée[82]. Il l'interrompit (momentanément, croyait-il) le 27 août, et en informa sa femme, pour l'avertir de son prochain départ en vacances.

Adèle avait accepté l'invitation du jeune Auguste Vacquerie, fervent admirateur du poète à qui, trois ans plus tôt, il avait envoyé des vers élogieux. Le 25 août, il avait accueilli chez lui à Villequier, dans les boucles de la Seine, presque toute la famille Hugo en villégiature. Victor ne fut pas de la partie. Il donna pour excuse à son absence « un tas de cathédrales à voir » pour ses travaux au Comité des monuments historiques.

Cartes du Rhin, du Rhône et de Tendre

Munis de leurs passeports (celui de Juliette nous apprend qu'elle mesurait 1,50 mètre, vingt centimètres de moins que lui), les amants quittèrent Paris de nuit, direction Nancy où ils firent une halte, et sans s'attarder repartirent pour une deuxième nuit inconfortable en malle-poste. Leurs trois jours à Strasbourg les enchantèrent, notamment la cathédrale au sommet de laquelle Juliette avait promis de grimper, comme sur tous les clochers. Ils traversèrent le Rhin et le remontèrent jusqu'en Suisse, où ils restèrent dix-huit jours, à la découverte de onze cantons, de Bâle à Genève. À Lucerne, ils visitèrent l'arsenal et firent deux excursions mémorables, l'ascension du Rigi en haut duquel ils passèrent la nuit, du crépuscule aux lueurs du jour, et le tour du lac des Cinq-Cantons. De la première (préférée à celle du Pilate, tentante, mais hors de portée pour Juliette), Hugo rapporta un de ses plus beaux dessins, esquissé sur place, terminé plus tard : le Mythen au soleil couchant *(voir cahier hors texte)*.

Sept jours plus tard, à Berne, ils piquèrent vers le sud, pour chercher la chaleur et le ciel bleu. Entre Vevey et Lausanne, Hugo découvrit la partie du lac qu'il n'avait pas visitée lors de son voyage de jeunesse avec Adèle en 1825. Ils admirèrent ses bateaux-pêcheurs aux doubles voiles latines et Juliette sentit sur ses joues le vent qui irisait la surface du Léman. La réverbération de ses eaux sur les voûtes dans les cachots du château de Chillon lui fit forte impression. Ils rejoignirent Aix-les-Bains, puis traversèrent en bateau à vapeur le lac du Bourget où Lamartine s'était jadis illustré en sauvant de la noyade la jeune femme qui lui avait inspiré son immortel poème. Après une nuit à Lyon, ils reprirent le bateau, s'arrêtèrent deux nuits en Avignon, une à Beaucaire, puis débarquèrent à Marseille. De là ils firent une excursion au bagne de Toulon, visite décisive pour les futurs *Misérables* dont Hugo ne commencerait l'écriture que six ans plus tard, mais dont il note déjà sur son carnet le premier nom de son futur héros, « Jean Tréjean ». Il s'indigna qu'on ait condamné à dix ans de bagne un homme qui avait changé six liards (trente centimes) sachant qu'ils étaient faux, et fut touché par la vue d'un vieux forçat aux cheveux blancs, perdu dans ses pensées, assis sur une borne. De ce bagne, observé plus attentivement que celui de Brest cinq ans plus tôt, Jean Valjean s'évaderait après avoir sauté du haut d'un navire, et nagé longtemps sous l'eau. Lors du retour à Marseille, profitant d'une halte à Cuges-les-Pins pour faire reposer les chevaux, Juliette écrivit à sa fille sa première lettre depuis le début du voyage : qu'elle suive son itinéraire sur une carte de géographie, et transmette à son père les compliments des deux voyageurs sur sa statue de Rousseau qu'ils avaient admirée à Genève et sur sa *Vierge* de Notre-Dame-des-Doms en Avignon. Juliette promettait de demander des vacances à sa pension pour s'occuper d'elle pendant deux semaines à son retour[83].

En franchissant le Var par un pont de bois au milieu duquel une baraque servait de poste-frontière, les voyageurs se retrouvèrent dans le comté de Nice qui appartenait au royaume de Sardaigne. Sur le bateau pour les îles de Lérins, ils s'essayèrent à la pêche : Juliette remonta à la surface un poisson mort, qui la hanta encore longtemps après. La visite de l'île Sainte-Marguerite, avec sa prison qui aurait accueilli le Masque de fer, aurait pu donner à Hugo des idées pour la suite des *Jumeaux*, mais il y prit moins de notes qu'au bagne de Toulon. *Via* Cannes, puis Aix rejoint en malle-poste, ils prirent le chemin du retour, et naviguèrent sur le Rhône d'Avignon à Lyon. Victor y acheta 72 francs une belle robe qu'on retrouvera sous peu. Toujours en bateau, ils remontèrent jusqu'à Chalon-sur-Saône, et poursuivirent leur route en coupé. Leur dernière étape les conduisit en bateau, sur l'Yonne et la Seine, de Sens à Fontainebleau, dont ils visitèrent le château, et qu'ils quittèrent le

26 octobre. Depuis la voiture, Juliette admira la forêt, le cœur triste à l'avance, tandis que Victor s'apprêtait à revoir femme et enfants, et ils se séparèrent en arrivant à Paris dans l'après-midi.

Comme chaque année, le retour à l'oisiveté forcée et à la solitude fut pour elle un désastre. Les retrouvailles avec Claire, qu'elle reçut quinze jours chez elle pour compenser sa longue absence, ne suffirent pas à l'apaiser. Cette fois-ci, elle insista : elle voulait la célébration morale de leur union, et reprendre sa carrière d'actrice. Victor ne l'exauça qu'à moitié. Une semaine après le retour de voyage, il lui déclara qu'elle était la seule femme qu'il eût « réellement *aimée d'amour* ». Le lendemain, elle argumenta encore : il n'avait rien à craindre, elle lui resterait entièrement fidèle, mais elle voulait régler ses dettes, être indépendante, gagner sa vie[84].

Victor ne l'entendait pas de cette oreille. Juliette lutta pendant deux semaines, songea à accepter le premier engagement venu, y renonça de peur de lui déplaire, et jeta l'éponge. Dans la nuit du 17 au 18 novembre, ils célébrèrent leur union, non par la loi, mais « par l'esprit et par le cœur[85] », sans intercesseur et sans témoin : il s'engageait à les entretenir à jamais, elle et sa fille. Le lendemain, parée de sa robe neuve de Lyon, elle coucha sur le papier la solennité du moment : « Pour que rien ne manquât à notre *mariage*, j'ai eu toutes les émotions d'un premier jour : bonheur ineffable, extase du ciel, insomnie, étonnement, qui serait de l'inquiétude si je ne connaissais pas la divine bonté de ton âme, j'ai eu tout cela cette nuit[86]. » Dans un ultime sursaut, elle proposa encore, le jour suivant, de partager le travail. Il n'en fut plus question. Elle tria donc ses « nippes d'histrionne ». Reteint, son costume de velours noir lui ferait une belle robe de chambre, au lieu de lui servir à se « vautrer dans la prose sauvage et féroce des faiseurs de mélodrames de l'époque », et son petit manteau de coulisse doublé et ouaté les réchaufferait tous deux l'hiver dans leur « dodo »[87].

Il est pourtant une tenue de scène qu'elle n'aurait donnée, vendue ni recyclée pour rien au monde, qu'elle garda pieusement et qui existe encore[88]. C'est la robe de damas violet broché d'or portée dans *Lucrèce Borgia* par la princesse Negroni, souvenir de sa carrière interrompue, fétiche de sa jeunesse radieuse et totem de son glorieux destin.

X

La recluse en voyage (1839-1843)

« Aimer ou avoir aimé, cela suffit. Ne demandez rien ensuite. »

Les Misérables, V, VI, 2

Ce mariage secret transformait leur liaison en « petit ménage ». Juliette, entrée en réclusion, s'habitua à l'oisiveté, aux soins de son intérieur et de son journal épistolaire.

Le petit ménage

Hugo lui procurait des livres. Elle s'absorba dans la lecture des grands classiques. La vie de Fénelon l'ennuya. La dernière pièce de Delphine de Girardin lui sembla plate en comparaison de ses feuilletons dans *La Presse* qui la tenaient en haleine. La Fontaine lui servait toujours de réservoir à citations.

Fin 1839, une publication périssable lui avait sans doute échappé, *Juliette, ou Une bonne fille* d'Eugène Guérin, roman dont elle était la clef. Fasciné par les dessous de l'histoire et le sentimentalisme social, l'auteur prenait pour héros de ses chroniques galantes le petit peuple ou la haute société, et les confrontait. On reconnaissait sans peine la cible de son dernier roman. La « bonne fille » Juliette, pensionnaire de couvent jusqu'à quinze ans, vit de la protection d'hommes divers. L'un n'a pas de quoi rembourser une grosse dette contractée pour elle, un autre lui offre des cachemires, puis elle s'acoquine à un « Shakespeare de bas étage » qui écrit pour l'Ambigu et la compare à Marie Dorval, de quoi l'inciter à faire ses débuts et à se perfectionner à Bruxelles. Seule la fin mélodramatique s'écartait du modèle. Quant à l'amant, dont l'identité était transparente, il avait certes toujours Shakespeare pour idole, mais loin d'écrire de méchants drames pour les boulevards, il atteignait les marches du panthéon littéraire, avec de bonnes chances d'être élu sous la Coupole.

Comme d'habitude, Juliette accompagna Hugo en ville jusqu'au seuil de ses visites académiques. Cette fois-ci, il avait bon espoir, mais de sombres manigances firent retarder l'élection. On court-circuita le processus en nommant d'autorité aux deux sièges vacants non pas des écrivains, mais le secrétaire perpétuel de l'Académie des sciences et un ancien ministre. Cette « nouvelle turpitude » de tous les « vieux cacochymes si laids au dehors, si pourris en dedans » qui hantaient « cette affreuse boutique » [1] n'étonna pas Juliette. Du reste, elle ne fut pas déçue : Hugo avait dépensé trop de temps et d'énergie en campagne, au détriment de son œuvre et de leur intimité.

Celle-ci incluait désormais Claire, qui, à treize ans, comprenait à quoi l'ami de sa mère s'était engagé pour elles. Comme étrennes, il lui avait offert une poupée et dédicacé un exemplaire du *Dernier Jour d'un condamné*. La petite s'était ruée sur le jouet, réservant le livre pour plus tard. Paresseuse pour le piano, elle se motivait pour les études. Lorsqu'elle était confinée à la maison, parce que Hugo ne venait pas les chercher pour sortir, ou que Juliette devait garder les petites Besancenot, elle cousait. Mais elle préférait le théâtre, et enviait les enfants des autres d'y avoir droit plus souvent qu'elle. La poésie lui plaisait ; par sa mère, elle avait accès en avant-première aux pièces des *Rayons et les Ombres* ; elle voulut apprendre « Rencontre », où le poète peint la misère enfantine :

Après avoir donné son aumône au plus jeune,
Pensif, il s'arrêta pour les voir. – Un long jeûne
Avait maigri leur joue, avait flétri leur front.
Ils s'étaient tous les quatre à terre assis en rond,
Puis, s'étant partagé, comme feraient des anges,
Un morceau de pain noir ramassé dans nos fanges,
Ils mangeaient ; mais d'un air si morne et si navré
Qu'en les voyant ainsi toute femme eût pleuré [2].

Une de ses amies l'apprenait aussi.

Juliette partageait avec ses jeunes « femelles » la primeur du recueil. Elle attendait également la suite des *Jumeaux*, mais Hugo n'avançait guère. Il lui fournissait, en revanche, la copie du récit de leur voyage de 1839, pour un prochain livre sur le Rhin. L'exercice fit revivre à Juliette ces jours heureux dont elle espérait le retour ; elle repéra les inventions qui romancent ce témoignage, et s'émut en découvrant les pensées vagabondes que son compagnon n'avait pas partagées avec elle. Elle fut consternée par les vers que Victor, profitant du temps qu'elle avait passé seule à prier dans une église de Strasbourg, avait composés sur une passante aux « charmantes faveurs », au « regard doux et bleu sous de longs cils rêveurs »[3]. Les personnages poétiques lui inspiraient autant de jalousie que les femmes réelles. Qui était cette femme au « bras charmant » accroché à celui du poète « passant dans la place Louis XV un jour de fête publique »[4] ? Elle s'en inquiétait autant que de savoir Hugo en goguette au Vaudeville où triomphaient Mlles Balthazar et Fargueil, ou de trouver sur son habit un cheveu jaune qui ne pouvait être ni à lui ni à elle. L'envie que lui inspirait Léopoldine était d'une autre nature : la petite « scélérate » venait d'être embauchée par son père pour copier aussi *Les Rayons et les Ombres*, et s'en acquittait très bien (contrairement à Claire dont l'unique essai ne fut pas probant).

En mai, Hugo installa sa famille dans une grande et belle propriété, à Saint-Prix, près d'Enghien-les-Bains. Adèle y recevait les amis, dont Nerval, dans un cadre bucolique. Victor y fit de fréquentes apparitions, sans toujours en avertir Juliette qui se morfondait d'autant plus qu'il lui avait interdit de sortir sans lui. Mais elle profitait aussi de la liberté laissée à son amant de rester dormir chez elle à l'occasion. Après avoir comblé de sa présence ses propres enfants à la campagne, il fit à Claire et Juliette la surprise de les emmener au parc de Versailles après dîner. Près du bassin du Titan où s'abreuvait une tourterelle, il déclama des vers à la cantonade, pour la plus grande joie de Juliette, qui consigna la scène :

> Mon Dieu que de perles vous avez égrenées hier dans ce magnifique jardin, aux pieds de ces belles déesses que je crois vivantes quand vous les regardez. Que de fleurs dans ces parterres remplis d'enfants joyeux ! Comme tout ce monde, dieux, déesses, héros, rois, reines, femmes, nymphes et enfants ont dû se disputer les merveilles que vous avez jetées à pleine bouche tout autour d'eux ! J'avais du regret de m'en aller[5].

L'instant heureux, rare et précieux, Juliette l'immortalise par la plume. Elle préférait de loin cette recomposition graphique au réalisme plat des daguerréotypes.

Hugo la convainquit pourtant de se prêter à l'expérience. Redoutant cette diabolique invention, elle se prépara à lui faire réaliser son « cadavre[6] ». Pour la couleur de son vêtement, elle s'en remit à « l'opticien », comme on disait. Ce dont elle voulait décider elle-même, c'était du jour de la séance. Un vendredi ? Non, par superstition ; il fallut la décaler. Fâcheuse précaution : la veille du jour J, elle s'est emportée contre sa servante ; son visage, empourpré, en vrac, n'est pas à son avantage ;

elle se prend donc à espérer que le soleil ne la fasse pas ressemblante. Le résultat, perdu pour nous, l'épouvante. « Je suis un monstre de laideur[7] », écrit-elle. Victor le lui avait bien dit : elle avait changé. À trente-quatre ans, elle traquait ses premiers cheveux blancs. L'oisiveté et la réclusion l'avaient un peu arrondie. Épouvantée, elle se compara à Quasimodo, dont le corps difforme renferme une âme belle. Du reste, mais c'était une maigre consolation, le portrait de Victor lui déplaisait aussi, tant ce nouvel art, avec ses « personnages sombres et muets[8] », lui paraissait funèbre.

Autre contrariété : Balzac avait fait paraître le 25 juillet 1840 dans sa *Revue parisienne* un article sur *Les Rayons et les Ombres* où il avait beau désigner Hugo comme le plus grand poète de son siècle, il osait le reprendre sur quelques impropriétés : une faute de syntaxe, un pléonasme (« l'ombre obscure »), une invraisemblance (faire rimer « lézard » avec « un grand puisard » alors que ce batracien aime le soleil et les endroits secs). Le sang de Juliette ne fit qu'un tour : « J'ai lu le Balzac dont le gros ventre est encore plus bourré de fatuité, d'envie et de vanité que de pieds de cochon, non truffé, de cervelas à l'ail et de pommes de terre frites. La polysarcie n'est pas seulement dans sa bedaine mais dans son pauvre esprit bouffi comme une outre pleine[9]. » Elle se scandalisa d'autant plus qu'en mars, Balzac avait pu compter sur Hugo après l'interdiction de son drame *Vautrin*, inspiré du *Père Goriot*, d'*Illusions perdues* et de *Splendeurs et misères des courtisanes*. La pièce avait déplu en haut lieu, notamment parce que Frédérick Lemaître, dans le rôle-titre de l'escroc devenu chef de la police, s'était fait la tête en poire de Louis-Philippe. On l'avait interdite après la Première. Hugo avait accompagné son ami au ministère pour le soutenir dans sa réclamation avec une telle conviction que Balzac avait confié à Mme Hanska : « En tout la conduite de Hugo a été celle d'un véritable ami, courageux, dévoué[10]. » Avec ces critiques qu'il s'était autorisées sur la poésie de Victor, on ne pouvait pas reprocher à Balzac de sacrifier à la camaraderie romantique, mais Juliette y voyait une odieuse manifestation d'ingratitude.

Le Chat et la Souris

Leur voyage annuel, qui dura deux mois, effaça tous ces soucis. Hugo voulait revoir le Rhin. Depuis le *De l'Allemagne* de Germaine de Staël, plusieurs écrivains français y étaient remontés aux sources du romantisme européen. Vingt-cinq ans après le traité de Vienne, sa réflexion pacifiste et européenne s'abreuvait à ce périple qui relevait plus du séjour de recherches que des vacances, et donnerait naissance à ses deux prochaines œuvres, *Le Rhin* et *Les Burgraves*, sans compter les paysages dessinés qu'il enverrait à sa famille. Juliette, elle, ne s'ennuie pas pendant qu'il travaille à l'hôtel : elle recopie ses lettres pour qu'il en garde un double.

En arrivant en Belgique, ils suivirent la Meuse de Dinant à Liège, dont Hugo déplora la modernisation. L'empreinte agressive que laissait le développement du chemin de fer sur le paysage, avec ses trouées dans les montagnes, le choquait. Une fois arrivés en Prusse, ils s'installent à Aix-la-Chapelle, Hôtel de l'Empereur. Ce nom préludait à une visite dont Hugo attendait beaucoup, le tombeau de Charlemagne où il avait situé l'acte IV d'*Hernani*. Sa décoration rococo, anachronique, le déçut amèrement. Ils retrouvèrent à Cologne le Rhin qu'ils descendirent pendant sept heures jusqu'à Andernach, où, passant d'un empereur à l'autre, ils posent leurs bagages à l'hôtel *Zum rüssischen Kaiser*. La vue était splendide. Hugo en fit profiter, à distance, Léopoldine, à qui il envoya le dessin « Ce que je vois de ma fenêtre ». Ils y admirèrent aussi l'église, avec le petit coq en haut de la colonne qui s'élève entre les bras de la croix, et y apprécièrent la fraîcheur du bain [11]. Puis ils s'attardèrent cinq jours à Saint-Goar, le temps, pour Hugo, de mettre ses notes au propre, de dessiner les burgs du Chat et de la Souris qui se font face, et de contempler la Lorelei. Une nuit, les pensionnaires de l'hôtel furent réveillés par le feu dans la maison voisine. Hugo ne perdit pas une miette du spectacle. À Bingen, sur l'île au milieu du fleuve, la tour aux Rats lui inspira un dessin et la reprise à son compte d'une légende qui le fascinait déjà enfant, celle de l'archevêque de Mayence Hatto, dévoré vivant par les rats pour le punir d'avoir accaparé le blé et fait brûler dans une grange les paysans qui protestaient. On poussa en bateau jusqu'à Mayence, d'où Hugo expédia maints dessins, à parts égales, à ses quatre enfants, et où il récupéra poste restante les lettres de sa famille. Puis ils prirent le chemin de fer, que cette fois ils trouvèrent charmant et bucolique, le long du Main jusqu'à Francfort. Là, Juliette montra à Hugo le quartier juif qu'elle avait visité à l'automne 1828, et lui raconta quelques souvenirs qu'il insérera anonymement dans *Le Rhin* :

> Il y a douze ans, cette rue des juifs, rebâtie et un peu élargie en 1662, avait encore à ses deux extrémités des portes de fer, garnies de barres et d'armatures extérieurement et intérieurement. La nuit venue, les juifs rentraient et les deux portes se fermaient. On les verrouillait en dehors comme des pestiférés, et ils se barricadaient en dedans comme des assiégés [12].

Cette coutume n'avait plus cours, mais la ségrégation et la méfiance restaient palpables, et Hugo, qui s'était aventuré dans cette rue le jour du sabbat, livra de sa visite un récit halluciné.

Arrivés à Heidelberg, ils s'y attardèrent huit jours radieux, se promenant, au coucher du soleil, le long du chemin des philosophes, « lequel chemin s'en va je ne sais où, comme il sied à un chemin de philosophes [13] ».

Une boucle d'une semaine les amena en Suisse, *via* la Forêt-Noire d'où ils ramenèrent une peau de chevreuil qui devait plus tard tenir chaud dans son lit à l'évêque des *Misérables*. Ils visitèrent la salle du Concile à Constance, puis allèrent voir la chute du Rhin et les sources du Danube, et retraversèrent la Forêt-Noire, dont Hugo livrera plusieurs descriptions fantomatiques, tour à tour enneigée, pluvieuse et ventée. On rentra sans s'attarder, si ce n'est pour visiter les ruines de l'abbaye de Limbourg. À Forbach, Hugo trouva poste restante deux lettres de Léopoldine et une de son beau-père, enchanté de ses comptes rendus. Une indisposition de Juliette les força à faire encore une halte avant une ultime étape, le 1er novembre, dont Juliette aura la nostalgie l'année suivante, à la date anniversaire :

> Dans le moment où je t'écris, je vois chaque arbre de la route, chaque maison, la paysanne en sabots neufs, le vieux pont Louis XV, les inscriptions latines, le berger dans le champ, les talus et les bancs du *sacre*, un brin d'herbe, une paille, un oiseau qui passe, les flammes des lanciers qui reviennent de la manœuvre, tout cela à travers le petit carreau de la rotonde de notre coucou. Je vois encore le petit homme des bois et sa belle compagne oscillante et sautillante à chaque cahot de la voiture. Mais surtout, ce que je n'ai pas cessé de sentir depuis ce jour-là, dont l'impression me sera toujours présente, c'est la douceur de ton regard, l'étreinte de ta chère petite main, le parfum ravissant de ton haleine, mon amour et mes regrets [14].

En retrouvant Paris, ils retrouvaient aussi leur vie ordinaire, sa famille pour l'un, sa solitude pour l'autre.

Au retour, Juliette confia à son tapissier, pour s'en faire un couvre-lit, la peau de chevreuil qui lui rappelait « une journée charmante, une ville ravissante, une promenade au vieux *château inconnu* par une *soirée délicieuse* », leur amour « qui ce jour-là *avait mis* dehors *toutes ces flammes* et toutes ces joies » [15] ; elle se remémora « les nuits entières, les jours complets et tous les charmants incidents du voyage », et s'accommoda « des matinées et des demi-nuits ravissantes » [16] que Hugo lui accordait depuis leur retour.

Les choses se gâtèrent quand l'usurière Ribot refit surface et réclama son dû. Quand Victor suggéra d'économiser sur l'éducation de Claire, seule dépense encore compressible, Juliette se rebella. Pas question de sacrifier son enfant. Elle préférait se remettre à travailler. Hugo ne se le fit pas dire deux fois, et renonça à son idée. Par ailleurs, Pradier était toujours aux abonnés absents. La lettre que Hugo lui avait adressée l'été précédent pour le rappeler à ses devoirs n'avait eu aucun effet.

Les efforts que consentait Victor pour élever Claire, qu'il avait en quelque sorte adoptée [17], l'entretien de Juliette et le remboursement de sa dette ne le poussaient guère à répondre au désir d'enfant formulé de nouveau par sa maîtresse. Du reste, elle n'insista pas. Il lui accorda en revanche ce qu'elle n'avait pas demandé, assister avec lui au retour des cendres de l'Empereur.

Dans un esprit de concorde nationale, Louis-Philippe s'était laissé convaincre de réclamer aux Anglais la restitution des restes de Napoléon. Après avoir traversé l'océan de Sainte-Hélène à Cherbourg, remonté la Seine du Havre à Courbevoie, et être passé sous l'Arc de triomphe, le cercueil faisait son entrée aux Invalides le 15 décembre 1840. Par un froid polaire, sous un soleil recouvert d'une légère brume, la foule montée sur des échafaudages attendait le passage du cortège. Hugo avait déjà fait découvrir en avant-première à Juliette le poème qu'il avait composé pour la circonstance. Elle aurait sa place à son côté sur la tribune des Invalides. Elle n'en attendait pas tant :

> Quelle joie et quel orgueil pour moi de voir passer ce sublime mort, appuyée sur le bras du plus sublime vivant que le monde verra jamais. [...] Jamais je n'oublierai ton beau regard, ton noble respect devant cet illustre mort que le bourgeois envieux et stupide considérait comme un spectacle de Franconi, comme un CERCUEIL de théâtre. Tu ne sais pas, tu ne peux pas savoir toi-même ce qu'il y avait de rayons dans tes adorables yeux au moment où le char a passé devant nous ; on aurait dit que ton regard passait à travers toutes ces planches et toutes ces draperies et se fixait sur le front du mort avec respect et admiration. Je te dis tout cela sans raison et comme je peux mais tu sais bien que je dis vrai quand je dis qu'il y avait là dans cette fête les deux chefs-d'œuvre de Dieu, l'un mort et déjà saint, l'autre vivant et déjà immortel [18].

Immortel, Hugo ne l'était pas encore, mais ça n'allait plus tarder. La cinquième candidature fut la bonne. Le 7 janvier 1841, l'Académie française l'élisait, avec deux voix d'avance sur son concurrent, au fauteuil de Népomucène Lemercier, son vieil ennemi. Juliette, pour qui l'Académie était un ramassis de vieillards dégoûtants, trouvait son Victor bien jeune et bien beau pour se mêler à eux. Ce succès, toutefois, leur assurait de nouveaux revenus, et ne lui paraissait que trop mérité.

L'habit vert

Cette élection n'allait-elle pas toutefois bouleverser sa vie ? Hugo espacerait-il ses visites ? Elle qui n'était sortie que deux fois en deux mois et demi depuis leur retour de voyage, et dont les amis Besancenot venaient de déménager, la privant de la garde de leur charmante petite Résisieux, ne serait-elle pas dans une solitude encore plus profonde ? La gloire n'allait-elle pas attirer de nouvelles rivales vers le fringant académicien ? Fallait-il redouter Mlle Anaïs, jadis créatrice de Blanche dans *Le roi s'amuse*, et qui triomphait dans le rôle de Rosine du *Barbier de Séville* à la Comédie-Française ? D'après un chroniqueur, il n'avait d'yeux que pour elle : « Toujours même malice mêlée de décision, même espièglerie pleine de raison, même naïveté d'amour relevée de coquetterie. L'auteur du *Roi s'amuse*, académicien de la veille, applaudissait de sa petite loge à ce talent si pur et si précis, qui lui inspirait sans doute en ce moment de nouveaux détails de rôle pour sa future comédie [19]. » Ce potin mondain pourtant insignifiant fit passer à Juliette une mauvaise nuit. S'il s'était trouvé là quand elle avait lu l'article, elle se serait laissée aller à un de ses emportements irrépressibles. Ou bien elle aurait pleuré. Mais il avait ses larmes en horreur, aussi pleurait-elle souvent seule, par exemple dès qu'il repartait et que sa silhouette se volatilisait au bout de la rue. Juliette le suivait des yeux, et vérifiait s'il tournait du bon côté, jalouse des boutiquières qu'il saluait à travers les vitrines, ou des femmes derrière leur fenêtre observées à la dérobée.

Heureusement, une bonne petite lettre vint la réconforter pour leur anniversaire. Elle rappelait les souvenirs de leur première nuit, confondue avec celle du carnaval :

> Cette nuit-là, tu as laissé au-dehors, loin de toi, le tumulte, le bruit, les faux éblouissements, la foule, pour entrer dans le mystère, dans la solitude et dans l'amour.
>
> Cette nuit-là, j'ai passé huit heures près de toi. Chacune de ces heures a déjà engendré une année.
>
> Pendant ces huit ans, mon cœur a été plein de toi, et rien ne le changera, vois-tu, quand même chacune de ces années engendrerait un siècle [20].

Il y avait de quoi redonner à Juliette le moral pour quelques jours qu'elle employa à recopier la biographie de Léopold-Sigisbert Hugo, père de Victor [21]. Transformé en atelier, son appartement de la rue Sainte-Anastase accueillait la documentation dont le nouvel académicien avait besoin pour préparer son discours de réception : compilations de précédents exercices du même genre, livres où prendre des notes, qu'elle trouvait ennuyeux, d'autant, disait-elle, qu'ils empuantissaient son intérieur[22]. Au moins avaient-ils le mérite, pensait-elle, d'attirer Victor chez elle plus sûrement que ses appâts naturels ou que ses artifices de coquetterie, tels les bas de soie qu'elle portait pour jouer la marquise de Saint-Sorlin dans *Jeanne Vaubernier*, à la Porte-Saint-Martin, neuf ans plus tôt, et dont elle se parait uniquement pour lui plaire[23].

Preuve que ce genre oratoire l'impressionnait moins que le reste de l'œuvre, elle offrit à Hugo le 26 février 1841, pour ses trente-neuf ans, un discours prêt à l'emploi, dont les jeux de scène s'inspiraient plus des *Pilules du diable* que de Corneille :

> Messieurs et chers collègues… je réclame d'avance votre indulgence, si l'émotion que j'éprouve devant cette AUGUSTE assemblée et le souvenir des vertus publiques et privées de l'illustre Immortel que vos suffrages m'ont appelé à l'honneur de remplacer, si l'émotion, dis-je, éteint ma faible voix au milieu des sanglots. Hélas ! Messieurs, permettez-moi de m'asseoir un moment, l'émotion du cœur a gagné le corps, je crois que j'ai la colique ! Ici, vous vous mettez la main sur l'ABDOMEN et vous paraîtrez prêt à vous évanouir. La venette des assistants une fois calmée, vous reprendrez votre discours et vous le finirez au milieu des trépignements de l'assemblée[24].

Pour mettre la dernière touche à sa mise en scène, elle l'agrémenta d'un dessin, et récidiva quelques jours plus tard, avec un nouveau croquis, gros plan sur le discours de réception, plus politique, puisqu'il commençait maintenant par « Citoyens », et sur la réponse du président, dont on ne déchiffrait que « Monsieur… cochon… vous êtes… bête comme une oie… on vous dit merde… »[25].

Les préparatifs allaient bon train. Juliette se demandait comment elle s'habillerait. Fallait-il accepter la nouvelle tenue d'été que Hugo était prêt à lui offrir ou utiliser cet argent pour payer la pension de Claire que ne réglait toujours pas Pradier ? Après tout, ses robes de jaconas ou en mousseline de laine, quoique trop chaudes, pouvaient faire l'affaire. Hugo, pendant ce temps, finissait son discours, et le lui lisait en avant-première dans la nuit du 10 au 11 avril, signe que l'hostilité de Juliette à tout ce qui concernait l'entrée à l'Académie était en partie jouée.

Le grand jour ayant été différé, Juliette eut le temps de parfaire sa toilette, et Hugo celui de retarder le dépôt de son texte à l'imprimerie. Ils étaient à cran : elle parce qu'elle aurait aimé que Victor, débordé, se libère pour la première communion de Claire, lui parce qu'il n'appréciait guère la demande d'hospitalité formulée par Laure Krafft à Juliette. Les

Juliette Drouet, « Victor Hugo lisant son discours à l'Académie »,
dessin, 26 février 1841

mœurs libres de cette amie chez qui ils se retrouvaient jadis ne lui disaient désormais plus rien qui vaille. Juliette, partagée entre les lois de l'amitié et sa situation, proposa donc une solution qu'elle savait inacceptable : accueillir Laure à condition qu'elle partage sa claustration. Le soir précédent, Victor s'était emporté. Son tempérament jaloux avait repris le dessus, au point que le lendemain, Claire trouva sa mère en larmes, et pleura à son tour. Entre-temps, il avait écrit au réveil une lettre réparatrice :

> Ce qui me calme ou m'agite, ce qui me rend triste ou joyeux, ce qui rayonne dans mes nuits à côté de moi et m'éclaire bien mieux que ma lampe de travail, ce qui m'enchante le jour dans mes promenades solitaires, dans mes études, dans mes rêveries, et même dans mes affaires, c'est ta pensée, ma Juliette, c'est l'idée que tu es là, que tu m'aimes, que tu m'attends, que tu penses à moi. Si j'ai quelque génie, il me vient de toi[26].

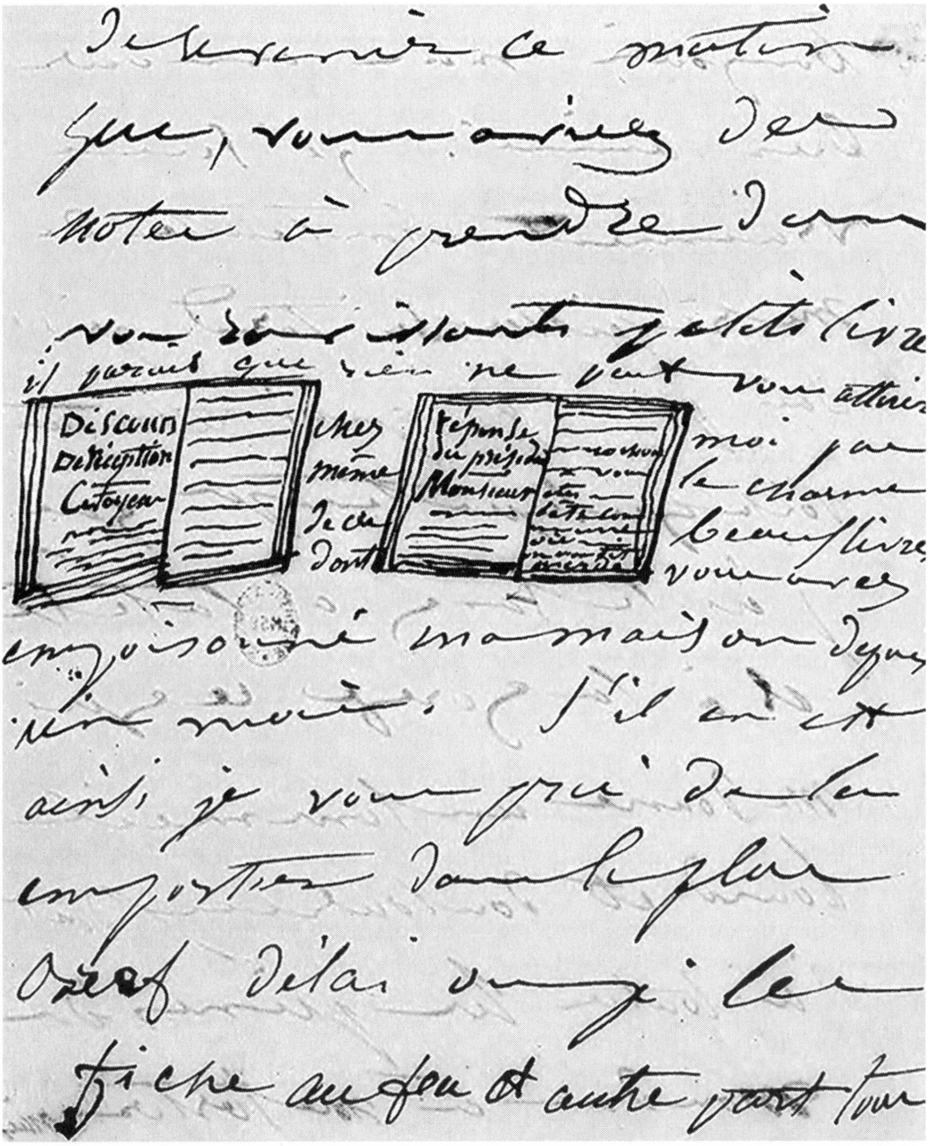

Juliette Drouet, « Discours à l'Académie », dessin, 5 mars 1841

Ce n'est pas dans son discours académique qu'il aurait pu glisser une telle confidence sur l'origine de son génie. Mais au moins, inviter Juliette à la cérémonie, c'était l'assumer aux yeux de la meilleure société, et de sa famille. Rassurée d'apprendre qu'elle ne serait pas placée derrière la tribune, contente d'avoir de nouvelles brides à son chapeau, Juliette espéra ne pas avoir l'air trop endimanchée, et s'inquiéta de savoir Hugo à l'imprimerie pendant la nuit du 2 au 3 juin qui précédait la cérémonie, au lieu de se reposer pour sa performance et les émotions fortes auxquelles il fallait s'attendre.

Celles de Juliette furent presque insoutenables. Elle qui ne sortait quasiment plus se retrouvait entourée d'une foule compacte. Les places étaient chères : Hugo n'en avait pas eu assez pour tous ses amis ; de là quelques brouilles momentanées avec ceux qu'il n'avait pu servir. Delphine de Girardin témoigne mieux que personne :

> Jamais, de mémoire d'académicien, on n'avait vu pareille affluence, jamais la foule n'avait été plus agitée, plus impatiente ; jamais plus de coups de poing ne furent donnés par intérêt de littérature, et jamais coups de poings ne frappèrent de plus charmantes épaules ; jamais, non, jamais, on n'avait compté tant de femmes et tant de jolies femmes dans la docte enceinte ; jamais on n'avait admiré tant de fleurs dans le vieux bocage.
>
> Dès dix heures du matin la salle était pleine de monde ; à dix heures un quart, les huissiers étaient déjà forcés d'être ingénieux, c'est-à-dire d'utiliser les recoins, d'improviser les tabourets microscopiques. Et depuis onze heures jusqu'à deux heures que la séance commença, les portes furent assiégées [27].

Juliette n'est pas isolée dans cette brillante assemblée. Hugo lui a fourni des places pour Mme Pierceau et son compagnon. Or, pour la première fois, elle est en présence de la femme légitime, assise non loin d'elle, et doit faire bonne contenance. Les enfants du couple sont là aussi, qu'elle a déjà entraperçus au théâtre. Dans cette foule, Hugo a également des ennemis, notamment les académiciens qui n'ont pas voté pour lui. Aussi Juliette manque-t-elle de s'évanouir, et s'accroche-t-elle au regard attentif de Victor, qui suffit à la rassurer.

Comme le voulait l'usage, il avait à l'avance soumis son texte à son répondant. Salvandy, ancien ministre de l'Instruction publique nommé en 1841 ambassadeur de France en Espagne, connaissait donc la portée du discours de Hugo, qui félicitait son prédécesseur d'avoir eu le courage, comme Germaine de Staël, comme Chateaubriand, de s'opposer à l'Empereur, et qui donnait aux hommes de lettres une mission politique. Sa réponse, dont Juliette, dans sa parodie, avait eu la prescience, s'appliqua à dénier au nouvel académicien toute compétence en la matière.

Il l'invita à se cantonner au champ littéraire, et à se comparer plutôt à Pindare, Clément Marot et Corneille qu'à Napoléon, Sieyès et Malesherbes. Quant à son œuvre, il n'en louait que la première période, à laquelle il avait la perfidie de rattacher son dernier recueil. Juliette aurait préféré ne pas deviner juste, et lui écrivit en privé ce qui n'avait échappé à personne : « Malgré la rage de tes ennemis et la jalouse maladresse du *RÉPONDANT,* il y avait dans vos deux discours la même différence que dans vos deux personnes : le tien loyal, noble, simple et sublime, l'autre tortueux, commun et bouffi[28]. » Les journaux se firent l'écho de cette réponse perfide, et Hugo, filant la métaphore dans le même registre que Juliette, nota par-devers lui : « On m'a vidé sur la tête le discours de Salvandy[29]. »

Victor fêta son intronisation en comblant Juliette d'attentions. Il lui offrit un exemplaire de la plaquette officielle contenant les deux discours, avec cette dédicace pour initiés : « Les trente premières pages à tes pieds, et les trente dernières où tu voudras. » Il l'emmena dîner aux Marronniers, restaurant chic de Bercy, et lui offrit un bracelet turc, qui donna à Juliette l'occasion de préciser que malgré ses allures soumises et sa réclusion, il ne fallait pas la prendre pour une épouse orientale.

Une vie nouvelle commença pour lui, plus mondaine, plus en vue. Juliette craignait les assiduités des femmes du monde qui se pressaient pour l'entendre sous la Coupole, lui postaient des déclarations enflammées, sollicitaient des parrainages[30]. On s'adressait aussi à elle pour atteindre le grand homme, telle la nouvelle maîtresse de pension de Claire, qui demanda s'il pouvait écrire quelques vers pour la tombe d'un petit enfant mort dans sa famille. Il s'en tira à bon compte en recyclant ses vers composés à Sens sur le passage d'un cortège de parents éplorés. Autant Juliette avait jugé cette requête effrontée, autant elle plaida en faveur de ses amis Lanvin, qui étaient dans le besoin. Hugo avait pris l'habitude de les secourir, en donnant au mari ses vêtements ou souliers usagés, ou en le recommandant auprès de l'administration quand il était au chômage. C'est ce qu'il fit encore cette année-là : Lanvin ayant perdu son emploi après la faillite du Théâtre de la Renaissance, il plaida sa cause auprès d'un cousin qui avait des relations dans l'administration.

Privé de subvention et des meilleurs acteurs du temps, engagés ailleurs, le Théâtre de la Renaissance avait fermé ses portes en avril 1841. *Ruy Blas* se jouait désormais à la Porte-Saint-Martin. Juliette tâcha de convaincre Hugo d'y retourner tous les soirs, si possible avec elle, fût-ce pour n'assister qu'aux derniers actes : c'était le meilleur moyen pour motiver les acteurs et empêcher les directeurs de leur donner de mauvais conseils. Juliette n'avait en effet aucune confiance dans les frères Cogniard, qui avaient repris la Porte-Saint-Martin après la faillite de Harel. Hugo devait surveiller ses intérêts, soucieux qu'il était du droit des auteurs, qu'il défendait à la SACD et à la Société des gens de lettres. Du reste, ce même été, il gagnait son procès contre les théâtres de Paris et de province qui jouaient la *Lucrezia Borgia* de Donizetti sans lui verser son dû au titre de l'adaptation. Les dieux du théâtre étaient avec lui, puisque Buloz, directeur de la *Revue des deux mondes* nommé à la tête de la Comédie-Française, avait programmé en juin une reprise d'*Hernani*, et lui demandait une pièce. Juliette crut qu'il allait s'y mettre d'abord, et qu'ils partiraient ensuite, mais elle se trompait du tout au tout. Il était trop occupé à composer *Le Rhin* pour s'octroyer quelque distraction que ce soit.

Aussi fut-elle privée de son voyage annuel. Ce n'était pas faute de l'avoir réclamé, en paroles, à l'écrit et en images. Mme Hugo, elle, ne pouvait plus se plaindre que son mari parte en vacances avec une autre. Elle dut pourtant se rendre à l'évidence : il n'était pas plus assidu dans leur nouvelle villégiature de Saint-Prix[31] d'où elle lui écrivit pour lui conseiller de réduire ses charges extérieures à leur foyer, autrement dit de cesser d'entretenir Juliette et sa fille. Elle avait beau signer « ta meilleure et peut-être ta seule amie », il ne tint aucun compte de ce conseil charitable, et se contenta de brèves visites entrecoupées de retours à Paris où il pouvait passer à loisir ses soirées et ses nuits chez Juliette, rue Sainte-Anastase.

Juliette Drouet, « À bientôt en voiture », dessin, 20 août 1841

Il y travaille parfois jusqu'à deux heures du matin et y fait sécher dans son buvard le manuscrit du *Rhin*, qui paraîtra en janvier 1842. Comme en témoigne son « esquisse d'une femme appliquée à faire des alinéas[32] », Juliette copie d'arrache-pied, avec émerveillement, pincement au cœur ou amusement, selon qu'elle retrouve l'évocation des splendeurs entrevues, se compare aux portraits de jolies femmes imaginées ou admirées par son compagnon de voyage, ou repère les nombreuses affabulations qui transforment le récit en autofiction. Parmi elles, la lettre XX, « De Lorch à Bingen », mérite « la palme de la fantaisie[33] », selon le jugement de Jean-Marc Hovasse à qui d'avance Juliette avait donné raison :

> Vous pensez bien, mon amour, que pour ne vous avoir pas copié tout de suite, je n'ai pas eu la stupide patience d'attendre à demain pour vous *dévorer* : paysages, enfant, *houris*, chaises de poste, tonnerre, voyageurs, bateau poste, cimetière, sérénade, ours, ours, ours, ours, ours, ours, le loup, la masure, la vieille femme, l'église, y… baraque en plein vent, *villageois*, villageoises, Égyptien, *Sbrigani*, philosophes de l'Antiquité, poètes, gale, chameau, Hurons, Botocudos Mittigouchlouekendalakiank, charlatan et académicien. J'ai tout trituré, tout avalé, tout englouti et je m'en fais mon compliment. Quel homme vous êtes ! Quelle *platine* que votre crayon ou votre plume ! Quelle cascade de menteries, quelle effroyable avalanche de blagues, quelle consommation d'ours ! Saint Antoine lui-même, le petit et le grand saint Antoine, pâliraient devant cette magnifique guirlande d'ours tressée pour la plus grande admiration et la plus parfaite crédulité des six mille milliards de lecteurs qui la goberont en lisant cela[34].

Dans la lettre suivante, Hugo inventait un conte, la « Légende du beau Pécopin et de la belle Bauldour », brodée sur des bribes de folklore rhénan et des souvenirs de voyage. Muni d'un talisman qui l'empêche de vieillir, Pécopin, entraîné par le diable dans une partie de chasse qui lui fait parcourir le vaste monde, retrouve cent ans plus tard sa bien-aimée Bauldour, qui l'a fidèlement attendu, mais qui, elle, a vieilli d'autant, et ne lui plaît donc plus. Cette triste fin épouvanta Juliette. Elle s'identifia durablement à la pauvre fiancée vieillissante, délaissée par son fringant chevalier éternellement beau.

La récente coquetterie de Victor la confortait dans ces idées. Il avait quitté ses tenues ordinaires pour des chemises à jabot, collectionnait les paires de gants, et prenait un soin exagéré de sa coiffure. « Frisé et barbifié comme un chérubin[35] », il éveillait les soupçons de Juliette, priée de ne pas déranger sa mise par ses baisers fougueux. Elle se vengea par la plume, dans des vignettes où on le voit fier et jaloux de sa chevelure léonine ou arborant ses atours. Parmi eux, l'habit vert en particulier était l'objet de sarcasmes : Juliette le comparait au plumage de son perroquet.

Partagée à l'égard de l'Académie qui la privait de lui tous les jeudis, Juliette professe son souverain mépris pour le travail de ces « affreux bonshommes » qui font « de la petite merde de chien pour avoir l'air de

Juliette Drouet, « Esquisse d'une femme appliquée à faire des alinéas », dessin, 7 août 1841

Juliette Drouet, « Victor arborant ses beaux atours », 12 juillet 1840, 8 novembre 1841, 3 décembre 1841, 8 septembre 1842

quelque chose »[36], et sa hâte d'assister aux séances où elle peut le contempler dans sa gloire.

Elle l'admira de nouveau en recevant le 29 novembre 1841 le buste en bronze de son Victor, coulé par Barbedienne sur un modèle de David d'Angers. La ressemblance était parfaite : à preuve, la petite Besancenot l'avait tout de suite reconnu. Ce cadeau s'ajoutait à sa galerie de portraits, et à un autre présent qu'elle réclamait depuis des mois, une boîte à tiroirs et à volets qu'il lui avait offerte, devançant les étrennes, où elle se promettait de ranger les lettres qu'il lui écrivait. Parmi elles, pour le jour de l'an, un poème de trois strophes qui, après son incipit « Janvier est revenu. – Ne crains rien, noble femme[37] ! », l'invitait à ne pas craindre l'effet du temps sur son amour, et à attendre en toute quiétude le retour du joli mois de mai.

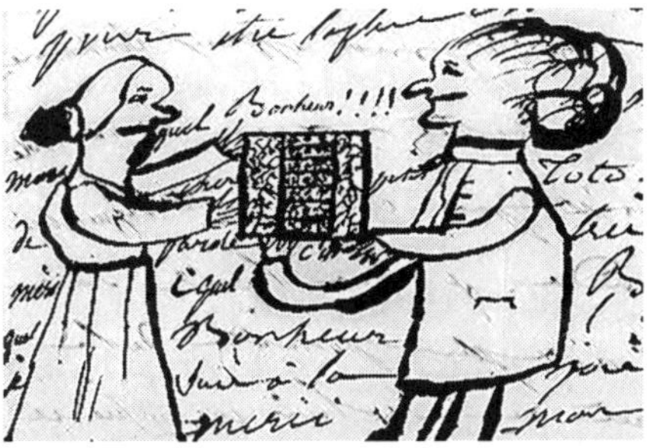

Juliette Drouet, « La boîte à volets », dessin, 29 octobre 1841

Pharmacopée

D'ici là, l'âpre hiver les fit tomber malades les uns après les autres. Claire, d'abord, en janvier 1842, eut la rougeole, et revint se faire dorloter chez sa mère durant le premier semestre. Quelques jours plus tard, François-Victor Hugo, treize ans, contracta une pleurésie dont il ne guérirait qu'à l'automne. Juliette perdit l'appétit fin février et interrompit son journal épistolaire pendant dix jours. Puis ce fut au tour de Victor d'être cloué chez lui, soigné par Dieu sait qui, au grand dam de Juliette qui n'avait confiance qu'en ses propres talents d'infirmière. Fin avril, on crut à une embellie du côté du jeune garçon mais elle fut de courte durée et Juliette et Victor rechutèrent eux aussi. La goutte s'attaqua d'abord au pied de l'une, puis à la main de l'autre, et ils se repassèrent leurs maux de gorge pendant l'été. Sitôt François-Victor guéri, en octobre, l'état de santé de l'oncle Drouet s'aggrava ; Juliette eut le temps de lui rendre visite, accompagnée de Hugo, aux Invalides où il rendit l'âme fin novembre. Coïncidence ou non, elle tomba aussitôt malade pendant dix jours, au point de ne plus pouvoir tenir sa plume.

Parmi les titres de gloire revendiqués par Juliette figure le soin qu'elle prend de Victor souffrant. Elle lui prépare son eau de pavots pour soigner ses yeux. Quand il est reclus place des Vosges, elle s'inquiète de savoir qui lui pose les sangsues. Quand il se rend aux Bains russes, elle voit d'un mauvais œil les chauds-froids infligés à son pauvre corps, et attribue à ce traitement violent la chute de ses cheveux qu'il combat avec des lotions à base de rhum. Contre la goutte, chacun sa méthode : Juliette applique sur son pied de la créosote, goudron aux propriétés hémostatiques, pour un résultat nul ; de son côté, il espère soigner sa main par l'absorption de vin de colchique, aux vertus anti-inflammatoires, ou par des gargarismes d'alun aux propriétés astringentes. Ceux-ci lui servent aussi, avec le miel rosat, contre les maux de gorge, pour lesquels Juliette croit aux vertus du sirop de framboise accompagné de gomme, et aux fumigations administrées dans un établissement spécialisé. Elle les lui recommande d'autant plus volontiers qu'il l'invite parfois à l'accompagner, agréable sortie dont elle profite pour admirer les boutiques de chinoiseries devant lesquelles ils passent en omnibus. Mais aucun de ces traitements, onguents et potions, ne saurait valoir « le grand REMÈDE », la panacée à tous les maux de Juliette, dont Victor est le prescripteur par sa bonté, l'administrateur par son désir, et le dictame par sa personne. Que ce remède aboutisse ou non à lui faire un enfant, comme elle le réclame vainement en août, c'est forcément le meilleur. Il y en aurait bien un autre : ce serait un bon petit voyage, mais il faudra s'en passer pour une seconde année consécutive. L'été précédent, le tout récent académicien était occupé à récupérer ses droits d'auteur pour la *Lucrezia Borgia* de Donizetti, et à rédiger *Le Rhin*. Cette fois, il mettait en route la nouvelle pièce promise de longue date à Buloz, il assistait au triomphe de son fils Charles qui recevait un prix de concours général en Sorbonne, et il surveillait son aînée Léopoldine, dont il découvrit avec terreur qu'elle était non seulement en âge qu'on la marie, ce qui était fâcheux, mais amoureuse, ce qui était pire.

Claire, guérie de la rougeole, ne retourna pas tout de suite à la pension. La nouvelle directrice ne voulait pas la reprendre, car à quinze ans, elle avait terminé sa scolarité. Si encore elle s'était montrée studieuse, on aurait pu lui trouver un emploi dans l'établissement. Elle échapperait ainsi au sort des filles du peuple sans qualification, que Juliette, en connaissance de cause, voulait épargner à sa propre enfant, arrivée au « *plus charmant* » ou au « *pire des âges*, selon l'événement qui en décide »[38]. Secondée par Victor, dont la parole portait davantage, elle convainquit Claire de travailler pour mériter cette place qui la mettrait à l'abri du besoin et les débarrasserait de son entretien ; ils avaient renoncé au soutien de Pradier, qui restait perpétuellement insolvable. Encore fallait-il convaincre la directrice acariâtre, Mme Devilliers, et la sévère Mme Marre, qui n'avaient guère confiance en Claire, nonchalante et peu assidue. Leur seul appui était la sœur de Mme Marre, Mlle Hureau, qui s'était toujours montrée bienveillante avec son élève. Les trois femmes avaient sollicité des faveurs de l'académicien : après Mme Devilliers, à qui l'année précédente Hugo avait cédé une épitaphe pour la tombe d'un enfant, Mlle Hureau lui avait demandé en janvier 1842 une recommandation pour son beau-frère ; en août, Mme Marre l'avait prié d'apostiller une pétition au roi. Juliette avait beau connaître les préventions de Hugo contre ces sollicitations, elle les transmettait malgré tout, d'autant qu'elle usait elle-même de ce biais pour pousser son beau-frère auprès d'un académicien[39]. Tout s'arrangea lorsque après une grande frayeur, due à la mésentente entre Mme Devilliers et Mlle Hureau, sur le point de quitter ses fonctions et de s'installer à son compte, Claire fut reprise à la pension début juillet.

Léopoldine, plus âgée de deux ans, inquiétait autrement son père. Intelligente, douée, vive et affectueuse, elle avait fini par prendre dans son cœur la place de sa mère. Hugo apprit pendant l'été ce que son entourage lui cachait depuis deux ans. Lors d'un séjour estival à Villequier, chez les Vacquerie, en 1839, elle s'était liée avec Charles, le frère d'Auguste. Hugo, pendant ce temps-là, voyageait avec Juliette ; il était loin d'imaginer sa fille amoureuse. Sa femme, pourtant, lui avait envoyé quelques signaux. Les choses s'étaient précipitées quand un jeune avocat acquis aux idées phalanstériennes, Victor Hennequin, avait demandé la main de la jeune fille, le 10 mai 1842. Il y avait péril ; il fallut rompre la conspiration du silence. Auguste Vacquerie s'était alors dépêché d'exposer à Hugo les intentions de son frère Charles. Celui-ci n'avait pas le profil idéal ; il lui manquait le goût des lettres, et il n'était pas non plus de ces prétendants parisiens qui recherchaient la fille pour approcher le père. Sans doute cet anonymat provincial plaisait-il à Léopoldine, qui se sentait aimée pour elle-même. Mais Charles n'avait pas de situation. Son beau-frère proposa de l'intéresser à ses affaires dans le commerce et l'immobilier. Une fois l'accord conclu, Hugo retarda les noces par des manœuvres dilatoires, prétexta ses rhumatismes à la main droite pour faire attendre le courrier, mais finit par céder aux suppliques de sa fille, sur le point de tomber malade à son tour. Elle pouvait compter sur le soutien de sa mère, et sur la compréhension de Juliette, apitoyée autant par les sentiments contrariés de la jeune amoureuse que par la tristesse du père abandonné.

Un drame plus sérieux frappa la famille royale. L'héritier du trône avait péri le 13 juillet. En route vers le château de Neuilly, ses chevaux s'étaient emballés, le duc d'Orléans avait sauté hors du véhicule et sa tête avait donné sur le pavé. Hugo fut d'autant plus affecté qu'il avait sympathisé avec le prince, dont il se serait bien vu devenir le conseiller. Il lui revint d'adresser au roi les condoléances de l'Institut, dont il était le directeur. Juliette voulut la primeur de son discours. Trois semaines plus tard, Victor lui proposa de l'accompagner chez la jeune duchesse endeuillée. Une autre que Juliette aurait été flattée, mais elle commença par s'affoler :

> Moi en déshabillé et à peine débarbouillée, et cette femme dans le prestige d'une grande infortune, c'est-à-dire, après la beauté physique, ce qui peut te séduire davantage. Je t'avoue que quelque courageux que soit mon amour, quelque confiance que j'aie en ta loyauté, je ne suis pas tranquille quand il faut que je lutte et que je combatte sans armes. Tout ceci à propos d'une *surprise*, d'une course en cabriolet à travers Paris, te paraît bien excessif et bien près d'une fièvre cérébrale. C'est qu'en effet, mon adoré, mon amour si longtemps comprimé dégénère en maladie et jusqu'en folie furieuse[40].

Bientôt rassurée par Victor, elle accepta de l'accompagner le surlendemain, et revint éblouie par le naturel et la délicatesse avec lesquels il avait témoigné sa compassion à la duchesse.

Après l'installation de sa famille à Saint-Prix, pour la troisième année consécutive, Hugo revint travailler à Paris, et composa *Les Burgraves* d'une traite, du 10 septembre au 19 octobre 1842. On y retrouvait la rivalité caïnique des *Jumeaux* inachevés. Dans un décor de forteresse rhénane, plusieurs générations de vieux féodaux réunies voient ressurgir le refoulé familial. Trois centenaires y règlent leurs comptes : le burgrave Job, son frère l'empereur Barberousse, qu'on croyait mort, et la femme que jadis ils ont tous deux aimée, la captive Guanhumara, qui échoue à accomplir sa terrible vengeance.

L'œuvre achevée, Victor offrit à Juliette, entre le 23 et le 27 octobre, une excursion de quatre jours qui ne remplaça certes pas le voyage annuel, mais leur fit à chacun une agréable pause : pour elle, avant les affres dans lesquelles l'agonie de son oncle allait la plonger, puisqu'elle allait se retrouver mêlée aux querelles d'héritage entre la femme légitime et la compagne des vieux jours ; pour lui, avant l'agitation que promettait la mise en scène des *Burgraves*. La pièce, une fois passée l'épreuve du comité de lecture le 23 novembre, fut mise en répétition à la Comédie-Française.

Le premier trimestre 1843 s'annonçait festif, avec cette création et le mariage de Léopoldine. L'année aurait commencé sous les meilleurs auspices si la lettre traditionnelle que Hugo adressait à Juliette pour le nouvel an lui était parvenue, comme d'habitude, avant midi. Hugo la posta trop tard. Il n'en fallait pas moins à Juliette pour éveiller sa superstition inquiète : c'était « un mauvais présage pour tout le reste de l'année[41] ».

Les brimborions de jeune fille

En effet, celle-ci commença mal, avec la visite de l'usurière Ribot, qui, sans lâcher sa proie, consentait à un arrangement. Elle renonçait aux procédures judiciaires et à récupérer l'intégralité des 8 000 francs qui lui restaient dus, pourvu qu'on coupe la poire en deux et que Hugo accepte de régler 4 000 francs par mensualités étalées sur dix ans. Après une âpre négociation portant sur les intérêts et la récupération des titres anciens, un accord fut conclu au printemps 1843, qui mettait fin au contentieux, mais pas aux remboursements, et contraignait Hugo à débourser chaque mois la somme convenue.

Juliette eut honte d'ajouter ce souci aux tourments du père accablé par ce que, dans son carnet, il appelait le « bonheur désolant de marier sa fille ». Évidemment exclue des festivités, elle réclama en souvenir « un de ces petits brimborions de jeune fille[42] » : Léopoldine lui offrirait son livre de messe. Le mariage fut célébré le 14 février en mairie, le lendemain à l'église. Dans *Les Misérables*, celui de Cosette et Marius, le 16 février 1833, fêterait, par sa date, la naissance de Hugo à l'amour dans les bras de Juliette, et commémorerait les noces de Léopoldine par la tristesse que le narrateur prête à Jean Valjean. Devant sa famille, Victor fit bonne figure ; en retrouvant Juliette, il s'effondra :

> Je suis triste, triste de cette tristesse profonde que doit avoir, qu'a peut-être (qui le sait ?) le rosier au moment où la main d'un passant lui cueille sa rose. Tout à l'heure j'ai pleuré ; tu as caché ma tête dans ta poitrine ; et dans cette étreinte de douleur, comme il y a dix ans dans notre première étreinte d'amour, j'ai senti, mon ange, combien tu m'étais douce et combien je t'aimais[43] !

Les semaines suivantes, sa reconnaissance s'exprima par une ardeur renouvelée, aubaine dont Juliette regretta qu'elle ne fût plus quotidienne, comme jadis. Il lui fournit deux places pour emmener Claire voir *Lucrèce Borgia*, reprise à l'Odéon. La jeune fille, éperdue d'admiration, pleura « à tous les endroits pathétiques de la pièce ». Sa mère se dit que si elle « pouvait entendre souvent de pareils chefs-d'œuvre, elle deviendrait une petite personne très distinguée »[44]. Aussi avait-elle hâte de l'emmener voir *Les Burgraves*, qui étaient en répétition.

La tension montait à l'approche de la création à cause d'une cabale organisée par une comédienne dépossédée de son rôle : Guanhumara, sorcière centenaire, n'est pas facile à distribuer. Les jeunes premières ne se l'arrachaient pas. Il échut à la grande tragédienne Mlle Maxime. Fraîchement arrivée de l'Odéon, elle faisait ses débuts de pensionnaire à la Comédie-Française. Après deux mois de répétitions, Hugo, qui ne parvenait pas à lui faire comprendre son personnage terrifiant, attendrissant et sublime de vieille esclave vengeresse par amour, lui avait retiré le rôle. Tandis qu'on essayait une remplaçante, Juliette, belle joueuse, regrettait que Marie Dorval ne fût pas disponible. Rachel ne l'était pas non plus, qui enchantait le public avec sa composition fébrile de Phèdre. Finalement, Hugo trouva la perle rare en la personne de Mme Mélingue, qu'il avait admirée à la Porte-Saint-Martin. Il la fit admettre directement sociétaire à la Comédie-Française, en lui épargnant l'épreuve des débuts. Sa prestation l'enchanta : acceptant l'âge du personnage, « imposante sous ses cheveux blancs », elle réalisait « merveilleusement l'idéal de l'auteur : la statue qui marche et qui regarde avec un regard de vipère », sachant « rester belle » tout en « renonçant pour un moment à être jolie »[45].

Dépossédée tardivement d'un rôle dont la privation l'humiliait, Mlle Maxime se battit pour le récupérer. Elle fit passer l'affaire devant le conseil judiciaire du théâtre, intenta à Hugo un procès qu'elle perdit, puis, réussissant là où son personnage échouait, monta pour se venger une cabale qui ne désarma pas pendant tout le printemps 1843. Juliette écumait de rage contre l'« affreuse stryge[46] », « cette stupide et hydrophobe Maxime[47] », et contre le directeur du Théâtre-Français qui n'avait pas eu la clairvoyance de faire appel dès le départ à une actrice plus intelligente. Comme d'habitude, Juliette ne donne ni dans la demi-mesure, ni dans la charité :

> Si je tenais ce hideux Buloz, je lui crèverais son unique œil pour lui apprendre à voir plus clair une autre fois dans son personnel féminin. S'il n'avait pas été frappé d'un aveuglement stupide, et connaissant la pièce et le rôle, il t'aurait averti que la Maxime n'était pas praticable. C'est un hideux crétin de ne s'en être pas rendu compte avant la distribution et qui ne mérite que des coups de pieds[48].

Décidée à user de ses « battoirs » dès la Première, elle s'y rendit avec ses amies Pierceau et Triger, se promettant de « taper sur la coloquinte des melons cabaleurs[49] » en cas de besoin. Contrairement à ce qu'une légende de l'histoire littéraire a longtemps prétendu, la pièce ne chuta pas, au contraire. La Première, le 7 mars 1843, certes chahutée (mais c'était le lot de la plupart des pièces romantiques), fut tout de même une victoire. Mlle Mars, alors retraitée, qui y assistait depuis sa loge où Dumas l'avait rejointe, nota sur son journal que la pièce avait réussi[50]. Le registre de la Comédie-Française consigna un « succès contesté ». Juliette, qui assista à toutes les représentations du mois de mars, et en rendait compte le lendemain dans son journal épistolaire, fut enchantée de la Première, le public ayant aimé malgré le jeu décevant de plusieurs acteurs. Celle du 11 se passa encore mieux : « une des plus belles que tu aies jamais eues », écrit-elle. Claire, qui y assistait, fut « impressionnée et stupéfaite d'admiration »[51]. Un « incident ignoble et ridicule » (on ignore lequel) se produisit le 13, puis le 15 fut de nouveau une soirée magnifique. La cabale reprit ensuite de la force, et les séances suivantes virent alterner réussites éclatantes qui enthousiasmaient Juliette et chahuts retentissants qui la rendaient malade. La pièce connut en tout trente-trois représentations jusqu'à l'automne. C'était donc plutôt un succès, malgré la concurrence sévère que lui faisaient, à la Comédie-Française, Rachel, nouvelle coqueluche du public, dans la *Judith* de Delphine de Girardin, puis, à l'Odéon, la *Lucrèce* de François Ponsard, jeune provincial admirateur de Hugo. Cette tragédie, aux accents libéraux, rencontrait l'air du temps, et les journaux, opposant les deux auteurs malgré eux, firent passer le nouveau venu pour le fossoyeur du romantisme[52].

Si Juliette regrettait qu'à partir du mois d'avril Hugo disposât de sa loge pour d'autres amis qu'elle, Léopoldine avait d'autres préoccupations que le théâtre et la vie parisienne. La jeune mariée, installée avec son mari au Havre, avait tout de suite pris goût à la vie bourgeoise. Elle écrivait à sa mère des banalités sur la difficulté à trouver de bons domestiques, et s'intéressait aux affaires immobilières de Charles, désormais à la tête de l'entreprise de son beau-frère, mort prématurément. Fin mai, sa mère et sa jeune sœur vinrent s'installer près d'elle à Graville, où Hugo fit un saut en juillet. Il laissait derrière lui Juliette, pressée de partir en voyage, après deux ans de sédentarité forcée. La lettre qu'il lui envoya de Rouen l'aida à patienter :

> Mon œil est ouvert sur toi et il te voit dans ta chambre rouge et or, entourée des beaux paons brodés sur la tapisserie, cultivant tes fleurs, jasant

avec ton joli petit oiseau vert, et pensant à moi. [...] Pense à moi qui pense toujours à toi. Aime-moi du fond du cœur, du fond de l'esprit, du fond de l'âme, comme je t'aime, enfin ! Bientôt nous serons réunis, ensemble, *seuls ensemble*, et pour deux mois [53].

Le temps de constater le bonheur conjugal de Léopoldine et de lui promettre une plus longue visite dès son retour, Hugo se hâta de revenir à Paris préparer son voyage. Le passeport laissait ouvertes deux destinations : la Moselle, dont ils n'avaient pas épuisé les curiosités, ou les Pyrénées. Juliette n'avait pas de préférence. Partir à deux, seuls, incognito, et longtemps, c'était tout ce qui comptait, où que ce fût.

Voyage aux Pyrénées

L'Espagne était à la mode. Son folklore avait inspiré Mérimée, Musset et Gautier qui publiait cette année-là le récit de son voyage. Victor avait aussi des motivations personnelles pour traverser les Pyrénées : une cure aux eaux bienfaisantes de Cauterets, dont il espérait un traitement de ses ophtalmies et de ses rhumatismes, et renouer avec cette époque de son enfance où il avait rejoint son père général affecté à Madrid, dans l'armée d'occupation. Victor et ses frères y avaient passé un an, élevés au collège des Nobles, où on leur avait fait la vie dure. L'espagnol était la seule langue vivante qu'il pratiquait. Il l'avait importée dans la poésie française, faisant rimer « alguazils » avec « disaient-ils » dans un poème des *Rayons et les Ombres* [54], et consacrant un hémistiche entier, dans *Ruy Blas*, à un droit de douane andalou, l'« almojarifazgo [55] ».

Les souvenirs de son enfance avaient refait surface sur la route de Bayonne, en traversant la Bidassoa, et aux environs de Guétary, en entendant le bruit caractéristique d'une charrette à bœufs. Les voyageurs mirent neuf jours, du 18 au 27 juillet, pour parvenir à destination, *via* Bordeaux et la côte landaise. Leur séjour en Espagne dura moins de trois semaines. Pendant la première, à Saint-Sébastien, Hugo prit des notes informelles. Il rédigea, en revanche, le récit de la deuxième, dans le petit port basque de Pasajes, alors inconnu des touristes ; ce séjour charmant lui inspira poèmes, récits et dessins, une sympathie pour la jeune fille qui, chez l'habitant, leur servait de délicieux déjeuners sur le balcon, et un béguin amusé pour une batelière, charmante « avec son petit chapeau de toile cirée orné d'une grosse rose, sa longue natte tressée et flottante sur le dos à la mode du pays, son fichu jaune vif, son jupon court, sa jambe bien faite [56] », qui lui délivra un « bon pour un baiser » sans doute passé inaperçu de Juliette.

Hugo voulut revoir le petit village d'Hernani, traversé enfant, et dont il avait rendu le nom célèbre. La vue, alors qu'il n'avait que neuf ans, de partisans espagnols pendus par les autorités françaises, l'avait frappé. Après une étape à Tolosa, ils séjournèrent à Pampelune, qui s'animait le soir : à la fanfare de trompettes et de cymbales installée sur la grand-place répondaient des chants, des airs de guitares et de castagnettes provenant des maisons « comme un énorme grelot », et « les angélus de tous les clochers de la ville »[57].

Ils regagnèrent la France par où ils étaient venus, Pasajes et Saint-Sébastien, et filèrent en direction de Cauterets où ils s'installèrent quinze jours pour une cure thermale. À la grande hôtellerie de La Raillère, on leur proposait quotidiennement des bains chauds et des verres d'eau soufrée. Les soins finis, ils fuyaient la compagnie des curistes, à laquelle ils préféraient les excursions en montagne avec guide et porteurs, quitte à affronter l'orage. C'est au cours de cette cure, à partir du 24 août, que Juliette prit la suite du journal commencé (et enjolivé) par Hugo. Ce jour-là, au lac de Gaube, le guide cueillit pour elle une brassée de fleurs sauvages, et leur expliqua l'interaction des hommes et des bêtes : les ours qui s'approchent des villages et dévorent des moutons ; les isards qui fuient vers l'Espagne pour échapper aux chasseurs français ; le droit accordé aux gens du pays, mais refusé aux étrangers, de faire paître leurs bestiaux gratuitement. Il décrivit les conditions de vie des bergers, leurs lits en branches de sapin, leurs cabanes en ogive recouvertes de paille, déplacées à bras comme des litières et non pas roulantes comme dans d'autres régions.

Juliette s'aventura jusqu'aux anciens thermes dans la montagne derrière Cauterets. Un seul était encore en activité. Dans les décombres de celui des Espagnols, désaffecté, vivaient des pieds-bots et des culs-de-jatte enveloppés dans des couvertures. Les puces qui l'assaillaient lui rappelèrent celles qui, en Espagne, maculaient ses bas blancs lorsqu'elle sortait dans la rue, et qu'elle massacrait dans sa chambre d'hôtel. Phobique de la vermine, elle s'intéressait en revanche aux animaux des montagnes. Sa baigneuse lui expliqua que les chevaux de la région profitaient des bienfaits du thermalisme : lorsqu'ils toussaient, on leur faisait boire de l'eau soufrée, comme aux curistes. Au marché, Juliette s'attarda devant le stand des chiens des Pyrénées ; on y trouvait de tout, du plus petit toutou encore à la mamelle « jusqu'au gros mâtin qui tue un loup en deux coups de crocs[58] ».

La cure terminée, ayant visité Luz et Gavarnie, ils repiquèrent au nord en passant par Tarbes, Auch, Agen, jusqu'à la Dordogne, et depuis

Périgueux rejoignirent la côte atlantique *via* Angoulême et Saintes. Juliette ne craignait ni les longues étapes, ni les aventures des routes. Dans sa relation du voyage, elle passe moins de temps que Hugo à décrire les paysages et les monuments, mais se montre, comme lui, sociable avec les employés, les paysans, les guides, les passagers, habile à les faire parler, compatissante pour les misérables et féroce contre les escrocs qui profitent des touristes.

Son récit donne une idée de la province sous la monarchie de Juillet, du grand écart entre les bourgs en cours d'urbanisation et les campagnes arriérées. Elle s'indigne de l'état pouilleux du bureau de la diligence, au départ de Cauterets : lits défaits, linge maculé, « cinq ou six savates dépareillées qui moisissent autour d'une bouteille d'*eau contre les vers* qui se vend à Barèges[59] ». Celui de Luz n'est guère plus reluisant, « deux planches pourries posées sur les restes d'un mur avec un morceau de toile à matelas, attachées et retenues avec des cordes et des clous[60] ». En revanche, la route entre Périgueux et Angoulême est neuve, là où, selon un compagnon de voyage, dix ans plus tôt, il fallait se frayer un chemin à travers la forêt.

En voiture, on en apprend de belles. Entre Agen et Périgueux, Hugo converse avec un jeune estropié rachitique, pas plus haut qu'un enfant, qui leur révèle les mille et une manières de gruger le touriste en montagne ou dans les établissements de bains ; la diligence s'arrête pour le faire descendre en route : ses parents, sa sœur et son beau-frère, venus l'attendre, l'embrassent à qui mieux mieux en se le passant affectueusement de bras en bras, ce qui émeut les passagers restés dans la voiture.

Juliette préservait l'incognito de son compagnon. On entendait ici ou là fredonner la chanson « Gastibelza, l'homme à la carabine », sur un air d'Hippolyte Monpou et les paroles du poème « Guitare » publié en 1840 dans *Les Rayons et les Ombres*. Si la chanson était populaire longtemps avant que Brassens l'immortalise à son tour sur sa propre guitare, la plupart des gens ne connaissaient pas le visage de son auteur, ce qui l'arrangeait bien. Sans savoir que leur client fréquentait la famille royale, les guides de montagne lui racontaient les exploits de la duchesse de Berry, qui, après Gavarnie, avait passé la brèche de Roland avec trente guides, et l'héroïsme de leur confrère qui avait sauvé le jeune duc de Montpensier « au moment où il allait disparaître au pont de neige[61] » : il l'avait porté sur son dos pendant une lieue et demie, tandis qu'une jeune fille du convoi était morte de fatigue. Les voyageurs croisés sur les cimes ne le reconnaissaient pas non plus, tels ces contrebandiers rencontrés entre Luz et Gèdre, ballots sur le dos, pressés de rejoindre l'Espagne par la brèche de Roland avant le réveil des douaniers, ou encore ces prêtres en vacances montés sur leurs chevaux, dont Juliette remarqua les « manteaux montagnards à capuchons pointus avec des ornements découpés sur les épaules » comme ceux d'une « marotte »[62].

Sans se faire remarquer des restaurateurs et des hôteliers, Victor s'amusait de voir les scènes de ses œuvres décorer leurs établissements : lors de leur halte à Mirande, à l'Hôtel des Bains, un panneau peint représentait Lucrèce Borgia en contemplation devant son fils endormi. En arrivant à Auch au terme d'un voyage épouvantable, ils constatèrent, avant d'aller visiter la ville au clair de lune, que les papiers peints de leur hôtel représentaient les personnages de *Notre-Dame de Paris*. Le lendemain, un prêtre reconnut tout de même Hugo, et lui demanda d'intervenir pour obtenir des fonds qui lui permettraient de restaurer son église. Hugo lui fit promettre de garder son nom secret encore quelques jours.

Le voyage prit un tour inquiétant lorsqu'ils se mirent en route pour l'île d'Oléron. Une discussion vive les alerta dans la table d'hôte de Rochefort où ils déjeunèrent. Un convive soutenait la politique d'assainissement des marais salants ; face à lui un capitaine de marine marchande dénonçait une propagande coupable : la région était des plus malsaines, et les hôpitaux ne faisaient plus face à l'afflux de malades. Juliette ne tarda pas à s'en apercevoir. Dans l'omnibus pour Marennes, pressée contre un énorme monsieur, elle fut incommodée par la chaleur et l'odeur des marais. Elle faillit se trouver mal avant d'arriver à Oléron : l'eau stagnante, les plantes flétries, les soldats de La Tremblade grelottant de fièvre en attente d'un transfert à Rochefort, tout cela lui donna l'envie de pleurer, et pour la première fois depuis qu'elle voyageait avec Hugo, le sentiment qu'il avait mal choisi sa destination. Sur le petit bateau sale à destination d'Oléron, un cordier polonais, malade, tousse à fendre l'âme. Les passagers énumèrent les victimes des deux dernières semaines dans l'île, notamment à Saint-Pierre. Un petit paysan tremblant de fièvre sort de sa cabine, assurant qu'il est guéri. Un de ses proches est mort, dit-il. « Noyé, demande le pilote ? – Oui, dans son lit, répond l'enfant avec un triste sourire, la *canicule* l'a emporté[63]. » La « canicule », c'est le nom qu'on donne ici à la fièvre des marais.

Juliette s'enferma à l'hôtel, et laissa Hugo se promener seul. Il eut tôt fait de rentrer de sa promenade sur la grève boueuse et nauséabonde. On ne s'attarda pas, on repartit dès le lendemain. Sur le bateau, une mère emmenait loin des miasmes son bébé squelettique. Même le passeur du bac sur la Charente était malade. Pendant la traversée du fleuve, des cousins énormes et de longues mouches à chevaux grises les piquèrent au sang.

Au terme de ce cauchemar, ils ne furent pas mécontents de se poser un peu à Rochefort. La diligence pour La Rochelle partait dans quatre heures. Comment s'occuper d'ici là ? On était en début d'après-midi. C'était un samedi, le 9 septembre. Juliette avisa le Café de l'Europe, désert. Face à la dame du comptoir, un jeune homme fumait, et lisait. Ils s'installèrent dans un coin tranquille, sous un petit escalier en colimaçon dont la rampe était recouverte de calicot rouge. Leur bière servie, ils choisirent chacun un journal parmi ceux qui étaient exposés sur une table. Elle prit *Le Charivari*, pour se distraire. Lui se mit à parcourir *Le Siècle*, pour s'informer. Soudain, penché vers elle, il lui tendit l'article qu'il venait de lire dans les « Nouvelles diverses ». Elle entendit sa voix étranglée dire dans un souffle sourd : « Voilà qui est horrible[64] ! »

XI

Survivre à son enfant
(1843-1847)

« Tous, qui que nous soyons, nous avons nos êtres respirables. S'ils nous manquent, l'air nous manque, nous étouffons. »

Les Misérables, IV, V, 4

Ses lèvres sont blanches, son visage transpire, il tient son cœur, qui bat la chamade. Juliette lit à son tour la reprise d'un article paru quatre jours plus tôt dans le *Journal du Havre* :

Un affreux événement qui va porter le deuil dans une famille chère à la France littéraire est venu, ce matin, affliger de son bruit sinistre notre population qui, parmi les victimes, compte des concitoyens.

Hier, vers midi, M. P. Vacquerie, ancien capitaine et négociant du Havre, qui habite à Villequier une propriété située sur les bords de la Seine, ayant affaire à Caudebec, entreprit d'accomplir ce petit voyage par eau. Familier avec la navigation de la rivière et la manœuvre des embarcations, il prit avec lui, dans son canot gréé de deux voiles auriques, son jeune fils, âgé de dix ans ; son neveu, M. Ch. Vacquerie, et la jeune femme de ce dernier, fille, comme on sait, de M. Victor Hugo.

Une demi-heure plus tard, on avait appris, à terre, le naufrage du canot, de l'autre côté de la rivière, et l'on s'était précipité :

En le redressant, on trouva dans l'intérieur un boulet et une grosse pierre servant de lest, et le cadavre de M. Pierre Vacquerie incliné et la tête penchée sur le bord.

Les trois autres personnes avaient disparu. On supposa d'abord que M. Ch. Vacquerie, nageur très exercé, avait pu, en cherchant à sauver sa femme et ses parents, être entraîné plus loin. Mais rien n'apparaissant à la surface de l'eau, au moyen d'une senne on dragua les environs du lieu du sinistre et, du premier coup, le filet ramena le corps inanimé de l'infortunée jeune femme, qui fut transporté à terre et déposé sur un lit.

On avait retrouvé les deux autres corps ; Mme Hugo, ayant appris la nouvelle au Havre où elle séjournait avec ses deux autres enfants, était tout de suite repartie pour Paris ; M. Victor Hugo était actuellement en voyage ; on le croyait à La Rochelle.

Léopoldine disparue

Léopoldine s'était noyée. Certitude affreuse, à laquelle s'ajoutait un doute insidieux. L'article précisait que la mère affligée était remontée à Paris avec ses deux autres enfants. Le compte n'y était pas. Où était le quatrième ?

Victor fit signe à Juliette de se contenir le temps de sortir du café, et l'emmena loin des regards, au-delà des remparts, sur une étendue déserte, en plein soleil, en attendant le départ de la diligence. Aux regards de pitié et de curiosité qu'ils sentaient se poser sur eux, ils se croyaient reconnus. Rétrospectivement, les signes avant-coureurs de cette mort remonteraient dans leurs souvenirs : ces histoires de noyade dans les Pyrénées, cette atmosphère morbide à Oléron, n'était-ce pas des prémonitions envoyées par le ciel aux amants coupables ?

Le retour fut un cauchemar : il fallut longer les marais salants infects, sous un ciel noir, sur la route de La Rochelle. Là, les hôtels étant pleins, ils se rabattirent sur deux galetas blanchis à la chaux. Le lendemain dimanche fut affreusement long, la diligence ne partant que le soir. Ils errèrent en ville incognito, leur conducteur de la veille ayant tu leur présence. Mais pas moyen de récupérer le courrier tant attendu : le dimanche, on prenait les lettres à expédier, mais on ne délivrait pas la poste restante. Le trajet de nuit vers Niort fut un calvaire : un grossier compagnon de voyage demanda à Hugo d'ôter ses livres de dessous la banquette, importuna le conducteur qui, en claquant la portière, cassa la vitre en mille morceaux. On arriva transis, et choqués : les chevaux s'étaient cognés contre la grille de l'octroi, le postillon et le conducteur s'étant endormis. Le lendemain, sur la route de Saumur, Hugo dut supporter les bavardages d'une fâcheuse qui lui montra un cimetière dont Juliette avait tenté en vain de lui cacher la vue. Au moins, à l'arrivée, en attendant de repartir pour Tours, Juliette put lire les journaux, où l'accident de Villequier devenait catastrophe nationale, et vérifier que François-Victor n'était pas de la sinistre équipée. Arrivés à Tours avant le jour, ils eurent du mal à trouver des places pour Paris, *via* le chemin de fer d'Orléans. On parvint à destination en fin de soirée. On prit un fiacre vers le quartier de la place Royale, où Hugo retrouva sa femme accablée, et Juliette son logis désert.

Hugo fut « comme fou dans le premier moment [1] ». À la douleur s'ajoutait le remords de n'avoir pas été là pour les obsèques, parce qu'il était en voyage avec sa maîtresse. Il se rapprocha de sa femme : ce deuil ne pouvait pas rallumer une flamme éteinte depuis treize ans, mais les soudait. Tandis que la mère caressait la chevelure de sa fille conservée comme fétiche, le père s'abîma dans une dépression que Juliette nomma « contemplation douloureuse [2] ». Il n'eut pas la force de se rendre à Villequier sur la tombe que ne recouvrait encore ni houx vert ni bruyère. Mais fin septembre-début octobre, pour changer d'air, il emmena Juliette en excursion du côté de Nemours et Montargis. Au retour de cette escapade de quatre jours, Juliette s'attela au récit de la fin du voyage d'été. Elle n'eut pas de mal à rédiger les souvenirs des Pyrénées, mais avançait de plus en plus lentement à l'approche de la fin, et s'interrompit un mois avant d'affronter les derniers jours.

Hugo se réappropria son foyer en soignant la décoration de son domicile place Royale, où il installa des vitraux gothiques. À son imitation, Juliette fit des aménagements à son logis de la rue Sainte-Anastase : l'ami Lanvin fixa deux miroirs sur sa porte d'entrée, au-dessus de laquelle on accrocha trois chapeaux de paille achetés en Forêt-Noire et dans le canton de Vaud. Elle fit le tri dans ses tableaux, retira un portrait de roi, le remplaça par celui de son père adoptif en tenue militaire *(voir cahier hors texte)*, mit aux murs des gravures représentant Notre-Dame-de-la-Garde et l'empereur d'Autriche, et surtout plusieurs dessins de Hugo. Sa collection particulière avait transformé le 14 de la rue Sainte-Anastase, selon l'heureuse formule de Gérard Pouchain, en « premier musée Victor-Hugo [3] ».

L'appartement servait de tout : de secrétariat, Hugo s'y réfugiant pour faire son courrier, jusqu'à vingt-sept lettres en deux heures dans la nuit du 4 novembre ; de salle d'étude où il lisait Virgile et Horace à Juliette et lui apprenait des rudiments de poésie et de scansion latines ; de ménagerie enfin, depuis qu'au chat Fouyou et à la perruche Cocotte Juliette avait offert un nouveau compagnon. Le perroquet Jacquot, envoyé de Bretagne par sa sœur, n'était pas commode [4]. Il lui en faisait voir de toutes les couleurs, et pas seulement celle de son plumage vert. Il avait commencé par saccager l'appartement, se cogner contre sa cage, agresser les autres bêtes, mordre Juliette et Suzanne, n'ayant pas trouvé meilleur moyen d'exprimer son désir de liberté : son vocabulaire se limitait à « Florida », en souvenir, peut-être, de ses origines exotiques.

Passées les premières semaines où Juliette s'était effacée devant la douleur du père éprouvé, sa jalousie refit surface. Son amie Laure Krafft, dont elle avait jadis partagé la bohème, et qui vivait en femme libre, s'installait avec son futur époux en dépit des convenances. Juliette mesurait la différence de leurs destins, elle dont la cohabitation avec Hugo était rendue impossible par l'impossibilité du divorce (institué en 1792, supprimé en 1816), et par la respectabilité du couple qu'aux yeux du monde il formait toujours avec sa femme. Quand il sortit de sa dépression au cœur de l'hiver et reprit une vie mondaine, Juliette redevint soupçonneuse. Elle avait une nouvelle cible : la femme de Pradier, Louise, dont les frasques rendaient le père de Claire fou de jalousie, au point qu'il la ferait suivre par Vidocq. En janvier 1844, persuadée que Victor avait des vues sur elle, Juliette fit un esclandre, lui interdit d'aller la saluer au théâtre dans sa loge, et menaça d'en parler à Pradier.

Celui-ci avait sollicité Hugo pour prononcer un discours à l'inauguration de la fontaine Molière dont il était l'un des artistes, le 15 janvier 1844. La date choisie était celle de l'acte de baptême de Molière, dont la trace avait été retrouvée par le commissaire de police Beffara en 1821. Depuis lors, le 15 janvier est la date anniversaire où la Comédie-Française rend un hommage rituel à son génie tutélaire. À l'angle de la rue de Richelieu et de la rue Molière, une fontaine était inaugurée non loin de la maison où il était mort. Hugo avait déjà aidé Pradier à obtenir la réalisation de deux éléments pour cet édifice, *La Comédie légère* et *La Comédie sérieuse*. Il se contenta d'écrire quelques vers à la gloire du dramaturge et du sculpteur réunis, mais n'assista pas à la cérémonie, prétextant le deuil. En réalité, Juliette le poussait à ne pas rendre ce nouveau service à Pradier : sa femme lui inspirait horreur et dégoût, et lui se montrait toujours aussi lunatique avec sa fille.

Claire, en revanche, donnait toute satisfaction. Elle écrivait à sa mère, depuis la pension, des lettres affectueuses, passait ses fins de semaine rue Sainte-Anastase, et rendait les rares cadeaux qu'elle recevait en attentions touchantes, telles ces fleurs dont Juliette trouva la dépense déraisonnable, sans lui en faire la remarque. À dix-sept ans, il fallait songer à quitter le giron familial pour gagner sa vie. Aussi se destinait-elle à devenir préceptrice, et s'appliquait-elle désormais dans ses études. Hélas, elle échoua à l'examen qu'elle passa en mai, d'où un découragement profond mais passager. Juliette lui prodigua des leçons particulières ; mais Claire peinait, notamment en dictée. Ce n'est qu'en septembre, où elle resta le mois entier en vacances chez sa mère, que la situation s'arrangea : elle était passée de trois à une seule faute par page. À la rentrée d'octobre, la directrice de la pension perçut ses progrès, et décida de l'employer comme sous-maîtresse à partir de janvier.

Claire réclame une visite par mois, mais Hugo n'autorise pas sa mère à s'y rendre sans lui, et se fait un peu tirer l'oreille. Pour Juliette, en revanche, c'est une occasion de sortie qui mêle l'utile à l'agréable : lorsqu'ils se font surprendre par la pluie d'été, au retour de Saint-Mandé, elle n'en revient pas moins enchantée de la promenade du retour bras dessus bras dessous avec son amant, qui a acheté pour Claire une robe et un mantelet, et lui offrira bientôt un bracelet[5].

Hugo s'occupe aussi des amies de Juliette. Il apostille en mars une pétition de Laure Krafft, désormais Mme Luthereau, pour son mari typographe[6]. Il en fait autant en juin pour Joséphine, amie de Juliette devenue infirme, qu'il recommande auprès du ministère de l'Intérieur afin qu'elle entre aux Quinze-Vingts, et il la soutient encore dans sa requête auprès du doyen de la faculté de médecine afin qu'elle soit au moins admise aux Incurables. Ce qui émeut le plus Juliette, à la mort de sa chère amie Mme Pierceau, emportée après une longue agonie dans d'atroces souffrances thoraciques, c'est qu'il tienne la promesse faite à la morte en l'accompagnant à l'enterrement. Sa présence était non seulement un glorieux hommage à son obscure amie, mais aussi « l'honneur rendu à la pauvre femme calomniée » qui l'aimait « devant Dieu de l'amour le plus pur, le plus passionné, le plus dévoué et le plus honnête qui soit »[7].

Ce témoignage public rassurait à peine Juliette, qui remarquait la coquetterie et les absences de Victor, moins assidu. Jadis il venait fréquemment « *déjeuner* » avec elle, profitant de ses bons petits plats et de ses caresses apéritives ; naguère, il restait souvent tout l'après-midi à travailler sous son regard admiratif ; désormais, il n'en avait plus besoin, ayant arrêté de publier depuis l'année précédente. Cela faisait longtemps aussi qu'il se contentait de passer la voir quelques minutes tout au plus chaque jour, prétextant le travail que lui imposait l'Académie, et notamment son dictionnaire. Juliette regrettait de n'être point « membresse de l'Académie » pour y discuter le vilain mot « absent »[8]. Elle cherche à se rassurer : « Je ne veux pas vous accuser injustement, mais convenez avec moi que les apparences sont bien trompeuses, et que vous avez tout l'air d'un homme qui me trompe[9]. »

Les apparences ne trompaient pas. Une autre, le même soir, lors d'une promenade nocturne, se sentait assez sûre d'elle et de lui pour dire à Victor : « Sois mon époux. » La veille, il avait écrit pour elle un poème évoquant son « bras qui tremble » pressé contre le sien, et leur marche « tous deux ensemble, / Tous deux heureux et vainqueurs »[10]. Cette rivale était jeune, jolie, intelligente, cultivée, aventureuse, mariée et enceinte.

Léonie apparue

Léonie d'Aunet était depuis quatre ans la femme du peintre François Biard dont elle avait très jeune fréquenté l'atelier et avec qui elle avait d'abord vécu sans mariage. Il s'était fait une spécialité de l'exotisme et des grands espaces en s'agrégeant à des expéditions scientifiques. C'est ainsi que Léonie l'avait suivi jusqu'au Spitzberg, déguisée en matelot pour embarquer sur la corvette partie de la ville la plus septentrionale de Scandinavie en direction des terres arctiques. Tandis que les savants faisaient leurs relevés et que son futur mari observait le paysage pour en restituer le sublime dans des tableaux vertigineux[11], elle avait pris des notes pour le récit de ce voyage, publié à son retour dans la *Revue de Paris* avant d'être réuni bien plus tard en volume en 1854, sous le titre *Voyage d'une femme au Spitzberg*. Au retour de cette aventure, elle avait épousé Biard deux mois et demi avant la naissance de leur premier enfant.

En 1844, Léonie avait vingt-quatre ans : quatre de plus que Léopoldine, dont le prénom contenait le sien ; quatorze de moins que Juliette, qui promettait de mourir de chagrin ou de se suicider si elle était trompée, comme l'indique son autoportrait en pendue ; dix-sept de moins que Mme Hugo, complaisante parce que Léonie la vengeait de Juliette, et était déjà mariée ; dix-huit de moins que Hugo, qui, sans pour autant cesser d'aimer Juliette, allait s'enflammer durablement pour cette jeune blonde aux yeux bleus.

Comment s'étaient-ils rencontrés[12] ? Hugo avait jadis dédicacé *Claude Gueux* à un ingénieur philanthrope qui avait épousé en secondes noces la mère de Léonie. Désormais, ils se retrouvaient autour de Pradier, ami de Biard, et chez Fortunée Hamelin. Cette créole originaire de Saint-Domingue, ancienne « merveilleuse » sous le Directoire, femme ravissante alors, surnommée « le plus grand polisson de France », avait compté jadis Bonaparte et Chateaubriand parmi ses amants. À soixante-huit ans, elle n'était plus une menace pour Juliette, qui n'en rêverait pas moins, dans un de ses nombreux cauchemars jaloux, de lui flanquer « une pile soignée[13] ». Son intuition ne trompe pas Juliette : Fortunée Hamelin est en effet l'une des hôtesses les plus accueillantes du joli couple formé par Léonie et Victor.

Juliette Drouet, « Autoportrait en pendue », dessin, 7 juillet 1844

On ne sait quand commença leur liaison : Hugo en parle le moins possible dans ses archives ; les lettres adressées à Léonie ne sont pas datées ; la plupart des poèmes qu'elle lui a inspirés, longtemps restés dans ses tiroirs, ne le sont pas davantage ; quant aux dessins qui célèbrent leur amour, ils sont cryptés. L'un d'eux, composé en 1864, célébrera rétrospectivement huit dates, une sur chaque lettre du mot « Souvenir » (qui en est le titre) *(voir cahier hors texte)* ; les trois premières peuvent aider à dater les prémices et les progrès de leur relation des 23 novembre 1843, 29 décembre 1843 et 1er janvier 1844. Peut-être l'avait-il déjà rencontrée avant : dans un poème inachevé, Hugo dit être tombé amoureux à trente-neuf ans (en 1841, donc) d'une femme « au regard plein d'ombre » ; en 1842, il avait assorti l'envoi du *Rhin* à Mme Biard d'une dédicace galante, où son prénom était le mot-valise entre « lion » et « harmonie ». Selon Jean-Marc Hovasse, le mariage de Léopoldine, au printemps 1843, qui avait laissé au cœur du poète une blessure profonde, a pu constituer un élément déclencheur. Le deuil de septembre ne pouvait qu'aggraver le manque affectif et l'urgence de sa réparation. À l'automne, des témoins avaient vu Hugo et Léonie flirter chez Pradier : Flaubert, dans une lettre, se souvient avoir rencontré le 30 novembre 1843 chez le sculpteur, minaudant avec le grand poète, cette « petite femme » avec qui il avait joué « à l'oie » [14] ; par complaisance pour sa correspondante, Louise Colet, jalouse de cette consœur qui écrivait dans les mêmes revues qu'elle, il la décrit comme insignifiante, « un peu grisette », « peu sympathique » [15]. L'amie anglaise de Flaubert, Gertrude Tennant, présente à cette soirée, brosse son portrait sur un ton moins sarcastique :

> C'était une jolie *Parisienne* mince et délicate, avec un frais visage de bébé rose et blanc (quelqu'un dit d'elle « *Elle semblait sortie du Bois par un jour de printemps* »), frivole, coquette, étourdie par l'admiration que lui témoignait Victor Hugo sans chercher à s'en cacher. Il était assis tout près d'elle sur un petit sofa, et se leva de mauvais gré pour nous être présenté, prononça quelques paroles de courtoisie et reprit sa conversation avec la charmante femme de l'artiste [16].

Sept ans plus tard, Juliette apprendrait et croirait que son infortune datait du printemps 1844, ce qui cadre avec les vers du 30 mars 1844 qui peignent le poète et sa muse « tous deux heureux et vainqueurs ».

Cela faisait déjà longtemps que Juliette se sentait délaissée. Elle se résignait, « tant bien que mal, au rôle ridicule d'une femme qu'on n'aime plus [17] ». En quoi elle se trompait. Victor l'aimait encore. Et le lui écrivait :

> Je veux que tu saches, ma bien-aimée, qu'après avoir lu tes douces lettres si tristes, si adorables et si injustes pour toi, je les ai baisées avec un ineffable amour. Je veux que ton pauvre cœur se calme et se rassure. Jamais tu n'as été plus belle à mes yeux ; jamais tu n'as été plus charmante et plus tendre ; jamais tu n'as eu plus de dévouement, de résignation, de grâce et de vertu. Je t'aime comme une ravissante femme, je t'aime comme un pauvre ange !
>
> Tout à l'heure je te berçais dans mes bras comme mon enfant ; tu t'es endormie un moment ; je t'ai bénie du fond du cœur [18].

Il fit tout pour lui cacher cet autre amour et écarter ses soupçons. Le 24 avril, il l'invite au restaurant, lui accordant cette joie qu'elle réclame depuis le début du mois. Plusieurs fois, aux beaux jours, il lui propose de faire le trajet avec lui quand il se rend chez le roi [19], quitte à ce qu'elle l'attende dans la voiture le temps de l'entrevue. Pendant l'été, où Léonie approche du terme, il passe plus de temps rue Sainte-Anastase, pour la plus grande joie de Juliette. Le 30 juin par exemple, elle s'émerveille qu'il ait passé cinq ou six heures avec elle dans une soirée où « il s'est passé bien du bonheur, [...] du plus pur et du plus vif [20] ». Il lui cherche un nouveau logis, plus vaste et doté d'un jardin, qu'il trouve, mi-août, dans l'immeuble voisin, au 12 rue Sainte-Anastase. Elle s'y installera six mois plus tard.

Il n'était plus question, en revanche, d'un long voyage d'été. Juliette pouvait attribuer cette restriction à la fin catastrophique du précédent. Pour compenser, Hugo lui fit miroiter une escapade à Villeneuve-Saint-Georges qui n'eut finalement pas lieu. Quant au voyage en Italie dont elle rêvait, il n'y fallait pas compter. Elle dut attendre fin septembre pour obtenir une virée de trois jours à Nemours, Montargis et Meudon, en amoureux [21]. Quelques jours plus tard, la fête continuait : il lui offrit son buste, un médaillon et une médaille à sa propre effigie. Juliette enrichit ainsi la galerie des portraits de son idole qui ne remplaçaient pourtant pas sa présence, toujours trop rare.

L'hiver 1845 marque un tournant dans la vie de Juliette, bientôt délivrée de sa claustration. Les libertés que Victor s'accordait de son côté rendaient caduques la surveillance qu'il exerçait sur elle et l'interdiction de sortir sans lui. Ce mode de vie monacal la contraignait à rester jusqu'à deux mois sans mettre le pied dehors. De là maux de tête, dépression, sensation d'étouffement, et un désespoir dont seules la sauvaient les bonnes paroles dont Victor adoucissait chaque coup de cafard. Comme Claire, victime collatérale de ce régime draconien, réclamait la visite de sa mère à la pension, Victor, requis pour veiller son beau-père souffrant, autorisa Juliette à s'y rendre seule la veille de Noël. Ce fut le début de la levée d'écrou.

Au reste, Victor continuait de se montrer affectueux avec Claire : il lui rendit visite dix jours plus tard, et la combla pour ses étrennes avec un exemplaire illustré de *Notre-Dame de Paris*. Pour une fois, Pradier aussi se montra généreux : il offrit à sa fille deux pièces d'or, du jamais-vu. Mais cette prodigalité ne rassura pas Juliette. Au contraire, elle suspecta son hospitalité soudaine, qui contrastait avec son ancienne indifférence. Comment expliquer ce regain d'affection ? Sa femme, Louise, qu'il avait fait suivre, avait été surprise en flagrant délit d'adultère, et risquait la prison. Pradier était profondément abattu, et en manque d'affection. Claire l'avait dit à sa mère en rentrant de chez son père le jour de la Saint-Sylvestre. Était-il bien raisonnable de la laisser retourner dîner avec lui le lendemain ? De quoi aurait-il été capable ? Certes, reconnaît Juliette, « quoi de plus naturel qu'une fille allant dîner chez son père au jour de l'an ? Faut-il que sa conduite et ses procédés aient été tels jusqu'à ce jour que je n'ose souhaiter un rapprochement plus grand entre la fille et le père ! ». Elle cacha à Claire « les véritables raisons » de son refus, mais la « légèreté »[22] de Pradier la poussa à interdire à sa fille ce face-à-face, comme elle lui interdit bientôt d'aller et venir chez lui les samedis et dimanches. Quant à Hugo, il avait appuyé la demande adressée par le sculpteur au préfet pour éviter la prison à sa femme. Il n'avait rien à refuser à Pradier, témoin direct de ses amours avec Léonie.

C'était un petit jardin

La séparation de corps résolut en partie les problèmes des époux Pradier. Louise, convaincue d'adultère, quitta le domicile conjugal et s'installa dans un appartement de fortune (où Flaubert succomba à ses charmes). La garde de ses enfants lui fut retirée, comme le stipulait le Code civil, et confiée au père. Celui-ci engagea une jeune gouvernante pour sa benjamine, et eut l'idée de placer l'aînée, Charlotte, dans la même pension que Claire. Juliette, d'abord hostile à cette solution, y trouva finalement son compte, puisque la petite de dix ans, qui lui avait d'abord semblé « une peste de méchanceté et de malice noire[23] », se révéla une compagne affectueuse pour sa demi-sœur aînée. Juliette, une fois autorisée par Hugo à se promener seule (pourvu qu'elle lui rende compte de son itinéraire, des moyens de transport empruntés et des personnes croisées), se rendit plusieurs fois dans l'année à Saint-Mandé ; il lui arriva d'emmener Claire (désormais sous-maîtresse), sa sœur, et parfois d'autres « mioches » faire une promenade au bois, au terme de laquelle elle leur offrait du pain d'épices, des gaufres et des sucres d'orge. Charlotte, privée de sa mère qui avait tout de même obtenu le droit de lui rendre visite à la pension, reporta une partie de son affection sur Juliette, qui l'invitait aussi chez elle, au 12, rue Sainte-Anastase. Elle s'y était installée en début d'année, dans la maison mitoyenne de son précédent logis.

Ce déménagement avait été toute une affaire. D'abord, en partance du 14, elle avait essuyé la visite des « *grincheurs* qui, sous prétexte de voir des appartements, viennent regarder les gens sous le nez et les dévaliser[24] ». Puis elle avait dû dire adieu à « neuf ans de souvenirs tendres, adorables et ravissants[25] ». Tout ce que Victor avait vu et touché, la poussière du parquet où il avait marché, la cendre du foyer où il s'était réchauffé, le hideux papier qui avait entendu sa voix, elle aurait voulu tout emporter. Le 10 février 1845, elle prit possession de son nouveau logement. Plus spacieux, il comprenait un salon, une salle à manger, une chambre, une cuisine et une soupente pour Suzanne. Adepte du confort moderne, elle obtint de la propriétaire que les commodités soient désormais équipées d'une cuvette « semi-anglaise ». La grande nouveauté était le jardin privatif ; une fois extirpés « le navet plébéien et le cerfeuil vulgaire[26] », elle y cultiverait, pour la vue, roses, lys, lupins et pieds d'alouette, et pour la table, fraises, raisins et abricots.

Hugo se fait rare au début de cette installation : il est pris par la réédition du *Rhin* augmenté de nouvelles lettres, et par la préparation des discours de réception à l'Académie française de Saint-Marc-Girardin, puis Sainte-Beuve. Celui-ci est intronisé le 27 février, jour de la mi-carême, ce qui fait dire à Claire qu'il « aura l'air d'un chienlit en habit d'académicien[27] ». Hugo ignorait-il qu'à l'automne 1843, son meilleur ennemi avait distribué sous le manteau un ouvrage évoquant ses amours défuntes avec Adèle[28] ? Sans doute pas.

Une fois ce pensum académique accompli, Victor ne vint pendre la crémaillère chez Juliette que le 1er mars. Il en profita pour rattraper son retard dans la célébration de leur anniversaire : le mot qu'il inscrivit sur le Livre rouge n'est pas des plus inspirés. Rien d'étonnant : il avait la tête ailleurs. Juliette s'en doutait.

Les indices concordaient : coquetterie, brièveté des visites quotidiennes, leur oubli parfois, invraisemblance de certaines excuses. Juliette était prise au piège de sa propre vertu :

> J'aurais dû à tout prix être toujours aimable, toujours attifée, soigner un peu plus la femme extérieure et laisser de côté tout à fait la femme sérieuse,

> honnête et dévouée. Ce qui m'arrive devait m'arriver. C'est l'histoire de toutes les pauvres femmes dans ma position qui substitue l'honnêteté, le culte et le dévouement à la dissipation, au plaisir et à la frivolité. Je suis punie par où j'ai péché. Tu voulais une femme de plaisir et tu as trouvé une femme honnête, ce qui n'est pas la même chose [29].

Il lui suffit pourtant que Hugo se montre un peu plus assidu, passe quelques heures avec elle, voire une nuit entière, pour que lui revienne, instantanément, la certitude d'être non seulement son âme sœur, mais aussi sa vraie femme. Elle ne manque pas, le lendemain, d'évoquer avec enthousiasme sa bonne fortune de la veille, et de prier pour son prochain renouvellement.

Victor eut bientôt un alibi supplémentaire. Protégé du roi à qui il arrivait de le recevoir en particulier, le vicomte Hugo fut nommé pair de France le 13 avril 1845. De cette distinction, Juliette ne fut pas peu fière, ce qui ne l'empêcherait pas de traiter la Chambre avec la même irrévérence que l'Académie, en commençant par le féliciter, le jour de son investiture, pour ses débuts « dans les *pairs-nobles* [30] ».

Si quelqu'un avait perdu le droit de prétendre à l'emploi de père noble, c'était Pradier, qui, la veille, avait adressé à Claire une lettre d'une insigne maladresse : qu'elle cesse de lui écrire à tout bout de champ et de l'appeler « père adoré » ou « père bien-aimé », formules qu'il trouvait inappropriées et peu naturelles ! Quelle idée, aussi, d'avoir adressé, avec sa demi-sœur Charlotte, une lettre affectueuse à leur cadet John signée « Pradier » ! Ce nom, que pourtant il lui avait donné deux ans après sa naissance, pouvait donner « matière à chicane auprès de bien des gens », entendons par là sa femme, Louise, et son avocat. De manière générale, Claire devait modérer ses ardeurs épistolaires, envers lui comme envers ses frères et sœurs : il ne fallait pas « habituer les jeunes filles à se servir de leurs plumes pour faire connaître leurs sentiments » ; au reste, ce qu'il en disait, c'était pour son bien, afin qu'elle se gardât de devenir « écrivassière pour rien » [31]. Claire fut suffoquée, et Juliette indignée par la « turpitude de ce stupide crétin [32] ». Elle eut beau relativiser l'incident en expliquant à sa fille dans quelle situation judiciaire délicate il se trouvait, Claire comprit qu'il n'y avait plus rien à attendre de lui, se rapprocha de sa mère sur qui seule elle pouvait compter, et se concentra sur son examen [33].

Mais la malchance la poursuivait. Pradier avait usé de son influence pour la recommander auprès d'un examinateur chevronné et influent. Malheureusement, afin de ne laisser dans sa lettre aucune trace compromettante, il y nommait Claire « Drouet » et non « Pradier », si bien qu'on ne la repéra pas. Ce déni de paternité dans la forme acheva de la fragiliser. La recommandation ayant tout de même porté, sinon sur Claire, non identifiée, du moins sur les conditions de l'épreuve, l'heure de l'examen du 5 juin avait été avancée pour lui éviter de tomber sur l'examinateur qu'elle redoutait, et pour ce jour-là, le seuil de tolérance avait été abaissé de trois à quatre fautes en dictée. Malheureusement, ayant mal lu sa convocation, elle était arrivée avec une heure et demie de retard. Juliette, exaspérée par sa négligence, tâcha néanmoins de la réconforter, et lui conseilla de mentir à son père qui avait gaspillé son crédit : il suffisait de lui dire que l'examen avait été reporté. Le 12 juin, jour de sa nouvelle convocation, les conditions de correction étaient redevenues normales. Claire fit quatre fautes. Une de trop. La semaine précédente, avec ce score, elle eût été admissible. Encore éliminée dès l'écrit, Claire confia son désespoir à sa mère : « J'aurais tout donné pour qu'un peu de succès me fût accordé pour toi, ma mère bien-aimée, pour toi qui as tout sacrifié pour moi. [...] Je redoute beaucoup de voir mon père, car il faut m'aimer comme tu m'aimes pour ne me dire que de douces et encourageantes choses[34]. » Au reste, elle avait tort de craindre la réaction de Pradier. Il ne la réprimanda pas, mais ne la consola pas non plus : il se désintéressait de la question. Désormais, elle irait assister à des séances d'examen publiques, pour dompter son trac avant une prochaine candidature.

Le soin de sa fille distrayait Juliette de sa solitude, que soulageait médiocrement le droit nouvellement acquis de sortir seule. Désormais Hugo ne lui demandait plus de l'accompagner jusqu'à l'Institut de France. Sans personne à qui accrocher son bras dans les rues, elle se sentait abandonnée. Cette confiance nouvelle avait pour revers son indifférence, plus blessante encore que son ancienne jalousie. Certes, Hugo lui écrit des lettres depuis les bancs de l'Assemblée, sur papier à en-tête, et vient parfois passer une heure ou deux avec elle, mais il manque d'entrain (le 24 mai, cela fait trois mois qu'il n'a pas « franchi le pas[35] »). Du reste, elle ne reçoit ni démenti ni aveu quand elle exprime des soupçons : « Décidément mon RÈGNE est passé. Hélas ! je voudrais savoir qui est-ce qui me remplace à cette heure dans votre cœur pour lui griffer la figure[36]. » Pas de réponse.

L'écho de son infortune lui parvint par ses proches. En juillet, sa famille de Brest et son amie Laure Krafft lui écrivent leurs alarmes. Qu'est-ce que cette histoire lue dans la presse, d'un homme de lettres trouvé par la police en conversation criminelle avec la femme d'un autre ? On ne le nomme pas, mais il ne peut s'agir que de Victor Hugo. Juliette a tôt fait de rassurer sa sœur et son beau-frère, déjà suffisamment éprouvés par la récente mort de leur petit garçon[37] : ce ne sont que des racontars ; les journaux auront déformé l'histoire de Mlle Plessy, l'actrice qui a fui avec un vaudevilliste, voilà tout. Répondant à son amie Laure, Juliette, se croyant elle-même la cible des « *cancans* » et des « *canards* parisiens », se fait plus sèche : « Dorénavant, quels que soient les ragots dont on t'entretienne sur moi, je te prie de ne pas m'en parler. Je n'ai pas la prétention d'empêcher les petites infamies de langue des désœuvrés et des malveillants, mais j'ai le droit de les ignorer et je veux en user. »[38] À Hugo lui-même, elle ne pose aucune question. Quoique prompte à soupçonner, elle écrit : « Je ne comprends pas vraiment les gens qui inventent des histoires aussi peu vraisemblables que celles-là. Il faut que le goût du mensonge soit bien fort pour ne reculer devant aucune invraisemblance[39]. » Elle nageait en pleine contradiction. Cela faisait des années que les apparences, à ses propres yeux, donnaient raison à la rumeur.

Hugo fit tout pour que celle-ci ne lui parvînt pas : il balaya les échos suspects d'un revers de la main, et prit soin de ne pas lui apporter les journaux qui racontaient l'affaire[40]. La semaine précédente, Léonie et lui avaient été surpris en flagrant délit d'adultère dans la chambre du passage Saint-Roch où ils avaient leurs habitudes. François Biard, sept mois après son ami Pradier qui partageait avec lui le malheur d'avoir une femme infidèle, avait fait suivre la sienne par la police, pour obtenir la séparation de corps. Léonie fut enfermée à Saint-Lazare, prison pour les prostituées et les femmes adultères, en attendant son procès. On évita les poursuites contre le pair de France, qui auraient nécessité la réunion de la Chambre en Haute Cour pour son jugement et la levée de son immunité, en faisant retirer sa plainte à Biard, qui obtint sans doute en échange des commandes publiques. Hugo devait tout de même faire profil bas. Ayant préparé un passeport pour lui et pour sa femme, dont il ne fit pas usage, mais qui autorisa les bruits les plus fous à circuler dans Paris (Chopin écrivit à sa sœur que Hugo avait emmené Juliette en Espagne), il chercha à se faire oublier.

De ce malheur, il ne pouvait s'ouvrir à la seule femme en qui il avait une absolue confiance. Juliette, son socle, sa boussole, son âme sœur, pouvait le consoler de tout, sauf de cela. Il fut perdu tout l'été. Comment aider l'une tout en continuant de préserver l'autre ? Juliette accueillit ses ardeurs renouvelées avec joie et étonnement, sans se poser de questions. Elle s'inquiétait juste pour sa santé. En effet, tandis que se déroulait le procès en séparation de corps et de biens des époux Biard, du 6 au 13 août, il fut pris d'une maladie du ventre peut-être psychosomatique, qui lui fit garder la chambre ; c'est du moins ce qu'il expliqua à Juliette, dans les magnifiques lettres d'amour qu'il lui écrivit cette semaine-là, à un rythme soutenu, entre deux visites, pour conjurer « cette nuit du cœur[41] » où ils se trouvaient depuis quelque temps. Juliette multiplia les attentions pour son amant souffrant, qui ne cessait de lui répéter à quel point il avait besoin d'elle, de son amour, et de ses lettres quotidiennes.

Début septembre, cependant, elle perdit sa trace à intervalles réguliers. Deux fois il lui fit croire qu'il partait à Villequier rejoindre sa femme, d'abord le 4 septembre, anniversaire de la mort de Léopoldine, puis le 8. La première, Juliette résista à l'envie de prendre elle-même le train pour aller le rejoindre à Rouen : que ne lui avait-il donné rendez-vous devant la cathédrale ? La seconde, elle se rendit à l'embarcadère du train au cas où elle aurait la chance de l'apercevoir, mais en vain. La ligne Paris-Le Havre était une attraction toute récente, et son départ un but de promenade comme un autre. En réalité, ayant prévenu Adèle qu'il avait affaire à Brie-Comte-Robert, il s'était rendu à Chelles et Livry-Gargan. Quoi faire, et avec qui, c'est ce qu'on ne sait pas. Au retour, ayant installé sa famille en villégiature à Neuilly, et donc de nouveau libre, il revint voir Juliette, et resta même coucher chez elle, ce qui n'était plus arrivé depuis longtemps. Comme si c'était sa « première nuit de noces[42] », elle le contempla endormi, comblée par ce rapprochement inespéré qui lui avait permis de donner libre cours à tout ce qu'elle avait en réserve « de passion, de tendresse, de volupté et d'amour[43] ». Pendant un bon mois, jusqu'au retour des siens à Paris pour la rentrée des classes, il allait de nouveau venir déjeuner et dîner chez elle tout à loisir.

Il lui accorda même le pèlerinage aux Metz qu'elle réclamait depuis des mois. La maison où ils avaient été si heureux jadis était à vendre, pour 6 000 francs. Cette perspective fit d'abord rêver Juliette. Mais quelques semaines plus tard, quand Hugo proposa de l'exaucer, elle comprit le danger : si c'était pour le voir encore moins qu'avant, ce n'était pas la peine. Elle refusa donc l'offre, prétextant qu'elle devait plus que jamais veiller sur sa fille : Claire était à « l'âge le plus dangereux puisque c'est celui où on sent le besoin d'aimer[44] ».

À l'automne, la jeune fille montra quelques signes de faiblesse. Elle qui, le 17 août, avait réussi une dictée d'entraînement sans faute, relâchait ses efforts. Inquiète, Juliette supplia Hugo de lui donner des directives plutôt que de la flatter, et incita la pauvrette à se ressaisir, ce qui la fit pleurer plus encore. Tancée par sa mère, rebutée une nouvelle fois par son père qui ne lui témoignait plus que froideur ou indifférence, Claire sombra dans la dépression. Le 30 novembre 1845, elle rédigea son testament : « Quand je ne serai plus, je n'en serai pas moins près de ma mère bien aimée. La vie n'est qu'un voyage. Nous nous reverrons tous un jour dans le port. » Il devenait urgent de la sortir d'affaire. Hugo écrivit au préfet Rambuteau en sa faveur[45], et prit les choses en main pour lui faire réviser sa grammaire.

Lui-même était en crise, entouré de femmes dont il se sentait responsable : Claire, à qui il servait de père de substitution, Juliette dont le dévouement était absolu, Léonie mise au ban de la société par sa faute. Il avait bien des raisons de se sentir coupable : son absence à la mort de sa fille, ses mensonges, la protection insolente dont il jouissait comparée à la déchéance de la femme qu'il avait perdue, sa réussite enfin, qui contrastait avec son exil intérieur.

Depuis deux ans, à part quelques poèmes inspirés par Léonie, impubliables dans l'immédiat, rien n'était sorti de sa plume. Mais au cœur de l'automne 1845, l'inspiration lui était revenue. Il en avait aussitôt averti Juliette. Elle qui, testant sa vaillance retrouvée un mois plus tôt, s'était déjà réjouie de le voir « désensorcelé[46] » et se réjouirait tout autant, un mois plus tard, qu'ils se montrent tous deux « dignes de leur jeune temps[47] », accueillit avec enthousiasme l'annonce du prochain retour de cette autre activité amoureuse : copier un chef-d'œuvre, et le découvrir avant tout l'univers. Le premier chapitre qu'il lui confia n'était pas le premier qu'il ait écrit – l'entrée dans Digne du personnage qui s'appelait alors Jean Tréjean –, mais l'histoire de monseigneur Myriel. Elle se reconnut dans la sœur du saint homme, qui écrit à une amie : « Je suis tranquille, parce que je sais bien que s'il lui arrivait malheur, ce serait ma fin. Je m'en irais au bon Dieu avec mon frère et mon évêque[48]. » Ayant recopié la phrase en remplaçant « mon frère et mon évêque » par « mon roi, mon maître et mon amant », Juliette commenta, sûre d'elle : « Pour écrire cela, mon adoré, tu as regardé dans mon cœur[49]. » Pour naïve qu'elle fût, cette remarque n'était pas sans fondement. C'était en tout cas la première pensée critique jamais émise sur ce qui ne s'appelait pas encore *Les Misérables*. Juliette, qui suivrait toutes les étapes de sa création, en devenait la dépositaire.

« Douce Claire aux yeux noirs avec des cheveux blonds »

Elle en reprendrait la copie fin 1846, quand Hugo s'y remettrait après une longue interruption. Sorti du purgatoire où il s'était confiné après le scandale, il avait débuté à la Chambre des pairs le 14 février par un discours prônant l'allongement de la propriété intellectuelle des dessins industriels. S'y glissait un éloge de Pradier qui avait enchanté Claire.

Celle-ci reprenait espoir : à son dernier entraînement, elle n'avait fait aucune faute en dictée et avait réussi l'arithmétique. Sur sa lancée, elle repassa l'écrit de français, et fut enfin admissible le 19 février 1846. Juliette, soulagée que sa fille soit enfin « désensorcelée » elle aussi, attendit avec espoir et crainte l'oral de mathématiques. Claire y échoua le 2 mars. À la fin du mois, elle fut prise d'une crise nerveuse. Juliette, alertée par Mme Marre, alla lui rendre visite, et ne la trouva pas trop mal. Mais deux jours plus tard, la jeune fille défaillait en se frictionnant. Que s'était-il passé ? À quoi Juliette fait-elle référence lorsqu'elle évoque une « imprudence[50] » de Claire et de Mme Marre ? Jusqu'où faut-il croire Alphonse Karr lorsqu'il évoque, dans un texte à clefs intitulé *Le Livre de bord*, la tentative de suicide de deux amies sous-maîtresses (dont l'une est fille d'un artiste qui n'a pas épousé sa mère), qui vont au-devant de la mort en se baignant dans une fontaine d'eau glacée ? Pradier alla voir sa fille et lui promit de faire jouer ses relations pour qu'elle repasse l'examen devant un examinateur complaisant. Quant à Juliette, qui la récupéra à la maison le 31 mars, elle mit son indisposition sur le compte de la fatigue accumulée pendant l'hiver.

Les traitements habituels, sangsues et cataplasmes, n'y font rien. Mi-avril, Claire tousse de plus belle, tour à tour blême et coquelicot. Le médecin craint une fièvre éruptive, rougeole ou petite vérole, et soupçonne qu'il pourrait bien y avoir du chagrin dans tout ça. Hugo est du même avis : son quatrième échec pourrait être à l'origine du mal. L'hypothèse accroît la colère de Juliette contre ces « lâches », « féroces » et « misérables »[51] examinateurs. Claire mange si peu qu'elle perd ses forces. L'espoir renaît fin avril, quand le Dr Triger constate que l'air circule de nouveau dans le poumon gauche : elle pourrait s'en sortir avec un gros rhume. Pradier, resté longtemps sans prendre de nouvelles, écrit à sa fille une lettre optimiste et maladroite : de quoi est-elle malade ? de chagrin ? pas à cause de lui, tout de même ? Il va l'emmener à Nîmes, voir la mer, et se fait fort de chasser ses soucis[52]. Claire va nettement mieux le lendemain de cette lettre. Mais lui, croit-il à ce qu'il écrit ? Pour la première fois, sans la nommer, Juliette évoque l'« affreuse maladie » dont ils l'ont crue menacée, en espérant que Triger viendra en infirmer le diagnostic. Hélas, le mal progresse : le lendemain, Claire souffre et geint. Les vésicatoires lui causent de terribles secousses, et Juliette se reproche d'avoir tardé avant de consulter un autre médecin. On fait donc appel à celui de son père. Pradier comprend, et prévient Hugo :

> Elle est perdue, cette pauvre et trop admirable fille, mon cher Victor, j'ai le cœur brisé. Chomel me l'a dit en sortant de chez sa pauvre mère avec moi.

Pauvre enfant qui n'a connu que le côté misérable et amer de la vie, et au moment où elle allait toucher au port, le bien, la vie lui échappe. Que faire ? – Il est trop tard. On l'a trop fatiguée à la pension, ainsi qu'un chagrin qu'elle concentrait malheureusement dans son âme. Pauvre fille, que faire ! Vous pouvez, cher Victor, préparer cette affreuse douleur. Pour moi, je vis à peine… Elles vont partir aujourd'hui pour Auteuil où j'ai arrêté un joli petit logement. Tâchons que ses pauvres derniers jours se passent dans l'espoir et faites entendre que sa mère ne sera jamais abandonnée. Je n'ai jamais connu positivement leur situation ; j'en ai le douloureux regret [53].

Que regrette-t-il au juste ? Comment peut-il n'avoir jamais connu « positivement » la situation des deux femmes ? Croit-il vraiment que ce « joli petit logement » va redonner espoir à sa fille ? Juliette déménage à contrecœur dans ce « taudis hideusement prétentieux [54] » où elle voit un étalage de fanfaronnade et de luxe tardif. La voilà éloignée de Hugo, qui, pendant plusieurs semaines, fera son possible pour aller la voir, et lui écrit journellement, parfois depuis la Chambre où le retient le procès d'un régicide. Juliette suit à distance le procès de ce « pauvre malheureux fou [55] » à qui Hugo tentera vainement d'éviter la peine capitale, et relit ses lettres en attendant anxieusement ses visites. Quand il repart, elle le raccompagne à pied le plus loin possible, observe sa silhouette s'éloigner dans l'omnibus, et rentre chez elle en remettant ses pieds dans les traces de son amant.

Aux petits soins pour sa fille, elle essaie de lui redonner des forces en lui faisant sucer des côtelettes, prendre du bouillon de poulet, manger de la semoule, boire du lait chaud de vache deux fois par jour. Hugo recommande à Pradier le Dr Louis, qui a si bien soigné son petit François-Victor naguère. On tente tous les remèdes : vin de Briant, vin de quinquina, vin de Bordeaux, eau de Bussang, eau filtrée, tisane de lichen, saignées, pilules, vésicatoire, pommades, ponctions d'iode. Lorsque, le 12 mai, Claire se met à cracher le sang, Juliette stoppe l'hémorragie avec de la poudre de colophane et des compresses d'amadou. Même après cet épisode alarmant, le mieux succédant au pire, elle espère un miracle.

La malade reçoit des visites tout au long du mois de mai. Pradier envoie ses domestiques demander des nouvelles. Les jours où il oublie, sa mère fait croire à Claire qu'on est passé en prendre pendant son sommeil. Ses frères et sœurs se déplacent, une fois chacun. Ayant traversé tout Paris d'est en ouest depuis Saint-Mandé, Charlotte est conduite par la fille de Mme Marre et une sous-maîtresse de la pension [56] ; la petite Thérèse vient accompagnée par sa gouvernante, qui est peut-être aussi la maîtresse de Pradier ; le petit John est amené par son père. Les visites de celui-ci, tant attendues de Claire – qu'il dessine sur son lit de malade *(voir cahier hors texte)* – sont rarement réconfortantes pour Juliette, qui ne sait jamais à quoi s'attendre. Ainsi, le 7 mai, devant sa pauvre enfant, il révèle à Juliette que Hugo a fait la cour non seulement à sa femme, mais aussi à son amie « Mme Chose ». Juliette fait mine d'ignorer le ragot et résiste à la tentation de demander le nom de cette « chose ». Puis Pradier refuse de louer pour Claire un appartement plus confortable. Il craint d'avoir à payer deux loyers, et s'en excuse sur ce que lui coûtent déjà sa femme et ses enfants. Il ira même jusqu'à proposer à Juliette, pour lui procurer les médicaments qu'il ne veut pas payer, de l'inscrire au dispensaire, comme les indigents[57].

Les amies, en revanche, sont fidèles au poste : Claire voit défiler à son chevet Mlle Hureau[58], qui n'a jamais cessé de lui témoigner son affection, Mme Lanvin, Mme Rivière et ses filles. La cousine Eugénie, particulièrement attentionnée, lui offre des petits pots de crème et « des reliques authentiques de Rome qui contiennent des parcelles de la Vierge et de saint Joseph[59] », que Claire, plus pieuse que sa mère, met aussitôt à son cou.

Juliette, pour sa part, ne place son espoir et sa joie qu'en Victor. Jamais sa pensée ne la quitte, et les lettres qu'ils s'échangent maintiennent à distance le lien télépathique :

> Je t'écris à bâtons rompus, mon cher petit homme, en entremêlant mon gribouillis d'un sourire à ma fille, d'un rayon de soleil que je happe au passage en ouvrant la fenêtre de cette pauvre enfant, d'un oreiller que je rebats, d'un verre de tisane que je donne, d'une porte que je ferme, d'un blanchisseur que je reçois, enfin de tous les incidents que produisent les soins à donner à un enfant malade. Mais à travers tout cela mon cœur et ma pensée sont fixés sur toi. Je te désire et je t'aspire par tous les pores[60].

Lui, de son côté, la soutient de son mieux, et glisse dans ses lettres des messages affectueux pour la mère et la fille :

> Dis à ta Clairette qu'elle était hier fort jolie, que c'est mon opinion et que je ne vois pas pourquoi je n'aurais pas la liberté de la publier. Dis-lui d'être bien courageuse et que nous l'aimerons tous bien. Il dépend d'elle, avec un peu de volonté en ce moment, de passer le reste de l'été en promenades et en plaisir, et l'automne en voyage. Se tenir droite et bien manger, voilà tout le secret[61].

Juliette, elle, s'imagine ramener bientôt Claire en convalescence rue Sainte-Anastase, où elle fait un saut fin mai. Mais ce rêve s'évanouit le premier jour de juin : les médecins ne lui laissent plus aucun espoir. « La faiblesse gagne d'heure en heure, c'est-à-dire la mort », confie-t-elle à Hugo le lendemain.

Claire, qui avait compris toute seule, fit demander le curé de Saint-Mandé. Le bonhomme vint la voir deux fois : le 13 juin, pour la confesser, le 16 pour les derniers sacrements. Hugo renonça à l'inauguration du chemin de fer du Nord qui reliait désormais Paris à Lille et Bruxelles, à laquelle il était invité[62], pour se consacrer à Juliette et à son enfant perdue. Telle Fantine dans son lit de souffrances entendant Jean Valjean lui apporter des nouvelles de Cosette, Claire fut transfigurée de joie à l'écoute de la charmante lettre qu'il lui écrivit.

Juliette finit par s'en remettre à la médecine parallèle. Faute d'être « somnambule[63] », selon le nom qu'on donnait à ces femmes réputées voyantes et magnétiseuses[64], elle fit appel, en désespoir de cause, au médecin homéopathe amené par Pradier, un « Cagliostro-Macaire », « docteur aventurier » nommé Doroszko, dont le « charabia » sentait « l'avaleur de sabre à faire frémir »[65]. Claire se mit à divaguer ; sa langue ne pouvait plus articuler sa pensée ; elle laissa échapper : « Et puis je ne sais plus[66]. » Le 20 juin, elle évoqua sa mort prochaine. Celle-ci survint le lendemain, au premier jour de l'été. Elle avait dix-neuf ans, comme Léopoldine.

Quatre jours après l'enterrement au cimetière d'Auteuil, Mme Marre apporta à Juliette le testament resté à la pension : Claire désirait reposer à Saint-Mandé, parée de sa robe de communiante ; elle voulait une messe funèbre célébrée par l'abbé Chaussotte, et de l'herbe sur sa tombe. Elle chargeait sa mère de distribuer ses trésors à ses sœurs et amies :

> Je prie ma mère bien-aimée de porter toujours en souvenir de sa fille le bracelet d'argent, avec la médaille espagnole, et ma grosse bague. Je laisse à ma Charlotte, pour qu'elle se souvienne de moi, mon médaillon et ma broche, à Thérèse, ma petite croix d'or, à Estelle, mon petit coffre, avec ce qu'il contient, à Adèle, ma papeterie et ma littérature bleue, mon chapelet rouge, à Louise Rivière les boucles d'oreille que je porte, à Julie, mes boucles d'oreille avec une turquoise, à ma mère bien-aimée, mon livre de messe et mon *Imitation*, afin qu'elle prie quelquefois pour sa fille[67].

Pas un mot sur son père. Juliette fit parvenir ce qui leur revenait aux légataires, y ajouta quelques petits dons, et des messages individuels à son frère et à ses sœurs, « afin que le souvenir en fût moins fugitif et moins vite perdu[68] ». À la douce Mlle Hureau, elle envoya une mèche de cheveux.

Plus elle y pensait, plus elle trouvait « amer et injuste à cette pauvre bien-aimée d'avoir désiré la mort, car il n'est que trop sûr qu'elle la désirait, et au bon Dieu de l'avoir exaucée[69] ». Il lui fallut encore surmonter l'exhumation du corps transféré à Saint-Mandé. Le courage lui manqua pour y aller. Elle trouva refuge dans l'église proche de chez elle pendant la cérémonie : le matin du 11 juillet, Hugo et Pradier menaient le cortège, accompagnés par le frère et les sœurs de Claire, ses amies de la pension, et des proches. Hugo témoignait ainsi publiquement de son amitié pour le sculpteur, mais aussi, et surtout, de son amour pour la mère. Au retour de la cérémonie, il écrivit un des plus beaux poèmes des *Contemplations* :

On vit, on parle, on a le ciel et les nuages
Sur la tête ; on se plaît aux livres des vieux sages ;
On lit Virgile et Dante ; on va joyeusement
En voiture publique à quelque endroit charmant,
En riant aux éclats de l'auberge et du gîte ;
Le regard d'une femme en passant vous agite ;
On aime, on est aimé, bonheur qui manque aux rois !
On écoute le chant des oiseaux dans les bois ;
Le matin, on s'éveille, et toute une famille
Vous embrasse, une mère, une sœur, une fille !
On déjeune en lisant son journal. Tout le jour
On mêle à sa pensée espoir, travail, amour ;
La vie arrive avec ses passions troublées ;
On jette sa parole aux sombres assemblées ;
Devant le but qu'on veut et le sort qui vous prend,
On se sent faible et fort, on est petit et grand ;
On est flot dans la foule, âme dans la tempête ;
Tout vient et passe ; on est en deuil, on est en fête ;
On arrive, on recule, on lutte avec effort… –
Puis, le vaste et profond silence de la mort !

11 juillet 1846, en revenant du cimetière[70]

Les deux autres pièces poignantes qu'il écrirait pour Claire seraient composées après la mort de Pradier, à qui il rendrait ainsi un hommage indirect, en 1854[71]. Mais pendant cet été et l'automne 1846, Hugo conçut une bonne trentaine de poèmes, dont la moitié de la section « *Pauca meae* », quatrième livre des *Contemplations*. Le chagrin de Juliette avait réactivé le sien, et, en décentrant son propre deuil, libéré sa parole poétique.

Pour la première fois, il trouva le courage de se rendre sur la tombe de Léopoldine. Il avait déjà emmené Juliette en excursion les deux premiers jours d'août ; il lui proposa cette fois de l'accompagner en Normandie fin septembre. Ayant pris le train pour Rouen, ils se rendirent à Caudebec, et s'y installèrent à l'hôtel. Pendant que Victor rejoignait sa femme et sa fille à Villequier, puis ses fils à Vert-le-Grand, où Charles était en convalescence chez des amis, Juliette resta seule, les convenances ne lui permettant pas de l'accompagner. Quelques semaines plus tôt, inquiète pour le jeune Charles qui avait contracté une fièvre typhoïde, elle avait eu la tentation d'aller demander des nouvelles au portier de la place Royale (en se faisant passer pour la mère d'un camarade), mais n'avait pas osé[72] ; elle comptait sur l'au-delà pour être un jour enfin acceptée parmi eux : « J'espère que les préjugés de ce monde ne nous suivront pas dans l'autre et que je pourrai faire partie de ta famille, toi qui es toute ma famille, tout mon cœur et tout mon amour[73]. » Le temps que Victor rende visite aux siens, elle le suivit en pensée, observa, songeuse, le convoi funèbre de la châtelaine de Villequier, emportée par une mauvaise fièvre qui sévissait dans la région, et contempla les bords de Seine.

Au retour, Victor se montra toujours charmant avec elle, et obligeant avec les siens. La cousine Eugénie fréquentait un sculpteur, Victor Vilain, qui réalisa des bustes de Juliette et de Claire *(voir cahier hors texte)* et des médaillons de Claire. Hugo le recommanda pour des commandes publiques. Il fit aussi l'éloge de l'amie infirme de Juliette, Joséphine, dans l'entretien qu'il accorda à Auguste Vacquerie pour le journal *L'Époque*. Les petites Rivière pleurèrent de joie en entendant Juliette leur lire cet hommage à leur tante[74]. Victor revint passer des après-midi entiers rue Sainte-Anastase pendant la villégiature de sa femme et les vacances de ses enfants (l'école ne reprenait à l'époque que mi-novembre). Studieux, il restait parfois des heures sans lever le regard vers elle, qui réclamait un peu d'attention :

> Songe que je t'ai très peu vu après tout puisque tu as travaillé tout le temps sans lever une seule fois les yeux sur moi et sans m'adresser une parole. Je sais bien que je pouvais te regarder, et je ne m'en suis pas privée [...] mais je ne te vois pas aussi bien quand tu ne me regardes pas un peu toi-même de temps en temps[75].

Le lendemain, Hugo transforma sa lettre en poème :

Paroles dans l'ombre

Elle disait : C'est vrai, j'ai tort de vouloir mieux ;
Les heures sont ainsi très doucement passées ;
Vous êtes là ; mes yeux ne quittent pas vos yeux,
Où je regarde aller et venir vos pensées. [...]
Sans doute, je vous ai ; sans doute, je vous vois.
La pensée est un vin dont les rêveurs sont ivres,

Je le sais ; mais, pourtant, je veux qu'on songe à moi.
Quand vous êtes ainsi tout un soir dans vos livres,
Sans relever la tête et sans me dire un mot,
Une ombre reste au fond de mon cœur qui vous aime ;
Et, pour que je vous voie entièrement, il faut
Me regarder un peu, de temps en temps, vous-même [76].

Ce n'était ni la première ni la dernière fois que Hugo tirait son inspiration d'une lettre de Juliette.

Quand il lui annonce qu'il va se remettre à son roman, dont le titre n'est pas encore fixé, elle exulte. Elle a hâte de retrouver son « cher bonhomme Jean Tréjean », et n'est « pas fâchée non plus de renouer connaissance avec la vieille gouvernante et la vieille demoiselle » [77]. Sitôt la copie arrivée, la voilà replongée dans les aventures du héros pour qui elle prend fait et cause :

> J'ai une peur affreuse que tu ne le rendes trop malheureux. Je sens bien que c'est dans l'intérêt de tous ces pauvres *parias* que tu accumules tant de douleurs et tant de misère sur un pauvre être que le bon Dieu avait fait primitivement bon et inoffensif. Mais cela aura l'inconvénient de serrer le cœur et de navrer l'âme de ceux qui te liront, si j'en juge d'après ce que j'éprouve.

Elle a honte de ce commentaire digne d'une « vieille portière sensible » [78]. Il n'y a pourtant pas lieu de s'excuser : sa détresse et celle de sa fille, emportée comme le sera Fantine, par la tuberculose, étaient une source des futurs *Misérables* ; et puis ce roman était voué à être lu par tous, vicomtes, bourgeois, curés, courtisanes, étudiants, ouvriers et portières.

Atelier d'écriture

Juliette copie son *Jean Tréjean* sur du beau papier satiné. C'est son remède à l'ennui et à la solitude, et même son « antinarcotique infaillible [79] » les soirs où elle est décidée à le « copier à mort ». Prise par l'histoire comme si c'était la sienne, elle pressent les malheurs qui guettent son héros, et le plaint d'être entre les griffes non de Javert, mais de Hugo [80].

À chaque arrêt de l'écriture, elle le pousse à s'y remettre. Elle suit l'avancée du manuscrit qu'il lui laisse, et se retient de lire d'avance dans son buvard les chapitres en préparation. Si Hugo doit s'interrompre à plusieurs reprises en 1847, c'est que l'actualité politique l'accapare. Au printemps, pour une loi sur les prisons, il se documente sur la vie des détenus, et s'entretient à la Roquette avec un condamné à mort[81]. Il approfondit ainsi l'enquête qu'il avait commencée à l'automne 1846, au quartier des femmes de la Conciergerie. Pendant l'été, il est accaparé par la loi sur le travail des enfants, la pétition en faveur de la famille Bonaparte pour qu'elle soit autorisée à revenir en France, et le scandale politico-financier incriminant les deux anciens ministres Teste et Cubières dans une affaire de pot-de-vin. Leur procès relevait de la Chambre des pairs, comme tous ceux qui mettaient en cause un membre de l'aristocratie ou du gouvernement. Juliette en était pour ses frais : la multiplication des séances donnait à Victor des excuses à ses absences. Au moins n'eut-il pas à siéger fin août pour juger le duc de Choiseul-Praslin, qui avait assassiné sa femme, trop aimante et jalouse, d'une trentaine de coups de couteau : après avoir défrayé la chronique et continué d'entacher la réputation des élites de la nation, l'affaire avait tourné court, le duc s'étant suicidé à l'arsenic dans sa cellule avant son procès. Mais le peuple, qui avait aussitôt inventé le verbe « prasliner » pour « assassiner sa femme », n'était pas convaincu par cette version des faits : le bruit courait qu'on avait fait échapper le grand aristocrate pour lui éviter l'exécution capitale. Ce soupçon alimenta la révolte qui grondait dans les faubourgs. Hugo s'en était rendu compte, à la fête donnée par le duc de Montpensier début juillet dans le bois de Vincennes ; enivré par le luxe aristocratique et la beauté des femmes, il avait été édifié par l'accueil que la foule avait réservé aux voitures des invités : massée sur le trajet, elle avait agoni le convoi d'injures. Sept mois plus tard, ce peuple-là mettrait à sac le palais des Tuileries.

Son roman se nourrissait de ses observations sur les injustices sociales, la condition féminine, la loi pénale, le travail des enfants. Juliette l'aidait à se documenter, sans savoir toujours à quoi serviraient les recherches qu'il lui demandait. Déjà, pendant l'été 1845, elle avait fait venir chez elle à deux reprises le fils de Mme Rivière, matelot, pour noter le récit de ses aventures exotiques sur les mers du monde et chez les « sauvages[82] ». Ça pouvait servir. Elle raconta aussi par écrit une cérémonie de mariage observée le 22 avril 1847 dans l'église Saint-Germain-l'Auxerrois où ils avaient coutume de se retrouver car Hugo n'avait que le Pont-Neuf à traverser pour la rejoindre après ses séances à l'Académie. Après celles de la Chambre des pairs, sise au palais du Luxembourg, ils se donnaient rendez-vous à Saint-Sulpice, froide et sombre. Le récit du mariage à Saint-Germain-l'Auxerrois semble être resté inemployé. Hugo fit bon usage, en revanche, d'un témoignage de la cousine Eugénie sur les traditions de la Chandeleur reproduit quasi à l'identique dans *Les Misérables*[83], et des renseignements recueillis sur la fabrication des boîtes, sans doute recyclés dans le passage où Thénardier évoque la technique des cartonnages fins[84]. De même, il réutiliserait des notes qu'elle avait prises à sa demande sur les actions de son « hideux et sale compatriote Lamennais », trois grandes feuilles dont on ne risquait pas de tirer « un dithyrambe en l'honneur de la propreté et de la générosité du susdit cancre, quelles que soient l'imagination et la bonne volonté qu'on y apporte ». Et Juliette de conclure : « Mais en voilà assez sur ce SALOP. »[85] De fait, le portrait que Hugo dresserait de Lamennais dans *Choses vues* un an plus tard ne serait guère flatteur[86].

Sa contribution la plus nourrie aux *Misérables* est le récit de ses années de pensionnaire au couvent, témoignage édifiant sur l'éducation religieuse des jeunes filles qui permit à Hugo de farcir de détails exacts l'épisode du Petit-Picpus. Cette tâche l'occupe trois jours pleins, du 7 au 9 septembre, et son achèvement la remplit de fierté : « Oui, MONSIEUR, oui, j'ai fini mon MANUSCRIT, oui, j'ai la générosité de vous donner le fruit de mon travail, sans hésiter et sans marchander. Faites-vous de la CÉLÉBRITÉ avec, faites-vous-en de la gloire et de la fortune, je ne m'y oppose pas. Je vous le DONNE[87]. » Ce qu'elle ne savait pas, c'est qu'à la même époque, Hugo demandait à Léonie Biard d'en faire autant avec ses propres souvenirs de pensionnaire, pour le même usage.

Le bureau des longitudes

Eût-elle poussé son enquête qu'un indice l'aurait mise sur la voie. Par un acte manqué, Victor avait laissé traîner un mouchoir brodé de la lettre « L ». Elle se demandait bien de quelle « odalisque de rencontre » il tenait ce « tire-jus »[88]. Au jeu du décryptage des signes, elle réussissait toujours à se convaincre de son infortune : cette seconde place qu'il avait prise pour aller voir *La Reine Margot*, le drame que Dumas avait tiré de son roman pour l'inauguration du Théâtre-Historique, et qui était prétendument au nom de son fils Charles, ne cachait-elle pas quelque invitée mystère[89] ? Son air inquiet lorsqu'elle l'avait menacé de le tuer si elle se savait trompée ne trahissait-il pas sa mauvaise conscience[90] ? Lorsqu'il arrive au petit jour, heure incongrue, n'est-ce pas le signe qu'il revient de chez une femme du monde qui n'a pu le garder la nuit complète[91] ?

Faute de s'en assurer, Juliette lançait des menaces en l'air, vantait les vertus castratrices de son petit couteau, et ironisait sur les alibis douteux qu'il lui fournissait. L'un d'eux était la conscription de son cadet, Charles, tombé sur un mauvais numéro : on paya le brave Grangé pour partir au service à sa place et Victor prétexta des démarches interminables à accomplir en mairie pour excuser ses absences. Juliette appelait « carabinier de Charles » ces excuses grossières. Lectrice de Balzac, dont les *Petites Misères de la vie conjugale* paraissaient en revue, elle lui emprunta le nom de « Chaumontel », ce personnage inventé de toutes pièces par Adolphe, un mari infidèle, pour justifier auprès de sa femme ses retards répétés. « Tous les ménages ont leur affaire Chaumontel[92] », écrivait Balzac. Le leur en avait plusieurs. Hugo n'était pas à court d'invention pour égarer la jalousie de Juliette sur de fausses pistes, dans les impasses de ses mensonges ou les chemins tortueux de la restriction mentale.

C'est ainsi qu'il lui confia avoir assisté à l'un de ces tableaux vivants proposés par une troupe anglaise invitée, en février 1847, à se produire sur la scène de la Porte-Saint-Martin. On allait y reprendre *Lucrèce Borgia.* Admis dans les coulisses par le régisseur, il y avait vu « une vingtaine d'hommes qui allaient, venaient, travaillaient ou regardaient, auteurs, acteurs, pompiers, lampistes, machinistes, et au milieu de ces hommes, sept des femmes absolument nues allant et venant aussi avec l'air de la plus naïve tranquillité[93] ». Juliette s'en était attristée, mais cet aveu ne portait pas à conséquence. Il ne lui dit rien, en revanche, de la cour qu'il faisait à l'actrice Alice Ozy : cette splendide courtisane recevait les *happy few* dans son lit, meuble accueillant auquel Hugo avait dédié deux quatrains et un quintil galants. Il se contenta de confier à Juliette les soucis que lui causait la passion naissante qu'elle inspirait à son cadet, Charles. En septembre, Juliette encouragea Victor à envoyer le jeune homme oublier son béguin à Villequier, sans se douter un instant que le père et le fils étaient en rivalité, ni que Mlle Ozy classait les hommes, comme Hugo le note dans son carnet, non sans fierté sans doute, en deux catégories : les hommes « qui couchent bien » et les hommes « qui couchent mal »[94].

Quant à Juliette, elle couchait peu, mais continuait à réclamer son dû, qu'elle obtenait parfois, et trouvait toujours sa vie monotone. Sa sincérité épistolaire, exigée par Hugo, la plaçait dans une position inconfortable : dans ce « bureau des longitudes » auquel elle compare ses lettres quotidiennes, elle s'exposait à des disputes en ne cachant rien des états météorologiques de son âme. D'où parfois la tentation d'interrompre « ces *bulletins* quotidiens qui mettent trop souvent en évidence les *brouillards*, les *pluies*, les *nébuleux*, les *variables* et les *tempêtes* »[95], quelle que soit la saison.

Y avait-il même encore des saisons pour elle ? Le dessin où elle les représente par une allégorie ne permet guère de les distinguer autrement que par leur nom. Le petit abricotier de son jardin avait été arraché par une tempête en plein été. Un prunier de reine-claude le remplaça. Plus que par les saisons, l'année fut rythmée par les visites à Saint-Mandé : elle s'y rendit au jour de l'an ; le 28 mars elle y commémora le début de l'alitement ; le 30 avril, elle alla remercier le curé qui avait semé du gazon sur sa tombe – c'était le vœu de Claire – et pris l'initiative d'en border la balustrade de rosiers nains ; Hugo s'y recueillit le 21 juin, jour de la mort ; le 2 juillet, Juliette y déposa des lys de son jardin ; le 4 septembre, anniversaire de la noyade de Léopoldine, Claire reçut sa troisième et ultime sépulture : Suzanne seule pénétra dans le cimetière, la mère éprouvée étant restée à l'église avec Mme Lanvin.

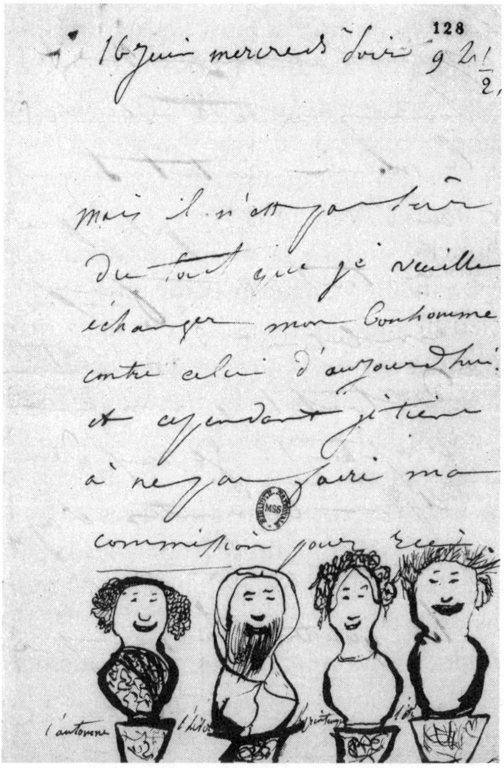

Juliette Drouet, « Les quatre saisons », dessin, 16 juin 1847

Son deuil, adouci par les médaillons de sa fille réalisés par Victor Vilain, fut attristé par trois trahisons. Celle de Pradier, qui, en janvier 1847, n'avait toujours pas commencé le monument funéraire promis à Claire, et n'avait pas davantage réglé les honoraires du médecin ; puis celle de la cousine Eugénie, dont Juliette apprit, par la petite Rivière, qu'elle l'accusait dans son dos de s'être mal occupée de sa fille pendant son agonie ; Mme Rivière, enfin, finit par lui dire qu'elle aussi se souvenait l'avoir vue

« parée comme une châsse » pendant la maladie de Claire, et plus préoccupée des visites de Hugo que du soin de son enfant[96]. Ulcérée, Juliette finit par pardonner, garda son affection à sa cousine, et attribua sa méchanceté à ses malheurs : Victor Vilain, son amant, ne voulait pas l'épouser, et le peintre Ziegler, père de son enfant naturel, s'en désintéressait autant que Tholomyès de sa petite Cosette. Prenant modèle sur monseigneur Myriel, Juliette avait fermé les yeux sur les vilénies de sa cousine[97].

Hugo la réconforta, et multiplia les attentions. Il lui offrit pour sa fête des dessins qui enrichirent son album, comme autant de petits trophées. Il ne fallait toujours pas compter sur un voyage d'été, mais au début de l'automne il l'emmena une semaine en Normandie, le temps, pour lui, de retourner sur la tombe de Léopoldine et de composer le poème « Demain, dès l'aube », et, pour eux, de traverser Mantes et Les Andelys à l'aller, Évreux et Vernon au retour, après un petit séjour en bord de Seine, à Caudebec, près de Villequier[98].

Une fois rentrée, elle confia à sa lettre quotidienne le souvenir de ces quelques jours de bonheur arrachés à l'automne : « Je pourrais presque compter les pommes du chemin, les pulsations de la machine à vapeur du chemin de fer, les coups de fouet du conducteur de coucous[99]. » Victor se partagea entre Léonie retrouvée, sa femme qui avait contracté la typhoïde, sans doute contaminée par leur cadet qui en avait réchappé quelques semaines plus tôt, et Juliette, chez qui il lui arrivait de dessiner et de laisser en plan tout son matériel d'arts plastiques et ses œuvres en cours ; parmi elles, un pendu ; elle l'admire tant, malgré son sujet, qu'elle l'exhorte à ne pas laisser « une si belle horreur en train[100] » *(voir cahier hors texte)*.

Pendant la seconde quinzaine de novembre, plus question de dessiner ni d'écrire : Hugo s'était foulé le pouce droit. Juliette se proposa comme secrétaire en attendant sa guérison, après laquelle il se remit à son roman, et elle à sa copie. L'inspiration s'étant accumulée pendant l'immobilisation de sa main, il lui arrivait maintenant de ne s'arrêter pour dîner qu'à une heure du matin[101]. Cette frénésie créatrice fit découvrir à Juliette le jeune Thomas (qui deviendrait Marius, le mari de Cosette) ; elle sentit, la veille de Noël, son corps quitter la terre et son âme s'envoler « à travers les terribles mondes[102] » du génie quand Hugo lui fit la lecture de ses dernières trouvailles, et elle lui reprocha le chagrin que lui causait le sort de la pauvre Fantine. Pour sûr, personne ne pourrait lire ces sublimités sans partager son émotion. Encouragé par cette lectrice enthousiaste, et sans doute aussi par ses proches à qui il donnait parfois lecture de son manuscrit, Hugo signa, le 30 décembre 1847, un contrat avec Renduel et Gosselin pour un roman en quatre volumes qui s'appelait maintenant *Les Misères*.

Si Hugo trouve toujours dans ses personnages, même les plus abjects, de quoi sauver leur humanité, Juliette, elle, n'y va pas par quatre chemins en matière de critique littéraire : « Je voudrais griffer ce monstre de *Javert* et tuer ces hideux *Thénardier*. Voilà comment je prends vos fictions[103]. » Pionnière de la narratologie sans le savoir, lorsqu'elle s'inquiète du sort de leurs victimes, elle philosophe avec une extralucide naïveté sur la toute-puissance du romancier démiurge : « J'avoue que leur sort me tient à cœur et que je voudrais à tout prix les voir heureux. Je ne sais pas si cela dépend de toi mais dans tous les cas il est impossible de plus s'identifier avec les malheurs de ces pauvres gens que je ne le fais[104]. » L'identification est telle que la lecture à voix haute, par l'auteur, le 2 février 1848, des chapitres sur la déchéance de Fantine, le procès de Champmathieu, et le sacrifice de Jean Tréjean l'obsèdent : « Les malheurs de ce pauvre homme sont restés comme un poids sur mon cœur. J'espère que l'air et la marche dissiperont cette espèce d'oppression douloureuse et que je parviendrai à respirer plus librement[105]. » Deux semaines plus tard elle trouverait l'atmosphère dans les rues de Paris autrement irrespirable. La capitale était à feu et à sang. Il lui faudrait attendre longtemps avant de lire la suite : Hugo interrompait son roman « pour cause de révolution[106] ».

XII

Comment on devient républicaine (1848-1851)

« Le faubourg Saint-Antoine, sourdement chauffé, entrait en ébullition. »

Les Misérables, IV, I, 5

Juliette n'avait rien vu venir. Pourtant, depuis l'été 1847, le régime était contesté. Des scandales éclaboussaient le gouvernement. Une crise économique avait entraîné des faillites en chaîne, après les mauvaises récoltes de l'été 1846 qui avaient causé la disette et la flambée du prix du pain. La classe ouvrière, en expansion dans les villes avec la révolution industrielle, subissait le chômage. À cette détresse sociale s'ajoutent les revendications de la petite et de la moyenne bourgeoisie qui s'estiment sous-représentées dans le système bicamériste, avec la Chambre des pairs ouverte à la noblesse et la Chambre des députés où seuls les plus riches sont éligibles, par un collège composé de ceux qui paient le plus d'impôts. Depuis un an, l'opposition républicaine réclamait une réforme qui, en abaissant le cens, eût élargi la représentativité des élus à l'ensemble de la bourgeoisie. Guizot et Louis-Philippe n'en avaient pas voulu. Pour relancer ce projet en contournant l'interdiction de se réunir, une campagne de banquets s'organisait dans les grandes villes. Juliette exhorta Hugo à se tenir à l'écart : « J'espère que tu te dispenseras de fourrer ton cher petit nez dans tous ces hourvaris, il faut laisser aux mangeurs de veau la responsabilité de leur gueuletonnerie[1]. » Les choses basculèrent quand le banquet de clôture parisien du 22 février 1848 fut interdit. L'émeute populaire déborda la contestation bourgeoise.

Le spectre rouge

Ce jour-là, pour ce qu'elle en perçoit à la mi-journée, tout est encore calme. Les promeneurs se promènent, les hommes d'affaires s'affairent, il y a des gens aux fenêtres et des voitures dans les rues, « tout cela est gai et a plutôt l'air d'attendre le bœuf gras que l'émeute[2] ». Les bruits de l'insurrection ne lui parviennent que le soir, lorsqu'elle entend des cris rue Saint-Louis (actuelle rue de Turenne) : la boutique du fruitier a été attaquée et celle du marchand de vin vandalisée par des insurgés cherchant des armes ; au boulanger ils prennent ses couteaux à pain, avant de se servir dans plusieurs autres maisons et boutiques du quartier du Temple et du Marais.

Le lendemain, elle entend des coups de feu et la canonnade. Pour protéger son immeuble, on sécurise son jardin qui donne sur la rue Dorée. Il faut attendre le soir pour que Hugo d'abord, le cousin de Suzanne ensuite, viennent rassurer les deux femmes : on a changé de ministère, tout est rentré dans l'ordre. Mais on entend vite repartir les fusillades et sonner le tocsin[3].

Le 24 février, c'est l'émeute. Plus de mille cinq cents barricades sont dressées dans Paris. Le quartier est à feu et à sang. Où trouver Hugo, qui n'est pas chez lui ? Sur son balcon, elle n'a vu que sa femme et son fils. À en croire son portier, il n'est pas rentré de la nuit. L'aurait-il passée à la Chambre ? À deux pas, les barricades se dressent boulevard Saint-Antoine. Dans quelle direction le chercher ? À la Bastille, sous la colonne de Juillet où le peuple s'assemble ? Mieux vaut attendre chez elle, en tournant « comme un écureuil dans sa cage[4] », qu'il vienne la rassurer. Si elle l'avait su, elle serait allée l'écouter prôner la régence de la duchesse d'Orléans plutôt que la République, sur le balcon de la mairie de ce qui était à l'époque le 8e arrondissement de Paris ; mais elle l'apprit trop tard.

Dans son récit de cette journée révolutionnaire et des jours qui suivirent, Juliette affiche son mépris pour tous ces « forcenés », jeunes et vieux, qui parcourent les rues avoisinantes munis de « merlins », « haches », « hachettes », « bâtons », « barres de fer », qui pillent les boutiques, dressent des barricades, font le coup de feu, mettent à sac le palais des Tuileries et emportent le trône place de la Bastille pour le brûler sous la colonne de Juillet : de chez elle, on entend la rumeur populaire au passage du convoi. Sortie aux nouvelles, elle découvre le pont Louis-Philippe incendié ; dans la rue qui y mène, où un feu énorme est allumé devant la barricade, une sentinelle la rappelle à l'ordre. « D'atroces femmes avec de hideux hommes se chauffent, chantent, crient et hurlent. La réverbération du feu fait paraître leurs visages couleur de sang[5]. » Sur les barricades sont hissés des drapeaux rouges, et des lambeaux de la même couleur sont accrochés aux boutonnières ou aux couvre-chefs des hommes en signe de ralliement ; on demande aux passants de l'argent pour secourir les blessés ; des chirurgiens entrent et sortent des maisons. Rue Saint-Honoré, elle peut à peine se frayer un chemin entre les barricades ; la rue de Chartres est obstruée par les débris de quatorze voitures de la Cour qu'on a incendiées. Accompagnée de Suzanne, en repassant rue Saint-Honoré le lendemain, à minuit, Juliette entend deux hommes à leurs trousses dire que la Révolution n'a pas été faite pour les femmes à chapeaux, qu'on devrait les pendre. D'autres, plus loin, goguenards, les fixent en disant préférer « les bonnets ronds[6] » des femmes du peuple. Plus loin, rue de l'Arbre-Sec, une femme ivre, sabre en main, fait mine de barrer le chemin aux gardes nationaux.

On est sur le qui-vive dans la petite rue Sainte-Anastase, et dans tout ce quartier de l'Est parisien : avec celui de l'Hôtel de Ville, les grands boulevards et le Quartier latin, c'est un des hauts lieux de l'insurrection. En se rendant chez Juliette, Vilain, compagnon de la cousine Eugénie, a été contraint plusieurs fois de crier « Vive la République ! », sans quoi on refusait de le laisser passer. On dit qu'un marchand de la rue de Richelieu a eu tous ses carreaux cassés parce qu'il n'avait pas illuminé sa boutique en signe de liesse et de solidarité. Chez le marchand de glaces de la rue des Francs-Bourgeois, voisin de l'amie Joséphine, les insurgés, prétendant qu'on leur avait lancé une pierre depuis la boutique, l'ont saccagée et ont grièvement blessé le commis. La porteuse de pain, fière des morceaux de damas rouge qu'elle avait rapportés des Tuileries, s'était écriée : « C'est maintenant que nous allons partager avec les riches[7]. » L'amie de Joséphine, qui, tel l'évêque des *Misérables*, gardait pour elle le strict nécessaire et distribuait le reste aux indigentes du quartier, en avait accueilli deux et les avait « nourries, couchées, hébergées, rassurées avec une charité évangélique » pendant quatre jours, pour s'entendre dire, en guise de remerciement : « On fera bien de prendre à ceux qui ont pour donner à ceux qui n'ont rien, ça fait qu'ils n'auront pas la peine de donner. »[8] Le cousin de Suzanne avait assisté, depuis la fenêtre de sa sœur, au massacre des gardes municipaux sur le quai près de l'Hôtel de Ville, « traînés par leurs chevaux la tête sur le pavé[9] ». L'amie Eulalie, barrière de l'Étoile où elle habitait, avait vu, le 28, des hommes partir incendier le château royal de Neuilly, dont on avait retiré, disait-on, cent cinquante cadavres carbonisés. La blanchisseuse de Juliette, en passant sur la place de la Concorde, avait croisé une femme bien mise et en chapeau, qu'on emmenait fusiller parce qu'elle avait volé un chandelier d'argent.

Quant à la marchande de nouveautés où se fournissait Juliette, Mme Sauvageot, dont la clientèle comptait plusieurs femmes de ministres, elle se crut d'abord ruinée par la Révolution, qui lui donna néanmoins l'occasion de s'illustrer. Le soir du 24 février, en sa demeure de la rue Saint-Denis, on lui avait confié un garçon de sept ans, sans lui dire qui c'était. Elle savait juste qu'elle devait l'appeler « Mademoiselle », pour qu'il s'habituât à dissimuler son identité. Entre deux crises de larmes, l'enfant lui révéla être Robert, duc de Chartres et petit-fils du roi. Son frère aîné était l'héritier du trône. Choqué qu'on l'appelât « Mademoiselle », il protestait, du ton impérieux que sa qualité lui donnait le droit d'employer avec son hôtesse. Atteint par le muguet [10], il était assoiffé et devait subir des lavements que Mme Sauvageot eut toutes les peines du monde à lui administrer. Toute la nuit, il se plaignit de l'inconfort de sa maison, du goût de son eau, lui reprocha le sort qu'on lui réservait et les soins qu'elle lui prodiguait. Le lendemain, il fit force caprices et réclama sa mère. Quand la duchesse d'Orléans finit par arriver et lui demanda s'il voulait la faire mourir de chagrin, il répondit : « Je savais bien, ma mère, qu'en étant très méchant vous voudriez me voir. » Libéré de sa cachette le jour suivant, il refusa de dire au revoir à son hôtesse. Autant Juliette trouvait « hideux » les insurgés assoiffés de sang, autant elle plaignait Mme Sauvageot du peu de reconnaissance que lui avait témoigné l'héritier du trône. La lutte des classes, Juliette, qui ne lirait jamais une ligne de Marx, en avait au moins éprouvé le principe par imprégnation : il lui suffisait pour cela d'arpenter les rues, les ponts, les quais et les boulevards, d'ouvrir grand les yeux et les oreilles.

Hugo lui demanda de tenir rétrospectivement le journal de la Révolution. Elle s'y mit consciencieusement début mars. Certaines anecdotes alimenteront l'épisode des barricades de 1832 où meurent Gavroche et Éponine et où Jean Valjean sauve l'amoureux de Cosette en le portant sur ses épaules dans les égouts de Paris. Juliette se promettait, sitôt son récit achevé, de se remettre à la copie des *Misères*. Mais la République en décida autrement. Hugo rangea son manuscrit. Il ne s'y remettrait que douze ans plus tard. Douze ans pendant lesquels resterait suspendu le destin de ces figures qui hantaient l'imagination de Juliette, la petite Cosette, le brave Fauchelevent, l'infâme Javert, le hideux Thénardier et l'admirable Jean Tréjean. Celui de Fantine, qui lui devait tant, était déjà scellé. Dans les dernières pages de sa copie, l'auteur venait aussi de faire mourir Palmyre – qui ne s'appelait pas encore Éponine – dans les bras de Marius, et celui-ci venait de confier à Chavroche – qui ne s'appelait pas encore Gavroche –, une lettre à porter à Cosette rue de l'Homme-Armé. Le gamin était parti en courant, espérant rentrer à temps pour ne pas manquer l'attaque de la barricade [11].

Les « clubs » de réflexion politique se multiplièrent à Paris et en province. On vit fleurir les associations féministes, comme le club fraternel des lingères, la Société de la voix des femmes, et les « vésuviennes » qui réclamaient le service militaire pour les deux sexes, le droit de s'habiller comme les hommes, l'égalité des droits entre époux et le partage des tâches domestiques. Hugo, comme la plupart des orléanistes, penchait pour la régence de la duchesse d'Orléans, et mit un certain temps à devenir républicain. Ayant décliné la charge de maire du 8e arrondissement après en avoir assuré la fonction pendant la première semaine des événements, il se laissa finalement gagner par l'allégresse générale. Il y avait de quoi. La France donnait au monde entier le modèle de l'émancipation : on proclama le suffrage universel, on supprima la peine de mort en matière politique, on abolit l'esclavage dans les colonies, on rétablit la liberté de la presse et la liberté de se réunir. Pour mettre fin au chômage que la crise politique avait encore aggravé, le socialiste Louis Blanc mit en place des Ateliers nationaux, qui concrétisaient le principe proclamé du droit au travail.

Hugo fut élu représentant du peuple aux élections complémentaires du 4 juin, sur un programme modéré, où il réaffirmait à la fois son attachement à la propriété et son souci de la classe ouvrière. Soutenu par la Société des auteurs dramatiques et d'autres associations d'artistes, il mettait sur le même plan, dans son programme, les travailleurs manuels et ceux de l'art ou de l'intelligence.

Juliette ne fut pas ravie de son élection, et fit contre mauvaise fortune bon cœur. Ce qu'elle ne pouvait empêcher, elle n'eut d'autre choix que de l'accompagner, et se mit, comme toujours, à utiliser dans ses lettres l'à-propos et la création verbale comme remèdes à l'ennui. Elle invente donc la devise « Liberté, Nudité, Égalité [12] » pour l'attirer chez elle ; l'invite à « assister régulièrement aux séances » de *sa* « Chambre » [13] ; fait son autoportrait en « Juju rouge [14] » et en « oratrice du club des femmes [15] » pour protester contre sa condition ; lui adresse « Salut et pas de fraternité [16] » pour le punir de son absence.

Pris dans le mouvement philanthropique, Hugo accepta la présidence de la colonie agricole et industrielle de Petit-Bourg [17], près de Créteil, qui s'occupait des enfants pauvres ou abandonnés. Il fit obtenir le prix Monthyon à une femme du peuple qui, telle la future Jeannie des « Pauvres gens », avait recueilli deux orphelins. Il distribua des secours aux indigents, et notamment aux indigentes, ce qui ne laissait pas de faire craindre à Juliette la concurrence de ses « nombreuses protégées », ces

« innombrables cocottes » dont il s'était constitué « le coq nourricier et le galant protecteur »[18].

Avec la dissolution des Ateliers nationaux, qui ne parviennent pas à occuper les chômeurs affluant en trop grand nombre et constituent un gouffre financier, les troubles reprennent. Le prolétariat se sent trahi. Le 23 juin, Paris est à feu et à sang et le général Cavaignac fait tirer sur la foule. Cette fois-ci, les illusions de fraternité entre la classe ouvrière et la bourgeoisie sont balayées par les antagonismes sociaux. Juliette s'est affolée en voyant resurgir les barricades dans son quartier. Le lendemain, Hugo lui écrit au petit matin, depuis l'Assemblée, qu'il y a passé la nuit. Quatre heures plus tard, c'est à elle, et non à Léonie, qu'il demande de se préparer à le suivre n'importe où : « Il serait possible que l'Assemblée quittât Paris. Où elle sera je serai. Prends l'argent et viens m'y retrouver[19]. » Au bout de trois jours pendant lesquels il a joué les intermédiaires, allant transmettre aux insurgés l'ultimatum de l'Assemblée avant l'intervention de la troupe chargée de faire enlever les barricades, il se rend chez elle, mais elle est sortie. Aussi lui écrit-il ce qu'il était venu lui dire :

> J'ai usé de mon mandat depuis trois jours pour concilier les cœurs et arrêter l'effusion de sang. J'ai un peu réussi. Je suis exténué de fatigue. J'ai passé trois jours et trois nuits debout, dans la mêlée, sans un lit pour dormir, m'asseyant par instants sur un pavé, presque sans boire et sans manger. De braves gens m'ont donné un morceau de pain et un verre d'eau, un autre m'a donné du linge. Enfin cette affreuse guerre de frères à frères est finie. Je suis quant à moi sain et sauf, mais que de désastres ! Jamais je n'oublierai tout ce que j'ai vu de terrible depuis quarante heures[20].

Juliette n'a pas de mal à le croire. Elle-même a vu passer sur un brancard un garde mobile recouvert d'un linceul[21]. Hugo, dont l'appartement a été envahi, le 24 juin, par des insurgés qui se contentent de le traverser et se montrent respectueux des biens et des personnes, a, une autre fois, retrouvé sa porte cochère criblée de quatorze impacts de balles ; il décide donc de quitter sans tarder ce quartier Saint-Antoine qui, depuis des décennies, est le premier à s'enflammer en temps de révolution. Dès le 1er juillet, il emménage en catastrophe du côté de Saint-Lazare, rue de l'Isly, en attendant de trouver mieux. Juliette, isolée dans les quartiers est, n'a qu'une hâte, déménager à son tour. Mais ce n'est pas simple : son bail court jusqu'à la fin de l'année. Il lui faudrait trouver un sous-locataire, ou persuader son propriétaire de la libérer. Et le quartier Saint-Lazare est plus cher. Du reste, Hugo n'a pas l'intention d'y rester. Juliette d'un côté, Léonie de l'autre, se mettent à la recherche de l'appartement idéal pour loger sa famille du côté de Montmartre. C'est Léonie qui trouve la perle rare, rue de La-Tour-d'Auvergne. Quant à Juliette, il lui faudra patienter jusqu'à l'automne avant de se rapprocher. En attendant, ils se donnent rendez-vous à la Madeleine. Ce temple édifié par Napoléon Ier à la gloire de la Grande Armée avait été transformé en église en 1845. Régulièrement, les jours où Hugo se rend à l'Assemblée nationale, Juliette l'accompagne le temps d'une brève promenade en ligne droite qui les conduit, en traversant la place et le pont de la Concorde, du péristyle immense de la Madeleine à celui du Palais-Bourbon.

En 1848, leurs amours sont liées au destin du peuple et de la nation. Le 6 juillet, prête à assister au convoi en l'honneur des morts du mois de juin, elle supplie Hugo de jeter un coup d'œil en sa direction quand la procession passera près de chez elle. Pendant la répression sanglante des journées de juin, menée par Cavaignac, on arrête sur dénonciation. Hugo tire d'affaire quatre insurgés réfugiés dans l'immeuble de Juliette : on les cache au grenier, puis il les exfiltre un à un en les faisant passer pour ses domestiques[22]. Comme il intervient en faveur de prisonniers politiques pour obtenir leur libération, leur éviter l'exécution capitale ou la déportation en Algérie, des familles font transiter leurs requêtes *via* Juliette : une jeune fille, aînée de huit enfants et dont la mère va accoucher, demande à Hugo d'agir pour son père arrêté sur un faux témoignage[23]. Un homme vient plaider la cause de son fils traduit devant le conseil de Guerre : il s'était laissé entraîner, « on l'avait surexcité en le faisant boire[24] », il n'avait quasiment rien fait.

Malgré la répression, la révolte gronde toujours. Fin août, alors que le journal de Proudhon *Le Représentant du peuple* vient d'être suspendu, Juliette prend le pouls de la classe ouvrière en écoutant sa domestique : « On sent qu'il y a dans l'ombre des haines et des colères qui guettent. Il n'est pas jusqu'à mon imbécile de Suzanne qui ne dise, pour l'avoir entendu, que ce sont les *bourgeois* qui ont fait le mal en juin et que ce ne sont pas les ouvriers. Tu vois que le journal Proudhon suinte jusque dans ma maison[25]. » Suzanne est sa meilleure informatrice. C'est par elle, déjà, qu'elle avait perçu, bien avant qu'il ne se déclare candidat à la présidence de la République, la popularité de Louis-Napoléon Bonaparte, neveu de l'Empereur, élu, comme Hugo, aux élections complémentaires de juin :

> Suzanne revient du marché des *Blancs-manteaux* dans lequel les marchandes battent des mains et dansent en rond en disant que *Napoléon a été nommé* et qu'elles vont avoir enfin un *empereur*, ce qui vaut mieux que toute

cette canaille de république. Voilà où est l'opinion des marchands de persil et de carottes françaises [26].

Le sondage de Suzanne était prémonitoire. Louis-Napoléon Bonaparte avait démissionné devant l'agitation causée par sa nomination, qui inquiétait les autorités et excitait le peuple, mais fut réélu dans cinq départements aux élections complémentaires du 17 septembre. Trois mois plus tard, son élection à la présidence de la République serait un raz-de-marée.

Si Juliette épousait les convictions politiques de Hugo, elle n'avait pas besoin de lui pour ressentir la détresse du peuple. Les témoignages venaient à elle, telle cette confession d'une mère de quatre enfants, habitant rue de Charonne, dont le salaire du mari, parti travailler la terre, ne suffisait pas à faire vivre sa famille. Juliette en conclut : « Si la République ne se hâte pas de venir au secours de toute cette effroyable misère, je crains qu'il n'y ait encore quelques hideuses journées comme celles de juin [27]. » Hugo l'avait déjà dit dans son discours sur le fiasco des Ateliers nationaux :

> La question, depuis de longues années déjà, est dans les détresses du peuple, dans les détresses des campagnes qui n'ont point assez de bras, et des villes qui en ont trop, dans l'ouvrier qui n'a qu'une chambre où il manque d'air, et une industrie où il manque de travail, dans l'enfant qui va pieds nus, dans la malheureuse jeune fille que la misère ronge et que la prostitution dévore, dans le vieillard sans asile, à qui l'absence de la providence sociale fait nier la providence divine ; la question est dans ceux qui souffrent, dans ceux qui ont froid et qui ont faim. La question est là [28].

Il l'écrirait encore dans *Les Misérables*, dans sa poésie et dans d'autres discours : après avoir fait des lois contre l'anarchie, il convenait de faire des lois contre la misère, car ce qui déclenche les révolutions, « ce n'est pas M. Thiers signant la protestation des journalistes de 1830, ce n'est pas M. Odilon Barrot agitant les banquets de 1847, ce n'est pas Chateaubriand, ce n'est pas Lamartine, ce n'est pas même Mirabeau, ce n'est pas même Danton, c'est un enfant qui crie à sa mère : j'ai faim [29] ! ».

Cité Rodier

Juliette n'en était pas réduite à cette extrémité, elle dont la subsistance était assurée par leur « petit ménage », mais la peur du déclassement n'était jamais loin. Il lui avait fallu, pour se rapprocher du 37, rue de La-Tour-d'Auvergne où les Hugo s'étaient installés le 15 octobre 1848, vendre à une brocanteuse quelques meubles qui avaient appartenu à

Claire : son piano et la chaise qui allait avec, son matelas, sa couchette, et une commode[30]. Elle était même prête à sacrifier des affaires qui lui restaient du temps où elle était actrice, « tous ces clinquants du théâtre[31] » dont elle n'avait pas besoin, mais ce ne fut pas nécessaire. Fin novembre, elle quitta sans regret son appartement glacial et enfumé du 12, rue Sainte-Anastase pour s'installer sur le mont des Martyrs, 35 ou 37, rue Neuve-Coquenard prolongée, cité Rodier, en haut de l'actuelle rue Rodier, à deux cents mètres à vol d'oiseau de chez Hugo, qui habitait désormais à mi-chemin entre elle et Léonie. Ici ou ailleurs, dans un « taudis[32] » ou dans un autre, au Marais ou à Montmartre, tout ce qui comptait pour Juliette, c'était qu'il vienne la voir le plus souvent possible. Il lui fallut une quinzaine de jours pour arranger son nouveau logis, en échangeant chinoiseries, étoffes et tentures diverses avec lui : il décorait parallèlement son splendide appartement dont elle prenait garde de ne pas franchir le seuil lorsqu'il n'y était pas seul[33], et qui avait de quoi impressionner le visiteur, par son goût extravagant dont Jean-Marc Hovasse donne une idée :

> L'antichambre au décor oriental, le petit salon à la cheminée gothique éclairé par un vitrail germanique et tapissé de cuir de Cordoue, la chambre à coucher avec son grand lit à baldaquin et ses murs couverts de tentures représentant des singes, [...] la salle à manger médiévale avec ses meubles en chêne, ses tapisseries anciennes et son lustre flamand à six lumières, l'imposant salon enfin tendu d'un damas de soie bleue spécialement choisie par Léonie, avec une cheminée rouge et les quatre torchères qui accompagneraient le poète en exil[34].

Réciproquement, pour pendre la crémaillère, Juliette invita Victor à « étrenner » son « fameux beau lit », avec cette insolence qui lui faisait désormais filer amoureusement la métaphore politique : « Il me semble que vous avez eu tout le temps pour vous préparer à cette SOLENNITÉ et que vous ne pouvez pas reculer davantage le moment de vous montrer dans toute votre splendeur de représentant républicain démocratique et social. »[35]

Quelques jours plus tard, les 10 et 11 décembre, la République « démocratique et SAUCIALE » (comme disait Juliette) élisait son président au suffrage universel. Hugo, qui avait d'abord soutenu Lamartine, l'homme de la Révolution de février 1848, avait fini par se rallier à Louis-Napoléon Bonaparte, prince et aventurier aux thèses sociales séduisantes. Le journal que ses fils et les fidèles Vacquerie et Meurice, avec le soutien d'Émile de Girardin, avaient fondé en juillet, *L'Événement*, avait suivi la même trajectoire. Sa devise, « Haine vigoureuse de l'anarchie, tendre et profond amour du peuple », avait été prononcée par Hugo dans une réunion électorale[36]. Il se défendait pourtant de toute ingérence dans la ligne éditoriale du journal. Louis-Napoléon Bonaparte, qui avait affirmé jadis sa volonté de lutter contre la misère, apparaissait à ses rédacteurs comme le meilleur rempart contre le militarisme de son principal rival, le général Cavaignac. Celui-ci ayant fait tirer sur le peuple et mené une répression sanglante, on redoutait de sa part un coup d'État. Juliette, étant femme, ne votait pas, mais elle proposa d'accompagner Hugo à la mairie pour le voir remplir son devoir électoral. Elle était inquiète. Mlle Baucoul, qui vivait avec l'amie Joséphine, était partie à la campagne, pour fuir les troubles. Pendant les deux jours du scrutin, Juliette recommanda à Hugo de sortir le moins possible, de ne pas passer la voir le soir, de peur de mauvaises rencontres, et constata avec soulagement que les rassemblements n'étaient ni nombreux ni violents. Elle désirait qu'il quitte l'arène politique où il avait déjà risqué sa vie pendant les journées de juin, et revienne près d'elle écrire ses livres.

Aussi fut-elle enchantée, fin janvier 1849, lorsqu'il lui redonna de la copie. Il composait de nouveau des poèmes. Mais pour l'instant, il n'était pas plus question de les réunir en un nouveau recueil que de continuer son roman. Les misérables, il se battrait pour eux à la Chambre, en quête d'une solution politique à l'injustice sociale.

Juliette finit par s'habituer à la République, mais s'inquiétait encore. Fin janvier, Hugo l'envoya tâter le pouls du quartier Saint-Antoine qui s'agitait de nouveau. Elle en profita pour passer sous les fenêtres de l'ancien appartement de la place Royale. Début mars, puis fin mars, mi-mai et mi-juin[37], Paris gronda encore, et la peur la reprit.

Au moins se sentait-elle plus à l'abri à Montmartre que dans le Marais. Mais elle n'y vivait guère plus heureuse. Hugo n'était pas tranquille lorsqu'il se promenait avec elle, et ne parvenait pas à le lui cacher. Sans deviner l'existence de Léonie, qui habitait à deux pas, elle ne savait pas sur qui faire peser ses soupçons. Elle tremblait lorsqu'il était invité en ville, toujours sans elle, parfois avec Adèle, mais le plus souvent seul. Il avait beau justifier par l'observation politique son goût des réceptions chez les grands de ce monde (à l'Élysée, chez Jérôme Bonaparte[38], frère cadet de Napoléon, ou chez le chancelier Pasquier, ancien président de la Chambre des pairs) dont il consignait le récit dans *Choses vues*, Juliette en souffrait. Le motif qu'il donne à sa présence à un bal politique où il accompagne son jeune fils François-Victor ne la rassure pas : il a beau s'y rendre, prétendument, pour le surveiller, elle craint qu'il n'y danse la polka avec Justine Pilloy, autrement dit Alice Ozy (elle ne sait pas, mais elle voit juste). Le lendemain, elle lui demanda des comptes sur ce qu'il avait fait dans ce « bastringue de gueules enfarinées[39] ». Les comédiennes étaient sa cible favorite. Pour discréditer Mlle Nathalie Martel, à qui la Comédie-Française avait confié depuis l'année précédente le rôle-titre de Marion de Lorme, et qui reprendrait bientôt celui de doña Sol, Juliette l'affubla de prénoms fantaisistes tels que Cunégonde ou Perpétue. Comme Rachel s'apprêtait à récupérer le rôle de Tisbe, Juliette trembla à l'idée des répétitions particulières que l'auteur lui accordait à domicile. La jalousie attisant l'antisémitisme ordinaire, elle imagina son amant prodiguant ses sourires « les plus triomphants » et ses regards « les plus provocants à cette Juive maigre et débauchée »[40]. Il en est une, en revanche, dont elle ne serait plus jalouse, c'est Marie Dorval, morte, à cinquante et un ans, après une vie d'artiste épuisante ; Juliette aurait volontiers accompagné Hugo aux obsèques, célébrées le 22 mai, à l'église Saint-Thomas d'Aquin, puis au cimetière Montparnasse ; une indisposition l'en empêcha.

Elle avait maintenant les coudées franches pour sortir seule, et en profitait pour accepter les invitations de sa cousine au cabaret, au théâtre ou à l'opéra, qui la distrayaient, mais jamais autant qu'une sortie avec lui. Quand Eugénie et son compagnon Vilain l'emmenèrent à *La Jeunesse des Mousquetaires* au Théâtre-Historique de Dumas, son plaisir fut gâché par le souci d'avoir pu manquer sa visite impromptue[41]. C'est avec eux encore qu'elle vit, aux Variétés, *La Vie de bohème* de Barrière et Murger, qui lui rappela sans doute sa jeunesse artiste, libre et aventureuse : la fin, où la jeune Mimi, comme Claire, meurt pulmonaire, lui parut si poignante qu'elle en revint « les yeux gros et rouges[42] ».

Trois ans après sa mort, Claire s'était transformée, comme Léopoldine, en ange intercesseur dans la mythologie des deux parents endeuillés. En prévision de sa propre mort, Juliette fit affaire avec le curé de Saint-Mandé pour réserver à côté de sa fille sa demeure éternelle, dont Hugo prit les frais en charge comme il l'avait fait pour tous ses domiciles provisoires.

Celui de la cité Rodier n'était pas le plus charmant, situé qu'il était entre le débarcadère de la gare du Nord dont on entendait les sifflets, et les abattoirs dont on sentait les effluves. Incommodée dès le mois de février par une puanteur tenace dans son escalier, dont on cherchait l'origine – la version de la concierge, selon laquelle c'était du pissat de chat en chaleur, était peu vraisemblable[43] –, elle s'en consola en accordant foi aux rumeurs les plus folles sur les vertus répulsives des mauvaises odeurs contre la circulation du choléra. Une nouvelle vague de l'épidémie sévissait depuis mars, qui ferait seize mille morts jusqu'en septembre. À en croire les gens du quartier, « les vidangeurs, les tanneurs, les corroyeurs n'avaient pas été atteints[44] ». Ce qui n'empêcha pas Juliette de conseiller à Hugo les remèdes préventifs recommandés par son médecin : d'abord des globules, puis de l'alcali volatil (de l'ammoniaque) et des cassolettes de vinaigre. Elle préféra qu'il se tînt éloigné de son immeuble le jour où l'on y amena une jeune femme cholérique dont le mari de vingt-sept ans était mort après avoir atrocement souffert, dans un cul-de-sac voisin infesté de malades[45]. Mieux valait se donner rendez-vous à l'extérieur, n'importe où pourvu que ce ne fût pas dans une église, lieu de contagion notoire. Elle eut l'impression de n'être entourée que de morts et d'agonisants, tel ce jeune marié de vingt-cinq ans trépassé dans le petit bouge vert d'en face, et la femme du tambour de la légion qui habitait sur son trottoir, deux maisons plus loin. Son ancien quartier était touché aussi, puisque le portier de la rue Sainte-Anastase avait été emporté. Si seulement Hugo avait pu se dispenser des séances de l'Assemblée, « ce cloaque politique et méphitique[46] » où sévissait la contagion, elle aurait été reconnaissante à la gourgandine quelconque qui l'aurait convaincu de ne plus y mettre les pieds pendant quelque temps.

Faute d'obtenir de son poète qu'il se retirât de la vie publique, Juliette accompagna son évolution politique. Après la dissolution de l'Assemblée constituante qu'il avait lui-même appelée de ses vœux, Hugo, soutenu par des sociétés d'artistes, et toujours décidé à défendre « l'ordre contre l'anarchie, et la liberté contre l'arbitraire[47] », avait été réélu député aux élections législatives de mai 1849. Si entre-temps il avait été absent au tiers des scrutins, ce n'est pas qu'il écoutât les conseils de Juliette pour fuir la contamination, c'est que son soutien à Louis-Napoléon Bonaparte devenait problématique.

Juliette avait trois voies d'accès à ses discours. Il pouvait lui en donner la primeur ; elle les retrouverait dans les journaux du lendemain ; et elle avait parfois le privilège d'y assister. Elle pleura à la lecture de celui qu'il prononça pour défendre la liberté des théâtres et solliciter des secours aux artistes atteints par la crise économique et sanitaire[48]. Elle était dans les tribunes le jour de son réquisitoire contre les manœuvres de la droite pour enterrer un projet de loi visant à développer l'assistance publique ; Hugo s'y adressait aux députés, mais aussi, plus largement, au peuple, et aux futurs lecteurs de son texte, pour les convaincre de mettre en œuvre « le grand code chrétien de la prévoyance et de l'assistance publique » ;

reconnaissant au socialisme le mérite, faute de proposer les bonnes solutions, de mettre au jour la vérité du scandale, il prononça, sous les yeux de Juliette enthousiaste, cette phrase qui déclencha les « *réclamations* » et « *violentes dénégations* » de la droite : « Je ne suis pas, messieurs, de ceux qui croient qu'on peut supprimer la souffrance en ce monde, la souffrance est une loi divine, mais je suis de ceux qui pensent et qui affirment qu'on peut détruire la misère »[49]. Deux jours plus tard, consultant la presse dans son établissement de bains, Juliette constata que le journal modéré *La Patrie* faisait désormais l'éloge de Hugo. Avec ce discours sur la misère, il avait entamé son virage vers la gauche.

Faute d'un voyage d'été, l'Assemblée ayant renoncé à ses congés, Juliette eut quand même droit à une excursion à Rouen avec Victor, du 23 au 25 juin, en compagnie d'Eugénie et son Victor à elle, le sculpteur Vilain. Juliette, à qui manquaient le bon air et les balades, s'en donna à cœur joie, et fit la course en tête sur la côte de Bonsecours, du haut de laquelle les amoureux et les badauds s'offrent aujourd'hui encore une vue splendide de la ville depuis l'est.

Deux mois plus tard, le 22 août 1849, elle était invitée, salle Sainte-Cécile[50], au discours d'ouverture prononcé par Hugo au Congrès international de la paix universelle dont il était le président. Elle l'entendit prédire l'avènement des États-Unis d'Europe et la fin des querelles religieuses, et consigna son exaltation dans sa lettre du soir :

> Ton divin génie avait dans ce moment-là le don de toutes les langues et la clef de tous les cœurs. Tout le monde te comprenait, tout le monde t'admirait et tout le monde t'aimait. Moi je me croyais déjà au ciel et je jouissais de ta gloire comme si j'avais été déjà morte. Je sentais que mon intelligence avait pris un développement tel qu'elle ne pouvait plus être contenue dans ma pauvre enveloppe de Juju[51].

Une fois passé cet événement de trois jours, une petite excursion était prévue, à Villequier, où Hugo voulait accomplir son pèlerinage annuel. Mais le projet échoua. D'abord, la sœur de Juliette débarqua chez elle le 27 août, avec son fils et son mari. Celui-ci, professeur d'allemand au lycée de Brest, était encore en vacances puisque les cours reprenaient en octobre. Juliette était ravie de les retrouver, depuis quinze ans qu'elle ne les avait pas vus, et de rencontrer son neveu de quatorze ans, mais elle craignait de manquer les passages de son amant les jours où elle leur faisait visiter Paris. Elle voulait aussi éviter que leur séjour ne l'empêchât d'accompagner Victor en Normandie pour l'anniversaire du 4 septembre. Aussi était-elle décidée, leur ayant fait découvrir l'Arc de triomphe, la place Vendôme, les Tuileries et les Champs-Élysées, les ayant emmenés chez Eugénie et Vilain, et ayant accompagné sa sœur sur la tombe de Claire, à ne pas les garder plus de six jours, lorsqu'un deuxième imprévu mit fin au projet d'excursion : une crise de rhumatismes aux jambes obligea Hugo à garder la chambre. Depuis son lit de douleur, il lui écrivait « Je t'aime comme ma joie[52] » et lui demandait de lui faire porter du taffetas gommé. Elle put même, en l'absence de Mme Hugo partie à Villequier, mais à condition d'échapper à la surveillance du portier, lui rendre visite aux heures indiquées : il prétendrait dormir, afin de n'être pas dérangé ; la clef serait sur la porte.

Sitôt Victor guéri et les Bretons partis, ils purent s'accorder une escapade, du 8 au 17 septembre. Le jeune François-Victor n'avait pas voulu les accompagner ; son père en était déçu, pas Juliette. Ils traversèrent la Somme, puis piquèrent vers la côte normande en faisant escale au Tréport et à Dieppe, avant de rentrer par Beauvais. Malgré « le pain noir de Moreuil et les soulards de Ailly-le-Haut-Clocher », malgré « le désagrément des bonnes puces et des exécrables dîners », elle rentra enchantée de son voyage, où elle s'était enivrée du bonheur de courir avec lui « sur les routes bordées de fleurs et de fruits »[53].

Comme toujours, le retour fut maussade. Une promenade, urbaine cette fois, pourtant bien commencée, se termina par une dispute qui laissa à Juliette un goût amer :

> Je ne sais pas lequel de nous deux a lâché la corde de ce beau cerf-volant d'amour qui se jouait dans mon ciel, mais toujours est-il que je l'ai perdu de vue et que je ne sais pas où il est tombé. À l'heure qu'il est, je suis aussi triste et aussi malheureuse que le pauvre petit garçon de Montmartre qui pleurait la perte de son cerf-volant[54].

Il lui fallut s'habituer de nouveau aux absences de Hugo, happé par le travail. Devant la commission chargée de réformer les théâtres, il plaida pour la liberté industrielle, donc la fin du privilège, pour la suppression de la censure, la création de nouvelles structures subventionnées sur tout le territoire, avec des salles d'architecture égalitaire, pour développer les vertus émancipatrices de l'art dramatique, et proposa de confier les affaires de l'intelligence à un ministre[55]. Un siècle avant Jeanne Laurent et Jean Vilar, de Gaulle et Malraux, il inventait le TNP, la décentralisation et le ministère de la Culture.

Le 16 octobre, pour la troisième fois de l'année[56], il était invité à l'Élysée, en remerciement du soutien apporté par *L'Événement* à la protestation du prince-président contre la politique réactionnaire du pape

Pie IX. L'entente fut de courte durée, Louis-Napoléon Bonaparte ayant joué double jeu : le corps expéditionnaire français, envoyé à Rome avec mission d'y défendre la République, avait en réalité servi à rétablir le gouvernement clérical. Dans le discours qu'il prononça sur cette question le 19 octobre 1849, Hugo attaqua frontalement le Saint-Office et l'armée française manipulée. Sa rupture avec le parti de l'Ordre était consommée[57]. Juliette se déchaîna contre la droite catholique et réactionnaire qui l'avait sifflé, et déclara, en guise d'analyse politique, qu'elle aurait voulu « leur cogner tous leurs affreux pifs les uns contre les autres[58] ». Elle n'avait pas fini de pester contre les réactions hostiles à son grand orateur. L'année 1850 allait lui donner encore plus d'une fois l'occasion d'admirer son éloquence, et d'épouser son engagement sans faille pour la liberté d'expression, la laïcité, l'éducation des masses et la justice sociale.

L'atelier du peintre

Il y eut d'abord son discours sur la liberté de l'enseignement, prononcé le 15 janvier 1850. Contre le projet de loi porté par le comte de Falloux, qui visait à étendre l'emprise du clergé sur l'enseignement primaire, secondaire et universitaire, Hugo prônait la distinction entre l'éducation, qui dépend de la famille et inclut les préceptes privés de la religion, et l'instruction, qui relève de la science et doit être laïque et accessible à tous. Ayant découvert ce discours dans le journal, le beau-frère de Juliette, professeur dans le public à Brest, applaudit des deux mains, contrairement au brave curé de Saint-Mandé, chagriné : elle dut lui expliquer que les positions de Hugo, pour être anticléricales, n'en étaient pas moins profondément religieuses[59]. Puis il y eut le discours du 5 avril contre la déportation comme peine politique, auquel Juliette assista. Le projet Rouher visait à aggraver les peines de prison par une déportation à l'autre bout du monde : cette « guillotine sèche » revenait pratiquement à rétablir la peine de mort en matière politique, abolie par la Révolution de 1848. Rappelant que le président de la République avait jadis lui-même été exilé, Hugo plaida de nouveau contre la peine de mort, et donna comme exemple de cette barbarie la crucifixion de Jésus. Hué par la droite, son discours fut imprimé en plaquette dès le lendemain. À défaut d'être applaudi à la Chambre, Hugo était lu au-dehors. On se pressait aux tribunes pour l'entendre, notamment les dames. Juliette, qui lui avait conseillé de laisser « brailler ces oies » et « braire les ânes »[60], souffrait de le voir « livré aux bêtes de ce cirque politique, mille fois plus féroces et mille fois plus bêtes que celui de l'antique Rome[61] ». Elle méprisait les

« bons bourgeois enrichis, couards et égoïstes[62] » qu'inquiétaient ses prises de position relayées dans *L'Événement*. Le journal fut interdit de vente sur la voie publique trois semaines plus tard, mais continua de circuler auprès des abonnés.

Mi-mai, tandis qu'on craignait un coup d'État de la droite, Juliette reçut de ses amis Montferrier, bien en cour, un avertissement à transmettre à Hugo. On lui recommandait la prudence, conseil qu'il n'était guère disposé à suivre : il prononça le 21 mai à la Chambre une véhémente défense du suffrage universel contre le projet Baroche qui cherchait à le restreindre. Dans la foulée, il mit fin à sa présidence de la colonie pour enfants de Petit-Bourg, pour ne pas lui nuire par son parrainage devenu embarrassant, et continua son combat pour la liberté en défendant celle de la presse à la Chambre le 9 juillet : la droite proposait le rétablissement du timbre, impôt indirect qui, en augmentant le prix des journaux, pénalisait leur lectorat populaire, donc restreignait l'audience de la presse républicaine. Pour la quatrième fois depuis le début de l'année, son discours fut durement chahuté par la majorité parlementaire.

Indignée par la hargne de la droite et du parti clérical, Juliette défendait Hugo bec et ongles dans les dîners mondains auxquels la conviaient désormais de plus en plus souvent ses amis Montferrier. Le marquis et sa femme, bons vivants, esthètes, amateurs de spectacle et de soupers fins, l'invitaient presque tous les dimanches à banqueter chez eux, parfois en compagnie de la cousine Eugénie et de son sculpteur. Avant d'accepter, Juliette demandait à Victor s'il avait l'intention de passer la voir, préférant toujours quelques minutes avec lui à une soirée entière chez les autres. Le marquis de Montferrier tenait un journal bonapartiste, *Le Moniteur parisien*. Parmi les habitués, Francis Lacombe, publiciste réactionnaire, rédacteur des articles d'économie politique dans le journal *L'Assemblée nationale*, fervent adversaire de Louis Blanc et du socialisme, finit par indisposer Juliette. Répondant à une critique qu'il avait formulée contre Émile et Delphine de Girardin, avec qui Hugo était ami, elle se prit de bec avec lui, vidant ainsi « un arriéré de rancune et de dégoût » qu'elle ressentait pour « ce minuscule crétin ». Comme ses hôtes avaient pris parti pour lui, elle décida de ne plus aller dîner chez eux en la présence de ce « microscopique gredin »[63]. Elle les inviterait chez elle. Émilie de Montferrier, expansive, sensible et attentionnée, tenta une réconciliation. Après un léger froid, « cette bonne grosse réactionnaire[64] » offrit à son amie un chapelet béni par le pape, et des fleurs de son jardin. Juliette fit bonne figure, se laissa inviter dans la maison de campagne qu'ils venaient d'acquérir à Sablonville (un quartier de Neuilly), y resta dormir un soir pour ne pas rentrer chez elle sous l'orage, et finit même par se réconcilier avec Lacombe.

Les marquis étaient vaguement apparentés à Julie Duvidal de Montferrier, la femme d'Abel Hugo, frère aîné de Victor. Aussi Juliette s'amusait-elle de fréquenter des « cousins » de Hugo. Elle assistait à leurs soirées musicales, distraction comme une autre, et pas désagréable, à condition de trouver une robe appropriée à la circonstance, ce qui, pour sa plus grande honte, n'était pas toujours le cas. Elle entendit ainsi chez eux la soprano allemande Cathinka Heimefetter, qu'on lui demanda de recommander auprès de *L'Événement*. Ils l'emmenaient aussi à l'opéra. Rétive à la musique française contemporaine, elle n'apprécia ni le *Charles VI* d'Halévy qui la dégoûta à jamais de ce compositeur, ni *L'Enfant prodigue* d'Auber, qu'elle trouva « assommant[65] ». Plus sensible à la musique italienne, elle fut émerveillée par *La Cenerentola* de Rossini, que sa servante prononçait « la *seringue en tôle* ». Son engouement pour Rossini se confirma quand ils emmenèrent les petites Rivière au Théâtre-Italien, voir *Il Barbiere*. La soirée avait pourtant mal commencé. La Persiani et la d'Angri s'étant disputées à qui jouerait Rosina, le spectacle avait été retardé de trois quarts d'heure pendant lesquels le public huppé avait entonné *La Marseillaise*, « le chant du coq, les lampions et autres mélodies empruntées aux Théâtres royaux, des Funambules et Lazary au point de faire illusion aux démocs qui s'étaient fourvoyés dans ce bouge[66] ». Un commissaire avait fini par débloquer la situation : on avait enfin vu paraître la d'Angri. Juliette s'était couchée à pas d'heure. Elle fut offusquée, en revanche, que Donizetti ait dénaturé l'œuvre de Hugo avec sa *Lucrezia Borgia*, alors que Rossini avait calqué son *Barbiere* sur la pièce française. Dans un registre plus populaire, elle ne dédaignait pas non plus, le dimanche, le cabaret avec les Vilain, qui adoraient s'amuser.

Rien de tout cela ne valait le théâtre, dont elle était privée maintenant que Hugo y allait sans elle. Avec son guignon habituel, pour une fois qu'il l'invitait, à la reprise de *Ruy Blas* à la Gaîté, le 21 juillet, elle dut rester au chevet de sa cousine malade. Elle s'y rendit donc seule la semaine suivante, pour constater qu'après douze ans, Frédérick Lemaître, créateur du rôle-titre, le jouait désormais « plutôt bredouillé que parlé, plutôt éteint qu'illuminé » ; l'interprète de don César, pour satisfaire le public du boulevard du Temple, l'avait fait « plus stupide qu'un Jobard des Funambules et plus hideux qu'un traître du Petit-Lazary »[67]. Elle ne put jamais aller applaudir Rachel qui, désormais sensible au répertoire romantique, reprenait à la Comédie-Française le rôle de Tisbe dans *Angelo, tyran de Padoue*, au côté de sa sœur Rebecca qui jouait Catarina. Théophile

Gautier la trouvait éblouissante, supérieure à la créatrice du rôle, Mlle Mars, dont il jugeait le jeu trop bourgeois, et souhaitait qu'elle s'appropriât les personnages de Lucrèce Borgia et Marie Tudor. Il louait aussi le « don des larmes » de sa jeune sœur Rebecca[68]. La jalousie de Juliette connut un pic le jour où Hugo invita chez lui ses deux actrices, et offrit un bouquet-jardin à Rachel[69]. Celle-ci rejoignait la ménagerie des bêtes noires de Juliette, avec ses camarades du Théâtre-Français, Nathalie Martel, qui avait repris le rôle de Marion de Lorme deux ans plus tôt, et Madeleine Brohan, pensionnaire fraîchement recrutée qui serait bientôt pour Musset la première Marianne des *Caprices*. Quant à Eugénie Doche, future Marguerite Gautier dans *La Dame aux camélias*, femme splendide, à la pointe de la mode, cultivée, collectionneuse de livres anciens, excellente nageuse, écuyère gracieuse, elle devint l'une des jeunes beautés les plus redoutées de Juliette. Cette galerie dont Victor lui peignait toutes les grâces occultait habilement l'existence de Léonie Biard. La jalousie de Juliette, faute d'objet où se fixer, n'en était que plus vive, alimentée par la pénurie des étreintes, l'abrègement des promenades, et la raréfaction de leurs sorties communes. Tout juste accepta-t-il une partie de campagne estivale avec les Montferrier[70]. Juliette trouva étrange, aussi, une lettre qu'il lui commanda de lui écrire sur son calendrier de l'été, d'où l'on pouvait déduire qu'ils seraient éloignés l'un de l'autre tout le temps des vacances : n'était-ce pas le moyen de rassurer « quelque Poléma jalouse[71] » (depuis qu'elle avait intercepté un billet d'une admiratrice ainsi prénommée, c'était le terme générique pour toute rivale possible) ? Elle ne croyait pas non plus à la présence chez lui tous les soirs de ses deux fils à qui il prétendait devoir tenir compagnie en l'absence de leur mère partie en villégiature. « Très courus et très coureurs[72] » comme elle les connaissait, ils n'avaient guère besoin de lui comme chaperon.

Juliette se sentait d'autant plus vulnérable qu'elle avait attrapé la gale : son visage, couvert de plaques, ressemblait à « une charlotte russe[73] ». Elle se prit en horreur, et n'osa plus sortir dans la rue. Les Montferrier lui indiquèrent une « somnambule », voyante et magnétiseuse. Elle lui rendit visite dès les premiers symptômes, début mars 1850[74], et ne tarda pas à déchanter. Elle avait beau suivre son régime alimentaire à base d'huîtres, de cresson, de salade amère et de radis, absorber ses potions de sulfate de soude et appliquer ses pommades et onguents, on ne voyait aucun mieux. D'abord cloîtrée, elle étouffa vite dans cette « vie de lazaret et d'hôpital[75] », puis autorisée à prendre le grand air, pourvu que le froid ne fût pas trop vif, avec aussi peu de résultats, elle se mit à douter des capacités de cette « endormie [76] », cette « demi-sorcière », cette « espèce de docteuse » [77], cette « empirique [78] » qui lui faisait peut-être plus de mal que de bien. Elle se tourna vers son médecin habituel, le Dr Triger, qui se fit fort, lui aussi, de la délivrer de son mal. Il lui prescrivit trois semaines de claustration, et lui conseilla d'« exaspérer les rougeurs », après quoi un traitement médicamenteux censé purifier le sang devait faire son office [79]. Puis elle s'en remit à un dermatologue qui avait inventé un sirop pour les maladies du sang, le Dr Künckel [80]. Outre une pommade et un masque de toile, il lui prescrivit une mixture à avaler dans un gobelet allemand, le « vidercome », dont le principal effet fut de dérégler son transit, de lui donner des convulsions intestinales, et de rendre ses sorties au théâtre hasardeuses.

Cette maladie n'éloignait pourtant pas Victor autant qu'elle le craignait. En témoigne son humeur guillerette au matin du 23 juillet, où elle célèbre ses faveurs de la veille, qui l'ont « rajeunie de quinze ans », et lui font office de panacée : « Rien ne me réussit mieux et pas ne serait besoin de drogues Künckel si vous vouliez m'appliquer souvent votre topique » ; lui aussi, espère-t-elle, se sera senti mieux de « cet exercice salutaire » [81]. À plusieurs reprises, pendant l'été, le dermatologue lui recommanda les bains de mer pour sa santé en général, et comme traitement d'appoint contre la gale. Justement, sa sœur l'invitait dans le Finistère. L'air marin ne pourrait-il pas être bénéfique aussi contre ses maux de gorge à lui ? Hélas, non, à en croire l'éminent Dr Louis. À défaut de la côte, Juliette se rendit plusieurs fois pendant l'été à l'extrémité de l'île Saint-Louis, aux splendides bains Lambert, richement décorés de dieux et de naïades, où elle croisait « beaucoup de femmes criant, pataugeant, nageant, *blaguant*, déjeunant, cancanant et s'amusant beaucoup [82] ».

Pour rompre l'enchaînement des rhumes et de l'enrouement qui le guette à chaque discours, Hugo s'administre des traitements de cheval. Juliette s'inquiète : plutôt que de la réglisse pure, trop agressive, il ferait mieux de prendre de la pâte de guimauve, ou de lichen, ou de réglisse adoucie. Elle lui prépare des pastilles, et s'agace qu'il les refuse. Le nitrate d'argent ne lui réussissant pas davantage que les gargarismes d'eau de menthe, il finira, après plusieurs cautérisations de la gorge, par être opéré de la luette en décembre.

La gorge enflammée de l'un et la gale persistante de l'autre étaient bénignes comparées à l'hydropisie dont Eugénie fut atteinte en juillet. Juliette lui rendit souvent visite, et accompagna Vilain pour chercher un nouveau fauteuil mécanique à sa cousine devenue infirme avec ses membres enflés. Souffrant mille morts, elle finit par prendre tout le monde en grippe, y compris la religieuse qui la soignait à domicile. En septembre, le pauvre Vilain confia à Juliette qu'il n'y avait plus rien à faire : « c'était une marée qui montait [83] ». Le mois suivant, son transfert dans une maison de santé du faubourg Saint-Denis épouvanta Juliette, tant étaient pitoyables les cris de douleur poussés par la malheureuse, qui rendit l'âme deux semaines plus tard.

Juliette perdait sa chère cousine. Hugo perdait tous ses combats. Toutes les lois scélérates contre lesquelles il s'était battu depuis le début de l'année avaient été votées. Sa propre voix, après avoir clamé dans le désert, s'était abîmée au point qu'il avait dû se mettre pour quelques mois en congé de la Chambre ; son grand roman était à l'arrêt, son théâtre vivotait de reprises et il ne donnait plus à Juliette aucun poème à lire. Réduit au silence, il trouva à s'exprimer dans l'image.

S'il privait Juliette d'une escapade sur la côte, il entreprit avec elle un voyage intérieur en transformant sa salle à manger en atelier de dessin où se déploya son imagination ténébreuse. Elle faisait mine d'y perdre :

> Je sais bien que vous me donnez pour compensation le dégât de ma maison, mes porcelaines perdues, mes rideaux tachés par l'encre, mon parquet sale et mes tapisseries perdues par les éclaboussures de vos lavages. C'est bien quelque chose sans doute mais, voyez mon mauvais caractère, cela ne me suffit pas et je voudrais dix ou douze jours d'eau salée, d'arbres verts, d'horizons rouges et bleus, d'aubergistes jaunes, de viandes noires, de draps blancs, de Toto rose et de plaisirs de toutes les couleurs [84].

Mais c'était un éblouissement. Combinant audacieusement les techniques, Hugo ne suivait aucune loi : il associait l'encre, appliquée à la plume, au lavis, par diffusion, taches, grattages, écrans solubles dissous donnant des effets de craquelure, avec d'autres matériaux : crayon lithographique, crayon de graphite, crayon gras, fusain, craie, gouache, suie, qui, selon l'expression de Gérard Audinet, se combinaient en une « bousculade barbare [85] ». Préposée à l'achat du matériel, assurant l'intendance, époustouflée par ces créations d'un nouveau genre, Juliette les faisait sécher en son absence, et les veilla comme s'il s'agissait de manuscrits : il n'aurait plus manqué que son chat Fouyou ou sa domestique Suzanne, l'un par irrévérence, l'autre par maladresse [86], abîme ces nouveaux chefs-d'œuvre dont elle était à la fois l'hôte, la gardienne et le témoin !

D'août à novembre 1850, rivalisant avec la peinture de chevalet et les décors de théâtre, Hugo enchaîna les compositions fuligineuses : villes mortes, châteaux forts, ruines, dont le grandiose *Burg à la croix* ; mais aussi paysages et monuments, souvenirs de leurs voyages en Bretagne (les dolmens et menhirs de Carnac), en Belgique (la tour Saint-Rombaut de Malines), en Forêt-Noire, au bord du Rhin, en Espagne, dans les Vosges (le Burg de Hugo-Tête d'Aigle), qui rappelaient à Juliette leur bonheur passé. Il avait aussi des intuitions surréalistes, comme ce coq en contre-plongée qui, tel l'orateur à la Chambre, « s'égosille admirablement » *(voir cahier hors texte)*. Juliette se demandait quelle cocotte convoitait « ce beau monsieur qui se pâme sur ses ergots avec des airs si conquérants »[87]. Trois jours plus tard, en serrant, pour le protéger des fumistes, le tableau d'un mystérieux champignon dont les proportions rapportées au paysage ne permettent pas de décider s'il est gigantesque ou vu par en dessous, elle en cherche le sens caché *(voir cahier hors texte)* :

> Je ne sais pas quel *mythe* tu attacheras à ce fameux *cryptogame*, mais pour mon compte je le trouve hideusement beau et admirablement effrayant. Tel qu'il est, ce champignon peut très bien se passer de SAUCE. Il est si bien réussi et si bien accommodé du premier coup que tout le monde le goûtera à première vue et sera empoisonné de confiance par les yeux tant il est vénéneux et vrai. Toutes ces choses me sont inspirées par la vue de ce monstre qui se prélasse au soleil sans se douter de l'horreur qu'il inspire. Je ne conseille pas à ton coq de se nourrir d'un morceau de cet affreux champignon. Pauvre bête, il y aurait de quoi lui donner la colique malgré sa belle humeur et son chant victorieux[88].

Dans un style plus réaliste, mais néanmoins visionnaire, il avait peint aussi, avec la technique du lavage à grande eau qu'il employait dans la « *sâle* à manger de Juliette », une *Vue de Paris* depuis Montmartre[89]. S'y détachent dans le lointain la silhouette de Notre-Dame, et le Panthéon, point culminant à l'horizon, sur la montagne Sainte-Geneviève *(voir cahier hors texte)*. À vol d'oiseau, un fil se tissait entre le petit logis qu'il avait élu pour elle et le grand tombeau que la postérité choisirait pour lui.

Sept ans de réflexion

Après ces mois passés à reposer sa gorge et à peindre chez Juliette des œuvres d'imagination, Hugo retourna à la Chambre. Pour nourrir son roman interrompu et le discours sur la misère qu'il avait en préparation, il se rendit à Lille avec l'économiste Adolphe Blanqui le 10 février 1851, pour connaître les conditions de vie des ouvriers. Inquiète des risques de contagion qu'il prenait en se rendant dans ces lieux insalubres[90], Juliette s'avisa de lui prêter sa cassolette et son éponge vinaigrée pour le protéger des miasmes, et attendit fébrilement son retour : le train ne mettait que six heures entre Lille et la gare du Nord, dont la rumeur lui parvenait.

Ce qu'il vit dans les caves de Lille, Hugo n'aura pas l'occasion d'en rendre compte à la tribune, mais il le raconterait dans des poèmes et dans *L'Homme qui rit*. En attendant, il le coucha sur papier. Il décrivait la promiscuité, la faim, la maladie, la contagion, l'illettrisme, la délinquance, la prostitution, le scandale, enfin, d'une société bourgeoise et chrétienne qui fermait les yeux sur des maux qu'elle avait elle-même engendrés. Il réclamait, pour y mettre fin, la réduction des frais de représentation pour la diplomatie et pour le président de la République, la diminution du budget de l'armée, l'arrêt des dépenses inutiles occasionnées par la colonisation de l'Algérie, l'abolition des impôts indirects, le développement du crédit foncier et des banques agricoles, l'assistance publique.

En ce début d'année 1851, l'orateur jouait de malchance. Le calendrier politique l'avait privé de son discours sur la misère. Des maux de gorge l'empêchèrent de prononcer celui que les étudiants lui demandaient pour voler au secours de Michelet, dont le cours au Collège de France avait été suspendu. L'historien républicain, sur le point de publier le cinquième tome de son *Histoire de la révolution française*, avait été dénoncé au ministre pour son enseignement prétendument hostile à Louis-Napoléon Bonaparte, et lâché par ses collègues. Lors du débat sur cette interdiction, le 27 mars, Hugo, aphone, ne put intervenir. Il s'en excusa deux jours plus tard auprès de Michelet pour lui exprimer sa solidarité. L'interdiction de son cours et la suspension de son traitement de professeur, le 8 avril, étaient un signe précurseur. La liberté d'expression et la liberté de penser étaient menacées. Dans la nuit, Juliette avait rêvé d'« un grand omnibus tout en flammes qui courait au grand galop. Les chevaux avaient pris le mors aux dents[91] ». Victor lui expliqua qu'elle avait vu 1852. Les élections qui se profilaient faisaient craindre de nouveaux troubles : coups de force des conservateurs, ou flambée de contestation sociale. Le président de la République, bloqué par la Constitution qui lui interdisait deux mandats consécutifs, demandait à ses partisans de proposer à la Chambre la modification de cet article gênant. Hugo se prépara à monter à la tribune. Il redoutait d'être trahi par sa gorge, insensible aux remèdes de son homéopathe, dont le charabia n'inspirait guère confiance à Juliette. Elle le rassura contre sa hantise du « cou coupé » : il devait se persuader de son invulnérabilité physique et morale, et ne rien craindre de personne, à part elle, si jamais il venait à la trahir :

> Je vous le dis, mon amour, au risque de vous déplaire, tout votre danger, c'est moi. J'en suis fâchée pour la goutte, la vieillesse, les rhumatismes, la

calvitie, la paralysie, l'asphyxie, la diarrhée, les seringues et tous les autres accessoires variés et nombreux dédiés aux macrobies politiques et académiques mais vous ne mourrez pas sur l'échafaud ni chez les sauvages, mais de ma main. Maintenant baisez-moi si vous l'osez[92].

Il n'avait qu'à bien se tenir, car la menace qu'elle sentait planer autour d'elle, faute de nom, avait désormais une adresse : « rue Notre-Dame-de-Lorette, n°... ». Elle n'avait pas saisi le numéro, mais savait que c'était le quartier des jeunes femmes du demi-monde, et avait clairement entendu Hugo donner cette indication au cocher, un soir qu'il venait de la déposer devant la maison des Montferrier à Sablonville. Il n'avait pas vu Juliette revenir sur ses pas pour indiquer au conducteur de ramener Monsieur rue de La-Tour-d'Auvergne. Surpris, Victor s'était embrouillé dans son démenti, mais le mal était fait. Pendant des semaines, Juliette ajoute à la liste de ses inquiétudes la « Poléma » de la rue Notre-Dame-de-Lorette, dans laquelle – son intuition ne la trompait pas – débouchait la rue Laferrière, où habitait Mme Biard, désormais séparée de son mari.

Victor se retrouvait pris entre deux maîtresses qui souffraient autant l'une que l'autre. Léonie était invitée rue de La-Tour-d'Auvergne, accueillie par l'épouse, et se savait adorée, désirée, mais elle voulait plus. Certes pas le mariage, puisque le divorce était interdit. Mais un amour exclusif, et non pas « cet abîme d'humiliation » où il la maintenait, dans « ce rôle odieux de courtisane »[93]. Victor l'avait assurée, sans mentir, ou presque, que Juliette et lui, par son fait, étaient séparés de corps. Mais cette autre femme qu'il ne voulait pas quitter, Léonie se persuadait, non sans raison, qu'il l'aimait encore :

> Si elle n'a rien des droits d'une maîtresse, que reste-t-il à lui apprendre ? Si elle a des droits, au contraire, je ne puis agir autrement que je fais. Puisque vous ne voulez pas l'éclairer, c'est que vous lui avez laissé ces droits qui sont les miens. Je les abdique, la mort dans l'âme, plutôt que de les partager. Il est impossible de tourner autrement cette triste et brûlante question. [...] Quel empire elle a sur vous et quelle passion vous lui gardez, puisque vous avez refusé absolument de rendre nos positions tolérables ! Il n'eût fallu qu'un peu d'amour pour moi ! À qui ferez-vous croire que vous ignorez l'art des ménagements et qu'il est impossible de faire luire la vérité sans dureté[94] ?

Il aurait pourtant suffi à Victor de saisir la perche que lui tendait régulièrement Juliette :

> Si je te suis à ce point indifférente, pour ne pas dire odieuse, d'où vient que tu n'as pas le courage de prendre un parti qui te délivre de moi ? Crois-tu que je souffre moins de cette espèce d'outrage dissimulé sous toutes sortes

d'humiliations et de prétextes que si j'étais à tout jamais séparée de toi ? Quant à moi j'affirme le contraire. Quel que soit le sort qui m'attend, une fois notre liaison définitivement rompue, il est impossible que je souffre davantage que je ne souffre à de certains jours et à de certains moments de la conduite blessante que tu as envers moi. Je t'assure qu'il serait moins cruel et plus honnête de nous séparer à l'amiable sans pleurs, sans criailleries et sans violence de ma part. Si c'est cela que tu redoutes, je t'assure que tu te trompes[95].

Outre l'éloignement des corps, auquel Juliette avait fini par s'habituer, non sans tristesse, la réduction au minimum des plaisirs partagés était un signe accablant. Victor la laissait aller le plus souvent possible se divertir chez les Montferrier, dont il déclinait les invitations. Ils avaient fait la surprise à Juliette, le 3 janvier, de débarquer à l'improviste, avec Vilain et Lacombe, les bras chargés de victuailles, une tourte au godiveau, du bordeaux, du champagne et des desserts, pour fêter la nouvelle année. Victor avait manqué cette occasion. Au lieu de l'accompagner au Salon, il avait préféré y emmener sa fille Adèle, soulagé que Mme de Montferrier ait proposé à Juliette de l'y escorter. Elle avait applaudi sans lui le magicien Robert Houdin, qui ne l'avait guère impressionnée, car elle avait déjà vu le grand Bosco réaliser les mêmes tours[96]. C'est avec sa nouvelle amie, la chanteuse Dillon, désireuse de s'introduire dans le milieu musical, que Juliette était allée écouter du Haydn à l'Hôtel des Bains Tivoli ; mais elle ne s'était pas sentie à sa place dans cette soirée où les femmes du monde étaient mieux habillées qu'elle, et s'était enfuie avant la fin[97].

Les seuls liens du couple avec autrui étaient indirects, et relevaient du service rendu. On continuait à passer quelquefois par elle pour demander des faveurs au grand homme : les Montferrier, qui protégeaient Dillon, avaient ainsi obtenu, à force d'insistance, que Hugo, faute de la recommander au Théâtre-Italien[98], l'introduise auprès de Delphine de Girardin, qui lui fit bon accueil[99] ; il l'invita aussi à se produire chez lui, et fit publier son éloge dans *L'Événement*[100]. Un des fils de Laure Krafft tenta d'obtenir par son entremise des entrées pour *Angelo, tyran de Padoue*, où triomphait toujours Rachel, et une embauche à *L'Événement* pour y tenir la rubrique scientifique et technologique[101].

Mais ils ne partageaient plus rien avec des amis, et Hugo évitait de se montrer avec elle, mise à part une unique sortie au restaurant au retour des beaux jours[102]. Il n'est pas jusqu'aux promenades vers l'Assemblée ou l'Académie qu'il ne cherchât à écourter. Quand il ne lui demandait pas de rebrousser chemin avant terme, il accélérait le pas au point de la semer. Juliette ne manque pas de métaphores animales pour se décrire ainsi plantée en pleine rue, vieille pigeonne déplumée, « demi-morte et demi-boiteuse, traînant l'aile et tirant le pied » comme dans la fable de La Fontaine, « pauvre chien qu'on voudrait perdre », « pauvre rosse de brancart »[103] laissée pour morte au coin de la borne. Contrairement à ce qu'elle croit, si Victor redoute d'être vu en sa compagnie, ce n'est pas pour protéger la réputation de sa femme, mais pour s'éviter les foudres de Léonie.

Il continuait pourtant de venir cité Rodier quotidiennement. Il y avait laissé ses affaires de dessin qu'elle rangea au printemps en attendant leur réemploi. Il la consola de ses éruptions cutanées, en recrudescence. Avec son « aplomb de charlatan tudesque gras et vieux[104] », Künckel lui prescrivait un nouveau traitement semblable au précédent : isolement de trois semaines, masques de poudre, potion dont elle aurait bien pris double dose pour hâter sa guérison et participer à un saut à Villequier prévu fin juin. Elle aurait même accepté de voyager séparée de Hugo, censé s'y rendre avec François-Victor, et de l'attendre dans l'auberge de Caudebec infestée de vermine, ce qui ne l'aurait guère changée de son appartement de Paris où s'étaient mises à proliférer les punaises. Mais Victor avait finalement renoncé à ce déplacement, pour des raisons de santé, disait-il.

Léonie n'avait pas besoin de savoir qu'il avait écrit à Juliette, pour sa fête, un billet doux certes moins torride que les déclarations enflammées qu'il lui réservait, mais tout aussi épris, dans un autre style. Il y remarquait la proximité entre le nom de sa sainte patronne « Julie » et l'adjectif « jolie », il l'avait trouvée « bien charmante tantôt » avec ses cheveux « relevés en Chinoise », ses « yeux doux » et son « honnête et ravissant sourire ». Léonie n'avait pas besoin non plus de savoir qu'il y priait le bon Dieu d'envoyer à Juliette « toutes les joies du paradis » et de leur compter les mêmes heures pour qu'ils arrivent « ensemble à la dernière de cette vie et à la première de l'autre »[105]. Elle n'avait pas besoin de tout cela pour que la coupe soit pleine, après sept ans de réflexion. Le 27 juin 1851, c'était un vendredi, elle choisit parmi toutes les lettres que Victor lui avait écrites depuis 1844 celles dont la lecture pouvait le plus édifier sa rivale, en fit un paquet enrubanné, ajouta un mot d'explication, et les confia à la poste. Le lendemain, Juliette, qui venait d'envoyer Suzanne porter chez les Hugo un plat de bonnes fraises avec recommandation expresse de les conserver dans du sucre, se promettait pour la journée une séance de peignage et de débarbouillage à fond, quand le courrier arriva.

XIII

L'année de tous les dangers (1851)

« Défense de déposer du sublime dans l'histoire. »
Les Misérables, II, I, 15

Juliette découvrit alors non seulement l'existence de cette femme, mais aussi à quel point Hugo l'avait aimée et l'aimait encore. Elle comprit pourquoi il se faisait plus rare et prônait la chasteté au nom d'une hygiène censée protéger ses forces d'académicien, de pair de France, de représentant du peuple, pourquoi la surveillance qu'il exerçait sur elle jadis s'était relâchée depuis sept ans, et pourquoi il ne repassait plus chez elle après minuit.

Le paquet de lettres parcouru, elle sortit et marcha, hagarde, jusqu'à la Seine. Le soir, chez elle, Victor s'expliqua : cet envoi vengeur venait du choix qu'il avait assumé, précisément, de ne pas la quitter et de ne pas céder à l'ultimatum de sa rivale, qu'il promettait de sacrifier.

Après son départ, Juliette lui écrivit sa troisième lettre de la journée : elle n'y parlait plus des fraises au sucre qu'elle lui destinait le matin, mais priait Dieu qu'il « le laisse être heureux avec une autre plutôt que malheureux » avec elle ; courbant la tête « sous l'influence de ce mois fatal », juin, qui lui avait déjà pris sa fille cinq ans plus tôt, elle se soumettait à toutes les « sévérités », tous les abandons qu'elle avait subis depuis son enfance orpheline, « père, mère, enfant, amour » l'ayant tour à tour « laissée seule en ce monde »[1].

Elle mesura la différence de traitement entre elle-même, contrainte à la plus grande discrétion, et l'autre, reçue publiquement dans la famille Hugo, et protégée par l'épouse. À la crainte que lui inspirait Léonie se mêlait l'admiration pour son courage, celui qui manquait à leur amant commun, d'oser dire la vérité : « Je remercie cette femme d'avoir été impitoyable dans les preuves de ta trahison. Elle m'a bien hardiment enfoncé jusqu'à la garde dans le cœur cette adoration que tu lui as donnée pendant sept ans. C'était cynique et féroce, mais c'était honnête. Cette femme est digne d'être mon bourreau[2]. »

Les jours suivants, Juliette songea à en finir, à quitter la place, partir Dieu sait où, au fin fond de la Bretagne chez sa sœur prévenue de son arrivée prochaine, mais aussi, pourquoi pas, là d'où l'on ne revient pas. Hugo l'en dissuada par des soins redoublés. Elle comprit qu'il l'avait préférée, elle, plus vieille, obscure, maintenue dans l'ombre, à une femme en vue plus jeune, plus belle, plus brillante. Elle s'en émerveilla, et s'en trouva, paradoxalement, réconfortée : « Le coup qui devait me tuer, loin de m'affaiblir m'a donné des forces surhumaines[3]. » Tout l'été, les phases alternent où elle le remercie de l'aimer encore, le supplie de bien réfléchir, de prendre la décision qui le rendra heureux, exprime, dans la même lettre parfois, pourvu qu'il soit passé la voir entre-temps, d'abord son atroce jalousie, puis sa radieuse espérance, refuse sa pitié, appelle de ses vœux la fin, quelle qu'elle soit, de cette horrible épreuve.

Combattre le Bonaparte

Pour la surmonter, le mois de juillet lui donna l'occasion de pratiquer de nouveau ce qu'elle savait faire le mieux : soutenir Hugo dans ses luttes. Celle qui s'annonce est le combat du droit contre la force : le discours qu'il doit prononcer à la Chambre contre le projet de révision de la Constitution réclamée par Louis-Napoléon Bonaparte, qui lui permettrait de solliciter un second mandat consécutif. Hugo travaille d'arrache-pied à son discours où il doit parler au nom de l'opposition. L'aide que Juliette lui apporte pendant les jours qui précèdent la détourne, par intermittence, de son chagrin et de ses inquiétudes.

« On n'aborde jamais la tribune sans crainte[4] », dira-t-il rétrospectivement. Pour l'heure, il met les bouchées doubles pour finir son discours à temps, et somatise : craignant l'enrouement, il se plaint de maux de gorge. Juliette lui propose vainement de les guérir en faisant avec elle et les Montferrier une excursion dans le Midi, ou de suivre les prescriptions de Cabarrus, pionnier de l'homéopathie, qui veille sur les voix des orateurs, des chanteurs et des acteurs. Elle lui recommande « moins de DÉVOUEMENT pour la RÉPUBLIQUE et quelque peu d'égoïsme » pour sa « conservation personnelle »[5]. Elle redoute l'arène parlementaire, et enrage contre les députés, « ces misérables crétins qui font passer leur vaniteux amour-propre et la gloriole du bavardage avant le bien général et la tranquillité publique[6] », tout particulièrement « cette infâme droite » qui emploiera « toutes les plus déloyales manœuvres »[7] pour couvrir la voix malade de Hugo et épuiser ses forces.

Pour panser ses plaies, il passa fréquemment la voir début juillet, et l'invita même chez lui. Juliette refusa cet honneur inusité qui l'eût mise mal à l'aise, en priant sa « noble et sainte femme » de lui pardonner « ce manque de respect apparent pour sa maison et pour sa personne »[8].

Cette fois Hugo préféra qu'elle n'assiste pas à son discours pour n'être pas troublé par sa présence. Juliette, ne sachant pas exactement quand il parlerait, attendit chez elle dès l'ouverture des débats, le 14 juillet, qu'il « revienne de la bataille triomphant mais fatigué[9] », et suivit les séances jour après jour en imagination. Le soir du 17 juillet, alors qu'il a déjà parlé – mais elle n'en sait rien –, elle confie à sa lettre :

> Je suis comme les sauvages qui se couchent quand leurs femmes sont en mal d'enfant. Depuis que je te vois à l'œuvre je t'assure que je comprends cette collaboration à la façon des peaux-rouges et que je ne me sens pas la moins malade ni la moins fatiguée dans ce long et laborieux accouchement qui amènera à terme un beau et admirable discours qui grossira d'autant ta nombreuse et sublime famille[10].

Au moment où elle écrit, la délivrance vient d'avoir lieu pour lui, s'approche pour elle, et l'enfant est splendide : le discours, interrompu une centaine de fois, a duré plus de trois heures et demie. Il y a demandé l'abrogation de la loi du 31 mai 1850 qui avait porté atteinte au suffrage universel en rayant des listes électorales quatre millions d'électeurs ; l'abrogation, encore, des lois scélérates contre les libertés de l'enseignement et de la presse, et contre le droit de réunion ; il y a dit la République en danger, prédit les États-Unis d'Europe, exalté la Révolution française, opposé la grandeur de l'Histoire de France à la petitesse des ambitions politiques de Louis-Napoléon Bonaparte. Tout cela est oublié aujourd'hui, mais un mot de ce discours l'a rendu mémorable. C'est là qu'il s'est écrié : « Quoi ? Après Auguste, Augustule ? Quoi ? parce que nous avons eu Napoléon-le-Grand, il faut que nous ayons Napoléon-le-Petit[11] ? » Offensif, le propos a été accueilli sous les huées de la droite, les acclamations de la gauche, et chahuté. Mais tous les républicains n'ont pas été convaincus. Lamartine, qui l'approuve sur le fond, trouve son ton inapproprié, et détourne sur Hugo un lieu commun dont on l'accable souvent lui-même : « M. Hugo a parlé en grand artiste, non en homme d'État[12]. »

Lamartine, parlementaire chevronné, ne comprenait pas que par-dessus la tête des députés, c'est au peuple que Hugo s'adressait – et à l'avenir.

Publié le soir même dans *L'Événement* (qui s'organisait, avec ses propres sténographes, pour faire paraître le compte rendu des séances avant les autres quotidiens), le discours eut un grand succès auprès du public : « une foule nombreuse sur les Boulevards [...] s'arrachait encore les exemplaires tout juste sortis des presses à une heure du matin, quitte à les payer 1 franc pièce, c'est-à-dire vingt fois leur prix [13] ». Juliette l'expédia aussitôt à sa sœur et à son beau-frère, prêt, si elle lui envoyait d'autres exemplaires, à les distribuer en Bretagne. Le zèle de Louis inquiéta Juliette : « Je crains que son ardeur ne lui fasse oublier toute prudence, aussi je compte lui écrire à ce sujet pour lui dire de prendre un couvert, un nom, une adresse autre que les siens [14]. »

Bien qu'ayant recueilli la majorité simple des voix, le projet de révision de la Constitution fut repoussé : sa modification demandait une majorité qualifiée des deux tiers. Le discours de Hugo et le succès de sa publication immédiate ne furent peut-être pas pour rien dans cette issue, qui barrait momentanément les ambitions de « Napoléon-le-Petit ». Mais ce n'était que partie remise.

Hugo dut d'abord se battre pour soutenir les journalistes de *L'Événement*, à commencer par ses fils. Charles Hugo, le premier, avait été inculpé pour avoir publié le 16 mai un article contre la peine de mort, après l'exécution publique atroce d'un braconnier. Victor l'avait défendu lui-même aux assises, le 11 juin, mais ce n'était peut-être pas une bonne idée : le jeune homme avait écopé de six mois de prison ferme. Le 30 juillet, il était écroué. Juliette se lamenta « que les substitutions ne soient pas possibles » pour prendre elle-même « la place de ce beau garçon sous les verrous » [15]. Hugo lui rendait régulièrement visite à la Conciergerie, avec sa famille parfois ; il prit l'habitude d'y dîner, et informa les journalistes d'Angleterre et d'Irlande du sort de leurs confrères français bâillonnés.

Il avait entrepris depuis janvier 1851 d'éditer ses meilleurs discours. D'abord douze, puis treize, et maintenant quatorze en y adjoignant le dernier, en plaquette publiée par la Librairie nouvelle, éditrice de *L'Événement*. En ouverture habile, il rappelle son plaidoyer de jadis pour le retour en France de la famille Bonaparte (14 juin 1847). Puis viennent sa plaidoirie pour l'extension de l'abolition de la peine de mort non seulement en matière politique, mais aussi en droit commun (15 septembre 1848) ; son discours en faveur de l'assistance publique où il affirmait, contre la droite et le centre, « qu'on peut détruire la misère [16] » (9 juillet 1849) ; ses allocutions d'ouverture et de fermeture au Congrès de la paix (22-24 août 1849) ; sa protestation contre le dévoiement de la politique française dans l'affaire de Rome (19 octobre 1849) qui avait abouti à la chute de la République romaine et à la restauration de la monarchie absolue du pape dans ses États ; sa réponse, le lendemain, à M. de Montalembert, « passé du côté de ceux qui oppriment », alors que lui « reste du côté de ceux qui sont opprimés[17] » ; son discours sur la liberté de l'enseignement, où, contre la loi Falloux, il réclamait la gratuité des écoles publiques et refusait le contrôle des programmes par l'Église (15 janvier 1850) ; celui où il condamnait l'inhumanité et l'impiété de la loi sur la déportation (5 avril 1850) ; sa protestation contre la loi qui excluait les plus démunis des listes électorales (20 mai 1850) ; sa *Réplique à M. de Montalembert*, trois jours plus tard, où il retournait contre ses détracteurs de droite les accusations de versatilité ; son discours contre la nouvelle loi fiscale sur la presse qui étranglait la liberté d'expression (9 juillet 1850) ; son récent plaidoyer aux assises, pour défendre son fils accusé d'avoir dénoncé une exécution capitale sur un condamné de droit commun (11 juin 1851). La plaquette s'achevait, comme de juste, par son récent discours du 17 juillet contre la révision de la Constitution. Ces *Quatorze discours* le situaient désormais dans le camp de la gauche républicaine, et le geste de leur publication était une nouvelle mise en garde contre les visées hégémoniques du Bonaparte.

Était-ce ce dernier coup de chaud politique, l'incarcération de son fils, le malheur de Juliette dont lui-même était cause, qui lui donnèrent envie de se remettre aux *Misérables* ? Toujours est-il qu'il informa celle-ci de son intention, et la nota lui-même sur un dossier le 31 août, le lendemain du départ des deux Adèle à Villequier. Juliette, réjouie à l'idée d'« assister dans un coin à ce sublime enfantement[18] », copia un peu de son cher « Jean Tréjean » en novembre. Mais il devait s'agir de passages déjà écrits : Hugo n'avait composé aucun nouveau chapitre.

Grands remèdes et petits soins

Redevenu empressé, il multiplia les visites chez Juliette pendant l'été, recommença à glisser des mots doux dans les journaux qu'il lui faisait parvenir, l'embrassait de nouveau avec fougue, lui écrivait des lettres-surprises, restait plus longtemps auprès d'elle, la laissait le raccompagner le soir jusque chez lui, multipliait les promenades. À l'Assomption, ils allèrent à Pontoise prier devant l'autel de la Vierge pour le bonheur de leur couple. À l'automne, il l'emmena plusieurs fois en excursion, dont trois jours grisants à Melun et Fontainebleau, sans lui dire que c'était le berceau de ses amours avec Léonie ; au moins pourrait-il lui laisser croire ultérieurement qu'avaient été inspirés par elle les poèmes d'amour qu'il y avait naguère écrits pour l'autre, une fois leur date changée. De ces virées en amoureux, Juliette revint enthousiaste et comblée.

Mais elle restait fragile. Elle avait gardé par-devers elle les lettres envoyées par Léonie, dont la relecture masochiste lui retournait le couteau dans la plaie. En passant sous les fenêtres de Hugo rue de La-Tour-d'Auvergne, elle observait, le soir ou le matin, l'allumage et l'extinction des feux de son salon à sa chambre, et en tirait des conclusions alarmantes : « Une fenêtre trop longtemps fermée, une autre ouverte trop tôt, me donne des battements de cœur inexprimables. C'est insensé, je le reconnais et je m'en accuse sans pouvoir m'en guérir [19]. » Elle flanchait parfois, et s'épanchait, honteuse, craignant que cette double peine ne lui coûte l'amour de Hugo. Aussi, le 17 août, lui propose-t-elle (sans effet) de ne plus lui écrire quotidiennement :

> Il n'est pas bon, il n'est pas sain, il n'est pas prudent à moi de te faire respirer les miasmes qu'exhale ma pauvre âme malade. Elle n'en guérira pas plus vite, je le sens, et je pourrais te communiquer une triste et mortelle contagion qui tuerait l'affection que tu as pour moi. Je te supplie donc, mon adoré, et cela dans le moment le plus lucide de ma raison, de me laisser prendre cette mesure hygiénique au moins pendant quelque temps [20].

Certaines nuits, elle songe à mettre fin à la relation, aspire à une « délivrance prochaine », tant son « amour n'a pas pu supporter humainement l'amputation de ces sept années gangrenées par l'amour d'une autre » [21]. C'est aussi que Hugo lui fait lire les lettres que Léonie lui envoie toujours, et lui a parlé d'elle « avec une vivacité et un enthousiasme » sincères et blessants. Aussi finit-elle par lui enjoindre de revoir sa rivale – permission qu'il n'a peut-être pas attendu de recevoir pour en user :

> Je ne fais pas plus de fausse générosité en te forçant de retourner à cette femme qui t'aime, que je ne fais de fanfaronnade de courage en voulant me séparer de toi. J'obéis à la fatalité au lieu de lui résister, voilà tout. Il faut que l'un de nous se sacrifie à l'autre. Il est juste, il est naturel que ce soit moi. Ne repousse pas cette suprême preuve d'amour, la seule que je puisse te donner efficacement [22].

Un mois plus tard, rien n'aura été résolu, et Juliette suppliera encore qu'on en finisse :

> [I]l faut pourtant que mon sort se décide d'une manière ou de l'autre. [...] Comment, en quatre mois on n'a pas eu le temps de dénouer aucun des liens odieux qui nous blessent tous tant que nous sommes ? [...] pour mon compte je suis prête à rompre tous ceux qui ont retenu jusqu'à présent mes espérances d'amour et de bonheur plutôt que d'en garrotter qui que ce soit [23].

Les protestations de Victor ont beau lui mettre du baume au cœur, elle n'y croit qu'à demi, et compte les mois qui passent sans changement notable :

> J'espère que le bon Dieu [...] te donnera le bonheur sans remords et à moi la paix de l'âme que j'ai perdue depuis bientôt cinq mois. [...] Mon pauvre cœur ne se fait aucune illusion sur le résultat fatal et inévitable de cette liaison que rien ne peut rompre et qui a des racines jusque dans ta famille[24].

L'habileté et la grandeur d'âme de Juliette consistent précisément à laisser Hugo libre de son choix, et à lui prodiguer de douces attentions. Ainsi, alors que son second fils, François-Victor, a été à son tour condamné, le 15 septembre, à neuf mois de prison et 2 000 francs d'amende pour un article où il réclamait le droit d'asile pour les proscrits républicains européens, Juliette met les papiers de Hugo en sécurité chez elle, et l'assure qu'elle veillera jalousement sur eux sans les lire.

Bruits de bottes

Suspendu, *L'Événement* dut changer de nom. Il deviendrait bientôt *L'Avènement du peuple.* D'autres journalistes de l'équipe, Meurice et Vacquerie, allaient se retrouver eux aussi en prison. L'étau politico-judiciaire se refermait sur le journal, ce qui inquiétait Juliette :

> Les hommes de M. Louis Bonaparte ont l'imagination fertile et ils ne resteront pas court sur le chemin des vexations, des saisies, des amendes, des prisons et des infamies. Ils ne s'arrêteront sur cette belle route qu'au carrefour de 1852 où le peuple, *qui sait lire*, leur montrera le poteau indicateur RÉVOLUTION[25].

De fait, Louis-Napoléon Bonaparte n'attendit pas le carrefour de 1852, censé marquer la fin de son mandat. Dès la rentrée parlementaire, profitant de la défiance réciproque entre la gauche républicaine éclatée et la droite tripartite (légitimiste, orléaniste et bonapartiste), il mit à la tête de la préfecture de police et au ministère de la Guerre deux hommes de confiance, Maupas et Saint-Arnaud, et proposa à l'Assemblée de revenir au suffrage universel écorné par la loi électorale du 31 mai 1850. Hugo l'avait combattue dans son discours du 17 juillet, dont l'un des arguments était précisément qu'on ne pouvait valider *via* le suffrage restreint la révision d'une Constitution émanant d'une Assemblée élue au suffrage universel. La gauche républicaine ne put que soutenir la proposition du président de la République, en faveur de laquelle Michel de Bourges parla à la tribune, soutenu par Hugo, Quinet et Lamennais. Mais la majorité était contre. L'évidence du conflit entre le président et l'Assemblée ouvrait la voie à un coup de force. Celui du président était probable ; la majorité tenta de le contrecarrer par une proposition des questeurs demandant que l'Assemblée puisse recourir à l'armée. Mais un coup de force de la droite, qui comptait sur le général Changarnier, était aussi possible : les républicains modérés rejoignirent donc les « avancés » pour bloquer la proposition des questeurs, qui fut retoquée.

Dans *Histoire d'un crime*, Hugo se souviendra avoir reçu trois jours plus tard une visite nocturne dont Guy Rosa se demande s'il ne l'a pas fantasmée, puisqu'il n'en est question nulle part ailleurs[26]. Selon ce texte, le cousin germain du président, Jérôme-Napoléon Bonaparte, dit le « prince rouge », qui siégeait avec Hugo à l'Assemblée, l'aurait prévenu de l'imminence du coup d'État. Pour éviter la répétition du 18 brumaire, cette tache sur le nom de sa famille, il aurait tenté, pendant deux bonnes heures, de convaincre Hugo de faire arrêter préventivement le président en son palais de l'Élysée, au nom de la gauche républicaine. Mais l'usage de la force était contraire aux principes de Hugo : il aurait décliné cette invitation, préférant « être proscrit que proscripteur », « subir le crime que le commettre »[27].

De cette prétendue visite, Juliette ne dit rien. Certes, Hugo ne lui confiait pas tout, mais elle suivait son activité politique. Dès la rentrée parlementaire de novembre, il l'invite plus souvent à assister aux débats publics à la Chambre. Même placée dans les galeries où l'on entend mal, elle se fie à la « bonne acoustique[28] » de son cœur, et respire l'air du temps avec un instinct sûr, comme ce jour où le projet d'abolition de la loi électorale scélérate du 31 mai, proposé par Bonaparte et soutenu par la gauche, échoue à sept voix près : « Bonne journée pour moi, mon adoré, puisque je l'ai passée presque tout entière sous tes yeux et mon âme près de ton âme. Mais mauvaise journée pour la tranquillité publique si j'en crois les opinions exprimées autour de moi et mes propres impressions[29]. » Sans mesurer l'impact de ce vote, Juliette, mi-novembre, commence comme bien d'autres à ne plus croire au coup d'État annoncé :

> J'espère, je pourrais dire que je suis sûre, si le pressentiment avait force de loi, qu'il n'y aura pas de coup d'État du moins celui dont on vous menace depuis si longtemps. [...] Ce n'est pas pour moi que je crains car le rêve de ma vie serait de mourir en me dévouant pour toi, mais c'est la pensée de te voir livré à tous les hasards, à tous les dangers d'une révolution terrible[30].

À la mort près, le rêve de sa vie allait bientôt se réaliser. Le moment de se dévouer approchait. En attendant, des dangers d'un autre ordre continuaient de la préoccuper. Léonie n'était peut-être pas la seule rivale à craindre, l'occasion étant offerte à Hugo de fréquenter de nouveau les coulisses de la Comédie-Française pour la reprise de *Marion de Lorme*, avec Mlle Judith dans le rôle-titre. Juliette, invitée cette fois, espéra que Hugo viendrait la rejoindre dans la salle, tout en redoutant le souper prévu pour lui le soir de la Première en compagnie du directeur et de l'actrice principale, et les tentations des coulisses :

> [N]'oublie pas que tu m'as dit toi-même, et *de toi-même*, qu'il y avait dans l'homme un *animal* cynique adonné par instinct, et surexcité par les truffes, à tous les libertinages du corps et de la pensée. Je ne sais pas dans quelle disposition physique se trouvera votre animal, ce soir, mais, ce dont je suis sûre, c'est que les truffes, l'occasion et les femmes tendres ne vous manqueront pas[31].

La Fontaine, dont elle parodiait là un vers des « Animaux malades de la peste[32] », lui venait encore une fois en aide pour panser ses bêtes de plaies et pardonner à Victor ses âneries. Le lendemain, elle n'y pensait déjà plus, et retournait à son principal sujet d'inquiétude :

> En te quittant j'ai rencontré la même patrouille qui revenait sur ses pas : c'est probablement la même stratégie qui nous a fait croire l'autre nuit qu'il en venait de passer une seconde coup sur coup. Depuis trois ans que je demeure dans ce quartier, et depuis trois mois que je sors avec toi à toutes les heures de la nuit, je n'avais jamais remarqué, ni rencontré ces formidables patrouilles. Cela doit avoir un motif autre que de faire promener ces pauvres soldats au clair de la lune[33] ?

Intuition juste, cette fois. Ces « pauvres soldats », et si ce n'est eux, c'est donc leurs frères, tireront bientôt sur le peuple.

La clef de la porte tressaillant sous sa main

Le mardi 2 décembre 1851, anniversaire du sacre de Napoléon Ier et de la victoire d'Austerlitz, fut pour Juliette le premier de ces jours de gloire qui lui vaudront d'être citée par Hugo dans *Histoire d'un crime* : il y esquisse, parmi les héros de la résistance, la silhouette anonyme de « Mme D. », autrement appelée ce « quelqu'un » ou cette « personne » qui lui sauva la vie, en vertu de cette loi, inventée pour elle, selon laquelle « les femmes savent toujours où est la Providence »[34].

C'est son amie la chanteuse Dillon, accourue du faubourg Saint-Germain à dix heures du matin, qui alerta Juliette : affiché sur les murs, le décret de Louis-Napoléon Bonaparte dissolvait l'Assemblée et rétablissait le suffrage universel. Parmi les badauds, « de faux ouvriers vêtus de fausses blouses et faisant l'office de claqueurs[35] » se réjouissent qu'on leur rende leur dignité de citoyens, et qu'on dame le pion aux « vingt-cinq francs », nom donné aux représentants du peuple qui touchent pour indemnité plus de dix fois le salaire de l'homme du peuple. Hugo arriva, qui confirma la nouvelle.

Commencent alors pour eux quatre jours de déplacements tous azimuts dans Paris : lui allant de réunions politiques en barricades ; elle qui le suit de loin, s'informe, le renseigne, fait le guet, le réveille, le nourrit et le protège dans ses caches successives. Cette surveillance n'était pas superflue : Hugo était trop populaire pour ne pas se montrer, trop impliqué pour ne pas prendre des risques, et son arrestation aurait entraîné pour le pouvoir plus de difficultés qu'elle n'en aurait levé ; ce qu'il risquait, c'était donc la « disparition[36] ».

Le premier jour, la question fut de savoir comment les parlementaires bafoués et le peuple de Paris allaient réagir : la première réunion où Hugo se rendit le 2 décembre, chez le baron Coppens, lui apprit que les journaux étaient supprimés, les imprimeries occupées par l'armée, et qu'on avait arrêté dans la nuit seize représentants, tous les généraux de l'Assemblée et la plupart des meneurs de la gauche. Il était partisan d'agir vite, mais Michel de Bourges, plus expérimenté, préféra ne rien brusquer inutilement compte tenu de l'apathie des masses qui ne se reconnaissaient guère dans la Chambre dissoute.

Pendant cette réunion, Juliette débattait la question avec la portière, enceinte, qui s'inquiétait de savoir son mari compromis avec la résistance, d'autant que, dans la rue, un jeune homme en uniforme faisait le planton. Et si c'était un mouchard ? Juliette fit appeler Hugo pour lui confier les soupçons de la pauvre femme, mais il eut tôt fait de les rassurer : cet homme était des leurs. Du reste, le portier ne cachait pas ses opinions : sa loge était ornée du portrait de Barbès, d'un buste de Béranger et d'une lithographie de Raspail. Juliette patienta jusqu'à l'arrivée de la maîtresse de maison, qui lui suggéra, pour s'occuper utilement, de faire le guet dans un passage communiquant avec sa chambre par un escalier dérobé : en cas d'alerte, on pourrait avertir les représentants de passer dans la maison voisine.

La réunion terminée, Hugo sortit dans les rues haranguer la foule, qui le reconnut devant le théâtre de la Porte-Saint-Martin. Juliette, envoyée en éclaireur, trouva les troupes stationnées sur les boulevards indécises, et leurs chefs soucieux.

La population, au contraire, riait, causait et faisait des lazzis comme les jours de fête officielle devant les spectacles en plein vent où le pioupiou[37] prend dix-huit Kabyles à lui tout seul. Cette gaieté n'était interrompue que par les cris de « Vive la République ! Vive la Constitution ! Rien que la Constitution ! »[38]

Plus loin, en revanche, l'atmosphère était tendue. Ainsi, devant le Théâtre de la Gaîté, tandis qu'un officier d'ordonnance venait de remettre une lettre cachetée à un général, un homme répondit aux jeunes gens qui voulaient en connaître la teneur : « C'est l'ordre de tirer sur vous[39]. » Un ouvrier lui rétorqua que le peuple se défendrait contre les armes à coups de marmites, poêlons et pots de chambre s'il le fallait.

Mais les ouvriers étaient divisés : Juliette constata, après être passée devant le restaurant du républicain Bonvalet où régnait une grande agitation, qu'ils accueillaient diversement le décret, les uns avec soulagement, la plupart avec indifférence, certains avec défiance. Ici on se réjouissait de l'arrestation de Cavaignac, qui avait conduit la sanglante répression de l'insurrection de juin 1848 et multiplié les déportations ; là on applaudissait au nom de Thiers enfermé, lui aussi, à Mazas.

Hugo, ayant enchaîné deux réunions, et tenté de soulever la foule, n'était pas rentré chez lui, prévenu par un ouvrier que la police cernait sa maison. Il vint directement chez Juliette, et l'emmena voir si l'on pourrait déclencher un soulèvement au faubourg Saint-Antoine. Après un détour nécessaire chez le barbier, ils prirent l'omnibus ; devant la Porte-Saint-Martin, la foule chantait *La Marseillaise* et criait « Vive la République ! », encouragée par Hugo depuis sa portière ouverte. Hugo et Juliette s'arrêtèrent chez le marchand de vin qu'ils avaient sauvé en juin 1848 avec trois de ses camarades en les cachant rue Sainte-Anastase, et l'interrogèrent sur l'état d'esprit des ouvriers. Selon lui, il ne fallait pas compter sur ceux du haut du faubourg Saint-Antoine pour se révolter. Ceux du bas, en revanche, attendaient qu'un représentant du peuple les y engage. Hugo pouvait être l'homme de la situation. Un individu que Juliette trouva douteux, « entre le travailleur et le pilier d'estaminet[40] » offrit sans succès ses services.

Après un rapide repas pris ensemble place de la Bastille, Hugo rejoignit ses camarades chez Lafon, quai de Jemmapes, pour former, à l'initiative de Jules Favre, le comité d'insurrection qui pourrait donner le mot d'ordre du soulèvement. Juliette, cachée dans la voiture, s'alarma de voir une patrouille faire halte devant la maison ; elle en fut quitte pour la peur, les soldats se remirent en route. En quête d'une cachette pour Hugo, elle passa demander à l'ouvrière à qui il avait fait obtenir le prix Monthyon en 1848 si elle lui offrirait l'hospitalité pour la nuit ; Adeline Castanet refusa, au grand dépit de Juliette, indignée par tant d'ingratitude et de lâcheté. Pour l'instant, son homme n'avait donc nulle part où dormir.

Devant la cour du Louvre et le Palais-Royal, son angoisse grandit : la troupe y était réunie « autour des feux, le sac sur le dos, les fusils en faisceaux[41] ». Il fallait le prévenir. Mais à la maison du quai de Jemmapes, où elle retourna, tout le monde était parti, ces messieurs, lui dit-on, s'étant réunis ailleurs, sous la bonne garde de deux cents ouvriers armés prêts à mourir « jusqu'au dernier avant de laisser arriver jusqu'à leurs représentants[42] ». Elle rentra donc chez elle, s'arrêtant au passage chez le portier des Hugo pour transmettre à la famille les nouvelles rassurantes dont elle disposait, mais y apprit par le domestique que la police venait de passer « pour arrêter Monsieur[43] » ; celui-ci avait heureusement fait savoir qu'il ne reviendrait pas dormir chez lui. Il avait accepté l'hospitalité de M. de La Roëllerie[44], rue Caumartin, au terme d'une journée épuisante où, malgré l'arrestation de nombreux parlementaires de droite comme de gauche, et l'inertie du peuple de Paris, il n'avait cessé de pousser à la résistance.

Réussirait-il, le lendemain, 3 décembre, à convaincre les représentants du peuple et les habitants des faubourgs de s'unir dans la lutte ? Après une nuit d'insomnie, suivant un chemin qui ménage un crochet possible au domicile de Léonie, il passa chez lui où sa femme lui apprit la descente de police de la veille, puis arriva chez Juliette avant le lever du jour. Ayant déjeuné d'un morceau de pain et de deux poires à cuire avalées crues, il l'emmena en voiture.

Tandis qu'il assistait à sa première réunion de la journée, le cocher, qui l'avait reconnu, confia à Juliette, restée dans la voiture, son admiration pour Hugo et ses fils emprisonnés, et analysa la situation : beaucoup d'ouvriers étaient contents que Bonaparte leur rende le suffrage universel. Quant à lui, il n'était pas dupe : il serait entré dans la lutte, s'il n'avait pas eu deux enfants à protéger. Voilà qui n'augurait guère d'une mobilisation générale. C'est ce qu'on fit valoir à Hugo dans sa réunion : le peuple n'était pas prêt à prendre les armes. Seuls quelques camarades, dont le député Baudin, se laissèrent convaincre par sa détermination. Puisqu'il voulait en découdre, il irait lui-même, avec eux, sur le terrain. Il se rendit donc avec Juliette dans le quartier de la Bastille où une barricade avait été démantelée par la troupe, sous le regard indifférent des ouvriers. Ce spectacle donnait raison à ceux qui venaient de le désavouer et eut le don de l'exaspérer. Passant la tête par la portière, il apostropha un groupe d'officiers et de haut gradés, les traitant de « misérables », de « lâches » et d'« assassins », se nommant et criant en sortant son écharpe de représentant : « Fusillez-moi pour que je n'aie pas la honte de voir cet infâme peuple qui se laisse déshonorer sans protester. »[45] Juliette tentait en vain de mettre sa main sur sa bouche, de cacher son visage dans son mantelet, et l'avertit : « Vous allez vous faire fusiller[46]. »

Quand on arriva faubourg Saint-Antoine, ce fut le choc : Baudin, qu'il avait convaincu de se battre, venait d'être tué sur la barricade immédiatement dispersée. Remobilisés, Hugo et ses camarades enchaînèrent alors les réunions : d'abord au domicile de Jules Grévy emprisonné la veille, puis dans une imprimerie de la rue des Moulins mise à leur disposition par l'éditeur Hetzel, où l'on signa et tira une série de décrets et libelles : la déchéance du président de la République, la levée de l'état de siège, les honneurs du Panthéon pour Baudin, le texte « Peuple, on te trompe ! », et un appel à l'armée rédigé et signé par Hugo.

Juliette, pendant ce temps, cherchait des soutiens : elle passa remercier le journaliste Francis Lacombe, qui la veille lui avait offert ses services, puis se rendit chez Mme de Montferrier, qui garda ses distances, et ne dit mot des événements. Juliette, surprise et déçue, retourna observer la rue, où elle assista à des échauffourées : ici un jeune homme ayant crié « Vive la Constitution ! » était mis en pièces par un sergent de ville ; là on arrêtait les gens qui s'étaient réfugiés dans des boutiques, chez l'épicier, le marchand de vin, le bureau d'omnibus… Dans le quartier de la Bastille, en revanche, tout était calme, et le peuple indifférent.

L'espoir lui revint quand Victor, retrouvé rue des Moulins, l'assura que les ouvriers, prêts à se mobiliser, n'attendaient qu'un signal. La mère Lanvin, dont l'anxiété était contagieuse, informa Juliette que ceux de l'imprimerie Chaix avaient proféré des menaces contre les directeurs des journaux élyséens, dont M. de Montferrier. Juliette envoya la petite Julie Rivière aux nouvelles chez Mme Hugo : Monsieur allait bien, on savait où il était. Du reste, après un crochet par chez lui où sa femme et sa fille lui enjoignirent de fuir car la police était encore là un quart d'heure plus tôt, il arriva justement chez Juliette, prit un quignon de pain en guise de souper, et ressortit avec elle.

L'ayant laissé devant la porte de son nouveau rendez-vous chez l'ancien membre du gouvernement provisoire Marie, rue Croix-des-Petits-Champs, Juliette partit respirer l'air des rues où des ouvriers se demandaient s'il valait la peine de se révolter, puisqu'ils étaient désarmés, contre une troupe qui, disait-on, était ivre et tirait sans sommation. C'est alors qu'entre la Porte-Saint-Martin et le théâtre de l'Ambigu, elle vit s'avancer à la lueur des torches une foule chantant *La Marseillaise* : c'était un cortège accompagnant deux civières. Sur la première gisait « un vieillard à longue barbe blanche, étendu raide mort », dont la tête oscillait de bas en haut au gré de la marche funèbre, « menaçant et terrible »[47]. Au coin de la rue Saint-Martin, elle entendit des coups de feu, et on lui conseilla de s'éloigner.

Il lui fallait raconter cela. Elle rejoignit Hugo, qui était avec Michel de Bourges, leur décrivit la scène, et attendit la fin de la réunion mêlée aux domestiques allemandes et alsaciennes de la maison, occupées à des travaux d'aiguille et à nourrir leur toutou ; sans comprendre la situation, elles poussaient des « Jésus *mein Gott* » terrifiés. En sortant, Hugo l'emmena s'assurer de sa nouvelle cache : déclinant l'hospitalité du prince Jérôme-Napoléon, il s'était réfugié dans une chambre prêtée par son ami Henry Descamps, au 19, rue de Richelieu, qui disposait d'une sortie de secours sur la rue Molière. Restait à espérer qu'on ne l'y trouve pas. Les policiers avaient carte blanche, Morny, demi-frère de Louis-Napoléon et ministre de l'Intérieur, ayant donné cette instruction au préfet de police : « Pour M. Hugo, je le laisse à votre appréciation[48]. » Il y passerait quatre nuits, sous le nom de M. Rivière. Juliette l'y rejoignit au petit jour. Hugo gardera la mémoire de ces réveils : « Quand, dans mes retraites toujours périlleuses, après une nuit d'attente, j'entendais le matin la clef de ma porte tressaillir sous ta main, j'oubliais tout, je n'avais plus de périls ni de ténèbres autour de moi, c'était la lumière qui entrait[49] ! »

La mémorable journée du 4 décembre, qui mit fin à la résistance par la terreur, commença calmement pour Juliette, venue attendre Hugo dans son abri pendant qu'il assistait à une réunion deux numéros plus bas. La chambre était sale et poussiéreuse, mais joliment meublée, « deux très beaux panneaux en tapisserie du XVIe siècle représentant l'une la chasse aux sangliers, l'autre des fleurs, des oiseaux, des grues et des hérons, une espèce d'oasis charmante[50] ». Hugo en conservera un bon souvenir :

> Rappelons-nous toute notre vie cette petite chambre obscure, ces vieilles tapisseries, ces deux fauteuils côte à côte, ces repas au coin d'une table avec le poulet froid que tu apportais, ces causeries si tendres, tes caresses, tes anxiétés, ton dévouement ! Tu t'étonnais de mon calme et de ma sérénité. Sais-tu d'où me venaient cette sérénité et ce calme ? C'était de toi[51] !

Juliette prit un livre et s'installa dans le grand fauteuil, chauffant ses pieds à l'âtre, mais comme elle tendait l'oreille aux bruits extérieurs, son attention était flottante. À midi, le propriétaire vint l'avertir que Hugo était recherché, et lui demanda si elle savait où il était. Prudente, elle lui en dit le moins possible.

Hugo, lui, se partageait entre le comité d'insurrection, installé chez Jules Grévy, et l'inspection des barricades qui s'élevaient dans le quartier Montorgueil. Jean-Marc Hovasse, qui souligne la dimension suicidaire de son comportement, résume cette tournée : « Il serra des mains, encouragea des hommes, sauva un mouchard qui avait été fait prisonnier, prit des notes, et regretta de n'avoir pas à subir une attaque [52]. »

Pendant ce temps, Henry Descamps insistant fâcheusement pour l'accompagner, Juliette sortit dans les rues avec lui, exaspérée de son manque d'enthousiasme pour la résistance qu'il jugeait inutile. Cherchant Hugo en vain (le comité s'était déplacé), elle tomba sur le représentant Durrieu, qui la rassura : il était en sécurité. Descamps tenta en vain de la dissuader de poursuivre son errance. C'est alors qu'ils entendirent au loin une première rafale, puis une seconde : on entendait des « cris déchirants », des personnes couraient vers eux « tout éperdues » ; des soldats les couchaient en joue. Dans leur fuite, rue Montmartre, ils marchèrent dans « une espèce de pluie de sang » [53]. Sur les boulevards la troupe avait tiré : au fusil vers la foule des badauds, au canon vers les immeubles et les boutiques.

Rentrée à la cachette, Juliette se mit en quête de provisions. Les marchands du quartier lui racontèrent que des passants réfugiés dans des boutiques y avaient été massacrés. Sur la route du retour, elle croisa des civières ensanglantées. Le garçon du troisième, lui-même blessé, était rentré épouvanté du faubourg Montmartre, témoin d'une fusillade qui avait fauché le jeune homme et le vieillard traversant la chaussée avec lui.

Pendant ce temps, Hugo, rentré faire son rapport au comité toujours réuni chez Grévy, y avait entendu d'horribles détonations, et rapporté « qu'on fouillait les maisons [...], et qu'on tuait tout. Les massacreurs allaient de porte en porte et approchaient [54] ». Dehors, ses camarades avaient entendu dire qu'il était mort. Rue du Mont-Thabor, où la réunion s'était transportée, on lui apprit que sa tête avait été mise à prix 25 000 francs (Dumas avait porté un billet à Mme Hugo pour l'en avertir), et que l'armée avait tiré sur la foule pacifique des boulevards. Il ressortit pour voir cela de ses yeux. Il racontera avoir vu, dans une arrière-boutique de la rue Tiquetonne, une grand-mère pleurer son petit-fils de sept ans abattu pendant le massacre. Ce « souvenir de la nuit du 4 » le hanterait longtemps, et deviendrait l'un des plus beaux poèmes des *Châtiments* :

> Nous le déshabillions en silence. Sa bouche,
> Pâle, s'ouvrait ; la mort noyait son œil farouche ;
> Ses bras pendants semblaient demander des appuis.
> Il avait dans sa poche une toupie en buis [55].

Le combat était perdu. Juliette resta dormir avec lui.

Le 5 décembre, Paris se réveilla sonné. Retournant chez elle, Juliette croisa deux énormes voitures de déménagement dont les conducteurs terrifiés étaient escortés de soldats goguenards : par le rideau de derrière dépassaient des têtes et cheveux des morts qu'on y avait entassés. Les emmenait-on au cimetière Montmartre, où des cadavres étaient ensevelis mais seulement jusqu'au cou, pour permettre aux familles de les reconnaître ? Tandis qu'elle regardait une boutique dévastée, un dragon ivre, qu'elle rabroua, la coucha en joue « avec un air hébété et furibond [56] ». Un marchand la pressait de rentrer chez elle pour éviter de prendre une balle. Elle passa tout de même chercher sa montre chez l'horloger de la rue des Martyrs, qui lui raconta des atrocités, et dont le fils lui demanda si Hugo était mort, comme le disait la rumeur. Pas encore, mais il devenait urgent de fuir.

L'arrivée de la brave Mme Lanvin fut providentielle.

Mariés depuis vingt-sept ans, Jacques et Antoinette Lanvin étaient de vieux amis de Juliette. Entre eux, les services étaient réciproques : ils s'étaient occupés de Claire, avaient prêté leur nom pour la location des appartements de Juliette, afin d'éloigner ses créanciers ; Hugo leur donnait vêtements et chaussures et avait trouvé un travail à Jacques au Théâtre de la Renaissance. Antoinette venait d'elle-même proposer à Juliette de fournir à Hugo un passeport au nom de son mari. Les deux hommes ne se ressemblaient guère, mais quelle importance, puisque, pensait-elle, « les signalements sont faits précisément pour ne rien signaler, ce qui rend cette mesure vexatoire parfaitement inutile de toute façon [57] ». Juliette fit part de cette offre à Hugo en allant le retrouver dans sa cachette à la tombée du jour. Sans écouter les conseils de Descamps qui recommandait de ne plus sortir, ils se rendirent chez les Lanvin, à Montmartre, au 4, rue des Jeûneurs, pour préparer l'obtention de ce passeport au plus vite. Juliette eut l'idée de faire appel au mari de Laure Krafft, l'imprimeur Luthereau, installé à Bruxelles : on ferait croire qu'il offrait un emploi à Lanvin, dont le livret de typographe était en règle. Cela suffirait-il à obtenir le passeport dès le lendemain ? Ou faudrait-il attendre quelques jours de recevoir d'abord la lettre d'invitation qu'on demanderait à Luthereau ? Au besoin, ferait-on appel à un cousin pour faciliter les démarches à la préfecture de police où il était employé ? Tandis que Hugo attendait Juliette dans le fiacre, on mit la tactique au point chez les Lanvin, puis ils rentrèrent dormir chacun de son côté.

Celle qu'il aime prendra le train

Le lendemain, samedi 6, le comité de résistance se sépara après une dernière réunion. Les parlementaires de la droite, arrêtés le 2 décembre, avaient été libérés, plusieurs venaient d'être nommés à la commission consultative ; on abandonna l'idée suicidaire d'un défilé de représentants ceints de leurs écharpes tricolores.

Restait à sauver sa peau. Pour Hugo, cela voulait dire fuir la France sans se faire repérer. Passé prendre Juliette rue de Richelieu où, fidèle à son habitude, elle l'avait rejoint au petit jour, il alla aux nouvelles chez Lanvin, parti demander son passeport. Pour connaître les horaires des trains, Juliette descendit seule du fiacre à la gare du Nord, et voulut en profiter pour demander à Mme Vilain (mère du sculpteur) qui logeait à côté, si elle pouvait héberger Hugo dans la chambre de son fils. Échec, la dame étant sortie. Il faudrait trouver autre chose pour mettre à l'abri non seulement Victor, mais aussi sa malle aux manuscrits déposée chez elle, logis devenu peu sûr. Hugo toujours caché dans le fiacre, ils firent un nouveau détour par chez Lanvin, qui ne les rassura pas : le certificat qu'on lui avait délivré pour demander un passeport mentionnait un « gros nez » peu conforme, et Lanvin devrait apporter la preuve de son état de typographe, qu'il avait quitté depuis quelque temps. On se rendit chez les Montferrier, 2, rue de Navarin, à Pigalle : directeur de journal, il pourrait peut-être fournir cette attestation, et mettre Juliette en sûreté. Mme de Montferrier accepta de l'héberger, sans quitter sa froideur, dont elle s'expliqua : elle aurait bien aimé que son amie s'inquiète de leur propre sort, trois jours plus tôt, lorsque son mari avait été menacé par les ouvriers de l'imprimerie Chaix ; elle-même avait failli mourir de peur en voyant une barricade s'élever sous ses fenêtres.

Soulagée par cette explication, suivie d'une réconciliation franche, Juliette retourna préparer son sac de nuit, informa sa servante qu'elle et Hugo partaient à Rouen, et lui recommanda de ne pas s'opposer à une éventuelle perquisition. Après une mortelle heure d'attente, on entendit le fiacre revenir : les deux femmes y apportèrent la malle aux manuscrits, que le cocher trouva bien lourde ; émue, Suzanne, avec la discrétion que lui avait ordonnée Juliette, monta sur le marchepied pour baiser la main de Hugo par la portière, en se retenant de lui prodiguer les démonstrations d'affection dont elle était coutumière. Hésitant à suivre Juliette chez les Montferrier, comme elle l'y incitait, Hugo se contenta de la déposer devant chez eux.

Levée de très bonne heure, le dimanche 7 décembre, Juliette quitta le quartier Pigalle pour se rendre rue de Richelieu par des rues détournées. Des sergents de ville croisés dans le passage Choiseul lui causèrent des inquiétudes telles qu'elle les suivit de loin jusqu'au passage des Panoramas pour s'assurer qu'ils ne la filaient pas. Tout en lui préparant son feu, sa toilette, et un déjeuner fait des restes des dîners des deux jours précédents, elle convainquit d'abord Hugo de la rejoindre chez les Montferrier sinon tout de suite, du moins le soir même. Il n'était pas pressé, mais une visite inopportune allait hâter la fuite : un fâcheux venu demander Descamps observa à la dérobée mais avec insistance la pièce où Hugo s'était caché derrière le paravent. Aussi décidèrent-ils de ne pas attendre le soir, et de fuir sur-le-champ. Elle rangea ses affaires en hâte tandis qu'il réservait le fiacre. Elle retourna vérifier s'il ne serait pas mieux chez Mme Vilain, tout près de la gare du Nord, mais le portier n'y était pas aimable ; on y renonça. Passée à la gare s'enquérir des formalités douanières, elle ramena des nouvelles rassurantes : la malle aux manuscrits ne pourrait être ouverte que du côté belge.

Les Montferrier leur firent un accueil charmant. Ils avaient chapitré leur bonne sur le silence absolu à garder, décommandé le dîner prévu avec une parente, et leur firent le meilleur accueil possible. Juliette organisa le campement dans la chambre où elle avait dormi la veille, cacha l'écharpe de représentant dans la paillasse de la bonne, et ils calfeutrèrent ensemble la malle aux manuscrits sous une pile de hardes. Lui délivra à Mme de Montferrier un certificat attestant l'aide qu'elle avait apportée à la résistance, pour le cas où son mari serait inquiété plus tard pour son allégeance au régime, et brûla les papiers compromettants. Ils ne mirent le pied dehors ni l'un ni l'autre.

C'est donc Montferrier qui contacta Mme Lanvin. Elle savait par Suzanne qu'un commissaire et huit agents avaient fait une descente chez Juliette à six heures du matin pour l'arrêter, et avaient fouillé son appartement. Ce qu'elle ignorait, c'est que la police, mieux informée qu'elle, avait aussi perquisitionné au domicile de Léonie. Elle était également venue chez Lanvin, suspectant ses motifs pour partir à Bruxelles, et promettant de revenir « savoir l'usage qu'on aurait fait du passeport[58] ».

Ces deux incidents firent envisager de renoncer au passeport de Lanvin. Et si on en demandait un à Souvestre, écrivain breton républicain ami de Hugo, dont la physionomie était plus ressemblante ? Mais le 10 décembre, Montferrier, rentrant du journal, leur raconta, inquiet, qu'une dame de sa rédaction avait lancé dans un bureau, devant tout le monde : « On dit, M. de Montferrier, que vous cachez chez vous Victor Hugo depuis trois jours[59]. » Montferrier avait fait mine d'en rire. Cependant, la cachette étant éventée, il fallait partir.

Hugo, accompagné gare du Nord par Montferrier, partit donc le lendemain au train de huit heures du soir, déguisé en ouvrier, sous la casquette, le paletot et l'identité de Jacques-Firmin Lanvin, « compositeur d'imprimerie ». La mort n'avait pas voulu de lui, mais il avait fait son devoir, et quelques jours plus tard, il écrirait à Auguste Vacquerie : « Je viens de combattre, et j'ai un peu montré ce que c'est qu'un poète[60]. »

Commencèrent alors de longues heures d'attente pour Juliette, prête à le rejoindre, mais terrifiée à l'idée de ne jamais le revoir si quelque malheur devait se produire[61]. Le surlendemain, le 13, jour de chance, elle reçut le signal. Arrivé à Bruxelles la veille, aux aurores, Hugo, sitôt posé à l'hôtel, avait envoyé un courrier chez les Montferrier comportant un message pour sa femme au nom de Mme Rivière, et une lettre à Juliette au nom de Mlle Rivière, qui donnait toutes les instructions :

> J'arrive et je t'écris. Doux ange bien-aimé, tu peux partir ce soir même [...]. Voici ce que c'est que le voyage : se trouver à huit heures *moins dix minutes* au chemin de fer (bagages portés d'avance) – on entre tout de suite dans les wagons et sans stationner dans la salle d'attente, – partir les pieds très chauds, car il fait horriblement froid la nuit, prendre ses précautions pour cela. Le voyage va lentement. Dix minutes d'arrêt à Amiens, dix à Arras, un quart d'heure à Valenciennes. On s'arrête une demi-heure à Quiévrain. *On est en Belgique.* La douane belge visite les petits paquets. Les malles et valises ne sont visitées qu'à Bruxelles. C'est à Quiévrain qu'on m'a demandé pour la première fois mon passeport. Du reste nulle difficulté. Une jeune femme près de moi se plaignait assez drôlement qu'on ne lui eût pas demandé le sien. C'était bien la peine disait-elle, de se donner tant de mal pour en avoir un ! – À Bruxelles on demande le passeport à tout le monde, hommes et femmes. C'est là que se fait la visite des gros bagages. On ne s'en va qu'après qu'elle est terminée.
>
> [...] Tu pourrais partir aujourd'hui même. Car on m'assure que cette lettre sera à Paris à *cinq heures*[62].
>
> Dis à Mme de M. de faire porter la lettre à Mme Rivière ainsi que la lettre blanche et les clefs, sans demander de réponse.
>
> Si je ne pouvais pénétrer jusqu'au débarcadère au moment de ton arrivée, viens me retrouver à l'hôtel de *la Porte Verte*. Tu demanderais M. Lanvin. Il y a des omnibus qui y mènent.
>
> Ô cher doux ange, quel bonheur ! Je vais être réuni à toi ! Ma joie, ma vie[63] !

Le soir même, sans savoir quand elle reverrait Paris, Juliette prit le train à son tour, avec la malle aux manuscrits qui contenait les dessins, les poèmes écrits depuis la mort de Léopoldine, et la première version des *Misérables*. Enfin assise sur sa banquette de seconde, elle aussi venait de combattre : pour la république sacrifiée, pour Hugo, dont elle avait sauvé la vie, et pour elle-même, qu'il emmenait dans son exil. Elle avait un peu montré ce que c'est qu'une femme.

Troisième partie

Le bonheur en exil
(1852-1870)

XIV

Belgiquois et chinoiseries (1852)

« Nous transcrivons ici une note écrite de sa main. »
Les Misérables, I, I, 2

On arriva en gare de Bruxelles au petit jour. Libre, aimant, il l'attendait, là, sous le hangar de la douane [1]. La veille déjà, à pareille heure, il espérait son arrivée par le train de nuit. C'est qu'il la voulait, elle, et aucune autre, à son côté. Non pas Adèle – qui, du reste, ne viendrait lui rendre visite à Bruxelles que quatre jours en huit mois, pour régler les affaires courantes ; ni non plus Léonie, désespérée, à qui il demanderait explicitement de ne pas le rejoindre. De ce choix réaffirmé, Juliette fut de nouveau éblouie : « C'est donc bien vrai que tu m'aimes et que tu daignes t'appuyer sur mon cœur, dans les passages difficiles de la vie, avec la confiance qu'il te portera tout entier, sans se lasser, à travers les plus terribles événements [2] ? » Oui, c'était bien vrai.

Bruxelles, du passage du Prince à la Grand'Place

Ce n'est pas seulement la vie du représentant du peuple qu'elle venait de sauver, mais aussi ses manuscrits. Non sans angoisses. La lettre anniversaire de son équipée ferroviaire, un mois plus tard, s'en souvient : « Quoique je fusse rassurée sur toi personnellement, puisque je te savais hors des griffes de ce misérable chat-tigre à pif de perroquet, je n'en étais pas moins très tourmentée par l'immense responsabilité de te rapporter tous les trésors de ton génie accumulés et thésaurisés par toi depuis tant d'années [3]. »

Dès son arrivée, elle s'installa, en pension complète, pour 125 francs par mois, au 10 passage du Prince (aujourd'hui galerie des Princes), chez les amis Luthereau qui y avaient leur imprimerie, dans l'une des trois galeries royales Saint-Hubert, siège de nombreux commerces et centre de ralliement des proscrits français. Au troisième étage, son petit appartement comprenait une cuisine et deux chambres : une sous les toits pour Suzanne, une près de la verrière pour elle. Elle avait bien rêvé de vivre enfin avec Victor, dans un petit nid discret où il travaillerait et où elle prendrait soin de lui, mais il n'y fallait pas compter, elle le savait bien[4]. Hugo était d'abord descendu quelques jours à l'Hôtel de la Porte Verte, 31, rue de la Violette, établissement douteux où il s'était contenté d'une chambre rudimentaire conforme à l'idée spartiate qu'il se faisait de son exil. Il y était resté vingt-cinq jours, dont quelques nuits pénibles au milieu des punaises, se réfugiant, pour les autres, dans le lit de Juliette qu'il rejoignait discrètement passage Saint-Hubert ; les Luthereau lui avaient procuré une deuxième clef de son appartement. Puis il s'était installé plus dignement sur la Grand'Place, n° 16, au deuxième étage de la maison dite « Le Moulin à vent » parce qu'elle avait hébergé la corporation des meuniers. Juliette redoutait pour lui le chauffage hasardeux de sa pièce unique, une grande halle dont les trois hautes fenêtres donnaient sur les superbes maisons d'en face et sur l'Hôtel de Ville vu de profil. Dans ces deux premiers logis, il recevait du matin au soir : les proscrits se pressaient pour lui raconter leurs souvenirs du coup d'État, dont il nourrirait le brûlot qu'il préparait contre le Bonaparte. Pendant des semaines, il prit en note leurs témoignages qui, une fois remaniés et mis en récit, feraient la matière d'*Histoire d'un crime*. Cette noria de visiteurs inquiéta Juliette, qui craignait pour lui le surmenage et la dispersion en mondanités. Elle lui conseilla de ne pas se « laisser confisquer par le tiers et le quart belgiquois et cosmopolite[5] » qui pullulait chez lui.

Hugo était *persona grata*, non seulement auprès des proscrits (on en comptait un millier à Bruxelles en 1852), mais aussi des autorités belges. Le bourgmestre lui fit visiter l'Hôtel de Ville et légalisa son passeport au nom de Lanvin : il pouvait désormais recevoir son courrier sous les deux noms. Ainsi était lavé l'affront fait par les gendarmes au fuyard glorieux, qui avait subi une interpellation musclée pour usurpation de passeport quelques jours après son arrivée. Dans cette affaire, l'édile l'avait emporté sur le préfet de police, qui fut promu à un poste plus honorifique pour ne pas perdre la face. Hugo avait aussi reçu l'hommage des orateurs des deux oppositions, démocratique et catholique, à la Chambre belge, et le ministre de l'Intérieur l'avait assuré de son soutien jusqu'au jour où il ferait paraître son livre, dont la publication mettrait la Belgique en délicatesse avec la France, voisin redouté. D'ici là, il pouvait compter sur la protection des autorités.

Juliette aussi était en sécurité, mais elle était contrariée par un incident arrivé à sa servante Suzanne qui l'avait rejointe vers le jour de l'an. Parmi ses bagages, la ménagère en argent, déclarée à son nom, avait été bloquée en douane. Il y en avait pour 300 ou 350 francs (l'équivalent d'un an de salaire pour une ouvrière). L'affaire ayant traîné, on ne put la récupérer au printemps qu'en post-datant l'entrée de Suzanne sur le territoire. Juliette demanda à Victor d'user de ses relations, et lui écrivit la fausse déclaration à transmettre aux services de police.

Redéfinir leur lien ne fut pas chose facile. La reconnaissance du proscrit pour celle qui lui avait sauvé la vie s'exprimerait plus tard par deux hommages discrets – une note en marge du manuscrit de *La Légende des siècles*, et une allusion cryptée dans *Histoire d'un crime*. Dans l'immédiat, il entendait préserver la sécurité matérielle de Juliette s'il venait à mourir, puisque désormais, aux aléas de la santé s'ajoutait sa possible liquidation par la police secrète de Bonaparte. Aussi voulut-il mettre à son nom une partie de sa fortune, qu'il retirait de France pour la protéger de la saisie. Il plaça 137 000 francs à la Banque nationale de Belgique et acheta pour 100 000 francs d'obligations à Londres qu'il proposa sans doute à Juliette d'investir à son bénéfice. Elle refusa tout net :

> Vous dites que dans ces journées de Décembre je vous ai sauvé la vie. Je n'en sais rien ; si j'ai fait quelque chose, cela ressemble tant au devoir que je ne saurais y voir une belle action.
>
> Parce que je vous aurais sauvé la vie, vous me donnez cent mille francs ; c'est tout simple. Et je les refuse. C'est tout simple aussi.
>
> Reprenez vos cent mille francs. Je ne veux qu'une chose, être aimée[6].

Ce billet lapidaire est signé, cas rarissime, de son seul paraphe, « J. D. » et non pas « Juliette ». Le même jour, dans une lettre conforme, cette fois, au modèle habituel, Juliette rétablit l'ordre des choses : « C'est moi qui te dois la reconnaissance pour m'avoir inspiré un amour si sublime et si doux qui m'élève jusqu'à Dieu[7]. »

Avec les 5 000 francs que lui rapportaient son dépôt à la Banque nationale de Belgique, les 3 000 francs de revenus de ses obligations anglaises, et les 1 000 francs d'indemnité qu'il continuait à toucher de l'Institut, Hugo recevait désormais une rente annuelle de 9 000 francs (douze fois plus qu'un salaire d'ouvrier), mais il ne disposait plus des revenus du théâtre ; ses pièces n'étaient plus jouées en France, après une dernière reprise de *Marion de Lorme* au Théâtre-Français où le prince-président avait cru bon de se rendre. La volonté de faire entendre sa voix d'homme politique, que la proscription muselait, et sa voix d'homme de lettres, que la censure prétendait étouffer, rencontrait la nécessité de se remettre à vivre de sa plume. De là, outre la volonté de témoigner, le projet d'*Histoire d'un crime*, mis en train le 23 décembre. Juliette y contribua par son propre récit, entrepris dès janvier. Elle se demandait ce que Hugo pourrait bien en tirer : « Tu n'auras jamais la patience de passer au crible toute cette poussière pour en extraire quelques menus cailloux insignifiants [8]. »

Les premières semaines, exaltées par ce projet d'ouvrage et l'effervescence qui entourait Hugo à Bruxelles, furent heureuses pour Juliette : Victor la rejoignait quasiment tous les soirs chez les Luthereau pour dîner, et même parfois pour dormir, notamment quand la fête battait son plein sur la Grand'Place et que les braillements des fêtards, les cris des débardeurs ou les cloches du carillon troublaient son sommeil [9]. Mais début février, avec l'arrivée de Charles, libéré de prison, finies leurs « douces soirées » et leurs « charmantes nuits » [10].

Habiter deux logis distincts était la condition de leur respectabilité et la garantie de leur réputation. Juliette ne mettait pas les pieds chez Hugo, ni dans sa grande halle du 16 de la Grand'Place, ni dans le nouvel appartement plus confortable où il déménagea pour l'arrivée de Charles, toujours sur la Grand'Place, n° 27, au-dessus d'une marchande de tabac. Seule Suzanne, qui se partageait entre son maître et sa maîtresse, et s'occupait, chez Hugo, du linge et du déjeuner, y avait accès, en évitant, autant que possible, d'y croiser Charles.

Celui-ci, sitôt libéré de prison, était venu rejoindre son père, qui l'encourageait à écrire et travailler. Il avait même été question de fonder avec d'autres un journal républicain, mais cela ne s'était pas fait. Charles aimait sortir, tard, au point que son père avait une fois veillé jusqu'à trois heures du matin pour l'attendre et lui ouvrir la porte du magasin de tabac, le jeune homme distrait étant parti sans la clef. La patronne avait laissé à Hugo sa boutique à garder ; disposé à servir les fumeurs couche-tard, il en avait profité pour écrire quelques pages d'*Histoire d'un crime* installé au comptoir.

Ce séjour de Charles auprès de son père aurait pu être l'occasion de lui faire rencontrer Juliette. Un temps, il fut question de l'envoyer dîner chez les Luthereau, où la cuisine était bonne. C'eût été un moyen de la faire entrer tant soit peu dans le cercle de famille, mais elle craignait de déplaire et d'être mal jugée [11]. Elle se tint donc éloignée de Charles, ce qui ne l'empêcha pas de l'admirer et de reconnaître en lui le portrait de son père le jour où le hasard les fit se croiser rue Royale [12]. Par l'intermédiaire de Suzanne, elle prenait soin à distance du foyer des deux hommes, mettant un point d'honneur à ce qu'il ne leur manquât rien. Aussi fut-elle vexée le jour où Charles se plaignit de n'avoir pas de chemise d'avance, alors que, sans jamais y avoir mis les pieds, elle savait très exactement, *via* Suzanne, où se trouvait le vêtement propre, dont elle indiqua l'emplacement au père pour qu'il le signalât au fils [13]. Toujours sans le rencontrer, elle accepta même de copier pour Charles, lorsque celui-ci se décida à se mettre au travail, comme elle le faisait déjà pour Victor.

On espérait voir arriver François-Victor. Libéré de prison contre son gré, il fulminait d'avoir bénéficié d'un régime de faveur qui affaiblissait leur cause [14]. Au lieu de partir pour Bruxelles, il resta à Paris filer le parfait amour avec l'actrice Anaïs Liévenne, au grand dam de ses parents inquiets.

Quant à Mme Hugo, elle était restée à Paris, afin de prendre les mesures nécessaires à un futur déménagement, s'occuper des affaires et de l'intendance. Elle ne fit que deux sauts de puce à Bruxelles pour en discuter de vive voix. Lors de sa première visite, Juliette, elle-même arrivée quatre jours plus tôt, mit Victor à l'aise. Elle attendrait patiemment le départ de l'épouse :

> Consacre-toi tout entier à ta courageuse et digne femme tout le temps de son séjour. Ne lui épargne aucune des distractions qui peuvent la reposer des cruelles épreuves qu'elle vient de supporter. Fais de ma résignation et de mon courage, de ma délicatesse et de mon dévouement une sorte de literie douce et molle qui lui adoucisse les aspérités du chemin tout le temps qu'elle passera avec toi [15].

Cette tolérance n'était guère réciproque.

Adèle prêta main-forte à son mari pour dissuader Léonie de le rejoindre à Bruxelles. Servant d'intermédiaire, elle lui transmit les courriers où Victor lui demandait instamment d'y renoncer. Dès le 31 décembre, et pendant plusieurs semaines, il lui écrivit régulièrement en ce sens, et demanda à sa femme de tout tenter pour la convaincre. Il fallait laisser croire que cette séparation géographique n'aurait qu'un temps. Pour y parvenir, Adèle se mit en tête de favoriser la carrière journalistique de Léonie : elle appuya un projet conçu par Théophile Gautier et Arsène Houssaye de faire paraître dans la *Revue de Paris* l'édition du récit de son voyage au Spitzberg [16]. En échange, Adèle voulait la tête de Juliette. Elle argua des services qu'elle rendait à son mari pour lui demander – en amie, disait-elle, comme les fois précédentes – de se séparer d'elle. Le motif avoué n'était certes pas la jalousie ; oh non, seulement, celle qu'on ne nommait pas compromettait, à Bruxelles, la réputation de Hugo auprès de ses amis politiques : « Il y a des gens heureux, dans ce parti, de te trouver en faute. La présence de la personne que je t'aurais voulue assez dévouée pour ne pas te suivre est sue là-bas[17]. » Du reste, ce n'est pas elle qui le disait : Adèle s'abritait derrière le frère aîné de Victor, Abel, qui, depuis Paris, avait appris que son cadet avait été vu déambuler en ville à Bruxelles avec Juliette. Le ragot, rapporté à Meurice qui l'avait rapporté à Abel, qui l'avait rapporté à sa belle-sœur, revenait ainsi aux oreilles de Victor, qui n'apprécia pas. Sa réponse remettait les choses à leur place et les pendules à l'heure :

> Ce qu'Abel a dit à Meurice est insensé. La personne dont il parle est ici en effet ; elle m'a sauvé la vie, vous saurez tout cela plus tard, sans elle j'étais pris et perdu au plus fort des journées. C'est un dévouement absolu, complet, de vingt ans, qui ne s'est jamais démenti. De plus, abnégation profonde et résignation à tout. Sans cette personne, je te le dis comme je le dirais à Dieu, je serais mort ou déporté à l'heure qu'il est. – Elle est ici dans une solitude complète. Ne sortant jamais. Sous un nom inconnu. Je ne la vois qu'à la nuit tombée. Tout le reste de ma vie est en public[18].

En réalité, il arrivait tout de même à Juliette de sortir de chez elle. Le 1er janvier, elle était allée se recueillir à l'église Sainte-Gudule, cathédrale de Bruxelles, pour y retrouver les doux souvenirs de leur premier voyage à l'étranger, en 1837. Il leur arrivait aussi de se promener ensemble, en évitant les alentours de leurs logis respectifs : on se donnait rendez-vous sur les boulevards ou aux portes de la ville[19].

Chez les Luthereau

Juliette et Victor avaient tout de même à Bruxelles quelques amis communs, autour des Luthereau, accueillants et festifs, comme ce 21 mars où ils invitent tout le monde à se retrouver pour une *olla podrida*, ragoût espagnol auquel chacun apporte son obole. Chez eux, même les jours ordinaires, on se couchait rarement avant minuit. Le soir, on se retrouvait autour de jeux de société. Il arrivait à Hugo de rejoindre le petit groupe pour jouer au brelan ou au baccarat. Un autre jeu, où Juliette, comme de juste, était chanceuse, s'appelait « Vive l'amour ».

D'amour, il en était beaucoup question chez les Luthereau. Un peu trop même, aux yeux de Juliette que son absolue fidélité rendait sévère pour les incartades des autres. Aussi plaignait-elle secrètement le brave Jean Luthereau de son infortune. Sa femme, Laure, plus jeune que lui, ayant eu très jeune deux fils hors mariage, n'avait pas renoncé à ses habitudes de liberté. Les lettres de Juliette, pendant son séjour chez eux, évoquent à mots couverts sa légèreté, partagée avec certaines de ses amies[20]. Parmi elles, la courtisane Esther Guimont, maîtresse d'Émile de Girardin, et dont le nom figure dans des carnets antérieurs de Hugo. Juliette s'était alarmée en apprenant son arrivée prochaine à Bruxelles, où elle rejoignait son amant, et son intention d'habiter chez Mme Wilmen, une pipelette voisine des Luthereau[21]. Un temps, Juliette pensa même que Victor et elle n'auraient d'autre choix que de quitter la ville pour fuir ce voisinage compromettant. Cela ne fut pas nécessaire : Esther alla loger plus loin, mais Juliette n'appréciait guère ses visites aux dames Luthereau et Wilmen. Scandalisée, elle l'entendit demander à Laure pourquoi celle-ci ne retournait pas à Paris plumer un de ses anciens amants qui venait de toucher un coquet héritage[22]. Deux mois plus tard, elle vit d'un aussi mauvais œil l'arrivée possible d'une nouvelle pensionnaire chez les Luthereau, une actrice de la Comédie-Française qui venait se produire au Grand Théâtre de Bruxelles, et avec qui elle aurait répugné à dîner.

Parmi les habitués des Luthereau avec qui Juliette passait ses soirées, il y avait tout de même deux hommes d'exception. Le comte de Melano, secrétaire perpétuel de la British Academy of Universal Industry, Science and Arts, louchon, grêlé, arborant d'impressionnantes moustaches, « mélomane aventurier[23] », divertissait ses hôtes de ses histoires extraordinaires. Hugo ne recherchait guère la compagnie de cet excentrique. Il appréciait en revanche le Dr Yvan, ancien secrétaire à l'Assemblée législative, de la gauche modérée, qui, sans être proscrit, s'était volontairement exilé à Bruxelles. Sa femme et lui invitaient parfois Juliette et Victor. Le docteur, qui admirait Hugo, avait quitté la France le même jour que lui, et l'avait reconnu sur le quai de la gare de Quiévrain, sans oser l'aborder. Les hommes avaient ensuite sympathisé. Juliette, elle, n'avait guère confiance dans les talents professionnels de ce médecin à qui Hugo demandait si la bière et le faro étaient bons pour sa santé[24], et qui prétendait la guérir en quelques jours lorsque revinrent ses rougeurs au visage ; d'après elle, il s'intéressait plus à la politique qu'à son art et il n'y avait pas grand-chose à en attendre. Elle voyait juste : un des premiers à se rallier au nouveau régime, Yvan rentrerait en France en 1854, et finirait ministre de Napoléon III.

Chez les Luthereau, Juliette croisait aussi la voisine, Mme Wilmen, une brave femme, généreuse, attentionnée et hospitalière ; elles se retrouvaient pour bavarder tout en vaquant à leurs travaux d'aiguille. Il y avait aussi Mme Reybaud, femme d'un confrère du Dr Yvan. Celle-là était moins bonne. Curieuse et médisante, elle s'empressait de raconter à Juliette les soirées galamment pourvues où elle avait croisé Hugo, chez

Dumas par exemple. L'égoïsme de la Reybaud éclata au grand jour quand elle fit une escapade en France sans prévenir aucun de ses compatriotes, craignant « qu'on ne la chargeât de lettres ou commissions qui auraient pu la compromettre ou la déranger et surtout qui auraient répugné à ses sentiments classiques et réactionnaires[25] ».

Accompagnée de ces deux dames, Juliette fit en mars une expérience exotique. Le Dr Yvan les avait invitées, avec Hugo, à rendre visite à une famille chinoise qui s'exposait dans les galeries Saint-Hubert.

Zoo humain ou tableau vivant ?

Un marchand de thés cantonnais exhibait sa famille dans un spectacle payant qui relevait du zoo humain et du tableau vivant.

Il y avait le chef de famille, Chung-Ataï, âgé de vingt-huit ans, et quatre femmes : ses deux épouses, sa jeune belle-sœur et une domestique. Il avait commencé sa tournée à Londres, à l'occasion de l'Exposition universelle pendant l'été 1851, et avait été reçu par la reine Victoria. La famille avait été immortalisée par un daguerréotype. Deux mois plus tard, en octobre, elle s'était installée à Paris, avec un grand succès orchestré par le journal *L'Illustration*, qui avait reproduit le portrait de groupe et en avait parlé dans plusieurs livraisons. Deux mois plus tard, effrayé par le coup d'État, Chung-Ataï s'était empressé de fuir Paris pour Bruxelles.

Le spectacle faisait sensation. Les journaux menaient l'enquête ethnologique. On décrivait les yeux bridés, on admirait les coiffures sophistiquées, on détaillait le menu des repas (à base de porc, d'omelette, de fruits et de thé), on admirait ou on déplorait les pieds atrophiés des femmes, on soulignait la posture dominatrice du mari, on réprouvait la promiscuité du couchage et la permissivité du bouddhisme. La science s'empara du phénomène. Le directeur de l'Observatoire royal de Bruxelles mesura les Chinois et les compara à des Belges moyens dans une publication. On peut préférer à cette enquête anthropométrique les bustes splendides du mari et de l'épouse réalisés par le sculpteur orientaliste et antiesclavagiste Charles-Henri Cordier, exposés en 1855 *(voir cahier hors texte)*.

Comme lui, Hugo voulut rencontrer cette famille en privé, grâce au Dr Yvan, qui la connaissait depuis Paris et se piquait de connaître la Chine. Avec lui, le 30 mars 1852 après-midi, Victor, Juliette, Mme Wilmen et Mme Reybaud suivirent le jeune guide jusqu'à une première salle où étaient exposées des bimbeloteries. Dans une seconde pièce décorée d'étoffes et de lanternes en papier gommé, Chung-Ataï,

Régnier, *Chung-Ataï*, lithographie à partir du daguerréotype de Richard Beard (1851)

natté, leur fit une démonstration de calligraphie, et fuma l'opium dont Juliette trouva l'odeur infecte ; on leur montra son lit, son rasoir, une épée censée écarter les maléfices et les dangers (Hugo l'aurait bien achetée, mais l'homme ne voulait pas s'en séparer), deux robes et la maquette d'une pagode « avec son dieu dedans[26] ».

Deux femmes étaient assises sur une estrade ; la troisième, qui se mourait, ayant attrapé la tuberculose à Londres, ne parut pas. Le guide montra leurs petits pieds, et expliqua comment on obtenait cette déformation, marque de distinction réservée aux maîtresses ; on toucha les chevilles à travers les bandelettes. La belle-sœur fit une poignante démonstration de marche : titubant d'un moignon sur l'autre, elle ne pouvait faire plus de quelques pas sans se raccrocher à un appui[27]. Elle montra comment sa mère lui repliait les pieds quand elle était enfant, à grand renfort de coups : « Mama coça, mama baté moi, moi mal beaucoup, beaucoup. Mama toujou coça, coça, baté, baté. Oh ! mal ! mal[28] ! »

À l'étage supérieur on admira les bijoux et objets de toilette des femmes et les calottes du mari. En prenant congé, Hugo, à qui Yvan avait appris deux mots de chinois, « bonjour » et « ami », salua de ce mot Chung-Ataï, qui le répéta en flattant de la main la petite chienne du docteur.

Juliette avait ramené de sa visite un éventail et une petite bourse, dans laquelle elle glissa un portrait de Victor. Ces reliques s'ajoutèrent à sa collection de chinoiseries, commencée avant l'exil, qui comprenait déjà de la vaisselle et des soieries.

Elle épancha sa compassion pour les Chinoises dans les souvenirs de cette visite dont Hugo lui passa commande. Peu sensible à la faconde du mari qu'elle peint en histrion, elle s'intéresse davantage aux femmes. Elle observe leurs travaux d'aiguille, remarque la forme ouverte de leur anneau à coudre, explique la chaîne de production des petits souliers qu'elles assemblent pour les vendre à partir de morceaux de tissu qui leur parviennent tout préparés. Elle s'extasie sur les riches vêtements des sœurs et le soin apporté à leur coiffure.

En revanche, les pieds atrophiés, avec leurs plaies purulentes, excitent sa pitié. Juliette, anthropologue sans le savoir, se désole que le martyre se reproduise de génération en génération : « Les mères battent les petits enfants auxquels la douleur arrache des cris, ce qui n'empêche pas les petites filles devenues femmes de suivre le même système et de torturer à leur tour les pauvres petites créatures qu'elles mettent au monde[29]. » La barrière culturelle qui la sépare des « petites magottes » a beau se franchir difficilement, Juliette est touchée par cette rencontre, et par les efforts faits des deux côtés pour se saluer, « en chinois, en français, en anglais » et « en pantomime »[30].

Femmes bleues, jaunes, vertes, rouges, noires, blanches

Cette visite mémorable faisait exception ; Juliette et Victor ne se montraient pas ensemble. Elle supportait vaillamment de ne rencontrer aucun des exilés qu'il fréquentait : le sculpteur David d'Angers, l'avocat Marc Dufraisse, l'homme de presse Émile de Girardin, les socialistes Louis Blanc et Pierre Leroux qui avaient (vainement) proposé à Hugo de s'associer à eux pour un journal hebdomadaire. Victor Schœlcher, qui avait fait abolir l'esclavage en 1848, était venu le saluer dès le 30 décembre ; c'est chez lui que Hugo, le 10 janvier, avait appris son rang, quinzième, sur la liste de proscription ; une durable amitié était née entre eux. Juliette tolérait aussi ses rares excursions, pourvu qu'il ne l'oublie pas, et qu'il ait à l'esprit leurs souvenirs communs le jour où il revit Louvain[31] avec Charles et Van Hasselt. Ce poète belge lui avait inspiré une confiance et une amitié que la suite allait décevoir : comme le Dr Yvan, Van Hasselt se rallierait bientôt au Second Empire, au point de solliciter et d'obtenir la Légion d'honneur[32].

Au fil du temps, pourtant, Juliette prenait de l'ombrage de toutes ces fréquentations dont elle était exclue : « Les curieux, les indifférents, les désœuvrés ont le droit de te voir tous les jours. Moi dont tu es plus que la vie je suis exclue de ce droit commun[33]. » La remarque s'appliquait particulièrement à Dumas et à sa maîtresse du moment, la très jeune actrice Isabelle Constant. Juliette l'appelait Mlle Constance, surnom immérité : elle devint sa bête noire, et le nom générique de toutes les tentations féminines qui semblaient s'être donné rendez-vous chez Dumas. Il s'était réfugié à Bruxelles non pour fuir la persécution politique, mais ses créanciers. Accablé de dettes après la faillite du Théâtre-Historique et d'autres déconvenues financières, il s'était ainsi mis à l'abri de la justice française[34]. Comme il invitait son vieil ami, dans sa maison princière du boulevard de Waterloo, à la plupart de ses soupers fins, Juliette craignait qu'aux plaisirs de la table et de l'esprit ne s'en ajoutent d'autres : « Nourris-toi bien, amuse-toi bien et ne résiste pas aux instances de Dumas qui met son honneur et son bonheur à cumuler l'état de gargotier littéraire et de cordon bleu de restaurateur dramatique et de pourvoyeur de toutes sortes[35]. » Du reste, les amies de ce « viveur émérite[36] » n'avaient pas besoin d'attendre un souper chez Dumas pour offrir leurs faveurs. Le jour où Victor, fraîchement installé sur la Grand'Place, reçut son sofa, elle se demanda quelles Julie et Constance il allait pouvoir y « héberger, fourrager et foufouner [37] ». La tête lui tournait devant les billets envoyés par les actrices en mal de recommandations, les bas-bleus éprises de poésie mais aussi redoutables que les courtisanes affichées, les admiratrices de tout poil que Suzanne voyait aller et venir :

> Chaque jour amène sa *chacune*. De cette façon vous n'êtes jamais au dépourvu de cocottes. C'est agréable et doux à votre œil mais c'est TRÈS amer à mon cœur. J'espérais que le changement d'air aurait amené un changement dans vos habitudes de sultan Visapour [38] mais je vois qu'il n'y a ni lieu, ni température, ni mœurs, ni expulsion qui puisse vous faire renoncer à ce luxe oriental. Au fait puisque cela vous rend heureux vous seriez bien dupe de vous en passer. Allez, cher seigneur, prenez des femmes bleues, jaunes, vertes, rouges, noires, blanches et tâchez de ne pas mourir à la peine car il en est du bonheur comme de la vertu : PAS TROP N'EN FAUT [39].

Après plusieurs crises de jalousie, et la preuve de son infortune qu'elle crut avoir découverte en tombant sur un billet galant, Juliette proposa de se sacrifier, comme elle le faisait régulièrement depuis des années : « Si tu me dis *va-t-en* je m'en irai sans tourner la tête de ton côté. Si tu me dis *reste* je vivrai à tes côtés dans le bonheur et dans la joie en remerciant Dieu tous les jours et en te bénissant à tous les instants de ma vie [40]. » La séparation physique qui avait coïncidé avec l'arrivée de Charles fin janvier lui faisait redouter le pire, et le tarissement des lettres d'admiratrices à la fin du mois de mars ne la rassurait pas : s'il ne les lui montrait plus, cela ne voulait pas dire qu'elles avaient disparu. C'était comme les lettres de sa femme qu'il prétendait ne plus recevoir, et dont Juliette se doutait qu'elles contenaient des commentaires désobligeants pour elle, voire des nouvelles de Léonie. Craignant plus que tout le risque imprévisible d'un autre attachement, elle préférait presque encore qu'il fréquente le quartier chaud :

> Si tu crois que tu peux sans inconvénient pour ta dignité et pour ta gloire user impunément de certains plaisirs, fais-le, car dès que je crois que tu regrettes quelqu'un ou quelque chose à cause de moi je suis si triste et si malheureuse que tout vaut mieux que cette pensée. Va rue des Cailles, rue du Persil et chez la Fauquembergues si cela t'amuse en somme ou pèche autant par le désir que par l'action brutale, je te croirai aussi bien infidèle par le regret que par l'assouvissement [41].

Comme toujours en pareil cas, Victor ne manquait pas de la rassurer par des petites attentions symboliques renouvelées à intervalles réguliers pour lui redonner confiance. Dans sa lettre du nouvel an, où il voyait s'achever 1851, « année de douleurs, année de luttes, année d'épreuves », il se persuadait que 1852 serait pleine « d'espérance, de joie et d'amour », puisque Dieu les avait « jetés ici, mais ensemble »[42]. Le 29 février, il lui fit le sacrifice de sa soirée chez Dumas. Elle en profita sans barguigner, d'autant que cette bonne fortune la dédommageait du bruit qu'avaient fait toute la nuit, sur la Grand'Place, « ces braillards de Belges[43] ». Le 18 mars, il renonça pour elle à un cours qu'il suivait épisodiquement, celui d'Émile Deschanel, professeur à l'École normale supérieure, exilé pour ses écrits socialistes et son insoumission. Le 15 avril, il signa de son sang deux pactes : l'un avec Dieu, son peuple et sa patrie, par lequel, « à mi-chemin de Faust et du body-art[44] », il déclarait « *Credo in Deum, in populum, in Galliam* » ; l'autre avec Juliette, trempé dans la même encre rouge, qui, pour être plus simple, et en langue vernaculaire, n'en était pas moins engageant : « Je t'aime. » Il broda sur ce thème, à l'encre noire cette fois-ci, dans la lettre rituelle qu'il lui adressa pour sa fête :

> Vois, ce mois est triste pour un mois de mai, le ciel est triste pour un ciel d'été, il n'y a pas de soleil, il va pleuvoir, nous sommes hors de France, je suis proscrit, ruiné, dépouillé, banni, vaincu ; tout cela n'est rien tant que tu es là, tant que tu m'aimes. Le ciel est bleu en moi, toutes les fleurs qui ne sont pas sous mes yeux je les ai dans l'esprit, et je plains les pauvres exilés, c'est-à-dire ceux qui n'aiment pas ou qu'on n'aime pas[45].

Là où était Juliette, là étaient ses certitudes. Pourvu qu'il l'ait à son côté, ici, à Paris, Bruxelles ou ailleurs, peu importait. Du reste, la question n'était pas de savoir quand ils reviendraient à Paris, mais plutôt où se réfugier au moment où il leur faudrait quitter Bruxelles. Le Bonaparte avait fait valider rétrospectivement son coup d'État par un référendum ; l'archevêque de Paris avait fait chanter un Te Deum le jour de l'an pour célébrer le nouveau régime ; on effaça la devise « Liberté, Égalité, Fraternité » des édifices publics ; les titres de noblesse furent rétablis ; les sénateurs furent nommés par le pouvoir ; le prince-président se faisait appeler monseigneur ; aux commissions militaires qui avaient procédé à des exécutions sommaires succédèrent des « commissions mixtes » (un préfet, un soldat, un procureur) qui condamnaient à mort, à la prison ou à la déportation ; les fonctionnaires durent prêter serment ou démissionner, tel Michelet ainsi chassé du Collège de France ; on déclara le 15 août fête nationale, ce qui permettait de célébrer en même temps l'Assomption de la Vierge et la naissance de Napoléon Ier ; les professeurs d'université étaient désormais révocables, et, pour éradiquer tout signe d'anarchie, les enseignants n'avaient plus le droit de porter la barbe.

Après l'avoir banni de France, Bonaparte demandait à la Belgique d'expulser Hugo. Passée une semaine d'hésitation, le roi et son conseil lui avaient au contraire délivré, le 28 janvier, un permis de séjour de trois mois. Voyant se profiler l'échéance, le journal *L'Indépendance belge* prétendit, le 3 avril 1852, que Hugo avait sollicité l'autorisation de revenir en France. Il fallut publier un démenti quatre jours plus tard : « M. Victor Hugo a fait obtenir autrefois à M. Bonaparte l'autorisation de rentrer en France. Il n'a pas à la demander aujourd'hui. » Prévoyant que la publication d'un ouvrage hostile au nouveau régime en France changerait en menaces les pressions sur le gouvernement belge, qui y céderait, Hugo s'y prépara. La sortie d'*Histoire d'un crime* le forcerait à quitter la Belgique. Il voulut prendre les devants. Juliette, gardienne des manuscrits, lui recommanda de se procurer une nouvelle malle, l'actuelle ayant manqué craquer dans l'escalier lors de son transport. On en avait été quitte pour la peur, mais elle y voyait un signe de la Providence : il fallait pouvoir fuir au débotté avec une autre plus solide. En attendant, elle serra chez elle sous clef le nouveau manuscrit.

Mi-avril, ne sachant pas si on lui renouvellerait son permis de séjour, Hugo songea à s'installer à Jersey. Cette île anglo-normande, d'où l'on entrevoit les côtes françaises par beau temps, était de longue date une terre d'accueil pour les exilés français, tel Chateaubriand, grand exemple pour Hugo, et l'Angleterre passait pour la seule puissance hostile à Louis-Napoléon Bonaparte. Juliette se tenait prête à partir illico, sans attendre que la police belge leur fasse des ennuis. Elle n'avait que son sac de nuit à faire. Le courage lui revenait à la seule idée de prêter main-forte et de plier bagages.

On ne pouvait en dire autant des fils Hugo, Charles et François-Victor, qui, eux, n'étaient pas proscrits, et que la perspective de s'isoler du monde ne ravissait guère. Le premier craignait de s'ennuyer à Jersey ; le second ne s'empressait même pas de rejoindre son père et son frère à Bruxelles. C'est au milieu de ces considérations sur son prochain départ que Hugo interrompit l'écriture d'*Histoire d'un crime*, débordé par la masse du matériau recueilli, dont le récit que Juliette avait mis deux mois à rédiger. Changeant son fusil d'épaule, renonçant au témoignage pour le pamphlet qui l'exposait encore davantage à un second exil, il se mit aussitôt à l'écriture de *Napoléon le Petit*[46], dont il acheva le premier jet en mai, et qu'il publierait en août, le lendemain de son arrivée à Jersey.

D'ici là, pour préparer le déménagement, Adèle était revenue discuter avec son mari de la vente de leur mobilier parisien, qui risquait la confiscation. Pendant son bref séjour, Juliette surveillait à distance la préparation des repas servis chez Hugo et se préoccupa de savoir si Adèle les avait appréciés[47]. Il revint à celle qu'elle continuait d'appeler « ton admirable femme » de préparer seule la mise à l'encan des meubles de l'appartement de la rue de La-Tour-d'Auvergne. Son mari lui avait recommandé de vider tous les tiroirs, coffres, malles et armoires destinés à la vente, afin de n'y laisser aucun papier compromettant. Il fit bien, car elle découvrit pléthore de lettres intimes dans le tiroir de sa table de chevet (si plein qu'il fit résistance) et dans une bibliothèque en sapin remisée au grenier dont on allait se débarrasser[48]. Le 7 juin, entre midi et seize heures, une foule compacte défila dans l'appartement : on ne voulait pas nécessairement acheter, mais on était fier de voir, et de s'asseoir dans le fauteuil du poète. La vente des 8 et 9 juin ne rapporta guère plus que l'estimation de départ, maints objets écornés, ébréchés, ou de peu de valeur, chinés par Hugo, n'ayant pas trouvé preneur. Adèle en fit reproche à son mari. Celui-ci fut autrement touché par les articles que Gautier, dans *La Presse*, et Janin, dans le *Journal des débats*, avaient consacrés à cette vente qui leur fendait le cœur, et à laquelle Hugo lui-même, dans la conclusion autobiographique de *Napoléon le Petit*, donnerait une dimension existentielle : « Envolés, tous ces objets auxquels s'était empreinte votre vie ! évanouie, la forme visible des souvenirs[49] ! »

Au même moment, Juliette se préoccupait de récupérer la forme visible d'un autre souvenir. Pradier était mort le 4 juin[50]. Faute d'avoir pu obtenir, depuis huit ans, qu'il mette à exécution sa promesse d'édifier un tombeau pour sa fille, elle aurait bien voulu récupérer le moulage du visage de Claire qu'il avait réalisé. Elle n'osait le réclamer aux héritiers, quoiqu'il lui revînt de droit, pensait-elle.

Passagère clandestine

Le mois de juillet se passa en préparatifs. À Paris, Adèle, après avoir vendu ses casseroles, s'installa avec sa fille à Villequier, chez Auguste Vacquerie, en attendant le signal du départ. Hugo, de son côté, mettait les bouchées doubles pour terminer *Napoléon le Petit* tout en corrigeant les premières épreuves, secondé par Juliette qui se chargeait de les porter à l'imprimeur. Depuis deux mois qu'il travaillait à son pamphlet, il n'avait pas eu le temps de dîner une seule fois avec elle, aussi fut-elle soulagée de voir arriver le point final, apposé le 12 juillet. Il lui avait fait miroiter un voyage d'un mois en Écosse ou en Irlande, mais le temps pressait, et il n'en fut plus question. Le bourgmestre le lui avait confirmé : il devait quitter le sol belge avant la sortie du livre.

Comme il serait accompagné par Charles – et, espérait-il en vain, par François-Victor –, et que son transfert d'un pays à l'autre serait un événement public, Victor donna le choix à Juliette de voyager sur le même bateau qu'eux, mais avec discrétion, ou de partir seule le lendemain. Les deux solutions étaient également déplaisantes, elle préféra encore la première, plus simple, mais marqua son dépit au souvenir de l'accueil fait jadis à Léonie dans la famille Hugo :

> Il est tout simple que je me sacrifie aux préjugés et que je respecte la présence de tes fils dans cet incognito douloureux. Mais il y a quelque chose de bien cruellement injuste et d'affreusement dérisoire pour moi de penser que ces sacrifices, ces respects qu'on impose à mon dévouement, à ma fidélité, à mon amour, on n'y songeait pas et en faisait bon marché quand il s'agissait d'une autre femme dont la seule vertu consistait à n'en avoir aucune. Pour celle-là le foyer de la famille était hospitalier, pour celle-là la courtoisie protectrice et déférencieuse des fils était un devoir ; pour celle-là la femme légitime lui faisait un manteau de sa considération et l'acceptait comme une amie, comme une sœur et plus encore. Pour celle-là l'indulgence, la sympathie, l'affection. Pour moi l'application rigoureuse et sans pitié de toutes les peines contenues dans le code des préjugés, de l'hypocrisie et de l'immoralité. Honneur aux vices éhontés des femmes du monde. Infamie sur les pauvres créatures coupables des crimes d'honnêteté, de dévouement et d'amour. C'est tout simple : il faut bien sauvegarder la société dans ce qu'elle a de plus respectable et de plus cher.
> Je partirai pour Jersey quand et comme tu voudras [51].

Hugo reçut, avant de partir, la visite de Jules Janin, jadis ennemi des romantiques, et désormais admirateur fidèle du proscrit qu'il embrassa en pleurant. Le même jour, 25 juillet, Victor écrivit à sa femme pour lui donner le signal du départ, qu'elle reçut à Villequier deux jours plus tard. Accompagnées par Vacquerie, la mère et la fille partirent le lendemain pour Le Havre. Elles y prirent un dernier dîner en terre française avec Alphonse Karr, qui n'eut probablement pas le mauvais goût d'évoquer ses amours orageuses, intéressées et vieilles de vingt ans avec Mlle Juliette. Embarquées pour Southampton le 29 juillet, les deux Adèle arrivèrent à Jersey deux jours plus tard. Descendues à l'Hôtel de la Pomme d'Or tenu par des Français, elles étaient chargées de chercher une maison.

Le temps de leur traversée fut pour Hugo celui des adieux. Les proscrits de Bruxelles lui offrirent un dîner le 29. Juliette se préparait à rester plusieurs jours sans lui parler tout en voyageant à son côté. Le 31 juillet, on se rendit à Anvers en train. « Tout le voyage fut une longue ovation [52]. » Pour lui, mais pas pour Juliette, qui se faisait toute petite.

À l'arrivée, il fut fêté par une nuée de proscrits qui avaient convergé de tout le pays et de Français qui avaient traversé la frontière, rassemblés pour lui dire adieu le lendemain dans un ultime banquet. Parmi eux, Deschanel, Dumas, Étienne Arago, Blanqui, le compagnon Agricol Perdiguier, Bocage – premier Didier de *Marion de Lorme*, ancien partenaire de Juliette à la Porte-Saint-Martin. Que des hommes, bien sûr, à ce déjeuner politique. Il y eut des toasts, des discours en l'honneur de la patrie et de la fraternité des peuples, puis toute la compagnie escorta le père et le fils Hugo jusqu'au bateau, sur le quai d'Anvers. Les vivats de la foule, les mouchoirs agités par les femmes, la haute stature de Dumas qui tenait à être le dernier à embrasser le grand homme, seront immortalisés par un dessin de Frédéric-Théodore Lix gravé par Fortuné Méaulle où ne figurent ni Juliette ni Suzanne.

À trois heures de l'après-midi, sous une pluie battante, le steamer *Ravensbourne*, auquel on accédait en canot, appareilla. Hugo, sur le pont, regarda le plus longtemps possible la silhouette de son ami, qui finit par disparaître. Ce qu'il éprouva alors, on le sait par le poème des *Contemplations* dédié à Dumas : il eut l'impression d'entrer dans la nuit [53]. Ce que ressentit Juliette au long de la traversée, en revanche, on l'ignore. On connaît juste la nature de toutes les dépenses qu'elle avait notées soigneusement sur son calepin pour mieux récapituler ses comptes le mois suivant :

> Mais le moyen de se reconnaître dans ce déluge de shillings à donner pour l'entrée du port, pour le poids des bagages, pour l'embarquement, pour la douane, pour le bateau, pour ceci, pour cela, pour rien, pour les filous de tout grade et de tout genre, pour l'administration et pour la marine, c'est à y perdre son barème, en sous, liards, en pences, et en farthings [54].

Comment trouva-t-elle Londres, pendant leur remontée de la Tamise tapissée de bateaux à vapeur, le 2 août au matin, où ils passèrent sous le London Bridge grouillant de monde ? Comme à Hugo, la ville lui parut-elle lugubre, brumeuse, populeuse et enfumée ? Fut-elle, comme lui, effrayée par la condition misérable des cinq mille exilés qui y vivaient d'expédients ? Descendit-elle, comme Victor et Charles, à l'Hôtel de Normandie ? Y resta-t-elle confinée pendant les deux jours où Hugo multiplia les visites littéraires et politiques, à Mazzini, Kossuth, Louis Blanc, Victor Schœlcher, ou eut-elle le temps et la permission de sortir dans les rues ?

En gare de Waterloo, le soir du 4 août, le privilège de parler à Hugo étant toujours aboli pour elle, Juliette, qui se tenait toujours à distance,

Frédéric-Théodore Lix, *Le Quai d'Anvers. Victor Hugo quitte la Belgique pour l'Angleterre*, dessin gravé par Fortuné Méaulle, vers 1893

prit le train pour Southampton avec Suzanne. On y embarqua vers minuit à bord du *Dispatch* le bien nommé, puisque leurs deux petits groupes durent encore se séparer. Au matin, vers neuf heures, on fit escale à Guernesey. Avait-elle été malade, comme la plupart des passagers, dont Victor, sur la mer houleuse ? La vue de Sercq à bâbord et de Saint-Pierre-Port à tribord l'enchanta-t-elle autant que Victor, qui s'imagina y habiter un jour pour voir passer les navires de sa fenêtre ? On ne sait, puisque son journal s'interrompt tout le temps du voyage.

Ce qu'on sait, en revanche, c'est qu'à l'arrivée du *packet-boat* en vue de Saint-Hélier, il était midi, heure du partage, festif pour lui, solitaire pour elle. Hugo et Charles étaient attendus : sur le quai noir de monde s'était rassemblée une foule plus accueillante que le canon et le gibet du Mont-aux-Pendus qui annonçaient l'entrée du port. On y trouvait des proscrits rameutés par un des leurs – le Dr Barbier – et des badauds avertis par la presse locale. Au milieu de cette joyeuse escorte, les deux Adèle étaient flanquées d'Auguste Vacquerie. Juliette, qui n'avait pas sa place dans ces retrouvailles, descendit du bateau de son côté, sans se faire remarquer. L'histoire ne dit pas si elle avait le cœur gros.

XV

Les proscrits de Jersey (1852-1855)

« Il était environné de l'étendue. »
Les Misérables, I, II, 13

Du reste, elle en avait vu d'autres, et savait à quoi s'attendre. Il était heureux parmi les siens, c'était bien. Marchant derrière, à bonne distance, elle suivit des yeux la famille qui regagnait l'Hôtel de la Pomme d'Or, s'arrêta sur Caledonia Place à la hauteur de l'Hôtel du Commerce, plus modeste, s'y enregistra avec Suzanne, et attendit que Victor la rejoigne, ses devoirs de père et d'époux accomplis. Entre le port et l'hôtel, on l'avait suivie. Des journalistes à l'affût, se méprenant sur l'identité de la passagère non accompagnée, répandirent dans la presse locale la nouvelle de l'arrivée dans l'île, incognito, de George Sand. La police parisienne corrigea aisément la fausse information.

Où poser ses bagages ?

Au bout de quatre jours, cloîtrée dans sa chambre, elle eut un coup de cafard. Puisqu'il ne se pressait pas de lui rendre visite, c'est que Victor ne l'aimait plus. Dans ces conditions, autant se quitter tout de suite. Cette proposition eut l'effet inverse immédiat : Victor rendit au petit jour une visite galante à sa bien-aimée. Elle retrouva aussitôt son entrain et de l'énergie à revendre pour chercher rapidement un logis pas trop cher, en cette saison estivale où la concurrence des touristes faisait monter les prix. Mi-août, elle emménagea au lieu-dit Le Havre-des-Pas, à Nelson Cottage, à mi-chemin entre le bourg de Saint-Hélier et Marine-Terrace, la grande maison blanche où la famille Hugo s'installa de son côté quatre jours après elle[1]. Le coin était splendide. Au sud de l'île, au bord de la grève d'Azette,

Marine-Terrace donnait sur la mer. L'auteur de *William Shakespeare* en peindrait le commode et rudimentaire agencement : « un corridor pour entrée, au rez-de-chaussée, une cuisine, une serre et une basse-cour, plus un petit salon ayant vue sur le chemin sans passants et un assez grand cabinet à peine éclairé ; au premier et au second étage, des chambres, propres, froides, meublées sommairement, repeintes à neuf, avec des linceuls blancs aux fenêtres [2] ». Juliette était logée plus chichement, dans un meublé cher et crasseux, entre un chantier naval, de l'autre côté de la palissade, et des jardins plantés de choux. Le confort laissait à désirer, les souris et les toiles d'araignée pullulaient dans les armoires, et le propriétaire battait sa femme. Elle quitta le rez-de-chaussée pour l'étage, d'où elle eut, elle aussi, une jolie vue sur la mer. Le panorama s'étendait de la batterie de Fort Régent à l'ouest jusqu'à la baie rocheuse de Saint-Clément à l'est. Lorsqu'elle levait les yeux de sa page, elle voyait au fond de l'horizon, plein sud, les fiers rochers des Minquiers, où s'étaient abîmés maints bateaux, dont le *Superbe*, un an plus tôt : pour récupérer ses chaînes, un garçon de dix-sept ans, fils du propriétaire de Marine-Terrace, s'était isolé deux mois dans l'anfractuosité d'un rocher. De cette anecdote, Juliette tira quelques lignes pour son journal [3], et Hugo l'idée peut-être des *Travailleurs de la mer.*

Scruter la plage, pour elle, c'était aussi guetter ses allées et venues à lui. Elle se demandait qui cette promeneuse immobile pouvait bien attendre à l'endroit où il allait souvent [4], s'agaçait du spectacle indécent des baigneurs des deux sexes dépoitraillés et déculottés. En effet, les hommes ne mettaient pas de caleçon, et les femmes portaient des robes amples qui, une fois mouillées, avaient le don de dessiner leur silhouette. Quand la robe passait par-dessus leur tête, elles ne se pressaient pas pour la remettre en place [5]. Certaine que Victor ne perdait pas une miette du spectacle, Juliette ironisait :

> J'ai déjà exploré la plage des yeux et fouillé les rochers de la lorgnette pour savoir si vous êtes déjà à votre poste d'observation ou en train de tirer votre coupe [6] au milieu des tritonnes qui clapotent à qui mieux mieux et dans le simple appareil d'une raie qu'on viendrait d'arracher au sommeil. Mais je ne vous ai point aperçu. Il est vrai que la baie est vaste et les rochers discrets, les groupes nombreux et le brouillard épais et ma lorgnette mauvaise, toutes choses peu favorables aux perquisitions. Mais si je ne vous vois pas des yeux je vous devine de jalousie, c'est tout comme et cela me suffit pour vous souhaiter beaucoup de vieilles nudités, d'appâts plus ou moins rancis et plus de mentons barbus que de fesses imberbes [7].

C'était à n'y rien comprendre : comment les Anglais pouvaient-ils manquer à ce point de pudeur, eux dont, par ailleurs, l'intraitable zèle religieux proscrivait absolument le travail dominical ? Le dimanche, chacun restait derrière ses rideaux tirés, les enfants n'avaient pas le droit de faire du bruit, on s'empiffrait de puddings et de gâteaux préparés la veille, tous les commerces, même les pharmaciens et les boulangers, fermaient boutique, on ne mettait le nez dehors que pour se rendre aux offices, Hugo hésitait à sortir de chez lui et Juliette se cachait de ses propriétaires pour faire son raccommodage[8]. Le service postal hebdomadaire avec la France s'interrompait à Noël, et on préférait laisser perdre une cargaison de poissons que de la vendre le 25 décembre. Cette stricte observance ne rendait pas les gens plus vertueux : « Ce beau puritanisme qui prend sa source dans la bigoterie et dans la paresse n'empêche pas ces prétendus hommes pieux de se saouler comme des porcs et de brailler comme des oies[9]. » L'ivrognerie touchait même les femmes, dont la logeuse de Juliette et ses amies, qui s'enivraient ensemble quatre jours sur sept : « Leur ébriété arrive au degré le plus ignoble et le plus immonde, et rendrait des points aux chiffonniers de Paris. Mais elles n'en sont pas autrement honteuses, et le lendemain de leur dégoûtante griserie elles vous abordent avec un air de sérénité candide[10]. »

Il en allait de même pour la propreté. D'un côté, on soignait les apparences, mais l'hygiène laissait à désirer : on astiquait tout, mais on ne nettoyait guère. Les escaliers étaient lavés sans balayage préalable ; on blanchissait le seuil des portes à la craie, mais les ordures s'accumulaient sous les meubles ; les peignes sales et les fromages à moitié grignotés par les souris voisinaient dans les armoires avec les vieilles savates et les bonnets neufs ; dans la cuisine, on passait au blanc la cafetière, la théière, les flambeaux et les boutons de porte mais on laissait des journées entières le pot de chambre macérer sous la table. On cuisait dans la même casserole, sans la laver, les tripes pour le chien et le pudding pour ses maîtres. On nettoyait au savon, et non à la lessive, dans la même eau fétide, le linge de lit, le linge de table et les vêtements. Juliette ne comprenait pas davantage l'inconfort des lits, la rareté des chaises, l'absence de table de nuit, l'installation des tapis à la cave et au grenier. La nourriture, quant à elle, avec ses légumes à peine cuits, ses viandes saignantes et son poisson bouilli sans sauce, qui contrastaient avec « d'affreuses machines infernales, capables de vous faire sauter à cent pieds en l'air sans la moindre transition[11] », lui faisait regretter la gastronomie française et les marchés belges.

Quant au temps anglais, elle l'avait d'abord trouvé charmant, mais passé l'été, elle redouta pour Victor les rigueurs du climat maritime. Les promenades sous la pluie ne lui faisaient pas peur, pourvu qu'il l'accompagne et se protège du froid. Aussi lui recommanda-t-elle l'achat de souliers à double semelle de liège et l'acquisition d'un Mackintosh (qu'elle surnomma « machintoche »), manteau en toile cirée plus efficace que n'importe quel parapluie, porté sur l'île par les Jersiais de toutes conditions, gentlemen et gens du peuple [12]. Elle craignait aussi, dans un autre genre, les réunions de proscrits, d'abord parce qu'ils s'agglutinaient en hordes hirsutes, ensuite parce que des mouchards y étaient infiltrés, enfin pour la présence féminine de militantes qui n'avaient pas froid aux yeux :

> Je n'aime pas non plus ces gueuletons *unis* où se rencontrent pêle-mêle, tête-bêche, des Hongrois, des Parisiennes, des Polonais et des daguerréotypeuses, d'illustres poètes et de grandes paillardes. Ce cosmopolitisme, moitié bottes molles et beaucoup trop peaux de lapins, ne me va que tout juste et m'édifie encore moins. Il me semble que Charles et Vacquerie peuvent suffire à eux deux à représenter dignement la proscription française auprès de ces femelles quelque vésuviennes qu'elles soient [13].

À tout prendre, elle préférait le savoir en famille plutôt que dans ces repaires interlopes.

Aussi prenait-elle son mal en patience quand elle savait la tribu Hugo en excursion. Victor lui proposa bien de le retrouver incognito, le 1er septembre, au dolmen de Rozel, futur cadre du poème des *Contemplations* « Ce que dit la bouche d'ombre ». Elle aurait pu y aller par voie de terre tandis que lui et les siens s'y rendaient en bateau. Les Meurice étaient de la partie, venus de France quelques jours, le temps de pendre la crémaillère à Marine-Terrace. Une fois sur place il l'aurait rejointe à l'écart du groupe, mais cette mascarade ne lui disait rien : elle préféra rester chez elle. Du reste, savoir Hugo en mer ne l'enchantait guère. Elle s'inquiétait moins d'un éventuel naufrage que d'une arrestation possible : les journaux disaient que la police française pourrait arguer de la définition flottante des frontières maritimes pour arrêter le plus célèbre opposant au régime à la limite des eaux territoriales [14]. L'opinion jersiaise bruissait de telles histoires. Un gentilhomme légitimiste embarqué sur le bateau de Rose (le logeur de Hugo) avait été interpellé par les douaniers de Saint-Malo avec trois exemplaires de *Napoléon le Petit* en sa possession. On avait saisi les livres, et arrêté l'homme. Il risquait cinq ans de prison. Juliette le savait de source sûre : c'est un marin qui l'avait raconté au propriétaire de Nelson Cottage, indigné [15]. Désormais, le bateau de Rose serait fouillé systématiquement par la police française, et ne pourrait accoster si on retrouvait un seul exemplaire à son bord.

Il en fallait plus pour impressionner Hugo, à qui l'on disait que des volumes de son pamphlet passaient en France dissimulés dans des bustes du prince-président, qu'on se l'arrachait, qu'on en faisait des lectures secrètes. L'ouvrage faisait un tabac en Italie. C'est Dumas qui le lui avait écrit.

Peu de temps après sa sortie, il se mit à la composition de *Châtiments*, qu'il acheva le 31 mai 1853. Ce recueil satirique visait l'usurpateur, et toute sa basse-courtisanerie, depuis les ministres jusqu'à l'archevêque de Paris, en passant par les bons bourgeois préoccupés par leur rente. Sitôt Juliette prévenue, le 21 octobre, de sa mise en chantier, elle s'enthousiasma à l'idée d'en copier les poèmes. L'auteur avait bien songé à publier un volume lyrique, et composé pour elle, fin août, le poème d'amour « J'ai cueilli cette fleur pour toi sur la colline », qui se retrouverait dans *Les Contemplations*[16]. Mais la priorité donnée à *Châtiments*, recueil de l'« effet rouge », sur *Les Contemplations*, recueil de l'« effet bleu »[17], se justifiait par l'urgence à maintenir la pression exercée par *Napoléon le Petit*. La « Déclaration à propos de l'Empire » que Hugo fit paraître à l'annonce du prochain plébiscite allait dans le même sens : qu'on se le dise, le scrutin qui s'annonçait, un an jour pour jour après le coup d'État, donnerait au prince-président, par une parodie de suffrage universel, le droit de se faire appeler « Majesté », mais n'avait aucune valeur. Refuser de voter était la seule solution. Le « citoyen digne de ce nom » n'avait qu'une chose à faire : « charger son fusil et attendre l'heure »[18].

D'ici là, l'heure qu'attendait Juliette, c'était celle où Victor venait la chercher pour l'emmener en excursion à l'autre bout de la baie, jusqu'à Saint-Aubin, à la plage et aux falaises de Plémont, aux rochers de Saint-Clément, au port de pêche de Gorey, ou au spectacle, fût-ce pour voir un *Angelo, tyran de Padoue* affreusement joué par une troupe venue de Saint-Malo rendre hommage à l'auteur devant les proscrits galvanisés[19].

Parmi les distractions culturelles qu'offrait l'île, les conférences de Pierre Leroux, l'illustre penseur socialiste, ancien collègue de Victor Hugo à l'Assemblée, intriguaient. Hugo assista au moins à la première. Leroux professait sa nouvelle théorie écologique et sociale du « circulus », l'utilisation des excréments humains comme engrais agricole. Juliette trouvait cela dégoûtant. Quant à l'individu, qui venait de s'installer non loin de Marine-Terrace avec toute sa tribu (une trentaine de personnes), elle le dépeignait depuis longtemps en malpropre qui « se mouche dans ses doigts, comme un simple homme et un grand socialiste qu'il est[20] », et elle mettait Hugo en garde : il risquait, au retour de ses conférences, de se faire attaquer le soir par un rôdeur, ou de tomber dans un guet-apens bonapartiste. Elle préférait le voir fréquenter d'autres proscrits plus reluisants, tel le comte hongrois Sandor Teleki, ou le général Le Flô, ancien député de la droite monarchiste. Marine-Terrace était un centre de ralliement, et Hugo, à Jersey comme à Bruxelles, une référence. Il donnait généreusement à la caisse de secours en faveur des camarades sans le sou, et se mit à recevoir chez lui, en famille et entre amis, tous les samedis, une vingtaine d'entre eux. À part les extrémistes, qui suspectaient son aisance bourgeoise, les exilés se l'arrachaient. La proscription londonienne aussi lui faisait les yeux doux, en vain. À Louis Blanc qui le suppliait de le rejoindre à Londres, Hugo avait répondu : « Je me suis fait de la vue qui est sous ma fenêtre un besoin[21]. »

Juliette, farouche, ne fréquentait personne. Elle écoutait Hugo lui lire ses dernières créations, « L'Expiation », ou « Souvenir de la nuit du 4 », composés à l'époque du plébiscite, pour en conjurer le résultat :

> En voyant ce que t'inspire l'infâme guet-apens du 2 décembre, on est tenté de remercier la Providence de s'être servie de cet immonde outil pour extraire de ton âme cette sublime poésie d'indignation qui y serait restée toujours peut-être sans cette sanglante turpitude. On dirait que cet immense crime a été commis pour ta plus grande gloire et pour le plus grand enseignement des peuples. Je ne crois pas qu'après avoir lu tes foudroyantes poésies, il se retrouve jamais un scélérat assez courageux pour recommencer le même crime[22].

Elle se trompait dans sa prédiction politique, mais pas dans son appréciation littéraire : le jour où il se trouva un scélérat assez courageux pour recommencer le même crime, et en commettre de bien plus épouvantables encore, *Châtiments*, récité dans les maquis et les geôles, redevint un recours pour la résistance française contre le nazisme.

Pour la désennuyer, Victor lui conseilla de tenir un journal de l'exil, parallèle à celui de sa fille Adèle qui consignait les conversations de Marine-Terrace. Juliette pourrait y noter les histoires du voisinage, commenter les mœurs de l'île, donner ses impressions. Redondant avec ses lettres quotidiennes, et moins amusant puisqu'il n'était adressé à personne, le journal, commencé le 15 décembre 1852, lui tomba des mains au bout de trois semaines[23]. Le monologue n'était pas son style.

Hugo lui ayant suggéré de se faire une « connaissance » pour tromper son ennui, elle ironisa sur ce mot aussi ridicule que la chose lui était inutile. À quoi bon nouer des relations artificielles ? Elle préférait prendre des nouvelles de ses amies restées sur le continent. Celles de Bruxelles n'étaient pas réjouissantes : la Wilmen lui raconta pis que pendre sur la

Luthereau, qui, se trouvant dans la gêne, adressa à Juliette une vieille reconnaissance de dette[24]. À Paris, les Montferrier aussi étaient aux abois, mais ne demandaient rien. Le pauvre Vilain, à qui plus personne ne passait commande, désespérait[25]. Dillon, l'amie musicienne, était toujours aussi attentionnée. Quel dommage qu'elle ne puisse vivre de son art à Jersey, c'eût été une connaissance toute trouvée[26] ! Mme Lanvin gérait à distance les affaires de Juliette, qui payait toujours son loyer parisien. Julie Rivière, filleule de Juliette, était devenue institutrice, réalisant le rêve brisé de Claire. Sa sœur Louise renonçait à ce métier pour se lancer en province dans un commerce frivole[27]. Elle disait avoir été refoulée à Granville au moment de s'embarquer pour Jersey, son passeport ne mentionnant pas cette destination[28]. Dans toutes ces lettres en provenance de Paris, il n'était jamais question de politique. On se sentait surveillé. On avait peur.

François-Victor Hugo aussi se sentait surveillé, moins par la police secrète que par sa propre famille. On avait fini par le voir débarquer mi-août, sans sa bonne amie Anaïs Liévenne, dont il était amoureux fou, quoiqu'elle vécût jusqu'à présent des largesses de son protecteur complaisant, le vicomte de Waresquiel. Celui-ci, averti de sa liaison avec le fils Hugo, venait de lui retirer sa pratique et ses subsides. François-Victor était à Anaïs, qui avait une phtisie naissante, ce qu'Armand était à Marguerite Gautier dans le roman de Dumas fils paru quatre ans plus tôt, à cette différence près que la dame n'arborait pas de camélias blancs ou rouges selon les jours du mois, et n'avait aucune intention de renoncer à son train de vie. Dumas fils avait écrit à François-Victor : « Mon cher ami, tu es fou[29]. » Ses parents affolés lui représentèrent la nécessité de mettre fin à cette situation ruineuse et compromettante. Juliette craignait qu'on confondît sa propre position avec celle de « cette espèce de folle[30] » dont la réputation risquait d'entacher la sienne. Peu convaincu par les remontrances, le fils prodigue repartit au bout de deux mois rejoindre sa bien-aimée. Juliette, changeant de discours, se mit à plaindre les amants contrariés par le sort. Les nouvelles de France devinrent vite alarmantes : le jeune homme se mettait en danger ; sa mère, accompagnée du fidèle Vacquerie, retourna le chercher à Paris mi-décembre. Il revint le 30, accompagné d'Anaïs, à qui Hugo, pour bien terminer l'année, mit le marché en main le jour de la Saint-Sylvestre : ou elle acceptait d'épouser son fils, donc de s'enterrer à Jersey, ou elle le quittait à jamais. Trois jours plus tard, elle rentrait à Paris retrouver sa vie de luxe et de plaisirs, laissant derrière elle le garçon désespéré.

Charles-Émile Callande de Champmartin, *Juliette Drouet en femme de Smyrne*, huile sur toile, vers 1827.
Champmartin, élève et ami de Delacroix, et familier du sculpteur James Pradier, réalisa ce portrait de Juliette Drouet costumée en femme de Smyrne (p. 38).

Charles Voillemot, *Juliette Drouet vers 1835*, après 1883.
Ce portrait posthume, réalisé par le confrère et ami de Jules Bastien-Lepage Charles Voillemot, est une œuvre d'imagination rétrospective (p. 501).

Jean-Étienne Chaponnière,
Mlle Juliette artiste dramatique,
statuette de plâtre, 1832.

Jean-Étienne Chaponnière,
L'Écolière, statuette de plâtre,
1831.

Jean-Étienne Chaponnière,
James Pradier,
statuette de bronze, 1832.

La mère, le père et la fille sont réunis par ces trois statuettes de Chaponnière exposées au salon de 1833. Juliette porte son costume de Marie d'Ostanges dans *L'Homme au masque de fer* d'Arnould et Fournier (1831) (p. 62 et 69).

James Pradier, *Claire Pradier*, mine graphite, papier, 1846.

James Pradier, *Claire Pradier à 16 ans*, 1842.

James Pradier réalisa plusieurs dessins de sa fille. Celui de gauche est peint à l'époque où Claire termine ses études avant d'être embauchée comme sous-maîtresse dans sa pension. Celui de droite date de la maladie qui l'emporte le 21 juin 1846, dans la maison d'Auteuil que le sculpteur a louée pour accueillir son enfant souffrante et sa mère (p. 208).

Victor Vilain, *Juliette Drouet*, 1846 et *Claire Pradier*, après 1846, bustes en plâtre.
Le sculpteur Victor Vilain, élève de James Pradier, fut le compagnon de la cousine de Juliette Drouet, Eugénie Drouet. Juliette posa pour son propre buste pendant l'été qui suivit la mort de Claire.

Stanislas Darondeau, *Marie. Costume de Mlle Juliette dans* Périnet Leclerc, estampe parue dans *Le Charivari* le 24 décembre 1832.

Tony Johannot, *Mlle Juliette dans Périnet Leclerc*, aquarelle, 1832.

Dans *Périnet Leclerc*, ou *Paris en 1418*, drame historique d'Anicet-Bourgeois et Lockroy adapté de Dumas, créé à la Porte Saint-Martin le 3 novembre 1832, Juliette Drouet joue le rôle de Marie, fidèle à sa reine et amoureuse du héros (p. 84).

Louis Maleuvre, *Costume de Juliette Drouet, rôle de la princesse Negroni dans* Lucrèce Borgia, lithographie, 1833.

Robe portée par Juliette Drouet dans le rôle de la princesse Negroni, 1833.

Le peintre Louis Boulanger, ami de la famille Hugo pour qui il composa plusieurs portraits, conçut les costumes d'*Hernani* en 1830, et dessina aussi pour Juliette Drouet celui de la Princesse Negroni dans *Lucrèce Borgia* (p. 94, 158, 310).

Auguste de Châtillon,
La Première Communion de Léopoldine Hugo à Fourqueux, huile sur toile, 1836.

Lors de sa première communion, célébrée à Fourqueux le 8 septembre 1836, Léopoldine Hugo portait une toilette taillée dans une robe en mousseline blanche de Juliette Drouet. Le peintre Auguste de Châtillon immortalisa la scène (p. 132).

Louis Boulanger, *Victor Hugo*, huile sur toile, 1839.

Louis Boulanger, que Victor Hugo appelait « mon peintre », réalisa plusieurs portraits pour la famille Hugo. Cette réduction d'un portrait exposé au salon de 1839 fut offerte à Juliette Drouet le 21 juillet 1839 (p. 155).

Anonyme, *Portrait du lieutenant René-Henry Drouet*, huile sur toile.

René-Henry Drouet. Juliette fit inscrire cet alexandrin sur le cadre : « Mon oncle par le nom, mon père par le cœur ».

Victor Hugo, *Le Mythen*, plume, lavis, crayon, fusain, pierre noire, encre, or, papier vélin, 1855.
Ce dessin, vraisemblablement composé à Jersey en 1855, correspond à une vue depuis le mont Rigi dont Juliette Drouet et Victor Hugo avaient fait l'ascension en 1839 (p. 157).

Victor Hugo, *Lucerne. Ce que je vois de ma fenêtre*, crayon de graphite, plume et lavis d'encre brune sur papier, 13 septembre 1839.
En voyage, Victor Hugo envoie des dessins à sa famille, personnellement adressés. Celui-ci a été composé pour Léopoldine en 1839 (p. 157).

Victor Hugo, *Gibet de Montfaucon*, 1847.
Ce dessin représentant le gibet de Montfaucon, décrit par Hugo dans *Notre-Dame de Paris*, a été composé chez Juliette Drouet (12 rue Sainte-Anastase) en 1847 (p. 214).

Victor Hugo, *Gallia*, plume, lavis, crayon, fusain, gouache, gratté, encre, papier, bois, peinture à l'huile, 1850.
Ce coq est une allégorie de la République, peinte dans l'atelier que Victor Hugo s'était installé dans la salle à manger de Juliette Drouet cité Rodier, comme tous les dessins de cette page (p. 236, 337, 470).

Victor Hugo, *Champignon*, plume, lavis, crayon, fusain, gouache, gratté, frotté, pochoir, encre, papier, 1850.
Ce champignon gigantesque dont le haut du pied dessine une figure humaine inspira à Juliette ce commentaire, le 13 octobre 1850 : « Je ne sais pas quel *mythe* tu attacheras à ce fameux *cryptogame*, mais pour mon compte je le trouve hideusement beau et admirablement effrayant. »

Victor Hugo, *Vue de Paris*, plume, lavis, crayon, fusain, gratté, encre, papier, vers 1850.
Offerte à Auguste Vacquerie, cette vue de Paris représente peut-être la perspective qu'on avait de chez elle (cité Rodier) ou de chez lui. À l'horizon, la Tour Saint-Jacques, la cathédrale Notre-Dame de Paris et le Panthéon au sommet de la montagne Sainte-Geneviève.

Victor Hugo, *Non liber monet, non gladius servat*, plume, lavis, encre, crayon, fusain, pierre noire, gouache, frotté, papier vélin, 1850.
Appelé aussi *Saint Paul*, ce dessin représente une statue du saint dans des ruines. Hugo l'offrit à Juliette en 1860 pour décorer sa maison de La Fallue.

Victor Hugo, *Marine-Terrace*, plume et lavis d'encre brune, gouache rouge, fusain, papier, 1855.
Victor Hugo offrit ce dessin à Juliette Drouet pour sa fête, le 21 mai 1855. Leurs chiffres « VH » et « JD » sont enlacés, au-dessus de la maison que Hugo occupait avec sa famille à Jersey (p. 301).

Victor Hugo, *Souvenir*, plume, pinceau, lavis, encre, fusain, pochoir, papier. 1854 (?) - 1864 (?).
Difficile à dater, ce dessin de Victor Hugo célèbre, sans en donner le millésime, les grandes dates de sa relation avec Léonie Biard, portées sur chacune des huit lettres (p. 194).

Edmond de Palézieux, *Salle à manger de Hauteville II*,
huile sur toile, 1883.

Victor Hugo décora non seulement ses propres logis, notamment Hauteville House, mais aussi ceux de Juliette Drouet, dont, à Guernesey, La Fallue et surtout Hauteville II (surnommée aussi parfois, par d'autres que lui, Hauteville Féerie).

Victor Hugo, *Laetitia et Harmonia*, vers 1863-1864.
Ces deux dessus de porte conçus par Hugo pour Juliette, représentant un danseur en costume germanique et un ange musicien, placent l'amour sous le signe de la joie (« Laetitia ») et de l'harmonie (« Harmonia »). La trompette de l'ange musicien trace le chiffre « J. D. » (p. 366)

Charles-Henri Cordier, *Chinoise*, *Chinois*, bronze, 1852.
Le sculpteur orientaliste et anti-esclavagiste Charles Cordier exposa des bustes de Chung-Ataï et d'une de ses deux épouses au salon de 1855. Le 30 mars 1852, Juliette et Victor rendirent visite à leur famille chinoise qui s'exposait dans les galeries Saint-Hubert de Bruxelles (p. 270-273).

Victor Hugo, *Chinois à l'éventail*, *Chinois endormi dans une barque*, *Chinois acrobate*, *Shu-Zan*, vers 1863-1864.
Plusieurs panneaux conçus par Hugo pour Hauteville II, maison de Juliette à Guernesey, cultivent la veine chinoise (p. 373).

Zacharie-Charles Landelle, *La Ville de Strasbourg*, huile sur bois, 1871.

Après la reddition de Strasbourg le 28 septembre 1870, les Parisiens célèbrent la ville désormais aux mains de l'ennemi en pavoisant sa statue sur la Place de la Concorde recouverte de drapeaux, de bouquets et de rubans tricolores. Elle sera ensuite revêtue d'un voile noir jusqu'en 1918. Juliette Drouet se reconnaissait comme modèle de cette statue réalisée par James Pradier en 1836, date à laquelle elle n'a pas pu poser pour lui (p. 33, 415).

Léon Bonnat, *Portrait de M. Victor Hugo*, huile sur toile, 1879/1903.
Peu après son retour de Guernesey et son emménagement rue d'Eylau, fin 1878, Hugo commença les séances de pose pour son portrait qui fut exposé au salon de 1879, et intégra finalement le salon de la rue d'Eylau. Une copie à l'identique est exécutée en 1903 pour l'ouverture de la Maison de Victor Hugo place des Vosges (p. 501).

Arsène Garnier, *Juliette Drouet*, photographie, 1868.
Arsène Garnier, photographe installé à Guernesey, réalisa plusieurs portraits de Victor Hugo et de ses proches. Juliette Drouet offrit celui-ci à ses amis de Guernesey, de France et de Belgique, comme ici sa « bonne amie Laure Luthereau », à qui elle l'envoya depuis Guernesey le 14 avril 1868 (p. 388).

Jules Bastien-Lepage, *Juliette Drouet*, 1883.
Dernier tableau du peintre Jules Bastien-Lepage, c'est aussi le dernier portrait de Juliette Drouet, amaigrie par la maladie. Il a été réalisé quelques semaines avant sa mort (p. 526, 529).

À quoi bon la photographie ?

Les lettres qu'elle continuait de lui envoyer furent subtilisées par la famille avant d'arriver à leur destinataire. Juliette avait beau se féliciter de le savoir hors de portée de cette « tigresse », de ce « rat musqué »[31], le pauvre avait du mal à remonter la pente. Son frère Charles trouva le moyen de le distraire en les initiant, lui et Vacquerie, à l'art nouveau de la photographie, plus fin que le daguerréotype auquel il s'entraînait depuis l'automne 1852. Au printemps, il partit perfectionner sa technique à Caen auprès d'un professionnel. À son retour, l'atelier de Marine-Terrace tourna à plein. On se photographiait en famille, Hugo posait sur le rocher des Proscrits, les amis défilaient devant l'objectif. C'était surtout les portraits de Victor qui intéressaient Juliette. Elle voulut tous les avoir, et les accrocha à son mur, y compris ceux des enfants, et même du couple Hugo[32]. Elle pouvait contempler sans sourciller la femme légitime, qui ne lui faisait pas peur. Si l'épouse lui était supérieure en ce monde, Juliette ne craignait « aucune rivalité d'âme dans l'autre[33] ». Elle envoya à ses amies son propre portrait (non conservé) et celui de Victor, à qui Mme de Montferrier trouva une expression lugubre[34]. Est-ce le long temps de pose qui donne à presque tous les personnages de l'atelier de Jersey un air triste, ou celui-ci reflète-t-il l'état d'esprit des exilés ? On ne sait.

Juliette n'était pas la première destinataire de ces photographies du grand homme et de sa famille. Hugo, qui prévoyait d'en illustrer de prochaines œuvres, et essayait de convaincre son éditeur de commercialiser son portrait, s'en servait pour diffuser des traces de son existence autour de lui et outre-Manche. Parmi les destinataires métropolitains, le jeune Flaubert l'admirait depuis toujours ; il reçut sa photo accompagnée de cette dédicace : « C'est un ouvrage de mon fils, fait en collaboration avec le soleil[35]. » Il les distribuait aussi aux proscrits. Leur communauté était une seconde famille, qui faisait de la concurrence à Juliette. Elle enrageait que certains reçoivent ses photos avant elle, et trouvait qu'il se laissait exploiter. On se pressait pour lui demander des subsides ; elle aurait voulu qu'on lui montrât autant de déférence que le comte Teleki en témoignait à son compatriote le général Metzaros ; on contestait son autorité mais on utilisait son nom pour la cause.

Juliette était solidaire de cette cause quand il s'agissait de défendre la République. Elle ne l'était plus si l'on agitait le drapeau rouge. Celui-ci était souvent brandi aux enterrements civils de proscrits, où l'absence de service religieux ne manquait pas de choquer. Ils s'enchaînaient à la vitesse de la misère, comme ce 10 avril 1853, où, aux obsèques de Louis Hélin-Destaillis, Hugo refusa de prendre la parole après avoir entendu un discours d'un sectarisme insensé contre les républicains de 1848, et quitta le cimetière avant la fin, avec Pierre Leroux, pour marquer son désaccord. Dix jours plus tard, la camarde ayant encore frappé parmi ces pauvres hères, il accepta, cette fois, de parler lui tout seul, au nom de la proscription, devant la tombe de Jean Bousquet, discours splendide que Juliette lut dans les journaux, faute de s'être jointe au cortège. En juillet, Hugo prononça un hommage radicalement féministe sur la tombe de Louise Julien. Cette femme de trente-six ans, infirme, emprisonnée en 1852 pour ses opinions, avait contracté la tuberculose dans les geôles de la police parisienne, avant de passer deux mois alitée à Londres, et de finir ses jours à Jersey. Hugo la fit entrer dans la lignée des martyrs de la révolution, « sœurs, mères, filles, épouses, proscrites, exilées, transportées, torturées, suppliciées, crucifiées[36] », célébrées aussi dans plusieurs poèmes des *Châtiments*, dont « Aux femmes » écrit le mois précédent, et appela de ses vœux l'égalité entre les sexes, constatant qu'il y avait encore beaucoup à faire[37].

Juliette ne l'aurait pas démenti, elle que Suzanne retenait d'intervenir dans les disputes conjugales entre ses propriétaires. La violence du mari aviné contre sa femme la convainquit de déménager, malgré son affection pour leur petit garçon. Non sans nostalgie, comme à chaque fois qu'elle quittait un logis, elle fit ses bagages pour s'installer le 7 février 1853 au premier étage de l'auberge Green Pigeon, dite « Inn Richland » par contraction du nom de son propriétaire, Richard Landhatherland. Elle y avait une chambre, un salon, une salle à manger, une cuisine. Suzanne travaillait maintenant pour elle et pour Mme Hugo, qui avait besoin de domesticité. Ce partage avait beau rapprocher les deux logis, Juliette n'en redoutait pas moins les effets secondaires à son désavantage : il n'aurait plus manqué que sa servante se mette à lui manquer de respect, à force de comparer son niveau de vie à celui de la femme légitime, ou qu'elle s'autorise à cancaner. Suzanne se le tint pour dit, ce qui ne l'empêcha pas de prétendre que les puces trouvées chez Juliette venaient de Marine-Terrace (elles lui semblaient très reconnaissables), et de rapporter un ragot : Charles avait une bonne amie, une femme mariée qui lui écrivait. Elle conseilla à Madame de conseiller à Monsieur de conseiller à son fils de se méfier, des fois que le mari viendrait à l'apprendre[38].

Tout le monde s'espionnait. Juliette en fit l'expérience, abordée en pleine rue par une commère qui lui demanda de but en blanc si elle était « la personne qui va chez M. Hugo ». Juliette répondit sèchement « non, madame »[39] à la fâcheuse, en qui elle reconnut Mme Teleki qui se rendait chez le colonel Thaly. Il ne lui en fallut pas plus pour conclure à la légèreté de mœurs de l'effrontée, et soupçonner « la Téléquite » d'offrir ses charmes non seulement au colonel, mais aussi à Hugo lui-même. Du reste, la vie était jolie chez ces Hongrois : on ne se contentait pas d'y boire du tokay. Passe encore que Vacquerie et Charles y aient des bonnes fortunes, mais Juliette s'affligeait, tout en lui laissant le champ libre à mi-mot, que Victor pût trouver des satisfactions illicites dans cette maison un peu trop joyeuse.

On ne pouvait pas en dire autant de son nouveau logis. Elle qui avait quitté Nelson Cottage pour ne plus y entendre les violences conjugales, découvrit, un mois après son installation à l'Inn Richland, que l'hôtesse battait sa servante, qui était sa petite-fille orpheline. La mégère l'empêchait de jouer avec sa poupée, sous prétexte qu'à onze ans, elle avait passé l'âge et qu'à l'hospice, on n'en avait même pas ; depuis huit jours, elle la faisait travailler jusqu'à onze heures ou minuit, et porter des sacs de pommes de terre de la cave au grenier[40] ; au moindre manquement, les coups pleuvaient, et les tantes de la petite ne valaient pas mieux que la grand-mère :

> Je viens d'avoir le cœur navré par les cris de douleur de cette pauvre petite Marie et je tremble pour elle que ce ne soit pas fini. La vieille vient de courir chez la fille, c'est-à-dire chercher du renfort pour battre cette enfant dont le grand tort est de n'avoir pas répondu à temps, à ce qu'il paraît, aux ordres de la vieille femme. Elle était dans le jardin à étendre sa petite robe pour demain dimanche, à peine vêtue et bleue de froid. Ce crime va être puni d'une grêle de coups. J'entends d'ici ses sanglots qui me font mal pendant qu'elle remue et lave les tables du cabaret. Mon Dieu, on dit que tout ce que vous faites est bien mais tout ce que vous laissez faire paraît souvent le contraire de la raison et de la justice. Pauvre petite, c'est commencer de bonne heure la vie d'expiation. Enfin, tout cela est douloureux et me serre le cœur plus que je ne peux dire. Mon Victor adoré, je me dépêche de penser à toi pour faire contrepoids à ce triste incident[41].

Juliette et Hugo prirent en pitié la petite « Cosette du Havre-des-Pas », et lui firent faire une jolie robe.

Autre contrariété : une femme, prétextant qu'elle la connaissait (pourtant Juliette ne fréquentait personne), avait voulu s'introduire chez elle. Jalouse, moucharde ou voleuse, l'intruse en avait été pour ses frais, la logeuse lui ayant barré le passage. Il fallait rester sur ses gardes[42].

Pas question de renoncer pour autant à l'une des rares distractions que s'octroyait Juliette, les promenades au grand air, que les beaux jours rendirent de nouveau possibles. Après une période de découragement, où elle avait encore pensé, à la fin de l'hiver, arrêter ses lettres quotidiennes, le moral lui était revenu avec les balades printanières sur la lande. Aventureux, Hugo sortait parfois des sentiers battus, au risque de lui faire crotter ses bottines et ruiner ses jupons « parmi les couleuvres, les crapauds, les fondrières et les marais[43] ». Pour les sorties, Victor se partageait entre ses deux foyers. Il réservait à sa famille les excursions en mer, à Guernesey (le 24 juin 1853) et à Sercq (le 4 juillet), laissant Juliette à sa solitude. Il était impensable qu'on l'emmenât. Elle ne fréquentait toujours pas les enfants Hugo, ni *a fortiori* leur mère, ne s'autorisant que l'envoi de temps à autre d'un présent à Mlle Dédé (Adèle), fleurs ou gâteaux.

L'été fit revenir les bains de mer. Habituée, désormais, au spectacle des baigneuses dépoitraillées, elle était passée de l'autre côté de la lorgnette. C'est elle, maintenant, qui se trempait quotidiennement. Elle ne se laissa pas impressionner par une mésaventure survenue le 15 juillet : sa cabine de bain roulante ayant été rattrapée par la marée, elle avait failli se noyer. Victor, plus intrépide encore, pratiquait la natation. Les surnoms aquatiques que lui donnait Juliette parcouraient l'échelle des êtres depuis le minuscule « triton » jusqu'au grand « cachalot », en passant par les tailles intermédiaires du « poisson rouge », du « marsouin » et du « saurien »[44].

À la fin de l'été, Victor changea d'activité, et Juliette de registre : comme il s'était mis à l'équitation, elle le surnommait maintenant « Auriol », comme l'équilibriste, « Franconi », comme le fondateur du Cirque-Olympique, « Chiron », comme le centaure, ou « sportsman », comme le fringant cavalier qu'il était devenu[45]. Elle ne risquait pas de le suivre sur ce terrain : d'abord parce que c'était une activité d'homme, ensuite parce qu'elle s'était cassé le pouce au milieu de l'été, et avait dû rester immobilisée chez elle une dizaine de jours[46]. Une fois rétablie, elle se décida enfin à ne plus toujours attendre Victor pour aller se promener, comme il le lui recommandait depuis un an qu'ils étaient arrivés dans l'île.

Faut-il avoir peur des esprits ?

Après la photographie, la natation et l'équitation, Hugo s'adonna à un autre hobby qui prit pour Juliette les dimensions d'un cauchemar, d'autant plus qu'elle en était exclue. Delphine de Girardin, femme du patron de presse, elle-même écrivain (Juliette adorait ses feuilletons), avait profité de sa visite à ses amis en septembre 1853 pour leur apprendre le spiritisme venu d'Amérique, qui faisait fureur en France[47]. D'abord sceptiques, les Hugo se convertirent aux tables parlantes : pendant deux ans, les correspondants se presseraient au portillon pour envoyer des messages de l'au-delà. Aux trois dernières soirées de son séjour, Delphine leur fit convoquer une kyrielle d'âmes envolées. On reconnut Léopoldine dans la première revenante, « fille morte » qui se déclara « âme *soror* » ; puis Louis-Napoléon Bonaparte, dépêché par son oncle, avoua craindre plus que tout l'auteur de *Châtiments* ; l'Ombre du sépulcre révéla que le vide était peuplé par les esprits ; Chateaubriand confia avoir senti ses os remuer à la lecture de *Napoléon le Petit* ; Vulcain apporta la foudre à Hugo ; Dante avait lu le poème « La Vision de Dante »[48] ; Racine se désola que le drame ait roussi sa perruque[49].

Juliette, chargée de recopier deux procès-verbaux des tables, en fut exaspérée. Pragmatique, elle pria Hugo de plutôt recommander à Mme de Girardin son amie chanteuse, Dillon, pour lui trouver du travail à Paris ou faire sa promotion[50]. Cette intercession entre vifs lui semblait plus fiable que le commerce avec les morts, vraie diablerie[51]. Faute de convaincre Victor de renoncer à ces pratiques ineptes et impies, elle prit le parti d'en rire, ironisant sur la crédulité de son « magicien[52] ».

Delphine de Girardin partie, les séances reprirent de plus belle. Elles se passaient chez les Hugo ou chez le proscrit Leguevel, en présence de quelques fidèles, le comte Teleki, et les journalistes Xavier Durrieu et Théophile Guérin (que Juliette caractérisait par sa bosse), à qui s'ajoutaient d'autres participants occasionnels. Victor n'était pas des plus assidus. François-Victor était incrédule. Mme Hugo y croyait dur comme fer. Le médium, c'était Charles, souvent inspiré, non sans ironie, par l'œuvre de son père, poèmes encore inachevés compris. On entendit la Tragédie dresser la liste des quatorze plus grands poètes dramatiques, où Hugo rejoignait non seulement Ésope, Eschyle, Aristophane, Shakespeare, Cervantès, Rabelais et Molière, mais aussi Job et Néron (parce qu'il avait fait brûler Rome en chantant) ; la Poésie vaticina des strophes ; Napoléon-le-Grand, qui n'avait pourtant pas encore lu « L'Expiation », reconnut que son neveu avait trahi sa cause et sa mémoire, et vit dans *Napoléon le Petit*, qu'il connaissait, « une immense vérité, un baptême pour le traître[53] » ; Hannibal s'embrouilla aux questions qu'on lui posa sur les guerres puniques ; Marat révéla que Hugo aurait été régicide s'il avait vécu la Révolution ; André Chénier, de tous les esprits le plus assidu aux séances, où, comme Shakespeare, il revint plusieurs fois, compléta ses poèmes inachevés, puis raconta sa vie posthume, à partir de la chute du couperet ; Machiavel se plaignit d'avoir été mal compris ; Rousseau disserta sur la future place des femmes dans la société et reconnut son crime dans l'abandon de ses enfants ; le Lion d'Androclès dicta son poème sur plusieurs séances, dont une que Hugo sacrifia à Juliette, heureuse de ce privilège inespéré ; Shakespeare proclama la fraternité des génies et dicta des vers ;

Eschyle transforma les filles de Lear en un unique garçon, et refusa sur ce point la correction que lui proposait Vacquerie ; Molière écouta Hugo lui lire le poème qu'il avait composé pour lui dans *Les Rayons et les Ombres* ; Mozart dicta quelques notes ; Jésus-Christ critiqua le christianisme ; Platon rêva sur le rêve.

Juliette, qui de toute façon n'avait pas sa place à Marine-Terrace, n'aurait voulu pour rien au monde, même chez elle, entrer en contact avec les morts, fût-ce sa propre fille. Elle ne se sentait pas « assez grande équilibriste pour tenir [s]a raison droite dans cette espèce de gymnastique du monde fantastique et du monde réel » et refusait d'être associée à cette « magie de bois blanc »[54]. Son incrédulité fut néanmoins mise à rude épreuve à partir du moment où Victor entra en relation avec une Dame blanche qui s'était manifestée à la table, et lui avait donné rendez-vous la nuit. La sonnette ayant retenti à l'heure dite, à trois heures du matin, Hugo s'était échauffé. Juliette, excédée, avait maintenant une nouvelle rivale, immatérielle[55].

Était-elle plus ou moins dangereuse que la femme du général Le Flô ? Cet ancien saint-cyrien monarchiste, père de trois enfants, s'était distingué lors de la prise de Constantine et avait gravi les échelons militaires dans la conquête de l'Algérie avant de devenir représentant du peuple ; il avait été l'un des auteurs de la « proposition des questeurs » qui visait, à l'automne 1851, à faire revenir l'armée sous l'autorité de l'Assemblée nationale, afin de prévenir le coup d'État. Juliette avait déjà trouvé louche, l'année précédente, qu'une femme de l'île accole le nom de Hugo au prénom de son bébé ; elle suspectait désormais Mme Le Flô, et craignait que les visites de Hugo chez elle aient pour effet miraculeux de donner « un quatrième moutard[56] » à son mari. Elle n'était pas plus rassurée d'apprendre que Hugo faisait répéter son rôle à Mlle Grave, actrice de la Porte-Saint-Martin venue jouer *Ruy Blas*, en janvier 1854, au théâtre de Saint-Hélier[57]. Elle n'aimait guère non plus le savoir en contact épistolaire avec Louise Colet, par l'intermédiaire de Flaubert qui transmettait les messages. Mais enfin, celle qu'elle redoutait le plus, et contre qui elle n'était pas de taille à lutter, c'était la Dame blanche, qui hantait l'esprit de Victor, et menaçait sa raison plus encore que sa vertu.

Comment distinguer un mouchard d'un proscrit ?

C'est au moment où Hugo entrait en contact avec les esprits, à l'automne 1853, que Juliette sortit de sa solitude. Elle qui n'avait fréquenté personne depuis son arrivée sur l'île, se fit enfin quelques amis parmi les proscrits. Le Dr Barbier, qui la soigna pendant le premier trimestre de 1854 où elle fut gravement malade, gagna sa confiance ; il fut impressionné de lui signer une ordonnance avec la plume qui avait servi à Hugo pour écrire chez elle à lord Palmerston, secrétaire à l'Intérieur du gouvernement anglais, une lettre ouverte de protestation contre l'exécution à Guernesey d'un condamné à mort[58]. À cette occasion, Hugo avait dessiné quatre versions d'un pendu, en avait gardé une pour lui, toujours sous ses yeux dans son cabinet de travail, et en avait offert une autre à Juliette. Elle sympathisa aussi avec un couple de boutiquiers, les Préveraud : lui avait été condamné à mort par contumace par le tribunal de Moulins pour sa résistance au coup d'État. Puis elle se rapprocha des Guay : adepte des théories communistes de Cabet, condamné par contumace à la déportation en Algérie par le tribunal de Niort, ce cordonnier devint, avec sa femme, l'un de ses meilleurs amis. Elle s'intéressa aussi à ses voisins, les Collet ; lui était un artiste peintre, réfugié politique, remonté contre les nantis ; il s'était plaint à Juliette d'un tort dont Mme Hugo s'était rendue coupable envers lui, « misérable prolétaire[59] » ; Juliette l'avait adouci avec quelques shillings, et l'avait reçu chez elle, avec sa femme[60] ; cette visite resta sans lendemain, elle s'y fit un avis définitif sur cet homme « hideux », ivrogne, de la race des « punaises démagogues » et des « poux communistes »[61]. Du reste, elle fut bientôt prévenue contre lui par un autre proscrit, Claude Durand, qu'elle aimait beaucoup. Ce tonnelier devenu viticulteur, auteur, en 1848, d'un *Chant des vignerons* aux accents révolutionnaires, avait été condamné à la déportation ; comme Hugo, à qui il vouait un culte, il avait fui d'abord en Belgique, puis à Jersey. Juliette, séduite par son tempérament fantasque, son humeur légère et son ton badin, se plaisait à dire « des douceurs démagogiques » à « cet Almaviva rustique »[62]. En avril 1854, un avertissement lui était parvenu. Il fallait se méfier de Collet : pas de doute possible, c'était un mouchard. Un proscrit de Belgique l'avait dit à un proscrit de Jersey qui l'avait dit à Asplet qui l'avait dit à Durand qui le disait maintenant à Juliette pour qu'elle le dise à Hugo[63].

Le mouchard était une engeance prolifique et insaisissable. L'un d'eux, Hubert, avait été convaincu d'intelligence avec la police impériale. On avait aussitôt crié haro sur le traître, et on s'était réuni pour rendre une justice sommaire. Hugo avait réussi ce soir-là à sauver sa tête : au lieu de le liquider sur-le-champ, on l'avait mené en prison, en le faisant arrêter pour un prétexte quelconque[64], contre l'avis du farouche Jules Cahaigne, président du tribunal secret, qui penchait pour son élimination immédiate. Cahaigne, homme de lettres et ancien fabricant de produits chimiques, était un endurci : emprisonné sous la Restauration pour avoir composé des chansons contre les Jésuites, organisateur des émeutes républicaines des 5 et 6 juin 1832, rédacteur en chef du journal *La Commune de Paris* pendant la révolution de 1848, membre du comité de résistance au coup d'État, il s'était imposé comme un des chefs de la proscription à Jersey. Juliette, qui le surnommait Cayenne, n'aimait guère « ce vétéran de la démagogie[65] ». Elle n'appréciait pas davantage Cauvet, hostile aux riches, qui réunissait chez lui d'autres « plénipotentiaires de la soûlerie[66] » sous prétexte de réunions démocratiques. Aussi était-elle écœurée de savoir que Hugo lui avait donné, comme à d'autres, une photo qu'elle n'avait pas encore. Sa femme trompait Cauvet avec un camarade, ce qui faisait enrager Juliette lorsqu'elle la voyait passer sous sa fenêtre :

> Voici les DAMES Teleki et Cauvet qui passent l'une après l'autre à dix pas de distance, l'une accompagnant le boiteux Lefebvre, l'autre s'appuyant sur le bras d'un beau-fils hybride. Cette partie, plus ou moins CARRÉE, se dirige vertueusement vers la jetée pour voir arriver de plus loin les cornes andouillères de leurs époux apocryphes. Touchante sollicitude bien digne d'inspirer le respect et l'admiration aux cocus de la république universelle démocratique et sociale avec laquelle j'ai l'honneur d'être votre féroce Juju[67].

Trois mois plus tard, détruit par l'alcool, Cauvet rendait l'âme, à trente ans. Hugo, qui avait intégré la commission de secours des proscrits, et avait envoyé tous les jours savoir de ses nouvelles pendant sa maladie, ne prit pas la parole à ses obsèques, le 12 juin 1854, sous le drapeau rouge : la haine sociale que lui portait Cauvet était notoire. Il se rattrapa à l'automne, en l'évoquant dans une liste de la proscription décimée, sur la tombe du jeune Félix Bony. Cet exilé républicain, ancien soldat reconverti dans divers métiers, avait ouvert l'année précédente une école d'équitation, puis succombé à la tuberculose, à vingt-neuf ans. Hugo, son ancien élève, retraça sa vie dans son éloge funèbre : « Il avait été ouvrier ; et, chômage, maladie, travail au rabais, exploitation, marchandage, parasitisme, misère, il avait traversé les sept cercles de l'enfer du prolétaire[68]. »

Malgré son envie d'entendre cet éloge funèbre, Juliette n'assista pas à l'enterrement, de peur des ragots[69]. Néanmoins, elle s'apprivoisait. Désormais, elle recevait, comme le 21 mai 1854, où elle convia ses nouveaux amis pour sa fête. Les Guay, surtout, étaient adorables. Quoique désargentés, ils l'accueillirent quelques jours en août. Elle leur paya une pension pour cette villégiature qui l'avait heureusement divertie : Hugo ne la faisait pas beaucoup sortir, cet été-là. Elle s'en plaignait, tout en se préparant à le suivre s'il mettait à exécution son projet de partir en Espagne. La « junte de salut » arrivée au pouvoir en juillet l'invitait à s'y établir. D'abord tenté, il ne donna pas suite à cette proposition, qui aurait perturbé la composition des *Contemplations*, et se remit à son recueil, auquel il travaillait depuis la publication de *Châtiments*.

Juliette copiait les poèmes, rivalisant avec François-Victor, que son père avait aussi embauché pour cette tâche [70]. L'autre concurrence, plus redoutable, était celle des « baignardes [71] » effrontées que ce troisième été avait ramenées sous leurs fenêtres. La frénésie de bains de mer qui s'était emparée de Hugo semblait louche à Juliette, qui n'appréciait guère sa nouvelle manie de sauter des rochers comme un gamin [72].

Si le regard connaisseur de Hugo sur les baigneuses lui faisait craindre qu'il ne cherchât ses bonnes fortunes à la plage, elle savait en revanche que Mme Hugo n'était pas sa rivale. Néanmoins, tout autant que de la séparation, elle souffrait de son infériorité sociale par rapport à l'épouse légitime, qui ne sortait jamais que tirée à quatre épingles :

> Voici ta femme en grande toilette qui va avec Vacquerie au-devant de toi probablement. Je compare cette splendeur d'*uniforme* avec ma *livrée* de souillon et l'avantage n'est pas pour moi, hélas ! Il est vrai que pendant que je fais un peu la besogne de tout le monde je néglige de faire la mienne, ce dont la vertu ne me tient pas grand compte si j'en juge d'après mon bonheur. Allons bien voici les larmes qui m'étouffent, ce qui ne va pas beaucoup m'embellir [73].

Elle ne s'apitoya pas longtemps sur son sort, puisque trois jours plus tard, il lui fallut consoler son neveu qui venait d'échouer au baccalauréat. Lui qui avait obtenu l'année précédente le prix d'excellence en rhétorique, et qui deviendrait un jour agrégé d'allemand, avait été victime d'une injustice : le jury avait favorisé le collège catholique [74]. Juliette porta la question sur le terrain politique :

> Te voilà déjà initié aux choses honteuses et tristes de cette vieille société contre laquelle nous protestons par tous les plus grands sacrifices, par tous les plus héroïques martyrs, par l'exil et par la mort. Nous sommes les dévoués et sublimes pionniers qui traçons la route à votre jeune génération à travers les obstacles de toutes sortes : routine, préjugés, fanatisme, ignorance, égoïsme et corruption. Rien ne nous lasse, rien ne nous arrête, rien ne nous effraie. Nos pieds saignent, nos reins plient, nos larmes coulent, mais le courage est debout, mais l'espérance est au fond du cœur, mais la foi ardente et lumineuse rayonne sur nos fronts. Nous entrevoyons enfin la radieuse lumière du vrai progrès et la sainte civilisation au bout de ce long et noir tunnel de la tyrannie. Encore un pas et nous sommes dehors, encore un effort et l'humanité tout entière est sauvée. Je plains ta première déception. Je te félicite de ta première persécution [75].

La collusion de l'Empire et de l'autel ne l'étonnait guère. Cette injustice lui confirmait la nécessité « de flanquer à bas toutes ces étagères d'Empire, d'université, de clergé et autres drogues dont ce pieux pays est encombré[76] ». Elle était toujours croyante, mais sa position équivoque, qui la forçait à se cacher, avait fini par lui faire prendre en horreur les faux-semblants de la religion, de ce côté ou de l'autre de la Manche : « Je regarde passer les bigotes protestantes et jersieuses et je les trouve absolument pareilles aux nôtres comme deux grains du même chapelet : teint rance, regard de pierre ponce, tournure empesée, toilette Saint-Sulpice et je ne sais quoi de prude et de tartuffe qu'exhalent les dévots de toutes les religions[77]. » Elle contemplait ce spectacle des femmes en route pour la messe où elle n'allait pas depuis la fenêtre de son nouveau logis. Pour une raison qu'on ignore, Juliette s'était installée début octobre 1854 à Plaisance-Terrace, près de l'église Saint-Luc. Philippe Asplet l'y avait aidée. Ce Jersiais fabricant de bougies, homme dévoué, respecté et influent, était un ami fidèle de Hugo, dont les œuvres étaient exposées dans la boutique de son frère Charles, épicier. Par récente amitié pour Juliette, Philippe avait empêché les propriétaires de l'Inn Richland de l'escroquer dans l'état des lieux de sortie, et lui avait proposé son appui pour trouver son nouveau logis. Celui-ci avait l'avantage de la rapprocher de Marine-Terrace, mais l'inconvénient de l'éloigner de la mer, près de laquelle elle ne tarda pas à revenir s'installer. Un mois après avoir pendu la crémaillère à Plaisance-Terrace, Juliette déménagea de nouveau. Par des tracasseries administratives dont on ignore le détail, elle était menacée de saisie, comme certains proscrits, et devait devancer l'échéance de son terme pour prendre ses loueurs de vitesse : avec l'aide des Guay, qui s'étaient offerts pour la loger chez eux, mais étaient dans le besoin, à l'étroit et en mauvaise santé, elle trouva un nouveau point de chute à la Maison du Heaume, au Havre-des-Pas qu'elle avait quitté deux mois plus tôt. Le 11 décembre, elle indiqua à Hugo la marche à suivre pour échapper aux poursuites et protéger leurs affaires :

> Ce soir tu emporteras tes manuscrits et ta ceinture ainsi que mes couverts et mes autres brimborions portatifs. Du reste il faut n'éventer en rien notre projet de déménagement pour ne pas être devancé par le propriétaire à la requête même de l'hôtesse. Avoir une voiture toute prête et enlever dans un moment tout ce qui m'appartient. Quel absurde pays et quels *honnêtes* gens[78] !

Une fois installée, elle aménagea son nouveau logis, qu'elle trouva infesté de rats, et regretta de ne pouvoir accompagner Hugo à la pointe de la Corbière : il voulait y voir de ses yeux les traces d'un récent naufrage où des hommes avaient péri. Il était dommage que François-Victor ait voulu y accompagner son père ; cela interdisait à Juliette de rejoindre l'excursion, pour empêcher Victor de se livrer à ses imprudences coutumières dans les rochers.

Les invitations chez elle se multiplièrent à la Maison du Heaume. Le Dr Barbier était venu à sa pendaison de crémaillère à Plaisance-Terrace[79]. Pour le jour de l'an 1855, elle invita les Asplet et les Allix à se joindre à eux. Augustine Allix, pianiste et cantatrice, donnait des concerts et des cours de musique ; elle avait rejoint son frère Jules, républicain catholique, savant exalté, futur communard et militant féministe, banni pour avoir indirectement participé en 1853 au complot de l'Hippodrome et de l'Opéra-Comique contre la personne de l'Empereur ; Augustine et leur jeune frère Émile (qui repartirait achever ses études de médecine en France) l'avaient suivi en exil. Juliette sympathisa avec la jeune femme, spirituelle, enjouée et gracieuse ; elle l'invitait souvent à dîner, en prenant soin de ne pas mélanger les genres : on pouvait apparier les Asplet et les Allix, tous gens raffinés, mais les Préveraud, trop familiers, étaient reçus séparément. On pouvait les joindre aux Durand, mais ils ne semblaient pas percevoir la chance qu'on leur offrait de dîner avec le plus grand écrivain de leur temps, et ne sentaient pas la différence qu'il y avait d'eux à lui, ce qui avait le don d'agacer Juliette. Elle n'en tira pas moins joyeusement les rois avec Hugo et eux.

L'année 1855 commençait bien. Elle avait reçu en étrennes un poème pour sa fille destiné aux *Contemplations*. Avec « Claire P. », Hugo faisait entrer dans son recueil la famille de hasard qui avait uni jadis sa compagne à un autre, un grand artiste comme lui, « le maître au bras fort », père de « la fille au front pur » qu'il avait rejointe dans la mort. Juliette apparaissait dans la dernière strophe :

> Claire, tu dors. Ta mère, assise sur ta fosse,
> Dit : – Le parfum des fleurs est faux, l'aurore est fausse,
> L'oiseau qui chante au bois ment, et le cygne ment,
> L'étoile n'est pas vraie au fond du firmament,
> Le ciel n'est pas le ciel et là-haut rien ne brille,
> Puisque, lorsque je crie à ma fille : « Ma fille,
> Je suis là. Lève-toi ! » quelqu'un le lui défend ;
> Et que je ne puis pas réveiller mon enfant[80] ! –

Bouleversée, Juliette remercia Victor d'avoir ainsi élevé le monument que Pradier n'avait jamais sculpté. Quelques jours plus tôt, il avait déjà composé un autre poème intitulé « Claire », qui figurerait aussi dans *Les Contemplations*. Le prénom, explicite, excluait ces deux pièces de la section « *Pauca meae* » dédiée à sa propre fille, où il pourrait en revanche glisser la pièce composée au retour du cimetière le 11 juillet 1846 (« On vit, on parle ») : sa date renvoyait (pour qui savait) au deuil de Juliette, mais le pronom neutre, universel, laissait la circonstance anonyme. « Claire » associait leurs deux filles dans la même croyance à la présence de leurs âmes parmi eux. Juliette était sensible à « ces hypothèses plus ou moins ingénieuses et consolantes sur le sort de ces chères âmes envolées », mais elles ne suffisaient pas « à remplir le vide que leur absence fait dans le cœur »[81].

La copie des *Contemplations* lui offrait, une nouvelle fois, le privilège de découvrir en avant-première un sommet de la littérature française. Elle avait une manière bien à elle de lire les poèmes autobiographiques. « *Dolorosae* », que le poète adressait à sa femme, et où il évoquait le deuil de leur fille, de leurs parents (son frère Abel, qu'il n'avait pas vu depuis quatre ans, était mort récemment), et célébrait les trois enfants qui leur restaient, lui avait inspiré une petite jalousie, elle qui, en comparaison, avait perdu son unique enfant, et était orpheline : « Quand je pense à mon pauvre berceau déserté par la mort de ma mère et de mon père, à ce que sera mon cercueil sans les larmes pieuses d'un enfant, il me semble qu'une malédiction terrible pèse sur moi et que j'expie quelque chose de hideux[82]. » Aussi, elle n'avait guère apprécié le poème « La Destinée », où Hugo évoquait les êtres chers restés en France et qu'il avait fait souffrir :

> Si j'ai laissé pleurant quelque être fier et doux,
> Si j'ai dit : Haïssez, à ceux qui disaient : J'aime ;
> Dieu ! si j'ai fait saigner des cœurs dans le passé,
> Que votre grande voix me courbe et m'avertisse !
> Je demande pardon à ceux que j'offensai,
> Voulant traîner ma peine et non mon injustice.
> Je marche, à travers l'ombre et les torts expiés,
> Dans la vie, aujourd'hui sans fleurs et jadis verte,
> Morne plaine où déjà s'allongent à mes pieds
> Les immenses rayons de la tombe entr'ouverte[83].

Sans avoir besoin de la nommer, Juliette avait tout de suite vu le fantôme de Léonie se profiler derrière la plainte élégiaque, et ne pouvait pas le cacher :

> Dieu sait que je ne vais pas te faire un crime de tes regrets pour *l'être fier et doux* que tu crois avoir *laissé pleurant* en France et faire de ta *peine* le remords

de ton *injustice* mais il m'est bien pénible de savoir que tu ne vois plus *aujourd'hui* sur le chemin de ta vie où je t'accompagne que *l'ombre et les torts expiés* dans lequel *jadis* tu trouvais *des fleurs* et des pelouses *vertes*. Ces plaintes s'adressent à quelqu'un qui n'est pas précisément le lecteur littéraire. Je ne te demande pas ton secret, pas plus que tu ne peux m'empêcher de voir à travers la transparence de ta poésie l'état de ton cœur[84].

Ce qu'elle ne savait pas, c'est que Hugo continuait à écrire de temps à autre à Léonie, par des intermédiaires. Son ombre planerait sur quelques vers des *Contemplations*. Juliette avait donc deux spectres pour rivales : l'une était reléguée dans le souvenir, et hors de portée, mais toujours vivante ; l'autre était morte, mais rôdait alentour : la Dame blanche avait refait son apparition. Elle errait sur la montagne, où Hugo l'avait revue, c'était écrit dans le *verbatim* d'une séance des tables parlantes dont il avait donné à Juliette le soin de recopier le compte rendu. Elle avait découvert ainsi qu'il poursuivait ses « conversations criminelles avec la belle dame de l'autre monde » et n'en était pas ravie. Fallait-il qu'il la trouve bien « matérialiste (lisez stupide) »[85], pour lui en faire ainsi la confidence !

Le magnifique cadeau que Victor lui offrit le 21 mai 1855 pour sa fête, un dessin à la plume, au lavis et à la gouache où leurs immenses chiffres enlacés, VH et JD, survolent la maison de Marine-Terrace, avait de quoi la rassurer *(voir cahier hors texte)*.

Elle avait eu bien tort de s'émouvoir en apprenant qu'il avait accepté l'invitation de femmes réunies en banquet pour fêter l'anniversaire de la révolution de 1848. Il les avait honorées de sa présence pour une photo de groupe, non conservée. Juliette en réclama un exemplaire[86]. L'ayant lu dans la presse trois jours plus tard, elle trouva admirable le discours républicain qu'il avait prononcé devant la proscription masculine réunie le 24 février. Hugo y appelait de ses vœux une Europe transnationale où les peuples seraient frères, où la circulation des biens et des personnes serait libre et la monnaie unique, où l'on aurait le droit d'aimer qui nous plaît, où les pauvres recevraient la même instruction que les riches, où tous vivraient dignement, où les femmes auraient le droit de vote et seraient les égales des hommes, où l'on pourrait consacrer à l'éducation, à la culture, à l'économie, à l'urbanisme, à la santé, aux sciences et techniques l'argent jusqu'ici gaspillé pour des armées désormais inutiles dans une Europe devenue celle des peuples et non plus celle des rois. L'exemple que donnaient aujourd'hui la France et l'Angleterre, ennemies devenues alliées pour faire la guerre en Crimée, était déplorable : les trois milliards gâchés à cette occasion auraient été mieux utilisés à assainir et ensemencer les terres, reboiser les pentes pour prévenir les inondations, généraliser l'eau potable, peupler de saumons les rivières, exploiter les gisements, ouvrir des ateliers et des écoles.

Faut-il déjà refaire ses bagages ?

Trois mois plus tôt, Hugo avait déjà critiqué la politique belliqueuse de Napoléon III dans un banquet en l'honneur de l'anniversaire de la révolution polonaise[87]. Juliette, qui avait pourtant payé sa place, n'y avait pas participé, afin de laisser la priorité à Mme et Mlle Hugo. Au printemps 1855, Hugo récidiva en publiant, le 8 avril, une lettre ouverte où il priait l'Empereur, à l'occasion de sa visite officielle à la reine Victoria, de rebrousser chemin[88]. Le baiser échangé par les deux souverains avait choqué les proscrits réfugiés en Angleterre, qui voyaient dans ce rapprochement diplomatique une provocation. L'été suivant, Victoria était venue visiter Paris avec son mari ; elle s'était même inclinée sur le tombeau de Napoléon Ier[89]. Tout comme Hugo avait dénoncé la visite de l'empereur à Londres, le proscrit Félix Pyat, réfugié dans la capitale anglaise, écrivit un texte contre la reine, plus choquant que celui de Hugo, parce qu'il visait l'incarnation de la nation qui lui offrait l'hospitalité, et parce qu'il s'en prenait à la personne, non sans misogynie : « Oui, vous avez tout sacrifié : dignité de reine, scrupules de femme, orgueil d'aristocrate, sentiments d'Anglaise, le rang, la race, le sexe, tout, jusqu'à la pudeur, pour l'amour de cet allié[90]. » Paru à Londres le 22 septembre 1855, l'article fut reproduit le 10 octobre dans *L'Homme*, journal de la proscription jersiaise, au grand scandale des habitants de l'île. En soutien à leur souveraine, ils firent placarder leur protestation sur les murs de l'île. On s'en prit au brave Philippe Asplet, ami des proscrits. Le 15 octobre, les trois responsables du journal furent expulsés. Hugo, qui était d'accord avec l'article sur le fond mais en réprouvait la forme, réagit : deux jours plus tard, au nom de la liberté d'expression, il signait, avec Cahaigne et Fulbert, dont Juliette se déclara « très vexée » de voir « le nom infect »[91] accolé au sien, une déclaration de soutien aux trois journalistes expulsés, qui reçut trente-cinq signatures de proscrits français, allemands, autrichiens, polonais, hongrois, italiens. Son texte, épargnant la reine, à qui jamais il n'aurait manqué de respect, accusait Bonaparte. Le bannissement des trois journalistes portait la griffe de la police française : « Le coup d'État vient de faire son entrée dans les libertés anglaises. L'Angleterre en est arrivée à ce point : proscrire des proscrits. Encore un pas, et l'Angleterre sera une annexe de l'Empire français, et Jersey sera un canton de l'arrondissement de Coutances[92]. » Parmi les signataires, il y avait de nombreux proches de Hugo, à commencer par ses deux fils, Teleki et celui que Juliette soupçonnait d'être l'amant de sa femme (Lefebvre), le Dr Barbier, Préveraud, mais pas le farouche Jules Allix, qui était interné en maison de santé pour quelques mois parce qu'il avait fait une crise de démence après une séance de magnétisme[93].

Hugo mûrissait depuis quelque temps l'idée de partir à Guernesey, et savait ce qu'il faisait en signant cette tribune. Juliette attendait l'« *exchepioulchione* » d'un jour à l'autre. La sentence tomba le 25 octobre et fut signifiée à Hugo deux jours plus tard. Ses fils et lui avaient jusqu'au 2 novembre pour quitter l'île. Le père devança l'appel. Il y eut au moins deux dîners d'adieux : l'un avec Mme Hugo, où les présents signèrent un album conservé par Charles Asplet ; l'autre avec Juliette, chez le proscrit Dulac, où l'on signa l'album conservé par Philippe Asplet[94]. Hugo s'embarqua pour Guernesey le 31 octobre, avec Juliette et Suzanne de leur côté, sept autres proscrits et François-Victor. Le reste de la famille suivrait plus tard, dès qu'on saurait où adresser les bagages : Charles attendait le dernier jour, restant le plus longtemps possible avec sa mère et sa sœur, et avec Vacquerie qui n'avait pas signé la pétition.

Les préparatifs, pour Juliette, avaient été rapides – elle n'emportait aucun meuble – et sereins. D'abord dubitative à l'idée d'aller se « percher à Guernesey » où il faisait « encore plus froid et plus brumeux qu'ici »[95], elle se rallia sans peine. Ici ou ailleurs, mais avec lui, c'était tout comme. Au petit matin du 31 octobre 1855, sous un fin crachin, elle descendit ses affaires au débarcadère. Le bateau appareilla à sept heures un quart, contourna l'île par l'ouest, et piqua vers le nord, pour une traversée houleuse. Ce qu'elle ressentit, on l'ignore. Ce qu'elle vit, on le sait – Hugo l'a noté : « Mer grosse. Pluies. Rafales. Jersey rocher, puis nuage, puis ombre, puis rien[96]. »

XVI

Les toits de Guernesey (1855-1860)

« Habiter un lieu impossible, c'était le salut. »
Les Misérables, II, VIII, 1

À l'époque, les bateaux à vapeur qui reliaient Jersey à Southampton n'entraient pas dans le petit port principal de Guernesey. Le steamer mouilla donc en rade à cinq cents mètres du bord. Il était dix heures. On fit descendre les passagers par une échelle dans des barques de pêcheurs ballottées par la houle. Des matelots se chargeaient de leurs bagages, opération périlleuse. François-Victor se souviendra d'avoir vu tanguer la malle aux manuscrits, juchée « à la pointe extrême de la barque sans plus de souci que si c'eût été un ballot de coton ou un panier de morue [1] ». *Les Misérables,* inachevés, et des centaines de poèmes et de dessins, auraient pu passer par-dessus bord. On en fut quitte pour la peur, grâce aux marins à qui Hugo rendra hommage dans les *Travailleurs de la mer,* pour leur dextérité dans le maniement des bagages, « souvent par de très grosses mers et toujours sans accident [2] ». Sitôt débarqué, il confia ses affaires à Juliette, le temps de trouver une maison où loger sa famille.

Le camp volant

Chacun selon ses moyens, ils se logèrent aux extrémités opposées du Quay de Saint-Pierre-Port. Lui descendit avec son fils au bel Hôtel de l'Europe, le seul qui fût tenu par un Français, près de la jetée sud. Elle s'installa avec Suzanne et les Préveraud au modeste Crown Hotel, côté nord.

Le surlendemain, 2 novembre, jour des morts, dont il daterait la dernière pièce des *Contemplations* dédiée « À celle qui est restée en France »,

Hugo accueillit son fils Charles et trouva dans la capitale de l'île un toit où loger sa famille. C'était sur les hauteurs du Havelet, petite anse rocheuse à cinq minutes au sud du port, dans un quartier étagé en amphithéâtre d'où l'on a, vers l'est, une vue radieuse sur la mer et sur l'île de Sercq. Hugo y trouva une maison à louer, au 20 Hauteville. On y entra à l'arrivée des deux Adèle et de Vacquerie, la semaine suivante. Hauteville Terrace, comme Hugo l'avait d'abord baptisée en souvenir de son homologue jersiaise, était tout en hauteur, sur cinq niveaux. Au rez-de-chaussée, un couloir desservait un petit salon et une grande salle à manger ouvrant côté mer. Les deux Adèle élurent domicile au premier étage, où une troisième pièce servait d'entrepôt. Au second, Victor s'installa au-dessus de sa femme, Charles au-dessus de sa sœur, et François-Victor à côté de son père. Les bonnes étaient logées dans la mansarde. En contrebas, un dernier niveau invisible depuis la rue accueillait une laverie, la cuisine, et une chambre en duplex où l'on casa Vacquerie ; il donnait sur une terrasse (plus petite qu'à Jersey) et un jardin.

Les Hugo s'enthousiasmèrent pour leur nouvelle maison. Ils étaient enchantés aussi par l'île ; les habitants leur semblaient plus accueillants qu'à Jersey ; Saint-Peter-Port, avec ses « rues vieilles, étroites, irrégulières, fantasques, amusantes, coupées d'escaliers, grimpant et dégringolant, les maisons les unes sur les autres afin que toutes voient la mer », inspira cette formule à Vacquerie : « Imagine-toi Caudebec sur les épaules d'Honfleur. » On admirait « le port tout petit, où les navires se tassent, et où les goélettes risquent toujours d'éborgner les fenêtres du quai »[3]. Juliette partageait cet enthousiasme, et trouvait, malgré l'hiver, le climat « plus doux encore que les habitants[4] ».

Le Crown Hotel devint le rendez-vous des proscrits. Jusqu'alors, ils n'étaient que cinq sur l'île, et passaient inaperçus. L'arrivée des expulsés de Jersey avait multiplié leur nombre par six. Juliette, qui jouissait, depuis sa chambre, du spectacle de la mer, mais s'ennuyait ferme, put compter, pendant le mois et demi qu'elle y passa, sur la compagnie chaleureuse et bruyante de certains d'entre eux, à commencer par les Préveraud. Le mari jouait du piano dans la galerie de tableaux, et mettait de l'ambiance ; il y avait aussi le pauvre Cahaigne qu'elle entendait tousser à travers la cloison ; François Ratier, ancien avocat au barreau de Lorient, qualifié par la commission mixte[5] du Morbihan d'« avocat très intelligent, très habile, sans moralité, méprisé de tous les partis », agitateur patenté ; Jean-Isidore Gornet, exploitant viticole reconnu par la commission de Gironde comme un « socialiste exalté, agent de propagande dans les campagnes, très dangereux » ; le comte de Vallerot, en rupture avec son milieu d'origine, condamné par la commission Meurthe qui le jugeait « brave », « audacieux », « très dangereux »[6], et dont l'intrépidité s'était confirmée à Jersey par sa frénésie des bains de mer. Leur compagnie divertissait Juliette sans combler sa solitude. Son statut de femme célibataire était lourd à porter. Elle avait éprouvé son manque de légitimité à la manière dont, lors d'une sortie en goguette, ces messieurs se relayaient pour donner le bras à Mme Préveraud, sans qu'aucun ne pense à le lui proposer : de dépit, et pour ne pas manquer une visite impromptue de Victor toujours possible, elle avait rebroussé chemin[7]. Le lendemain, tout était réparé : Victor lui-même l'emmenait visiter l'île.

Agacée par la grossièreté de Préveraud, Juliette n'en fut pas moins alarmée par la grave maladie qui faillit l'emporter en décembre. Heureusement, la santé était revenue au brave Honoré dès la fin de l'année, au grand soulagement de Juliette qui ressentait « un grand fond d'attachement pour ce hargneux petit homme et surtout pour sa bonne et naïve petite femme[8] ».

En revanche, elle fut secouée d'apprendre la mort de Charlotte Pradier, emportée par la typhoïde. Juliette, qui l'avait connue petite, se souvint que Charlotte s'emmêlait entre le « tu » et le « vous », et l'appelait « mère », comme Claire[9]. Elle s'imagina que celle-ci, morte neuf ans plus tôt quasiment au même âge, l'avait accueillie au ciel.

Hugo, quant à lui, s'intéressait à deux spectres plus inquiétants. D'abord il avait entendu des bruits chez lui pendant la nuit du 1er au 2 décembre, qui se reproduiraient pendant trois mois, et parvenaient aussi aux oreilles des domestiques. Renseignements pris, la bonne rapporta que la maison était hantée par une femme qui s'y était suicidée. Ensuite, en souvenir de Tapner, condamné à mort deux ans plus tôt, il se rendit en pèlerinage d'abord à la prison de Saint-Peter-Port où le malheureux criminel avait attendu sa sentence, puis au gibet où il avait été exécuté dans des conditions atroces, et enfin sur sa tombe[10]. À l'époque, Hugo, depuis Jersey, avait écrit au Premier ministre, lord Palmerston, une protestation sévère. Cette fois-ci, il utilisa le journal de la proscription, *L'Homme*, délocalisé à Londres depuis l'expulsion, pour adresser « Aux Anglais » une déclaration d'amitié[11]. Il n'était pourtant pas rassuré : si la législation en faveur des proscrits était plus libérale à Guernesey qu'à Jersey, on n'y était pas à l'abri. Une loi autorisait en effet l'expulsion des étrangers fauteurs de troubles, non seulement en temps de guerre, mais éventuellement aussi en temps de paix : c'était l'*Alien Bill*, devenue, dans la langue de Suzanne, « l'arrière-bile, l'ariel bile et la hyène bile[12] ».

Aussi les proscrits continuaient-ils de se méfier. La garde rapprochée s'était installée dans le voisinage des Hugo : il y avait Théophile Guérin, le bossu, ancien rédacteur à *L'Homme* ; le journaliste exalté Hennet de Kesler ; Duverdier et sa femme, une Jersiaise en qui Juliette n'avait aucune confiance. Ils invitaient après dîner le jeudi : on jouait à cette variante du croquet qu'on appelle le trou-madame, et on prenait le thé à neuf heures. Les Hugo, eux, recevaient le samedi soir, et offraient aussi parfois le « thé » en semaine. Aux trois voisins pouvaient s'ajouter le comte hongrois Sandor Teleki, son ami Lefebvre, Cahaigne avec son fichu caractère, et deux Guernesiais, Miss Joss, belle-sœur de Duverdier, et le sculpteur Tyrrel. Évidemment, Juliette n'était pas invitée.

Elle organisa donc ses propres dîners, dès qu'elle eut trouvé un toit, fuyant l'hôtel où elle risquait la contagion (Hugo craignait qu'elle n'attrape les miasmes de Préveraud). Elle emménagea le 14 décembre chez l'adorable Mlle Le Boutillier, au 8 de la rue du Havelet qui descendait vers la grève, en contrebas de Hauteville. Elle manquait d'espace dans ce « camp volant [13] » où sa fidèle malle était tout son mobilier, mais elle n'était pas loin de Hugo, même si, de chez lui à chez elle, la pente était raide et le trajet sinueux, plus long que celui qui menait, à Jersey, du Havre-des-Pas à Marine-Terrace. Recevoir dans son petit logis l'aidait à retenir Hugo plus longtemps. Ses fidèles du mercredi étaient le bouillant Kesler, flanqué de sa bonne amie la couturière Mme Florence, et Cahaigne, que Juliette trouvait désormais attachant malgré ses sorties parfois pénibles. Après le dîner il arrivait qu'on jouât au loto, dont le résultat satisfaisait toujours Juliette : la victoire augmentait son pécule, la défaite lui garantissait le bonheur en amour.

Elle avait bien besoin de ce genre de superstition pour conjurer ses soupçons, qui pesaient tour à tour sur « la Télékite », toujours aussi désagréable avec elle (de quel droit, c'est ce qu'elle aurait bien aimé savoir [14]), et sur « la Duverdière », qui jouait de son charme andalou [15]. Elle défendait à Victor de conter fleurette à Mme Florence, qui faisait pousser des cornes – elle lui en avait fait confidence – sur le front de Kesler. Juliette n'était pas très rassurée non plus de savoir Mme Bertaut, l'amie de Dumas venue passer quelques jours à Jersey l'année précédente, s'annoncer pour le printemps. Elle proposa donc, si ce projet se confirmait, de l'héberger plutôt chez elle que chez les Hugo [16]. Finalement, Mme Bertaut renonça. George Sand, qui avait écrit sur *Les Contemplations* une critique amicale [17], fut invitée aussi, mais ne vint pas non plus. Juliette ne la regretta pas, qui trouvait ses récits polissons, et la traitait, elle et son amie romancière Rozanne Bourgoing, de « fameuses toupies [18] ». Il lui fallut, en revanche, souffrir que les Hugo accueillent la femme de lettres Louise Colet [19], qui avait été l'amante de Musset et de Flaubert. Les quatre jours qu'elle vint passer avec sa fille au mois d'août 1856 furent pénibles à Juliette, qui se morfondit en attendant le départ de ces deux « cocottes littéraires [20] ».

Mme Bertaut, George Sand et Louise Colet faisaient partie des élues qui reçurent à Paris un exemplaire dédicacé des *Contemplations*. Les autres étaient des amies de la famille : Louise Bertin, la musicienne infirme qui avait écrit, avec Hugo, un opéra à partir de *Notre-Dame de Paris*, et Mme Bouclier, artiste-peintre venue aider Adèle à déménager de Jersey. Léonie aussi reçut un exemplaire, ce dont Victor ne se vanta pas auprès de Juliette. Il n'avait pas oublié, en revanche, d'offrir son recueil aux amis de celle-ci, qui avaient facilité sa propre fuite en exil : Montferrier (chez qui il s'était caché), Lanvin (à qui il avait emprunté son passeport et son habit d'ouvrier typographe) et Luthereau (qui avait servi de couverture, et accueilli Juliette).

Depuis plusieurs semaines, des poèmes des *Contemplations* étaient dévoilés dans la presse en prépublication. Juliette avait pu ainsi conseiller à son neveu de lire « Le Maître d'études », paru d'abord le 1er mars dans *L'Homme*, la revue des proscrits éditée à Londres, puis dans *La Nation* de Bruxelles : elle espérait convaincre le garçon, qui hésitait à se lancer dans la carrière professorale ou la controverse religieuse, de choisir l'enseignement, voué à devenir, selon elle, « l'alpha et l'oméga de l'humanité [21] ».

Le volume, sorti le 23 avril 1856, connut un grand succès. Il faisait un temps radieux à Guernesey ce jour-là. Juliette en conclut que le ciel s'était fait beau en l'honneur du recueil, appelé à luire au firmament : « date et constellation nouvelle pour l'almanach et pour les astronomes présents et à venir [22] ». Comme on était mercredi, elle profita de son dîner rituel pour porter un toast au poète. Sitôt son exemplaire reçu, elle le garda près d'elle, l'emportant d'un étage et d'une pièce à l'autre. Les nouvelles confirmaient l'engouement collectif : il n'était « question que de ce livre dans tout Paris [23] ». La presse, en revanche, n'était pas unanime ; les amis passèrent sous silence les visions du livre VI, contre lequel se déchaînèrent les journaux religieux ; Barbey d'Aurevilly, hugophobe patenté, railla, dans *Le Pays*, journal de l'Empire, « cette incroyable contemplation de fakir », cet « horrible fatras incohérent et furieux », ce « suicide en littérature » [24]. Il pouvait toujours vitupérer ; le premier tirage s'étant écoulé en une journée, il fallut vite réimprimer. Les deux premières éditions rapportèrent 18 000 francs (vingt-quatre salaires annuels d'un ouvrier), et ce n'était pas fini. Trois semaines après la sortie, grâce à cette manne que lui valaient son travail et son génie, Hugo put signer l'achat de la première maison dont il fut possesseur, et installer Juliette tout près de lui.

Les lumières de Hauteville

À Guernesey, le meilleur moyen d'échapper à l'*Alien Bill*, c'était de devenir propriétaire. Le 16 mai 1856, Hugo acheta 24 000 francs la demeure de ses rêves. Elle était encore située à Hauteville, quelques maisons plus haut, au numéro 38, et s'élevait sur trois niveaux, de cent cinquante mètres carrés chacun, sans compter les sous-sols, caves et greniers. Après travaux, il y emménagerait à l'automne. Moyennant une redevance de deux poules par an à la reine, il était chez lui, et ne pouvait donc plus être expulsé, comme il l'écrivit à Meurice : « Me voici proscrit français et landlord anglais. » La *Gazette de Guernesey* orchestra l'événement : « Monsieur Victor Hugo vient d'acheter une grande maison, située à Hauteville. Nous en sommes charmés. C'est une preuve que le grand poète se plaît parmi nous, et a l'intention de se fixer à Guernesey[25]. » Cette installation permanente eut pour Juliette des conséquences immédiates : l'abandon de son appartement parisien, dont elle payait toujours le loyer, le rapatriement de ses meubles, et la recherche d'une maison près de Hauteville House. Ces trois opérations furent la grande affaire du printemps et de l'été 1856.

La résiliation du bail de la cité Rodier, signifiée en juin mais prenant effet en octobre, lui coûta 150 francs, à quoi s'ajoutaient les dix mois de loyer à payer depuis le début de l'année, et les frais de déménagement, dont 646 francs pour le transport des caisses par bateau. Elle avait chargé le fils de son ancien tapissier parisien, Jourdain, d'emballer ses meubles, sa vaisselle et ses bibelots. On avait envoyé Suzanne superviser l'opération, mais Mme Lanvin prit les devants, sans souci des instructions parvenues trop tard, au grand dam de Juliette. On pouvait s'attendre à recevoir une « poussière de tessons[26] » ! À l'arrivée, comme elle le craignait, Juliette trouva une partie du chargement abîmé, mais renonça à faire un constat. Poussée par Hugo, elle signala les dégâts au jeune Jourdain et à Mme Lanvin. Celle-ci répondit une lettre à ce point désolée que Juliette regretta son geste.

Pour trouver un nouveau toit, en revanche, elle était aux commandes. Elle avait repéré, début juin, la maison idéale, à deux pas de Hauteville House. Entre la propriété mitoyenne et l'actuel hôtel Pandora, une impasse frayée entre les murs de deux jardins menait à trois maisons.

La première, au 44 Hauteville, était disponible. Après un mois d'âpres négociations, Hugo en obtint la location. Son nom, La Fallue, signifiait « la galette ». Elle avait trois étages, un toit pointu, et offrait, depuis son belvédère typique des maisons guernesiaises, une vue en contrebas sur le jardin et l'arrière de Hauteville House. On allait pouvoir s'envoyer des baisers « de *look-out* à *look-out*[27] ».

En attendant de s'y installer à l'automne, tous deux passèrent l'été 1856 à aménager leurs maisons respectives, et à superviser les travaux des artisans, communs aux deux chantiers. Victor fit remplacer les fenêtres à guillotine par des fenêtres à la française ; Juliette se laissa convaincre de laisser les siennes ouvrir vers l'extérieur et non vers l'intérieur, pour se protéger de la pluie[28]. Chez lui, comme l'explique Jean-Marc Hovasse, les premiers gros travaux « consistaient essentiellement à démolir des murs, des niches, à élargir des portes, à changer les fenêtres, à poser un balcon à balustrade tout autour du toit (46 mètres), à retapisser[29] » et à tout repeindre. Pour apporter sa touche à la décoration de Hauteville House, Juliette offrit à l'auteur de *Lucrèce Borgia*, pour la Saint-Victor (21 juillet), la robe de damas violet broché d'or qu'elle portait dans le rôle de la princesse Negroni. Ce costume, sauvé jadis du recyclage de ses tenues de scène, elle aurait voulu qu'il l'exposât dans sa nouvelle chambre, comme métonymie de sa personne si proche et si absente. Il s'en garda bien (on se demande ce que sa femme en aurait pensé), mais le conserva pieusement[30].

Mlle Le Boutillier, propriétaire de la maison qu'elle s'apprêtait à quitter, pleura toutes les larmes de son corps[31] : jamais elle ne s'était encore attachée à quelqu'un comme à Juliette. Celle-ci s'en émut, mais contrairement aux fois précédentes où le cœur lui manquait à l'idée d'abandonner le havre de ses amours, elle passa sans regrets anticipés ses derniers mois à Havelet Street, où Hugo travaillait parfois, laissait ses manuscrits, et venait la chercher pour des promenades estivales. Il reprit la compétition entamée à Jersey avec le comte de Vallerot, à qui prendrait le plus de bains de mer. Juliette lavait soigneusement ses serviettes[32], mais ne prétendait pas rivaliser avec ces messieurs. Les promenades suffisaient à son bonheur, comme les séances de travail ou de lecture que Hugo s'octroyait chez elle : celle de la *Revue des deux mondes*, par exemple, où il découvrit le récit de la découverte de l'Abyssinie, ou *Le Mousquetaire*, qui publiait les souvenirs d'un garde du corps de Louis XVIII et Charles X[33]. C'est dans un exemplaire du *Mousquetaire*, justement, qu'en octobre, atteint par un furoncle qui l'empêche de sortir, il lui envoie un mot rassurant sur sa santé et sur ses sentiments : « Tes douces lettres sont ma guérison.

Je t'aime. Je ne puis vivre loin de toi[34]. » Sitôt guéri, il se prépara à emménager. Il fit faire des photographies de Hauteville House dont Juliette réclama un exemplaire[35], et prit possession des lieux le 5 novembre 1856. Juliette avait prévu d'en faire autant la même semaine à La Fallue. L'interruption de son journal épistolaire entre le 3 et le 29 novembre, due à son emménagement, empêche de le dater précisément. Il lui fallut s'habituer à son bric-à-brac en partie ébréché, entreposé d'avance dans son nouveau logis. Elle dut aussi se contenter du rez-de-chaussée pendant presque un an, le temps que les ouvriers, désespérément lents, achèvent les travaux. Mais elle jubilait de son nouveau voisinage, et bénissait le jour où elle était venue visiter cette maison, d'où elle entendait les chiens de Victor aboyer, voyait ses ouvriers qui flânaient, et guettait l'apparition de son gilet de flanelle rouge[36]. Le serviable Préveraud lui avait installé un poulailler. À part cela, peu de visites, mais la sociabilité ne lui manquait pas. Ce qui allait lui manquer, en revanche, c'étaient les bons rapports avec son ancienne propriétaire : autant le caractère facile et arrangeant de Miss Le Boutillier rendait les relations agréables, autant Mme Allez, sa nouvelle logeuse, était coriace et près de ses sous, réticente à prendre sa part des travaux d'assainissement qui s'imposaient à La Fallue. Veuve, elle vivait à côté, au 48, Hauteville, avec son fils, sa belle-mère, et une servante. Fréquenter Hugo lui était indifférent.

On ne pouvait en dire autant de la jeune Adèle, qui, à vingt-cinq ans, avait pour son père des sentiments ambivalents. L'installation définitive à Guernesey signifiait pour elle, plus que pour ses frères, le dépérissement de sa vie sociale. Un mois après l'emménagement à Hauteville House, elle fut prise d'une maladie spectaculaire : crise de nerfs, délire, fièvre, gastro-entérite, firent craindre le pire au médecin[37]. Au bout de trois semaines, elle avait recouvré la santé, mais restait fragile. Le Dr Terrier établit pour elle des recommandations, qu'il dicta d'abord à Vacquerie avant de les coucher sur le papier dans un traité de quinze pages intitulé *Quelques préceptes d'hygiène à l'usage de Mlle Hugo*[38]. Il prescrivait plus d'activité physique, la régularité dans le sommeil et les repas. Signe que cette crise confinait à la dépression, elle interrompit son *Journal de l'exil*, mi-intime, mi-collectif, qui devait servir de relais au *Victor Hugo raconté par un témoin de sa vie* entrepris par sa mère à Jersey, et dont la rédaction se poursuivait.

Juliette elle-même avait mal débuté la nouvelle année, en tombant malade au mauvais moment : elle prit du retard dans la copie des *Sonnets* de Shakespeare traduits par François-Victor avec l'aide de sa bien-aimée voisine Emily de Putron. Juliette n'était pas rétribuée pour ce travail. Ses services rendus au père et aux fils s'inscrivaient dans une économie familiale où les petites mains anonymes des femmes, copistes, traductrices, épistolières, diaristes ou biographes, servaient l'œuvre, la gloire ou la mémoire des hommes.

Elle était aussi, comme jadis à Paris, dépositaire des dessins que Hugo réalisait chez elle, et distribuait autour de lui avec une prodigalité fâcheuse :

> Si vous dites un mot je les empoigne tous et voilà : ECCE ! Je ne fournirai certainement pas ma maison, mes appartements, ma vaisselle officielle et officieuse, publique et secrète, mes tables, mes chaises, mes tapis, mon eau, mon encre, ma vertu grande et petite pour rien, pour le plaisir de voir passer des chefs-d'œuvre sous mon nez pour aller chez Teleki, chez Mlle Allix ou autres magyardes de même calibre. Il m'en faut aussi à moi des pendus, des châteaux, des clairs de lune, des coups de soleil et des effets de brouillard si vous ne voulez pas que nous nous brouillions. C'est bien le moins que j'aie ma part [39]...

Parallèlement aux poèmes *Dieu* et *La Fin de Satan*, conçus comme la suite des *Contemplations*, Hugo se lança en 1857 dans un autre chantier, la décoration de leurs deux maisons. Chez lui, chacun avait pu intégrer sa chambre à l'automne 1856 : Vacquerie au rez-de-chaussée, dans la première pièce à gauche en entrant (l'actuelle billetterie), les deux Adèle au premier, les deux frères au second. Au troisième se trouvaient la chambre des domestiques et un local rudimentaire où Hugo dormait seul, donnant sur une pièce vitrée offerte aux quatre vents. Les ouvriers s'attardèrent de longs mois, au grand dam d'Adèle Hugo, lassée de vivre dans les gravats et de manger en famille à la cuisine. Hugo fit d'abord refaire la salle à manger, au rez-de-chaussée, avant de s'attaquer à la galerie du premier, divisée en deux salons (un bleu, un rouge), et à la galerie de chêne au second. Pour les meubler, il se lança, souvent accompagné de Juliette, et parfois aussi de Suzanne, dans la chasse aux « viers » coffres, comme on disait en normand, et autres meubles, bibelots, chinoiseries, faïences, tapis, laques, écrans et tentures, mêlant le gothique, le rustique et l'exotique. Non content de chiner, il détournait aussi les objets de leur usage, recyclait des bobines en lustre, des carreaux de faïences en manteau de cheminée, des vieux coffres en panneaux.

> Les objets les plus divers s'accumulaient ici et là dans un désordre apparent : bahuts français et chinois, tasses, soupières et plats de Saxe ou de Rouen, figurines d'animaux en fer, tapisseries des Gobelins, plaques de cheminée, chaises, bureaux, vingt-cinq morceaux d'un lit renaissance, miroirs (il y en

aura près d'une soixantaine dans la maison achevée), serrures, chaînes, carreaux colorés représentant des scènes de la vie paysanne ou de l'Ancien Testament, tapis turcs, peintures indoues, morceaux d'ivoire, stores chinois, peignes péruviens, chandeliers de cuivre, trépieds en fer... Il était apparemment plus facile d'organiser cette matière hétéroclite que celle des fragments de *Dieu*[40].

Chiner à deux offrait à Juliette des rivalités feintes, à qui dénicherait l'objet le plus rare. Il lui avait disputé victorieusement une Vierge à l'enfant[41] ; elle jouait à jalouser ses trouvailles, s'amusait de ses choix éclectiques, et mesurait sur une échelle de valeurs l'intensité de leur nouveau hobby, qui relevait, pour elle, de la curiosité, pour lui, de la frénésie[42].

Les commerçants n'avaient pas à se plaindre d'eux. Au grand dam de l'épouse, qui voyait le budget du ménage se consumer dans la décoration, sans espoir qu'il en reste pour des voyages ou un retour à Paris, Victor et Juliette dépensaient beaucoup de temps et d'argent auprès des marchands. Chez Lelâcheur on se fournissait en coffres et en horlogerie. Chez Béghin on trouvait de tout, de la quincaillerie aux chaussures en passant par des tabourets. Chez Forward il y avait des meubles, des miroirs et des objets décoratifs. On achetait la poterie, la faïence, la porcelaine et la verrerie chez Worley, qui avait donné à la caisse de secours des proscrits. Mme Bourdie proposait des curiosités et des chinoiseries[43]. Chez Nicolle on trouvait du feutre et des tapis. Bishop vendait de la mercerie, des revêtements de sols et des tentures ; Juliette y examina la moquette, compara son droguet au damas rouge choisi par Hugo, convoita un beau tapis semé de fleurs de lys or et bleu, mais y renonça : le motif ne convenait pas à des « démagogues enragés[44] » comme eux.

La salle à manger de Hauteville House (qu'on appelait « salle à Mauger », du nom du maître d'œuvre) fut achevée au printemps, et inaugurée le 14 mai. La réception donna à Mme Hugo trois raisons de se réjouir : on cessait enfin de manger dans la cuisine ; on célébrait la guérison de sa fille ; pour rattraper la Sainte-Adèle, chacune recevait douze chemises de batiste. Juliette participa au raout à distance en adressant à Mlle Adèle une corbeille de fleurs et de fruits pour sa fête[45].

Une semaine plus tard, pour la Sainte-Julie, faute de se voir offrir une nouvelle garde-robe, elle recevait une nouvelle déclaration : « Jamais je ne t'ai plus aimée que maintenant[46]. » Cet aveu avait de quoi la consoler de deux pertes d'importance inégale. Mme Florence, bonne amie volage de Kesler, victime d'un amour fou, quitta l'île après lui avoir confié son serin[47]. La petite bête n'avait rien à craindre du chat Fouyou, mort de maladie le 1er mars, après avoir passé quatorze ans chez Juliette et vu bien du pays. Suzanne fut inconsolable.

Juliette aurait pu se réjouir de la visite de Dumas, qui passait par là au retour de Londres. Maintenant qu'il faisait le déplacement pour retrouver son vieil ami, elle l'appelait « ce brave et excellent Dumas », mais elle avait honte de se montrer à lui « sous le triste travestissement »[48] des années. Elle demanda donc à Victor de ne pas le lui amener. Il passa outre, et fit bien : charmant et affectueux, Dumas la fit rire et déposa un mot sur son album[49].

L'été amena à Hauteville House d'autres amis : l'écrivain Hippolyte Lucas, avec sa femme et sa fille, dont le départ, au bout de dix jours, laissait à Juliette un bref répit avant l'arrivée des Meurice ; puis l'éditeur Hetzel et son collaborateur vinrent discuter affaires[50]. Pendant ce temps, elle se sentait abandonnée, comme à la Saint-Victor où elle n'avait pas été de la fête, restant terrée chez elle telle une « pauvre Cendrillon de la grande famille humaine » sans fée marraine, dans sa « terne et morose souquenille de résignation »[51].

Hugo se divertissait aussi en multipliant les baignades, entre une et trois par jour quand c'était possible, et même quand ça ne l'était pas, puisqu'il ne craignait pas la pluie, tel « un Gribouille capable de tout surtout quand il s'agit du bain de mer[52] ». Il en tenait le compte précis : le 1er octobre, il en était à son cent onzième bain de l'année, et ce n'était pas fini[53]. Quant à ses autres performances physiques, dont il tenait le compte aussi, Juliette les ignorait, n'ayant pas sous les yeux les agendas où il notait, par des initiales ou les premières lettres du prénom, quelle nudité il avait surprise, ou quelle faveur, parfois rémunérée, on lui avait accordée. Les déductions d'Henri Guillemin, qui a tenté le décryptage de ce code secret[54], semblent indiquer qu'à la faveur du renouvellement rapide des servantes en période estivale, il avait, en juillet, « 21. touché ceux de S[ophie]. 22. vu ceux de C[onstance]. 23. touché ceux de M[arianne] », avant d'apercevoir la semaine suivante « Rosa[lie] *sub clara lucerna* », et qu'en août, il avait non seulement touché, mais aussi pris en main Julia, ce qui méritait d'être noté en espagnol (« *visto e tomado el y los de Julia* », puis encore « *visto e tomado Julia* »[55]), sans qu'aucun soulignement n'indique avec aucune d'entre elles ce que Guillemin appelle une « pleine performance[56] ». Sans doute sa mauvaise conscience rejaillissait-elle injustement sur Juliette, qui protestait contre ses « froideurs » et ses « impatiences »[57] injustifiées.

Pendant ce temps, elle se consacrait à la supervision des travaux que Mauger poursuivait chez elle, selon les instructions données par Hugo.

Elle avait craint, au début, les ragots qu'il aurait pu colporter sur l'étrange ménage à distance de ses deux clients. Le père Mauger et « son auguste crétin de fils[58] » arrivaient souvent en retard, facturaient toute heure commencée, et travaillaient avec une lenteur désespérante. Mme Hugo aussi s'en plaignait, chez qui les travaux continuaient en parallèle dans la galerie. Ceux de l'étage de Juliette furent achevés le 19 septembre, la laissant ravie de son « nouveau petit paradis », et reconnaissante à son « petit corps de logis [...] pour tout le bonheur qu'il avait abrité pendant l'année » passée. Elle espérait être aussi heureuse là-haut, dans ses « splendeurs », qu'elle l'avait été en bas dans son « dénuement désordonné »[59]. Il restait encore à aménager son propre *look-out*, d'où elle pourrait contempler Hugo à loisir s'il sortait sur son balcon. Le 8 novembre, elle le remercia de toute la peine qu'il s'était donnée : « En croyant ne faire qu'une charmante petite maison poétique et artistique tu as fait le temple de ta divinité dans lequel mon âme t'adore jour et nuit[60]. » Trois jours après, au retour d'une promenade, ils fêtaient dignement le dieu Amour en son temple, comme en témoigne la lettre du lendemain, qui célèbre cette « nuit du 11 au 12 » encadrée, sur l'agenda de Hugo, d'un double trait réservé à Juliette : « Quelle bonne journée et quelle belle journée hier, mon bien-aimé, et quel doux épilogue à cette idylle improvisée ! J'étais loin de m'attendre à cette bonne fortune de la Saint-Martin, cet été de l'automne[61]. »

À cinquante-cinq et cinquante et un ans, ils étaient eux-mêmes à l'automne de leur vie.

Les amis et curieux furent invités à admirer les splendeurs du nouvel appartement[62]. Le visiteur peut aujourd'hui en faire autant place des Vosges, dans la pièce consacrée au mobilier de Juliette, où sont restés intacts les tentures, les tapisseries, le banc, la table, le bahut et le buffet composé de coffres et de panneaux sculptés avec son trumeau en bois peint, dont certains meubles et décorations composés ultérieurement pour le logis suivant. Presque un an après son installation à La Fallue, elle l'inaugura avec ses amis, au son du violon. Hugo avait invité le compositeur hongrois Reményi, proscrit lui aussi ; « vu le nombre de meubles anciens, de bibelots, de chinoiseries, de manuscrits, de photos et de dessins de Victor Hugo, la crémaillère pendue en musique le 25 novembre avait eu des airs de vernissage[63] ».

Hugo pouvait revenir travailler à La Fallue. Il avait renoncé à publier *Dieu* et *La Fin de Satan*, et composait un recueil épique, *La Légende des siècles.* Il termina devant elle « La Confiance du marquis Fabrice », les 16 et 17 décembre, pendant lesquels elle suspendit sa « restitus » quotidienne, devenue inutile, puisqu'il avait, pendant ces deux jours, travaillé sur sa table jusqu'au dîner : « Du reste je ne m'en plains pas puisque j'ai pu t'aimer sous tes yeux sans point ni virgule, sans jambage et sans alinéa, sans phrase et sans ineptie, toutes ces ronces et toutes ces rocailles de mon ignorance et de ma stupidité qui gênent mon cœur et l'empêchent d'aller droit à son but[64]. » La vie était belle. Pourvu qu'il se préserve, ne se fatigue pas une fois rentré chez lui et ne travaille pas après le dîner, tout allait bien : elle regardait « fumer les cheminées à l'horizon et fleurir les camélias dans le jardin mitoyen », recueillait ses « œufs tout chauds » et faisait « de la restitus à mort »[65].

Bientôt il serait encore plus disponible. Mme et Mlle Hugo regagnèrent Paris, la première voulant trouver un mari à la seconde, qui dépérissait à vue d'œil. Adèle l'avait fait remarquer à son mari : « L'exil est, il faut le subir. Cette maison est achetée, ornée à grands frais (trop même), il faut y demeurer ou au moins y mettre le fond de sa vie. Mais ce qui est incontestable, c'est qu'on a agi comme si Adèle n'eût pas existé[66]. » Ce départ était providentiel : Juliette promit à Victor de l'aimer en proportion du vide laissé dans sa maison[67].

Une visite inopportune

Sans sa femme et sa fille, Victor devint nerveux. Il fut dès le lendemain pris contre Juliette d'un accès de jalousie qui dura plusieurs jours, doutant de sa chasteté, surveillant ses allées et venues, lui reprochant de ne plus l'aimer. Elle se défendit vaillamment de ces accusations délirantes.

Elle avait espéré que le départ des deux Adèle pousserait Victor à s'installer plus souvent chez elle, il en décida autrement : solidaire de ses deux fils, il avait prévu de déjeuner à Hauteville House, et de dîner cinq soirs sur sept chez les Duverdier, pour deux francs par personne. En attendant ce délassement, les trois hommes travaillaient. François-Victor avait fini sa traduction d'*Hamlet*, à paraître dans le premier tome des *Œuvres complètes* attendu par l'éditeur pour le printemps[68]. Tout en rédigeant la préface, il traduisait *Le Songe d'une nuit d'été* et *La Tempête* pour le deuxième volume. Sans femmes, Hauteville House s'était transformé en phalanstère. Victor, quand il ne travaillait pas chez Juliette, sur sa table recouverte de manuscrits dont elle ne dérangeait pas une feuille, écrivait chez lui, tout en haut, les poèmes de *La Légende des siècles*[69]. Charles, lui, composait des romans et des nouvelles, que Juliette était toujours prête à copier[70].

L'aménagement de Hauteville House se poursuivait. La salle à manger achevée, il restait à terminer : au rez-de-chaussée, le vestibule, la salle de billard, le salon de tapisserie et l'atelier ; au premier, le salon bleu et le salon rouge ; au deuxième, la galerie de chêne que Hugo se réservait, avec son cabinet de travail au-dessus du salon rouge et sa chambre au-dessus du salon bleu. Victor informait sa femme, par courrier, de l'avancement des travaux, et profita d'une absence de ses deux fils, le 11 avril, pour les faire voir à Juliette.

Une semaine plus tard, il fut atteint d'un furoncle. Il passa une nuit agitée, ponctuée d'un rêve suggestif : « nuit du 17 au 18. Rêve. Spont. Voilà ce que c'est que l'excès de chasteté[71]. » Le furoncle céda la place à une douleur de bras persistante, à laquelle Hugo ne prêta pas attention plus que cela. Il prêta attention, en revanche, à la jeune Célina Henry, embauchée pour du ménage : elle avait si bien nettoyé le plafond rouge qu'il souligna pour elle la mention « *vista* » dans son agenda. Elle réapparaîtra souvent sous un nom de code, et sera engagée comme femme de chambre par Mme Hugo dès son retour de Paris, après quatre mois d'absence[72].

Sans égard pour son bras malade, Hugo reprit les bains de mer, précédés d'une course pour transpirer avant de se déshabiller et de se plonger dans l'eau froide. Cette routine brutale n'eut pas les effets hygiéniques escomptés, bien au contraire. Une douleur au larynx, survenue pendant une lecture à voix haute, précéda l'apparition d'un deuxième furoncle, bientôt suivi d'un troisième. Ils dégénérèrent début juillet en anthrax géant dans toute la largeur du dos[73], assorti d'un gonflement des jambes. Le médecin prescrivit une pommade qui ne servit pas à grand-chose, et un jeûne qui affaiblit considérablement Hugo. On avait eu beau percer l'anthrax d'un coup de bistouri, avec du chloroforme comme anesthésiant, le résultat n'était pas fameux, car la localisation de la plaie dans le dos rendait les mouvements douloureux. Hugo s'enferma chez lui pendant plusieurs semaines. Juliette était aux cent coups. Non seulement on craignait l'issue fatale, possible en cas de prolifération galopante du staphylocoque doré, mais en plus elle était, de tous les proches de Hugo, la seule à n'avoir pas accès à Hauteville House, et dépendait d'autrui pour s'informer : Suzanne allait aux nouvelles ; Mlle Allix, les Préveraud, Kesler et les servantes de Hugo venaient en donner ; le bon Dr Terrier, en qui elle avait le plus confiance, passait tous les matins lui fournir des détails. Victor lui adressa bien un mot rassurant le 16 juillet : « Mon ange adoré, je vais bien – mon maudit pied me fait moins souffrir. À bientôt. – / Je t'aime. / Tu trouveras trois (3) livres sous ce pli[74]. » Le soir, elle avait tant pleuré qu'elle n'y voyait plus rien. Mais il cessa ensuite complètement d'écrire, interrompant jusqu'aux notes sur ses carnets[75], et n'envoya plus aucune lettre à personne avant le 13 août.

On se relayait auprès de lui pour lui faire la lecture. Maudissant son inutilité, Juliette lui confectionnait de la charpie, secondée par Mlle Allix. L'amie musicienne, amoureuse de Charles, était solidaire dans le malheur. Juliette lui avait donné la consigne, comme à Kesler et à la servante Rosalie, de ne pas révéler ses inquiétudes à Hugo : au contraire, on devait lui faire croire qu'elle était sereine. Ses angoisses, elle les confiait à ses lettres, au rythme de quatre par jour en moyenne, parfois plus, sachant qu'il les lirait une fois guéri.

Faute de le soigner elle-même, elle mit ses poules à contribution pour lui faire parvenir de bons petits œufs tout chauds. La servante Rosalie ne comprenait pas en quoi les siens étaient meilleurs que les autres, mais lui comprendrait, qui se prêtait « avec une grâce ineffable à cette médicamentation d'amour[76] ». Tantôt le médecin recommandait une purge (il pouvait manger de vingt à vingt-cinq grains du raisin doux qu'elle lui envoyait), tantôt il le mettait au régime (pas question alors de lui faire passer du potage ou du bouillon de pot-au-feu)[77]. Le 27 juillet, autorisé à faire le tour de ses appartements, il partage avec elle à distance son premier repas normal, une plie trouvée par Suzanne chez le poissonnier du marché, et dont on a envoyé la moitié à Juliette, pour le plus grand bonheur de leur commune superstition. Il y avait de quoi la consoler de s'être coincé le doigt dans une armoire, au risque de ne plus pouvoir lui faire de la charpie. Cela faisait trois jours que le mal commençait à refluer. Il était sauvé. Quand le médecin était venu le lui annoncer, Juliette avait baisé les bonnes mains qui avaient soigné la plaie. À l'arrivée de Rosalie, qui lui apportait les journaux de la part de Hugo, elle pleurait encore de joie. Pour autant, la guérison n'était pas complète. La plaie commençait à se refermer, mais suppurait encore. Juliette, qui vérifiait depuis sa fenêtre si l'on avait bien rentré à temps les couvertures pour les protéger de la bruine, hésitait à donner des conseils, de peur qu'ils ne soient mal pris, ou à envoyer Suzanne acheter ce qui faisait envie à Victor : elle était plus débrouillarde que les servantes de Mme Hugo, qui finissait par s'agacer de cette envahissante sollicitude[78]. Juliette pouvait en revanche compter sur Kesler pour la prévenir des moments où elle pouvait apercevoir le convalescent enfin autorisé à mettre le nez dehors. Une première fois, le 28 juillet, il fit semblant d'appeler son chien dans le jardin de Hauteville House, tandis que Victor se mettait à son balcon, mais n'étant pas au courant du signal, Juliette l'avait manqué. Le lendemain, elle put enfin l'entrevoir faisant un tour dans sa volière et sur son balcon, pâle et amaigri. Le jour suivant, Kesler vint l'avertir que Victor allait descendre au jardin. Ayant posté Suzanne aux aguets dans le *look-out*, elle l'aperçut de nouveau, assis sur le banc. Le lendemain, ce fut fête : il lui envoya une mèche de cheveux, et un abricot dont elle garda le noyau pour le planter en souvenir. Elle le trouva « très JOLIE[79] » sous son chapeau de paille. Mais il ne pouvait toujours pas sortir dans la rue. Superstitieuse, elle dissuada Marquand d'annoncer prématurément son rétablissement dans la *Gazette de Guernesey* ; elle s'abstint aussi du dîner dominical qu'il donna pour fêter la convalescence, attendant la guérison complète pour sortir de son « sanctuaire d'amour[80] » ; elle préféra les inviter à prendre le thé avec les Préveraud. Le lendemain, elle put encore contempler de loin Victor protégé par son chapeau de paille et son grand châle. Le mercredi suivant, jour de leurs dîners rituels et du rétablissement de leurs privilèges bien qu'on fût le 4 août, le médecin autorisa enfin, au bout de trois semaines, leurs retrouvailles.

Victor pouvait désormais passer le temps qu'il voulait avec elle, à condition de se ménager et d'observer de longues stations couchées. Juliette remercia le docteur en lui cédant une des photos de son patient qu'elle collectionnait, et offrit une breloque au bon Kesler[81].

Elle avait raison de ne pas crier victoire trop tôt. Le 22 août, après le départ de Foucher et Asseline, respectivement frère et cousin de Mme Hugo, venus rendre visite au convalescent[82], la plaie n'était pas encore refermée, les jambes étaient toujours enflées, et la demi-diète n'arrangeait rien. Après une semaine de stagnation, on essaya le vin de quinquina. Terrier, tombé malade, fut relayé début septembre par le jeune Émile Allix, arrivé à point nommé de l'hôpital de Bruxelles où il était interne, pour rendre visite à son frère et sa sœur[83]. Le temps d'inciser au bistouri un nouveau bobo, il était reparti.

Les bons soins de Rosalie se poursuivirent. Juliette en ignorait la palette. Fin juillet, sur des boutons qu'il fallait « cuire » à l'« extrait de Saturne »[84], la servante avait malencontreusement appliqué du laudanum. Juliette ne lui faisait plus confiance mais Victor voyait les choses autrement : les frictions au camphre qu'elle lui administra lui firent tant d'effet qu'il les souligna d'un trait sur son agenda[85]. L'arrivée de Mme Lucas et de sa fille, venues seules cette fois, lui apporta pendant trois semaines des plaisirs d'un autre ordre, comme un pique-nique à Moulin-Huet et des parties de charades, dont Juliette était exclue[86].

Un nouveau clou apparu le 25 septembre ne porta pas à conséquence. Le 4 octobre, la plaie était refermée. Hugo était guéri, mais les soucis changeaient d'ordre. Soutenus par leur mère, ses fils lui avaient dit ses quatre vérités sur la claustration que leur imposait l'installation à Hauteville House. François-Victor, porte-parole des deux autres, lui avait asséné : « Ta maison est à toi. On t'y laissera seul[87]. » Juliette minimisa en attribuant cette sentence à « un hasard de parole », une « formule d'enfant gâté »[88]. Le père meurtri se remit aussitôt au travail ; le 5 octobre, il offrit à Juliette sa médaille et son écharpe de représentant du peuple (ceinte en signe de protestation après le Deux-Décembre), qu'elle avait gardées chez elle en dépôt. Le même jour il commença « Le Sacre de la femme », poème inaugural de *La Légende des siècles*.

Juliette n'assistait pas aux lectures en famille de ses « petites épopées », et le regrettait bien : ah ! si elle avait été souris, comme elle se serait mise « dans un petit coin au nez et à la barbe de Mouche »[89], la chatte, et de son maître Vacquerie ! La perspective de voir arriver chez Hugo une presse à copier l'épouvanta, car la machine lui aurait pris son travail, mais heureusement la chose ne se fit pas[90].

Comme l'année précédente, Hetzel revint, accompagné, passer quelques jours à Guernesey pour évoquer avec Hugo la prochaine édition illustrée du *Livre des mères* (*Les Enfants*), anthologie composée à partir de son œuvre poétique et dramatique, qui était parue à l'automne[91]. Pendant son séjour, une dispute éclata entre Juliette et Victor. Elle dut mettre les choses au clair par écrit sur la distinction nécessaire entre sa dépendance économique et sa respectabilité, comme sur la nature de leur relation :

> Aujourd'hui encore, tu m'as reproché de ne pas tenir compte de ta générosité d'avant-hier parce que je te proposais de me céder, en déduction de ce que tu me dois sur mon mobilier, de quoi faire un petit meuble dont j'ai envie. Cette confusion de mon droit et de ta bonne grâce volontaire est tout à la fois injuste et blessante en ce qu'elle consiste à me faire passer pour une femme sans discrétion et sans reconnaissance, tandis que je ne suis qu'une femme essayant d'user de son libre arbitre, de sa raison et de sa dignité quand l'occasion s'en présente. Je te le dis sans colère, mon Victor, mais avec une vraie tristesse, tu as tort de me traiter comme une femme sans raison et sans cœur et de vouloir substituer toujours et partout ta personnalité à la mienne et ta tutelle à l'esprit de conduite dont Dieu m'a suffisamment pourvue pour me diriger dans la vie et malgré l'amour sans borne que j'ai pour toi[92].

La mise au point se poursuivait le lendemain :

> Ce n'est pas de ta générosité dont je me plains mais de la tutelle humiliante où tu m'as toujours tenue malgré mes protestations persévérantes et même mes tentatives de révolte de temps en temps. Ce n'est pas de ma faute si ma

> nature a plus besoin de justice que de largesse, si le joug de la dépendance la blesse au vif, si le contrôle permanent du moindre désir s'irrite et si tous les instincts de liberté se soulèvent devant les obstacles que tu opposes au libre exercice de ses actions les plus naturelles et les plus légitimes. Tu te crois ce droit parce que c'est toi qui as pris à ta charge le fardeau de ma vie, sans te rendre compte peut-être que tu te fatiguerais à la longue à le porter, mais ce droit, que je conteste, c'est pour moi l'esclavage honteux et presque la dégradation. Je ne me *donne* pas à toi, tu me *possèdes*, voilà tout. Triste possession aujourd'hui, j'en conviens, mais que je revendique avec tout ce que j'ai d'honneur, de dignité, de force et de courage pour t'aimer dans toute ma liberté et toute mon indépendance[93].

Cela étant dit, et bien dit, l'année se termina heureusement : Juliette avait de la copie en perspective et regardait depuis chez elle la chambre où Victor travaillait, « cette charmante boîte propre à vous dorloter et à faire éclore vos alexandrins[94] ». La charpie posée sur la cicatrice était tombée[95]. Selon Terrier, il n'y avait quasi aucune chance de voir revenir l'anthrax. Mais le Dr Laussedat, depuis Bruxelles, ayant émis quelques craintes, Juliette poussait Victor à demander leur avis à Louis et Cabarrus, leurs anciens médecins parisiens, et à aller consulter un spécialiste à Londres. Le Dr Hoskins, qui soignait Mlle Hugo, ayant recommandé pour elle un voyage de temps en temps dans un pays méditerranéen, on envisagea une villégiature familiale en Espagne. Juliette s'installerait à l'hôtel. Mais on reporta l'idée à l'année suivante : Hugo, à qui un poète de quatorze ans, Paul Verlaine, venait d'envoyer ses premiers vers, préférait travailler à *La Légende des siècles* dans sa belle maison refaite. L'ambiance y serait plus sereine désormais : Vacquerie quitta définitivement l'île le 20 décembre 1858. Tout le monde semblait s'en réjouir, l'atmosphère entre la jeune Adèle et lui étant devenue irrespirable, mais Juliette s'inquiéta : c'était un ami fidèle, comme Victor aurait du mal à en retrouver sur l'île.

Tables ouvertes, table offerte

Pendant l'année 1859, Juliette accompagna la conception de la première série de *La Légende des siècles*, et d'autres poèmes composés à la même époque. Hugo créait à un rythme effréné ; Juliette, en promenade, le sentait inaccessible, « envahi par l'inspiration[96] » ; lui-même, poussé par son éditeur, craignait de n'avoir pas le temps de finir son œuvre après le coup de semonce de l'année précédente. Une fois la première partie du manuscrit expédiée, impatiente d'assister au succès de ce « prodigieux livre » qui lui semblait « écrit avec des diamants liquides et ponctué d'étoiles »[97], Juliette l'invita à se reposer avant de s'y remettre ; il termina le jour même « Booz endormi », diamant ponctué d'étoiles, en effet.

Le roman de Charles qu'elle copiait aussi, histoire fantaisiste d'un moineau, n'était pas comparable, mais elle s'évertuait à y trouver des mérites, et ne supportait pas que Kesler se permette d'émettre sur le fils des jugements méprisants. Critiquer sa propre famille, soit, mais qu'un tiers s'y autorise, non. Elle-même avait remis son neveu à sa place. Le jeune Koch, parti faire ses études d'allemand et de philosophie à Iéna, où il donnait des cours particuliers aux enfants de son aristocratique logeuse, se vantait de n'être pas patriote. Le sang de Juliette n'avait fait qu'un tour à la lecture de la lettre « parfaitement stupide » de ce « petit crétin » en passe de devenir « un affreux petit-bourgeois, la pire espèce de bête de la création »[98]. Il n'y avait rien de plus sacré, après Dieu, lui répondit-elle, que l'amour de la patrie : les proscrits étaient bien placés pour le savoir. Elle lui proposait, du reste, une recommandation de Hugo auprès de Liszt, qui résidait tout près, à Weimar, et se souvenait de ces beaux paysages qu'elle avait connus jadis[99].

Cela faisait sept ans qu'elle n'avait pas quitté les îles anglo-normandes. À la perspective d'une villégiature en Espagne ou au Portugal s'était ajoutée l'idée d'aller visiter l'île de Wight, abandonnée elle aussi. À la place, Hugo mit sur pied un voyage à Sercq, pour se reposer de *La Légende des siècles*, et se consoler de la défection des deux Adèle et de Charles, partis pour Londres le 11 mai 1859 ; Mme Hugo avait dû livrer bataille pour obtenir cette permission de sortie, secondée sans le savoir par Juliette qui avait plaidé sa cause. Or Charles, déjà las de la capitale anglaise, appâté par l'idée de visiter Sercq et ignorant que Juliette et Terrier étaient du voyage, avait annoncé son retour au bout d'une semaine. Juliette, de peur de le rencontrer, et d'essuyer des commérages, était prête à se sacrifier, mais Hugo la convainquit en lui écrivant pour sa fête : « Tu es faite pour tout conquérir. Ne redoute donc rien. Nous serons heureux, tu verras. Sois simplement ce que tu es[100]. »

Adèle, de plus en plus absente, ne jouait plus son rôle d'épouse. Juliette était la seule femme sur qui Victor pût compter. Leurs deux logis, d'où ils s'apercevaient, faisaient comme un tout. Un soir qu'elle était couchée, la vue de deux hommes dans l'allée de La Fallue avait rappelé à Victor le souvenir de Tapner, l'assassin guillotiné ; il était ressorti à minuit, pour s'assurer que tout allait bien ; réveillé de nouveau dans la nuit, il avait vérifié que la veilleuse de Juliette était toujours allumée, et s'était rendormi[101].

Pas question, donc, de sacrifier Juliette au retour de Charles. Au contraire, c'était au fils de s'adapter à une situation dont sa mère, parce qu'elle désertait le foyer, était responsable. Ils iraient à Sercq tous ensemble. On prit le bateau le 26 mai, quatre jours après un festin donné chez Juliette à l'occasion de sa fête, pour laquelle Terrier lui avait composé un éloge de plus de 170 vers, presque autant, mais dans un autre style, que « La Rose de l'infante » achevée le lendemain. Le jour du départ, Juliette se fit discrète sur l'embarcadère où François-Victor, qui restait travailler, avait accompagné son père et son frère. Après avoir débarqué au Havre Gosselin, sur la côte ouest, on s'installa à l'hôtel de Mme Vaudin, pour 4,50 francs en pension complète. On fut bientôt rejoints par quatre amis, dont Kesler, Préveraud et Duverdier. Juliette était la seule femme du groupe. On resta deux semaines, le temps pour Hugo de faire le plein d'images et d'anecdotes destinées à son futur roman. Dans l'épisode le plus célèbre des *Travailleurs de la mer*, il transposerait un bain pris par Charles, le récit d'une attaque de poulpe, et la vue de ce qu'en patois guernesiais on appelait une « pieuvre », expirant sur la grève. Il y eut deux excursions au large, et des promenades à deux (du côté de La Coupée, le 8 juin) ou en groupe, dont une chasse aux champignons le 9 juin. On rentra le lendemain après-midi, en embarquant au Creux, côté est cette fois. Les passagers débarquèrent à Guernesey à deux heures et demie, après avoir essuyé un grain pendant la traversée. Juliette était heureuse, et le fut encore : selon le code graphique qui lui est réservé, la nuit du 10 au 11 juin est encadrée d'un double trait dans l'agenda de Victor.

Le lendemain, Charles lui rendit visite : comme son père l'avait prévu, il était conquis. Mais comme elle le craignait, il n'avait pu s'empêcher d'établir une « comparaison involontaire [102] ». Le remords d'avoir violé la séparation entre les deux foyers qui durait depuis vingt-cinq ans et à laquelle il n'avait dérogé ni à Bruxelles ni à Jersey, lui avait fait écrire à sa mère, depuis Sercq, dans une lettre assez maladroite :

> Madame D. est exceptionnellement aimable pour moi. Je te parlerai d'elle à loisir quand nous serons ensemble. Qu'il te suffise de savoir que je ne t'ai jamais plus appréciée, que je n'ai jamais senti plus profondément tout ce qu'il y a en toi de vraiment supérieur que depuis huit jours. Mme D. a de l'esprit, de l'expansion, de la simplicité, elle nous aime tous beaucoup et toi en particulier, c'est enfin une femme à part ; mais elle n'a pas cette haute distinction qui te met, toi, au-dessus de toutes les femmes que j'ai connues [103].

Victor, qui n'aurait démenti ni les qualités que son fils reconnaissait à sa maîtresse, ni la « haute distinction » de sa femme, mais qui était profondément blessé par les absences à répétition de celle-ci, poussa Juliette à participer désormais aux réjouissances collectives, dont elle se privait jusqu'alors. Elle accepta enfin les invitations des Marquand [104], et se joignit aux pique-niques de l'été. Le 19 juin, en petit comité (eux deux, Charles, Kesler et Augustine Allix), ils visitèrent la maison « visionnée », bâtiment abandonné sur une pointe en plein vent, « portes murées, fenêtres du 1er étage béantes, – fermé aux hommes, ouvert aux spectres – [...] lieu sinistre [105] » qui servirait de modèle pour le repaire des contrebandiers dans *Les Travailleurs de la mer.* Dix jours plus tard, une joyeuse équipée de dix-huit convives [106] et sept chiens se rendit à Moulin-Huet, sur la côte sud : on festoya d'un jambon, un bœuf mode, un gigot froid, un vol-au-vent, un pâté de pigeon, et l'on but six bouteilles d'un champagne frappé dont Marquand et Terrier abusèrent. Le docteur ne put venir le lendemain retrouver toute la bande qui prolongea les plaisirs de la table chez Mme Ménage, une voisine de Juliette, veuve d'un marin disparu en mer. François-Victor, absent aux agapes de la veille, les rejoignit. Désormais, Charles et lui étaient invités à dîner chez Juliette le mercredi et le dimanche, avec Kesler, les Préveraud, les Marquand, le Dr Terrier et Augustine Allix. Charles participa à la fête qu'elle organisa en son jardin pour la Saint-Victor [107]. Après quoi, en prévision du retour de sa mère, il lui fit ses adieux reconnaissants. Ce n'était qu'une fausse alerte : les deux Adèle ayant prolongé leur séjour londonien, il reprit ses nouvelles habitudes, que n'interrompit pas l'arrivée, mi-août, de sa jeune tante Julie [108].

Juliette avait fort à faire pour tenir son ménage, Suzanne étant en congé depuis la mi-juin. La pauvre fille était bien malheureuse : son frère venait de mourir, chez qui elle espérait finir ses vieux jours, puisqu'il était, comme elle, célibataire. Il ne lui restait plus que sa sœur, ses neveux, et sa vieille mère. Juliette, qui par ailleurs avait tendance à lui reprocher son caractère récalcitrant et son service imparfait, navrée de l'entendre pleurer seule dans sa chambre, s'était montrée compatissante, l'avait aidée à remplir les papiers, à faire les comptes de la succession [109], et lui avait accordé un congé pour soigner sa mère. Son remplacement avait occasionné une dispute. Juliette voulait s'éviter le tracas d'embaucher une Guernesiaise pour assurer l'intérim, et préférait se débrouiller seule, mais Victor en avait conçu des soupçons absurdes sur sa volonté de rester chez elle sans témoin. Juliette avait dû protester de sa bonne foi et de sa vertu pour avoir gain de cause [110]. Elle se contenta d'une garde de nuit.

La jalousie de Victor ne l'empêchait pas de continuer à noter dans ses carnets des prénoms de servantes ; celui de Célina avait disparu le temps de son voyage à Londres avec le reste de la famille, et était réapparu sitôt son retour avec François-Victor, parti en vain rechercher sa mère et sa sœur [111] ; entre-temps, Hugo avait embauché une Guernesiaise, Ann Mourant [112]. Au bout d'un mois et demi, son nom était souligné, comme le « R. » de Rosalie, sans doute, et la mention des « dames d'Albert-Cottage » à Fermain-Bay, où Hugo avait doucement repris ses bains. À partir du retour de Célina le 25 août, son nom de code « St Léger », resterait le seul souligné, toutes les deux ou trois semaines, jusqu'à l'été suivant [113].

Juliette, pour sa part, recevait des cadeaux : une croix, un vase de terre poreux dit « alcaraza », une boîte en cèdre [114]. La postérité retiendrait la table de chêne à pieds tors où Hugo avait écrit à l'encre : « Je donne à Mme J. D. cette table sur laquelle j'ai écrit *La Légende des siècles*. V. H. Guernesey. 16 août 1859. » Lui reçut « sa petite table roulante à dessus de laque et un des deux fauteuils de cuir de Bruxelles » [115]. Ces échanges entre eux étaient courants, mais celui-ci donna lieu à une dispute : Victor s'offusqua que Juliette ne trouve pas la table de *La Légende des siècles* adaptée au style de sa chambre, et la relègue dans son « bric-à-brac ».

En attendant la parution du recueil dont il corrigeait les épreuves, Hugo composait des poèmes plus courts, à paraître, pour la plupart, dans *Les Chansons des rues et des bois*. Il avait aussi en tête un drame sur l'Inquisition, et finissait l'aménagement de sa maison, que, contrairement à sa femme, il avait moins que jamais l'intention de quitter. Aussi, quand parvint à Guernesey le décret d'amnistie attendu depuis la fin de la campagne d'Italie, Juliette, sachant que Hugo la refuserait, s'inquiéta. Cela entraînerait-il « des diversions tristes » dans son intérieur ? Que ferait Adèle revenue de Londres ? Pour sa part, elle préférait l'exil : M. Bonaparte en serait « pour ses frais de CLÉMENCE », sur lesquels ils auraient « le plaisir de cracher » [116] au passage.

Si Juju crachait sur Bonaparte, Victor, le 14 août, avait tiré son chapeau à Victoria, venue rencontrer ses sujets guernesiais. Juliette savait qu'il tenait « à ne pas perdre une goutte de la *queen* », mais se sentant « d'un royalisme plus modéré et d'une curiosité moins ardente » pour « cette majesté angliche », elle était restée dans son nid douillet. La *Gazette de Guernesey* nota que Hugo s'était découvert devant la souveraine : s'il réprouvait sa politique extérieure, il respectait la femme, ce qui ne l'empêcha pas d'écrire à son fils parti pour Londres : « J'ai vu la *queen* qui est venue hier. C'est une bonne face de bourgeoise rougeaude [117]. »

Hugo refusa l'amnistie. N'étant pas en faute, il n'avait pas à être absous, et ne légitimerait pas le régime par son retour en France. Il résisterait jusqu'au bout. « Et s'il n'en reste qu'un, je serai celui-là », avait-il déjà dit dans « *Ultima verba* », dernier poème des *Châtiments*. Persistant et signant, il publia une fin de non-recevoir qui se terminait par la formule lapidaire : « Quand la liberté rentrera, je rentrerai [118]. » Elle n'engageait que lui, afin de laisser l'honneur sauf à ses compagnons qui voudraient en profiter : Guérin, Duverdier et Kesler, sa garde rapprochée, décidèrent de rester ; Préveraud et Terrier rentreraient.

La fin de l'été fut un ballet de départs et d'arrivées. Le *packet* débarquait et embarquait une noria de parents et amis. On vit arriver : de Paris, Julie Chenay, la jeune belle-sœur de Victor, le 16 août ; de Brest, la sœur et le beau-frère de Juliette, le 20 ; de Londres, François-Victor le 25, puis les deux Adèle le 6 septembre par le bateau qui rembarqua les Préveraud et Terrier vers la France ; le 9 septembre, jour de l'arrivée de Vacquerie qui accompagnait Louise Colet et sa fille, la sœur et le beau-frère de Juliette, Renée et Louis Koch, repartirent enchantés.

Juliette les revoyait pour la première fois depuis dix ans. Hugo les accueillit le plus chaleureusement du monde [119]. Le séjour de sa femme à Londres s'éternisant, il leur fit visiter Hauteville House, ce qui permit à Juliette de revoir la maison où elle avait été introduite en secret l'année précédente. Puis il leur montra les plus beaux coins de l'île, à Moulin-Huet d'abord, tous les quatre, ensuite à Petit-Bot-Bay avec Charles, François-Victor et Augustine Allix. Louis Koch, invité à jouer au billard à Hauteville House, fut battu à plates coutures. Sa femme Renée et lui furent invités au dîner d'adieu donné par Marquand en l'honneur de Terrier, affligé et malade, à qui Hugo venait de dédicacer l'édition Hetzel illustrée de ses *Œuvres complètes* pour le remercier de ses soins. Juliette lui offrit elle aussi, ainsi qu'aux Préveraud, un ultime festin la veille de leur départ, où Charles et François-Victor se rendirent [120]. Elle tenait table ouverte, ayant déjà invité les fils Hugo chez elle la veille, avec sa sœur et son beau-frère : on s'était attendris en voyant la grammaire de Victor enfant, qu'il lui avait offerte ; elle avait proposé à Charles et François-Victor de la leur restituer, puisque aussi bien elle devait leur revenir un jour, mais ils lui avaient laissé l'usufruit de cette précieuse relique.

Juliette vit partir les Koch le cœur gros, au bout de trois semaines qui lui avaient semblé trop courtes. Le 9 septembre après-midi, sur le *Weymouth* qui les ramenait à Saint-Malo, ils avaient eu gros temps : on avait dû mettre les voiles en plus de la vapeur. Le mari, dans sa lettre de remerciement, serrerait la main « au bon M. Hugo et à tous les amis [121] ». Réciproquement, tout le monde avait « pu apprécier la droiture de cœur » de Louis, « l'élévation, la finesse et la solidité de son esprit » et « la simplicité et l'amabilité » [122] de Renée.

Avec l'arrivée de Louise Colet et de sa fille, Juliette perdait au change. Sa présence gênait les visites de Victor, accaparé par cette encombrante visiteuse avec qui Kesler faisait le joli cœur[123]. La poétesse ayant joint sa voix, sans la connaître, aux malveillances que les proscrits colportaient sur Augustine Allix, Juliette s'offusqua[124]. Acte manqué ou maladresse, elle déchira le livre de Mme Colet qu'elle lisait le soir, en sursautant à la vue d'une araignée grosse comme un crapaud tapie dans son oreiller, qui lui avait frôlé la joue[125]. Du reste, son opinion sur les mérites de cette dame n'allait rien gagner à la lecture de son récit autobiographique *Lui*. L'écrivaine, qui avait eu le philosophe Victor Cousin, Musset, Flaubert (de onze ans son cadet) et l'homme politique Abel Villemain pour amants, réglait ses comptes avec les uns et les autres dans un roman à clefs où l'auteur de *Madame Bovary* était le seul épargné :

> Je viens de lire quelques pages du livre de Mme Colet, il y a là un portrait hideux de Villemain et qui ressemble à la revanche féroce de sa propre déception avec le jeune Flaubert. Je ne défends pas Villemain, que je ne connais pas, mais je sens moins de sympathie et de pitié pour les malheurs de cœur de cet aventureux bas bleu qui fait si bon marché des passions ridicules des autres et étale les siennes parmi le luxe d'une coquetterie qui n'est pas non plus de la première fraîcheur. L'âge de Mme Colet est sans pitié pour l'amour des vieux hommes. Il n'est indulgent qu'aux chérubins en gants jaunes[126].

Juliette n'avait pas critiqué de la sorte *Elle et lui*, le récit de George Sand consacré à ses amours avec Musset (auquel le livre de Louise Colet faisait écho), paru dans la *Revue des deux mondes* quelques mois plus tôt[127]. Il faut dire que Sand, qui n'avait jamais rencontré Hugo, n'en était pas, comme l'autre, à sa deuxième visite estivale à Guernesey.

Sitôt la dame et sa fille reparties, les fils Hugo étaient revenus dîner à La Fallue, ce qui avait eu le don d'exaspérer leur mère. Contre toute attente, on vit revenir Préveraud, autre habitué des dîners hebdomadaires. Après avoir mis le pied sur le sol français, il avait appris que l'amnistie ne le concernait pas[128]. Condamné à mort par contumace depuis huit ans, il était revenu dare-dare, laissant sa femme en France. Il lui fallut vérifier sa situation avant de pouvoir repartir. Lors d'un dîner, il se livra devant tout le monde à des confidences sur les infirmités de son beau-frère, le bon Dr Terrier ; Juliette en fut choquée[129]. Parmi ses nouveaux invités, il y avait désormais les Lefort (lui serait l'un des futurs fondateurs de l'Internationale), et les Bénézit, amis proscrits de Jersey venus en visite. Le père, musicien, se produisit en novembre à La Fallue[130], avant de repartir pour Jersey avec femme (enceinte) et enfants, dont son petit garçon qui deviendrait un grand historien de l'art.

Non seulement Hugo se partageait, mais encore il se dédoublait entre ses deux familles. Il offrit à Juliette les évolutions du danseur de corde Herr Christoff après y avoir assisté avec sa bande d'amis, sa famille, Rosalie et Célina [131]. Celle-ci était revenue malade après être partie soigner sa sœur à Aurigny. Le jeune Dr Allix avait diagnostiqué la tuberculose. Hugo demanda qu'on la ménage, qu'on la laisse faire ce qu'elle pouvait sans exiger plus, et qu'elle soit traitée comme un membre de la famille [132].

Il n'avait pas fini de s'inquiéter : Juliette attrapa juste après une mauvaise grippe [133], qui la terrassa pendant deux mois, au point de ne pouvoir copier *Les Chansons des rues et des bois* [134]. Il vint travailler chez elle, et la soigner. Terrier étant parti, il fallait trouver un nouveau médecin. Parmi ceux qu'on lui recommandait, il contacta le Dr Corbin. À grand renfort de morphine, de jusquiame et de laudanum de Sydenham, Juliette alternait les guérisons apparentes et les rechutes effrayantes, consignées par Hugo dans son agenda :

> Décembre
> 9 – JJ va un peu mieux. Cependant ce gros rhume me tourmente.
> 15 – Le rhume de JJ persistant j'ai été chercher le médecin Corbin, Saumarez Street. Il n'y a rien de grave.
> 20 – Affreuse nuit passée par JJ. Douleurs d'oreille. Je suis très inquiet.
> 21 – JJ a passé une bonne nuit. Un petit abcès qu'elle avait dans l'oreille est crevé. Elle est soulagée – elle va de mieux en mieux – tout danger a disparu.
> 24 – JJ va de mieux en mieux.
> 27 – Le mieux est décisif (JJ est hors d'affaire).
> Janvier
> 2 – JJ me semble moins bien. Triste commencement d'année.
> 3 – JJ est mieux.
> 16 – JJ va tout à fait mieux.
> 17 – JJ est sortie au soleil dans son jardin.
> 26 – JJ a recommencé aujourd'hui à m'écrire. Le mieux touche à la guérison.
> 28 – JJ souffre d'un lumbago.
> Février
> 2 – JJ est guérie. Le docteur Corbin est venu pour la dernière fois [135].

Si elle avait pendant ce temps interrompu son journal épistolaire [136], elle avait quand même trouvé la force d'écrire à son neveu, qui lui avait raconté l'hommage que son pays rendait enfin à Schiller. C'était un peu tard, répondait Juliette, pour qui l'Allemagne, en matière d'ingratitude envers ses héros, n'avait rien à envier à la France [137]. On voit bien à qui elle pensait.

Le grand homme en question, après la table sur laquelle il avait écrit *La Légende des siècles*, lui offrit pour le jour de l'an « un pauvre encrier de terre » qui leur avait « coûté quatre sous »[138], mais avec lequel il avait composé toute son œuvre depuis l'arrivée à Guernesey. Il étrenna en échange l'encrier de faïence à fleurs qu'elle lui avait offert juste avant de tomber malade[139], dont il se servit pour écrire en tête de l'exemplaire unique d'épreuves de *La Légende des siècles* cette attestation :

> Si je n'ai pas été pris et, par conséquent, fusillé, si je suis vivant à cette heure, je le dois à Mme Juliette Drouet qui, au péril de sa propre liberté et de sa propre vie, m'a préservé de tout piège, a veillé sur moi sans relâche, m'a trouvé des asiles sûrs et m'a sauvé, avec quelle admirable intelligence, avec quel zèle, avec quelle héroïque bravoure, Dieu le sait et l'en récompensera ! Elle était sur pied la nuit comme le jour, errait seule à travers les ténèbres dans les rues de Paris, trompait les sentinelles, dépistait les espions, passait intrépidement les boulevards au milieu de la mitraille, devinait toujours où j'étais et, quand il s'agissait de me sauver, me retrouvait toujours. Un mandat d'amener a été lancé contre elle et elle paie aujourd'hui de l'exil son dévouement.
>
> Elle ne veut pas qu'on parle de ces choses, mais il faut pourtant que cela soit connu.
>
> Je la supplie de me permettre de lui rendre ici respectueusement témoignage du fond de mon cœur et de mon âme, et de trouver bon que je dépose ce livre à ses pieds.
>
> VICTOR HUGO... Hauteville-House, 1er janvier 1860, au commencement de la neuvième année d'exil[140].

Un tel hommage dépassait de très loin la consolation de n'avoir assisté ni au bal costumé donné à Hauteville House le 20 décembre, ni au réveillon de la Saint-Sylvestre où les Duverdier, les Lefort, les Marquand, Miss Allix, Kesler et la famille Hugo avaient bu à la République.

Sitôt en état de sortir en ville, Juliette visita avec Victor et Mme Marquand une bâtisse à vendre à Hauteville, surnommée « la maison du crime ». Elle ne convenait pas[141], on remit donc ce projet d'acquisition à plus tard. Faute de lui avoir trouvé un toit définitif, Hugo montait désormais presque tous les soirs sur celui de Hauteville House, pour observer les étoiles. Elle s'en inquiétait, de peur qu'il ne tombe, comme dans « la fable de l'astrologue[142] ». En lui montrant « le croissant dans les nuages ayant l'air de remorquer l'étoile du soir », il lui avait dit : « Voilà le navire des âmes avec sa chaloupe. »[143] Celle de Victor pouvait attendre, malgré des douleurs de cœur chroniques, que Corbin, rassurant, lui conseillait de traiter par des frictions d'ammoniaque. Juliette, quant à elle, par les grands froids de cet hiver 1860, essayait d'obtenir qu'il délaisse sa « cage de verre [144] » en hauteur, non chauffée, pour se réfugier bien au chaud dans le lit douillet de sa femme, laquelle avait encore pris la poudre d'escampette [145].

Adèle n'assista donc pas plus que Juliette aux répétitions d'un proverbe de Charles, *Trois contre une*, qui, remanié, devint une comédie, *Le Bonnet grec*, créée l'année suivante à Paris sur la scène du Vaudeville sous le titre *Je vous aime*. Le 25 février (Victor fêtait ses cinquante-huit ans), on l'avait jouée en société à Hauteville House, sans Juliette, jalouse de la jeune Mme Lefort à qui le premier rôle féminin avait été distribué ; elle s'était contentée de surveiller depuis sa fenêtre l'éclairage *a giorno* déployé pour l'occasion ; Charles était venu chez elle le lui lire quelques jours plus tard, pour qu'elle en ait sa part [146].

Enfin guérie, Juliette reprit fin mars ses fonctions d'hôtesse et de secrétaire, chargée de rappeler à Victor ses devoirs épistolaires. Déjà, à l'automne, elle lui avait fait souvenir de remercier Baudelaire [147], qui avait dédié à Hugo « Les Sept Vieillards » et « Les Petites Vieilles », avant d'en faire autant avec « Le Cygne » ; Victor s'en acquitta avec quatre mois de retard. Cette fois-ci, elle lui rappelait de répondre à M. Heurtelou, rédacteur en chef du journal *Le Progrès* de Port-au-Prince, qui le félicitait d'avoir pris position pour l'abolition de l'esclavage, à l'occasion de sa protestation contre l'exécution de l'activiste américain John Brown [148] ; Hugo n'y avait pas manqué, en rendant hommage, par une lettre ouverte, au noble représentant de « cette humanité noire si longtemps opprimée et méconnue » ; il faisait l'éloge de la révolution haïtienne, qui venait de montrer le chemin à suivre pour « briser l'esclavage », et signait « votre frère » [149]. Dans la même veine, Juliette lui signala un impair de Kesler, qui préparait une publication sur les invités célèbres de Victor Hugo à Jersey et Guernesey : dans sa liste, il avait omis Schœlcher, grâce à qui l'esclavage avait été aboli sur les territoires français en 1848, et qui avait publié un ouvrage sur le Deux-Décembre ; elle aurait été chagrine qu'on l'oubliât [150].

Elle était prête à reprendre son activité favorite : la copie. Le 25 avril 1860, par un printemps glacial, de neige et de vent, Hugo rouvrit la malle aux manuscrits. Il en tira, pour la relire avant d'en composer la suite, la première version des *Misérables*. Juliette, ce jour-là, observait le ciel pleurer « toutes les larmes de son corps » et croyait entendre « les âmes des damnés » grincer et hurler « sous le fouet des diables » [151].

XVII

La première lectrice des *Misérables* (1860-1862)

> « Une fascination irrésistible s'empara d'elle, elle essaya de détourner ses yeux de ces feuillets qui tremblaient dans sa main, elle regarda le ciel, la rue, les acacias tout trempés de lumière, des pigeons qui volaient sur un toit voisin, puis tout à coup son regard s'abaissa vivement sur le manuscrit, et elle se dit qu'il fallait qu'elle sût ce qu'il y avait là-dedans. »
>
> *Les Misérables*, IV, V, 3

À l'idée de retrouver Jean Valjean, Cosette, Marius, Fantine, Javert, les Thénardier, Juju jubile. Ce manuscrit en jachère, elle l'a jadis copié à sa table, protégé dans sa chambre, caché sous son chevet, transporté en fiacre et sauvé par le train. Elle l'a lu avant le monde entier. Elle en est pour partie l'inspiratrice : son enfance orpheline et abandonnée, Hugo la fait revivre à Cosette ; ses souvenirs de couvent ont alimenté l'épisode du Petit-Picpus où Jean Valjean et la petite trouvent refuge au terme de leur cavale parisienne ; sa pudeur outragée par la misère est le calvaire de Fantine ; sa rédemption par l'amour, l'auteur la célèbre en choisissant la date de leur première nuit, le 16 février 1833, pour marier Cosette et Marius.

Depuis le mois de février 1848 où il avait interrompu l'écriture des *Misères* à la fin de l'épisode des barricades, « pour cause de révolution », douze ans s'étaient écoulés. Représentant du peuple sous la Deuxième République, il avait surtout composé des discours. L'exil l'avait ensuite engagé dans une autre forme d'écriture, ouvertement politique d'abord : le témoignage historique (*Histoire d'un crime,* interrompue), le pamphlet (*Napoléon le Petit*), la poésie militante (*Châtiments*). Puis la veine poétique, sans rien perdre de cet engagement, s'était déployée vers le lyrisme

(*Les Contemplations*) et l'épopée (*La Légende des siècles*). Pendant ce temps, l'idée de reprendre *Les Misères* avait fait son chemin. Le 15 septembre 1853, lors d'une séance des tables, l'esprit de la Civilisation lui avait enjoint de terminer son roman, et soufflé son nouveau titre. Deux mois plus tard, *Les Misérables* étaient annoncés en quatrième de couverture des *Châtiments* et du discours de Jersey pour le vingt-troisième anniversaire de la révolution polonaise. Après *Les Contemplations*, en 1856, François-Victor avait vainement conseillé à son père de revenir à la prose. Au dos de *La Légende des siècles*, en 1859, *Les Misérables* étaient encore promis. Mais le manuscrit reposait toujours intact dans son écrin. Plusieurs fois, Juliette avait encouragé Hugo à s'y remettre. En vain. C'est sans doute le refus de l'amnistie qui l'y détermina : l'ancien livre des *Misères* était le roman du sacrifice inutile ; *Les Misérables* pouvaient maintenant devenir le livre du sacrifice nécessaire au progrès.

Rouvrir le manuscrit

Les Misérables sortis de la malle, Hugo entama leur relecture. Allait-il en rêver ? Elle se le demandait :

> Ta petite Cosette n'a pas fait trop de bruit dans ton cerveau cette nuit ? Quant à moi je n'en ai pas rêvé mais j'y pense toujours avec des tressaillements de tendresse et de joie comme dans l'attente d'une petite fille réelle dont nous aurions été séparés malgré nous depuis douze ans. J'ai hâte de revoir cette pauvre petite fille et de connaître le sort de sa *belle poupée*. Je suis impatiente de savoir si ce monstre de *Javert* a perdu la trace de ce pauvre sublime scélérat *Monsieur le Maire* et de savoir si le pauvre logis du boulevard Montparnasse s'est éclairé d'un rayon de bien-être et de bonheur depuis que [je] l'ai quitté. Enfin, mon pauvre adoré, le cœur me brûle de refaire connaissance avec tout ce monde de ton génie dont les tristesses me font souffrir et pleurer plus que sur les miennes propres [1].

Juliette confondait le boulevard de l'Hôpital avec le boulevard Montparnasse et crut d'abord que la copie n'allait pas tarder. Pour cette bonne cause, elle s'apprêtait même à renoncer aux promenades : « Je céderai le pas à la petite Cosette dans le cas où elle t'acoquinerait à ses douces grâces [2]. » Mais elle ne voyait rien venir. Non sans raisons. Après avoir relu son texte du 26 avril au 12 mai, il faudrait encore à Hugo sept mois et demi pour faire coïncider son moi réformiste d'avant la Révolution de 1848 avec son moi d'exilé républicain, méditer sur le sens moral, philosophique, religieux et historique de sa fable, et remettre en fonctionnement la machine narrative.

Revoir Jersey

La politique l'obligea à s'interrompre. On l'invita à prononcer à Jersey le discours en l'honneur de l'unité italienne dans un meeting de soutien à Garibaldi assorti d'une collecte de fonds. L'ami Philippe Asplet prit le bateau début juin pour l'inviter à honorer cette assemblée de sa présence. Hugo avait confiance en cet homme courageux, qui lui avait été jadis si secourable, allant même jusqu'à servir de boîte aux lettres pour déjouer le zèle des mouchards. Néanmoins, par prudence, il tenait à s'assurer de sa sûreté s'il remettait le pied à Jersey où il était toujours sous le coup d'un arrêté d'expulsion, et renvoya donc son ami s'en enquérir avant de donner sa réponse définitive. Quelques jours plus tard, Asplet revenait, ayant obtenu des autorités locales les garanties suffisantes, et 427 signatures de Jersiais suppliant le grand homme de leur faire l'honneur de sa visite, qui promettait de doper les dons. Du reste, l'Angleterre avait intérêt à laisser Hugo s'exprimer en faveur de l'expédition des Mille, entreprise par Garibaldi en réaction à l'annexion de la Savoie et de Nice par la France, négociée par Napoléon III en échange de son soutien au rattachement de l'Émilie et de la Toscane au royaume de Piémont-Sardaigne. Fermer les yeux sur cette manifestation énergiquement dénoncée par le consul de France à Jersey, c'était, pour le gouvernement de Sa Majesté, saisir l'occasion d'affaiblir la diplomatie française dans la péninsule italienne.

À l'idée de retourner une semaine sur les lieux de leur deuxième exil, Juliette était inquiète : il lui faudrait d'abord affronter les aléas de la traversée, puis rester discrète dans la foule curieuse. Un temps, elle ne sut même pas si elle pourrait être du voyage : au cas où les deux Adèle se seraient décidées à accompagner leur père et mari, elle était prête à s'effacer. Ces dames hésitant jusqu'à la dernière minute, Hugo fit partir Juliette un jour avant lui, accompagnée de Suzanne, de Mme Duverdier qui se réjouissait de retrouver à Jersey une partie de sa famille, et de Kesler, d'abord furieux de l'honneur immérité fait par Hugo aux Jersiais qui l'avaient ignominieusement chassé jadis ; une fois calmé, il avait accepté de chaperonner les trois passagères. Appréhendant cette brève séparation, Juliette rappela à Victor de soigner sa gorge, d'emporter ses caoutchoucs en cas de pluie, son gros paletot, et lors de la traversée, d'éviter de se pencher par-dessus le bastingage comme il en avait la manie[3].

Levée à cinq heures après une nuit d'insomnie, elle n'était ni fraîche ni tranquille en ce matin du 12 juin. Il faisait gros temps, et elle n'était rassurée ni pour elle aujourd'hui, ni pour lui demain. Hugo l'ayant accompagnée sur le quai, elle ne le quitta des yeux que lorsqu'elle vit sa silhouette disparaître derrière Castle Cornet. Puis ne ressentit rien d'autre que le désespoir de la séparation[4]. Aussi laissa-t-elle Kesler secourir seul Suzanne en proie au mal de mer. Suivant l'avis des amis jersiais venus l'accueillir, elle loua deux petites chambres pour elle et Suzanne à l'hôtel Southampton, qui jouxtait le bureau des douanes : rideaux blancs, papiers propres, bois de lit neuf, mais couchages infestés de punaises qui se glissèrent jusque dans sa chemise.

Le lendemain, elle se morfondit en attendant l'arrivée du héros, prévue en fin de matinée. On était le 13 du mois, et sa superstition, qui lui faisait un sixième sens, la tourmentait. La séparation lui avait coupé l'appétit : pas question d'aller prendre le petit déjeuner chez l'ami Charles Asplet. Elle préféra penser à Victor, l'aimer « avec une magnétique fixité » et lui recommander la prudence sur le bateau, en vain et de manière propitiatoire puisqu'il ne lirait pas la lettre avant son arrivée[5]. Après quoi elle alla au-devant du *packet*, sur la jetée où elle prit son quart à dix heures et demie. Elle eut beau scruter l'horizon, à part l'écume qui poudroie et l'horizon qui verdoie, elle ne vit rien venir. Elle attendrait là toute la journée dans une mortelle angoisse. Sept heures et demie plus tard, elle céda aux instances de Kesler et Bénézit qui la convainquirent de rentrer après avoir entendu, comme elle, les cochers de fiacres leur crier : « *Telegraphic message steamer Alderney tomorrow Jersey*[6] *!* »

Que s'était-il passé ? Après avoir attendu cinq heures au port, Hugo et ses fils avaient appris que le bateau en provenance d'Angleterre était contraint de relâcher à Aurigny, suite à un accident dû au gros temps. Comble de malchance, le câble télégraphique entre Jersey et Guernesey était coupé. Hugo avait donc envoyé un message télégraphique à Londres, qui serait transmis à Jersey en faisant le détour par Calais, Paris et Granville : l'opération avait pris trois heures. Les organisateurs du meeting étaient bons pour le repousser au lendemain, et Juliette en était quitte pour la peur : rentrée à l'hôtel à six heures, elle confia à sa lettre du soir son soulagement de savoir Hugo sain et sauf. De l'autre côté des flots, Victor se livrait à une télépathie réciproque, en composant pour elle des vers qui paraîtraient dix-sept ans plus tard dans la nouvelle série de La *Légende des siècles*, adressés au « doux être, fidèle et cependant ailé » que l'« œil intérieur » rend visible :

> On est triste ; on n'a pas près de soi cette femme,
> On est dans l'ombre ; eh bien, cette ombre aide à la voir,
> Car l'étoile apparaît surtout dans le ciel noir. […]

J'aperçois ton sourire à travers l'infini ;
Et, sans savoir pourquoi, disant : Suis-je puni ?
Je pleure vaguement si loin de moi tu souffres[7].

Télégraphe, journal, poème, tout était bon aux amants séparés par la mer, la distance, les éléments, la nuit noire et le préjugé pour rester en contact par la pensée.

Le 14 au matin, Juliette se précipita de nouveau à la jetée. Le cauchemar prenait fin : Hugo débarqua avec François-Victor, Charles étant resté à Guernesey pour accompagner sa mère et sa sœur si elles se décidaient à faire la traversée plus tard dans la journée. Les affiches confirmant l'arrivée de Victor Hugo pavoisaient les rues de la ville. Mais les retrouvailles ne furent pas aussi joyeuses que Juliette l'aurait voulu :

> J'espère que cela ne t'a pas contrarié que nous ayons pris cette petite barque dans l'intention de te retrouver plus tôt sur la partie opposée du quai où on nous avait envoyées par erreur Mme Duverdier et moi. J'ai été bien étonnée quand j'ai vu que tu étais toi-même dans une barque avec ton Victor et te dirigeant de mon côté pendant que tout le monde t'attendait sur l'autre quai. Il m'a semblé que tu avais en m'abordant quelque chose de contraint et de mécontent que je ne mérite ni d'intention ni de fait car depuis deux jours je n'ai fait que le chemin de ma maison à la jetée et de la jetée à ma maison sans vouloir même entrer dans la ville pour m'acheter une brosse à dents dont j'ai grand besoin, ayant oublié la mienne à Guernesey[8].

La soirée triomphale vengerait Juliette de ces retrouvailles maussades, et Hugo de son expulsion passée. Devant trois mille personnes tassées dans les Queen's Assembly Rooms, l'orateur dénonça les méthodes policières du souverain napolitain de vingt ans, François II, tyran en herbe propulsé à la tête du royaume des Deux-Siciles, puis lança un hymne à la liberté, « immense archange des peuples[9] » volant sous la bannière de Garibaldi. Son discours fut accueilli « avec tous les enthousiasmes, avec tous les délires » auxquels Juliette ajouta les siens propres, allant même, avec un altruisme suspect, jusqu'à regretter que la « chère et noble femme » et la « noble et courageuse fille » de l'orateur n'eussent pas pu « entendre ces hurrahs, ces bravos, ces cris d'amour, d'admiration et de vénération de cette foule attendrie, respectueuse et enivrée »[10]. Adèle n'entendrait que l'écho transmis par son mari : « soirée admirable, succès immense, toute la ville en rumeur et en fête[11] ». Les dons affluèrent : 3 000 francs, dont cent donnés par Hugo lui-même. Celui-ci partit dormir chez Charles Asplet, tandis que Juliette rentrait dans son hôtel, résignée à obéir au « stupide préjugé » qui sépare « deux êtres qui n'ont qu'une âme en deux parties et qu'une seule vie pour deux »[12].

Le lendemain, elle rejoignit le groupe pour une excursion au château de Saint-Ouen, certes divertissante, mais où lui manquait l'intimité dont elle avait rêvé, comme en témoigne ce compte rendu burlesque dicté par sa sauvagerie :

> À part les rares et courts moments où je t'ai vu pendant notre expédition, je peux dire que je n'en ai eu que la poussière, la chaleur et la migraine, enfermée que j'étais et très refoulée au fond de l'omnibus avec de charmantes et excellentes femmes qui avaient cru devoir ajouter à leurs exhalaisons naturelles les parfums les plus âcres et les plus redoutables pour les cerveaux, sans compter leurs petits jaspinages anglo-jersiais qui n'étaient rien moins qu'amusants [13].

Elle se rattrapa le soir au dîner, placée entre les deux Victor père et fils. Les jours suivants se passèrent en retrouvailles pour prendre le petit déjeuner à la Pomme d'Or en compagnie des proches (Charles Hugo et les amis Hetzel et Deschanel, venus du continent), en promenades entre deux ondées (Hugo retourna voir Marine-Terrace et se recueillit au cimetière des proscrits où il avait prononcé jadis ses oraisons funèbres), en brocantes (d'où Juliette rapporterait deux vases) et en visites de courtoisie : outre les frères Asplet, brouillés, et que Hugo tâcha de réconcilier, Juliette retrouva avec tendresse ses anciens amis, dont Mme Nicolle et les Bénézit ; les Guay l'invitèrent à dîner le dernier soir, pendant que Hugo prononçait devant une assemblée exclusivement masculine une déclaration d'amour à l'île de Jersey lors du banquet d'adieu donné en son honneur. Juliette la recopierait au retour. D'ici là, « perdue dans ce brouhaha de femmes, de filles, d'hommes, d'omnibus, de déjeuners et de dîners » qui les avait empêchés de s'« appartenir un peu », elle ne fut pas mécontente de rentrer [14].

Bazar, buvard, balthazars

Hugo était bien décidé à reprendre le travail, mais il fut encore retardé. D'abord, fin juin, les deux Adèle organisèrent un bazar de charité au profit des crèches de l'île. Leur mari et père demanda à ses confrères de métropole de lui fournir des objets : Dumas, Lamartine, George Sand donnèrent chacun un encrier ; avec celui de Hugo, cela faisait un lot magnifique, qui ne trouva pas preneur, raison pour laquelle on peut encore le voir en sa maison de la place des Vosges. Juliette, qui ne voulait pas être en reste, acheta la boîte donnée par Émile de Girardin.

Contrairement à l'année précédente, où elle avait participé aux piqueniques en l'absence d'Adèle, elle s'en abstint cet été-là : l'épouse légitime avait la préséance, et le faisait savoir. Un soir que le dîner hebdomadaire de Juliette avait été délocalisé chez les Marquand pour une séance de spiritisme, Adèle en avait pris ombrage. Elle tolérait néanmoins les promenades vespérales de son mari et de Juliette sur la colline, et n'obtint pas qu'il renonçât aux petits « balthazars [15] » qu'elle organisait désormais tous les jeudis soir. Celui du 27 septembre 1860 fut festif. Deux jeunes musiciens virtuoses qui s'étaient produits à Hauteville House l'avant-veille vinrent jouer chez elle, dérangeant sa routine : il lui fallut toute la journée du lendemain, avec Suzanne, pour s'y retrouver dans « ce tohu-bohu de chaises, de violoncelle et de violon, de tasses et de verres [16] ».

Promenades et balthazars étaient menacés par la succession de visiteurs venus du continent : Hector Malot d'abord, puis Mme Lucas et sa fille Alphonsine qui reprit le rôle tenu naguère par Mme Lefort dans la pièce de Charles qu'on ne se lassait pas de jouer en société. Pour la dédommager de ces frustrations, Hugo emmena de nouveau Juliette en excursion-éclair entre amis, à Sercq, le 3 septembre. Elle fut ragaillardie par le spectacle de « cette admirable nature », cet « éden de granit et d'océan », et respira, avec le vent du large, « la santé, le bonheur et la vie par tous [s]es sens à la fois » [17].

L'air marin pénétrait aussi dans son *look-out* de La Fallue où Hugo avait installé son bureau, fenêtres à ce point ouvertes qu'elle devait prendre garde à ne pas risquer le coup de vent qui disperserait les papiers quand elle ouvrait la porte [18]. Il s'étalait. On trouvait des manuscrits dans tous les coins : elle s'épuisait à faire le ménage dans leurs feuilles éparpillées. Un feu ayant dévasté une maison voisine, Juliette s'affola à l'idée de n'avoir pas le temps de tout rassembler en cas d'incendie. Ces deux raisons lui firent projeter l'acquisition d'un meuble où serrer l'ensemble des manuscrits entreposés chez elle. Début décembre, Hugo lui trouva son affaire : un cabinet chinois qu'il échangea contre son bahut à losanges. Son logis s'embellit encore quelques jours plus tard : Hugo peignit le cadre du portrait de Claire dessiné par Pradier, et lui offrit deux œuvres de son cru, datant d'avant l'exil : le grand coq, *Gallia*, allégorie de la République, et saint Paul dans des ruines, avec cette légende : « *non liber monet / non gladius servat* » (« le livre n'avertit pas / le glaive ne préserve pas ») [19] *(voir cahier hors texte)*. Ces tableaux, dont Hugo dessina et peignit les cadres lui-même quelques jours plus tard, enrichirent la décoration de La Fallue, qui s'accrut aussi de nouvelles photographies.

À l'automne, pour un album d'Hauteville House, Leballeur et son associé Auzou firent poser famille et amis devant l'objectif. Victor aurait voulu que Juliette, elle aussi, se pliât de bonne grâce à l'exercice. Elle apprécia qu'il la dispense de se plonger « dans des chimies dont la plus grande vertu est de vous vieillir, hélas ! » et d'affronter « cette jouvence au rebours »[20].

Autant elle se méfiait des photographes, autant elle se réjouit de la visite du sculpteur Vilain, venu avec sa femme de fin août à début octobre pour tracer les profils des cinq Hugo sur des médaillons en terre. C'était l'ancien compagnon de sa cousine Eugénie morte d'hydropisie. Aussi fut-elle très touchée du bon accueil que lui fit Hugo.

Elle le fut moins de celui qu'il réserva à la fantasque Mme Engelson, veuve depuis trois ans d'un pamphlétaire révolutionnaire russe exilé. Rencontrée à Jersey au temps du spiritisme, elle vint s'installer rue Hauteville, et sympathisa d'autant plus avec Hugo qu'elle partageait sa profonde défiance envers Pierre Leroux. Celui-ci l'avait escroquée en 1858 quand elle avait subventionné son journal, afin qu'il y publiât les œuvres de son mari défunt. Les malheurs de Mme Engelson n'avaient pas arrangé son tempérament inquiet : intelligente, cultivée, parlant l'allemand, imaginative et bizarre, « bonne et vaporeuse[21] », elle intriguait un peu Juliette et beaucoup Hugo. Celui-ci, avant de lui faire les yeux doux, conçut des soupçons en apprenant qu'elle avait rendu à Juliette, à onze heures du soir, une visite improvisée aussi tardive qu'inopportune. Il accabla Juliette de reproches inspirés par la jalousie, le préjugé et la réprobation morale sur son passé de courtisane toujours prompt à ressurgir. Juliette n'en croyait pas ses oreilles :

> Quand je pense qu'il ne m'est pas permis d'avoir un tête-à-tête involontaire de quelques minutes avec une pauvre veuve malade, exaltée, solitaire que toi-même as introduite chez moi, sans que les suppositions les plus offensantes et les plus chimériques te passent par la tête, c'est triste. [...] La jalousie dans les conditions où tu l'éprouves n'est que la plus flétrissante des injures à mes 54 ans et la plus ingrate banqueroute à l'honnêteté et à la chasteté de mon amour pour toi.

Aux grands maux, les grands remèdes : ne fallait-il pas préférer « une séparation irrévocable » à ce compagnonnage « sans honneur, sans dignité, sans tranquillité et sans bonheur » ? Comme à chaque fois qu'elle brandissait cette menace, il ne fut pas question de la mettre à exécution. Quelques heures plus tard, on s'était réconciliés : Hugo notait dans son carnet « Mme E. tout est expliqué », et Juliette ajoutait le soir un *post-scriptum* à sa lettre désespérée du matin : « Tout est oublié, effacé, pardonné, mon cher adoré. Je t'aime et je ne peux pas vivre sans toi quoi qu'il arrive. »[22]

Elle ne pouvait vivre non plus sans sa « chère copire ». Si les nouvelles pages se faisaient attendre, ce n'était pas que Hugo se fût découragé. Le roman était certes au point mort, mais pendant l'été 1860, il avait inspiré un long texte philosophique de défiance à l'égard du matérialisme. Il faudrait encore sept mois à l'auteur, de juin à décembre 1860, pour prendre la mesure de la tâche qui l'attendait, et projeter les développements qui viendraient ensuite plus que doubler le manuscrit initial des *Misères*. Le 1er janvier 1861, en marge du chapitre où Jean Valjean surprend un mot d'amour écrit par Cosette à Marius en déchiffrant dans le miroir la trace d'encre laissée sur son buvard, Hugo signa la reprise de ce qui serait leur grande affaire à tous deux pendant l'année 1861 : « Ici le pair de France s'est interrompu, et le proscrit a continué. 30 décembre 1860. Guernesey. »

Waterloo, résidence d'artiste

Une semaine plus tard, Juliette avait enfin de la copie, mais Victor était inquiet. L'été précédent, un méchant bouton situé dans la même zone que l'anthrax de 1858 lui avait inspiré un testament spirituel :

> Je crois en Dieu. Je crois à l'âme. Je crois à la responsabilité des actions. Je me recommande au Père Universel.
>
> Comme les religions en ce moment sont au-dessous de leur devoir envers l'Humanité et envers Dieu, aucun prêtre n'assistera à mon enterrement.
>
> Je laisse mon cœur aux doux êtres que j'aime[23].

Des maux de gorge persistants dont ne venaient à bout ni les gargarismes, ni la purgation, ni les cataplasmes, ni les frictions, lui firent craindre une grave affection susceptible de dégénérer en « phtisie laryngée[24] ». Juliette le rassurait de son mieux. Incrédule à l'égard de la pharmacopée médicale où elle ne voyait que « purgonneries » et charlataneries « diafoiresques », elle approuvait toutes les solutions naturelles pour le guérir, dont le port de la barbe, censée protéger sa gorge fragile, et à la mode en Angleterre parmi les *clergymen* : Hugo suivit l'avis du médecin contre celui de sa femme, se résolut à la faire pousser en janvier 1861, et changea alors sensiblement de visage, surtout avec ses cheveux coupés court deux mois plus tard. Il ressemblait maintenant à Jean Valjean. Juliette, pour qui il était beau en toutes circonstances, applaudit. Elle lui recommanda aussi de ne pas s'exposer au froid et au vent, surtout si c'était pour observer le ciel étoilé avec la « nébuleuse[25] » Mme Engelson. La suggestion du Dr Corbin, changer d'air, l'arrangeait bien. Hugo se montra d'abord rétif à l'idée de partir : il voulait d'abord finir son roman. Mais Mme Hugo étant elle-même souffrante et ayant besoin de consulter sur le continent, l'idée fit son chemin. Corbin le convainquit de partir « au premier beau jour de mars[26] », comme Hugo le nota sur son carnet le jour où il apprit – ceci explique-t-il cela ? – la mort de Célina. Elle était repartie chez elle à Aurigny se soigner début novembre ; la tumeur l'avait emporté, plus forte que les vains remèdes payés par Hugo ; il avait envoyé de l'argent à sa mère, se sentant en dette envers la jeune femme.

Juliette n'en savait rien lorsque avant de partir pour la Belgique, *via* Londres, elle régla toutes ses propres dettes et rappela à Victor qu'il devait s'acquitter des siennes, d'autant qu'ils n'avaient aucune idée du temps que durerait leur absence. Elle donna du raccommodage à la couturière, et renouvela les gilets de flanelle et les chemises épuisées. Il fallut aussi se procurer un sac étanche pour le manuscrit. Comme ils l'avaient déjà fait deux fois, *Les Misérables* allaient reprendre la mer.

Juliette, Suzanne, Victor et Charles embarquèrent le 25 mars 1861, à neuf heures du matin. François-Victor restait pour le moment travailler au neuvième tome de son Shakespeare. Mme Hugo avait quitté l'île pour Paris l'avant-veille. La famille devait se recomposer plus tard à Bruxelles. Après une escale à Weymouth, dont le nom reviendra dans *L'Homme qui rit*, Hugo resta deux jours à Londres, le temps de consulter un médecin réputé, qui le rassura : « Rien de sérieux. Une névralgie[27]. » Faut-il comprendre par là que son mal des trois derniers mois était largement somatique ? La reprise des *Misérables* faisait-elle un trop gros morceau à avaler ? Sa gorge se serrait-elle de savoir Célina perdue ? Le diagnostic du grand ponte le libéra instantanément et fit s'évanouir la douleur comme par miracle. À moins que *Les Fleurs du mal*, comme il l'écrivit à Baudelaire pour le remercier de l'envoi de leur nouvelle édition, n'aient eu des vertus médicinales : « Votre poésie aussi est un dictame ; c'est elle qui a commencé ma guérison[28]. »

À Bruxelles, le père et le fils prirent un hôtel entre le Théâtre royal du Parc et la place des Barricades. Juliette et Suzanne louèrent une chambre garnie au 91, rue Notre-Dame-aux-Neiges[29]. Hugo eut beau obtenir de la police belge de ne pas figurer au registre des étrangers, le bruit de sa présence se répandit, ce qui rendit ses premières semaines trop animées pour se concentrer sur son roman. Partout où il arrivait, à Bruges, à l'abbaye de Villers, à Malines, à Anvers, la foule l'acclamait ; les amis bruxellois se l'arrachaient ; une intrigue avec la violoncelliste Hélène de Katow le détourna du travail. On venait de France pour lui rendre visite, notamment Hetzel, rentré d'exil en 1859. Lui qui avait publié toutes ses œuvres depuis le coup d'État se proposait d'éditer maintenant *Les Misérables*, mais était effrayé par les exigences de l'auteur, qui, de toute manière, attendait d'avoir fini pour se décider. Pour fuir ce tourbillon, il lui fallait partir et « se fourrer dans quelque trou[30] » où finir son livre au calme. Ce trou, ce serait Mont-Saint-Jean, près de Waterloo, où, après une reconnaissance d'une journée au cours de laquelle il acheta 2 francs un biscaïen[31] fiché dans un tronc d'arbre, et une semaine de réflexion, il vint, le 15 mai 1861, se fixer pour deux mois en pension à l'Hôtel des Colonnes, avec Juliette comme ange gardien. Depuis sa chambre d'angle, au premier étage, il apercevait le lion érigé en l'honneur de Wellington, sur la butte. Quoiqu'il en fît le dessin dans son carnet de voyage, il n'admirait ni la bête ni le monticule. Plus que ce monument vulgaire, c'était la plaine de la bataille du 18 juin 1815, arpentée en tous sens, qui lui insufflait l'esprit du lieu. « Du reste, écrivit-il à son fils, je ne sache rien de plus émouvant que la flânerie dans ce champ sinistre[32]. »

Cette flânerie étendue aux bourgades et lieux-dits environnants allait lui donner l'énergie nécessaire pour terminer son livre (sauf le chapitre sur Waterloo, qu'il ajouterait plus tard à Guernesey). Une semaine après son arrivée, il se remettait à l'écriture d'arrache-pied, enfin tranquille. Il ne lui faudrait qu'une quarantaine de jours pour atteindre d'une traite le dénouement : inspirer à Javert la tentation du suicide ; guérir Marius de ses blessures ; organiser son mariage avec Cosette ; exfiltrer discrètement Jean Valjean de la fête où il se sent un intrus ; lui faire étaler sur son lit les vêtements de la petite fille sauvée jadis à Montfermeil, et tirer toutes les larmes de leur corps à son héros et à qui oserait lire ce chapitre à voix haute ; faire venir Thénardier chez Jean Valjean pour lui annoncer son départ en Amérique ; laisser le temps à Cosette et Marius de racheter tant soit peu leur égoïsme en allant voir une dernière fois leur sauveur à l'agonie ; graver une épitaphe sur sa tombe au Père-Lachaise. Après quoi, dans sa chambre de l'Hôtel des Colonnes, il inscrirait le mot « Fin » sur la dernière page du manuscrit, datée de « Mont-Saint-Jean. 30 juin 1861. 8 h. ½ du matin ». Au côté de la seule Juliette, il l'avait achevé, non sans fierté, sur les lieux et pendant le mois de la bataille. Ce soir-là, à huit heures, une immense comète traversa le ciel sous ses yeux. Il consigna en marge ce signe du destin.

De la vie de Juliette pendant ce mois de juin décisif pour l'histoire littéraire, qui vit l'achèvement d'un des plus grands chefs-d'œuvre de l'humanité, on sait peu de choses : l'intimité à l'hôtel, abolissant la séparation, avait suspendu le journal épistolaire. Les seules lettres qu'elle écrivit depuis Mont-Saint-Jean correspondent à deux visites rendues par Hugo à sa famille.

La première était une réunion à Bruxelles : depuis que Hugo avait fait retraite, sa femme avait consulté à Paris pour sa vue déficiente ; sa fille avait pris pension dans un établissement de l'île de Wight ; Charles, grisé par le succès de sa comédie *Je vous aime*, jouée fin mai au Théâtre royal du Parc, s'était octroyé une virée à Spa pour dépenser ses sous au casino. Tous ayant décidé de se retrouver, Hugo les rejoignit à Bruxelles, les 17 et 18 juin, date opportune pour fuir l'afflux des touristes anglais venus célébrer leur victoire nationale.

Juliette, déjà endolorie par la démangeaison de piqûres des moustiques, suivit des yeux l'omnibus où il était monté, se désola de le voir disparaître à l'horizon et se résigna à tuer le temps pendant les vingt-quatre heures que devait durer son absence. Après une promenade à travers champs jusqu'à l'église de Waterloo, elle passa une soirée morne à l'hôtel, dîna sans faim, but sans soif, déplorant les bonnes mœurs qui la tenaient à distance de la famille légitime, ce « respect humain » qui est « une vilaine bête plus malfaisante et plus agaçante que tous les ZINZ ZINZ et que leurs piqûres les plus envenimées et contre laquelle tous les ammoniaques du monde ne peuvent rien »[33]. Le lendemain, elle ne descendit même pas prendre le petit déjeuner dans la salle, et demanda qu'on le lui monte, faisant croire à l'hôtesse que c'était « par égard pour son encombrement de notaires et de paysans ». En réalité, Victor seul lui manquant, tout était dépeuplé. Sans compter qu'en ce 18 juin 1861, quarante-sixième anniversaire de la bataille de Waterloo, son chauvinisme « se trouverait assez humilié devant la jubilation bêtasse des visiteurs anglais »[34]. Prostrée derrière son store, elle se jura, à l'avenir, de se moquer du qu'en-dira-t-on et de suivre Victor partout. Pourtant, le 9 juillet, tandis qu'il faisait un autre aller-retour d'un jour et demi à Bruxelles et Malines, elle resta encore à l'hôtel, copiant *Les Misérables*. En revanche, quand il retourna plus longuement à Bruxelles la semaine suivante, du 14 au 19 juillet, elle l'accompagna, et descendit avec lui à l'Hôtel Saint-Christophe, à bonne distance de la famille Hugo installée rue de Louvain. Durant ces quelques jours, il se partagea entre ses deux foyers et se procura leurs visas pour le voyage qu'il projetait, la laissant préparer leurs bagages.

Leur voiturier de Mont-Saint-Jean inspirant confiance, ils y retournèrent louer une calèche au fils et engager le père comme conducteur. C'est de là, après une dernière nuit à l'Hôtel des Colonnes, qu'ils partirent le 21 juillet, fête de la Saint-Victor, pour leur voyage d'été en Hollande et en Belgique, sur les traces de leur jeunesse. Si Hugo espérait retrouver en Hollande la « splendeur orientale » célébrée par Baudelaire, il ne tarda pas à déchanter. Son carnet de voyage et des poèmes qui paraîtraient dans *Dernière Gerbe* laissent entrevoir sa déception devant la platitude monotone des champs de blé et de colza, l'insalubrité des marais, l'inconfort d'un bouge ruineux infesté de moustiques et de puces[35]. Plus joyeuse fut l'impression produite par la kermesse de Zwolle, point le plus septentrional de tous leurs voyages. Puis la « balance à peser les sorciers » vue à Oudewater l'impressionna, au point qu'il la réutiliserait dans *L'Homme qui rit* :

> On vous mettait dans un plateau, et l'évidence éclatait si vous rompiez l'équilibre : trop lourd, vous étiez pendu ; trop léger, vous étiez brûlé. On peut voir encore aujourd'hui, à Oudewater, la balance à peser les sorciers, mais elle sert maintenant à peser les fromages, tant la religion a dégénéré[36] !

Mis à part Haarlem, qu'il trouva charmante, les Rembrandt d'Amsterdam, dont *La Ronde de nuit* qui lui fit écrire « Il y a deux miracles de la peinture : la chapelle Sixtine et cela[37] », une excursion en bateau à vapeur à Zaandam où ils visitèrent la cabane de Pierre le Grand, la découverte de quatre lithographies d'Esmeralda et de Quasimodo qui décoraient l'Hôtel du Soleil d'Or à Leyde, et, lors d'une excursion à Scheveningen, un clin d'œil, pour Juliette, à son rôle d'Isèle dans *Le Pêcheur de Schevning*, vaudeville qu'elle jouait en 1832, le voyage ne tint pas ses promesses. Hugo confia à Charles sa déception : « La vieille Hollande chinoise n'existe plus ; une curiosité, c'est qu'il n'y a pas de curiosité. Tout est gratté, refait, anglaisé, châtré, badigeonné en jaune[38]. » Le retour en Belgique fut plus gai, même si Hugo continuait de déplorer les restaurations qui ôtaient leur charme à certains endroits admirés en 1837 ou 1840 : la halle qu'il avait dessinée à Anvers était démolie ; la vieille tour espagnole du beffroi de Mons était défigurée. Le carnet de voyage retrouve ses couleurs dans les descriptions des vallons et forêts du sud. Hugo s'y émerveille du puits central de Philippeville, de l'église jésuite de Namur, et accumule les détails qui lui serviront dans sa révision des *Misérables.*

Après ce voyage de presque six semaines, ils s'embarquèrent pour Londres le 1er septembre sur le quai d'Anvers. Il faut dire que, cette fois-ci, quitter le continent n'était plus un déracinement, et qu'ils rentraient dans leur exil comme Gavroche dans la rue.

Première copiste

De retour chez elle deux jours plus tard, Juliette tria les notes d'auberges, sortit de sa malle les photos de Victor et Adèle Hugo faites à

Bruxelles, ainsi que maints bibelots rapportés de Belgique (dont le biscaïen de Waterloo), et rangea sa copie des *Misérables* dans son grand meuble pour l'avoir auprès d'elle « en cas d'événement[39] ».

Chacun retrouvait sa maison ; elle appréhendait le retour prochain de la famille Hugo. En attendant que l'épouse rentre s'occuper de son foyer, Juliette l'administra de loin le mieux possible (et n'apprécierait guère, au retour de Mme Hugo en décembre, que celle-ci critique sa gestion à distance). Elle tint table ouverte pour les deux Victor, père et fils, tous les soirs, fière d'être leur « gargotière en chef et sans partage[40] » et de goûter « au fruit défendu du bonheur légitime de la famille[41] ». Des préoccupations pourtant traversaient cette idylle.

D'abord, fin septembre, son beau-frère lui ayant écrit que le bruit courait, en France, de la présence de Hugo à Paris pour régler des affaires de famille, Juliette lui demanda d'envoyer le journal fautif : rien n'agaçait tant Hugo que ces rumeurs visant à ruiner la sévérité de son image d'exilé volontaire.

Puis une explication s'imposa avec Victor qui recommençait ses visites à Mme Engelson et l'invitait même à La Fallue : Juliette exigea qu'au moins il ne lui imposât pas sa présence. Du reste, le danger n'était pas où elle croyait : loin d'entreprendre ses voisines, il notait dans son carnet des secours à Ann Mourant, à Victoire Étasse, à Virginie Henry, petite sœur de Célina, puis à la jeune Ana qu'il retrouva plusieurs fois à Fermain-Bay. Juliette avait beau suspecter sa mine rembrunie et ses accès de mélancolie, il restait muet sur sa conduite. Sans doute n'en était-il pas fier, lui qui noterait, dans « Les Fleurs », texte initialement destiné aux *Misérables* où il dénonce dans la prostitution un fléau social comparable à l'esclavage : « Les meilleurs font tous les jours au mal des péages mystérieux[42]. »

Puis Juliette eut à le soutenir dans un petit deuil intime, après l'avoir convaincu de faire euthanasier sa vieille chienne Chougna, atteinte du roux-vieux, une gale animale contagieuse :

> Tu paraissais si triste et si absorbé hier au soir du sort malheureusement presque inévitable de cette pauvre bête, que tous mes efforts n'ont pu t'en distraire. Je comprends tes scrupules et tes regrets, mon pauvre adoré, et je voudrais pour beaucoup que le vétérinaire trouve une autre solution que celle qu'il propose jusqu'à présent pour te tranquilliser à l'endroit de cette pauvre bête sans nuire à la sécurité générale de ta maison. En attendant tu as fait une autre bonne action qui, dans l'échelle des êtres, doit l'emporter de beaucoup sur la condamnation de la pauvre Chougna. Laisser tuer un chien qui peut être nuisible ou venir au secours de pauvres petits enfants qui meurent

de faim et qui seront peut-être un jour des hommes utiles à d'autres hommes doit peser dans la balance du bien plus que la condamnation d'un pauvre chien galeux dans la balance du mal [43].

Le lendemain, Chougna avait rendu l'âme. Telle était en tout cas la conviction de Hugo, lui qui avait déjà consacré un poème à son chien Ponto, publié dans les *Contemplations.*

Ensuite, Juliette eut fort à faire pour consoler le père doublement chagriné : Charles éternisait son séjour à Bruxelles, puis filait s'installer à Paris au lieu de revenir à Guernesey, et Victor souffrait de cet abandon vécu comme une trahison. Au mois de décembre, ce furent les lubies de mariage de sa fille Adèle avec le lieutenant Pinson : elle qui avait jusqu'ici dédaigné tous ses prétendants, s'était entichée de ce dandy militaire que sa famille avait connu à Jersey autour des tables parlantes, s'était persuadée – à tort – qu'il voulait l'épouser, et avait arraché un consentement inutile à son père réticent ; Juliette fit son possible pour le convaincre de ne pas contrarier son enfant amoureuse. Entre son frère coriace et sa sœur illuminée, le studieux François-Victor était le seul à donner entière satisfaction ; au reste, il était le chouchou de Juliette, dont il utilisait la clef du jardin pour rejoindre plus vite la grève où il prenait ses bains de mer.

Début 1862, Hugo prit l'habitude de s'asperger d'eau froide et de se frictionner au gant de crin tous les matins, sur son balcon. Horrifiée par « cette affreuse torture quotidienne d'une cataracte d'eau glacée » sur son « pauvre corps nu » [44], Juliette finit par reconnaître que « ce régime amphibie d'hippopotame et de crocodile [45] » lui réussissait, et par prendre plaisir au spectacle de ses ablutions en plein air, qui l'inspiraient : « Je te baise depuis la tête jusqu'aux pieds *in naturalibus* », lui écrit-elle le 8 février, et quatre jours plus tard, en direct : « J'entrevois toutes vos nudités à travers vos fenêtres et ma pudeur ne s'en révolte pas [46]. » Et en léger différé le surlendemain : « Je viens de vous saluer dans votre grand uniforme d'Adam et je dois avouer que cette tenue vous va bien [47]. »

Quant à elle, sa panacée et son hygiène de vie étaient aussi son activité favorite : la copie des *Misérables* qui ne demandaient plus que des corrections et ajouts. À son retour sur l'île, son roman achevé, Hugo n'avait pas tardé à faire affaire avec le jeune et fringant éditeur bruxellois républicain Albert Lacroix. Il avait audacieusement accepté les exigences de l'auteur sur lesquelles Hetzel n'avait pu s'aligner. Hugo refusant d'abréger ce livre géant, Lacroix devait le publier en plusieurs livraisons. À l'auteur colosse il fallait un éditeur athlète. On s'était finalement mis d'accord sur un contrat confortable de 300 000 francs, quatre siècles de salaire ouvrier, pour douze années d'exploitation du titre, qui pourrait faire vivre l'écrivain et les siens pendant un bon moment. En attendant le départ de Lacroix venu à Guernesey conclure l'affaire début octobre, Juliette compatit avec son concurrent évincé :

> M. Lacroix paraît devoir avoir un bon, sinon un beau passage car la mer est unie comme de l'huile. Pauvre Hetzel ! Qu'est-ce qu'il va dire ! Ç'a beau être sa faute ou celle de ses associés, il n'en sera pas moins furieux du dénouement, *au contraire*. Je le plains parce que je sens par moi-même combien il devait tenir à éditer ce livre des livres, le profit mis à part. Enfin on ne peut contenter tout le monde et Hetzel et tu as bien fait de finir cette affaire d'une façon qui te satisfasse [48].

Hugo devant remettre à Lacroix la première partie en décembre, la copie urgeait. Juliette devait admettre que sa vue baissait, d'où un dilemme : fallait-il avouer sa faiblesse, au risque de perdre son travail, ou la dissimuler, ce qui retarderait d'autant le moment d'acquérir des lunettes mieux adaptées ? Résolue un temps à céder ce privilège à d'autres, elle obtint que Hugo se contentât de lui adjoindre deux autres copistes (outre l'aide occasionnelle de François-Victor) : Victoire Étasse fut engagée le 5 octobre, et après le départ de la petite Bénézit qui avait sans grand rendement apporté son concours pendant quelques séances, Hugo appela sa belle-sœur Julie Chenay en renfort. Le temps qu'elle prenne ses dispositions et arrive de France, elle intégra l'équipe le 14 novembre 1861.

De Victoire Étasse, paysanne abandonnée par son mari avec trois enfants à nourrir, on sait peu de choses ; Juliette essaya d'abord, en vain, de s'en débarrasser en faisant craindre à Hugo qu'elle ne fût un mouchard ; constatant sa lenteur, il cessa rapidement de lui confier la copie des *Misérables*, l'orientant vers celle des *Chansons des rues et des bois*. Le recrutement de sa belle-sœur Julie Chenay laissa Juliette interloquée : comment pourrait-elle s'entendre avec la cadette de Mme Hugo ? Elle allait pourtant apprendre à la connaître, et à l'apprécier.

Deux ans avant la naissance de Léopoldine, Adèle avait eu une petite sœur. Élevée à la Maison de la Légion d'honneur, Julie y était devenue éducatrice, avant d'épouser sur le tard le premier venu, Paul Chenay, graveur talentueux mais ivrogne et fanfaron. Elle était malheureuse. Jeune mariée, elle s'était déjà réfugiée à Guernesey en 1860, et s'y trouvant bien, finirait par prendre le relais de Mme Hugo (souvent absente) pour l'intendance de Hauteville House. « Avec la bonne grâce d'une ourse qu'on force à danser une polka avec accompagnement de trique [49] »,

Juliette accepta sa nouvelle associée de seize ans sa cadette, dont elle commença par critiquer le peu d'expérience, avant de sympathiser : constatant que Julie, dont elle partageait la sainte patronne, était de très bonne composition, Juliette ne tarda pas à voir en elle une charmante compagne de travail.

Hugo conservant son manuscrit original, le livre serait composé à partir de la copie réalisée par Juliette et Julie. Lacroix s'excusa auprès de l'auteur des fautes relevées sur les épreuves en renvoyant à la copie reçue : « La ponctuation est parfois omise dans le manuscrit, ou même douteuse ; de là les erreurs, malgré un soin extrême apporté à la lecture des épreuves [50]. » Ce défaut était d'autant plus gênant pour Hugo que sa ponctuation différait sensiblement des normes grammaticales en usage, et qu'il avait déjà bien du mal à l'imposer aux typographes prompts à la correction intempestive. Il lui importait donc que la copie fût d'emblée impeccable. Avertie du problème dès la première livraison, Juliette promit de faire de son mieux :

> Je suis impatiente de savoir comment tu trouveras notre besogne actuelle à Mme Chenay et à moi. Je suis si étonnée et si contristée de la non réussite de la première fois que je suis assez tourmentée pour le succès de la seconde fois. Cependant j'ai la conscience que je m'applique à n'avoir aucune distraction et à ne rien laisser passer mais cela ne suffit pas pour me rassurer et je ne serai vraiment tranquille que lorsque tu auras donné toi-même ton *SATISFECIT.* En attendant je suis assez mal dans mes : point et virgule, et je souffre sans exclamation et je surveille la pauvre petite Mme Chenay sans pitié à la ligne et je t'aime au milieu de tout cela sans ponctuation [51].

Les feuillets de cette copie dont on dispose prouvent que son émotion l'emporte à la lecture, et lui fait faire des fautes : il lui arrive de substituer ses mots à ceux de Hugo.

Première lectrice

De l'automne 1861 au printemps 1862, Juliette redécouvrit le roman au fil des pages que l'auteur, travaillant comme un bagnard, lui livrait régulièrement. Outre copier, son rôle consistait à intercaler les nouveaux chapitres et à reporter les dernières modifications.

Ses émotions de première lectrice expriment de manière naïve et implicite une phénoménologie de la lecture bien accordée au roman, Juliette étant particulièrement sujette à la terreur et à la pitié cathartiques, à la projection politique et à la rêverie métaphysique. Quand elle découvre le passage ajouté par Hugo sur la cécité du bon monseigneur Myriel devenu vieux, « content d'être aveugle, sa sœur étant près de lui [52] », ses propres problèmes de vue et sa conscience d'être à charge favorisent l'identification :

> Je viens de lire et de copier la première page de la sublime intercalation de lumière que tu mets dans tes *Misérables*. À propos d'aveugle il y a de quoi faire désirer la cécité, pour qui a une fille, une sœur, une femme dévouée heureuse de se consacrer à son infirmité. Mais pour qui n'a pas ces yeux de rechange, qui est seul au monde et qui sent qu'il ne peut être qu'un fardeau, une gêne et un ennui, être aveugle c'est être mort sans avoir la paix du tombeau. Quant à moi, mon pauvre adoré, qui ne consens à vivre que pour t'aimer et te servir je demande à Dieu de me retirer de ce monde le jour où je ne pourrai plus être bonne à rien. En attendant j'y vois encore assez, Dieu merci, pour être éblouie de ce que je viens de lire et pour me trouver bien heureuse de faire courir mes pattes de mouche derrière ta pensée ailée. L'épreuve m'est bonne et je n'ai jamais senti mes yeux plus sains et plus voyants aussi, mon adoré, ce n'est pas une page qu'il faut me donner à copier, c'est tout ce que tu pourras me donner [53].

Les développements sur le socialisme lui inspirent la fierté de comprendre la portée politique de l'œuvre, quoi qu'il en dise :

> Je ronronne délicieusement dans la partie originale de votre livre que je ne connais pas et que vous avez la fatuité de croire inintelligible pour votre servante […] mais mon esprit, oui, mon esprit est entré tout de go dans votre monument philosophique. Attrapé ! cela vous apprendra à allumer votre vessie dans la lanterne sourde du socialisme [54].

Même satisfaction pour le chapitre sur l'argot, ajouté, dont elle se félicite de comprendre « toute la portée morale [55] ».

Sa félicité est à son comble lorsqu'elle a la primeur du texte lu directement par son auteur, à elle seule ou en petite société. De ces soirées privilégiées, elle consigne le souvenir émerveillé le matin au réveil, comme après qu'elle a entendu Hugo lire le récit de la mort du conventionnel G. :

> Quelle merveille de grandeur et de sublimité que cette mort du conventionnel et quel bonheur de l'entendre lire par toi, il semblait que les paroles sortaient lumineuses de ta bouche […] je te remercie en mon nom et au nom de l'humanité tout entière pour laquelle ce livre sera un soleil moral [56].

Elle partage avec les météores son admiration pour le chapitre consacré à Waterloo, entendu la veille au soir :

> On dirait que toute l'électricité sublime de ton style s'est répandue dans l'atmosphère au fur et à mesure que tu lisais ce foudroyant livre : Waterloo !

car ce matin avant six heures le tonnerre éclatait à grand bruit et les éclairs s'appelaient d'un bout à l'autre de l'horizon comme si la bataille voulait recommencer au ciel. Ô mon cher bien-aimé, que c'est beau, que c'est grand, que c'est divinement impartial cette histoire de Waterloo ! Et comme le dit très bien Kesler, celui qui a gagné la bataille ce n'est ni Napoléon, ni Blücher, ni Wellington, ni Cambronne, c'est toi ! La France qui perd ce jour-là Napoléon gagne Victor Hugo [57].

Le roman paraissant en cinq parties et trois livraisons, les phases de la révision du texte, de l'envoi du manuscrit à l'éditeur, de la correction des épreuves et de la publication se chevauchaient. Quatre mois s'écoulèrent ainsi entre la remise de la première partie, le 5 décembre 1861, à Lacroix revenu spécialement la chercher en mains propres, et sa parution à Bruxelles le 30 mars 1862, puis à Paris le 3 avril. Entre-temps, les deuxième et troisième parties avaient été envoyées en fabrication, et Hugo dut mener de front la correction des épreuves de ce qui précédait avec la révision de ce qui suivait. Juliette et Julie, copistes athlètes, à leur tour, du manuscrit colosse, le collationnèrent, c'est-à-dire vérifièrent la conformité de la copie au manuscrit. Cette tâche accomplie, le soulagement ressenti par Juliette se teintait de nostalgie anticipée :

C'est demain que nous finissons la collation de ce cher et adoré manuscrit. Je ne saurais dire si le regret que je ressens de me séparer de toutes ces splendeurs qui ont été si longtemps presque à moi seule, l'emporte sur la joie de te savoir bientôt hors de ce labeur surhumain [58].

Le dernier bon à tirer, deux semaines avant la publication simultanée, à Bruxelles et à Paris, des quatrième et cinquième parties, fut signé le 14 juin 1862, « jour pour jour un an après l'achèvement du livre [59] ».

Depuis la sortie de la première partie, le succès public était colossal : on disait que les typographes avaient pleuré en composant ; les ouvriers se cotisaient, chacun pour un franc, par équipes de douze, tirant au sort celui qui garderait l'ouvrage. Il fut traduit en neuf langues ; le premier tirage ayant été très vite écoulé, il en fallait d'autres, et les contrefaçons se multipliaient ; à Paris, en province, et jusqu'en Amérique, les librairies étaient prises d'assaut. Les produits dérivés suivirent : figurines et gravures des personnages se vendaient comme des petits pains.

Le monde littéraire, lui, faisait la fine bouche, et, dans sa grande majorité, amis et ennemis confondus, critiquait pour des raisons opposées : Lamartine jugea le livre dangereux ; George Sand le trouva trop chrétien ; cet aspect religieux de l'œuvre effara aussi Michelet, et déplut aux républicains ; Sainte-Beuve garda le silence prudent qu'il observait depuis bien longtemps ; Gautier passa son tour ; Baudelaire, après avoir écrit un article louangeur sur la première livraison, s'agaça du battage médiatique qui accompagnait les suivantes et de leur portée progressiste, et ne poursuivit pas son compte rendu, envoyant à sa mère les volumes avec ce commentaire : « ce livre est immonde et inepte[60] ». Mérimée stigmatisa dans Hugo « le premier démagogue de France » et dans son public plébéien une « espèce humaine au-dessous du gorille »[61] ; Flaubert, qui publiait *Salammbô* en même temps, enragea de cette concurrence, trouva le livre pontifiant et bavard, confiant à une amie : « Ce livre est fait pour la crapule catholico-socialiste, pour toute la vermine philosophico-évangélique » ; il restreignait cependant ce jugement à la seule sphère privée, ajoutant que « tout ce qui touche une plume doit avoir trop de reconnaissance à Hugo pour se permettre une critique »[62]. Chez les catholiques, à côté de Veuillot, ému par l'évêque en saint homme, Barbey d'Aurevilly décrétait que *Les Misérables* étaient « une mauvaise action[63] » et préférait *Les Mystères de Paris.*

À l'affût des recensions dont elle faisait la revue, Juliette se rongeait les sangs et s'étranglait à la moindre réserve. Elle se réjouit en revanche de la lettre réparatrice que Victor reçut de son fils Charles après la publication du premier volume. Quant aux nombreux témoignages d'admirateurs, elle se désolait de voir Hugo s'épuiser à y répondre – au rythme de cent cinquante lettres par semaine[64] –, au lieu de goûter un repos mérité.

« Le banquet de l'homme Dieu »

On fêta l'achèvement de la publication en invitant à Hauteville House Edmond Bacot, photographe caennais que François-Victor, sa mère et Chenay avaient ramené le 28 juin d'une escapade à Jersey. Avec son appareil stéréoscopique, il prit cinquante-sept clichés en quinze jours des proches et de la maison, dont deux de Juliette. Résultat : deux photos qui lui déplurent et qu'elle jugea « trop et pas assez ressemblantes[65] ».

Le moral lui revint à la perspective de leurs vacances annuelles. Comme toujours superstitieuse « avant de courir les hasards du voyage », elle lui écrivit au matin du départ une lettre remise en mains propres : « Je veux que tu aies sur toi cet adieu de mon amour à tout événement. »[66] Deux jours plus tard, après un détour par Londres, son Crystal Palace et ses attractions, ils étaient à Bruxelles, où Hugo découvrit l'acte I de la pièce que Charles avait tirée des *Misérables* : elle était attendue par Chilly, le directeur de l'Odéon. Espoir déçu. Parti en compagnie de Juliette, Charles et Meurice pour un voyage en Belgique, au Luxembourg et en

Allemagne, le long de la Meuse, de la Moselle, puis du Rhin, Hugo apprit quinze jours plus tard que le drame avait été interdit par la censure impériale. Ils en avaient vu d'autres, et créeraient la pièce à Bruxelles quelques mois plus tard. Les deux compères ayant repris le chemin de Paris (ce qui n'empêcha pas Charles de fausser compagnie à son camarade pour satisfaire son démon du jeu à Spa), Hugo et Juliette poursuivirent seuls, et revinrent à Bruxelles deux jours avant le banquet publicitaire que Lacroix et son associé Verboeckhoven y organisaient pour fêter *Les Misérables*.

Le 16 septembre 1862, quatre-vingts invités, photographiés dans l'après-midi par Louis Ghémar, étaient réunis autour de l'auteur : des notables belges, dont le bourgmestre de Bruxelles, assis à sa droite, et le président de la Chambre des représentants, à sa gauche[67] ; des écrivains tels Hector Malot, Banville, Champfleury ; des journalistes en très grand nombre ; et des amis, dont l'exilé Louis Blanc, le Dr Laussedat et l'architecte Charles Robelin ; Pagnerre, l'éditeur parisien des *Misérables* ; et bien sûr les fils Hugo. Une dizaine de toasts se succédèrent. L'auteur, prenant deux fois la parole, remercia la ville de Bruxelles qui l'avait accueilli en décembre 1851, proclama le droit des femmes à l'égalité et des enfants à l'éducation, et célébra la liberté de la presse. Celle-ci se fit l'écho de l'événement, souvent en première page, sauf les journaux catholiques qui le reléguèrent dans les faits divers ou en dénoncèrent le mercantilisme.

Mme Hugo n'était pas de la fête. Officiellement invitée par son futur éditeur (Lacroix devait publier son *Victor Hugo raconté par un témoin de sa vie* en chantier depuis 1854), elle était restée à Guernesey en se disant souffrante. Son mari lui en transmit les échos dans une lettre où il s'émeut que certains invités aient « fait huit cents lieues (aller et retour) pour passer une heure avec lui » et où il s'émerveille de l'ambiance : « cordialité, gaîté, bravoure chez nos Français, joie profonde[68] ». Juliette, elle, y était. Non pas officiellement, bien sûr, mais personnellement invitée, seule femme dans cette galerie d'hommes. Non certes pas à la table, ni en pleine lumière, mais en coulisse, « cachée derrière une draperie[69] ». L'impression divine que lui firent les discours, elle la livrerait à son journal épistolaire, une fois revenue à Guernesey :

> Il y a aujourd'hui quinze jours que déjà commençaient à bourdonner autour de toi, à Bruxelles, toutes les abeilles de l'intelligence venues exprès t'apporter leur tribut d'admiration, ce doux miel de la gloire [...] jamais depuis Christ, on ne vit rien d'aussi grand, d'aussi auguste, d'aussi saint et d'aussi splendide que cette *CÈNE* sublime où le pain de l'âme et le pain du corps abondaient comme dans le banquet de l'homme Dieu. Et dire que j'ai vu toutes ces choses ! que j'ai entendu toutes ces harmonies ! que je me suis pénétrée de

> tous ces parfums de l'esprit et du génie et que je n'en ai pas été frappée de cécité et de mutisme pour le reste de mes jours comme une infime mortelle que je suis, voilà le miracle du miracle[70] !

Libre à chacun de s'offusquer d'un culte aussi idolâtre et d'une oblation à ce point sacrificielle. Cette discrétion, loin de l'humilier, lui convenait. Ce roman, elle qui l'avait en partie inspiré, en avait transporté le manuscrit, avait seule veillé sur son auteur pendant le dernier mois de sa conception, l'avait copié, collationné et corrigé, l'avait lu et entendu la première et en avait réuni la revue de presse, elle assistait maintenant à son apothéose. Ni éditeur, ni politicien, ni journaliste, Juliette, simple femme, que Hugo avait tenu, dans cette assemblée d'hommes, à savoir près de lui, ne revendiquait d'autre place dans le tableau de la Cène que celle du peintre, nimbant de sa main invisible la tête de son héros glorieux.

XVIII

Cinq mariages et un enterrement (1862-1866)

« L'amour est un ardent oubli du reste. »
Les Misérables, IV, VIII, 2

On rentra à Guernesey *via* Londres [1], où l'on passa deux bons jours en compagnie de François-Victor et de sa fiancée Emily, chaperonnée par sa mère et sa sœur. Au Crystal Palace, on s'émerveilla devant les évolutions de deux grands acrobates, un funambule et un trapéziste, et l'on visita l'Exposition internationale. Le 26 septembre 1862, après six heures de train, une nuit à Weymouth et sept heures de bateau, Victor et Juliette furent accueillis à Saint-Pierre-Port par Marquand et Suzanne.

Juliette supplia Hugo de lui redonner de la copie. Copier, oui, mais copier quoi ? Hugo avait en tête une nouvelle série de *La Légende des siècles*, dont certains poèmes avaient été composés en même temps que la première ; le recueil lyrique plus léger des *Chansons des rues et des bois* était en partie prêt ; il songeait à un roman maritime, se lança dans des recherches pour un autre qui devait se passer pendant la Révolution française ; et il n'avait pas renoncé au théâtre. Mais dans ce fourmillement de projets, un autre trajet se dessinait pour les deux années à venir : l'autobiographie par personne interposée.

Témoins et passants

Outre les emprunts au passé de Juliette, les éléments de sa propre vie foisonnaient dans *Les Misérables* : Marius était un autoportrait ; de l'auteur, il avait la ressemblance physique, la double ascendance, bonapartiste côté paternel (le colonel Pontmercy), monarchiste et voltairienne côté maternel (le grand-père Gillenormand), et l'évolution politique. En revanche Hugo était rétif à l'autobiographie, à une époque où Dumas, Gautier, Sand ou Berlioz venaient de faire paraître leurs souvenirs de jeunesse. *Les Contemplations*, en 1856, étaient certes présentées comme les « Mémoires d'une âme », mais leur lyrisme demandait à tout un chacun de s'approprier le « je » du poète. Les prochaines œuvres à paraître sous sa plume et dans son entourage creuseraient la veine personnelle dans le sens du récit de soi par l'autre, ou de l'autre par soi, et de la collaboration, puisqu'il s'agissait d'aider sa femme et son fils : Hugo avait accepté de prêter son concours à Adèle pour une biographie de lui-même, et de préfacer les *Œuvres complètes* de Shakespeare dont la traduction par François-Victor touchait à sa fin. Dans *Victor Hugo raconté par un témoin de sa vie*, qui paraîtrait au printemps 1863, Adèle, anonyme, retrace le parcours de son mari, son enfance surtout, sa carrière littéraire et son ascension jusqu'aux portes de l'Académie française. Quant à *William Shakespeare*, qui verrait le jour en 1864, il devait s'agir d'une introduction au dernier tome des traductions de François-Victor, mais le texte allait prendre les proportions d'un essai à part entière : indifférent au peu que l'on sait de la vie de Shakespeare, Hugo commente son œuvre, et le met en perspective avec les grands génies de l'art, de la littérature et de la civilisation ; le témoignage personnel y affleure dans l'éloge de son style rugueux, dans l'identification au génie persécuté par la critique, dans l'hommage à l'Angleterre comme terre d'accueil de l'exilé. Ainsi se constituait, avec les trois œuvres publiées en 1862, 1863 et 1864 par le clan Hugo, ce qu'Anne Ubersfeld et Guy Rosa ont appelé une « trilogie autobiographique [2] », que compléterait un ouvrage composé par l'autre fils : dans *Chez Victor Hugo par un passant*, paru en 1864, Charles raconte, anonymement toujours, la vie en exil à Hauteville House.

Le « témoin » et le « passant » étaient aisément reconnaissables, avaient un contrat d'édition et touchaient des droits d'auteur. Tel n'était pas le cas de l'Anglaise qui léguera à la postérité son propre témoignage sur la vie de Hugo à Guernesey : son manuscrit, déposé dans une malle, sera découvert au XXIe siècle dans le grenier de sa maison familiale. Celle que Juliette appelle « la belle, la spirituelle, l'élégante, la séduisante, la délirante Tennant [3] » avait débarqué d'Angleterre fin août 1862, peu après le départ en vacances de Victor et Juliette. Elle avait connu les Hugo pendant sa jeunesse parisienne, ayant été reçue une fois dans leur salon de la place Royale grâce à une camarade de classe qui était leur cousine. Aujourd'hui âgée de quarante-deux ans, mariée à un homme d'affaires et politicien libéral, mère de quatre enfants, elle avait élu villégiature à Guernesey dans un appartement de Old Government House, où elle séjournerait en famille jusqu'à début novembre. Kesler, son professeur de conversation, lui avait fait l'éloge de l'auteur des *Misérables* et l'avait introduite à Hauteville House. La maison parut à Mrs Tennant aussi extravagante que le jardin était triste et mal entretenu. Elle trouva Mme Hugo mélancolique, perdue dans ses pensées, hautaine, méprisante pour le pauvre Kesler, fière d'être française, tirée à quatre épingles, du dernier chic ; elle essaya en vain de convaincre la fille d'apprendre l'anglais, puisqu'elle en avait envie, l'écouta jouer maladroitement sur son piano désaccordé, décela les premiers symptômes de sa folie, et constata la crainte que lui inspirait son père ; elle rencontra les amis avec qui il discutait politique, histoire, géographie, littérature, gastronomie, éducation des enfants, et l'entendit développer toutes sortes de théories, dont celle qui interdit de réveiller un dormeur, pour ne pas le surprendre au moment où le rêve détache son âme de son corps.

Juliette, qui ironisait sur le plaisir que Victor pouvait prendre à la « science » du mari Tennant et aux « beaux yeux »[4] de sa femme, brocardait ses « flirtations » avec cette « doublement perfide Albionne »[5], sans savoir qu'inversement, dans les souvenirs que, devenue vieille, Gertrude Tennant laisserait à ses petits-enfants, on lirait ce portrait d'elle en majesté :

> Mme Drouet était une personne très sensée, d'un calme et d'une patience remarquables. Elle parlait et se comportait avec solennité – elle tenait cela de Victor Hugo –, et s'exprimait lentement comme si elle attachait de l'importance à ce qu'elle disait. Victor Hugo faisait assurément grand cas de son jugement littéraire. Quelque chose en elle m'évoquait Mme de Maintenon : sa robe noire et ses cheveux blancs, sa manière de se tenir droite. En vérité, quelles qu'aient été ses erreurs passées, et malgré sa position équivoque, personne n'aurait jamais osé lui manquer de respect[6].

Relayées par Gertrude Tennant, les confidences de Kesler sur la vie de Juliette révèlent son effort continuel pour préserver sa dignité, et l'ostracisme que les grandes familles de Guernesey faisaient peser sur Hugo en raison de son double foyer. Pourtant, le succès mondial des *Misérables* était en train de faire évoluer la situation, et – Gertrude avait pu le constater par elle-même – Hugo était désormais introduit dans la bonne société insulaire. Les Hugo et les Tennant avaient ainsi été invités par le Dr Corbin à un grand dîner, en compagnie, notamment, du seigneur de Sercq et du juge et lieutenant-bailli Tupper, futur agent consulaire de France[7]. Hugo rendit l'invitation, et fut ensuite reçu par les Tupper. Juliette n'était jamais de ces festivités-là.

La simple force d'être

Sa petite compagnie lui suffisait, qu'elle réunissait désormais le mardi et le samedi, et dont les piliers étaient les deux « *professors of French* » Kesler et Marquand, le premier exalté, le second raisonnable, toujours prompts à s'affronter sur tous les sujets. Elle n'avait que faire des *Fourties* et des *Sixties*, les quarante et soixante plus grandes familles de l'île qui formaient un club très fermé. La meilleure société pour elle, c'était la présence quotidienne de Victor, depuis trois décennies maintenant. Cet anniversaire-là fut fêté dignement. Ils ne se privèrent pas de célébrer 1833 en 1863, dès la lettre d'étrennes écrite par Victor :

> Ainsi voilà que nous allons avoir trente ans. Je dis *nous*, car c'est bien véritablement du jour de cet immense amour que nous sommes nés et que nous vivons. Ma bien-aimée, ma douce âme, sois bénie ! Que Dieu me pardonne mes fautes, et nous unisse à jamais ! Qu'il fasse des années qui nous restent un seul chiffre, et qu'il nous le partage par moitié, de sorte que nous ayons ensemble notre dernier souffle sur la terre et notre premier regard dans le ciel. Mourir et revivre à la même heure ! Tel est mon vœu [8].

Ce vœu ne les quitterait plus. Peu importait, comme il le lui écrivit pour leur anniversaire, le temps que ça durerait, pourvu que Dieu les « laisse » ou les « reprenne » ensemble [9]. Quant à elle, indifférente à la remarque maladroite de Kesler qui avait cru intelligent d'évoquer les « bonnes fortunes conjugales [10] » de Victor parti en promenade avec sa femme – quoi de plus normal, lui avait-elle répondu –, elle célébra leur anniversaire en se remémorant les « volées de baisers » qu'elle lui envoyait de sa fenêtre, lorsque sortant de chez elle, au petit matin du 17 février 1833, il s'était retourné avant de passer la rue du Temple [11]. En plein hiver, trente ans plus tard, une rose fleurissait au jardin de Hauteville House. Victor la lui offrit [12].

Ce qui chagrinait le plus Juliette, c'est qu'elle se sentait de moins en moins utile. Devenue inapte à la copie, elle se consolait en accueillant Julie Chenay qui certains soirs venait travailler chez elle avec Hugo [13]. Il y avait cette maudite goutte aussi, qui la privait parfois de promenades. Pour compenser ses faiblesses, elle songea d'abord à faire venir une cousine de Rouen, qui déclina l'offre [14]. C'était ennuyeux, car Suzanne se fatiguait, et montrait moins d'ardeur à l'ouvrage, étant tombée non seulement dans la boisson, mais aussi, sous l'influence de la cuisinière des Hugo, dans la bigoterie, qui empiétait sur son service [15]. Il faudrait un jour la remplacer, et en attendant, trouver quelqu'un pour la seconder. C'était d'autant plus nécessaire que

Hugo voulait faire déménager Juliette dans un logis plus sain (La Fallue était très humide), plus commode, c'est-à-dire de plain-pied et non plus en étage, mais aussi plus difficile à entretenir, car plus grand, donc. Juliette chargea alors sa sœur de lui trouver en Bretagne une femme de chambre réunissant sept « conditions essentielles » :

> 1°) probité à toute épreuve
>
> 2°) sobriété, l'intempérance étant ici le péché mignon de toutes les servantes
>
> 3°) propreté minutieuse jusqu'à la manie
>
> 4°) savoir coudre le linge neuf et raccommoder le vieux linge, et exceller dans les reprises
>
> 5°) être d'un âge (sans être trop vieille pourtant) et d'une figure à n'avoir pas, ou n'avoir plus d'amoureux
>
> 6°) être d'une bonne santé et d'un caractère doux et facile à vivre, ma personne étant donnée et mes habitudes aussi
>
> 7°) enfin, gages raisonnables pouvant s'accorder avec le chiffre de mon budget annuel.
>
> Si tu peux trouver tout cela réuni dans une seule Bretonne, je te proclame d'avance digne de résoudre le problème de la quadrature du cercle et de la direction des ballons [16].

Il fallait aussi que cette perle rare ne fût pas confite en dévotion. Moyennant quoi Juliette était prête à monter son salaire jusqu'à 360 francs par an, autant qu'une ouvrière, mais nourrie et logée. Renée trouva vite quelqu'un qui semblait correspondre ; il n'y avait pas urgence à la faire venir, car on devait attendre l'emménagement dans le nouveau logis. C'était la maison Domaille, au 20 Hauteville, que les Hugo avaient occupée à leur arrivée à Guernesey, plus belle que La Fallue, et située plus près encore de chez Victor, dans la même rue, neuf maisons plus bas. Il en avait signé le bail le 18 mai, mais Juliette n'investirait les lieux qu'une fois les travaux effectués, ce qui repoussait à plusieurs mois, après le voyage d'été.

À l'idée de quitter La Fallue, d'où elle voyait Hugo en son jardin et à sa fenêtre, Juliette fut d'abord infiniment triste ; non seulement elle serait dépossédée de ce privilège, mais en plus quelque inconnue pourrait en jouir à sa place [17]. Plus question de gestuelles télégraphiques entre leurs balcons, pour se donner des nouvelles de leurs sommeils respectifs, et autres pantomimes complices. Aussi freina-t-elle des quatre fers avant de se résoudre à la décision qu'il avait prise à sa place : un mois après la première visite, et des discussions serrées avec le propriétaire à qui il espérait pouvoir un jour racheter sa maison, il signait un bail de location pour neuf ans, pour un loyer annuel de 768 francs. Qu'elle se rassure : il viendrait la voir plus souvent dans ce lieu plus hospitalier, d'où l'on avait une vue grandiose sur la mer, et qui, étant de plain-pied, serait plus confortable que son actuel « perchoir » à perroquet. Il suffisait, d'ailleurs, de se souvenir que Hugo avait lui-même vécu un an dans cette maison pour se laisser tenter. Quand elle vit la belle décoration qu'il lui préparait pour « ce quasi petit palais [18] », « un véritable poème chinois [19] » (avec ses paravents, ses volets, ses tentures, ses porcelaines, ses meubles sculptés, et ses saynètes florales ou drolatiques peintes sur bois) *(voir cahier hors texte)*, elle s'enthousiasma, et promit de tout restituer, en héritage, aux enfants Hugo : elle n'aurait pour rien au monde voulu les spolier des investissements que leur père consentait pour elle.

Comme elle avait reçu la table et l'encrier des *Petites Épopées*, elle se vit offrir, pour la Sainte-Julie, le sac noir qui avait transporté le manuscrit des *Misérables* en 1861. Le cadeau était accompagné de la rituelle adresse à Dieu, prié de les faire « traverser ensemble le passage obscur de ce monde à l'autre, qui est meilleur [20] ». Heureusement, on n'en était pas encore là.

On en était plutôt à fêter la publication de *Victor Hugo raconté par un témoin de sa vie*, trois semaines plus tard. Il ne s'agissait pas vraiment d'une biographie, et encore moins d'une autobiographie, mais de souvenirs littéraires, selon un genre en vogue. Hugo avait laissé à Charles le soin de relire et lisser le style et à Vacquerie celui de revoir la fin ; le résultat de cette écriture par les deux jeunes hommes était moins vivant et moins personnel que l'original découvert un siècle plus tard [21]. Juliette n'était pas jalouse de ce témoin patenté par le mariage, dont la légitimité à parler de l'époux poète ne pouvait pourtant que lui rappeler l'obscurité de sa propre position. Du reste, elle n'était pas mentionnée du tout, pas même pour ses interprétations de la princesse Negroni dans *Lucrèce Borgia* et de Jane dans *Marie Tudor*, alors que l'ouvrage fourmillait d'anecdotes sur les coulisses du théâtre. Si elle en prit ombrage, elle n'en dit rien, et accepta de bonne grâce le volume qu'Adèle lui offrit à son retour début juillet, avec cette dédicace :

> À Madame Drouet
>
> Écrit dans l'exil
> Donné par l'exil
>
> Adèle Victor Hugo – Hauteville House, 1863

Juliette trouva le récit « vif, charmant, robuste, bien portant et riant comme la jeunesse qu'il rappelle ». Comme on ne pouvait guère en dire plus sans entrer dans des zones à risque, elle trouva les mots pour justifier ses scrupules, sa reconnaissance et la préservation de son jardin secret : « Je n'ose pas pousser plus loin les confidences de mes impressions dans la crainte de mal dire, mais je peux dire que j'aime beaucoup le livre par tout ce que j'en connais et le gracieux procédé de l'auteur envers moi ne diminue pas cette sympathie pour tout le reste. »[22]

Désormais, dans la famille Hugo, tout le monde, ou presque, publiait, sauf la fille, naufragée de l'exil. Jusqu'alors, elle avait pu, parfois, compter sur sa mère pour la sortir de cet isolement mortifère, mais cette fois, Mme Hugo était partie depuis deux mois à Paris avec Charles pour suivre les dernières étapes de la relecture et de la fabrication, et corriger les épreuves avec l'aide de Vacquerie. Adèle annonça son intention de la rejoindre. En réalité, elle s'enfuit pour l'Angleterre deux jours après la publication du livre. À l'arrivée, elle écrivit à son père qu'elle avait répondu à l'invitation d'une amie, et n'avait menti sur sa destination que pour éviter les chamailleries. Hugo ne fut pas dupe, et comprit rapidement qu'après avoir éconduit tous les prétendants dont il venait de dresser la liste dans son carnet[23] – le dernier en date était un poète sicilien –, elle partait sur les traces du lieutenant Pinson, pour qui elle nourrissait un amour insensé, et qu'elle entendait forcer à l'épouser. La pauvre enfant, dans sa course folle, écrivit les semaines suivantes qu'elle partait pour Malte, puis qu'elle était à New York, ensuite à Halifax. On lui envoya l'argent et le consentement au mariage qu'elle réclamait[24]. Juliette était impuissante à consoler le père éprouvé. Il ne savait ni quand il reverrait sa fille, ni quel crédit accorder à ses allégations, ni s'il devait ou non se sentir coupable, et de quoi.

Ce souci fit oublier le cambriolage de Hauteville House, où l'on déroba 100 francs d'argent liquide, les bijoux des deux femmes et les décorations de leur père et mari. Il s'était produit le 27 juin, juste avant le début des travaux dans la maison Domaille. Tandis que Juliette et Suzanne se lançaient dans de grands nettoyages, battaient les tentures pour dissiper la poussière, et qu'on transférait les premiers meubles[25], Hugo suivait les opérations, recevait un ancien ministre qu'il emmena dîner chez Juliette[26], puis son jeune admirateur le poète Adolphe Pelleport[27], déjà venu à La Fallue au printemps, qui abreuva Juliette de poèmes dédicatoires. Le « jeune toutou Pelleport[28] », comme elle l'appelait, suivait son maître à la trace, au point de prendre avec lui son premier bain quotidien de l'été, le 30 juillet. Toutes ces distractions n'empêchaient pas le père de penser à sa fille envolée, et de repousser la date de son départ en vacances dans l'espoir de recevoir de ses nouvelles.

Victor et Juliette ne partirent que le 15 août. Ils renouaient, pour le troisième été consécutif, avec leurs habitudes anciennes. Pendant les neuf premières années de leur retraite sur les îles anglo-normandes, ils n'avaient pas remis les pieds sur le continent. C'est à l'époque des *Misérables* qu'en 1861 et 1862 Hugo avait retrouvé la Belgique, pour y achever le roman d'abord, le fêter publiquement ensuite. Ils y passeraient désormais tous leurs étés, faisant de Bruxelles le camp de base de leurs vacances itinérantes dans les pays du Nord.

Hugo avait déposé la malle aux manuscrits dans la chambre de François-Victor, abrité *Dieu* et *La Fin de Satan* dans une petite caisse installée chez Juliette, et remis à Suzanne, cacheté, le dossier de son « Shakespeare ». Laissant derrière lui François-Victor, toujours studieux, et Julie Chenay, gardienne d'un foyer qui n'était précisément pas le sien, Victor embarqua le 15 août pour Weymouth avec, chose inouïe, Adèle et Juliette (qui sans doute se tenait en retrait) dans le même bateau. On resta deux jours à Londres, avant de repartir pour Ostende. Mme Hugo, après une nuit de repos à Bruxelles, était partie pour Paris ; Juliette eut brièvement Victor pour elle toute seule, le temps de retrouver à Namur Charles et son ami journaliste Alfred Busquet, cousin de Vacquerie et comme lui prétendant éconduit de Mlle Hugo.

La première partie du voyage les mena tous au Luxembourg, puis en Allemagne, où Victor et Juliette refirent en une semaine, le long du Rhin, l'itinéraire de Kapellen à Heidelberg qu'ils avaient sillonné pendant un mois en 1840. Dans maints endroits, Victor retrouvait le paysage « anglaisé et gâté[29] » par les restaurations. Juliette aussi, qui écrivit à son Allemand de beau-frère, depuis Heidelberg, que mis à part le vieux château et la maison du chevalier, la ville était, depuis vingt-trois ans qu'elle l'avait vue pour la première fois, « anglaisée d'une façon déplorable ». Et d'ajouter, pour sa sœur : « Je patauge en pleine Allemagne, dialoguant des pieds, des mains, de tout, excepté de la langue, avec les habitants bizarres de ces contrées déjà beaucoup trop civilisées. Heureusement, on n'a besoin d'aucun charabia pour comprendre toutes les belles choses de ce bon pays. »[30] Busquet reparti pour Paris, on retrouva bientôt, à Bade, l'éditeur Hetzel, sa femme et son fils, avec qui l'on poursuivit le voyage, en attendant l'arrivée d'Alphonse Lecanu, autre ami de Charles qui les rejoignit à son tour pour la visite du Palatinat. Après avoir longé la Sarre, les voyageurs revinrent à Trèves quitté un mois plus tôt. À l'Hôtel de la Maison-Rouge, Victor souligna le 23 septembre dans son carnet de voyage cette heure bénie, « onze heures du soir », du trait double et de l'encadré réservés à « J.J. ».

Juliette avait adoré le séjour en Allemagne. À son neveu germaniste, étudiant à Iéna, elle raconta combien cette nation s'était montrée accueillante et enthousiaste pour son célèbre compagnon de voyage, ovationné partout où on le reconnaissait[31].

On revint au Luxembourg *via* Echternach, et l'on resta deux jours à Vianden, où Hugo se sentait bien, avant de traverser les Ardennes belges pour rentrer à Bruxelles. Cette fois il n'était pas question de s'y attarder, un éditeur ayant annoncé son arrivée à Guernesey pour la semaine suivante. Embarqués à Ostende le 4 octobre pour Londres, Juliette et Victor y retrouvèrent François-Victor, toujours accompagné des trois dames de Putron, Emily, sa mère et sa sœur. Au Royal Hotel, où il séjournait, son père lui avait demandé de réserver pour Juliette deux chambres simples non mitoyennes, décence oblige. Avant de passer à table tous ensemble, il annonça à son père en privé la nouvelle tant attendue depuis le début de l'été : Adèle s'était mariée à son lieutenant. Elle l'avait écrit à sa mère, et à quelques personnes de sa connaissance.

Hugo en fit part à ses proches amis Kesler, Marquand et Guérin au dîner qu'organisa Juliette à La Fallue le soir de leur retour, le 7 octobre. Tout rentrait dans l'ordre : le lendemain, elle faisait ses comptes du voyage, se remettait du mal de mer de la veille, et se souvenait des « tendresses accumulées dans [s]on âme depuis bientôt deux mois après en avoir rempli les grands chemins et les auberges[32] » qu'ils avaient fréquentés ensemble. Victor, maquillant la surprise en chronologie vraisemblable, faisait publier le 9 octobre 1863 dans *Le Star* de Guernesey l'annonce des fiançailles de sa fille avec Albert Pinson, et, huit jours plus tard, celle du mariage. Mais les doutes l'assaillaient.

Plusieurs signes ne cadraient pas : certains propos incohérents dans les lettres d'Adèle, et, surtout, le silence de Pinson envers sa prétendue belle-famille. La pauvre enfant, qui n'écrivait jamais directement à son père, finit par avouer à François-Victor qu'elle n'était pas mariée, mais qu'elle cherchait, par tous les moyens, à contraindre Pinson. Celui-ci, harcelé, finit par écrire à François-Victor pour démentir tout engagement[33]. Que faire ? Intenter une action en justice ? Que les frères se battent en duel avec l'homme qui avait déshonoré leur sœur ? Mais y avait-il eu réelle offense ? On n'en savait rien, au juste. On décida donc de ne pas porter l'affaire sur la place publique, et de compter sur le temps et le sens de sa dignité pour ramener Adèle à la raison. C'était peine perdue : elle employa l'argent qu'on lui envoyait pour enrichir un magnétiseur qui se faisait fort de lui attirer le retour de flamme qu'elle espérait. Alertés par sa déchéance physique et morale, ses braves logeurs d'Halifax écrivirent à sa famille ; on décida de leur verser directement l'argent de son entretien, et d'attendre des jours meilleurs, mais on s'inquiétait[34].

Juliette fut préservée de ces affres, elle qui vivait près d'un homme qu'elle aimait follement (mais pas désespérément) et sans espoir de mariage (mais qui la considérait comme sa femme). Elle avait d'autres soucis, moindres : les travaux étaient retardés dans son futur logis par la lenteur du maître d'œuvre, Tom Gore, qu'il fallait surveiller de près. Hugo pensa mettre Mme Chenay en patrouille, mais Juliette préféra y dépêcher Suzanne[35]. Le moment n'était guère propice pour accueillir la femme de chambre que sa sœur lui avait trouvée. Après avoir écrit à ses « Bas-Bretons » que ça ne pressait guère, qu'elle n'avait toujours pas investi sa nouvelle demeure, qu'elle n'aurait pas beaucoup de temps à leur consacrer vu le désordre de ses deux maisons en travaux, que l'hiver s'annonçait rude, mais qu'ils pouvaient tout de même venir, Juliette vit arriver le 12 novembre Renée et la servante Émilie, qui lui fut immédiatement antipathique. Le lendemain, on se rendit à l'évidence : après deux explications menées par Victor, puis par Juliette, on remit sur le bateau la pauvre fille affligée. Suzanne, elle, n'était pas mécontente de garder ses prérogatives.

Renée fut consternée de coûter à sa sœur tant de tracas et de frais inutiles, sans compter la vexation infligée à sa payse. Elle pleura amèrement. Juliette la consola, prit la faute sur elle (ses exigences et son caractère ombrageux étaient seuls à blâmer), et la supplia de rester, chez son ancienne logeuse Miss Le Boutillier d'abord, à La Fallue ensuite, pour qu'au moins elles profitent un peu l'une de l'autre. Elle lui fit miroiter le pique-nique du 16 novembre avec François-Victor, Guérin et les Putron. Finalement Renée resta jusqu'à la fin de l'année, et s'en trouva bien : Victor était si accueillant avec elle que Juliette fit craindre à son beau-frère Louis Koch, plaisanterie bien comprise, l'allongement de son nom saxon par « la cinquième voyelle de l'alphabet[36] » ; aux dîners à La Fallue, Renée retrouva les amis, joua avec eux au nain jaune, profita des lectures à haute voix dont Hugo, qui s'était replongé dans *William Shakespeare*, régalait ses invités[37] ; elle lut avec délices le *Victor Hugo raconté par un témoin de sa vie* ; elle se vit offrir un exemplaire des *Misérables* ; en l'absence de Mme Hugo, restée sur le continent, Juliette demanda pour Renée la permission d'assister à un dîner des enfants pauvres[38]. Ils étaient désormais trente-sept à profiter tous les jeudis de cette charité dont Hugo faisait sa fierté, depuis l'inauguration de ce rituel l'année précédente, agrémenté, pour Noël, de vêtements, de souliers, d'oranges, de gâteaux, de joujoux et de poupées. Juliette, elle, ne s'y rendait toujours pas, par discrétion.

Elle aurait bien voulu garder sa sœur jusqu'à sa pendaison de crémaillère : le 20 Hauteville devenait, grâce à Hugo, « à la fois l'architecte et le dieu » de ce temple de leur amour, ce palais « plus fait pour une jeune fée que pour une pauvre vieille femme » comme elle, aussi beau que le château de Rastadt qu'ils avaient visité en septembre. « La margrave Sibylle elle-même[39] », qui l'avait fait construire et décorer à l'orientale, était dépassée par les chinoiseries de Toto. Jamais on n'avait vu « rien de si beau, d'aussi original et d'aussi poétique[40] ». Renée eut le temps d'admirer toutes ces splendeurs, mais fit bien de ne pas attendre la pendaison de crémaillère ; elle n'eut lieu que six mois plus tard ; on n'en finissait pas d'embellir le chef-d'œuvre de pierre et de bois, qu'un jour François-Victor baptiserait « Hauteville-Féerie[41] ». Renée finit par repartir entre Noël et le jour de l'an, avec son exemplaire personnel des *Misérables*, deux oreillers que Victor lui offrait, et le grand portrait photographique de sa sœur qu'ils exposeraient à Brest.

Juliette put de nouveau se dévouer entièrement à Victor, qui en avait bien besoin. Le jour de Noël, il avait à la fois noté dans son carnet l'appel de la mort, et, dans une lettre à Vacquerie, celui de l'inspiration : « Je travaille beaucoup. C'est à quoi l'exil est bon. Les jours sont courts, je me lève à l'aube. J'ai un cristal-room d'où je vois la mer. Ce tumulte se mêle à mon travail[42]. » Outre la mer, le vent et la lumière du *look-out*, l'énergie vitale lui venait de Juliette, à qui il écrivit, pour ses étrennes : « Ma destinée a des côtés très sombres, tu les éclaires de ton adorable rayonnement. Avec toi je puis tout, sans toi je ne me sentirais plus même la simple force d'être[43]. »

Juliette avait espéré s'installer au 20 Hauteville pour le 2 février 1864, anniversaire de *Lucrèce Borgia*, puis pour les jours bénis des 16 et 17 février ; son emménagement était toujours repoussé. Les artisans prenaient leur temps, et Victor n'était pas à court d'invention pour lui dénicher toujours plus de décoration (ramponneaux de faïence, appliques de Saxe[44]), et pour lui peindre de nouveaux panneaux. Enfin, il finissait son *William Shakespeare* ; Juliette, qui avait engagé une nouvelle femme de chambre, avait du temps et réclamait vainement un peu de copie. Entre Julie Chenay et Victoire Étasse[45], elle obtint au moins que la première continue à collationner chez elle[46]. Surtout, elle n'était pas pressée de quitter La Fallue : outre le nain jaune, on y jouait désormais au whist, auquel François-Victor les avait initiés[47], et l'on s'y retrouvait d'autant plus volontiers que Mme Hugo avait quitté l'île depuis près d'un an. Son ombre hantait si peu Hauteville House que Juliette s'autorisa enfin à assister le 24 mars 1864 à un banquet des enfants pauvres où elle distribua bonbons et gâteaux.

Victor ne venait pas en aide qu'aux indigents de l'île. Il secourut aussi un sergent-militaire de la famille de Juliette, lié à la cousine de Rouen, qui s'était mis dans un mauvais pas en perdant 200 francs appartenant à sa garnison de Besançon : il risquait le conseil de guerre ; Hugo tira une traite à l'ordre de son capitaine, et Juliette, piquée de ne recevoir aucun remerciement du soldat indélicat, ne manqua pas de signaler son ingratitude à la cousine [48]. Victor ne dit pas à Juliette, en revanche, qu'il envoyait 500 francs à Léonie ; elle ne réclamait rien, mais il avait su qu'elle était dans la gêne. Il continuait aussi de faire parvenir outre-Atlantique de l'argent à sa fille, humiliée par son lieutenant qui s'affichait avec une autre [49].

Testament

Des malheurs d'Adèle, Hugo ne laissait rien paraître. Il faisait bonne figure, étant de nouveau sous les feux des projecteurs du fait de *William Shakespeare* paru pendant qu'on célébrait le tricentenaire de la naissance du poète anglais. Le comité français lui demanda de présider le banquet prévu à Paris pour le 23 avril, date anniversaire de la mort de Shakespeare. Comme il n'était pas question qu'il mette le pied en France, on aurait laissé son fauteuil vide ; le symbole était clair : l'empereur interdit cette festivité, manifestation républicaine autant qu'événement littéraire.

Le jour de cette interdiction, 16 avril 1864, Victor et Juliette avaient bien autre chose en tête. Non content d'embellir la maison Domaille où Juliette allait finir par emménager, Hugo l'acheta. L'acte de vente signé ce jour-là stipulait qu'ils étaient acquéreurs à parts égales, pour un montant total de 14 400 francs [50] ; lui en avait la nue-propriété, elle l'usufruit, ce qui, en cas de malheur, lui garantissait un toit jusqu'à la fin de ses jours, et préservait l'héritage des enfants Hugo. Quand la propriétaire de La Fallue apprit cela, elle éclata en sanglots, regrettant que le choix de la nouvelle maison ne se fût pas porté sur une des siennes, ce qui n'empêcha pas son fils d'accepter de vérifier la validité du testament que Juliette s'apprêtait à signer. Le 5 mai, devant témoins, Juliette institua Hugo son unique héritier, et à défaut, ses trois enfants [51] ; il était aussi nommé exécuteur testamentaire, et à défaut, Charles puis François-Victor. Pour bien faire les choses, Hugo rédigea le sien le même jour. En cas d'extinction de sa descendance directe, il donnait son œuvre au domaine public et ses biens aux pauvres.

Tout était réglé, il ne manquait plus que de convaincre Suzanne d'arrêter de boire. La pauvre fille avait pris l'habitude de finir les bouteilles, et multipliait les allers-retours clandestins au cellier. Un soir, elle n'avait pu rejoindre sa chambre qu'en grimpant l'escalier à quatre pattes. Après avoir remplacé subrepticement le breuvage par un autre, puis envisagé de la licencier, Juliette et Victor lui avaient solennellement demandé de jurer l'abstinence. C'était la condition pour qu'on l'admette à servir dans la nouvelle maison. Suzanne jura, et tint parole deux mois et demi (le temps d'emménager) avant de rechuter[52].

Parmi les projets de ce printemps 1864, il y avait celui de faire exécuter au sculpteur Lebœuf le buste de Victor et un médaillon de Juliette. Autant elle s'extasia sur le résultat du premier, ressemblant, donc forcément sublime[53], autant elle subit comme une épreuve humiliante la réalisation de son portrait de profil. Pressée d'être sortie de « ce margouillis glaiseux[54] », elle fut ravie de voir partir le sculpteur et son acolyte, et de reprendre, dès le lendemain, les excursions en voiture par la campagne, et le soir, à la brune, leur bonne petite promenade sur la jetée[55].

Les recensions de *William Shakespeare* affluaient. George Sand, dont Juliette, jusqu'à présent, se méfiait, trouva enfin grâce à ses yeux, pour l'article sensible qu'elle fit paraître dans la *Revue des deux mondes*. Sand, qui venait de perdre sa petite-fille, avait bien senti, comme Juliette, dans l'évocation de Lear orphelin de sa fille Cordelia, le poids de la projection autobiographique[56]. La crainte de ce deuil sans nom terrifiait les voisins et amis Putron : Emily fut prise fin mai d'une atteinte sévère de la tuberculose. La crémaillère pendue chez Juliette dix jours après son emménagement en fut assombrie.

Le 15 juin 1864, on n'avait pas manqué de se faire une dernière télégraphie de *look-out* à *look-out*. On avait dîné ensemble à La Fallue le 14 au soir, et dans la serre de Hauteville House le 15 et les jours suivants, jusqu'à ce que tout fût fin prêt dans la nouvelle maison. Hugo la baptisa Hauteville II, signe qu'elle était la jumelle de l'autre. Du reste, Juliette, désormais, ne dirait plus « chez moi », mais « chez nous ».

Initiales J.D.

Juliette abandonna La Fallue la mort dans l'âme. Elle avait beau trouver sa nouvelle maison splendide et confortable (Hugo y avait fait installer le gaz, manquant dans l'autre), elle se demanda comment elle allait s'habituer à ne plus le voir de son balcon. Il déploya des trésors d'invention pour la rassurer en multipliant les cadeaux (une coupe bleue, un petit panier et des porcelaines, les fleurs qu'il avait reçues pour la Saint-Victor). Deux dessus-de-porte intérieurs, conçus par lui pour elle, devaient lui porter chance en sa nouvelle maison : « *Laetitia* », avec son danseur endiablé, et « *Harmonia* », avec son ange musicien qui souffle la joie et la plénitude dans une trompette aux initiales « J.D. » *(voir cahier hors texte).* Il l'encouragea à profiter de son panorama sur la mer en lui faisant des signes depuis la jetée[57], et instaura deux rituels : elle serait préposée à la préparation de son café, et lui, de son côté, accrocherait à la balustrade de son toit un chiffon blanc signifiant son réveil[58], bientôt surnommé « le torchon radieux », visible depuis la fenêtre du salon. Il arriva à Juliette, les jours où elle se levait avant lui, d'y attendre son apparition ; le 13 août, elle le vit, au petit jour, lire et baiser une lettre qu'elle lui avait écrite, et lui faire un signe.

Juliette commença à préparer le voyage d'été. Elle fit faire les raccommodages nécessaires pour partir avec un trousseau convenable, et étala chez elle les cartes d'Allemagne et de Belgique qui permettraient à Hugo de prévoir leur itinéraire[59]. Elle pensait retrouver Laure Luthereau en Belgique, si celle-ci voulait bien se donner la peine de prendre le train depuis Paris où elle habitait désormais pour les rejoindre à l'abbaye de Villers, non loin de Bruxelles. Car il était hors de question de mettre le pied en France tant que « l'homme de Décembre[60] » serait là. Laure était en petite forme, on se verrait une autre fois. La présence des deux fils Hugo et de plusieurs amis à eux laissait présager une joyeuse « caravane[61] », où Juliette était ravie d'être admise malgré ses difficultés à marcher quand la goutte la prenait.

La maladie d'Emily retarda plusieurs fois le départ jusqu'à ce que François-Victor se résolve à partir après les autres. Le voyage dura deux mois, jusqu'en Allemagne et retour, tambour battant, et avec enthousiasme, y compris dans des lieux qu'ils connaissaient bien et dont ils ne se lassaient pas. « Jamais peut-être depuis que nous voyageons en troupe il n'y a eu autant de fantaisies improvisées sur les grandes routes que cette année[62] », écrit Juliette à Laure Luthereau. Le périple avait été échevelé, riche en émotions fortes. En arrivant à l'auberge de Bouillon, la voiture avait failli verser dans un trou profond de trois mètres. À Saint-Goar, on avait admiré le Rheinfels et Victor l'avait dessiné. À Heidelberg, on aurait dit que le château, illuminé, était incendié. À l'Hôtel de l'Ours de Lichtenthal, on avait observé du coin de l'œil les souverains descendus déjeuner d'un œuf et d'une tasse de thé. À Mayence, on s'était émerveillé des trésors conservés à la bibliothèque : mille incunables, la première Bible imprimée par Gutenberg, un squelette romain avec une pièce d'or entre les dents. À Boppart, où les auberges étaient pleines, Victor avait dormi chez un particulier, dans une chambrette dont la fenêtre donnait sur l'égout, près des latrines, et entendu toute la nuit les rats cavalcader au-dessus de sa tête ; François-Victor, plus chanceux le lendemain, à Andernach, avait découvert dans sa chambre des vers de son père traduits en allemand. À Ypres, on avait vu des instruments de torture (Hugo demanda qu'on les lui photographiât). Après avoir visité pendant deux mois tant et plus de châteaux et de musées, et vu des splendeurs par centaines, on fit escale à Londres, et l'on repartit pour Guernesey, *via* Weymouth, le 26 octobre. La dernière émotion forte du voyage, dont Hugo tirerait un dessin, fut la vue d'un vaisseau fantôme, victime du coup de vent de la nuit, quille retournée, mâts brisés sortant de l'eau, gouvernail à moitié arraché, battant au vent, sans âme qui vive.

On se revigora chez Juliette en retrouvant à dîner, le soir même, Julie Chenay et les compères ennemis Kesler et Marquand, dont la pauvre femme, qu'on avait quittée à l'agonie, était morte des suites de son accouchement[63] ; sa petite Victorine Emily avait pour parrain Victor Hugo, et pour marraine Emily de Putron, dont l'état s'aggravait. La mort frappait aussi les domestiques : chez Hugo, Virginie apprit que son dernier frère venait de mourir ; après son père, sa mère, et ses douze frères et sœurs, tous emportés par la tuberculose, elle était la seule survivante de sa famille.

Hugo, qui avait commencé *Les Travailleurs de la mer* au début de l'été, se remit au travail, et reprit ses habitudes chez Juliette. Celle-ci craignit que le retour de Mme Hugo, le 25 novembre, ne vienne perturber la régularité de ses dîners bi-hebdomadaires, il n'en fut rien. Adèle, qui revenait à Hauteville House pour la première fois depuis seize mois, et repartirait huit semaines plus tard, eut la « bonté charmante » et le « procédé délicat »[64] de n'imposer cette fois aucune restriction. Un an et demi plus tôt, elle avait fait adresser un exemplaire de son *Victor Hugo raconté par un témoin de sa vie* à Juliette ; elle poussa cette fois la courtoisie jusqu'à l'inviter au *Christmas* des enfants pauvres, dans une lettre charmante, qu'elle prenait tout de même soin de signer de son double prénom d'épouse :

> Nous célébrons Noël aujourd'hui, Madame. Noël est la fête des enfants et, par conséquent, des nôtres. Vous seriez bien gracieuse de venir assister à cette

petite solennité, la fête aussi de votre cœur. Agréez, Madame, l'expression de mes sentiments aussi distingués qu'affectueux. Adèle Victor Hugo [65]

Juliette, avertie par Victor, avait d'avance décliné cette invitation, par ce « sentiment de réserve » qui faisait « le fond de [s]a nature » [66] ; il suffisait bien qu'elle envoie ses deux servantes pour aider. Mais comme elle ne pouvait refuser la main tendue, elle trouva les mots pour justifier son absence :

> La fête, Madame, c'est vous qui me la donnez. Votre lettre est une douce et généreuse joie, je m'en pénètre. Vous connaissez mes habitudes solitaires et ne m'en voudrez pas si je me contente aujourd'hui pour tout bonheur de votre lettre. Ce bonheur est assez grand. Trouvez bon que je reste dans l'ombre, pour vous bénir tous pendant que vous faites le bien. Tendre et profond dévouement [67].

Au moins Juliette se savait-elle désormais, à cinquante-huit ans, reconnue par l'épouse. La situation s'était renversée : autant, au début de l'exil, Adèle avait réprouvé sa présence à Bruxelles, jugée dangereuse pour la réputation de son mari proscrit, autant cette même présence à Guernesey, treize ans plus tard, servait à amnistier son propre besoin de vie sociale et mondaine.

Juliette n'avait pas laissé passer l'anniversaire des treize ans d'exil sans exercer sur cette date mémorable ses dons de double vue. Le 13 décembre 1864, jour anniversaire de son départ, en 1851, pour Bruxelles, on avait joué après le dîner, et elle avait perdu treize sous. C'était tout simple : « TREIZE sous que j'ai perdus hier, TREIZE, anniversaire de la TREIZIÈME année de notre exil, en supputant tous ces treize fatidiques cela fait trente-neuf. C'est-à-dire le nombre d'années que le bon Dieu tient en réserve pour nous sur cette terre probablement [68]. » Dieu ne lui avait guère caché ses intentions : vingt ans et demi pour lui, dix-huit et demi pour elle.

Victor comptait différemment. Dans sa lettre d'étrennes, il renouvelait sa prière que Dieu les rappelle à lui ensemble. Il se trompait, mais de peu, et calculait, juste cette fois, que sa vie se divisait en deux moitiés de trente et un ans chacune, la première (de 1802 à 1833) passée à l'attendre, la seconde à l'aimer.

C'est dans sa trente et unième année aussi, sans avoir droit à une seconde moitié, qu'Emily mourut, épuisée par la tuberculose, le 14 janvier 1865. Désespéré, François-Victor n'eut pas le cœur d'assister aux obsèques : il préféra partir la veille, avec sa mère, pour Bruxelles où l'attendait son frère. Après avoir serré contre lui son fils en pleurs, Victor, depuis Hauteville House, suivit des yeux la voiture qui les descendait au port, vit arriver le *packet*, assista de loin à l'embarquement et regarda tristement s'éloigner le bateau.

Le lendemain, 19 janvier 1865, au cimetière du Foulon, surmontant son mal de gorge sous un beau soleil inespéré, et en l'absence de Juliette, toujours discrète, il lut devant une foule en larmes un beau discours pour Emily. « Il faut toujours écrire ce qu'on doit dire sur les tombes, là aucune parole dite à la légère n'est possible[69] », nota-t-il sur son carnet. Après les oraisons protestantes qui présentaient la mort sous l'angle de la Vengeance et de la Colère divines, il réhabilitait l'autre monde, et, en évoquant « les jeunes mortes », associait implicitement à l'hommage Léopoldine et Claire. Il adressa le manuscrit de son discours à François-Victor. Celui-ci avait été un soutien majeur pour son père depuis bientôt dix ans qu'on était à Guernesey. Il y avait trouvé, lui aussi, des conditions de travail privilégiées. La mer séparait maintenant les deux familles Hugo : celle de Bruxelles, avec la mère et les deux fils ; celle de Guernesey, avec le père et la belle-sœur, qui désormais prendraient tous deux pension quotidienne, le soir, chez Juliette. Hauteville House et Hauteville II devenaient les deux parties d'un unique foyer. Du reste, les fils Hugo tenaient maintenant Juliette pour une des leurs. L'année précédente, Charles lui avait adressé un mot d'étrennes ; cette fois, il lui en envoyait un autre, très aimable, avec son portrait photographique[70]. Quant à François-Victor, il lui écrivit le 2 février un message adorable : « Si généreuse que vous soyez, croyez bien que vous n'avez pas affaire à un ingrat. Vous avez toujours été si indulgente pour moi, si bonne pour tout ce qui m'est cher, si hospitalière, si gracieuse, si noblement prévenante pour nous tous que vous me faites de la reconnaissance le plus doux des devoirs[71]. »

Juliette élargit son hospitalité aux Putron, invités à dîner plusieurs fois au printemps. Leur deuil lui fit faire une exception à sa réserve habituelle, pour le remariage de Marquand avec Martha, la sœur aînée d'Emily. Elle y assista le 12 avril 1865, malgré son éloignement pour ce sacrement qui n'était pas fait pour elle. Hugo était le témoin de son ami, comme il l'avait été le 30 novembre 1864 aux noces de Guérin avec la sœur cadette, Mary. Juliette sympathisa avec la nouvelle Mme Marquand, qui intégra les dîners du mardi dont son mari était un habitué.

On y jouait désormais non seulement au nain jaune, qui avait les faveurs du plus grand nombre, mais aussi parfois au trente-et-un, jeu de cartes auquel François-Victor les avait initiés comme il les avait initiés au whist. Hugo, de plus en plus généreux envers les pauvres de l'île, demanda à Juliette de mettre de côté ses gains au jeu pour venir en aide à une vieille femme qui gagnait quelques pennies à vendre des oignons au porte-à-porte. Dans ses carnets, ses secours aux indigents se multiplient, tandis que les indications codées relatives aux servantes se raréfient.

Plongé dans l'écriture des *Travailleurs de la mer*, visité par des bruits et des visions nocturnes qui affectaient son sommeil, Victor avait Juliette pour boussole, s'inquiétait pour elle lorsqu'elle était souffrante (« Ô Dieu, ayez pitié », écrit-il dans son agenda le jour où elle ressent une douleur au cœur[72]), et était prêt à s'isoler quelque temps avec elle sur l'îlot des Casquets, où il situerait un naufrage dans son futur roman *L'Homme qui rit* ; Juliette n'osa pas le contredire, et se contenta de lui faire remarquer qu'elle le suivrait n'importe où, même sur ce rocher où il était tout de même dangereux de séjourner sans médecin. Il n'en fut plus question. Pour voir du pays, mieux valait se promener en voiture (les grandes marches leur devenaient difficiles). On prit l'habitude, aux beaux jours, de sillonner l'île en fin d'après-midi, entre quatre et six heures, à deux, ou, le plus souvent, à trois ou quatre, avec Julie et les servantes à tour de rôle : Marie Sixty la cuisinière, Virginie, Élisabeth, Suzanne. Le chien était parfois de la partie : non le vieux Sénat mort l'année précédente, mais un autre toutou recueilli par Charles, à qui on avait redonné le nom de son prédécesseur. Il avait la chance de porter sur son collier ce distique spécialement écrit pour lui par son maître : « Je voudrais que chez moi quelqu'un me ramenât. / Mon état, chien ; mon maître, Hugo ; mon nom, Sénat[73]. »

Victor était désormais entouré des deux femmes ayant choisi son exil : Juliette et Julie, qui ne songea qu'un temps à rejoindre son mari à Paris. Les enfants avaient fui, Charles par déplaisir, Adèle par déraison, François-Victor par désespoir. Mme Hugo ne se sentait plus chez elle à Hauteville House. Son mari lui manquait, elle le lui écrivit, du moins, depuis Bruxelles, dans une lettre où elle envisageait un retour prochain, motivé par les convenances. Que disait-on, à Guernesey, de son absence chronique ? « On pourrait en tirer la conséquence que nous sommes jusqu'à un certain point séparés, ce qui ne peut te convenir plus qu'à nous… Si tu crains que mon arrivée ne dérange tes habitudes, j'organiserai ma vie là-bas de façon à n'en rien changer[74]. » Ce ne fut pas nécessaire. Victor promit de venir en Belgique dès l'achèvement de son roman.

Le 30 avril 1865, il était terminé. Juliette fut priée de ne pas le crier sur les toits, pour ne pas exciter la curiosité des fâcheux. Elle le collationnerait avec Julie, ce qui la consolait d'avoir perdu sa prérogative de copiste. Il lui fallut attendre que s'achève le séjour du prince Dolgoroukoff à Guernesey. Ce général et politicien russe vint dîner trois jours chez Hugo ;

elle refusa d'y être invitée avec lui en l'absence de Mme Hugo[75], mais consentit à l'inviter chez elle le dernier soir. Entre-temps, elle fut réduite à échanger des signes, depuis sa fenêtre, avec Victor qui agitait son mouchoir en sa direction depuis son balcon. Trois jours après le départ du prince, elle put enfin, le 15 mai 1865, commencer la collation des *Travailleurs de la mer.*

Ne l'ayant pas copié, elle n'avait pas suivi les aventures de Gilliatt, le marin courageux qui, pour conquérir la nièce de l'armateur Lethierry, sauve la machinerie de son bateau à vapeur échoué sur un rocher des îles de la Manche, dans un combat épique contre les éléments et une pieuvre géante. Il portait le nom de sa mère, anglaise ou française, on ne savait, « un nom quelconque dont la prononciation guernesiaise et l'orthographe paysanne avaient fait Gilliatt[76] », autant dire « Juliette », à qui l'auteur rendait ainsi hommage en cryptant pour elle le nom de son héros. Sachant quel sort Hugo avait l'habitude de réserver à ses personnages les plus attachants, elle se mit à craindre le pire : « J'entrevois tant de sinistres, de douleurs et de déchirements à l'horizon de la pauvre Déruchette et du pauvre Gilliatt sans compter la ruine de ce brave Lethierry que j'en ai le cœur tout sens dessus dessous. Je te prie, je te supplie de venir à leur secours et de les sauver tous[77]. » Il était trop tard. Du reste, l'eût-il entendue plus tôt que Hugo n'y aurait rien changé. Lorsqu'elle comprit que l'exploit de Gilliatt ne suffirait pas à lui donner Déruchette, qui aimait un jeune pasteur, elle regretta que son bonheur ne dépendît pas d'elle, avant de pardonner à la jeune fille de lui préférer « son blondin de curé[78] ». Juliette comprit le désespoir du héros et devina ses conséquences funestes : « Je pressens le sort qui lui est réservé et cela me serre le cœur au point de ne pas oser devancer le moment où j'en aurai la poignante certitude forcément tant c'est douloureux, fatal et vrai, car c'est ainsi que Dieu procède presque toujours envers les meilleurs[79]. » Le lendemain, ce qu'elle craignait se produisit. Gilliatt, assis dans l'anfractuosité d'un rocher, regardait s'éloigner le bateau qui emmenait les tourtereaux en attendant que l'eau monte, les yeux rivés sur l'inconnu. « À l'instant où le navire s'effaça à l'horizon, la tête disparut sous l'eau. Il n'y eut plus rien que la mer[80]. » Juliette confia son émotion à sa lettre quotidienne :

> L'émotion navrante et nerveuse que j'ai éprouvée en assistant à sa mort sinistrement graduée dure encore. J'ai depuis ce moment-là un étouffement et une oppression qui va presque jusqu'au manque de respiration. Je sens que mon âme porte le deuil de ce grand crucifié de l'amour et je mets toutes les

forces de ma volonté pour ne pas pleurer ce doux être enfant de ton génie. Il est impossible que nous ne le retrouvions pas un jour dans quelque paradis céleste marié à une Déruchette sublime comme lui[81].

Juliette acheva la collation du roman le temps que Hugo écrive, en six jours, une petite pièce de théâtre, *La Grand-mère*, où une margrave attendrie par ses petits-enfants inconnus fait prévaloir les droits du cœur sur la loi dynastique. Sitôt sa tâche achevée, Juliette entama les préparatifs de leur voyage annuel, qui débuta le 28 juin 1865.

Après être passé entre Aurigny et les Casquets, le steamer arriva à Southampton, où des prostituées polyglottes accueillaient des matelots en provenance des Antilles. Installé à table au milieu des marins cubains et sud-américains, Hugo, qui avait vécu un an en Espagne dans son enfance, eut son petit succès en demandant « *quiere usted darme agua*[82] *?* ». Passés trois jours dans la capitale anglaise, on prit la destination de Douvres. Depuis le train aérien qui filait au niveau des toits de Londres, on entrapercevait les gens chez eux. Cela enchantait Victor[83]. Les vacances d'été eurent trois phases : d'abord un séjour à Bruxelles d'un mois et demi où Hugo prit le temps de retrouver les siens, de traiter des affaires professionnelles, de recevoir la visite de Baudelaire (avec qui il dînerait de nouveau quelques semaines plus tard), d'aller à l'opéra voir deux fois *La Belle Hélène* d'Offenbach[84], qui plut à Juliette, et d'avancer *Les Chansons des rues et des bois* ; puis un voyage d'un bon mois en Belgique, au Luxembourg et en Allemagne, pour la cinquième année consécutive[85] ; enfin un second séjour d'un mois à Bruxelles pour terminer son nouveau recueil de poésie, achevé le jour même du mariage de Charles. À trente-neuf ans, le 18 octobre 1865, en l'église de Saint-Josse-ten-Noode, il épousait une Française qui en avait dix-huit, Alice Lehaene. Cette jeune orpheline avait pour marraine la femme de Jules Simon, député de l'opposition républicaine qui était l'un de ses témoins. En l'absence de journal épistolaire pendant ces vacances, et de tout autre témoignage, on ne sait si Juliette y assista, mais il est vraisemblable qu'elle préféra la discrétion.

Le cercle de famille s'agrandit

On se mariait de tous les côtés : le 24 août, Louis, le neveu de Juliette, venait d'épouser Ottilie Snell, une jeune Allemande. La mère du jeune homme avait fait le déplacement à Iéna, et s'en expliquait dans ce français approximatif qui faisait dire aux supérieurs hiérarchiques de son mari qu'il s'était marié en dessous de sa condition : « Je vais acompagnée mon garson car je ne veux pas quil soit ceul comme sa pauvre mere était pour contracter un parelle engement ce qui est bien triste quand on a personne cest comme si on avait pas de famille[86]. » Le père était quant à lui resté à Brest, pour économiser les frais du voyage et donner plutôt cet argent aux époux. Puis Louis avait ramené sa mère et son épouse à Brest qui, grâce au train, n'était plus qu'à seize heures de Paris, de sorte que la Bretagne devenait « de moins en moins bretonnante[87] ». En passant par la capitale, Renée et Louis s'étaient recueillis sur la tombe de Claire. Juliette en fut infiniment touchée. L'inscription sur la pierre commençait à s'effacer. Louis se proposa d'y remédier.

Victor et Juliette rentrèrent le 30 octobre, ayant essuyé deux tempêtes. La dernière avait failli envoyer le steamer par le fond : ils s'étaient retrouvés, entre Weymouth et Guernesey, en imminence de naufrage pendant une heure et demie. Les souvenirs de cet été 1865 se glanent dans les lettres ultérieures de Juliette. L'effet que lui fit *La Belle Hélène* se mesure à sa passion pour Offenbach, dont elle suivrait les prochaines créations, et à son emploi durable des plus fameuses répliques empruntées à tous les personnages, Agamemnon (« Tu comprends, tu comprends, ça ne peut pas durer plus longtemps »), Pâris (« Je suis gai, soyons gai, il le faut, je le veux »), Ménélas (« N'anticipons pas »), Oreste (« Papa s'en fiche bien au reste car c'est la Grèce qui paiera ») et le chœur (« Et voilà comme un galant homme, évite tout désagrément »)[88]. Elle évoquera aussi, dans les mois qui suivront, des épisodes cocasses survenus à la grotte de Han, à Nivelles ou La Hulpe, dont les carnets de Hugo ne suffisent pas à nous donner la clef ; l'une de ses insultes favorites sera désormais « Zozo d'Ems », en souvenir d'un jeu de mots sur les eaux d'Ems entendu un soir à la station thermale, comme le note Hugo lui-même dans son carnet de voyage le 30 août 1865. Pendant les semaines qui suivirent leur retour, Juliette attendit la livraison d'un petit bénitier que lui avait offert Charles, et des objets qu'elle avait chinés, deux faïences de Delft représentant deux « Zollandais » pour lesquels Hugo dessina deux supports en bois[89], et une lanterne suspendue par de fines chaînes[90], qui vint rejoindre sa collection de chinoiseries. Celle-ci était composée d'objets provenant d'Extrême-Orient (y compris du Japon) ou exécutés à l'orientale, et de panneaux de bois dessinés par Hugo dans le style des estampes, puis peints en couleurs vives. On peut aujourd'hui les voir dans le salon de la Maison de Victor Hugo qui y est consacré. Plusieurs représentent des scènes cocasses : un chanteur d'opéra à l'éventail ; un pêcheur chinois endormi sur sa barque ; un acrobate faisant de l'équilibre sur une chaise, dont l'ombre portée dessine un « H » ; un gros mangeur nommé « Shu-Zhan » (comprenez Suzanne) attablé devant un poisson *(voir cahier hors texte)*.

Rentrée dans ses meubles, Juliette avait repris ses dîners hebdomadaires, dont les Putron devenaient des habitués. Leur gendre Marquand ne supportait plus le bruyant Kesler, et ne voulait plus le voir[91] ; Juliette se lassait de ces enfantillages et de ces susceptibilités qui troublaient le repos dont Victor avait besoin pour préparer *Les Travailleurs de la mer* à la publication. Celle des *Chansons des rues et des bois*, le 25 octobre 1865, jour où ils avaient quitté Bruxelles pour amorcer leur voyage de retour, faisait du bruit. Pour la presse quasi unanime, le poète avait atteint une maîtrise inégalée de son art : après avoir montré son aisance dans l'alexandrin, il faisait la preuve de sa maestria dans la variation des mètres courts ; mais la thématique amoureuse en choqua plus d'un. Les amis Louis Ulbach et George Sand furent laudateurs, Jules Vallès éreinta le recueil. À droite, Barbey d'Aurevilly, hugophobe patenté, trouvait le propos à la fois creux et obscène, mais admira, comme il l'avait déjà fait pour *La Légende des siècles*, « l'art des vers arrivé probablement à sa perfection, la souveraineté absolue de l'instrumentiste sur son instrument[92] ». Comme lui, Louis Veuillot, catholique militant, admira la vérité du ton et la facture des vers, mais se scandalisa du thème et condamna le vieillard amoureux. Baudelaire, quant à lui, s'interdisait de critiquer ouvertement Hugo, qu'il venait de rencontrer deux fois de suite à Bruxelles, et avec qui il avait même dîné ; il n'avait du reste aucune réprobation morale contre le volume, mais, écrivant à sa mère, il le trouvait « horriblement lourd », et portait un jugement peu flatteur non sur le grand homme, mais sur son entourage : « Mme Hugo est à moitié idiote, et ses deux fils sont de grands sots[93]. » Quant au livre, il se vendait très bien.

Les critiques formulées contre l'inspiration amoureuse du recueil, jugée intempestive pour un auteur de soixante-trois ans, n'empêchèrent pas Hugo de noter, dans son carnet, l'arrivée d'une nouvelle servante, Élisa Goupillot, âgée de vingt-deux ans. Elle remplaçait Virginie, enceinte et nouvellement mariée à un charpentier de l'atelier de marine de M. de Putron. On installa Élisa dans la chambre qui tenait le milieu entre celles de Julie Chenay et de Hugo. Sans doute cette proximité facilita-t-elle, trois jours après son arrivée, la vue de son bras et de son genou nus, et le lendemain de sa silhouette entière (« *humeri et genua* », puis « *todo* », note-t-il dans son carnet). Élisa ne savait pas trop quelle était sa nationalité, mais se croyait française ; elle était la fille du fossoyeur d'Aurigny ; après y avoir travaillé, elle était venue servir à Guernesey une famille qui l'obligeait à assister au prêche, en dépit de ses convictions ; au moins, à Hauteville House, on ne l'y contraindrait pas[94]. Virginie, à qui Juliette ne voyait pas la nécessité d'offrir un cadeau pour son mariage, puisqu'elle n'avait jamais servi chez elle[95], revint aider ponctuellement à préparer le Noël des enfants pauvres, auquel Juliette, malgré l'invitation de Mme Chenay, n'assista pas davantage que les fois précédentes. Elle restait fidèle à « ses traditions d'ourserie[96] », ce qui ne l'empêchait pas de s'occuper de Hauteville House à distance : tandis que Victor, mélancolique, écrivait à sa femme « Mon cœur se remplit d'ombre quand je rentre dans vos chambres vides[97] », Juliette, plus pragmatique, recommandait qu'on inspectât les chambres des deux Adèle en leur absence, pour en chasser les rats et les souris[98] : on en avait trouvé une morte l'autre jour dans le tiroir de Mlle Hugo, qui dégageait une odeur infecte.

Si sa famille manquait à Victor, la réciproque était vraie. Mi-janvier 1866, Mme Hugo, ses deux fils et sa bru déménagèrent, à Bruxelles, du 3 *bis* de la rue de l'Astronomie au nº 4 de la place des Barricades, dans un logement plus vaste, où Adèle pria son mari de venir s'installer avec eux, plutôt que de rester seul à Guernesey. Elle fermerait les yeux sur ses escapades, il aurait même une sortie particulière de la maison rien que pour lui. François-Victor faisait pression dans le même sens, et alertait sur l'état de sa mère : sa vue était de plus en plus déficiente, les médecins craignaient une congestion.

Hugo, certes, pensait aux siens. Pour l'anniversaire de la mort d'Emily, il avait cueilli quelques brins d'herbe sur sa tombe et l'avait envoyée à son fils. Il écrivait à sa femme combien il était triste en pensant à Halifax, où se trouvait toujours leur fille. Les nouvelles étaient inquiétantes : sa logeuse expliquait que « Miss Lewly », comme elle se faisait appeler, sortait tout habillée de noir, parfois en vêtements masculins. Victor partageait cette douleur-là avec sa femme, mais il n'était pas question, pour autant, de quitter Guernesey avant les vacances d'été. C'était « son nid de travail », le seul endroit où il pût exercer son artisanat, « car le penseur aussi a un atelier »[99].

Celui des *Travailleurs de la mer* était désormais refermé. Il en avait terminé la relecture le 27 décembre 1865, et envoyé le manuscrit à l'éditeur dix jours plus tard. Pendant qu'il en corrigeait les épreuves, il composa une pièce en quatre actes humaniste et féroce, *Mille francs de récompense*, sur un schéma de mélodrame social. Une famille menacée d'expulsion, victime d'un margoulin qui exerce un chantage sur la mère pour obtenir sa fille, est sauvée par un gueux philosophe, recherché par la police, qui repart au dénouement encadré par deux gendarmes, contre toute justice. Quelques mois plus tard, Hugo écrira une autre pièce sociale, plus courte, *L'Intervention*, mettant aux prises deux couples, un ouvrier et sa femme séduits par une cocotte parvenue et un baron ridicule[100]. Il n'était pas question, pour l'instant, de les faire jouer, même si le directeur de la Porte-Saint-Martin était prêt à monter *Mille francs de récompense*, quitte à ne révéler le nom de l'auteur qu'après la Première, pour déjouer la censure. Victor refusa la proposition, et concentra son énergie sur la prochaine publication des *Travailleurs de la mer*. En attendant leur sortie, il en lit des extraits à ses proches chez Juliette ; elle reconnut les paysages de Guernesey dans l'épisode des dénicheurs d'oiseaux qui officient près de la maison « visionnée » où ils allaient parfois se promener, et s'attendait à y voir surgir, une prochaine fois, le personnage du « petit Français avec son bonnet de laine rouge d'apprenti calfat »[101], dont l'âme sûrement voletait autour de Hugo, devenue rouge-gorge ou pinson.

Si Juliette est coutumière de ces critiques spontanées et identificatoires, Adèle est moins expansive. Ayant été beaucoup absente, elle n'avait pas, elle, eu le privilège de connaître le livre à l'avance ; comme ses fils éblouis, elle le découvrit tandis qu'il était sous presse, et adressa à son mari une lettre désarmante : « Il est triste pour moi d'être à la fin de ma vie au moment où j'apprécie, dans leur portée, les grandes œuvres, et de mourir quand l'intelligence me vient. Console-moi[102]. » L'idée de la mort lui était inspirée par sa santé défaillante et par les deuils familiaux : depuis un an, ils avaient perdu un frère, un cousin, une belle-sœur[103]. Victor lui-même craignait de mourir avant d'avoir terminé les chefs-d'œuvre qui peuplaient son esprit.

Aussi n'avait-il pas de temps à perdre avec les tracas de l'édition des *Travailleurs de la mer*. Il abandonna le projet, trop compliqué à mettre en œuvre, d'un chapitre préliminaire[104], refusa plusieurs offres mirifiques de faire paraître d'abord le roman en feuilleton, et s'en remit à ses fils et au bon Meurice pour l'informer de l'accueil fait à son roman, paru le 12 mars 1866. Le succès public fut considérable. La pieuvre devint un *must*. On raffolait de Gilliatt luttant contre les éléments. La presse était excellente, y compris d'anciens ennemis volant au secours de la victoire. Baudelaire, qui donnait des conférences en Belgique, y rendait aussi visite à Mme Hugo, sur laquelle il avait révisé son jugement. Hugo lui avait envoyé son roman, dédicacé à « son ami ». Il avait commencé à prendre des notes pour un article quand il fut terrassé par une attaque, qui le rendit aphasique et hémiplégique. Ce furent les dernières lignes de sa main[105].

Juliette, pendant ce temps, alitée, le genou enflé, récupérait d'une mauvaise chute dans son escalier, avant de tomber derechef quelques jours plus tard[106]. Ses deux servantes, malades aussi, toussaient à fendre l'âme ; pour Suzanne, ce n'était qu'un rhume, mais la petite Élisabeth était en proie à une grippe devenue dangereuse. Sur le continent, c'était pire : le choléra avait fait son retour avec le printemps. Sachant que Julie, sa belle-sœur, projetait de rendre visite à son mari, et ne pouvait donc pas garder ses manuscrits, Victor se demanda s'il ne valait pas mieux, pour cette fois, que sa famille le rejoignît à Guernesey pour les vacances d'été. La perspective ne les enchantait guère. « Laissons passer la guerre et le choléra[107] », suggéra-t-il le 25 mai. Ce qui repoussa le voyage en Belgique au 20 juin. Julie Chenay était restée, finalement. Hugo avait donc pu, à son habitude, laisser une partie de ses manuscrits à Hauteville House, et l'autre à Hauteville II.

La guerre entre la Prusse et l'Autriche inquiétait aussi Louis, qui donnait régulièrement à sa tante des nouvelles de sa vie parisienne. Sa femme était enceinte, mais une épidémie sévissait dans la maternité, qu'on venait de fermer. La fièvre puerpérale se généralisait depuis la médicalisation de l'accouchement, passé, en ville surtout, des mains des sages-femmes à celles des médecins, qui ne se les lavaient pas, transmettant ainsi aux jeunes mères les microbes recueillis sur les morts. Louis hésita entre renvoyer Ottilie dans sa famille à elle, à Iéna, ou chez ses parents à lui, à Brest ; la situation chaotique outre-Rhin, où les trains et le courrier étaient désorganisés ou ralentis par la guerre, ajoutée au danger de se retrouver au cœur des combats, l'incita à envoyer sa femme en Bretagne : elle y arriva au terme d'un long voyage en chemin de fer. L'enfant à naître y avait davantage gigoté que le train ; elle vint à terme, le 17 août, entre les mains bien propres d'une sage-femme. On l'appela Marguerite. Un autre de ses prénoms était Claire, en hommage à sa cousine. Juliette, touchée du geste, s'entremit auprès de Lacroix pour favoriser les projets éditoriaux de son neveu. Louis, professeur au lycée Saint-Louis, avait repoussé d'un an la préparation de l'agrégation, qui seule lui donnerait un poste stable dans l'enseignement où il n'était pas encore titulaire, mais il écrivait des articles et donnait des conférences, qui lui rapportaient quelque argent[108]. Il avait déjà traduit des nouvelles de Berthold Auerbach, et espérait la recommandation de Hugo auprès de Lacroix. L'éditeur, consulté par Juliette à Bruxelles pendant l'été, ne donna pas suite. Louis aurait aussi volontiers traduit le *Victor Hugo raconté* s'il ne l'avait été déjà, peu après sa publication : l'éditeur pourrait confirmer, mais Mme Hugo l'avait déjà dit à Juliette, écrit celle-ci à son neveu le 31 août 1866, preuve que les deux femmes avaient commencé à se fréquenter cet été-là, à Bruxelles.

Le choléra qui sévissait en Belgique, la guerre qui occupait l'Allemagne, et peut-être aussi l'envie de profiter de sa famille après une longue séparation, avaient convaincu Hugo de séjourner à Bruxelles, où, après des escales à Southampton, Londres, Douvres et Ostende, Juliette et lui furent accueillis à la gare le 22 juin par Charles et François-Victor. Elle s'installa à l'Hôtel des Postes, tandis que lui rejoignait les siens place des Barricades. On se rendit au théâtre, au parc zoologique, et on se promena en calèche au bois de la Cambre. Souvent, la famille Hugo venait dîner à l'Hôtel des Postes. On recevait aussi les amis, ceux de Belgique, et les Français accourus spécialement, dont le brave Meurice, puis le fidèle Vacquerie, pressé de lire son nouveau drame à Hugo. Celui-ci s'employa à rendre service aux uns et aux autres : il s'entendit avec ses fils pour régler leurs dépenses et envoya à sa fille, outre-Atlantique, les 650 francs qu'elle réclamait pour rentrer, en espérant qu'elle les utiliserait bien à cette fin, ce dont on ne pouvait guère être sûr ; il recommanda Luthereau, qui l'avait aidé lors de son premier exil, en plaidant son embauche comme journaliste auprès d'Émile de Girardin ; il intervint pour sauver la tête d'un condamné à mort jersiais, en vain (un autre crime atroce fut commis le lendemain même de la pendaison) ; il prit des contacts pour un ouvrage collectif sur Paris dont Lacroix voulait lui confier la préface. Surtout, il commença en juillet la rédaction de *L'Homme qui rit*, dont en fin de séjour il lut le début à ses proches. Parmi eux, place des Barricades, il y avait Juliette. C'était la première fois. Victor jugea l'événement digne d'être noté sur son carnet, le 24 septembre : « En famille. Avec Victor, JJ et ma femme. Elle a dîné chez moi [109]. » Le même carnet consigne qu'« elle » revint y déjeuner trois fois pendant les jours qui suivirent, et qu'« elle » l'écouta avec eux lire le début de *L'Homme qui rit*, l'abandon sur une plage anglaise, en pleine nuit, d'un garçon maltraité par des trafiquants d'enfants, et le naufrage de leur bateau au large de Guernesey. L'interruption estivale du journal épistolaire empêche de savoir ce qu'« elle » ressentit en paraissant dans le cercle de famille, et ce que l'amicale hospitalité de Mme Hugo pouvait bien lui inspirer, après trente-trois ans de secret, d'exclusion, de rancœurs, de jalousie réciproque et de vies parallèles.

XIX

En famille (1866-1870)

> « On n'empêche pas plus la pensée de revenir à une idée que la mer de revenir à un rivage. »
>
> *Les Misérables*, I, VII, 3

La compagne s'était faite à l'idée de fréquenter l'épouse progressivement, par petits pas. Il y avait d'abord eu le don du *Victor Hugo raconté par un témoin de sa vie*, trois ans plus tôt ; puis l'invitation au Noël des enfants pauvres, que Juliette avait déclinée ; ensuite un échange de visites à Guernesey, en voisines. Enfin l'invitation à dîner, plus aisée à Bruxelles qu'à Guernesey car on y était moins exposés au qu'en-dira-t-on.

Mme Hugo avait-elle été poussée à ce rapprochement par son mari et par ses fils, ou avait-elle pris seule l'initiative ? La constance de Juliette l'exonérait-elle de sa propre liberté ? Sentant sa vue s'obscurcir, et ses forces diminuer, voulait-elle ne pas partir, un jour, sans avoir fait la paix ?

L'enfant paraît

On crut d'abord qu'elle rentrerait à Guernesey peu après le retour de Victor et Juliette dans leurs foyers respectifs. Comme d'habitude ils avaient fait escale à Londres, le temps pour lui de se procurer des cartes pour la géographie de *L'Homme qui rit*. Ils avaient dormi à Weymouth à bord du *Cygnus*, le bateau qui les transporta à Saint-Pierre-Port le lendemain, 10 octobre 1866. Juliette ne fut pas mécontente de retrouver sa « petite patrie de poche [1] » et ses douces habitudes auxquelles on apporta quelques changements. Désormais les repas des enfants pauvres auraient lieu le mercredi et non le jeudi. Leur effectif augmentait. Il y eut d'autres bouleversements, liés au mariage des servantes. Élisabeth, partie sur le continent, réclamait une recommandation que Juliette, qui l'aimait bien mais l'avait toujours trouvée inefficace, ne savait comment lui refuser[2]. Puis ce fut au tour d'Élisa de quitter le service de Hugo. Ses noces étaient annulées, le médecin ayant décelé les premiers signes de la phtisie chez son fiancé, mais on ne pouvait plus la garder : ses relations avec Julie Chenay étaient devenues exécrables. Élisa, qui avait sans doute des raisons plus ou moins bonnes pour se conduire en maîtresse dans la maison où elle était la servante, faisait preuve, selon Juliette, d'une insolence inadmissible. Sa remplaçante, Marie-Jeanne Tatton, arriva début décembre.

En cet automne 1866, Hugo n'a pas l'âme en paix. Les raisons de s'inquiéter s'accumulent. D'abord sa femme, malvoyante, dont le retour est sans cesse ajourné : le 9 novembre, il l'a attendue en vain à l'arrivée du bateau ; Juliette fait mine de s'en désoler, mais elle n'est pas pressée de quitter son « doux intérim de grande dame de Hauteville House[3] ». Ensuite sa fille, qui a quitté Halifax pour la Barbade sur les traces de l'insaisissable lieutenant Pinson. Enfin son introduction à *Paris-Guide*, achevée mi-décembre, lui cause du souci : il voudrait connaître les contributions qu'il est censé préfacer, pour s'assurer que l'ouvrage ne sera pas récupéré par le pouvoir, mais Lacroix ne transmet pas les textes et confie les rênes de l'ouvrage à d'autres mains : Charles, Meurice et Vacquerie quittent le projet. Hugo compte sur sa préface pour gagner un peu d'argent : ses finances sont au plus bas, or il doit entretenir une nombreuse famille, ses fils ne gagnant toujours pas suffisamment leur vie. Ses nuits sont agitées. L'insomnie, ce « petit entracte accoutumé », comme dit Juliette, s'installe. Les « lutins nocturnes »[4] de son esprit rêveur, réunis en sarabande autour de son lit, font apparaître une femme ressemblant à sa fille, craquer les bois, siffler l'air froid, claquer les portes, bouger les meubles. Le surnaturel est aussi farceur : ayant croisé un âne pendant sa promenade, Hugo remarqua, le soir au dîner, devant Julie, Juliette et Kesler, que cela ressemblait à une visite de candidat : fallait-il en conclure qu'un académicien était mort ? Le lendemain, les journaux annonçaient en effet le décès d'un des quarante, l'historien Barante.

Plus sérieuse était la visite que lui rendit le 28 octobre le jeune professeur Paul Stapfer, récemment installé à Guernesey pour y parfaire son anglais et y enseigner le français. Dans ses souvenirs publiés en 1905, il témoigne de la réserve et de la discrétion où se tenait Juliette, à qui il ne serait pas présenté tout de suite. Stapfer y remarque aussi la vénération que vouait Kesler à Hugo. Il faut dire qu'à l'admiration se mêlait dorénavant une infinie reconnaissance : accablé de dettes, que Hugo régla pour lui, Kesler habiterait un temps Hauteville House, où il fut recueilli fin décembre. On l'installa dans la chambre occupée jadis par Vacquerie. Juliette aussi rêvait de faire profiter une amie de son hospitalité. Il fut question d'inviter Émilie de Montferrier, qui avait caché chez elle Hugo en décembre 1851, et de l'installer à Hauteville II. Désormais veuve, malade et désargentée, elle avait besoin de soutien, et aurait distrait Juliette de sa solitude, mais elle ne vint pas. Victor continuerait à lui envoyer des secours.

C'est donc sans elle que se passèrent les réjouissances du nouvel an. Juliette fut comblée : d'amour, la lettre rituelle de Victor étant, comme toujours, une déclaration enflammée (« utile au monde, aimé par toi ; toute mon ambition est là [5] ») ; de cadeaux, avec pour étrennes des dessins, des caisses de fruits et de conserves, et deux volumes des premières œuvres de Hugo illustrées qu'elle vit avec angoisse ses invités manipuler sans soin. Par chance, Kesler, pour ce premier jour de l'année, avait fait un effort d'amabilité avec les Marquand. Rentré avec Hugo après la fête, il avait surpris un petit signe de superstition que celui-ci faisait, en partant de chez elle, à son intention. Le brave homme avait eu la gentille indiscrétion, le lendemain, de raconter ce rituel à Juliette, pour sa plus grande joie [6]. Dix jours après, nouveau cadeau en images. Cette fois-ci, c'était le luxueux ouvrage de Louis Mie sur les villes du monde aux siècles anciens. Suzanne aussi voulait ses livres illustrés : Hugo lui avait annoncé qu'elle recevrait *Notre-Dame de Paris*. Juliette dut rappeler à l'auteur de tenir sa promesse sans la faire languir plus longtemps : « La pauvre fille grille d'impatience de posséder cette splendeur qu'elle connaît déjà et qu'elle admire à sa façon qui n'est peut-être pas la plus mauvaise [7]. »

Elle-même, Juliette grillait d'impatience de découvrir la nouvelle pièce de Hugo, *La Mort de la sorcière*, commencée le 18 janvier 1867, jour où Mme Hugo arriva enfin. Cela faisait exactement deux ans qu'elle avait quitté l'île. Victor nota dans son carnet « Reprise des anciennes habitudes [8] » et revint donc dîner chez lui, mais pour renouer avec les usages de l'été précédent, Adèle envoya tout de suite à Juliette sa servante quérir de l'eau de fleurs d'oranger à mettre dans son lait de poule. Cette prise de contact à distance préludait à plusieurs visites échangées [9]. Juliette fut même invitée à dîner à Hauteville House, mais y fit triste figure car elle était souffrante. Elle avait retrouvé la forme deux semaines plus tard, lorsqu'elle fut conviée à écouter Hugo lire sa pièce en famille les 24 et 25 février. Elle perçut l'originalité de cette féerie en vers, où un esprit de la forêt et une sorcière centenaire bernent un roi superstitieux et l'obligent à abdiquer en faveur des amoureux qu'il persécute. Son style fantaisiste, sophistiqué, impertinent, précieux, satirique, bucolique, symboliste et matérialiste fit écrire à Juliette qu'il faudrait « trouver une rubrique nouvelle[10] » pour la caractériser. C'était le premier commentaire, fort judicieux, de ce qui deviendrait *Mangeront-ils ?*.

Mme Hugo, pressée de retrouver Charles qui allait être père, repartit au bout de deux mois et demi, après un dernier dîner où Juliette fut invitée. Le jour de son départ, le 6 mars, Hugo nota dans son carnet qu'il reprenait ses habitudes à Hauteville II. Quant à Kesler, poussé peut-être par les bruits nocturnes qu'il avait lui aussi entendus dans sa chambre, ou par le sentiment d'avoir dérangé Mme Hugo, il s'installa pour dormir dans le « *parlour* » en face de Hauteville House, où il continuait de prendre ses repas quand il n'était pas invité chez Juliette.

Mme Hugo partie, Juliette se mit à la collation de *Paris-Guide* avec Julie Chenay. Hugo, qui craignait que sa préface ne mécontente le régime (il y opposait le vieux Paris à celui « de ces quinze dernières années, ce tapage nocturne, ce Paris de mascarade et de bacchanale[11] »), apprit avec étonnement que l'impératrice souhaitait la reprise d'*Hernani* à la Comédie-Française. N'était-ce pas un traquenard destiné à le récupérer à la veille de l'Exposition universelle qui allait mettre la France sous les projecteurs du monde entier ? Il confia ses intérêts à un « conseil de régence » : les amis Meurice et Vacquerie, son beau-frère Paul Foucher, l'administrateur de la Comédie-Française Édouard Thierry, et Camille Doucet, directeur général de l'administration des théâtres, homme de goût, bienveillant et ouvert. Hugo n'interviendrait donc pas directement dans les répétitions. Entre joies familiales et engagements politiques, il avait interrompu la rédaction de *L'Homme qui rit*.

Bébé Georges, né à Bruxelles le 31 mars 1867 chez Charles et Alice, le faisait grand-père à soixante-cinq ans. Il associa Juliette à sa joie en l'encourageant à transmettre ses félicitations aux heureux parents, ce qu'elle n'aurait pas fait toute seule[12]. Le 23 avril, pour la Saint-Georges, Juliette organisa chez elle une petite fête en l'honneur du nourrisson, où furent invités les Putron. En lettres dorées sur des drapeaux rouges posés en travers des plats étaient inscrits « Vive le citoyen Georges et son auguste famille », « Vive Victor Hugo », et « Vive le noble témoin de sa vie »[13]. Juliette pria Victor de ne pas envoyer ces décorations improvisées à Bruxelles, par peur du ridicule. Il suffisait bien que Mme Chenay, dans sa lettre, fasse le récit de la soirée[14].

Juliette annonça fièrement cette naissance à sa sœur et à son beau-frère, qui étaient aussi de jeunes grands-parents comblés. La petite Marguerite poussait bien, c'est sa mère, Ottilie, qui l'écrivait à Juliette. Elles ne s'étaient jamais rencontrées, Juliette attendant le jour où elle pourrait

« rentrer avec honneur dans la France libre [15] » pour faire connaissance. D'ici là, elle contemplait la photo de famille jointe à une lettre ; malheureusement, bébé Marguerite avait gigoté pendant la pose : on ne distinguait pas ses traits. Ottilie racontait aussi l'ambiance électrique dans les rues de Paris qui accueillait des visiteurs du monde entier pour l'Exposition universelle, et trouvait dommage que Juliette ne puisse pas voir ça [16].

Le regrettable surtout était de ne pouvoir, contrairement à Mme Hugo, assister à la reprise triomphale d'*Hernani* à la Comédie-Française, à partir du 26 juin 1867. Dans la salle, les vieux romantiques, Gautier en tête, qui avait dix-huit ans à la création et cinquante-cinq maintenant, étaient soutenus par la jeune génération des poètes parnassiens. Quatorze d'entre eux, dont Verlaine, Banville et Coppée, écrivirent à l'exilé une lettre publique d'hommage et d'admiration ; touché mais ferme sur les principes, il répondit en les engageant à ne pas dissocier « l'art pour l'art » de « l'art pour le progrès ». Le succès renflouait la famille : Hugo couvrit de cadeaux ses fils et son petit-fils. En six mois d'exploitation, il y eut soixante et onze représentations : on jouait *Hernani* presque un soir sur deux. Ce triomphe, qui avait servi le régime le temps de l'Exposition universelle, finit par agacer l'empereur : il fit arrêter la programmation d'*Hernani*, et interdire la reprise de *Ruy Blas* à l'Odéon.

Toute l'année, Hugo avait multiplié les lettres ouvertes pour la liberté des peuples : c'était d'abord, dans une lettre lue un soir en famille devant Juliette, les Crétois attaqués par les Turcs ; puis il avait soutenu la démarche des femmes et filles des rebelles républicains irlandais condamnés à mort ; il avait encouragé la libération du Mexique (tout en demandant, trop tard, la grâce de l'empereur Maximilien renversé) ; pour le fils du poète polonais Adam Mickiewicz à qui l'on élevait un monument, il avait écrit l'éloge de son père, héros de la liberté [17]. Juliette s'associait à cette action dans la mesure de ses faibles moyens. En guise de manifestation républicaine et antimilitariste, elle ne pouvait mieux faire que rester chez elle pour l'anniversaire de la reine Victoria.

Vu les tensions diplomatiques, Juliette se demandait si elle aurait droit, cette année, à un voyage en Europe, ou si l'on resterait à Bruxelles. Pour s'éviter la solitude, elle convainquit Hugo d'emmener Suzanne. Partis tous les trois le 17 juillet 1867, ils arrivèrent deux jours après. Hugo rejoignit sa famille place des Barricades, où il fit la connaissance de son petit-fils. Juliette, installée dans un hôtel aux galeries Saint-Hubert, attendait son tour. Pour se désennuyer, elle copia la réponse de Hugo aux poètes parnassiens qui avaient admiré *Hernani* [18], et se rendit sans lui à *La Grande Duchesse de Gerolstein*, poursuivant ainsi sa cure belge d'Offenbach [19]. Elle aurait pu assister au baptême de petit Georges dans la cathédrale Sainte-Gudule, mais elle préféra y envoyer Suzanne, qui trouverait sûrement « son compte dans cette cérémonie de convention[20] », tant étaient ardents son catholicisme et son affection pour le grand-père, qu'on voyait pousser la voiture d'enfant dans les rues de Bruxelles[21]. On fêta les quatre mois du bébé le 31 juillet : Juliette le prit pour la première fois dans ses bras[22].

Les yeux pour pleurer

L'ombre au tableau de famille, c'était la vue d'Adèle, qui ne cessait de baisser. On en était à lui poser des ventouses sur les yeux, technique qui laissait Juliette dubitative. Elle suggéra qu'on lui fît plutôt voir du vert, couleur reposante[23]. Mais Adèle était désormais sensible à la lumière ; aussi ne fut-elle pas de l'excursion à l'abbaye de Villers le 13 août, deux jours après la visite de Verlaine venu de Paris pour s'entretenir avec le Maître.

Après l'excursion à Villers, Juliette, Victor et ses fils partirent en Zélande, du 18 au 24 septembre, pour un voyage dont Charles publierait le récit en feuilleton. Au musée d'Anvers, on admira les Quentin Metzys et *La Femme au chapeau rouge* de Rembrandt. Rejoindre la Zélande, zébrée de bras de mer, n'était pas chose aisée. Un batelier qui avait reconnu son passager de marque les mena fièrement à bon port. La campagne resplendissait. Hugo, décidé, en voyage, à tout admirer « comme une brute », se sentait « heureux dans ce paysage simplement endimanché de verdure appétissante », et faisait remarquer à ses camarades « la coquetterie de la maisonnette, l'air d'aisance de la ferme, la blanche laine si bien frisée du troupeau de moutons et jusqu'à la bonne mine du tas de fumier que dégustait délicatement un porc étonné de sa propreté »[24]. On s'extasia de voir surgir deux enfants en costume traditionnel. On retrouva l'ami Arthur Stevens et sa bande, avec qui on termina le voyage. On se rendit en char à bancs en bord de mer. À l'Hôtel de Ville de Zieriksee, on contempla une pirogue qu'au siècle précédent le flot avait apportée des contrées polaires, contenant le cadavre d'un Esquimau. On l'avait trouvé encapuchonné dans son manteau de peau de phoque, échoué sur une dune. À Dordrecht, on se désola du triste état dans lequel sa transformation en temple protestant avait laissé l'ancienne cathédrale catholique, où Hugo, pour la première fois de sa vie, fut invité à monter en chaire par le pasteur. À Anvers, le voyage touchait à sa fin. Dans les églises, les tableaux n'étaient visibles qu'aux heures d'ouverture prévues pour leur contemplation payante, et voilées pour les fidèles à l'heure des prières.

Les voyageurs, se refusant à cette commercialisation de l'art sacré, se privèrent de la *Descente de croix* de Rubens ; on se rattrapa au zoo.

Au retour, Juliette se projeta dans ses joies futures de la « bonne vieille grand-mère [25] » qu'elle pourrait être, avant de les éprouver à Chaudfontaine, du côté de Liège, où la famille au complet fit une villégiature d'une douzaine de jours. De mieux en mieux intégrée, Juliette y servit de lectrice à Adèle [26]. Leur compagnonnage se poursuivit au retour : Juliette réintégra son hôtel, mais fut de nouveau invitée et fit même une promenade avec l'épouse [27]. Elle pouvait surtout compter sur les excellents Berru qui la conviaient régulièrement à dîner (et réciproquement), et refusa même une invitation d'Adèle pour ne pas avoir à se décommander auprès d'eux [28]. Camille Berru, vieil ami de Victor, avait été rédacteur au journal républicain tenu par les fils Hugo avant le coup d'État de 1851. Condamné à la déportation à Cayenne, il s'était réfugié à Bruxelles, où il était devenu secrétaire de rédaction au journal *L'Indépendance belge*. Sa femme et lui, amateurs de théâtre, invitèrent Juliette à se joindre à eux pour voir *Barbe-Bleue* d'Offenbach [29]. Suzanne n'était pas en reste. Elle qui avait déjà raffolé des lions, éléphants et clowns vus au cirque à Guernesey, se vit offrir à Bruxelles le spectacle du funambule Blondin que sa maîtresse avait déjà vu jadis à Londres franchir les cinq cents mètres qui séparaient les deux fontaines de Crystal Palace [30]. L'homme s'était rendu célèbre en 1859 pour avoir traversé les chutes du Niagara. Hugo, lui, préparait un spectacle moins risqué, sinon financièrement : la reprise de *Ruy Blas* à l'Odéon. Il reçut chez lui le 4 octobre, pour leur indiquer leurs rôles, les deux acteurs principaux [31], sans savoir que six jours plus tard, l'empereur ordonnerait à son ministre de l'Intérieur d'interdire la pièce.

Sur la fin du séjour, Juliette apprit le succès de son neveu Louis à l'agrégation d'allemand, où il n'y avait que quatre postes. Une carrière s'ouvrait à lui. Elle fut peut-être moins ravie d'apprendre qu'Adèle Hugo avait l'intention de revenir à Guernesey. C'est du moins ce qu'affirmait sa servante, qui attribuait la perte d'appétit de sa maîtresse et son amaigrissement à la nostalgie de l'île [32]. Elle exagérait ou se trompait. Adèle ne reviendrait jamais à Guernesey. Les voyageurs reprirent le bateau sans elle, chacun dans son compartiment, *ladies* d'un côté, *gentlemen* de l'autre [33].

Pendant trois mois, en l'absence de Suzanne, la maison de Juliette était restée à l'abandon. On l'avait retrouvée « bouleversée, disloquée, moisie et oxydée par la pluie, le vent, le chaud, le froid, les souris, les rats et les araignées [34] ». Il fallait une nouvelle servante pour seconder Suzanne, la précédente ayant été licenciée au bout de six mois, avant les vacances.

Une recrue, arrivée de Sercq le 26 octobre, était d'une saleté repoussante, en haillons, délabrée, hébétée. Hugo se dépêcha de lui acheter des vêtements et des souliers ; Juliette abdiqua au bout d'un mois et fit entrer à son service le 6 novembre une charmante jeune fille de treize ans, Thérèse Griffon, qui était employée depuis quelques jours à Hauteville House et y donnait toute satisfaction.

En attendant que sa maison soit remise en ordre et sa cheminée ramonée, Juliette dînait à Hauteville House, et ne reprit ses fonctions d'hôtesse que trois semaines après le retour[35]. Elle retrouva ses souvenirs de vacances dans le *Victor Hugo en Zélande* que Charles faisait paraître dans le journal *La Liberté*. Elle n'y est pas nommée, puisqu'il parle d'un voyage offert par M. Hugo à « ses deux fils », mais il évoque leur groupe comme composé de « quatre voyageurs et deux voyageuses », ce qui, en ajoutant un couple imaginaire (dont l'homme serait le narrateur anonyme), permettait de ne pas oublier Juliette tout en restant discret.

L'interruption d'*Hernani* en plein succès, et l'interdiction de *Ruy Blas* que son directeur Chilly préparait à l'Odéon étaient toutes deux déjà décidées en secret depuis plusieurs semaines, mais Hugo crut qu'elles étaient dues à sa diatribe en vers *La Voix de Guernesey*. Il l'avait lue en famille le 18 novembre, et Juliette avait conclu : « Ton génie est le grand justicier de Dieu[36]. » Il y apportait son soutien à Garibaldi, ancien émancipateur de la Sicile, qui avait voulu libérer Rome restée aux mains de l'État pontifical, mais avait été vaincu à Mentana par les troupes françaises appelées à la rescousse par le pape et le roi d'Italie Victor-Emmanuel II[37], et condamné au bagne. Le poème, qui dénonçait le pape et Napoléon III, fut traduit dans dix-sept langues et eut un retentissement énorme. Hugo apprit l'interdiction de *Ruy Blas* par Chilly consterné, et répondit directement à l'empereur : « Monsieur, je vous accuse réception de la lettre que m'a écrite le directeur du "Théâtre impérial de l'Odéon". Victor Hugo[38]. » Juliette regretta de n'être pas petite souris pour voir la tête du Bonaparte quand il lirait ce message.

L'année se termina sur une note plus joyeuse : en guise d'étrennes, on reçut, le jour de la Saint-Sylvestre, une nouvelle réjouissante, Alice attendait un deuxième enfant.

Le revenant

En attendant son arrivée, on fêtait Georges comme un roi, au point de lui réserver en son absence, pour l'épiphanie, la part du gâteau où se trouvait la fève[39]. Juliette était désormais associée aux échanges épistolaires avec la famille. François-Victor lui avait envoyé un almanach ; elle l'en remercia en l'embrassant « maternellement sur les deux joues[40] ». Le même jour, Victor invitait sa femme à les rejoindre à Guernesey, si elle ne craignait pas la traversée par temps d'hiver. Vacquerie était chargé de lui lire la lettre : « Guernesey lui tend les bras. Sa lectrice de Chaudfontaine lui lira tant qu'elle voudra. Julie écrira sous sa dictée, et moi je ferai tout ce qui pourra l'égayer et la distraire. Le printemps aidant, la santé reviendra[41]. »

Faute de voir arriver Adèle, on accueillit une série d'artistes venus travailler pour ou avec Hugo : un dessinateur, des comédiens et un photographe. Chifflart venait montrer au romancier les illustrations qu'il avait conçues pour *Les Travailleurs de la mer.* Il resta quelques jours, le temps pour Juliette d'admirer ses planches et d'accepter une médaille représentant Hugo ceint de lauriers, et un dessin de Hauteville House qu'elle voulut encadrer[42]. Il lui confia aussi une idée de frontispice pour *Les Travailleurs de la mer*, avec cette inscription : « Je désire que cette idée du Maître trop faiblement rendue, lui soit offerte par Madame Drouet ».

Il était arrivé le même jour qu'une troupe itinérante venue présenter *Hernani.* Le triomphe de la pièce l'année précédente à la Comédie-Française avait donné des idées en province. On avait rouvert, aéré et épousseté pour l'occasion le théâtre de Guernesey qui n'avait servi qu'une seule fois depuis deux ans. On construisit une loge à l'abri des regards pour Hugo et les siens, fleurie et ornée de lauriers. C'est là que Paul Stapfer, qui avait déjeuné le midi à Hauteville House avec les comédiens terrifiés d'être ainsi reçus par l'idole, fut présenté à Juliette, accompagnée de ses deux servantes et de Julie Chenay. On avait sabré un tiers des vers. Juliette trouva les acteurs et les accessoires lamentables, mais la tentative touchante. Victor, au contraire, se réjouit d'être joué en toute simplicité, quasiment sans décor, avec cinq acteurs pour vingt-cinq personnages, comme au temps de Shakespeare, et écrivit à sa femme le soir même : « Je me suis vu sur la charrette de Thespis[43]. »

Juliette préféra le travail du photographe Frankland qui immortalisa le groupe des enfants pauvres invités le 10 février 1868. La photo s'arracha dans l'île. Une dame la demanda à Suzanne, des gens de la campagne la réclamèrent au boulanger qui se faisait fort de la leur fournir et de se garder pour lui-même une photographie « du père de famille de Hauteville[44] », comme on disait. Juliette voulut son exemplaire : la misère des petits contrastant avec la bonté de leur bienfaiteur lui faisait venir les larmes aux yeux. Elle demanda aussi un tirage pour sa nièce Ottilie, que cela pouvait intéresser[45]. En revanche, elle redoutait l'objectif d'un autre photographe : Arsène Garnier, installé à Guernesey depuis 1848, faisait

François Chifflart, projet de frontispice pour *Les Travailleurs de la mer*, dessin, 1868

poser Hugo à Hauteville House. Juliette était toujours aussi rétive à cet exercice humiliant, et préférait attendre qu'on trouve « le secret de photographier les âmes[46] ». Mieux valait le laisser immortaliser à son tour un repas des enfants pauvres, ce qu'il fit le 29 mars 1868. Elle finit tout de même par se laisser convaincre, et fit bien : son portrait à soixante-deux ans, réalisé par Garnier, révèle la dignité de son port, la finesse de ses traits et la douceur de son expression *(voir cahier hors texte)*.

Le printemps revenu, les promenades en calèche, quasi quotidiennes, emmenèrent Victor et Juliette à la colonne Doyle où ils avaient leurs habitudes jadis et qu'ils n'avaient pas revue depuis plusieurs années[47], et dans d'autres endroits de l'île. Ils prenaient souvent Julie avec eux, et, en alternance, leurs servantes, que ces sorties divertissaient, autant que le théâtre auquel elles avaient droit aussi. Une troupe étant venue jouer une adaptation des *Misérables* au mois d'avril (à laquelle Juliette, ayant le goût délicat, ne voulut pas assister), on y envoya la petite Thérèse et Mariette Leclanche[48]. Celle-ci était entrée au service de Hugo au début de l'année. Il lui apprendrait à lire. Elle avait vingt-huit ans, et ne tarda pas à apparaître dans les carnets de son maître, sous un nom de code. Naturellement, Juliette ne savait rien de ce qui se passait dans les chambres hautes

Henry Frankland, *Repas des enfants pauvres*, photographie, 1868

de Hauteville House. Elle avait maintenant soixante-deux ans, et cela faisait bien longtemps qu'elle ne réclamait plus ce qu'elle considérait jadis comme son dû.

Le plein d'émotions fortes, c'est la lecture de *L'Homme qui rit* qui le lui procurait. Elle se mit à la collation le 9 mars, avec l'aide de Julie qui l'avait copié. Sa hâte était grande de retrouver le « pauvre petit inconnu abandonné sur les hauteurs de Portland », dont elle avait bien remarqué que Hugo retardait le plus longtemps possible le moment de dévoiler le nom. Elle prévoyait aussi que le jeune héros, dont l'origine aristocratique serait un jour découverte grâce au message contenu dans la bouteille jetée à la mer par ses bourreaux naufragés, n'était pas au bout de ses misères, l'auteur du roman étant, à l'égal de Dieu même, « son persécuteur »[49]. La suite ne la rassura pas. Une séance de lecture à haute voix devant le petit groupe lui fit écrire le lendemain : « Ma terreur est une des formes de mon admiration[50]. » La scène où les trafiquants d'enfants qui ont abandonné le jeune héros sur une rive déserte et glaciale coulent corps et biens après que se sont calmés les éléments déchaînés lui fit un effet terrible. Elle avait besoin de détendre ses nerfs « crispés par ce terrible naufrage plus tragique et plus lugubrement grandiose dans son impassibilité morne que dans le tumulte et le brouhaha violent de la tempête ». Elle avait parfaitement compris le sens de ce châtiment attendu et imprévu : « La justice de Dieu n'a pas besoin des colères de la nature

Arsène Garnier, *Victor Hugo dans le salon rouge à Hauteville House* et *Victor Hugo dans le jardin de Hauteville House*, photographies, 1868

pour être exécutée. » Le sort du petit garçon tourmentait Juliette, qui implora un infléchissement de l'intrigue : « J'espère que tu finiras par t'humaniser un peu envers ce pauvre petit diable anonyme dont le malheur fait le tourment de ma vie depuis que je le connais. »[51]

L'autre petit diable de la famille dont le bonheur faisait la joie de Juliette depuis qu'elle le connaissait, on espérait le voir bientôt à Guernesey, avec toute la tribu. Le projet fit long feu. Faute de voir débarquer bébé Georges, Juliette célébra son premier anniversaire, le 31 mars 1868, par un repas de fête. On recommença le lendemain, Juliette ayant découvert dans le calendrier que le 1er avril était aussi la Saint-Hugo. Elle fit au grand-père la surprise d'un petit banquet improvisé : les plats étaient recouverts de fleurs, deux camélias ; ils gardèrent chacun, douce relique, celui de l'autre. Une semaine plus tard, Juliette fit un cauchemar, confié au réveil à sa lettre quotidienne. Elle se fiait à la rime classique entre « songe » et « mensonge » pour en retourner l'interprétation :

Je me suis réveillée tout à l'heure en proie à un hideux cauchemar dans lequel je voyais ton pauvre petit Georges très malade. J'étouffais, je pleurais tant et

Arsène Garnier, *Repas des enfants pauvres*, photographie, vers 1868

> si fort que j'en suis encore tout impressionnée. Heureusement que cette hideuse vision signifie tout le contraire de ce qu'elle montre et je suis sûre que la première nouvelle de Bruxelles confirmera une fois de plus que les rêves ne sont que l'envers de la réalité et que NOTRE cher petit Georges se porte comme un petit Turc[52].

Le songe ne mentait pas. Une lettre quatre jours après leur apprit que le garçon était souffrant. Juliette eut beau prier le bon Dieu de lui rendre la santé, la lettre suivante disait ce que c'était, une méningite. Et celle du surlendemain qu'il était mort, et qu'on l'enterrait[53].

La mort d'un bébé était fréquente alors. L'âme de Georges, tout le monde y croyait, attendait la naissance du petit frère ou de la petite sœur pour se réincarner. C'est déjà ce que Victor et Adèle avaient imaginé lorsque ayant perdu leur premier-né, Léopold, ils avaient transmis son prénom à Léopoldine. Dans un poème des *Contemplations* intitulé « Le Revenant », la mère distraite par le souvenir de l'âme envolée, donnant le sein à son nouveau-né, l'entend « tout bas murmurer : – C'est moi, ne le dis pas ». On envoya à Victor et Juliette des photos de petit Georges. La première avait été prise sur son lit de mort, la seconde de son vivant[54]. François-Victor eut la délicatesse de réserver à Juliette un exemplaire de celle-ci : « J'ai tenu à envoyer directement à notre excellente amie d'Hauteville-Féerie le portrait auquel elle a tant de droits. C'est une offrande presque filiale[55]. » Juliette reconnut dans ce portrait le grand front de son grand-père, les beaux yeux de sa grand-mère et le bon sourire de son père.

Au réveil et au coucher, elle se recueillait désormais devant le buste de Victor, la photo de Georges et le dessin de Claire par Pradier[56]. Elle n'était pas allée sur sa tombe depuis dix-sept ans, sa servante en prit soin pour elle. S'étant accordé un bon mois de vacances auprès de sa famille champenoise, Suzanne avait fait escale à Paris où les jeunes Koch lui avaient offert l'hospitalité[57]. Ils fleurirent ensemble la sépulture de Claire, avec un rosier rouge. La couleur ne convenait pas à une vierge ; au retour de Suzanne, Juliette remercia son neveu pour ce geste de piété, et pour sa générosité envers la brave servante, mais lui demanda de remplacer par des fleurs blanches celles qu'il avait maladroitement choisies.

Le retour de Suzanne tranquillisa Juliette : elle avait craint un temps que sa servante, sous l'influence de sa famille, ne revînt jamais. C'était mésestimer l'affection que la brave femme vouait à ses maîtres. Thérèse et elle furent aux petits soins pour Juliette le jour de sa fête patronale, le 21 mai : elles s'ingénièrent à la gâter et fleurir sa maison. Elles-mêmes y étaient bien traitées, ne manquaient de rien, recevaient des cadeaux (Thérèse avait eu naguère des boucles d'oreille, Suzanne son exemplaire illustré de *Notre-Dame de Paris*), étaient soignées par Juliette quand elles étaient malades.

À la réincarnation attendue de petit Georges s'en ajoutait une autre, celle de Rembrandt dans l'auteur de *L'Homme qui rit*. Cette comparaison vint à l'esprit de Juliette à la lecture des portraits de la duchesse Josiane, splendide et perverse, et de lord David Dirry-Moir, dandy et batailleur, demi-frère illégitime du héros[58]. Le destin de Gwynplaine, rendu à sa noblesse et siégeant à la Chambre des lords, trahi par son rictus devant ses pairs, sa bouche béante faisant sombrer son discours sur la misère dans l'hilarité générale, firent de nouveau battre le cœur de Juliette. Le héros retrouverait-il sa famille de saltimbanques ? Elle s'en était bien doutée, l'auteur serait « sans pitié pour ce groupe sublime dans sa misère, dans sa pureté et dans son malheur[59] ». Trois semaines plus tard, alors que Juliette approchait du dénouement, Hugo interrompit son roman pour préparer ses vacances.

Embarqués le 27 juillet, ils arrivèrent à Bruxelles le 30. Dès le premier soir, Juliette, logée à l'Hôtel des Postes, fut invitée à dîner par les enfants Hugo. Adèle, depuis Paris, les rejoindrait le 2 août. Se sentant affaiblie, elle avait écrit à son mari : « Dès que je te tiendrai, je me cramponnerai à toi sans te demander ta permission. Je serai si douce et si gentille que tu n'auras pas le courage de me déserter. C'est la fin de mon rêve que de mourir dans tes bras[60]. » La veille de son arrivée, Juliette avait encore été conviée à une promenade en famille. Elle en était gênée, préférant être invitée par Adèle directement. L'ambiance était joyeuse à « Barricades House », comme disait Juliette, en ce mois d'août où la maison tenait table ouverte pour le journaliste Henri Rochefort. Croulant sous les amendes et les peines de prison que lui valait la férocité satirique de son journal *La Lanterne*, il trouva refuge et protection, avec ses enfants, auprès de la famille Hugo. On fit aussi bon accueil au neveu de Juliette, venu présenter sa femme, Ottilie, et leur petite Marguerite. Ils faisaient un détour par Bruxelles sur la route de Iéna, où ils partaient en vacances[61]. Arrivés le 6 août avec l'intention de repartir le lendemain, ils s'attardèrent un jour de plus à l'invitation des Hugo. Ottilie était charmante, Marguerite très gâtée et très gentille, et le « bon petit ménage bien honnête, bien modeste, bien simple, bien uni sans aucune prétention, aucune outrecuidance, aucune indiscrétion[62] ».

Une semaine après leur départ, le 16 août 1868, un nouveau petit Georges était revenu. « Alice l'a remis au monde », écrivit Hugo[63]. Adèle invita Juliette à se joindre à leur joie.

Les idées larges

Une semaine après la naissance, sitôt achevé *L'Homme qui rit*, le 23 août 1868, on fit la fête avec les Berru et Juliette. Le lendemain, Adèle et elle se promenaient ensemble en calèche. C'était leur dernier compagnonnage. Adèle fut victime, le jour suivant, de cette apoplexie que l'on redoutait depuis des mois. Paralysée du côté droit, elle respirait mal, et son pouls était monté à 110. Juliette s'interdit, par décence, de se déplacer elle-même place des Barricades. Hugo ferma les yeux à sa femme après une dernière nuit d'angoisse, et reçut aussitôt de Juliette l'assurance d'être aimé jusqu'à la mort et même au-delà. Elle était sûre, du reste, d'être « approuvée et bénie » dans son amour « par ce grand cœur et ce grand esprit » qui venait de les « devancer, hélas ! dans l'éternité »[64]. Ce qui est certain, c'est que Mme Hugo se souciait de l'avenir de Juliette. Elle avait recommandé à ses fils, dans une disposition testamentaire prise en 1862, de la considérer comme un membre de la famille :

> Vous agiriez, mes enfants, contre mon désir, si après avoir pris connaissance des papiers qui accompagnent ce mot, vous en abusiez contre Madame Drouet. Je veux au contraire que, tant qu'elle vivra, elle soit l'objet de vos égards et que vous respectiez [...] ceux de votre père pour elle [...]. Il est juste, dans nos larges idées, que Madame Drouet ait, dans la vie douce que votre père nous fait, sa part de bonheur.

Adèle avait voulu être inhumée près de sa fille, à Villequier. Son mari, fidèle à sa promesse de ne pas remettre le pied dans une France asservie, accompagna le cercueil jusqu'à la frontière, à Quiévrain, là où lui-même, en décembre 1851, était entré dans l'exil. Juliette ne l'accompagnait pas :

> Plus je pense au triste voyage de ce soir, plus je sens que je dois m'abstenir d'en faire partie. L'hommage pieux de mon cœur envers cette grande et généreuse femme ne doit pas s'exposer à être mal interprété par des indifférents ou des malveillants. Encore ce dernier sacrifice à la malignité humaine pour avoir le droit de nous aimer ensuite à ciel ouvert, n'est-ce pas, mon cher bien-aimé[65] ?

Elle allait tout de même un peu vite en besogne. Le droit de s'aimer à ciel ouvert, ce n'était pas pour tout de suite.

Tandis que Victor, le soir, dormait à Quiévrain chez un admirateur, Juliette se réfugia chez Berru et sa femme avec qui elle pleura en évoquant la morte. Elle pleurait pour Victor et ses fils, mais aussi pour elle-même, dont Adèle, depuis peu, « était la réhabilitation délicate et discrète[66] ». Hugo confia l'âme de sa femme à Dieu, et son corps à Vacquerie, qui accueillit le cercueil à Villequier. Meurice prononça, le 30 août, une oraison funèbre dont la lecture fit pleurer Victor. Il avait demandé qu'on inscrivît sur la tombe « Adèle, femme de Victor Hugo ». Cette possession de l'épouse par son nom, il l'avait confirmée en gravant au-dessus de sa tête, à l'intérieur du cercueil, un « VH » qui lui faisait une couronne armoriée. Sur sa photographie mortuaire, il inscrivit : « Chère morte pardonnée ».

À l'idée d'une possible prolongation du séjour à Bruxelles, Juliette songea à passer ses soirées seule sans encombrer les Berru de sa présence, et se fit rare place des Barricades. Elle n'en donnait pas moins son avis sur les affaires domestiques, et recommanda qu'on ne laissât pas Alice seule avec son nourrisson pendant l'excursion à Gronendael des trois hommes. La mort de leur mère et la naissance du bébé n'empêchèrent pas les fils Hugo de s'octroyer une virée à Spa, où Charles aimait jouer. Tandis que Juliette commençait à préparer le retour à Guernesey, et demandait conseil à Mme Berru pour savoir où trouver du linge de qualité, puisqu'il fallait se fournir en draps, nappes, serviettes, stores pour sa maison, bottines et pantoufles d'hiver pour elle et pour lui[67], Hugo écrivit en deux semaines, du 21 septembre au 4 octobre, une pièce de théâtre dont le manuscrit est maintenant perdu. Un gamin de Paris posté près d'un panneau de chemin de fer y rend des services aux quidams qui excitent sa verve satirique. Intitulée *Zut dit Mémorency*[68], elle aurait pu intégrer le *Théâtre en liberté*, que Hugo projetait alors de publier en séries, comme il l'avait dit à Lacroix avec qui il signa fin septembre le contrat d'édition de *L'Homme qui rit*. Celui-ci rapporta tout de suite la coquette somme de 100 000 francs dont il avait bien besoin, l'autre moitié devant lui être versée à la livraison.

Comme si la mort naturelle ne suffisait pas, Rochefort risquait alors sa vie dans un duel. Une affaire d'honneur opposait le journaliste républicain au fils bonapartiste du ministre de la Justice, Baroche. Les deux hommes s'affrontèrent le 27 septembre en Hollande, au sas de Gand, de l'autre côté de la frontière belge. Charles et François-Victor étaient les témoins de leur ami. Le télégramme libérateur arriva enfin : Rochefort avait reçu un coup d'épée au bras, son adversaire trois, on s'était arrêté là. La vie reprit son cours. Rochefort vint dîner le soir avec ses deux enfants à l'hôtel où était descendue Juliette. Celle-ci géra aussi à distance le baptême fixé au 3 octobre 1868. Rochefort serait le parrain, et Mme Jules Simon sa commère. Juliette prit soin de garder un sachet de dragées à rapporter à Julie Chenay, mais n'assista ni à la cérémonie ni au festin. Elle préféra rester en tête à tête avec Mme Berru.

Quatre jours plus tard, Victor et Juliette quittèrent la Belgique pour rentrer chez eux. Lorsqu'ils se retrouvèrent, Victor rassura Julie : elle était et resterait toujours la bienvenue chez lui, en petite belle-sœur bien-aimée. Juliette se plaça auprès de Victor sous la protection d'Adèle comme sa continuatrice :

> Je lui demande, à cet illustre témoin de ta vie ici-bas, de vouloir bien être le mien devant Dieu là-haut. Je lui demande la permission de t'aimer autant que je vivrai en ce monde et dans l'autre. Je lui demande encore un peu de ce don divin qu'elle avait, celui de te rendre heureux, et j'espère qu'elle me l'accordera puisqu'elle voit le fond de mon cœur[69].

Dans le fond de son cœur, il n'y avait pas l'ambition de devenir la femme de Hugo aux yeux des hommes. Elle l'était déjà devant Dieu depuis leur mariage secret de 1839, cela suffisait bien. Victor, de toute façon, aurait trouvé une régularisation ridicule : il avait une idée haute de la famille, pas du mariage[70]. Ses *Chansons des rues et des bois*, et toute son œuvre depuis l'exil, proclamaient l'amour libre et l'égalité des hommes et des femmes. La vie continua comme avant, chacun dans sa maison.

Victor reprit l'habitude de dîner tous les soirs à Hauteville II.

Juliette mit les bouchées doubles parce que Thérèse souffrait d'un abcès au pied qui l'empêcha de travailler pendant deux mois. Elle lui administra ses médicaments, fit ses pansements, et lui avait offert une jolie robe qu'elle pourrait bientôt arborer à la grand'messe où les servantes faisaient assaut de coquetterie.

Le service de Juliette avait mis Thérèse à l'abri du besoin. Mais tous les indigents n'étaient pas logés à la même enseigne. Au printemps précédent, la disette les avait poussés à faire la queue devant Hauteville House pour demander du pain, où ils étaient sûrs d'en trouver. Sitôt rentré de Belgique, Hugo reprit ses repas hebdomadaires pour les enfants pauvres. Leur nombre augmentait régulièrement. Comme trois d'entre eux avaient la gale, Juliette pria Victor de les exclure momentanément du groupe et de leur faire porter les vivres à domicile, pour ne pas risquer de contaminer leurs camarades, Hugo et ses servantes[71].

La charité de Hugo s'exerça aussi auprès de Laure Luthereau et Émilie de Montferrier. Tombées dans la misère, elles réclamaient des subsides. Honteuse pour elles, Juliette se sentait humiliée par leur indiscrétion. Hugo donna. Marquand aussi se confiait indiscrètement sur ses misères, qui étaient d'un autre ordre. Il prenait Juliette à témoin de ses mésaventures conjugales. Heureusement, les choses s'arrangeaient du côté de son meilleur ennemi Kesler, qui, au printemps, s'était montré odieux avec tout le monde, et filait un mauvais coton : il était redevenu aimable, au point d'offrir des étrennes aux servantes de Juliette qui le servaient à dîner quand il était invité.

Du côté de la jeune génération, les nouvelles étaient bonnes aussi. Louis, le neveu de Juliette, et sa femme, Ottilie, attendaient leur deuxième enfant, et envoyèrent une photo de Marguerite, qui poussait bien. Petit Georges aussi. C'est son père qui le racontait. Comme Charles avait fait l'emplette de nouvelles porcelaines de Saxe, et d'un poêle en faïence qui aurait fait envie à Juliette, il glissa pour elle, dans sa lettre à son père, un clin d'œil amical et il lui destina un *post-scriptum* affectueux : « J'embrasse Mme Drouet et cette bonne Julie[72]. » Il brûlait d'envie de se lancer, comme l'avait fait Rochefort avec sa *Lanterne*, dans un nouveau journal, avec son frère et le fidèle Meurice. L'autorisation préalable ayant disparu, c'était plus simple, mais on risquait, en revanche, la censure rétrospective, les procès et les amendes. Hugo, qui avait d'abord conseillé de s'en tenir à un journal littéraire, et non pas politique, ne voulut pas s'y impliquer directement. Il refusait l'illusion d'une presse libre que pouvait donner cette publication comme il déconseillait de participer aux élections. La révision et la collation de *L'Homme qui rit* achevée, il avait enrichi son œuvre, en janvier, de deux nouvelles pièces. *Margarita,* première des *Deux Trouvailles de Gallus*, dénonçait (comme la seconde, *Esca*, qu'il composerait en mars) la violence faite aux femmes, et *L'Épée* prônait la résistance sans concession à l'oppression politique.

Les honneurs du Rappel

Ses fils mirent tout de même à exécution leur projet de fonder un journal militant, qui soutiendrait les candidats républicains aux élections de mai 1869, et resterait en éveil contre le régime impérial. Son nom, *Le Rappel*, avait une pluralité de sens qui lui plaisait : « le Rappel autour du drapeau républicain, le Rappel du Passé, de la tradition révolutionnaire, le Rappel de M. Bonaparte à la pudeur, le Rappel de ce que nous avons été nous-mêmes, de *L'Événement*, etc.[73] ». Il oubliait l'autre sens, qui le concernait personnellement : la France le rappellerait à elle quand elle se serait libérée. Hugo n'était pas de ses rédacteurs officiels, mais sa pensée influençait la ligne éditoriale.

En dix-sept ans d'exil, Juliette, d'abord femme d'ordre, comme tout aspirant à la bourgeoisie, était devenue une républicaine acharnée. Le 24 février 1869, on avait fêté la révolution de 1848 par une « petite goinfrerie patriotique, démocratique et SAUCIALE[74] », arrosée d'un vin de Dordogne envoyé par un ancien proscrit de Jersey, cru baptisé *Victor Hugo*. Dès la première livraison du *Rappel*, le 4 mai 1869, Juliette en fit sa lecture quotidienne. Elle y fut vite à l'honneur. Dans le quatrième numéro, Meurice lui dédiait sa « Lettre à une dépaysée », où, sans la nommer, il évoquait son exil, rendait hommage à son intérêt pour l'actualité politique et littéraire, et l'associait au combat du journal pour le retour de la liberté. L'adresse un peu artificielle à cette « dépaysée » anonyme louait sa curiosité, ses convictions et sa patience, mais donnait d'elle, involontairement, une image peu valorisante. Son éloignement, d'après Meurice, l'empêchait de goûter pleinement la vie littéraire et intellectuelle de son temps qu'elle cherchait à comprendre : « L'état des esprits et le mouvement des idées n'apparaissent pas sans confusion et sans lacune à vos grands yeux pénétrants et doux[75]. » Juliette fut à la fois touchée et vexée. Cette célébration maladroite confirmait, à ses yeux, sa position marginale et l'anonymat de son destin :

> Quel dommage que cet insigne et si délicat hommage à une déclassée, je veux dire *dépaysée*, soit si mal justifié ! Je le regrette doublement pour lui et pour elle car la prudence a parfois des exigences bien maussades et bien blessantes. Quoi qu'il en soit, j'espère que ce noble et généreux homme n'aura pas trop à se repentir de sa gracieuse intention et je suis sûre que sa *dépaysée* lui en gardera un profond et reconnaissant souvenir[76].

Le Rappel inquiétait le pouvoir. Il avait été menacé d'interdiction avant même son premier numéro. Un rapport de police préalable préconisait l'interdiction de sa vente sur la voie publique et dans les kiosques, pour en limiter la diffusion. Le directeur, Barbieux, était un proscrit du Deux-Décembre, les cinq rédacteurs-fondateurs étaient les deux fils Hugo, et leurs amis Meurice et Vacquerie, anciens de *L'Événement*, auxquels se joignait l'intrépide Rochefort, dont le journal *La Lanterne*, naguère malmené par la justice asservie au régime, avait entre-temps cessé de paraître. Il était candidat aux élections du Corps législatif. Le journal soutenait évidemment sa candidature à Paris, comme celle de Gambetta. Celui-ci fut élu. Rochefort devrait attendre les élections complémentaires de novembre. Le pouvoir surveillait de près *Le Rappel*, contre lequel s'accumulèrent les brimades. Il fut saisi les 17-18 mai pour « fausses nouvelles ». Le mois suivant, ses locaux firent l'objet d'une perquisition, et il fut suspendu deux semaines.

L'Homme qui rit, publié au printemps en volumes, y parut en feuilleton de mai 1869 à janvier 1870. Il n'en connut pas moins un relatif échec, en comparaison des *Misérables* et des *Travailleurs de la mer*. Lacroix avait en tête des combinaisons commerciales hasardeuses. Il tarda à achever la fabrication, ce qui fit tomber la sortie du dernier volume en période électorale, offrit le livre en cadeau aux lecteurs qui achèteraient pour 100 francs d'autres ouvrages dans son catalogue, comme s'il bradait le roman ; il était disponible à Londres, où il coûtait moins cher, avant Paris où le premier tome sortit le 19 avril 1869. Toujours solidaire des malheurs de son grand homme, Juliette ne décolérait pas contre « les inepties à jet continu de cette canaille de Lacroix » qu'elle traitait de « *comprachicos* belge » ; bien capable de rivaliser avec le charlatan qui avait mutilé le héros Gwynplaine en lui fendant la bouche jusqu'aux oreilles pour en faire un monstre de foire, l'éditeur aurait pu, disait-elle, en remontrer au Dr Conquest dans l'art de « défigurer un succès sublime en le masquant de coquinerie et de stupidité »[77].

Barbey, à son habitude, déchaîna son ironie mordante dans deux articles ; le premier commençait par un finaud « L'homme qui rit, c'est nous ! » ; le second se terminait sur un non moins finaud « Il s'appelait Victor – et ce nom lui allait bien ! Désormais, on l'appellera Victus ! »[78]. Le neveu de Juliette, de nouveau père, d'un petit garçon, cette fois[79], avait reçu un exemplaire en tant que « critique allemand », envoyé quatre pages de compliments qu'on avait lues en famille, et publié un article dans la *Gazette d'Augsbourg*. L'appréciation admirative du poète anglais Swinburne toucha profondément Hugo, mais ne suffit pas à le convaincre tout à fait qu'il avait réussi son roman. Il prit acte de son échec, dû, selon lui, à l'incurie de Lacroix, mais aussi à la formule épique qu'il avait insufflée dans la narration, et à sa volonté de « forcer le lecteur à penser à chaque ligne[80] », qui s'était retournée contre lui. Cette force pensive présente à chaque ligne du roman était précisément ce qu'il appréciait lui-même, la même année, dans *L'Éducation sentimentale*. Il l'écrivit à Flaubert[81]. Ce qui, en tout cas, n'avait pas pu le laisser indifférent, c'est l'effet prodigieux de son livre sur les servantes de Juliette. Elles ne parlaient que de cela. La rencontre de l'enfant avec le pendu avait tellement impressionné la jeune Thérèse qu'elle en avait rêvé tout haut[82].

Friandes d'émotions fortes, les domestiques de Victor et Juliette se virent offrir un spectacle de phoque savant d'où Thérèse revint surexcitée. Elles voulaient aussi assister aux expériences paranormales du Dr Stone, à qui Hugo refusa sa caution, mais chez qui il envoya leurs servantes. Mariette eut même le droit d'y retourner. Ayant gagné la première fois un album doré, elle eut la chance, la seconde, de se faire magnétiser. Le savant homme avait réussi, pendant deux heures, à lui faire « perdre la mémoire, rire, pleurer, danser, prendre l'eau pour le vin, et se prendre elle-même pour une autre[83] ».

Victor avait commencé, le 1er mai 1869, une pièce de théâtre sur le grand inquisiteur Torquemada. Elle dénonçait le fanatisme de ce serviteur d'une foi aveugle, non plus instrument de la justice divine, mais se substituant à elle et posant le trône sur l'autel – ou l'inverse. Il l'acheva le 4 juillet. Entre-temps, il avait subi une attaque inattendue d'Alphonse Karr, qui avait exagéré dans la presse le nombre de fois où Hugo, jadis, s'était rendu à l'Élysée avant le coup d'État. Il se sentit obligé de publier un démenti[84]. Autre coup pénible, il recevait continûment, depuis dix mois que sa femme était morte, des reconnaissances de dettes en son nom dont le montant s'élevait à plus de 10 000 francs. Ces créances allaient mettre quelque temps toute la famille au pain sec, comme il l'écrivit à ses fils le 14 juin 1869, pour leur demander de faire, eux aussi, attention. Ce genre de recommandation avait peu d'effet sur Charles, toujours hanté par le démon du jeu auquel il cédait de temps à autre au casino de Spa. Si seulement les enfants étaient venus passer une longue villégiature à Guernesey, il aurait un temps été préservé de cette tentation, mais ils ne vinrent pas plus cette année-là que la précédente. Juliette, déçue, fêta sans eux, le 23 avril, la Saint-Georges, en pensant à l'être qui était à la fois « ange là-haut » et « chérubin ici-bas »[85]. Il prononça ses premiers mots en juillet. Juliette fut tout émue de l'apprendre, et, sachant que six dents étaient poussées au charmant bambin, avait hâte d'aller s'y « faire mordre »[86].

Il fallait attendre, pour cela, que soient repartis les nombreux visiteurs de l'été. Rascol, un journaliste londonien, resta quelques jours. Eugène Rimmel, l'inventeur français du mascara, qui tenait boutique dans la capitale anglaise, s'était fait annoncer en envoyant à Juliette son *Livre des parfums* préfacé par Alphonse Karr[87], et un joli cadeau, mais il ne vint pas.

Il fallait attendre aussi que Hugo ait terminé l'œuvre en cours. Sitôt *Torquemada* achevé, il s'était mis, du 14 au 22 juillet, à *Welf castellan d'Osbor*, une pièce courte qu'il joindrait en 1877 aux poèmes de la nouvelle série de *La Légende des siècles*. On y voit un vieux féodal résistant à l'Église et à l'Empire, poussé par sa pitié envers une petite mendiante à ouvrir les portes de son château fort, erreur qui le perd. L'actualité résonnait avec le thème de l'œuvre : tandis qu'une nouvelle loi d'amnistie se préparait (elle fut promulguée le 14 août), il fallait rester sur ses gardes. Hugo avait désormais de quoi publier un volume de théâtre. Il ne lui restait plus, quatre jours plus tard, qu'à en écrire le Prologue, où la Tragédie et la Comédie se partagent la création sous l'œil de Jupiter. Le buvard refermé, Victor et Juliette préparèrent leurs bagages. Puisque les enfants ne venaient pas à eux, c'est eux qui iraient aux enfants. On laissa à la petite Thérèse, promue « restaurateuse[88] » des deux chats, une somme suffisante pour leur entretien, et l'on embarqua le 5 août.

Petite Jeanne

Descendue à l'Hôtel des Postes où elle avait ses habitudes, Juliette s'ennuyait[89]. Ses bibelots lui manquaient, il faisait chaud, ce qui ne l'avait pas empêchée de s'enrhumer, et elle prenait son mal en patience en attendant les promenades, les sorties au théâtre et les visites à petit Georges dont on fêta le premier anniversaire le 16 août. Un temps il fut question de retourner voyager en Hollande. C'eût été pour elle l'occasion d'acheter une plaque de Delft pour la cheminée de sa salle à manger[90]. Ce projet fut abandonné pour un autre, plus solennel : Hugo avait accepté la présidence honoraire du congrès de la Ligue internationale pour la paix et la liberté à Lausanne. Il avait cru pouvoir se dispenser de s'y rendre, mais les organisateurs insistèrent tant qu'il fallut faire le déplacement. On en profiterait pour voir du pays. Il se mit en route pour la Suisse le 11 septembre, avec Juliette, François-Victor, Meurice et l'avocat Louis Mie, ami des fils Hugo. Le petit groupe arriva pour coucher à Bâle le lendemain, puis reprit sa route « sans déwagonner[91] », sous les vivats des passagers et de la foule massée aux stations. On s'installa à l'Hôtel des Alpes de Lausanne tout le temps du congrès, où Hugo prononça une allocution inaugurale triomphale le 14, sous l'œil admiratif de Juliette que le protocole avait installée sur l'estrade, derrière le fauteuil de l'orateur. Pour reprendre ses esprits, elle resta tranquillement à l'hôtel le lendemain. Trois jours plus tard, dans son discours de clôture, Hugo appelait de ses vœux l'union de la république et du socialisme. Sa présence et sa parole déclenchaient la ferveur et l'enthousiasme. Il fallait bien cela pour consoler Juliette du vol de sa cassolette, ce petit bijou contenant des parfums qui l'accompagnait en voyage depuis 1833. Une fois le congrès clôturé vint le temps du tourisme : leur périple les fit passer par Lucerne où Hugo dessina de nouveau les ponts couverts, et par Schaffhouse où l'on admira la chute du Rhin. Quand on retrouva Bruxelles le 1er octobre, Victor était de nouveau grand-père : la petite Jeanne, prématurée d'un mois, était née l'avant-veille.

Juliette était enchantée de son voyage. Elle avait hâte de retrouver son île, mais Victor avait encore des amis à voir et des affaires à régler.

D'abord il reçut la visite de Judith Gautier, fille de Théophile et femme du poète Catulle Mendès. Les époux revenaient d'Allemagne où ils avaient rencontré Wagner. Ils en parlaient avec un enthousiasme que Juliette trouva lassant. Puis Hugo dut se défendre d'une accusation venue de France. La convocation des chambres, prévue le 26 octobre, était repoussée parce que les élections avaient porté au Corps législatif plus d'un tiers d'opposants républicains. Le report de la rentrée parlementaire valant déni de démocratie, Charles Hugo, dans *Le Rappel* du 6 octobre, invita les quarante députés de gauche à mener une manifestation pacifique. Son appel resta lettre morte : les leaders de la gauche restèrent sourds à sa suggestion. Un journaliste gouvernemental en profita pour accuser Hugo, dans *Le Siècle*, d'avoir fait lancer un appel à l'insurrection. Il publia, trois jours plus tard, un démenti lapidaire et offensif, qui s'achevait ainsi : « Un dernier mot. Le jour où je conseillerai une insurrection, j'y serai. Mais cette fois, je ne la conseille pas[92]. » Contrairement à Félix Pyat, qui avait profité de la loi d'amnistie du mois d'août pour rentrer d'exil, et l'avait vainement exhorté à en faire autant, Hugo considérait que la situation n'était pas mûre, même si la chute de l'Empire n'avait jamais paru si proche. Comment tomberait-il, c'est ce qu'on ne savait pas. Le régime s'était certes libéralisé, mais la situation sociale s'était beaucoup dégradée ; apparaissaient des revendications massives d'une classe ouvrière, de plus en plus nombreuse et concentrée dans une industrie naguère en plein essor mais qui, maintenant, marquait le pas. Après la fusillade du 16 juin 1869 à Ricamarie, près de Saint-Étienne, où l'armée avait tiré sur la population pendant une grève des mineurs, de nouvelles exactions militaires contre des grévistes s'étaient produites à Aubin, dans l'Aveyron, qui avaient fait quatorze morts et onze blessés graves. Hugo envoya de l'argent aux familles des victimes, et consacrerait bientôt un poème à cette nouvelle violence d'État[93]. Le moment n'était plus guère propice pour produire *Torquemada*. En outre, la censure se cabrerait devant une attaque aussi frontale non seulement de l'intolérance religieuse mais bien de l'Église catholique, apostolique et romaine. Aussi Hugo, qui avait envoyé un acte à Meurice, lui ordonna-t-il de le mettre sous clef. Il imagina plutôt publier un second tome des *Châtiments*. Il suffisait de réunir des poèmes satiriques qu'il avait composés depuis le début de l'exil, à un rythme qui s'était accéléré pendant l'automne 1869. L'histoire devait le prendre de vitesse. La plupart de ces poèmes seraient publiés après sa mort, dans *Les Années funestes*.

De retour à Guernesey début novembre après deux traversées tempétueuses, Juliette et Victor continuèrent à suivre l'actualité politique dans

Le Rappel. Charles expliquait, dans un article intitulé « Nos divisions[94] », pourquoi Rochefort, qui avait fini par accéder à la députation aux élections complémentaires, et qui voulait de nouveau fonder son propre journal, n'était plus exactement sur la même ligne politique qu'eux. Cet article-là n'inquiétait pas le pouvoir. Un autre, en revanche, où il soutenait deux soldats condamnés aux compagnies disciplinaires d'Afrique pour avoir assisté à une réunion électorale, lui valut un procès et une condamnation à 1 000 francs d'amende et quatre mois de prison qui firent la fierté de son père et la joie de Juliette : pour échapper aux poursuites, la solution était toute trouvée, il suffisait que Charles vienne se constituer « prisonnier à Hauteville House avec petit Georges pour geôlier et petite Jeanne pour farouche guichetière ». Juliette imaginait Alice en « gouverneuse » de ce « Mazas charmant », dont elle serait elle-même le « Mouton »[95], nom du directeur de cette prison parisienne où l'on internait les condamnés de droit commun.

Il faudrait attendre encore six mois pour que Charles se résolve à chercher refuge auprès de son père. Entre-temps, sa résidence belge le mettait à l'abri non des condamnations, mais de la prison. Il pouvait même tirer gloire de l'acharnement du régime contre lui et contre son journal.

Adieu au frère d'armes

Tandis que Victor apportait son soutien aux femmes cubaines en rébellion contre le colon espagnol, *Le Rappel* maintenait la pression contre le régime impérial. On avait évité de peu l'émeute populaire le 12 janvier 1870, aux obsèques du journaliste Victor Noir, tué d'un coup de revolver par Pierre Bonaparte, cousin de l'empereur. Hugo regretta que Rochefort temporise au lieu de prendre la tête d'une insurrection et de faire chuter le régime[96]. Mais les douze mille personnes qui suivaient le convoi, faute d'un chef pour les galvaniser, avaient défilé dans le calme. Charles dénonça les conditions de détention inégales entre, d'un côté, le prisonnier impérial protégé par son nom, qui recevait et faisait bombance à la Conciergerie, de l'autre, les républicains détenus à la Santé ou à Mazas et interdits de publication[97]. La semaine suivante, sa protestation contre l'acquittement de Pierre Bonaparte lui valut une condamnation à six mois de prison. Entre-temps, François-Victor avait dénoncé la prolifération des mouchards, et le creusement des écarts sociaux aggravés par une industrialisation et un capitalisme sauvages que ne contrebalançait aucune politique de résorption de la misère. Juliette fut ragaillardie par cet article : « C'est une lecture chaude et saine qui vous émeut les SENTIMENTS, comme dit Suzanne, quand elle vient de manger une assiettée de bonne soupe bouillante[98]. »

La classe ouvrière s'organisait : aux grèves de l'année précédente firent suite celles des mineurs du Creusot dont on baissait les salaires, puis celles des fondeurs parisiens. Soucieux de réaffirmer son pouvoir et d'assurer la continuité dynastique, l'empereur fit ratifier par un plébiscite des réformes qui, en renforçant le pouvoir des chambres, divisaient l'opposition. *Le Rappel* publia un article de Meurice qui appelait à voter « non », comme les principaux dirigeants de la gauche, et un autre de Louis Blanc qui appelait à l'abstention, comme la section parisienne de l'Internationale, créée le 18 avril 1870. Trois jours avant le vote, Hugo entra dans l'arène, et expliqua dans *Le Rappel* pourquoi il fallait dire « non », refuser de légitimer le bilan de l'Empire et de se laisser prendre au piège de ses promesses libérales. Juliette, qui l'avait entendu lire son texte à voix haute en avant-première, le trouvait digne de convaincre « les esprits les plus obtus et les plus consumés, les plus réfractaires[99] ». Elle se trompait. Non seulement le « oui » l'emporta le 8 mai 1870[100], mais le gouvernement, qui venait d'ordonner l'arrestation de tous les membres de l'Internationale, fit appeler Hugo à comparaître, et condamna le directeur du *Rappel* à un an de prison et 5 000 francs d'amende.

Victor s'enorgueillissait des condamnations qui pleuvaient sur la tête de ses fils. Comme en 1851, à l'approche du coup d'État, elles constituaient des faits d'armes. Il ne manquait pas de les en féliciter. Soucieux de marier François-Victor, il faisait des amabilités à la duchesse de Saint-Albans, en villégiature à Guernesey, et à sa fille, la charmante lady Beauclerck, avec qui il avait échangé des dessins, et dont le frère était libéral et républicain. François-Victor trouva l'idée saugrenue. Juliette aussi estimait cette fréquentation contre nature, et ironisait : « C'est une façon comme une autre de faire de l'éclectisme aristo que Pierre Leroux le juste et Proudhon le sévère approuveraient[101]. » Il n'en fut plus question.

Faute de se voir confier les intérêts matrimoniaux de François-Victor, il confia ses intérêts artistiques à ses fils et à Meurice pour la reprise de *Lucrèce Borgia* à la Porte-Saint-Martin. La Première était fixée au 2 février, anniversaire de la création. L'actrice qui jouait la princesse Negroni s'appelait Mlle Bonheur. « En 1833 elle s'appelait aussi Bonheur[102] », écrivit l'auteur à Juliette. Celle-ci poussa un cri de joie en lisant le télégramme triomphal envoyé par Charles ; en embrassant ce papier, elle se ressouvint du baiser invraisemblable – vu l'inégalité de leurs positions dans la troupe – qu'elle avait donné à Mlle George le 2 février 1833 pendant les applaudissements et les ovations du public[103]. Hugo envoya un bon pour deux places au neveu de Juliette, qui n'avait pas osé en réclamer pour la Première. Il comblait Louis de bienfaits en le recommandant à la librairie Hachette, où il publierait un manuel et un lexique franco-allemand. Hugo remercia aussi Sand pour sa lettre enthousiaste, et le vieux Gautier pour son compte rendu : « Nous revoilà jeunes comme autrefois, et votre main n'a pas quitté ma main [104] », écrivit-il à celui qui, en 1830, avait recruté les troupes d'étudiants et de rapins romantiques et assisté aux cinquante-six représentations d'*Hernani*.

L'autre vieil ami dont Victor ne lâcha pas la main, et qu'il accompagna jusqu'à sa dernière demeure, c'est le pauvre Kesler, qui, en février, toujours en quête d'une âme sœur qu'il croyait enfin avoir trouvée, était tombé malade. Sa douleur au côté fit craindre à Hugo une pleurésie, après une longue promenade en calèche ouverte au froid glacial. Le verdict du docteur était sans appel. Juliette envoya tous les jours du bouillon au malheureux, soigné par sa logeuse et la dévouée Mariette. Secouru jusqu'au bout par Hugo qui l'avait mis à l'abri du besoin, il mourut le 6 avril 1870. Comme il avait demandé un enterrement civil, Victor fit respecter sa volonté, et prononça le surlendemain sur sa tombe un discours qui faisait surgir le sacré de la nature. Son « vieux compagnon » était parti trouver « la sérénité immense » et connaître « le mystère profond » des fleurs, de ces « herbes que le vent courbe », des « vagues qu'on entend là-bas », et dire aux grands penseurs et martyrs de la Révolution que leurs idéaux, bafoués, restaient défendus par une poignée de proscrits toujours réfractaires à l'Empire. On dauba sur cet enterrement sans Dieu. Mariette entendit des passants dire : « Victor Hugo n'est pas plus chrétien que son chien. » Juliette, qui avait eu la primeur de l'oraison funèbre la veille au soir, avec Mme Chenay, ouvrit sa maison aux amis Duverdier et Nicolle venus spécialement de Jersey pour les obsèques, et les garda quelques jours auprès d'elle [105]. Victor récupéra la photographie qu'elle avait dédicacée à leur « bien cher compagnon d'exil ».

Leur génération était décimée. Depuis le début de l'année, Hugo avait été frappé par la mort de grandes figures : la duchesse de Berry, le journaliste et directeur de théâtre Nestor Roqueplan, Marie qui avait en 1848 dirigé le gouvernement provisoire, Dickens, Jules de Goncourt, Barbès. Plus que jamais, Victor et Juliette résistaient ensemble au vent mauvais. Le 20 avril ils reprirent leurs promenades printanières en calèche, seuls ou avec Mme Chenay et les servantes. Victor couvrait Juliette de cadeaux pour sa maison : une baignoire de cuivre, et pour sa fête un beau miroir orné d'un cadre, aujourd'hui visible place des Vosges, où il avait gravé des fleurs, des oiseaux, un rayon de lumière et un poème en l'honneur de son petit-fils :

> Passereaux et rouges-gorges,
> Venez des airs et des eaux.
> Venez tous faire vos orges,
> Messieurs les petits oiseaux,
> Chez Monsieur le petit Georges [106].

Le mot qui l'accompagnait, adressé à « Ma dame », confiait leurs âmes, et celles de tous les leurs, à la protection divine, et réitérait leur inlassable vœu de mourir ensemble.

Amenez immédiatement les enfants

Monsieur le petit Georges était attendu à Hauteville comme un Dieu, comme un maître. Une nouvelle condamnation de François-Victor, Charles et Vacquerie à un mois de prison et 100 francs d'amende décida son père à transporter sa petite famille à Guernesey, qu'il n'avait pas revu depuis neuf ans. Il prit encore le temps d'écrire un article contre le ministère Ollivier, que Juliette applaudit des deux mains. Elle s'employait de son côté à aider Hugo et Mme Chenay dans les préparatifs pour accueillir leurs hôtes. Le 26 mai, on fit un tour en ville : Juliette aida à choisir un lit pour Georges, une chaise haute et une baignoire. Pour sa peine, elle reçut un vase de Chine à parfums et une poule en faïence peinte, pour disposer les œufs à la coque. On prépara la chambre d'Adèle pour les enfants, leur nourrice et la femme de chambre. On vit tout ce petit monde débarquer le 7 juin. Il manquait juste François-Victor, que son père réclamait, et chargeait de transmettre à sa sœur la même supplique. Juliette, qui avait demandé la permission d'attendre les passagers au débarcadère, reçut de Charles un éventail et un parasol Louis XV, qui pourraient servir lors des promenades estivales. Celle du 13 juin faillit mal se terminer : Charles, resté à la maison pour faire son courrier, avait mis le feu aux rideaux en cachetant une lettre. Les flammes étaient montées jusqu'au plafond, mais il les avait maîtrisées avec l'aide de Mariette. Les manuscrits l'avaient échappé belle.

Un autre feu couvait sur le continent. Un cousin du roi Guillaume Ier s'étant déclaré intéressé par le trône d'Espagne, Napoléon III déclara que cet encerclement de la France serait un *casus belli*. La candidature fut retirée mais les excuses exigées par la France causèrent une crise diplomatique : tronquée, la dépêche d'Ems du 13 juillet 1870, qui rendait compte de l'entretien de l'ambassadeur de France auprès du roi de Prusse, fit croire à un camouflet. En déclarant la guerre, Napoléon III tombait dans un piège : les autres États allemands avaient signé un traité avec la Prusse, qu'ils s'engageaient à secourir si elle était attaquée. Les appels à la paix lancés par l'Internationale, et relayés dans *Le Rappel* le 12 juillet, avaient été vains.

Pendant cette escalade, Victor et Juliette étaient tout à Jeanne que ses parents, partis rejoindre des cousins à Jersey, leur avaient laissée [107]. Juliette s'inquiétait de la savoir exposée aux punaises dans la chambre de Mme Chenay. On l'emmenait en promenade, fièrement assise, au retour, sur le siège du cocher [108]. Hugo l'entendait dire « des choses qu'elle ignore [109] », et composait les premiers poèmes de *L'Art d'être grand-père*.

Ses parents étaient revenus à Guernesey depuis une semaine quand la France déclara la guerre à la Prusse, le 19 juillet 1870. Le jour du 14 juillet, où le maréchal Lebœuf avait lancé sa fanfaronnade « Nous sommes prêts, archiprêts ; même si la guerre doit durer un an, il ne nous manquera pas un bouton de guêtre », Hugo avait planté dans son jardin un chêne en l'honneur des États-Unis d'Europe. Il fit paraître dans *Le Rappel* une tribune contre les deux hommes qui, « à Saint-Cloud et à Ems, en proie à un accès de mauvaise humeur, de catarrhe ou de goutte », avaient décidé « qu'ils allaient entrecogner la France et la Prusse et faire de l'Europe un charnier » [110]. Puis il demanda aux femmes de Guernesey, dans une lettre ouverte, de préparer de la charpie pour les soldats des deux camps, qui allaient « s'entre-tuer pour le plaisir de deux princes [111] ». Juliette, qui avait gardé tout un stock de vieux linge depuis l'anthrax dont il avait souffert en 1858, s'adonna volontiers à cette activité humanitaire, sinon patriotique.

Pendant cet été, Hugo écrivit en parallèle des poèmes pacifistes et des vers en l'honneur de ses petits-enfants. Les deux veines se rejoignaient, l'art d'être grand-père consistant à veiller sur l'avenir. Georges avait trouvé tout seul le surnom « Papapa », somme toute logique, du papa de son papa. Jeanne leur fut confiée de nouveau quand Alice et Georges retournèrent à Jersey avec Charles, qui s'y trouverait plus près de la France pour couvrir la guerre dans *Le Rappel*. Juliette attendit leur départ pour faire venir son neveu Louis. Sa femme et lui étaient séparés par la guerre ; Ottilie était allée rendre visite à son père à Iéna avec les enfants avant le début des hostilités et Louis ne pouvait plus la rejoindre. Il arriva le 10 août. Dès le lendemain, Hugo lui fit un don de 6 000 francs. Cette somme compensait le testament que Juliette avait établi en faveur de Hugo et de ses enfants, à qui revenait Hauteville II.

Les revers militaires s'enchaînaient, mettant *Le Rappel* et l'opposition républicaine dans une position délicate. D'un côté on ne pouvait pas souhaiter la défaite de la France, de l'autre on espérait la chute de l'Empire. Il fallait espérer que l'armée l'emporte sur le théâtre des opérations pendant que la révolution s'imposerait sur le terrain politique. Déjà les ouvriers du Creusot avaient sorti le drapeau rouge le 8 août, après que l'impératrice, régente pendant que son mari était sur le front, avait décrété l'état de siège. *Le Rappel*, qui demandait si cette mesure visait les Prussiens ou les patriotes français, fut aussitôt interdit, comme d'autres journaux d'opposition.

L'heure était grave. Hugo classa et rangea ses nombreux manuscrits en chantier. Il en confierait certains au coffre de la Old Bank, en laisserait d'autres à Julie Chenay. Son projet de retour à Paris inquiétait Juliette : en se jetant dans le combat, ne risquait-il pas de mourir avant d'avoir fini son œuvre ?

Partis le 15 août sur le *Brittany*, ils firent escale à Londres et arrivèrent à Bruxelles le 17. Hugo rejoignit son domicile place des Barricades, où il logeait avec Charles, Alice et les enfants, et Juliette descendit à l'Hôtel des Postes, avec Suzanne et Louis ; c'est là qu'on se retrouvait tous pour dîner. Impatient de rentrer à Paris pour intégrer la garde nationale, Hugo demanda un passeport. Celui de Juliette nous apprend qu'elle mesurait alors 1,49 mètre. Victor prit des dispositions testamentaires : s'ils devaient se retrouver orphelins, il laissait Georges et Jeanne à la nation ; à Meurice et Vacquerie revenait le soin d'éditer son œuvre posthume.

D'ici là, Meurice s'occupait déjà de leur chercher un logement. Hugo lui envoya ses desiderata : « Nous amenons une vaillante voyageuse, deux même, car Alice veut accompagner Charles. Nous laissons ici les enfants. Charles est d'avis de nous loger tous les quatre à l'Hôtel du Louvre. Nous voudrions ne pas nous séparer [112]. » La prudence s'imposait. Hugo était encore sous le coup de condamnations qui rendaient son retour risqué tant que le régime était en place. Il envoya donc Louis Koch en éclaireur auprès de Meurice et François-Victor, pour leur transmettre l'avis des proscrits belges, et un code secret : selon qu'on lui télégraphierait « Amenez les enfants » ou « N'amenez pas les enfants », il viendrait immédiatement ou pas.

La situation s'obscurcissant, François-Victor lui télégraphia d'ajourner sa venue. Cela arrangeait bien Juliette, qui espérait rentrer à Guernesey plutôt qu'à Paris, et servait de secrétaire à Suzanne pour écrire à sa famille qui vivait dans un village proche de la ligne de feu. Hugo rongeait son frein, se demandait qui Dieu choisirait, entre la France qui avait « droit à la victoire », et l'Empire qui avait « droit à la chute »[113].

À l'annonce de la défaite de Sedan, où Napoléon III avait été capturé, des manifestations éclatèrent à Paris le 3 septembre. Gambetta fit acclamer la déchéance de l'empereur dans la nuit. La République fut proclamée le 4, et un gouvernement provisoire de « Défense nationale » se constitua. Dans l'après-midi, Hugo reçut le message attendu : « Amenez immédiatement les enfants. » Depuis plusieurs jours, Juliette était prête à partir au premier signal. Les deux couples, les deux enfants et les deux servantes arrivèrent à Paris le lendemain, tard dans la nuit. Mariette suivait son maître, Suzanne sa maîtresse, Charles son père, Alice son mari, Georges et Jeanne leurs parents, l'histoire son cours, Victor son devoir et Juliette son étoile.

Quatrième partie

Aimer hors de saison
(1870-1883)

XX

Paris incendié (1870-1872)

> « Paris montre toujours les dents ; quand il ne gronde pas, il rit.
> Tel est ce Paris. Les fumées de ses toits sont les idées de l'univers. Tas de boue et de pierres si l'on veut, mais par-dessus tout, être moral. Il est plus que grand, il est immense. Pourquoi ? parce qu'il ose. »
>
> *Les Misérables*, III, I, 11

À la gare du Nord, au train du soir, on se presse pour accueillir le grand exilé. Hugo jouira désormais, jusqu'à sa mort, d'une ferveur populaire qui le hisse, dès ce retour triomphal du 5 septembre 1870, au sommet de la gloire. Dans cette foule, Judith Gautier se fraie un passage pour l'emmener dans un café d'où il harangue le peuple, depuis le balcon. La calèche qui emmène ensuite les voyageurs chez Meurice, dans leur ancien quartier (actuel 9e arrondissement), met deux heures à accomplir le court trajet, ponctué de discours, de poignées de main distribuées par centaines et d'acclamations, dont certaines adressées à petit Georges, ainsi promu avenir de l'homme. Le temps d'arriver à destination sous les vivats, on soupa à minuit.

Le lugubre chaos des choses et des hommes

Tandis que Hugo élisait domicile chez les Meurice, 5, avenue Frochot, Charles et les siens se logèrent tout près, à l'Hôtel Navarin, avec Juliette. Elle remarqua que le propriétaire était bonapartiste, aux indiscrétions d'une employée et aux conversations que Mariette avait surprises dans cette « maison louche [1] ». Sa chambre touchait à celle du chef d'une bande de mouchards qu'elle avait entendus proférer des menaces contre les républicains en général, et Hugo en particulier. De sa fenêtre, Juliette guettait les annonces des crieurs publics, les défilés et mouvements de troupes entonnant le *Chant du départ*, l'installation des pièces d'artillerie, les allées et venues des engagés volontaires au bureau de recrutement. Elle indiquait le domicile des Meurice aux curieux qui cherchaient Hugo. Il y avait les amis, les écrivains (dont Gautier et Verlaine), les hommes politiques qui le consultaient ou lui demandaient d'agir. Tant qu'il se contentait d'écrire, Juliette approuvait : elle applaudit ainsi son appel aux Allemands, qui soulignait la responsabilité non pas de la France, mais de l'Empire, dans la déclaration de guerre ; maintenant que ce régime était tombé, il fallait arrêter les hostilités, et la fraternité des peuples s'imposait. On se pressait en foule chez elle le jour où cet appel était paru. Huit jours plus tard, Hugo avait changé de discours. Puisque les Allemands voulaient les envahir, les Français devaient s'unir pour la défense nationale, quels que soient leur métier, leur région, leurs convictions : faire l'union sacrée. Juliette, qui avait eu la primeur de cet appel, s'était remémoré « toutes ces sublimes paroles[2] » en entendant les vendeurs de journaux le crier dans la rue à six heures du matin.

Pendant les deux premières semaines, la présence de Georges et Jeanne à l'Hôtel Navarin lui procura des distractions charmantes. Aussi le déménagement de leurs parents rue de Rivoli, pour un appartement plus grand, l'attrista-t-il. Victor eut vite l'idée de la faire venir habiter elle aussi, avec les jeunes générations, au Pavillon de Rohan situé à deux pas de la Comédie-Française[3]. Quant à lui, il préférait rester chez les Meurice, où il avait les coudées franches. Juliette finit par comprendre qu'il avait de bonnes raisons de ménager sa tranquillité avenue Frochot, où ne venaient pas que les écrivains et les hommes politiques.

Les carnets de Hugo, à l'automne 1870, sont remplis de noms de visiteuses à qui il accorde des entretiens et des secours. Ces notations cryptées ne permettent pas de savoir quelle part y prenaient les rencontres furtives. Aucune n'est soulignée, beaucoup semblent se limiter à un baiser (« osc. » pour l'*osculum* latin), certains noms reviennent. Sans en savoir plus que nous, et même nettement moins puisqu'elle n'avait pas accès à ses agendas, Juliette ne se faisait pourtant pas d'illusions. Plus éloignée au Pavillon de Rohan qu'à l'Hôtel Navarin, elle le voyait moins souvent, et avait le sentiment qu'il se détachait. Les dix-huit années d'exil où ils avaient été si proches étaient comme un cadeau du ciel qu'on lui retirait. Elle lui reconnaissait cependant le droit d'être heureux sans elle : « Je suis punie par où tu as péché[4] », lui écrit-elle le jour où l'on fêta le premier anniversaire de Jeanne.

Il la rassurait, en paroles et en actes. Il l'emmenait en promenade : au Quartier latin ; aux Feuillantines où ils avaient tous deux vécu enfants[5] ; à l'Institut de France pour signer la protestation contre le bombardement des monuments de Paris[6] ; à Notre-Dame où l'exposition de vêtements sacerdotaux, du manteau porté par Napoléon Ier le jour de son couronnement et de la chasuble du pape rapporta des sous pour les victimes de guerre. Elle lui demanda de visiter les fortifications. On ovationna Hugo place de la Concorde lorsqu'il signa le registre disposé au pied de la statue de la Ville de Strasbourg, pavoisée et couronnée de fleurs en signe de solidarité avec l'Alsace *(voir cahier hors texte)*. Juliette prenait sa part secrète de l'hommage public, prétendant qu'elle avait servi de modèle à la statue de Pradier[7]. Une autre fois, avec les Meurice et les Duverdier, ils firent le tour de Paris par le chemin de fer de ceinture : « Rien de plus intéressant, note-t-il. Paris se démolissant lui-même pour se défendre est magnifique. Il fait de sa ruine sa barricade[8]. »

Du moment qu'il résiste aux sollicitations, Juliette est soulagée. On lui propose, dès son arrivée, de diriger un gouvernement provisoire avec Ledru-Rollin et Schœlcher, il dit « non »[9]. Il refuse de cautionner l'insurrection du 31 octobre, où l'on crie « Vive la Commune », et où son nom est cité quatorze fois sur les listes établies par la foule. On l'exhorte à prendre la tête de mairies d'arrondissements, il dit « non ». Fin décembre, on lui demande à plusieurs reprises d'entrer au gouvernement ; il dit « non » à chaque fois. Sa position reste immuable : même si le ministère ne lui semble pas assez déterminé, même si le commandement militaire lui paraît inefficace, voire traître, dans ses choix stratégiques, même s'il voit d'un mauvais œil le report des élections, et même si le projet de Commune déposé par les délégués des vingt arrondissements de Paris le jour anniversaire de la Première République rencontre sur bien des points ses propres convictions[10], il reste loyal au gouvernement de Défense nationale qu'il ne veut pas affaiblir.

Il voulut en revanche se lancer dans la défense de Paris en soldat. Tout le monde, ses fils, ses amis, Juliette et le peuple lui demandèrent de le faire plutôt en poète. Les avant-gardes prussiennes étaient arrivées devant Paris le 18 septembre, et l'encerclaient le lendemain ; le 20, la garde mobile abandonna le mont Valérien. Hugo demanda un laissez-passer pour aller au feu sans armes[11]. Autant dire se faire tuer inconsidérément. Il y était prêt, puisqu'il laisse, le même jour, des dispositions testamentaires. « Je vais mourir », écrit-il à l'intention de Juliette qu'il est sûr de rejoindre un jour « là-haut », où leur amour continuera. À ceux qui restent, il donne ces consignes :

Elle m'a sauvé la vie en décembre 1851. Elle a subi pour moi l'exil. Jamais son âme n'a quitté la mienne. Que ceux qui m'ont aimé l'aiment. Que ceux qui m'ont estimé la respectent.

Elle est ma veuve.

V. H.[12]

Il n'alla pas au feu. La garde nationale le lui demanda explicitement, « attendu que tout le monde peut aller à l'ennemi, et que Victor Hugo seul peut faire ce que fait Victor Hugo[13] ». Il avait mieux à faire, « dans ce lugubre chaos des choses et des hommes[14] », comme disait Juliette, que de sacrifier sa vie en pure perte : par exemple lancer un appel *Aux Parisiens*, paru le 2 octobre, et sortir une nouvelle édition des *Châtiments* augmentée de pièces adaptées au présent[15]. La cible initiale n'était plus là, à l'ennemi de l'intérieur avait succédé l'envahisseur, mais la patrie était toujours en danger. C'est ce qu'avait compris le neveu de Juliette : il faisait étudier le recueil aux adultes à qui il dispensait des cours du soir. La Société des gens de lettres organisa deux lectures payantes à la Porte-Saint-Martin, dont le produit servit à acheter deux canons, baptisés *Victor Hugo* et *Châtiments*[16]. Juliette, souffrante, assista à la Première, transportée par l'enthousiasme du public, mais aussi par le souvenir de *Lucrèce Borgia* où elle jouait sur ces mêmes planches trente-sept ans plus tôt ; pour la seconde, elle resta chez elle avec Hugo, qui garda ses petits-enfants pendant que les Meurice, Charles et Alice se rendaient au spectacle[17]. La Comédie-Française donna aussi une soirée payante, avec extraits d'*Hernani* et de *Lucrèce Borgia*, déclamation de « Stella » et performance chantée de « Patria », la nouvelle pièce des *Châtiments* qui faisait fureur sur les scènes. Quant à l'Opéra, Hugo exigea qu'on le rendît accessible au peuple pour une soirée gratuite de lecture, à laquelle Sarah Bernhardt et Frédérick Lemaître prêtèrent leur concours ; on y fit la quête dans des casques pris à l'ennemi[18]. Pour toutes ces représentations patriotiques, il donnait son autorisation, et renonçait à ses droits d'auteur. Il devenait « une chose publique[19] », non sans fierté. En plus du canon, on donna son nom à un orphelinat, à un ballon-poste, lancé le 17 octobre 1870 place de la Concorde, et même, de son vivant, à une partie du boulevard Haussmann[20].

Manger de l'inconnu

Préférant l'influence au pouvoir, Hugo utilisait son crédit. Lui qui donnait des sommes considérables aux indigents avait obtenu la libération de tous les prêts de moins de 15 francs consentis par le mont-de-piété[21]. Il venait aussi en aide aux amis. Louise Michel, qui lui vouait un culte et avait pris pour surnom Enjolras, nom d'un jeune insurgé dans *Les Misérables*, était venue le consulter à l'automne, non sans inspirer quelques soupçons à Juliette[22] ; quand elle fut arrêtée, il obtint sa mise en liberté. Théophile Gautier lui demanda aussi d'intervenir en sa faveur, au nom de leur vieille amitié qui datait de la bataille d'*Hernani*, non pour éponger ses dettes ni le faire mettre en liberté, mais pour sauver son cheval de la boucherie. Hugo obtint, du ministre de l'Agriculture et du Commerce, la grâce de l'animal[23]. La viande manquant depuis le mois d'octobre, et aussi le beurre, le fromage, le lait et les œufs, on achevait non seulement les chevaux, mais aussi, à partir de décembre, les animaux du Jardin des Plantes, dont les deux éléphants Castor et Pollux, l'ours, le cerf et l'antilope. Ces mets de choix ne suffisaient pas. Juliette et Victor, bientôt, ne savaient même plus ce qu'on leur vendait : était-ce du chien, du rat ? Ils mangeaient « de l'inconnu[24] ».

Ce qui n'empêchait pas Juliette d'organiser avec Alice des dîners-spectacles au Pavillon de Rohan, ou des petites soirées en famille. Comme elle avait une jolie voix, on lui demandait souvent, au dessert, d'entonner « Patria », que, selon lui, elle chantait mieux que personne, et d'autres chansons sur des poèmes de Hugo mis en musique. Elle en interpréta trois la veille du bombardement de Paris par l'armée allemande, qui commença le 28 décembre 1870. La situation devenait catastrophique. On manquait désormais de charbon : la blanchisseuse avait prévenu Juliette, on ne pourrait bientôt plus laver, sécher, ni repasser le linge[25]. Les marchands de bois fermaient boutique : le seul qui avait daigné entrebâiller sa porte pour répondre à Juliette n'avait aucune idée du jour où il serait approvisionné[26]. Début janvier, les lectures publiques de *Châtiments* s'arrêtèrent avec la fermeture des théâtres, privés de chauffage. Ajoutée la mort de Dumas, survenue le 5 décembre, et dont la nouvelle parvint à Hugo le 29, le passage de l'année 1870 à la suivante fut terrible. Restaient, pour égayer l'âpre hiver, Georges et Jeanne. Celle-ci, nota Hugo, parlait très bien, mais on ne comprenait rien à ce qu'elle disait. Juliette en était « insensée[27] ». Les deux enfants aimaient beaucoup la dame qui vivait dans l'immeuble de leurs parents ; ils ne savaient pas très bien quelle était sa place dans la famille, mais peu importait : elle leur réservait de bons œufs frais, ils lui montraient les joujoux qu'ils avaient reçus pour Noël, et Juliette choisissait ceux qu'on leur offrirait pour les étrennes : des petits soldats, une poupée « qui regarde et qui pleure à volonté[28] », et d'autres qui amusaient tout autant la fille et le garçon.

Après le pain bis, ce fut le pain noir, et après le pain noir, les biscottes. En janvier 1871, la viande de chien se vendait cher. Le tenancier du Pavillon de Rohan faisait monter ses prix, au point que Juliette pensa un temps retourner à l'Hôtel Navarin, ou déménager ailleurs ; elle y renonça : tout était fermé[29]. Elle dormait mal : on entendait les canons nuit et jour. D'un éclat d'obus marqué H, Hugo s'était fait un encrier. Le gouvernement préparait l'arrêt des combats, malgré les protestations de l'Internationale. François-Victor, dans *Le Rappel* du 25 janvier, jour où l'on apprit la reddition de Paris, dénonça un pouvoir qui désormais se défiait plus des patriotes que de l'ennemi. Le roi de Prusse Guillaume Ier venait d'être proclamé empereur d'Allemagne à Versailles[30], on annonçait la venue de Bismarck, Juliette voyait de sa fenêtre les troupes rentrer « tristement avec leur matériel de campement ». Tout était « noir, lugubre, désespéré et navrant. Jusqu'aux pauvres chevaux harassés de fatigue et de misère » qui avaient « l'air de comprendre le malheur général »[31].

Elle se consolait en jouant et en chantant « cocorico » avec Jeanne. Son souhait le plus vif aurait été que toute la famille fuie les privations en rentrant à Guernesey. Mais la perspective des élections législatives lui laissait peu d'espoir. Bismarck ne voulait conclure un traité de paix qu'avec une assemblée régulière. Hugo y fut élu, le 8 février 1871, avec la gauche qui l'emporta à Paris (tandis que les communes rurales votaient à droite). Il était deuxième derrière Louis Blanc, et devançait Garibaldi, Edgar Quinet, Gambetta et Rochefort, élus eux aussi à Paris, comme Schœlcher et le jeune Clemenceau. L'Assemblée devant s'installer à Bordeaux, Victor classa ses manuscrits la veille du départ, et mit dans ses bagages ceux de *L'Année terrible* et de *L'Art d'être grand-père*. Le soir, on convia à dîner Louis Koch, devenu, depuis l'été précédent, un fidèle parmi les fidèles, et sa tante prit soin de faire envoyer des fleurs à Mme Meurice, pour la remercier de l'hospitalité ininterrompue qu'elle avait offerte à Victor ces cinq derniers mois. C'est à elle que Victor confia le reste de ses manuscrits en chantier, ses dessins, ses dossiers, et les lettres de Juliette[32].

Le chiffre 13

On partit le 13, « chiffre redouté[33] », pour un voyage inconfortable, dans un salon-wagon sans chauffage et mal éclairé, où l'on était encore treize. On avait acheté à Vierzon un poulet, un faisan et deux bouteilles de vin pour souper, on dormit sur des banquettes, enroulés dans des cabans. La tribu arriva à Bordeaux le 14 en début d'après-midi. Victor trouva à s'installer, avec la servante Mariette, au 37, rue de la Course.

Juliette et Suzanne emménagèrent, pour 300 francs par mois, dans le même immeuble que Charles, rue Saint-Maur, n° 13. Il jouxtait un jardin public, gros avantage pour les enfants. C'eût été parfait sans ce chiffre fatidique, qui les poursuivait depuis le mois de janvier où l'on avait plusieurs fois été treize à table, et tourmentait Juliette. Elle en excusa les manigances de Charles et Alice pour lui trouver une autre résidence, attisées par les médisances de leurs domestiques. Manifestement, le jeune couple désirait son indépendance, ce qui eut le don d'exaspérer Victor et de le brouiller momentanément avec son fils. Navrée d'être une pomme de discorde, Juliette les réconcilia.

Victor avait bien besoin de calme dans sa famille pour affronter la tempête publique. Ovationné le 15 février lors de son entrée à l'Assemblée, il fut désigné chef de la gauche radicale, qu'il espérait unir au restant de la gauche pour lutter efficacement contre la majorité de droite, à dominante monarchiste. Il n'y réussit pas et quitta la tête du groupe radical. Il y aurait eu pourtant nécessité de s'entendre, pour refuser le traité de paix dont on connut les termes accablants le 26 février – jour de son anniversaire. Il fut ratifié par l'Assemblée le 1er mars 1871, malgré l'opposition de la gauche et des députés d'Alsace et de Lorraine, tandis que les troupes allemandes entraient dans Paris et paradaient sur les Champs-Élysées. Le même jour, à Bordeaux, il eut des paroles prophétiques : « Si cette paix inexorable se conclut, c'en est fait du repos de l'Europe ; l'immense insomnie du monde va commencer[34]. » Il refusait de voter le traité, et appelait de ses vœux les États-Unis d'Europe qui mettraient fin à la rivalité franco-allemande. Juliette se désola de n'avoir pas été invitée à cette séance. Elle le fut, en revanche, avec Alice, pour l'entendre attaquer les dispositions provocatrices envers Paris, et plaider, le 6 mars, en faveur de son maintien comme capitale de la France, contre le projet d'installation de l'Assemblée à Versailles ou Fontainebleau, symboles monarchistes. En vain. Le 8 mars, interrompu par la droite tandis qu'il protestait contre l'invalidation de l'élection de Garibaldi au motif qu'il n'était pas français, il donna sa démission de représentant. Il aurait souhaité que la gauche unie en fît autant, maintenant que l'Assemblée, élue, selon lui, pour signer la paix, était devenue inutile, mais il fut peu suivi.

Le conflit, longtemps larvé entre Paris et le gouvernement de Défense nationale, s'engageait ouvertement entre la capitale et l'Assemblée. Le 24 février, pour fêter la révolution de 1848, une manifestation monstre avait protesté, à Paris, contre le traité de paix. Deux jours après, les Parisiens transportaient leurs canons à Montmartre, Belleville et sur la place des Vosges. Dans cette ambiance électrique, l'abolition du moratoire sur les loyers, qui mettait à la rue les chômeurs, l'interdiction du *Cri du peuple* et le vote, par l'Assemblée, de son transfert à Versailles furent ressentis à Paris comme une provocation [35], tout comme le jugement du Conseil de guerre sur l'insurrection du 31 octobre 1870, qui, le 11 mars 1871, condamna Blanqui et Flourens à mort par contumace, et Vallès à six mois de prison.

Après sa démission le 8 mars, Hugo reçut plusieurs leaders de la gauche les jours suivants, dont Louis Blanc qui l'avait soutenu, et commença les préparatifs de départ. Le 12, il reçut de nombreuses visites. Juju était souffrante – des douleurs néphrétiques, disait le médecin ; petit Georges aussi avait été malade, mais il se remettait ; ses parents visitaient Arcachon, dans l'intention d'y passer une semaine ou deux tous ensemble avant de remonter ; cela ne pouvait que faire du bien à Charles, qui ressentait depuis quelque temps une gêne pulmonaire et cardiaque. Dans la nuit, Victor, pris d'insomnie, repensa au chiffre 13 qui le poursuivait depuis le début de l'année. Le lendemain, dernier jour avant le départ pour Arcachon, était encore un 13. Après s'être agréablement promené dans Bordeaux, et avoir dit au revoir à François-Victor qui remontait à Paris, il se rendit au restaurant Lanta où il avait ses habitudes et où il retrouva ses amis et sa belle-fille. Juliette, mal en point, était restée à la maison. On attendait Charles, qui n'arrivait pas. Un garçon vint chercher Hugo. Un monsieur était là qui voulait lui parler, et fit éloigner Alice. Charles était mort, dans le fiacre, d'une apoplexie foudroyante.

Les jours suivants, Juliette veilla sur la pauvre jeune femme, et s'occupa des enfants. François-Victor, prévenu par Meurice, était revenu. On partit en train, avec le cercueil, le 17 au soir, en wagon-salon loué pour la famille, et on arriva le lendemain à Paris, gare d'Orléans [36]. On se rendit directement au Père-Lachaise, dans des voitures envoyées, comme le corbillard, par Meurice. C'était le premier jour de la Commune. L'armée avait repris dans la nuit les canons installés à Montmartre par les Parisiens. Ils avaient résisté et tué les généraux chargés de l'opération. Paris se soulevait et construisait des barricades. Le convoi funèbre de Charles dut les franchir ou les contourner ; les hommes en armes, fusil baissé, lui faisaient une haie d'honneur. On sonnait le clairon, on battait le tambour, on agitait le drapeau. Le peuple, silencieux au passage du cortège, criait ensuite « Vive la République ! ». Sur la tombe, Vacquerie et Louis Mie prononcèrent deux discours. Parmi la foule compatissante, le peintre Courbet, que Hugo n'avait jamais rencontré, tint à lui serrer la main.

Descendue à l'Hôtel du Louvre, la tribu ne resta pas longtemps à Paris. Entre d'autres tentatives vaines de conciliation, des représentants du Comité central de la garde nationale vinrent consulter Hugo. Il les mit en garde contre le risque de dérive violente de leur mouvement, dont la cause, au demeurant, lui semblait juste. Les possédants aux prises avec le peuple : il avait vu un enchaînement comparable en juin 1848. Déjà les communes insurgées de quelques grandes villes de province avaient été réprimées. On se prépara à repartir pour la Belgique, afin de liquider la succession de Charles. Sitôt arrivés à Bruxelles, le 22 mars 1871, on se partagea entre la place des Barricades et l'Hôtel des Postes où Juliette avait ses habitudes. Elle s'occupa de faire confectionner des vêtements de deuil pour les deux servantes d'Alice, tandis que Victor organisait la réunion du conseil de famille. Celui-ci le nomma « subrogé tuteur », comme l'avait été l'oncle paternel de Juliette quand elle s'était retrouvée orpheline. Georges et Jeanne, dans leur malheur, avaient tout de même plus de chance qu'elle. Il leur restait leur mère, pour qui Victor redoubla d'affection, bien qu'elle eût un caractère difficile. Juliette la trouvait trop susceptible, jalouse de ses prérogatives, pas assez attentionnée envers sa fille, injuste avec la gentille Mariette qui s'occupait pourtant mieux qu'elle de la petite, et laxiste, inversement, jusqu'à l'aveuglement, devant l'intempérance, la brusquerie et l'indélicatesse de sa servante Philo, bien mal surnommée. Le père en deuil s'occupa de liquider la succession du fils, qui avait laissé de nombreuses dettes, comme sa mère. Encore une fois, Hugo régla toutes les factures en souffrance.

À quelque chose malheur était bon : la succession leur avait permis de se retrouver à Bruxelles pendant que Paris était à feu et à sang. Juliette se demandait même si Charles n'était pas mort pour les mettre à l'abri. Les échos des heurts entre Parisiens et Versaillais parvenaient jusqu'à eux par les journaux. Hugo approuvait, globalement, le programme politique de la Commune, qui correspondait à ses propres idéaux : école publique, laïque et obligatoire, séparation des Églises et de l'État, droit au travail pour tous, assistance publique, abolition de la peine de mort (le 6 avril, on brûla la guillotine place Voltaire), affaiblissement de l'État et d'abord très large autonomie communale, égalité des femmes et des hommes. Plusieurs activistes du mouvement étaient de ses amis, dont Flourens, Louise Colet et Rochefort. La Commune, « chose admirable », écrivit-il à Meurice et Vacquerie depuis Bruxelles, était malheureusement « compromise par cinq ou six meneurs déplorables »[37]. Hugo condamnait dans ce mouvement la guerre civile face à l'ennemi, le refus armé du suffrage universel (quand il déplaît), la violence inutile et le vandalisme, et une mauvaise conduite de toute l'affaire, mettant en péril les progrès acquis (la république parlementaire au suffrage universel). Dans la balance, néanmoins, la violence du gouvernement dépassait largement l'autre. « De grandes fautes ont été faites des deux côtés », avait-il déjà écrit, mais « du côté de l'Assemblée, ces fautes sont des crimes »[38]. L'aide apportée à la répression par Bismarck, qui libéra en nombre les prisonniers français pour renforcer les effectifs de l'armée, faisait apparaître la solidarité de classe de la bourgeoisie européenne.

La Commune vue de Bruxelles et du Luxembourg

Le bénéfice secondaire de Juliette dans ce malheur public, c'est qu'en l'absence de Mme Chenay restée à Guernesey, elle redevint la copiste de Hugo. La Commune inspira à celui-ci quelques poèmes pour *L'Année terrible*, dont trois furent publiés dans la presse : « Un cri », « Pas de représailles » et « Les Deux Trophées » plaidaient la fin des combats fratricides, et la préservation des monuments, menacés de destruction pour les symboles qu'ils représentaient : l'armée visait l'Arc de triomphe, et la Commune abattit la colonne Vendôme. Le Comité de salut public fit raser la maison parisienne de Thiers, chef du gouvernement installé à Bordeaux ; Hugo trouva cela « odieux et bête[39] ». La « semaine sanglante », avec l'incendie des Tuileries, l'exécution de soixante-quatre otages par la Commune et de l'autre côté six mille fusillés – « cent pour un[40] » –, les exécutions massives et sommaires, au Père-Lachaise, devant le mur des fédérés, fut pour Juliette un « affreux et sinistre cauchemar sans réveil ». Que faisaient Meurice et Vacquerie « dans cette formidable bagarre »[41] ? On ne savait pas. Hugo fit paraître un article où il déclarait ouvrir son logis du 4, place des Barricades à tous les proscrits de la Commune. Il répondait ainsi à l'annonce du gouvernement belge qui venait de déclarer indésirables, sur son territoire, « ces gens qui méritent à peine le nom d'hommes ». Dans la nuit, cinquante ou soixante manifestants bien mis et armés de pierres et de bâtons caillassèrent sa maison, tentèrent de l'escalader et de défoncer la porte, brisèrent des vitres, en poussant des cris et des menaces de mort contre ce « brigand ». La police n'arriva qu'au petit matin une fois ces respectables voyous repartis. Juliette, qui dormait ailleurs, n'avait pas partagé la frayeur d'Alice, des servantes et des enfants (Georges crut que les Prussiens attaquaient), mais fut scandalisée que la lettre ouverte de Hugo, « si sublime, si magnanime et si généreuse pour les vaincus et pour les vainqueurs[42] », ait pu donner lieu à une action si noire. Le lendemain, le commissaire déconseilla à Hugo de dormir chez lui une nuit de plus. Alice se réfugia chez les Berru avec Georges tandis que Victor et Jeanne rejoignaient Juliette à l'Hôtel des Postes. Ils firent bien, car la manifestation reprit la nuit suivante. Quatre soirs plus tard, le problème était réglé : le gouvernement de Léopold II décréta l'expulsion du « sieur Hugo » le 30 mai. La Chambre et le Sénat belges protestèrent pour la forme.

Où aller ? À Guernesey, le petit paradis de Juliette ? Non, Hugo ne voulait pas s'éloigner de Paris, mais il eût été dangereux d'y retourner tout de suite : on le suspectait de complicité avec la Commune, dont la répression se poursuivait. Meurice avait été interpellé puis libéré – on le savait par Louis Koch, chez qui s'était réfugié Vacquerie pour échapper aux poursuites – et la légation de France, où Hugo était allé chercher son passeport, lui avait dit que son fils et lui risquaient d'être arrêtés s'ils rentraient sur le territoire. Aussi emmena-t-il les siens au Luxembourg.

Ils y connurent un été idyllique, loin des guerres, loin des troubles, loin du monde, mais au plus près l'un de l'autre.

La première semaine passée dans la capitale, où ils descendirent à l'Hôtel de l'Europe, fut agrémentée de promenades dans les vallées environnantes. Puis on s'installa à Vianden, charmant bourg de montagne dominé par un château et traversé par une rivière. Hugo élut domicile au bord du pont, dans la maison voisine (aujourd'hui musée Victor-Hugo) de l'Hôtel Koch où il installa Alice, les enfants et Juliette, qui s'amusa du nom de l'hôtel et ne manqua pas de signaler la coïncidence à son neveu Louis. C'est à lui qu'elle demanda de vérifier auprès des Lanvin si la tombe de Claire n'avait pas souffert des bombardements. Louis transmettait les nouvelles des amis de Paris, avec discrétion, en évitant d'écrire les noms en toutes lettres. Hugo, de son côté, recueillit le témoignage d'une jeune communarde venue se réfugier au Luxembourg ; il lui donna du travail (un peu de couture), et de l'amour. Cette jeune Marie Mercier était veuve du directeur de la prison qui avait abrité les otages de la Commune, exécutés pendant la semaine sanglante. Elle raconta les exactions dont elle avait été témoin lors de la répression versaillaise, notamment les massacres de femmes et d'enfants orphelins, à la mitrailleuse.

Loin des atrocités parisiennes, la vie luxembourgeoise était douce. Juliette copiait *L'Année terrible*. On se promenait dans la campagne avoisinante et au bord de l'Our. Le paysage inspirait à Hugo force dessins, des ruines, surtout. Les enfants, qui reportaient leur affection sur leur oncle et leur grand-père, s'égayaient dans les champs. Georges aimait les ruines « gotipes ». Jeanne donnait leur nom aux animaux : les « ouaoua » à quatre pattes et les « cocos » à deux. Elle rit et pleura en voyant son premier colimaçon rentrer et sortir ses cornes. On lui montra le renard capturé par les aubergistes. On la fit monter sur une vache. Quand elle disait « aboua » on la prenait dans les bras, et quand elle disait « paté »[43] on la reposait par terre. Le jour de la procession du Saint-Sacrement, qui emprunta le pont sous leurs yeux, on joua de la musique. On acceptait l'invitation à dîner du bourgmestre. Les Meurice arrivèrent le 10 juillet à Vianden, et firent avec leurs amis quelques excursions pendant leur séjour d'une semaine et demie. Ils étaient là la nuit où, un incendie s'étant déclaré en ville, Juliette fut chargée par Victor de veiller sur le manuscrit de *L'Année terrible* qu'il lui confia, roulé à la hâte dans un mouchoir, avant de participer, deux heures durant, à la chaîne des seaux d'eau puisée dans l'Our, jusqu'à l'extinction du sinistre. La semaine suivante, pour sa fête et celle de son fils, il donna un dîner et une grande fête dans le jardin illuminé de lanternes chinoises, avec un orchestre de trente-cinq musiciens. Le bourgmestre porta un toast, les enfants étaient émerveillés. On était heureux.

Début août, François-Victor et Alice firent un séjour à Bruxelles en emmenant Georges et en laissant Jeanne à son Papapa. À leur retour, on quitta Vianden le 22 pour Diekirch, d'où l'on repartit le 26 pour Altwies. Marie Mercier y rejoignit Hugo en secret. C'était une ville d'eau où il comptait guérir une sciatique qui le faisait souffrir depuis plusieurs mois, et où Juliette crut pouvoir soigner sa goutte. De là, on faisait encore régulièrement des excursions, dont une à Thionville, qui émut fort Victor : ce bastion désormais tombé aux mains de l'ennemi, son père l'avait défendu et conservé à la France par deux fois, en 1814 et en 1815. Juliette en revint bouleversée par le spectacle du désastre et de la ruine infligée à cette belle ville par les Prussiens. Elle avait pleuré, comme toute l'assistance, en entendant une dame de quatre-vingts ans raconter à Victor les souvenirs de jeunesse qu'elle gardait du général Hugo.

Le 18 septembre, Juliette en était à son vingt et unième bain, et s'arrêta là. Victor, lui, était décidé à poursuivre, mais cela n'allait pas durer. L'histoire et le devoir se rappelaient à lui. Le procès des communards avait commencé. Les condamnations pleuvaient : la mort, la déportation, les travaux forcés, parfois à perpétuité, les pontons. Rochefort fut condamné à la déportation le 21 septembre. Cette nouvelle décida Hugo à rentrer immédiatement, pour défendre son ami et obtenir un adoucissement de peine en sa faveur. Et pour plaider l'amnistie.

55, rue Pigalle

Après avoir traversé en train le théâtre de la bataille de Sedan, et dormi à Reims, Hôtel du Lion d'Or où Juliette et Victor étaient déjà descendus en 1840, sur la place de la cathédrale qu'on retourna admirer, la famille rentra à Paris le 25 septembre 1871. On s'installa provisoirement à l'Hôtel Byron, rue Laffitte. Hugo obtint très vite un entretien avec Thiers à Versailles ; ils parvinrent à un compromis pour Rochefort : il ne serait pas déporté, mais incarcéré dans une forteresse française. Hugo put ensuite prendre le temps d'emménager au 66, rue de la Rochefoucauld, et d'installer Juliette juste à côté, au 55, rue Pigalle. Lorsqu'elle y entra le 9 octobre 1871, elle ne pouvait imaginer qu'on inaugurerait là une placette à son nom un siècle et demi plus tard [44].

Maintenant qu'on était chez soi, et non plus en villégiature, en voyage ou à l'hôtel, il fallait renforcer la domesticité. On fit donc venir de Guernesey la jeune Henriette Morvan, avec qui Juliette s'entendait bien [45]. La pauvre fille, déracinée, perdue dans la grande capitale, loin de son île et surtout de sa famille, eut le cafard au bout d'un mois. Elle s'accrocha à la perspective de revenir sur l'île avec ses maîtres au printemps.

D'ici là, Hugo préférait rester à Paris, au plus près des événements. Dès que reparut *Le Rappel*, il lança un appel à l'amnistie, qui ferait retrouver ses Lumières à la France. Juliette, avec sa manière bien à elle de lire le verset 35 de l'Évangile selon saint Jean, croyait entendre Dieu lui-même, tant sa parole, en faveur des communards pourchassés, était le « pain de vie de ce siècle [46] ». Pendant des mois, sollicité de toutes parts, Hugo allait intervenir pour ceux en faveur de qui une mère, un proche, un avocat, demandait son soutien pour éviter l'exécution capitale, la déportation, les travaux forcés ou les navires réformés servant de prisons flottantes appelées pontons, sous les yeux horribles desquels le « Bateau ivre » de Rimbaud ne pouvait plus nager [47]. Jugée en décembre, Louise Michel, qui assumait l'action violente et réclamait la mort au côté de ses camarades, inspira à Hugo un poème dont le titre latin, « *Viro major* », la hissait au-dessus de l'homme. Juliette, sa copiste, admira le ton de ce qui était à la fois la justification, la réhabilitation et la consécration de cette révoltée sublime, « à vous en faire venir le pétrole à la bouche [48] ».

La suspension du *Rappel* le 25 novembre 1871 fut un coup rude pour tout le monde, jusqu'au brave Lanvin qui y était employé, et perdait son gagne-pain. Juliette fit espérer à sa femme une prochaine autorisation de reparaître à laquelle, du reste, elle-même ne croyait guère. Le titre même du journal, disait-elle non sans raison, était « une protestation contre le gouvernement [49] ». En cas de sauve-qui-peut général, au moins la famille Hugo avait-elle sa « *chaloupe de sauvetage*, Guernesey », que Juliette transformait en « arche de Noé » où embarquer, « pendant toute cette longue tourmente », tous les « lions » et les « colombes » [50] de leur entourage,

Georges et Jeanne en tête. Tout ce petit monde resta à quai. Juliette instaura le dimanche soir un dîner qui réunissait les plus proches collaborateurs du *Rappel*, pour se serrer les coudes. Hugo y lisait volontiers ses poèmes. C'était l'occasion festive de faire entendre *L'Année terrible* en avant-première. Il rendit ainsi publiquement hommage, le 10 décembre, « À Madame Paul Meurice », d'avoir été « vaillante, calme et charmante, bravant / Cette guerre hideuse et ce noir coup de vent » où elle avait su « donner appui, porter secours, / Aider, lutter, souffrir, et sourire toujours »[51]. Il lut aussi, un autre soir[52], le long plaidoyer « Paris incendié » écrit l'année précédente, où il trouvait dans la misère la cause de l'égarement destructeur des communards contre leur propre ville.

Il lut aussi *Ruy Blas* aux acteurs qui allaient le reprendre à l'Odéon. La première séance, qui dura trois heures, eut lieu chez lui. Sarah Bernhardt, jeune espoir à qui revenait le rôle de la Reine, était absente, mais Juliette était là, émerveillée par la voix inaltérable de l'auteur. On était le 2 janvier 1872, date anniversaire de la lecture de *Lucrèce Borgia* dans le foyer de la Porte-Saint-Martin trente-neuf ans plus tôt. Ce souvenir rendit Victor doublement nostalgique, de leur première rencontre, et des grandes heures de ce théâtre, incendié pendant la semaine sanglante et maintenant ruine : il avait abrité leurs amours naissantes. Juliette fut préposée aux invitations pour la Première du 19 février, qu'elle distribua selon un ordre de priorité décidé par Victor. Il n'y en aurait pas pour tout le monde. Il y en eut pour Gautier, en souvenir d'*Hernani*. Juliette assista à l'événement dans une petite loge pour quatre, et y retourna plusieurs fois : exerçant son œil critique, elle repérait les améliorations dans le jeu de Mélingue pour don César de Bazan, contrairement à Lafontaine, qui, dans le rôle-titre, en prenait de plus en plus à son aise. Peu importait, du reste, le public était au rendez-vous, on applaudissait à tout rompre, on faisait taire les rares siffleurs, l'Odéon n'avait jamais gagné autant d'argent.

La reprise triomphale de *Ruy Blas* consola Hugo de n'avoir pas été élu aux élections complémentaires de janvier 1872. Il manquait environ 150 000 électeurs, « rayés, déportés ou fusillés », ou peu soucieux de faire connaître leur adresse en s'inscrivant sur les listes électorales[53]. Son concurrent de droite l'avait devancé de 28 000 voix. Juliette ne pouvait le consoler, en revanche, de ses retrouvailles déchirantes avec sa fille Adèle, rentrée de la Barbade le 11 février, et aussitôt recueillie par le jeune docteur Émile Allix, puis confiée à une maison de santé, à Saint-Mandé. La fille reconnaissait son père, se disait heureuse dans cet établissement où elle était bien traitée et où elle resterait enfermée jusqu'à sa mort en 1915, noircissait des feuilles d'écritures qu'elle ne voulait pas montrer, jouait du piano que Hugo se hâta de lui procurer, et vit se refermer sur elle une porte « plus sombre que celle du tombeau[54] ».

Sur le conseil des médecins pour qu'elle ne s'agite pas, Hugo espaça ses visites. Entre la solitude de sa fille recluse et sa popularité, le contraste était complet. Les droits d'auteur mirobolants reversés par l'Odéon étaient bienvenus pour affronter les dépenses en hausse constante qu'occasionnait un rythme d'invitations déjà élevé mais devenu frénétique après le succès de la pièce. Chez Juliette, où la salle à manger était assez petite, les dîners se multipliaient, et les appels à la modération qu'elle lançait à Victor n'étaient pas entendus. Parmi les habitués, outre François-Victor, Alice, et les fidèles Meurice et Vacquerie, il y avait de temps à autre Louis Koch et sa femme, Louis Mie (l'avocat périgourdin qui avait prononcé un discours aux obsèques de Charles), Dulac (ancien proscrit de Jersey), et deux piliers du *Rappel*, Pelletan et Pelleport.

Tous se réjouirent de la reparution du journal le 29 février 1872, après trois mois d'interdiction. Prenant ses désirs pour des réalités, Juliette croyait voir de sa fenêtre presque tous les passants arborer *Le Rappel* sous leur bras, ou le lire au risque « de se fourrer sous les voitures ou de renverser les boîtes au lait des laitières de la rue[55] ». Elle lut avidement le feuilleton posthume de Charles qui y parut de mars à juillet, *Les Hommes de l'exil*, série de portraits et d'anecdotes sur les proscrits de l'Empire. Elle admirait les nouveaux poèmes politiques que Hugo y faisait paraître, et qu'on retrouverait dans *L'Année terrible*. Elle continuait à copier, en vue de la prochaine publication du recueil. Elle aimait surtout la pièce « À petite Jeanne », où le grand-père émerveillé qu'elle ait déjà un an – « c'est un âge, cela ! » – l'entendait mêler son « charmant murmure / Au grand Paris faisant sonner sa grande armure ». Elle s'enorgueillissait d'être la première lectrice de « Choix entre deux nations », diptyque où le poète consacre soixante-sept vers trois quarts à la grande Allemagne, et le quart du soixante-huitième et dernier vers, « Ô ma mère », à la France[56]. Mais à la sortie du recueil, en avril, elle ressentit un choc en consultant la table des matières. Elle ne connaissait que la moitié des pièces : à qui avait-il confié l'autre ? Déjà, en janvier, en lisant des vers qu'il ne lui avait pas demandé de copier, où il faisait l'éloge d'une belle infirmière aperçue dans une ambulance, elle avait été jalouse[57].

Du reste, elle ne cherchait pas vraiment à savoir. Nous non plus. Un nouveau système de notation adopté par Hugo à cette époque dans les carnets ne permet pas de cerner la nature précise des infortunes de

Juliette. Parmi les noms qui réapparaissent, la femme de lettres républicaine Eugénie Guinault, la comédienne Jane Essler, mais pas Sarah Bernhardt, qui, la semaine suivant son triomphe dans *Ruy Blas*, lui rend visite le 24 février, accompagnée de Gustave Flaubert. On trouve aussi Zélie Robert, mère d'un jeune communard pourchassé en faveur de qui Hugo intervint. Il y a encore Céline Baa, la dame de la Barbade qui avait raccompagné Adèle et s'apprêtait à repartir à Trinidad. Hugo lui donna des bijoux ayant appartenu à sa fille, et nota dans son carnet, ayant souligné son nom, « *la primera negra de mi vida*[58] ». Les soupçons de Juliette se concentraient sur deux autres femmes. L'une était cette veuve croisée à Mondorf, là où ils avaient pris les eaux l'été précédent ; elle poursuivait Hugo de ses assiduités, jusqu'à lui demander, il le note sur son carnet, de lui faire un enfant. Juliette ignorait sans doute ce détail, mais craignait que Victor ne veuille installer la dame, en visite à Paris, au 55, rue Pigalle. Il n'en était pas question. Il lui suffisait bien de l'avoir vue sortir de chez lui avec Alice qui lui avait montré son logis du doigt. Elle soupçonnait aussi, non à tort, Mme Rattazzi, petite-nièce de Napoléon Ier, femme de lettres et salonnière qui avait épousé en secondes noces un ministre italien[59]. Juliette, qui se sentait délaissée, regrettait que Victor préférât désormais se promener avec cette femme plutôt qu'avec elle : « Autres temps, autre Rattazzi, autres mœurs[60]. »

Elle avait pourtant bien besoin de prendre l'air, et de calme. Elle était épuisée par les invitations multipliées, avec toujours de nouveaux convives – dont Flaubert, à partir du mois de mars. Si seulement on rentrait à Guernesey, on pourrait recevoir moins, se reposer, et les finances s'en porteraient mieux. Les domestiques elles-mêmes ne suivaient plus le rythme. Suzanne avait recommencé à boire ; ses saouleries décourageaient Juliette, qui n'avait pas le cœur de la renvoyer et attendait patiemment que la pauvre femme donnât elle-même son congé[61]. Mariette, grippée, resta alitée un mois[62], au grand désespoir de Jeanne qui n'avait plus le droit de coucher ni même d'entrer dans sa chambre ; elle demandait « où qu'elle est donc mon petit Ouaoua chéri[63] ? » ; elle rejetait la nouvelle bonne qu'on lui avait trouvée ; c'était « Ouaoua », et personne d'autre ; or Mariette était mal vue d'Alice, qui voulait lui retirer le soin de l'enfant. Il fallut une mise au point énergique du grand-père en sa faveur. Quant à la pauvre Henriette, sa dépression allait jusqu'au délabrement physique et moral. Comme la perspective d'un retour collectif à Guernesey s'éloignait, elle décida de rentrer seule. Elle était douce et honnête, et Juliette l'aimait bien, mais on ne pouvait la retenir plus longtemps. On l'aida à organiser son itinéraire, par Granville et Jersey, on lui paya son mois, et on lui donna l'argent du voyage.

Comment la remplacer ? Mme Lanvin, la fidèle amie de Juliette, qui avait été domestique chez Pradier, s'était occupée de Claire lorsqu'il fallait l'accompagner à la pension, et avait procuré à Hugo le passeport et l'habit de son mari pour fuir à Bruxelles en 1851, trouva une solution. Son mari et elle avaient recueilli une jeune fille de l'assistance publique prénommée Blanche. Elle avait vingt-deux ans, et pouvait être embauchée tout de suite. C'était commode. Juliette s'apprêtait à donner à Henriette, pour ses prochains patrons, « le meilleur certificat qui soit ». Elle la regrettait déjà, « quels que soient la gentillesse et le zèle de l'autre jeune fille »[64]. C'était sage.

Victor était d'accord pour qu'on prenne Blanche à l'essai. Ce n'était pas la première fois qu'il venait en aide aux Lanvin : jadis il leur donnait des vêtements, puis il avait trouvé du travail au mari. Employer leur fille, c'était encore leur rendre service. Juliette se réjouit donc de son approbation : « Dans tous les cas, cela ne peut pas avoir d'inconvénient d'essayer[65]. »

Si. Cela pouvait.

XXI

Colère Blanche
(1872-1873)

« L'âme ne se rend pas au désespoir sans avoir épuisé toutes les illusions. »

Les Misérables, IV, xv, 1

Contrairement à Suzanne, analphabète, Blanche savait écrire. Elle écrivait même bien : Hugo lui avait donné à copier, elle s'en était très bien acquittée, non sans fierté. Juliette elle-même l'avait constaté [1]. Dévouée, discrète, débrouillarde et gentille, elle donnait toute satisfaction à sa maîtresse.

Épuisement

En récompense, Hugo offrit à Blanche et aux autres domestiques des places pour *Ruy Blas* à l'Odéon. Le 13 mai, Juliette et Victor s'y rendirent avec elles pour se faire une idée du jeu de Berton dans le rôle-titre : il avait remplacé Lafontaine, à qui le succès était monté à la tête. On les y emmena de nouveau le 31 mai, pour la centième.

Ces sorties changeaient Juliette de son ordinaire, des journées passées à dépouiller l'énorme courrier reçu par Hugo (dont des billets doux extravagants qui la faisaient sourire), et à planifier les invitations à dîner quasi quotidiennes, entre six et quatorze convives, alors que sa salle à manger ne pouvait sans difficulté en accueillir plus de dix. Dès lors qu'on évitait le chiffre 13, il n'y avait pas de mal. Aux habitués des dimanches, Meurice et sa femme, Vacquerie, son neveu Lefèvre et Lockroy (fils de l'acteur, et journaliste au *Rappel*), s'ajoutaient des dizaines de proches ou de curieux à qui Hugo prodiguait les honneurs de sa table, installée chez Juliette rue Pigalle.

Il y avait les amis : le Dr Allix, qui avait diagnostiqué la folie d'Adèle ; Robelin, l'architecte ; Lucas, auteur d'une féerie sur une légende rhénane inventée par Hugo, et sa femme, venus en visite à Guernesey ; Lecanu, ancien compagnon de voyage ; Paul de Saint-Victor, à qui Hugo, dans une note testamentaire, avait confié le soin d'éditer avec Meurice et Vacquerie son œuvre posthume [2] ; Duverdier, ancien proscrit de Guernesey ; un nouveau venu, le jeune avocat Léon Bigot, qui avait obtenu le soutien de Hugo dans la défense du communard Maroteau, et qui mourrait bientôt à la barre, d'une crise d'apoplexie.

Des hommes politiques : Schœlcher, artisan de l'abolition de l'esclavage, frère d'armes lors de la résistance au coup d'État et compagnon d'exil à Bruxelles, maintenant député de la Martinique ; Gambetta et son ami Spuller qui l'avait accompagné lorsqu'il avait quitté Paris assiégé en ballon ; Edmond Adam et sa femme qui tenait un salon fréquenté par les républicains, et chez qui Juliette était invitée [3] ; le médecin Alfred Naquet, député partisan de l'égalité hommes-femmes et de l'union libre ; Louis Blanc, alter ego de Victor en matière politique et sociale, et sa femme ; le collaborateur et ami d'Hetzel, Noël Parfait, qui avait jadis aidé Hugo auprès de l'éditeur des *Contemplations* ; Lacretelle, député qui siégeait à l'extrême gauche, tout comme Peyrat, directeur du journal *L'Avenir national*, et Brisson, qui réclamait l'amnistie des communards ; le socialiste Lermina et son ami Spoll qui avaient écrit une *Histoire anecdotique et illustrée de la Révolution de 1848*, invités ensemble un soir où Georges et Jeanne, gardés par Victor et Juliette, eurent le droit de prendre part à la conversation, contre tous les usages, mais Juliette s'en « bat[tait] l'œil et même les deux yeux [4] ».

Beaucoup de journalistes : le comte d'Alton-Shée, pair de France devenu républicain et socialiste, avec sa femme ; Véron, rédacteur en chef du *Charivari* ; le reste de la bande du *Rappel*, Pelletan, Pelleport, Ernest Blum qui tenait les rubriques théâtrale, financière et d'actualité ; Pauliat, spécialiste des questions ouvrières et coloniales ; le Belge Frédérix, qui avait tiré un ouvrage souvenir du banquet des *Misérables* ; Louis Ulbach, que Juliette trouvait excessif et m'as-tu-vu ; le chroniqueur dramatique de Biéville ; le critique d'art Montrosier ; le collectionneur Burty, qui avait découvert les talents de Hugo dessinateur ; Richer, directeur du journal *L'Avenir des femmes* pour qui Hugo écrivit une lettre ouverte en faveur de l'égalité des sexes, non seulement parce que ce n'était que justice, mais aussi parce qu'« il est difficile de composer le bonheur de l'homme avec la souffrance de la femme [5] ».

Des écrivains : les poètes parnassiens Banville, Coppée, Glatigny, Aicard, Manuel, d'Hervilly, Valade et Verlaine, accompagné de sa femme, Mathilde[6] ; Flaubert ; Bochet, futur traducteur d'Henry James, que Juliette trouvait mal élevé ; Cauvain, dont sortait cette année-là une *Histoire de l'Inquisition* ; Trimm, l'excentrique président de la Société des gens de lettres ; Arsène Houssaye, à qui Baudelaire avait dédié *Le Spleen de Paris*, et qui raconterait ses souvenirs de dîners chez Juliette dans ses *Confessions* ; Gautier, malade, et que Juliette hésitait à inviter avec son gendre Catulle Mendès, qu'il ne pouvait pas voir en peinture ; le dramaturge Busnach, futur adaptateur des romans de Zola.

Des artistes : le caricaturiste Gill, qui offrit un dessin de Polichinelle à Jeanne ; son confrère Flameng, qui illustrerait *L'Année terrible* et fit de Juliette un portrait qu'elle trouva désolant de ressemblance[7] ; le photographe Carjat, qui prit Hugo en photo avec Georges et Jeanne sur ses genoux.

Tous ceux-là, « et *tutti quanti* », comme elle disait, Juliette était prête à les recevoir jusqu'à sa « parfaite crevaison »[8]. Épuisée par ce rythme infernal, elle demandait grâce et s'attendait à sentir son corps la lâcher d'un jour à l'autre. Le jour où ça arriverait, par pitié, qu'il la conduise à l'hospice, mais pas question qu'on la confie à une domestique qu'elle ne serait plus capable de diriger et qui ferait la loi chez elle[9]. La servante maîtresse, c'était elle.

Au milieu de ce tourbillon, il leur arrivait, rarement, de dîner en tête à tête, de faire des emplettes aux Magasins du Louvre (il lui offrit deux robes pour sa fête), ou un tour le soir sur les boulevards[10], d'accepter une invitation (à l'Arsenal, chez les Lucas, puis à Bellevue, chez Véron dont Juliette trouva la femme charmante, intelligente et cultivée[11]), d'aller à la Comédie-Française[12]. Ils se rendaient régulièrement à Saint-Mandé, elle pour fleurir la tombe de Claire, lui pour aller voir Adèle[13].

Le reste du temps, il sortait seul, invité, elle ne savait pas toujours par qui, et ne posait pas de questions. Aussi était-il idiot qu'il avance la pendule dans son dos pour partir plus tôt à un rendez-vous. À quoi cela rimait-il ? Il devait y avoir quelque femme « *raviersante* » là-dessous. Qu'il continue d'« être jeune », s'il voulait, mais qu'il la laisse « vieillir en paix »[14].

Telle n'était pas l'intention de Victor, qui, malgré les libertés qu'il s'accordait et les soixante-six ans de Juliette, restait jaloux. Il lui fit une scène épouvantable le lendemain du banquet de la 100e de *Ruy Blas*, fêtée chez Brébant, le grand restaurateur, avec les acteurs et les journalistes.

Juliette, qui n'était pas invitée, s'en était allée rendre une visite impromptue à son neveu, père pour la troisième fois, d'une petite Juliette dont le prénom avait été suggéré aux parents par Victor[15] ; comme Louis était sorti, et que les enfants dormaient, elle avait causé avec Ottilie, et était rentrée seule. Le lendemain, la dispute fut terrible. Juliette pardonna à Victor son accès de « monstrueuse jalousie physique et morale[16] », et se prêta au renouvellement de leur pacte. Elle reçut d'abord de lui cette lettre :

> 13 juin
>
> Écoute, ma bien-aimée, je n'ai pas dormi de la nuit, je suis profondément triste. Il me semble qu'il y a quelque chose ou quelqu'un entre nous. Pourtant je suis sûr que ce n'est pas de mon côté. Hier soir, tu m'as fait une question qui m'amène à te dire, *et à t'écrire*, ceci : je veux ne jamais revoir ma fille ni toi dans la vie future s'il y a sur terre quelqu'un que j'aime plus que toi. — Et je signe
>
> V.
>
> Écris-moi et signe-moi *J.* la même déclaration, et je dormirai la nuit prochaine. Je t'adore[17].

Elle s'exécuta, répondant l'après-midi, sur le même modèle :

> 13 juin 72, jeudi, 3 h. ½
>
> Mon cher adoré, s'il y a *quelqu'un ou quelque chose* entre toi et moi ce n'est pas de mon fait et je n'en ai aucune conscience. Tout ce que je sais, c'est que je t'aime uniquement, sincèrement, fidèlement et saintement et que je *veux ne jamais revoir ma fille ni toi dans la vie future s'il y a sur la terre quelqu'un que j'aime plus que toi* et je signe
>
> J.
>
> Maintenant mon adoré souris-moi comme je te souris et confie-toi à moi comme je me confie à toi[18].

La différence entre eux était précisément dans ce post-scriptum : il se confiait à elle, oui, mais pas sur tout.

Ce coup de sang qu'il regrettait déjà, fallait-il l'attribuer à une de ces « colères blanches[19] » dont il devenait coutumier, après le dîner, et que Juliette attribuait au surmenage ? Ou bien avait-il été troublé par le drame qui avait endeuillé le banquet de *Ruy Blas* ? Le directeur de l'Odéon, Chilly, déjà malade, y avait été pris d'un malaise et était mort dans la nuit.

Chilly avait joué dans *Lucrèce Borgia* et *Marie Tudor* en 1833. Un pan de leur jeunesse disparaissait. Déjà, le transfert du cercueil de Dumas dans sa ville natale de Villers-Cotterêts avait ravivé la douleur éprouvée à l'annonce de sa disparition, un an et demi plus tôt. Pour l'occasion, Hugo écrivit une lettre à Dumas fils qui parut dans *Le Rappel* ; Juliette en eut la primeur attristée. Il y saluait le succès mondial du « semeur de civilisation », son vieux camarade à la « grande âme bonne »[20]. L'autre complice des années 1830 approchait de sa fin : Théophile Gautier, souffrant et sans le sou, avait besoin d'aide. Ses deux filles avaient épousé des poètes. Juliette souhaita le bonheur à la cadette, Estelle, mariée avec Émile Bergerat le 15 mai 1872. L'aînée, Judith, était déjà depuis six ans la femme infortunée de Catulle Mendès, époux volage. La « triste histoire » qu'avait prévue Flaubert, témoin à leur mariage, était en marche. Judith trouva, semble-t-il, quelque consolation auprès de Hugo, à qui elle signala, début juillet, l'état de délabrement dans lequel se trouvait son père. Il recommanda son vieil ami à Jules Simon, ministre de l'Instruction publique, qui octroya une pension et un secours exceptionnel[21]. Gautier en fut reconnaissant. Judith aussi, qui vint rendre à Hugo une visite, le 11 juillet, suffisamment inoubliable pour que Hugo compose le lendemain un sonnet en son honneur, publié dans les journaux le 29 juillet – il n'avait jamais encore employé officiellement cette forme chère à ses contemporains.

Intitulé « *Ave, Dea, moriturus te salutat* », adressé aux « femmes, voix, regards, cheveux noirs, tresses blondes », il célèbre ces « deux choses profondes » que sont la mort et la beauté, rapprochées par la chute :

> Nous sommes tous les deux voisins du ciel, Madame,
> Puisque vous êtes belle et puisque je suis vieux.

Il lui offrit un autre cadeau : l'hospitalité et des soins pour son père, s'il acceptait de venir se reposer et mourir à Guernesey.

Hugo s'était enfin décidé à réinvestir Hauteville House après bien des retards et tergiversations. Juliette avait d'abord pensé y envoyer Suzanne seule, qui aurait rapporté quelques affaires[22] ; puis elle avait imaginé l'accompagner : Suzanne pourrait ainsi retirer l'argent qu'elle avait à la banque et rapporter sa malle, pour n'avoir pas à y retourner quand elle se retirerait dans sa famille champenoise. Juliette, quant à elle, vérifierait l'état de sa maison et prendrait du linge de corps et de toilette, dont elle avait bien besoin[23]. Ce ne fut pas nécessaire : Hugo se résolut lui-même à retourner dans l'île, pour revenir à son œuvre.

Le tourbillon mondain ne lui en avait guère laissé le loisir, depuis la reprise de *Ruy Blas* et la publication de *L'Année terrible*[24]. Les amis avaient encensé le recueil ; la droite l'avait honni, Barbey en tête, comme à son habitude. Le succès de *Ruy Blas* avait donné des idées. Directeurs de théâtre et acteurs se pressaient chez Hugo pour lui demander l'autorisation de reprendre ses pièces : Sarah Bernhardt, qui rêvait de jouer Catarina, dans *Angelo, tyran de Padoue*, avait assorti sa demande d'un baiser[25].

La répression contre la Commune se poursuivait, Hugo restait sur la brèche pour obtenir des adoucissements de peine et plaider l'amnistie. Il publia dans *Le Rappel* la lettre d'un détenu à la prison de Noailles, dans le quartier des Chantiers à Versailles, qui racontait les conditions indignes de sa captivité[26]. Il en allait de même pour le pauvre Rochefort. Transporté dans une casemate à l'île d'Oléron, où il dormait dans la vermine, buvait au bidon, mangeait à la gamelle, il savait que Hugo lui avait évité la déportation, et lui en était reconnaissant[27].

Il était grand temps de changer d'air et de retrouver le calme et l'océan, pour entreprendre ce roman sur la Révolution qu'il avait en tête depuis plusieurs années déjà. Le siège de Paris, la Commune et sa répression lui avaient donné une nouvelle actualité. Son écriture était devenue une nécessité. Mais il y avait une condition au rapatriement à Hauteville House : la venue de Georges et Jeanne, dont le grand-père ne pouvait plus se passer. Il fallait donc décider aussi Alice et François-Victor, celui-ci étant devenu indispensable à celle-là.

Juliette put annoncer à ses servantes le 15 juin qu'on allait partir à Guernesey. Suzanne en sourit de bonheur. Elle avait été si malade que Blanche avait pensé faire venir sa mère pour la remplacer. Mme Lanvin pleura à l'idée de se séparer de sa fille. Juliette leur laissa le choix. Blanche était d'accord pour partir. Juliette la traitait bien, et Hugo était content de sa copie.

Fin juillet, les visiteurs se bousculaient chez Hugo avant son départ. Alice n'arrivant toujours pas à se décider, Juliette s'impatientait : elle n'y croirait que lorsque Victor serait coincé entre elle et le coin du wagon[28].

Le 7 août, après une dernière visite de Hugo à Judith Gautier, on repartait pour Guernesey. Juliette jubilait. Suzanne et Mariette aussi. Alice avait fini par céder. François-Victor les rejoindrait plus tard. Une seule passagère, dans le groupe, arrivait en terrain inconnu : Blanche avait consenti à se séparer de sa mère adoptive. Elle perdait ainsi sa confidente et ses repères.

Toutes les raisons du monde

Après une nuit de train, on arriva à Granville au petit matin, et à Jersey à midi et demi. Hugo se précipita pour se baigner devant Marine-Terrace. On resta deux jours dans l'île, à laquelle il consacra un poème nostalgique[29]. L'accueil à Guernesey, le 10 août, fut festif. Julie Chenay était venue les attendre au débarcadère, avec les amis qui ne les avaient plus revus depuis deux ans. Même le chien Sénat fit la fête à son maître, si fort que Jeanne prit peur. On trouva le jardin plein de fleurs et d'oiseaux. Les enfants étaient ravis. Ils le furent encore le 17 août, au concert en hommage à leur grand-père que donna un groupe de *highlanders* écossais invité par Marquand. Juliette s'émut de leur émerveillement, autant qu'elle s'indigna du concert moins harmonieux donné par quelques braillards sous les fenêtres de Hauteville House dans la nuit qui suivit, aux cris de « À bas la Commune ».

On retrouva les habitudes : les invitations avec les Marquand et les Putron, les promenades dans l'île, les lectures en famille, le « torchon radieux » que Victor accrochait à sa balustrade pour signaler son réveil à Juliette, les dîners des enfants pauvres. Deux jours après son arrivée, Hugo avait renouvelé en vain son invitation à Gautier dans une lettre à sa fille. Juliette le poussa à exhorter Judith à venir elle aussi, surtout après la mort de son père survenue le 23 octobre, mais la jeune femme ne donna pas suite, malgré le poème que Hugo lui envoya immédiatement en hommage à son vieil ami. Les Meurice et les Véron, conviés eux aussi, ne vinrent pas davantage. En revanche, le 1er septembre, voilà les d'Alton-Shée qui débarquent pour deux semaines et demie, quand Alice et Georges partent au-devant de François-Victor à Jersey. Hugo composa pour Mme d'Alton-Shée un poème qu'il lut devant tout le monde. La dédicataire était aux anges, le mari flatté, et Juliette admirative, quoiqu'un peu agacée par ces « *flirtachionnes*[30] » à l'anglaise. On fit visiter l'île aux invités. Rétrospectivement, en classant le courrier de Victor, une lettre de Mme d'Alton-Shée évoquant le souvenir enchanteur d'un tête-à-tête au Gouffre où Juliette ne s'était pas rendue, de peur du vertige, lui inspirerait cette petite morale en forme de distique : « Vla ce que c'est que d'aller au Gouffre, l'une en jouit et l'autre en souffre[31] ! »

En arrivant à Guernesey, épuisée de fatigue, Juliette avait attendu quatre jours avant de reprendre sa « restitus » sur laquelle elle comptait pour lui « remettre le cœur au ventre »[32]. Elle demanda à Victor de l'aider à classer son album de photographies et voulut y insérer son dernier portrait réalisé par Carjat. De nouvelles photos furent prises par l'artiste local Arsène Garnier, d'Alice et de François-Victor, et le groupe de Victor avec ses petits-enfants sur ses genoux, où elle ne le trouvait pas à son avantage, mais qu'elle aimait néanmoins, et qu'elle fit adresser à son neveu par Garnier lui-même lorsque celui-ci se rendit à Paris quelques semaines plus tard. Pendant les séances de pose, pour s'occuper des enfants,

Blanche, qui séduisait tout le monde par sa disponibilité et son savoir-faire, avait été mise à la disposition d'Alice. Celle-ci avait hâte de repartir. Ces dames Duverdier, venues en villégiature, l'avaient un peu divertie, mais elles reprirent le bateau le 22 septembre. Lockroy était arrivé. Ce fidèle collaborateur du *Rappel* devenait de plus en plus proche du jeune couple que semblaient former maintenant Alice et François-Victor. Sur l'éducation des enfants en tout cas, l'oncle était un interlocuteur aussi attentif que la mère.

Hugo était partagé. D'un côté, son roman sur la Révolution l'appelait ; le calme de Guernesey lui serait indispensable pour le mener à bien. De l'autre, cela faisait deux ans qu'il vivait près des enfants. Alice et François-Victor, eux, n'avaient aucune raison de s'enterrer dans l'île. La première n'y connaissait personne. Le second y avait enfoui le douloureux souvenir de sa fiancée morte ; du reste, contrairement à ce que croyait Juliette, qui l'aurait bien vu envoyer ses articles depuis Guernesey, son activité au *Rappel* demandait sa présence à Paris. Hugo imagina une solution originale : Jeanne serait six mois de l'année avec lui, six mois de l'année avec sa mère et son oncle. « Seulement, les six mois que vous l'avez, je suis libre de les passer près de vous, et les six mois que je l'ai, vous êtes libres de les passer près de moi [33]. » Cela ne se passerait pas comme ça.

Leur départ fut un déchirement. En montant en voiture, Jeanne avait dit : « Papapa, monte donc ! » Il avait suivi leur embarquement depuis son *look-out*, et vit s'éloigner le *packet* à l'horizon. Mariette, à côté, sanglotait. Juliette lui fit espérer le prochain retour de François-Victor, peu vraisemblable. Alice ne s'étant pas engagée à donner régulièrement des nouvelles, on chercha des moyens d'en obtenir autrement. On aurait pu envoyer Mme Meurice ou Louis Koch en demander. Ou bien Mme Lanvin pouvait s'en enquérir discrètement, en cuisine, auprès de la bonne, sous prétexte de donner des nouvelles de Blanche, les deux jeunes filles ayant sympathisé rue de La Rochefoucauld et rue Pigalle. À moins qu'on instaure ce système en toute transparence [34] ? Quand Victor se résolut enfin à écrire à Alice en ce sens, il reçut d'elle une lettre alarmante : François-Victor n'allait pas bien. Il avait des douleurs aux reins, qui rappelèrent à son père la néphrite dont il avait lui-même souffert l'année précédente. C'est pour lui, maintenant, que Hugo allait s'inquiéter.

Au reste, il l'encourageait toujours pour ses articles dans *Le Rappel*. François-Victor s'y montrait digne de son défunt frère dans la polémique. Le 14 octobre 1872, il avait dénoncé la mascarade de la diplomatie, cette « vieille fille de joie du triomphe », et des traités de paix qui entérinaient la loi du plus fort, en l'occurrence l'annexion de l'Alsace et de la Lorraine

Étienne Carjat, *Victor Hugo*, photographie, août 1872

Arsène Garnier, *Victor Hugo et ses petits-enfants Jeanne et Georges* et *Alice Hugo et ses enfants Jeanne et Georges*, photographies, 1872

par la Prusse. Le père félicita le fils, en son nom, mais pas seulement : « Madame Drouet, qui t'adore, affirme que tes articles ne se sont jamais mieux portés[35]. » Lui-même, en attendant de commencer son roman, militait à distance : on fit paraître dans *Le Rappel* sa lettre de sympathie aux membres du banquet qui célébrait l'anniversaire de la Première République, le 23 septembre. Son message au Congrès pour la paix prophétisait l'écroulement des empires et l'avenir de l'Europe : « La patrie sans la frontière, le budget sans le parasitisme, le commerce sans la douane, la circulation sans la barrière, l'éducation sans l'abrutissement, la jeunesse sans la caserne, le courage sans le combat, la justice sans l'échafaud[36]. » Il refusa de se porter candidat à la députation en Algérie, où une délégation d'électeurs le sollicitait, pour ne pas se trouver rival de Crémieux, qui venait d'obtenir la citoyenneté française pour les Juifs d'Algérie. Il avait écrit un appel à la clémence pour une communarde condamnée à mort. Fusiller un homme était odieux, mais une femme, dont le front rappelait sa sœur, le sein sa fiancée et le ventre sa mère au malheureux soldat du peloton d'exécution, c'était impensable. L'appel ne parut pas dans la presse, mais la femme vit sa sentence commuée en travaux forcés à perpétuité. Il vint aussi en aide à une autre communarde, la jeune Marie Mercier qui lui avait déjà demandé secours au Luxembourg, revenue le voir à Guernesey. Il lui donna de quoi repartir à Bruxelles *via* Londres. Juliette, toujours aussi peu perspicace, voyait de l'imprudence dans cette « sublime charité » : être généreux, c'était bien, mais être dupe, c'était « absurde et dangereux »[37].

Avant de commencer son roman, il lui fallait classer ses papiers. Il confia ce soin à Blanche, fière de cette promotion, quoique anxieuse à l'idée de ne pas reconnaître les signatures illisibles. Juliette approuvait cette collaboration. Simplement, pensait-elle, quand il était avec « cette bonne petite fille[38] », qu'il évite de lui parler de son intention de rester à Guernesey jusqu'à une date indéterminée : ses parents lui manquaient, et cette perspective la rendait triste. Hugo lui dit pourtant qu'ils ne reviendraient pas à Paris de sitôt, en tout cas pas cette année. En déshabillant sa maîtresse, Blanche lui demanda si c'était vrai, et s'entendit répondre que c'était « infiniment probable[39] ». Deux jours plus tard, Victor note dans un espagnol un peu approximatif, sur son carnet : « *Esta tarde, besa manos con alba. Me pares muy digna di respecto*[40]. » (Ce soir, baise-main avec Blanche. Me paraît bien digne de respect.) Il proposa de lui offrir un voyage à Paris, pour la distraire. Selon Juliette, ce n'était pas de distraction qu'elle avait besoin, puisqu'à Paris, elle sortait peu[41] ; ce qu'il lui fallait, c'était sa mère ; on pourrait la faire venir cet hiver ou au printemps ; elle ne coûterait pas en nourriture, étant d'un naturel frugal, et pourrait rendre de petits services, par exemple des travaux d'aiguille. Peut-être Juliette espérait-elle aussi que la présence de Mme Lanvin freinerait les galanteries débutantes qui ne lui avaient pas échappé :

> Jusqu'à présent j'ai hésité à t'en parler, espérant que de toi-même tu t'apercevrais que tu faisais fausse route avec Blanche mais j'ai attendu en vain car ton étrange marivaudage et ta mimique plus que bienveillante continuent plus que jamais avec cette pauvre fille à qui le jeu plaît et qui s'en autorise pour se relâcher dans son service déjà très peu discipliné et très incorrect. Mais ce qui est plus grave pour moi c'est de diminuer mon autorité, de compromettre ma dignité et enfin de troubler la sécurité de mon cœur. Je suis trop douloureusement émue pour faire bon marché de ce badinage, si c'en est un, comme je m'efforce de le croire ; je te supplie de le faire cesser tout de suite dans l'intérêt même de cette jeune fille qui a plus besoin de bons conseils et de sérieux exemples que de sentimentalités et de mièvreries dangereuses sur lesquelles son inexpérience peut se tromper. Autrement, pour

> dégager ma responsabilité envers sa famille adoptive, et par respect pour mon amour, qui est plus que ma vie, je me verrais forcée de la renvoyer chez elle tout de suite, ce qui serait bien dur[42].

Il la rassura aussitôt, et la convainquit de ne pas se laisser prendre aux apparences. Comme toujours, Juliette ne demandait pas mieux. Lui, qui désormais était prévenu, et se savait surveillé, ne donna pas suite au projet de faire venir Mme Lanvin. En revanche, il avança à Blanche les 50 francs d'étrennes qu'elle destinait à ses parents.

Il fit aussi jouer son crédit pour sortir son frère d'un mauvais pas. Il avait aidé le père jadis à entrer au *Rappel*. Le fils, lui, travaillait de nuit au *Peuple souverain*, qui en était l'émanation. Ce nouveau journal bon marché avait été créé au printemps 1872. (Juliette venait d'y lire le récit poignant du mariage de Rochefort avec la mère de ses trois enfants qu'il s'agissait de légitimer, célébré à Versailles en présence de François-Victor, l'épouse à l'agonie, et le mari entouré des gendarmes qui devaient le raccompagner aussitôt à la forteresse de Saint-Martin-en-Ré.) Un responsable du *Peuple souverain*, Simon, ayant dénoncé le frère de Blanche pour un manquement, celui-ci avait été licencié. Meurice et Vacquerie se méfiaient de ce Simon, qui avait la confiance des responsables du journal. Juliette, à qui rien de ce qui peinait Blanche n'était étranger, demanda à Hugo d'intervenir[43]. Il écrivit à Meurice pour obtenir (avec succès) la réintégration du jeune homme : « Vous savez que j'aime les Lanvin, et que j'ai toutes les raisons du monde de les aimer[44]. » Et réciproquement : Blanche et sa mère furent éperdues de gratitude.

La jeune fille aida à préparer le Noël des enfants pauvres. Juliette, jadis, piochait dans ses vieilles nippes pour coudre les vêtements des poupées offertes. Ce stock épuisé, il fallut racheter du tissu. Les garçons, eux, recevaient des bonshommes et des dadas. Cette fois, on avait prévu des cadeaux exceptionnels qui échurent au frère et à la sœur de la famille la plus pauvre, dont une grande poupée blonde. C'est Blanche qui l'avait habillée, avec goût, de soie rose et de guipure. Le matin de la fête, elle l'apporta à Hugo dans son *crystal-room*. Il l'en félicita. Juliette aussi reconnut que l'arrangement était réussi. Elle avait pourtant dû, les jours précédents, surveiller l'avancement des travaux de couture, qui lambinaient, vu les encouragements que Victor, avec son laxisme coutumier, prodiguait « au sans-gêne naturel de Blanche et à sa flânerie[45] ». Souffrante, Juliette n'assista pas à la fête, et regretta que Georges et Jeanne ne fussent pas là pour la partager. Elle rêvait d'eux presque toutes les nuits[46].

C'est donc sans Juliette, mais avec ses servantes, que Hugo donna, le 19 décembre, des vêtements, du linge, des souliers et leurs cadeaux aux petits pauvres. Le surlendemain, il notait dans son carnet « *sobre la boca de alba* » et « *la mano de alba* » (sur la bouche de Blanche, et la main de Blanche)[47]. Quatre jours plus tard, c'était le Noël des adultes. Il écrivit à Judith Gautier « Vous souvenez-vous encore de moi, Madame[48] ? », et tourna la page. L'année suivante, à la date anniversaire, il noterait dans son carnet : « *Hace hoy justo un año que se ha empezado la cosa* » (Il y a aujourd'hui juste un an que la chose a commencé). Cette « chose », le 25 décembre 1872, c'est, dans son carnet, « *– a la media – venido se alba y me ablado de sas asciendas. Hay peligro* »[49] (– à midi – est venue Blanche et m'a parlé de ses affaires. Il y a danger). Le 24 au soir, Suzanne et Blanche avaient eu quitus pour se rendre à la messe, et journée libre le lendemain. Elles pouvaient aller écouter les sermons du curé Boone, devenu l'un des invités réguliers de Juliette et Victor, en compagnie du photographe Garnier et d'une Mlle Jung. Est-ce la mauvaise conscience qui poussa Blanche à se tourner vers Dieu, toujours est-il que les jours suivants, Suzanne et elle firent assaut de bigoterie, ne parlant, « dans le sanctuaire de la cuisine, que de pain bénit, de quête, de cierges, de confessions et de communion[50] ».

Juliette ne comprit pas tout de suite ce qui se passait, ou préféra ne pas comprendre. Après l'explication qu'elle avait eue avec Victor le 30 octobre, elle restait « bien disposée » à l'égard de Blanche, simplement, la jeune fille lui devait obéissance à elle, non à lui ; il l'avait aussitôt rassurée[51]. Fin janvier, après qu'elle eut pris pour une « triste et douloureuse hallucination[52] » ce qu'elle avait vu sur le palier de sa salle à manger, hallucination qu'elle avait déjà éprouvée plusieurs fois ces temps derniers, Victor nota dans son carnet qu'il fallait redoubler de prudence, protéger Blanche, et aussi Juliette, qui avait son cœur (« *la que tiene mi corazon*[53] »). Or la jeune fille était amoureuse, le disait à son maître, et l'écrivait. Des baisers furent échangés, des mains données, des nudités entrevues. Le 3 février, il note que Juliette n'est pas tranquille. Le lendemain, ayant eu le droit de toucher les rondeurs par-dessus les vêtements, il consigne sur son carnet, en latin : « *Clamavi : ardeo dum tibi cogito ! Dixit amo vos*[54]. » (J'ai crié : je brûle quand je pense à toi. Elle a dit : je vous aime.) En février et mars, les baisers se font plus amoureux. Avec l'argent qu'il lui donne, elle s'achète une chaîne, un médaillon en or et des jarretières de couleur. Ils se désirent en songes, et se les racontent. Elle pose pour Garnier (contrairement à Suzanne qui refusa qu'on l'immortalise), ce qui leur permet d'échanger leurs portraits. Le 11 mars, il embrasse « *su dulce y bianca piel*[55] », sa douce et blanche peau ; ils se retrouvent après dîner derrière le jardin pour des promenades, et poussent parfois jusqu'au port. Ce qu'elle lui dit le 30 mars, et qu'on ne saura jamais, le plonge dans un abîme de réflexion : « *observar, antes que andar mas delante* », observer avant que d'aller plus avant.

Pour compenser, comme font souvent les infidèles, il multipliait les attentions auprès de Juliette. En plein hiver il se risquait à monter chaque matin au bord de sa balustrade verglacée pour lui faire sa petite télégraphie rituelle, lui envoyait des baisers en lisant devant elle, à distance, sa lettre de la veille. Il redoublait de prévenance et de mots gentils. Il y avait de quoi aider Juliette à « doubler le triste cap des tempêtes » sur lequel son pauvre cœur flottait « depuis trop longtemps en proie à toutes sortes d'illusions contraires »[56]. Le mot qu'il écrivit sur son Livre rouge pour fêter leurs quarante ans d'amour, après deux années d'interruption pour cause d'absence de Guernesey, la transporta de bonheur : elle prophétisa que dans l'avenir, on daterait de Victor Hugo comme on datait encore de Jésus.

Conspirations du silence

Une seule chose faisait regretter à Juliette d'avoir quitté Paris. Non pas le temps affreux qu'il fit sur l'île pendant tout cet hiver de pluie et de frimas, mais la reprise de *Marion de Lorme*. Meurice dirigeait les répétitions ; Hugo lui envoyait par courrier des indications de mise en scène. À la Comédie-Française, Mounet-Sully jouerait le jeune premier Didier, et la charmante Mlle Favart le rôle-titre. Hugo les invitait tous deux à venir travailler leur rôle avec lui[57], mais le temps des répétitions était trop bref pour envisager cette équipée, et Mlle Favart craignait d'attraper un mal de gorge pendant la traversée. Comme on ne savait pas quel jour aurait lieu la Première, Juliette guettait les nouvelles. Elle fit envoyer des invitations à Louis Koch et Ottilie, qui eurent la chance, ayant été conviés par plusieurs canaux, d'assister à la fois à la répétition générale, comme petit Georges, et à la Première. Celle-ci fut triomphale. On l'apprit par un télégramme. Une lettre de Louis confirma l'effet prodigieux produit par les acteurs et la mise en scène somptueuse d'Émile Perrin, l'administrateur de la Comédie-Française qui ne lésinait pas sur les décors. Petit Georges, dont Juliette attendait avec curiosité le jugement littéraire, ne souffla mot pendant le spectacle, ni après, mais répéta toute la journée du lendemain l'hémistiche qui qualifie l'impitoyable Richelieu refusant de faire grâce au héros condamné : « l'homme rouge qui passe[58] ». Louis envoya une illustration qui donnait une idée du décor. Juliette la fit encadrer[59].

Les bonnes nouvelles de *Marion* lui donnaient envie de découvrir *Quatrevingt-Treize*, commencé le 21 novembre 1872[60]. L'auteur s'y était remis le 16 décembre, d'arrache-pied. Un mois de travail à Guernesey vaut un an à Paris, écrivit-il à Vacquerie pour justifier son exil[61]. Juliette espéra reprendre la copie : après tout, elle ne s'en était pas mal acquittée à Vianden, à Mondorf et à Paris, pendant son intérim. Mais elle dut céder cette tâche à Julie Chenay, rétablie dans ses fonctions, et se contenta de la collation, que l'auteur lui confia au début de l'été, après avoir achevé son manuscrit. Avant cela, elle n'en avait eu qu'un bref aperçu, une lecture un soir de mai, mais elle savait que l'auteur avait immortalisé ses deux petits-enfants dans les portraits de René-Jean et Georgette. L'inversion des sexes redistribuait seulement les prénoms et celui du garçon faisait une place au petit-neveu de Juliette, René Koch[62].

Pour préserver sa sérénité créatrice, il fallait éviter que Hugo ne s'inquiétât pour son fils, dont la santé déclinait. On ne savait au juste ce qu'il avait : une affection à la vessie, ou une hémorragie du rein, que les médecins traitaient par injections sous-cutanées de morphine, en réalité, sans doute, une tuberculose rénale. Alice avait donné consigne de ne pas alarmer le père. Juliette l'apprit par Louis, avec qui elle mit au point un système de double information. D'un côté il donnerait des nouvelles dans les courriers voués à être lus aussi par Hugo, de l'autre il écrirait à Juliette, à part, la vérité. Louis ménagea d'abord la chèvre et le chou dans une lettre alambiquée, le 2 février 1873 : il mentionnait les consignes de prudence données par Alice, qu'il ne voulait pas trahir (l'aveu de ce scrupule signalait malencontreusement le conflit de loyauté où il était empêtré), puis ne donnait des nouvelles de François-Victor que par personnes interposées, sans s'avancer, alors même qu'il l'avait rencontré. La lettre de mai, en revanche, était franche. Il avait trouvé son ami amaigri, mal en point, et avait pleuré après l'avoir quitté. Les nouvelles qu'envoyait Alice de son côté étaient forcément rassurantes. L'entourage se donnait le mot pour aller dans le même sens : d'Alton-Shée, Lacretelle[63], le médecin Émile Allix, qui, après avoir envoyé une lettre inquiétante en janvier, pratiquait la langue de bois. François-Victor allait, prétendument, de mieux en mieux. Cette éternelle convalescence était un leurre ; Victor fit peut-être lui aussi semblant d'y croire jusqu'à l'évidence que les enfants ne viendraient pas passer l'été à Guernesey. Meurice, qu'il avait convié à les rejoindre avec toute la bande, en y joignant la prière de Juliette (« une charmante femme ici vous appelle à grands cris[64] »), viendrait seul pendant la seconde quinzaine de juin.

Louis aussi avait été malade. Il réchappait juste d'un anthrax. Déjà souffrant à l'automne, il aurait pu se reposer à Guernesey. Il eût fallu pour cela se mettre en congé de son poste au lycée Saint-Louis ; il craignait de ne pas le retrouver à son retour, et préféra donc rester à Paris. Blanche, de son côté, insistait de nouveau pour recevoir sa mère. Celle-ci était tombée malade, et la jeune femme, qui comptait sur l'air marin pour la guérir, se renseigna sur le tarif du voyage en seconde, prête à le payer sur ses deniers. Juliette demandait et redemandait l'autorisation à Victor, qui ne disait pas non, mais pas franchement oui non plus, la décision était remise à plus tard, les mois passaient, et cela ne se faisait pas[65].

Les deux femmes mirent Victor au pied du mur début mai. Juliette trouvait que l'attente avait assez duré :

> Je viens de donner carte blanche à la jeune du même nom, pour s'informer des voies de communication les plus directes et les moins coûteuses par les secondes classes de Paris à ici. Quand tu seras renseigné là-dessus, mon trop généreux homme, tu verras à mettre à la disposition de la mère Lanvin l'argent nécessaire pour ce petit voyage promis par toi depuis longtemps déjà. Dans le cas où tu aurais quelques objections à faire, tu es encore à temps puisqu'on n'écrira que lorsque tu auras décidé si cela te convient maintenant. Quant à moi j'ai hâte de voir se résoudre cette situation mi chair mi poisson qui m'est antipathique à divers points de vue. Mon amour comme ma personne ont besoin de repos. Je t'adore[66].

On envoya l'argent. La complaisance de Juliette avait des limites. Se sentant délaissée, elle avait déjà signalé à Victor qu'elle n'était pas dupe :

> Cette diminution s'explique du reste quand on sait quelle part tu fais de ton cœur dans les régions mitoyennes de ta maison. Seulement il ne faut pas que cela aille, littéralement et moralement, jusqu'à *ceci tuera cela* à moins que ce ne soit ton parti pris de choix, auquel cas je m'incline et même je m'efface[67].

Tout comme l'imprimerie n'avait pas tué la religion (ce que signifie d'abord « ceci tuera cela » dans *Notre-Dame de Paris*), son attirance pour Blanche ne mettait pas en péril l'amour de Victor pour Juliette. La circonspection qu'il s'était imposée le 30 mars avait donné lieu, le lendemain, qui était, selon son carnet, un « 13 à l'envers », à une mise au point qu'il croyait définitive : « charme rompu. péril conjuré ». Blanche était affligée, la « *pobrecita* » (pauvrette) paraissait « *muy desdichosa* » (bien malheureuse). Elle ne le resta pas longtemps. Le jour d'après, le carnet disait qu'il avait tout vu, tout pris, que tout avait été fait, moins l'enfant, et que pour la première fois, elle l'avait tutoyé. Après quoi elle lui écrivit une lettre d'adoration. Pendant le mois d'avril, il y eut encore des promenades, encore des baisers, il l'accompagna aux bains, mais, semble-t-il, ils résistèrent à la tentation de tout recommencer en recommençant tout, et décidèrent de rompre le 3 mai, au terme d'une longue conversation. Comme la fois précédente, la rupture déclencha le lendemain un regain de désir, il vit tout, il prit tout, il toucha tout, et Blanche lui demanda de lui faire un enfant. Puis, de nouveau, promenades (sauf entre le 10 et le 19 mai où Victor, blessé par une épine d'ajonc dans le talon, dut rester chez lui en attendant la guérison), baisers volés, jambes entrevues, corsage déboutonné, caresses, et rendez-vous fréquents dans le salon de tapisseries de Hauteville House.

Victor n'était pourtant pas heureux. Il se confia à Juliette. Il ne voulait pas qu'elle souffre. Le 3 juin, ils partagèrent la tristesse des choses (« *tristitia rerum*[68] »), ayant tous deux perdu « la paix, le calme, le repos et le sommeil ». Il implorait son aide. Elle en demanda à Dieu, et trouva la solution :

> Ce n'est pas d'hier malheureusement que cette perturbation dans notre existence qui devrait être si régulièrement paisible et tendre se produit ; aussi suis-je résolue à éloigner de nous la cause de ces crises si fréquentes qui menacent ma vie et ma raison ; et, ce qui est pire pour moi, qui te rendent malheureux. La cause disparue, la confiance, la tranquillité et le bonheur reviendront et nous nous aimerons corps, cœur et âme comme auparavant, sans crainte et sans remords[69].

Mi-juin, c'était décidé, Blanche terminait le mois qu'elle avait entamé, et recevait son congé. Ça lui convenait. Il était temps qu'elle se trouve un mari. Elle serait remplacée mi-juillet par Henriette Morvan, qui reprenait du service[70]. Blanche partit pour Paris, *via* Saint-Malo, le 1er juillet, en bons termes avec Juliette qui lui avait conservé son affection, et le faisait savoir à Victor :

> J'assiste aux préparatifs du départ de cette pauvre Blanche, non sans émotion, bien que j'aie, ou que je croie avoir, ce qui est la même chose, beaucoup de raisons pour ne pas m'attrister de son départ. Elle-même au reste a souhaité s'en aller et en ce moment sa figure rayonne la joie. Je souhaite sincèrement et de tout mon cœur qu'elle trouve à Paris le bonheur qu'elle espère et auquel elle a droit, et si même il m'était donné d'y contribuer je le ferais avec empressement et avec plaisir, pourvu que ce ne soit pas au détriment de mon propre bonheur. Cela posé, je prie Dieu de la protéger et de la bénir comme je le prie de te protéger et de te bénir et de me laisser vivre et mourir à tes côtés[71].

Blanche était chargée d'aller fleurir la tombe de Claire dont sa mère malade ne pouvait plus s'occuper. C'est Suzanne qui l'accompagna au port. Victor suivit des yeux le steamer qui avait mis le cap sur Jersey.

Contente de voir partir la fauteuse de troubles, Juliette l'était moins d'avoir dû céder à Meurice un beau dessin oriental sur *La Légende des siècles* que Hugo lui avait offert, et qu'il donnait maintenant à son ami[72]. Meurice était venu passer neuf jours à Guernesey, du 21 au 30 juin, pour une villégiature délicieuse qui avait permis à Juliette de découvrir les splendeurs de *Quatrevingt-Treize*, lues par l'auteur pendant plusieurs soirées[73]. Elle redoutait son départ, qui interrompait les lectures.

Heureusement, celles-ci reprirent pour de nouveaux amis. Le Dr Allix arriva le 5 juillet, pour trois jours, avec sa femme, sa belle-sœur, une amie et ses deux enfants. Les nouvelles qu'il donna de François-Victor étaient rassurantes, comme il se doit, mais pas assez pour laisser espérer la venue estivale de Georges et Jeanne. L'envie de les voir, la perspective du remariage d'Alice avec François-Victor et l'achèvement de *Quatrevingt-Treize* firent envisager à Hugo et Juliette un retour en France.

Pour lui, la perspective de retrouver Blanche à Paris n'était peut-être pas étrangère non plus à sa hâte de quitter Guernesey. Il n'eut pas à le faire. Pas tout de suite, du moins. Elle revint à lui de la manière la plus audacieuse, du 12 au 21 juillet, à l'insu de Juliette, *incognita*. Tous les après-midi, Victor allait la voir et passer deux, trois ou quatre heures avec elle ; ils étaient heureux, lui « *todo* », elle « *toda* »[74]. Le jour de son départ, il regarda la voile disparaître à l'horizon, et décida de regagner Paris. Juliette aussitôt avertie estima qu'il lui fallait une semaine pour mettre sa maison en ordre en prévision d'une longue absence. Lui aussi, de son côté, avait ses papiers à classer.

On appareilla le 30 juillet pour Cherbourg. Le train de nuit arriva le lendemain aux aurores gare Saint-Lazare. Juliette avait toujours son logis au 55, rue Pigalle, dont Mme Lanvin s'était chargée, depuis un an, de régler le terme avec l'argent qu'on lui faisait parvenir. Ils y firent une halte de deux heures pour se reposer, déjeunèrent au café et filèrent rendre visite aux enfants. Ceux-ci étaient toujours locataires rue Drouot, où ils avaient emménagé à leur retour de Guernesey à l'automne précédent. Victor s'y était réservé une chambre, dont il leur payait le loyer, mais pour le moment il n'était pas question pour lui de s'y installer. Alice et François-Victor étaient en effet partis en villégiature à Auteuil, où l'air était plus pur qu'au centre de Paris. Hugo loua une maison meublée proche de la leur. Juliette et lui dormirent rue Pigalle en attendant d'emménager ensemble le 5 août Villa Montmorency, avenue des Sycomores n° 5, chacun à son étage, elle en dessous, lui au-dessus. On dînerait chez Alice et François-Victor, chez qui Hugo inviterait ses amis.

Une saison en enfer

Dès le 2 août, puis le 6, puis sans discontinuer, il revit Blanche en cachette. Elle l'avait trompé, il pardonna et décida de rompre ; c'était la troisième fois ; finalement il céda, c'est elle qui voulait encore quand il ne voulait plus ; il l'aida à déménager, à s'installer, accepta le double de ses clefs, et la vit tous les jours, en promenade, en voiture, en omnibus, en calèche, dans son lit à elle, et dans son lit à lui, rue Drouot où il n'y avait personne ; elle se laissait voir nue de plus en plus souvent ; ils visitaient Paris ensemble, le chemin de fer de ceinture, le Jardin des Plantes, les berges de la Seine, le soir qui tombe et les lumières de la ville.

Mme Verlaine, avec qui il avait rendez-vous le 9 août, ne le trouva donc pas chez lui, puisqu'il était parti, comme chaque après-midi, rejoindre Blanche « *muy enamorada, y muy arrepentida*[75] », très amoureuse et très repentante. C'est Juliette qui accueillit la pauvre Mathilde, et écouta pendant trois heures le « papotage[76] » de l'épouse délaissée depuis un an par son mari, qui vivait avec Rimbaud une passion aussi dramatique mais plus meurtrière que la liaison de Blanche avec Victor. Celui-ci ne perdait rien pour attendre : Mathilde avait l'intention de revenir lui parler en personne, et non par Juliette interposée. Verlaine avait déjà écrit à Hugo l'été précédent, après avoir fugué en Belgique avec son jeune amant, pour lui demander son intercession auprès de sa femme. Hugo les avait tous plaints, Paul, Mathilde et leur petit garçon, et espérait que les choses s'arrangeraient. Ça n'en prenait pas le chemin : Verlaine venait d'être condamné à deux ans de prison, pour avoir tiré sur Rimbaud, qui composait *Une saison en enfer.*

Infernale, la saison l'était pour Juliette. Piquée au ventre par un insecte, atteinte de goutte, puis de néphrite, ensuite d'un rhume tenace, elle forçait l'admiration du Dr Allix par sa résistance à la douleur, et priait Victor de ne pas ajouter à ses « tortures physiques des tortures morales impossibles à supporter[77] ». Du reste, s'il passait ses après-midi avec Blanche, il consacrait la plupart de ses déjeuners et dîners à Juliette. Certains repas servaient à régler des questions professionnelles. Le torchon brûlait entre, d'un côté, Meurice et Vacquerie, responsables du *Rappel*, et de l'autre d'Alton-Shée, Simon et Duverdier, au *Peuple souverain*. Hugo se faisait fort de les réconcilier, et Juliette contribuait à la diplomatie par ses talents de maîtresse de maison.

Elle le soutenait aussi dans ses efforts pour sauver Rochefort de la déportation. Thiers ayant quitté le pouvoir après les élections de juin, sa promesse de maintenir le prisonnier en France aurait dû être tenue par son successeur, de Broglie. Il était prévisible que celui-ci, franchement réactionnaire, ne l'entendrait pas ainsi. Hugo plaida auprès de lui la cause de son ami. Il fit valoir les talents d'écrivain de Rochefort ; le ministre académicien répondit que ses qualités intellectuelles aggravaient son cas, puisqu'il était plus blâmable encore que les pauvres hères incultes qu'il avait entraînés dans le crime. Rochefort fut expédié en Nouvelle-Calédonie.

Hugo n'abandonnait pas non plus son combat pour l'Alsace et la Lorraine. Comme il destinait à leurs habitants son nouveau poème « La Libération du territoire », protestation contre la capitulation française et appel à une République capable de rétablir l'honneur de la patrie, Juliette craignit une nouvelle interdiction du *Rappel* où il avait l'intention de le faire paraître, et même une nouvelle expulsion. Chargée de le copier, elle plaida la prudence, et fut entendue. Le poème parut en brochure et non dans le journal, ce qui mettait au moins les amis Meurice, Vacquerie et Lockroy à l'abri des représailles.

Hugo ne fut pas expulsé, et *Marie Tudor*, dont on préparait la reprise à la Porte-Saint-Martin, ne fut pas interdite. Le 28 août, l'auteur avait réuni un public nombreux à l'appartement de la rue Drouot pour en faire la lecture aux acteurs. Alice, quittant momentanément sa villégiature d'Auteuil, avait accueilli en son appartement parisien non seulement la troupe et les directeurs du théâtre, mais aussi des amis. Juliette eut le cœur et l'esprit transporté au souvenir de cette pièce, pour laquelle avait été composé le rôle de Jane, le dernier de sa carrière :

> En écoutant ta voix si pure, si mâle et si douce je retrouvais une à une toutes mes espérances radieuses d'autrefois et toutes les déceptions douloureuses qui les ont suivies et, loin de me plaindre, je remerciais Dieu en moi-même de m'avoir donné l'amour à la place de la gloire[78].

Après cette lecture et le tour du bois de Boulogne en calèche, ils étaient revenus ensemble Villa Montmorency et avaient dîné en tête à tête. Pour une fois, Victor n'avait pas passé l'après-midi avec Blanche.

On avait envoyé à celle-ci un message anonyme : ils étaient repérés. Juliette, de son côté, ayant reçu une lettre où Blanche lui annonçait que son mariage était rompu, crut devoir en informer Victor, bien placé pour le savoir déjà.

L'été touchant à sa fin, on envisagea de quitter Auteuil fin septembre. Alice et François-Victor retrouveraient leur appartement de la rue Drouot. Hugo, décidé à s'installer temporairement avec Juliette rue

Pigalle, négocia avec son propriétaire la location de plusieurs pièces supplémentaires, où il pourrait prendre ses aises. On y logerait aussi Mariette, voire une autre domestique. Juliette avait dans l'idée de faire venir Suzanne de Guernesey. Son service ne serait pas de trop. Savoir que Victor voulait continuer à vivre quelque temps avec elle la remplissait de joie.

Hugo suivait les répétitions de *Marie Tudor*. Le 16 septembre, le boulevard était couvert de grandes affiches annonçant la reprise. Le 18, à la répétition, Mme Dica-Petit, qui devait jouer Jane, poussa l'identification à la créatrice du rôle jusqu'à mettre la main de l'auteur sur son sein en disant : « Tâtez mon cœur. » Le 19, après sa séance de travail à la Porte-Saint-Martin, Victor rendit visite à Blanche, qu'il trouva malade. À son retour, pas de Juliette.

Il était sept heures et demie du soir. Elle avait laissé un message. Elle tenait la preuve de son infortune. Une lettre d'amour signée « Cosette », surnom que se donnait Amélie Désormeaux, une admiratrice illuminée qui poursuivait Victor de ses assiduités depuis ce jour de 1870 où ils avaient échangé un baiser. Juliette avait lu sa prose exaltée. Et s'en était allée. Sans dire où, ni si elle reviendrait. Elle n'avait pas pris ses économies, ce qui pouvait tout autant rassurer Victor (elle n'était pas partie bien loin) que l'inquiéter (elle était partie là d'où l'on ne revient pas).

Il passa une « nuit horrible », dans une « anxiété affreuse »[79]. Le lendemain, il la chercha désespérément dans Paris, et nota dans son carnet : « mon âme est partie[80] ». Il lui écrivit trois messages, au cas où elle repasserait en son absence : « Tu me rends fou, tu me désespères, ô toi, mon unique amour ! » ; qu'elle l'attende, il lui expliquerait sa méprise ; la perdre, elle, son « adorable et éternelle bien-aimée », c'était mourir ; qu'elle ne le tue pas[81]. Une relique qu'il tenait d'elle et gardait toujours dans son porte-monnaie portait la date du 19 septembre 1863. Il y vit un signe annonciateur, le même jour, dix ans plus tôt. Les recherches parisiennes n'ayant rien donné, il écrivit à l'étranger : à Julie Chenay pour Guernesey, aux Berru pour Bruxelles, à Iéna où Louis Koch était en vacances chez ses beaux-parents :

Mon cher Louis Koch,

Un mot en hâte, ma vie et ma mort sont entre vos mains. Votre tante, l'admirable et adorable femme, m'a quitté, sans même attendre une explication de moi, sur une lettre d'une femme folle, et connue comme telle. Un mot de moi eût tout éclairci. Elle ne l'a pas attendu. Elle est partie. J'étais absent, à mon retour, j'ai trouvé la maison vide. Si vous savez où elle est, dites-le-moi, si elle est près de vous, ramenez-la-moi. Elle a eu un moment d'égarement.

> Cette lettre insensée, prise au sérieux, me stupéfie. Cette femme m'est absolument étrangère et depuis trois ans ses importunités m'obsèdent. Votre tante le sait et en riait avec moi.
>
> Oh ! si je la voyais, en quelques moments l'affreux nuage serait dissipé. Ramenez-la-moi, revenez vite avec elle, rendez-moi la vie, elle est ma lumière, ma joie, mon passé, mon présent, mon avenir. Ramenez-la-moi. Rendez-moi la vie. Rendez-moi mon âme [82].

Il joignait la toute dernière lettre de la folle, reçue entre-temps, qu'il n'avait pas ouverte. Louis pourrait la montrer à sa tante. Autant il pouvait se confier aux proches, autant il devait composer avec les autres. « Nécessité du secret. Je dois garder le silence et avoir mon air ordinaire. Pas de torture pareille. » Aux répétitions, aux dîners, il devait faire bonne figure, alors qu'il avait le « cœur brisé », « absolument noir ». Il resta trois jours sans lumière, sans sommeil, « à peu près sans boire ni manger ».

En désespoir de cause, il eut recours à un médium, une Américaine qui leur avait fait une démonstration la semaine précédente, à Auteuil : elle avait fait entrer Victor, Juliette, Alice et Bochet en contact avec Mme Hugo, qui s'était dite heureuse où elle était. Cette fois, Victor alla consulter Mme Hollis chez elle, mais n'obtint que des « réponses vagues et obscures » [83]. Il était perdu. On communique parfois plus facilement avec les morts qu'avec les vivants.

XXII

Le Tout-Paris à sa table (1873-1877)

> « Il arrivait parfois qu'on était douze ; alors l'évêque dissimulait l'embarras de la situation en se tenant debout devant la cheminée si c'était l'hiver, ou en se promenant dans le jardin si c'était l'été. »
>
> *Les Misérables*, I, I, 6

Plus fiables que la médium américaine, les postes française et belge retrouvèrent la disparue.

Le 19 septembre 1873, après avoir lu la lettre accablante de la femme exaltée, Juliette avait fait son sac de voyage, était passée emprunter 200 francs à sa couturière, puis avait pris le train pour Bruxelles. Terrée dans sa solitude, elle finit par prendre contact avec les Berru :

> Chers amis, je suis à Bruxelles, cachée depuis samedi matin. Je ne résiste pas au besoin de vous écrire et pourtant je m'en abstiendrai si vous ne me promettez pas d'avance de garder secrète *pour tout le monde* ma présence dans cette ville. Le voulez-vous ? le pouvez-vous ? Si oui, écrivez-moi, à mon nom, poste restante, le jour et l'heure où je vous dérangerai le moins. Si non, votre silence me suffira ; dans les deux cas, je resterai votre bien cordialement affectionnée
>
> Juliette Droüet [1]

Les amis la convainquirent de rassurer au moins Hugo, à qui Berru écrivit qu'elle était bien là, mais refusait de revenir.

Pour Victor, l'angoisse recommençait. Au moins n'avait-elle pas commis l'irréparable. La lettre qu'il lui adressa aussitôt, dix pages, mettait les choses au point : cette Amélie Désormeaux était une exaltée qui le harcelait depuis trois ans, dès ce jour de septembre 1870 où elle l'avait sollicité pour un spectacle pendant le siège. Elle était déjà atteinte d'un tic nerveux à cette époque. Elle était venue le relancer jusqu'au Luxembourg, où elle disait donner des concerts, lui avait réclamé un enfant, il l'avait chassée – Juliette savait tout cela. Éconduite de nouveau à Paris, elle s'était mise à écrire au père sous couvert du fils (glissant une enveloppe dans une autre adressée à « François »), il ne lisait pas ses lettres, il les mettait au feu ou au panier, et n'en parlait même plus à Juliette. C'est ce seul tort qu'il se reconnaissait : eût-elle su que les persécutions de cette folle continuaient, elle n'aurait pas compris de travers sa dernière déclaration délirante. Elle qui était « l'âme adorée » de son âme, la seule qu'il aimait et qu'il adorait, sa « douce Juliette », son « éternel amour », il l'appelait « comme on appelle la Vie »[2], il mourrait peut-être si elle ne revenait pas. Le lendemain, il lui griffonna un nouveau message, sur la lettre de Louis Koch qu'il venait de recevoir : celui-ci suppliait sa tante de rentrer et voulait bien faire l'intermédiaire ; elle n'avait pas à craindre pour sa réputation, Victor ayant raconté qu'elle était partie à Brest au chevet de sa sœur malade ; avec Louis, seuls étaient dans le secret Julie Chenay à Guernesey (qui avait ordre de n'en rien dire à Suzanne), Mme Lanvin et Paul Meurice, qui le suppléait pour *Marie Tudor*, et pourrait lui aussi la rassurer.

Du danger des serments

Elle revint avant l'arrivée de cette seconde lettre. Un télégramme de Berru, le 26, annonçait son retour pour le soir. Victor rassura Louis par télégramme et passa dire à la Porte-Saint-Martin qu'on ne l'attendît pas pour la répétition générale. Il ne voulait pas manquer l'arrivée de sa bien-aimée gare du Nord, où il se rendit avec plus d'une heure d'avance, pour ne pas la manquer, et trompa son impatience et sa faim en grignotant la moitié d'un pain à un sou.

Neuf heures cinq. Le train arrive à quai. La voici. Retrouvailles. « Bonheur égal au désespoir[3]. » Ce qu'ils se dirent au restaurant du coin de la place où il l'emmena dîner, on l'ignore. On sait juste qu'une voiture les déposa à minuit dans leur location d'Auteuil.

Le mot que Juliette trouva à son réveil commençait ainsi : « J'étais mort. Je suis vivant[4]. » On était le 27 septembre 1873, Première de la reprise de *Marie Tudor*. Ils n'y allèrent pas, préférant l'intimité d'un dîner avec François-Victor, mais on leur rapporta le succès colossal. Victor remboursa à Berru et à la couturière l'argent prêté. On fit des courses dans Paris, et elle reprit sa restitus après « ces horribles huit jours passés dans le désespoir des damnés[5] ». On repartait sur des bases saines :

J'ai été folle, stupide et cruelle pour toi, je t'en demande pardon au nom de toutes mes atroces souffrances. Je t'ai promis que, quelles que soient les monstrueuses apparences j'en référerais à toi avant d'aller jusqu'à la dernière limite du désespoir et je tiendrai ma parole. Oh ! il ne faut pas que de pareilles angoisses nous étreignent jamais, quel que soit, je le répète, l'épouvantable mirage qui se présente à moi ! Sois sans crainte, mon cher trop aimé, tu n'as rien à craindre de moi maintenant que je suis sûre de ton amour comme je le suis du mien. J'ai passé tout mon temps depuis que Mme Meurice est partie à relire toutes tes tendres et désolées lettres. J'en ai encore les yeux tout rouges du mal que je t'ai fait sans pitié pour toi et pour moi et pourtant jamais je n'ai été plus heureuse qu'en ce moment[6].

On avait juré des deux côtés : lui, fidélité ; elle, confiance. Comme Juliette ignorait que Victor avait renoué avec Blanche, l'affaire Désormeaux, une fois éclaircie, désamorçait avantageusement les soupçons, selon la technique du « chandelier » dont Musset avait jadis fait une pièce[7].

Juliette s'acquitta de ses remerciements aux Berru en leur racontant les retrouvailles : « Nous avions l'air de deux échappés de l'enfer se retrouvant en plein paradis. J'ai été bien folle, bien cruelle, bien stupide mais j'en suis bien récompensée ! Ce serait à donner l'envie de recommencer si on pouvait espérer de ressusciter deux fois[8]. » Dans le doute, elle préférait tout de même s'abstenir. Elle s'excusa aussi auprès de Louis et Ottilie pour les avoir affolés. Il n'y avait plus de raison de s'inquiéter. Victor lui avait juré fidélité sur la tête de son fils. Quatre jours plus tard, Blanche réapparaissait dans ses carnets sous un nouveau nom de code.

Juliette ne resta pas longtemps tranquille. Ses soupçons se nourrissaient de la mauvaise foi acharnée avec laquelle, retournant la situation, il continuait à mettre en doute la sincérité de ses sentiments pour lui. Elle s'épuisait à ces disputes :

Lequel de nous deux a le droit de prendre Dieu à témoin de son amour, lequel de nous deux doit s'avouer coupable dans son for intérieur ? Dieu seul le sait et c'est à lui que je m'adresse dans cet infernal débat de ton amour et du mien toujours remis en question. […] Tout ce que je sais c'est que je ne résisterai pas longtemps à ce conflit sans cesse renaissant de mon pauvre vieil amour aux prises avec les jeunes tentations qui te sont offertes quand peut-être tu ne les recherches pas, ce qui n'est rien moins que prouvé. […] Maintenant je te pardonne parce que je veux que Dieu te pardonne aussi, lui, qui a seul le droit de punir et le pouvoir de me délivrer au plus vite de cet enfer terrestre où mon pauvre cœur est mis à la torture depuis la première minute où je me suis donnée à toi. Je lui demande de t'épargner toutes les souffrances que j'endure et de te rendre les serments imprudents et sacrilèges faits sur la vie de ton fils malade[9].

Délivré de son serment, sinon par Dieu, du moins par elle, Victor fêta le 4 novembre les vingt-quatre ans de Blanche, toujours aussi amoureuse. Sans savoir qu'il s'agissait d'elle mais alertée par des signes qui ne trompaient pas, Juliette ne se faisait plus d'illusion, et se résignait presque à cette « chasse fantastique » qui durait depuis si longtemps sans qu'il en parût « lassé ou découragé » [10]. Du reste, vivre ensemble rue Pigalle où ils étaient revenus le 4 octobre, tandis que François-Victor, Alice et les enfants regagnaient la rue Drouot, lui était une consolation. Victor lui avait même redonné de la copie : *Quatrevingt-Treize*, dont il corrigeait les épreuves, et *Les Quatre vents de l'esprit*, dont Suzanne, qu'on fit revenir de Guernesey, avait rapporté le manuscrit [11]. On avait repris les dîners entre amis. L'architecte Robelin, sachant qu'il trouvait table ouverte, ne prévenait même plus, ce que Juliette estimait fâcheux pour une seule raison : un de ces jours, on serait treize à table, et il faudrait en faire sortir les enfants. Georges et Jeanne partageaient souvent leurs repas, rue Pigalle ou rue Drouot. Comme Noël approchait, on fit des emplettes pour leur choisir des joujoux. Le grand-père était tout fier du Prussien déménageur destiné à Georges, qui emportait « une glace, deux pendules et un panier de quatre bouteilles de champagne [12] ».

Juliette n'avait pas fini de se réjouir : Victor lui fit partager, au soir du 19 décembre, un accès de « *delirium tremens* », comme elle disait parce que ça lui avait paru fou, une « noce d'or improvisée » qui lui rendit, à soixante-sept ans, confiance et espérance dans ses capacités à braver « crânement toutes les tentatives » faites sur la vertu de son amant « par les rôdeuses de toutes provenances et de toutes les couleurs » [13].

Le lendemain de cette fortune inespérée pour elle plus que pour lui, Victor commença à s'alarmer à cause de la maladie de son fils. Le 30 novembre, le docteur avait déclaré que François-Victor marcherait dans un mois et serait complètement guéri dans trois et l'on constatait en effet une amélioration constante. Mais le 20 décembre, il fut pris d'une fièvre inquiétante. Le 26, en fin de matinée, Juliette apprit par Mariette, partie aux nouvelles, que l'heure fatale approchait. Elle confia son angoisse à sa lettre, faute de trouver le courage d'aller elle-même avertir Victor. Elle préférait attendre. Ce ne fut pas long. L'ami Gouzien vint chercher Hugo, qui travaillait. Sans se changer, il sortit en vêtements d'intérieur, monta dans la voiture qui l'attendait en bas, et se précipita rue Drouot. Son fils semblait dormir encore. Il était mort à midi. Papapa demanda à Georges de baiser son oncle au front, et lui dit : « Souviens-toi ! » On épargna cette cérémonie à Jeanne, qui jouait.

À François-Victor Hugo on épargna une autre cérémonie, le passage de l'enterrement par l'église. Son père avait demandé à Louis Blanc d'affirmer « l'âme immortelle et Dieu éternel [14] » ; il s'en acquitta fort bien le dimanche suivant, 29 décembre 1873, au Père-Lachaise, devant une foule nombreuse et digne. Il n'y eut aucun débordement politique, ce qui parachevait la substitution de l'enterrement civil à la cérémonie religieuse. Flaubert le note dans sa lettre à Sand :

> J'ai été dimanche à l'enterrement civil de François-Victor Hugo. Quelle foule ! – & pas un cri, pas le plus petit désordre ! Des journées comme celle-là sont mauvaises pour le catholicisme. – Le pauvre père Hugo (que je n'ai pu me retenir d'embrasser) était bien brisé, mais stoïque.
>
> Que dites-vous du *Figaro* qui lui a reproché d'avoir à l'enterrement de son fils « un chapeau mou » [15] !...

Le lendemain, Hugo achevait la relecture des épreuves de *Quatrevingt-Treize*, et le surlendemain, Saint-Sylvestre, les enfants se couchèrent « ravis et couverts d'étrennes [16] ». Victor et Juliette, à minuit et quart, commencèrent l'année par un baiser.

Rue de Clichy

Lui n'était plus bon qu'à mourir : l'insomnie lui inspira cette pensée dont les jeux de ses petits-enfants le divertirent le lendemain. Les vœux de nouvel an se mêlèrent aux condoléances. Garibaldi joignit aux siennes un bouton de fleur cueilli sur la tombe de ses deux filles [17]. Le poète anglais Swinburne adressa un sonnet de consolation. Alphonse Karr écrivit dans son journal satirique *Les Guêpes* un bel hommage à François-Victor, et eut des « paroles cordiales » pour son père. Celui-ci en fut ému, et étonné : « N'ayant jamais eu de tort envers vous, je ne m'expliquais pas cette hostilité dont on me parlait quelquefois. Elle devait se dissiper. Il y avait malentendu évident [18]. » Son étonnement était-il sincère ou feint ? Juliette ne lui avait-elle vraiment jamais parlé de ses amours avec Karr, qu'il avait supplanté ?

Lui-même continuait à cacher les siennes avec Blanche, mais confia à Juliette l'avoir juste rencontrée, le 13 janvier, confidence innocente qui ne portait pas à conséquence et détournait les soupçons. Il continuait à recevoir des lettres d'Amélie Désormeaux, qu'il ne dissimulait plus et qui allaient directement au feu. Il en arrivait d'autres, dont Juliette ne s'amusait pas toujours. Celle de Mlle Lia d'Alma, qui, après plusieurs vaines tentatives, menaçait de se tuer le lendemain si Victor n'était pas venu la voir d'ici là, avait occasionné « toutes sortes de pénibles incidents[19] ». Juliette ne voyait qu'un moyen de décourager « cette misérable aventurière » : qu'il lui oppose lui-même « un refus absolu et sans aucun ajournement »[20]. Il préféra, solution moins brutale, faire savoir à l'importune que sa lettre précédente ne lui était pas parvenue. Le 26 février, pour son anniversaire, la salonnière et poétesse Nina de Callias, qui avait posé pour *La Dame aux éventails* d'Édouard Manet, lui avait envoyé une énorme composition de lilas blancs et de roses. La semaine suivante, nouveau bouquet, anonyme cette fois, du type de ceux qu'il recevait tous les mois, et que Juliette jeta au feu. Deux semaines plus tard, encore une lettre d'Amélie Désormeaux, d'autant plus dérangeante qu'elle était toujours adressée sous double enveloppe à « Monsieur François ». Cela faisait froid dans le dos. Juliette avait beau savoir que la dame était folle, elle ne s'en irritait pas moins.

Il la rassurait pourtant, et si elle avait de quoi douter de sa fidélité, elle ne doutait pas de son amour. Quand elle avait été souffrante, fin janvier, au point d'arrêter son journal épistolaire, il s'était occupé d'elle : « Je soigne ma pauvre malade en lui faisant sur les flancs, des deux côtés, une friction d'huile de coton. Je l'ai vue à peu près nue, ce qui n'était pas arrivé depuis longtemps. Elle a toujours un corps superbe[21]. »

Deux semaines plus tard, pour l'anniversaire du 16 février, il vantait sa beauté intacte, et célébrerait encore ce corps superbe de soixante-sept ans dans le mot qu'il lui écrivit le jour où lui-même en eut soixante-douze :

> Naît-on deux fois ? Oui. La première fois, le jour où l'on naît à la vie ; la seconde fois, le jour où l'on naît à l'amour. Le 26 février 1802 je suis né à la vie, le 16 février 1833, je suis né à l'amour. Ma mère m'a fait, et tu m'as créé. Ces deux dates sont dans le même mois ; cette condensation mystérieuse est une volonté de Dieu. J'ai tété ma mère qui a été ma nourrice ; j'ai bu ton âme sur tes lèvres, et tu as été ma nourrice aussi, car tu m'as rempli d'idéal. Sois bénie, ô ma bien-aimée. Je baise ton corps, je baise ton âme. Tu es la beauté, tu es la lumière. Je t'adore[22].

Entre-temps, c'est à elle qu'il avait offert le premier exemplaire de *Quatrevingt-Treize*, la veille de sa publication. La dédicace « À vos pieds, femme. Sous tes ailes, ange », avait été antidatée au 16-17 février, en cadeau pour l'anniversaire de sa naissance à l'amour. Il s'était entièrement consacré à elle ce jour-là, n'était pas sorti, et l'avait emmenée dîner chez les Meurice. Elle était contente, nota-t-il sur son carnet, et lui aussi.

La droite s'en prit à *Quatrevingt-Treize* où le *Journal des débats* vit une apologie de la Commune[23] ; Barbey se déchaîna, comme à son habitude ;

une caricature de Gill autorisée par Hugo, qui y voyait, avec justesse, un hommage (puisque ce genre ne relevait pas forcément de la charge satirique), le représentait en statuaire sculptant les bustes de Robespierre, de Danton et de Marat ; elle fut censurée avant sa parution prévue dans *L'Éclipse*.

Dix jours après *Quatrevingt-Treize* sortait *La Tentation de saint Antoine*. Flaubert l'offrit à Hugo, qui lui écrivit, après lecture : « Votre livre est plein comme une forêt : j'aime cette ombre et cette clarté. La haute pensée et la grande prose, ce sont les deux choses que j'aime ; je les trouve en vous [24]. » Il lui avait aussi souhaité bonne chance pour sa pièce créée au Vaudeville, *Le Candidat*, arrêtée au bout de quatre représentations. Quant à lui, il écrivit à la même époque une saynète de trois pages, monologue d'un roi désespéré de n'être pas aimé pour lui-même, mais pour sa puissance : « En amour, dit ce roi, personne n'est petit », Victor le pensait ; « Un roi qu'on hait envie un va-nu-pieds qu'on aime », il le pensait aussi ; « sans l'amour ce n'était pas la peine de naître », il venait de l'écrire autrement à Juliette dans la lettre de son anniversaire ; « rien n'est comparable à l'effroi / De vivre sans un cœur pensif derrière soi » [25], il l'avait ressenti pendant la semaine atroce du mois de septembre où « J.J. » l'avait quitté.

Pour la garder à son côté, il pérennisa leur vie commune, testée l'été précédent à Auteuil, puis étrennée rue Pigalle, mais pour une durée prévue brève. Le temporaire se transforma en définitif, François-Victor disparu, quand Hugo, après une explication franche avec Alice le 15 janvier 1873, décida de s'installer avec sa famille recomposée au 21, rue de Clichy, dans le même quartier. Le bail signé, Juliette commença à s'occuper du déménagement. Elle songea à envoyer Suzanne chercher du linge à Guernesey, prévint Victor qu'il faudrait augmenter les gages des cuisinières si l'on voulait s'aligner sur les salaires en vigueur [26], et commença le « branle-bas préparatoire [27] » au déménagement début mars. Elle dut renoncer à leur charmante promiscuité de la rue Pigalle, puisque rue de Clichy, elle habiterait un étage différent du reste de la famille. C'était le prix à payer pour l'amélioration de ses conditions de vie et de son statut [28]. Le grand jour étant sans cesse repoussé (on quitterait définitivement la rue Pigalle le 29 avril 1874), l'emménagement fut progressif. On commença par emporter les reliques et bibelots auxquels s'attachait une superstition, le reste viendrait après [29]. On envoya Mariette nettoyer le nouveau logis, et l'on regretta Suzanne, qui profita de ce changement de domicile pour prendre sa retraite. Juliette tolérait son alcoolisme depuis des années et n'était pas mécontente de son départ, mais sa propreté, son zèle et son sens pratique lui manqueraient[30].

Pour lui redonner courage, Victor l'emmena en pèlerinage sur tous les lieux qui avaient vu la naissance de leur amour. On s'appropria le nouveau logis en retournant s'approvisionner en nouvelles étoffes et en bibelots, comme ils faisaient à Guernesey[31]. Les deux pièces que Juliette allait occuper seraient meublées de manière plus coquette que rue Pigalle. Quant au salon, situé au même étage, ce qui lui permettrait de continuer à recevoir chez elle, Victor s'appliqua à en faire un chef-d'œuvre. Il y installa son lustre de Venise[32]. Il ne manquait plus, disait Juliette, qu'à trouver les appliques assorties. Ce fut bientôt chose faite, si l'on en croit la description qu'en donne le poète et dramaturge Gustave Rivet, fréquemment invité à dîner parmi les cent quarante-deux habitués qu'il avait lui-même dénombrés :

> Soulevez cette portière ; nous sommes dans le salon, tendu de tapisseries rouges à raies jaunes enguirlandées de fleurs. Aux côtés de la cheminée, des appliques de Venise. Ici, un grand meuble aux incrustations d'étain, représentant des scènes fabuleuses du *Roman de Renart*.
>
> Au milieu du salon, et le divisant en deux parties, se dresse sur un piédestal un chef-d'œuvre de l'art japonais, un éléphant au combat levant sa trompe menaçante et portant sa tour de bronze, au-dessus de laquelle descend le lustre de vieux Venise aux branches de couleurs variées, tordues en spirales et décorées de fleurs délicates.
>
> Là-bas, dans le coin, à droite de la cheminée, presqu'au-dessous d'une admirable pendule Loui XV, sur laquelle est assis le Temps armé de sa faux traditionnelle, un canapé de velours vert, siège ordinaire et préféré du poète.
>
> C'est là qu'il s'assied après dîner. [...] Il est là, vêtu de son petit veston de la journée, sans cérémonie, familier, riant, causant avec tous ceux qui viennent le voir, comme s'ils étaient des égaux et des *camarades*.
>
> [...] À la fin de la soirée, il offre le bras aux dames, l'on revient à la salle à manger où est servi un petit lunch, et là se continuent les histoires ou les discussions. Puis il est minuit, souvent minuit et demi ; on se lève ; le maître de céans reconduit ses convives, et dans l'antichambre il recommande gracieusement aux dames de se bien couvrir, et les aide lui-même à mettre leur manteau[33].

La maîtresse de maison, au milieu des invités, « porte comme un diadème royal sa couronne de cheveux blancs ». Quant au cabinet de travail, « du parquet au plafond, c'est un indescriptible amas de livres, de lettres et de journaux »[34] parmi lesquels on peine à se frayer un chemin de la porte à la fenêtre.

Les premiers jours avaient été durs. Juliette s'était d'abord désespérée de la séparation entre leurs deux étages. Georges souffrait d'un rhumatisme articulaire qui parut monter au cœur et fit craindre pour sa vie. Selon la volonté de Hugo pour qui l'installation en famille rue de Clichy visait à s'attacher durablement ses petits-enfants, le cercueil du premier petit Georges fut rapatrié de Bruxelles au Père-Lachaise pour qu'il y rejoignît son père dans le caveau familial, cérémonie au cours de laquelle Victor prit des notes pour l'épitaphe de son propre père, Léopold : on inscrirait sur la tombe toutes ses campagnes et la mention « Par lui Thionville resta française », reproche implicite contre la République qui avait accepté de livrer l'Alsace et la Lorraine aux Prussiens. Au retour du cimetière, Victor nota : « Georges et Jeanne, les deux qui me restent, avec ma pauvre fille Adèle, plus morte que les morts, hélas [35] ! »

Juliette avait un faible pour Jeanne. Ces deux-là s'entendaient à merveille. L'après-midi, tandis que Papapa courait la prétentaine, les sollicitations de la petite pour jouer à la poupée étaient un léger baume. La voir danser tout son répertoire, le menuet, la bourrée, la cachucha, du haut de ses cinq ans, sur des airs joués par sa mère au piano, était pour tous un enchantement [36]. Un après-midi qu'ils l'avaient emmenée au Jardin des Plantes, elle avait dit au grand-père : « Si l'éléphant crache sur moi ou me tape avec son nez, tu le gronderas [37]. » Avec une intuition philosophique sûre, elle lui avait annoncé aussi, une autre fois : « À présent, il y a des petites filles plus petites que moi [38]. » Il notait ses bons mots. Les sorties avec elle au Jardin des Plantes contrastaient avec les excursions à Saint-Mandé, dont il rentrait abattu : « il y a des émotions dont je ne voudrais pas laisser trace [39] », nota-t-il, non sans paradoxe.

Puisqu'ils n'allaient pas à Guernesey, Guernesey venait à eux : l'arrivée de Julie Chenay fit un peu diversion. Si elle quittait momentanément sa fonction d'intendante de Hauteville House, c'était aussi, au grand amusement de Juliette, pour se retrouver « en bonne fortune et en partie fine avec son rare mari [40] ». Le reste du temps elle prenait tous ses repas avec eux. Ils la logèrent d'abord rue Pigalle, dont on avait encore, pour quelques semaines, la location, puis chez eux, Alice, partie en vacances avec les enfants, lui ayant laissé ses appartements. Initialement prévu pour trois semaines, son séjour dura trois mois et demi. Julie s'était mis en tête de publier un « petit opuscule pédagogique familial [41] », contre l'avis de son beau-frère. Puisqu'elle ne pouvait compter sur son aide, elle demanderait à Louis Koch sa recommandation auprès de l'éditeur Hachette chez qui il avait ses entrées. Juliette mit en garde le jeune homme : surtout, qu'il ne lui donne pas trop d'espoirs, et n'engage pas sa responsabilité dans cette entreprise, qui, du reste, ne vit pas le jour.

Anonyme, *Juliette Drouet en 1877*, photographie

La présence de sa belle-sœur ne détournait pas Victor de ses habitudes. Au contraire, il s'absenta de chez lui plus encore. Juliette, depuis qu'ils avaient déménagé, le sentait à l'affût dans le secteur et non plus « dans le pays giboyeux des boulevards et des squares [42] ». En réalité, il installait ses quartiers d'été chez Blanche et y travaillait tous les jours [43] : de nombreuses pièces de *L'Art d'être grand-père*, de la nouvelle série de *La Légende des siècles*, de *Toute la lyre* et de *Dernière Gerbe* furent composées en cette année prolifique. La fréquence accrue de ses absences pendant cet été 1874 donna à Juliette la tentation de partir, et de le laisser à ses bonnes fortunes. Le jour anniversaire de la mort de Claire, une goutte d'eau fit déborder le vase :

> J'espérais que rien ne viendrait troubler le recueillement de ce triste anniversaire et je comptais sur la protection des anges de la mort pour me défendre des agressions des témoins de la vie.
>
> Hélas ! Je me suis trompée car jamais tentative plus audacieuse et plus cynique n'a été dirigée contre mon repos. On dirait que ce qui reste de mon pauvre cœur est le point de mire de toutes les flèches de ces chasseresses du vice et des honteuses aventures.
>
> Quant à moi, je me déclare vaincue sans combattre et, avant que ma pauvre raison ne s'éteigne tout à fait, je veux mettre à l'abri, bien loin des tournois de galanterie dont tu es le héros glorieux et heureux, mon amour désespéré et broyé [44].

Ce combat pour lequel elle n'avait plus d'armes, autant le déserter. Elle irait vivre ailleurs, où il voudrait. Ce serait mieux pour tout le monde. Pour sa liberté à lui, pour sa tranquillité à elle. Il ne se rendrait pas compte de son absence, ayant près de lui les enfants de son sang et ceux de son génie, Georges, Jeanne et son œuvre. Hugo ne voulut pas en entendre parler, et redoubla de prudence, un homme ayant dit à Blanche qu'il était repéré. « Prendre garde », nota-t-il dans son carnet [45].

Juliette alternait les registres et les métaphores. Complice, elle demandait à son « grand horticulteur » du beau sexe dans quel « coin fleuri de Paris » il avait « horticulé ce matin », en s'excusant d'abuser de « la Flore… de rhétorique » [46]. En verve, elle composait un quatrain d'octosyllabes qui assimilait Victor au vieillard amoureux d'*Hernani* :

> Ruy Gomez a de tendres heures ;
> Près des femmes c'est un coquin.
> Souvent, derrière Charles Quint
> Il dit : « J'en pince, et des meilleures ! » [47]

Cependant, elle sentait qu'il n'était pas heureux, et cherchait la cause de son mal :

> Je crois l'avoir trouvée dans ta trop grande bonté pour tout le monde qui t'attire tout à la fois les noires ingratitudes de ceux-ci et les provocantes importunités de celles-là. [...] Tu as besoin d'obliger tous ceux qui s'adressent à toi et tu aimes le marivaudage, quel qu'il soit, même de raccroc. De là les dégoûts et les tiraillements de ta vie et de mon cœur. J'ai beau m'appliquer à y devenir indifférente et tâcher de les ignorer, je n'y parviens pas. Et quand bien même j'arriverais à ce triste résultat, tu n'en serais pas plus tranquille, ni plus heureux pour cela, ni plus libre, car les tentations se suivent et se ressemblent au point d'irriter ton désir au lieu de le satisfaire. Tu as beau jeter ton bonheur et le mien dans ce tonneau des Danaïdes, tu ne parviendras jamais à le remplir assez pour y trouver une goutte de ce plaisir dont tu voudrais t'abreuver avidement. Tu n'es pas heureux, mon pauvre trop aimé, je ne le suis pas plus que toi. Tu souffres de la plaie vive de la femme qui va s'agrandissant toujours parce que tu n'as pas le courage de la cautériser une fois pour toutes. Moi je souffre de t'aimer trop. Nous avons chacun de notre côté un mal incurable[48].

Et elle remit sa démission, proposant de céder son rôle à quelque jeune remplaçante. Victor refusa catégoriquement. On renouvela le pacte. Elle et son « vieil amour », il les gardait « à perpétuité »[49]. Aussi est-ce avec une complaisance mi-amusée, mi-ironique, que Juliette signala à Hugo, quelques jours plus tard, le rendez-vous que lui donnait une « dame des Batignolles » pour le soir même, en réponse à ses avances. Juliette s'était juré de lui « laisser toute liberté d'être heureux et de faire des chefs-d'œuvre, fût-ce avec les dernières illusions de [s]on âme »[50], et tenait sa promesse.

Si elle avait flanché, c'est aussi qu'elle était fatiguée, et souvent malade, ce qui l'empêchait de tenir aussi bien qu'avant son rôle de maîtresse de maison. Elle craignait que son corps ne la trahisse, tandis que Victor tenait, à soixante-douze ans, une forme éblouissante. Il s'enorgueillissait d'avoir monté l'escalier en courant devant Gambetta essoufflé et époustouflé[51]. Le même jour, il reprochait son manque d'énergie à Juliette, accablée :

> Bien souvent, sans le vouloir et sans t'en douter, tu me rudoies sans raison et sans pitié pour le ralentissement fatalement naturel de mon âge, croyant stimuler mon activité et mon courage et tu ne parviens qu'à m'affliger et à me décourager en me forçant à m'avouer à moi-même que tous les efforts que je fais pour te plaire et pour te servir sont inutiles. Par goût et par habitude, et par-dessus tout par amour pour toi, j'ai vécu près de quarante

ans dans la retraite et la solitude, ne m'occupant qu'à t'aimer et ne me préoccupant que d'être aimée par toi avec toute l'activité de mon cœur et de mon âme et c'était le bonheur. Je suis arrivée ainsi, et bientôt aux dernières limites de l'âge, mal préparée pour la vie mondaine que tu as reprise à nouveau avec le même entrain et avec le même plaisir qu'autrefois ; parce que tu es, comme autrefois, et plus qu'autrefois, le point de mire de toutes les admirations et de toutes les adorations, parce que ce qui me fatigue et me tue t'électrise et te fait revivre en te retrempant dans tous tes succès de jeunesse mais ce miracle de force physique et ce prodigieux déploiement de génie dont tu fais si généreusement tous les frais ne peuvent pas m'être comptés et je reste vieille femme et incapable comme devant et de plus en plus. Maintenant si tu y ajoutes ton mécontentement que veux-tu que je devienne [52] ?

Il avait mal choisi son moment pour la rudoyer : elle fut prise le lendemain d'une affreuse douleur aux reins. Il nota dans son agenda : « 23 août – J.J. Violente attaque de néphrite. Douleurs atroces. J'ai été dans l'angoisse jusqu'à trois heures du matin [53]. »

Dieu reconnaîtra les siens

Elle faisait bonne figure, pourtant, devant les invités, qu'elle aurait aimés moins nombreux, aussi parce que c'était coûteux, vu la cherté croissante de tout. Le Tout-Paris se pressait à sa table, on était jusqu'à quatorze ou quinze (puisque, c'était une obsession, il fallait à tout prix éviter d'être treize). Hugo recevait aussi en journée. Le baron Taylor, qui avait créé *Hernani* à la Comédie-Française au temps de leur jeunesse, retiré des affaires, mais croulant sous les présidences d'honneur à quatre-vingt-cinq ans, avait été accueilli par Juliette : il portait toujours beau, il faut, écrit-elle, « savoir gré à ces longévités de vous encourager à vieillir [54] ». Hugo retrouva également Émile de Girardin, venu lui rendre visite en octobre. Ils ne s'étaient pas revus depuis Bruxelles, en 1852. Mathilde Verlaine aussi reparut, désormais séparée de corps avec son mari toujours emprisonné [55]. On ne voyait plus Mme Meurice, en revanche. Malade, elle ne sortait plus. On lui écrivait pour regretter son absence et souhaiter sa guérison, mais on la savait condamnée. Juliette avait perdu une autre amie, Mme Luthereau, en début d'année ; elle envoya une lettre de condoléances au mari, à transmettre aux fils naturels que Laure avait eus dans sa jeunesse.

Ils étaient obsédés par la mort, surtout depuis qu'elle avait emporté François-Victor. Ils la sentaient planer, mais deux accidents, à deux semaines d'intervalle et qui auraient pu les tuer, confirmèrent que leur heure n'était pas encore arrivée. C'est d'abord Victor qui se cogna violemment au front contre une poutre dépassant d'une charrette de charpentier, en traversant la chaussée du pont de la Tournelle sans regarder[56]. Puis ce fut Juliette qui faillit passer sous la voiture à cheval où ils étaient montés : la bête s'étant affaissée, on avait versé, Juliette était tombée, Victor l'avait rattrapée et elle s'en était sortie avec une contusion au genou, après s'être fait piétiner par les sabots et labourer par les roues. « Cependant, je suis toujours debout sur mes ruines[57] », écrivait-elle le lendemain à sa famille de Bretagne. Victor voyait dans ces accidents consécutifs le double signe de « la protection mêlée à une catastrophe possible[58] », et il remerciait Dieu.

Lui-même continuait à protéger le fils Lanvin. Deux ans plus tôt, il lui avait sauvé la mise en obtenant sa réintégration au journal d'où on l'avait chassé pour faute ; de nouveau en disgrâce, le jeune homme, maintenant père de cinq enfants, sollicita encore son appui. Hugo lui dénicha un emploi dans un ministère, d'où il fut renvoyé un mois plus tard. Ses parents eux-mêmes n'étaient finalement pas allés à Guernesey s'occuper de Hauteville House, comme on le leur avait offert. Juliette commençait à trouver pénible que ces gens tiennent si peu à garder les places que Victor s'évertuait à leur procurer. La famille Lanvin devenait un problème.

L'accident de voiture qui avait failli tuer Juliette était survenu, comble de guignon, le jour déjà triste où Alice était partie en vacances avec les enfants. Le soir après dîner, le grand-père les avait accompagnés à la gare, et installés dans un coupé-lit qui les emmenait à Genève. Ils iraient ensuite à Aix-les-Bains pour une cure destinée à Jeanne où sa mère s'ennuierait à mourir, puis chez une amie près de Nice. Victor les vit partir avec peine, pour deux longs mois. Juliette les regrettait aussi mais se consolait en pensant, sage conviction, qu'ils n'avaient pas besoin d'elle pour être heureux[59].

Les lettres trop rares qu'on recevait de leur mère faisaient événement. Moins tout de même que l'annonce de la mort de Victor Hugo par un plumitif prophétique. Vite démentie, cette fausse nouvelle, « la plus lâche des mystifications », eut effet contraire : on voyait, au courrier qu'ouvrait Juliette, « jaillir de tous les cœurs honnêtes des marques d'adoration »[60]. Elle se délectait aussi du portrait en gloire que Jules Claretie venait de consacrer au poète dans son recueil de *Portraits contemporains*. Il y évoquait le quignon de pain que Hugo retour d'exil avait rapporté de son premier repas pris en terre française à Tergnier le 5 septembre 1870[61]. Du livre, Juliette ne retint que cela : ce quignon, elle savait mieux que personne où il se trouvait, c'est elle qui le conservait comme une relique, c'est chez elle qu'on le retrouverait à sa mort « parmi les choses les plus précieuses [62] ».

Ils avaient désormais un nouveau rituel : quand il partait l'après-midi, il lui faisait un petit signe en montant dans l'omnibus en bas de chez eux. Le moindre manquement à cette superstition minuscule rendait Juliette morose. Quant à savoir où il allait, c'était trop demander. Elle s'en faisait une idée en dépouillant les lettres de solliciteuses, plus nombreuses à l'arrivée de l'hiver. Grêle de « quémandeuses de hasard [63] ». La neige qui tombait dru invitait Juliette à filer les métaphores :

> Bon temps pour la chasse car il est facile de suivre la trace du gibier sur les monts, dans les bois, dans la plaine et sur les boulevards les moins inaccessibles. Tu pourras, si tu le veux, retrouver facilement la piste de mademoiselle et même celle de sa respectable mère Cotteau boulevard Malesherbes n°… Ce renseignement te servira à ajouter quelques dix-cors [64] de plus à tes exploits cynégétiques : « Allons, chasseur, vite en campagne, du cor n'entends-tu pas le son, ton, ton, tontaine, ton, ton [65] ? » Heureusement tu as l'oreille fine, bon pied, bon œil et le… reste. Donc, pas de bredouille à craindre [66].

On ne démêlait pas toujours le vrai du faux dans les suppliques :

> Tu as déjà reçu plusieurs lettres lamentables toutes calquées sur le mot : misère. Misère simulée, misère voulue, misère coupable, misère imméritée, devine si tu peux et choisis si tu l'oses, mais que la fortune du monde entier ne suffirait pas à satisfaire toutes. Devant cette impossibilité on ne peut que donner son obole au hasard et laisser faire à Dieu, le maître de tout [67].

Pour l'heure, le maître de tout avait accueilli en son sein la si bonne Mme Meurice. Ses obsèques éprouvèrent Juliette. Sur la tombe, Hugo célébra bien sûr l'épouse dévouée aux combats de son mari, mais aussi l'artiste, peintre et musicienne, et cette « sublimité de la femme » qui apparaît dans les sombres temps : « Le siège de Paris nous a montré tout ce que peut être la femme : dignité, fermeté, acceptation des privations et misères, gaieté dans les angoisses. » [68] Cette mort rappelait à Juliette tous les bienfaits dont Mme Meurice avait comblé Hugo à son retour d'exil, en le logeant pendant des mois. Semblable reconnaissance était due à Mme Lanvin, qui les avait aidés en décembre 1851 à fuir en exil. Mais Hugo avait désormais des préventions contre elle, ce que Juliette, faute de savoir les dessous de l'affaire, trouvait injuste. Avait-il peur qu'elle ne dévoilât à Juliette ce qu'elle savait sans doute, ou bien Blanche, brouillée avec sa mère, avait-elle dit du mal d'elle, qu'il ne pouvait répéter ? Toujours est-il qu'il cherchait à l'éloigner de Juliette, qui lui restait éternellement reconnaissante. C'était son devoir, au nom de leur amour même ; elle répondit à sa lettre de bonne année.

Les vœux et les cadeaux d'étrennes pleuvaient, dépouillés et triés par Juliette ; Catulle Mendès, le poète, en offrait même aux enfants ; la plante rare envoyée par l'écrivain Pierre Elzéar irait à Alice ; Pierre Véron aussi avait été généreux ; il faudrait ne pas manquer de remercier « tous ces jeunes et charmants cadotiers, et Arsène Houssaye[69] », qui n'était pas jeune, lui, mais tenait à le paraître. Alphonse Lemerre, qui préparait l'édition des œuvres complètes de Hugo, avait envoyé des bonbons dans un beau sac chinois ; Berru remerciait pour l'envoi de *Mes fils*, la plaquette où Hugo, en rendant hommage à Charles et François-Victor, rappelait, en les leur attribuant, ses propres combats ; Berru le remerciait aussi de l'avoir aidé à faire affaire avec Rochefort (revenu du bagne d'où il s'était évadé) pour la refondation de *La Lanterne* ; même Suzanne envoyait ses vœux, en remerciant Juliette de sa bonté passée. On avait des invitations à rattraper : il faudrait prendre garde à convier Judith Gautier un autre jour que son mari Catulle Mendès, dont elle était séparée. Les Foucher avaient envoyé leurs vœux tardivement ; il fallait se dépêcher de les inviter ; Juliette ne croyait pas si bien dire : Paul, jeune frère de Mme Hugo, avec qui Victor avait, dans leur jeunesse, écrit le drame *Amy Robsart*, mourut la semaine suivante. Hugo mena son cortège. C'est son jeune fils adultérin prénommé Paul, comme lui, qu'on inviterait désormais. Juliette le trouvait charmant. La famille se réduisait comme peau de chagrin.

Papapa et Roumet

Les petits-enfants étaient un antidote au deuil. « Drouet », rebaptisée « Roumet », leur tenait lieu de grand-mère. Ses bonnes notes en lecture, en récitation et en calcul, Jeanne venait les montrer à Roumet qui la récompensait en bonbons[70], et fondait de bonheur :

> Il m'est impossible de n'être pas touchée jusqu'au fond du cœur de la grâce et de la tendresse qu'elle me témoigne en toute occasion même dans ses petits accès de mauvaise humeur. Jamais cette adorable petite fille n'a eu une rebuffade pour moi depuis qu'elle est au monde. Aussi je l'aime autant que si j'avais l'honneur et le bonheur d'être sa grand-mère[71].

Le 26 février 1875, à l'anniversaire de son grand-père comblé d'hommages et de cadeaux, Jeanne, pour n'être pas en reste, déclara au dîner « Papapa, je vais te dire un to » (toast) et fondit en larmes. Il la prit sur les genoux et la couvrit de baisers. La petite tenait son aïeul en haute estime. À un conte qu'il avait improvisé, elle s'était écriée : « C'est admirable ! »[72] Elle avait moins de respect pour ses poupées, qu'elle massacrait avec une application dont Juliette préférait rire[73].

Les trouvailles de ses petits-enfants inspiraient toujours de nouveaux poèmes à Hugo pour *L'Art d'être grand-père*, vingt-deux pour cette seule année 1875, un record. Peindre et admirer l'enfance, cet avenir et cette responsabilité de l'homme, était encore une façon de militer pour la République. Elle s'affirmait dans la loi, mais restait fragile. Fin janvier le mot était entré dans la Constitution, à la faveur de l'amendement Wallon désignant le chef de l'État comme « président de la République ». Le mois suivant, une nouvelle Chambre, le Sénat, était instituée, qui aurait, réunie en congrès avec la Chambre des députés, la prérogative d'élire le président ; ce système préservait des dérives populistes, monarchistes ou bonapartistes, toujours possibles avec le suffrage universel direct : on se souvenait de la manière dont Louis-Napoléon Bonaparte était devenu Napoléon III. Exclu de la vie parlementaire, Hugo, en attendant d'y revenir, donnait de sa personne, et de la voix. Il publia un appel « Pour un soldat » condamné à mort parce qu'il avait insulté un supérieur. Bazaine, lui, commandant en chef de l'armée du Rhin en 1870, avait été condamné pour trahison en temps de guerre et le président Mac Mahon l'avait gracié. Laisserait-on fusiller un paysan pour une vétille quand on avait, *de facto*, aboli la peine de mort en matière militaire pour un haut gradé ? Hugo lut son texte à ses proches avant sa parution. Juliette, à son habitude, admira :

> Il est impossible [...] de résister à ce cri de pitié suprême. Malheureusement le temps n'est pas aux honnêtes audaces mais aux cyniques scélératesses. C'est pourquoi je crains que cet irrésistible plaidoyer de la vie humaine ne soit tenu sous le boisseau par la cocardise générale assez de temps pour qu'on fusille ce pauvre malheureux soldat[74].

Guettant les journaux les jours suivants, elle voyait les rédactions ne pas se presser de relayer le brûlot : Hugo, selon elle, s'exposait et se dépensait sans compter, tandis que les autres attendaient de voir dans quel sens le vent tournerait pour venir courageusement au secours de la victoire une fois le danger passé[75]. La peine du soldat Blanc fut commuée. Hugo lui avait évité le peloton d'exécution.

Juliette admira tout autant son discours du 29 mars 1875 aux obsèques d'Edgar Quinet. Comme lui exilé sous le Second Empire, comme lui défenseur de l'Alsace-Lorraine sacrifiée par l'Assemblée de Bordeaux en 1871, c'était une grande conscience républicaine. Hugo n'avait pas manqué de le rappeler. Devant Juliette qui, pour une fois, avait assisté aux funérailles au cimetière du Montparnasse, la foule transportée avait salué l'oraison funèbre au cri de « Vive la République ! ». Une femme du peuple avait lancé à Hugo : « Ne mourez pas ! »

Telle n'était pas son intention. Il était en parfaite santé. Son hygiène avait trois principes : « Grand feu, grande eau, grand air[76] ». Qu'il pleuve, qu'il neige ou qu'il vente, il sortait l'après-midi. Après le petit signe d'adieu rituel envoyé à Juliette postée à sa fenêtre, il montait dans le bus, de préférence sur l'impériale, empruntant la ligne Batignolles-Jardin des Plantes pour rejoindre Blanche dans le petit appartement qu'il lui avait loué. Cette façon de vivre avec d'un côté Blanche, de l'autre Juliette et les petits-enfants, s'apparentait à la structure qui lui convenait du temps où il louait un appartement à Juliette tout en continuant d'habiter avec femme et enfants. Juliette lui répétait dans ses lettres, pour s'en convaincre, avec un aveuglement salutaire, qu'elle croyait en sa fidélité de cœur, d'âme et de corps. Elle craignait surtout qu'il ne s'enrhume, à sa façon de braver les intempéries sans parapluie.

Le soir, il continuait à recevoir à tout-va. Elle suivait comme elle pouvait. Sans doute la table était-elle bonne, puisqu'y revenait plus souvent qu'à son tour le critique gastronomique Charles Monselet, qui prévenait au dernier moment, comme Robelin, au risque de faire réapparaître le chiffre 13. Juliette trouvait toujours le bouillant Edmond Adam un rien pénible. Elle était plus tranquille quand ils recevaient Flaubert : il se montrait « moins impétueux » que l'autre, « surtout en matière politique »[77].

Depuis la mort de Mme Meurice, on avait trois nouvelles convives, charmantes demoiselles de dix-huit, quinze et douze ans, filles du veuf : Paul Meurice les avait eues avec sa maîtresse. La mort de l'épouse les avait fait sortir de leur cachette[78]. On leur avait ouvert les bras.

Juliette avait moins bien accueilli la nouvelle année qui toquait à sa porte le 11 avril 1875 : c'était sa soixante-dixième, et elle craignait que ce ne fût la dernière. Elle accusait le coup, car « pour être vieille on n'en est pas moins femme, c'est-à-dire coquette jusqu'à la mort[79] ». Le courage lui manquait même à l'idée de partir quelques jours à Guernesey, où Hugo voulait récupérer des manuscrits. Quatre traversées (*via* Jersey) pour un si bref séjour, c'était beaucoup de tracas en perspective, surtout quand on était, comme elle, sujette au mal de mer. On partit le 19 avril, et on resta une semaine sur place, après une brève escale à Saint-Hélier, le temps de revoir les frères Asplet venus les attendre au port. Ayant repris le bateau dans la foulée, Juliette et Victor débarquèrent le 20 avril à midi et demie à Saint-Pierre-Port, accueillis par Miss Jung, Marquand et le photographe Arsène Garnier. Sénat fit fête à son maître qu'il n'avait pas revu depuis deux ans. Hugo récupéra à la banque les précieux papiers qu'il y avait déposés avant la chute de l'Empire. Juliette retrouva son bel intérieur. Son cœur se serra à la pensée de n'y revenir peut-être jamais plus. Il lui semblait assister d'avance à leurs propres funérailles. Il faudrait léguer à son neveu Louis les magnifiques dessins de saint Paul et du coq, inestimables[80] *(voir cahier hors texte)*. Fallait-il remporter son argenterie ? Elle hésitait. Ce qu'elle ne risquait pas d'oublier, en revanche, c'est le Livre rouge de l'anniversaire, qu'elle retrouvait après une interruption de deux ans. Elle l'installerait désormais à Paris sous son chevet, pour qu'il veille sur son sommeil. Elle en avait bien besoin. La fin de ce séjour furtif fut attristée par une agression : la veille du départ, un malveillant avait cassé des carreaux et jeté des pierres contre sa maison. Après une nuit à Cherbourg, on revint le 28 à Paris, où Jeanne, à qui il avait manqué, fit fête à Papapa.

Hugo n'eut pas le temps de se mettre tout de suite au classement de ses manuscrits. Il fut absorbé par la publication, en mai, du premier volume d'*Actes et Paroles*, réunion de ses discours à la Chambre, de lettres ouvertes et autres prises de position publiques avant l'exil. Cette publication ordonnée chronologiquement (au tome « avant l'exil » succéderaient bientôt « pendant l'exil » et « après l'exil ») mettait, par ces sous-titres, sa proscription en exergue. Rappeler ainsi ses combats, c'était mettre en garde contre les menaces réactionnaires que le cléricalisme et le monarchisme continuaient à faire peser sur la Troisième République fraîchement réaffirmée, telle la loi Dupanloup votée en juillet, qui élargissait la liberté de l'enseignement privé à l'université.

La grande cause à laquelle il se dévouait désormais, c'était l'amnistie des communards. Le pauvre Maroteau pour lequel il était intervenu jadis était mort en déportation au bagne de Nouméa. Rochefort avait eu plus de chance, qui s'en était échappé l'année précédente, et vouait à Hugo une reconnaissance éternelle. Il reçut son exemplaire d'*Actes et Paroles*, remercia, et lança à l'auteur et aux siens une invitation dans sa campagne qui n'eut aucune suite[81], puisqu'on resta tout l'été à Paris. Papapa donna aux enfants leurs premiers cours de latin. Georges conjuguait « *amo* », Jeanne déclinait « *rosa* »[82]. Toujours aussi mignonne, elle témoigna beaucoup d'affection à Juliette le jour où Victor et elle l'emmenèrent sur la tombe de Claire. À la place du « grotesque gribouillage en patois de cuisine[83] » qui y figurait jusqu'alors, Hugo fit inscrire les vers qu'il avait composés pour elle. Le même soir, au retour des Champs-Élysées, devenus leur promenade favorite, ils échappèrent de peu à la catastrophe, leur cocher ivre slalomant à tombeau ouvert entre les omnibus. Ils en avaient été quittes pour la peur. Deux mois plus tard, un accident, bien réel cette fois, inspira à Juliette une terreur rétrospective : un voyageur descendant de l'impériale était tombé sur Victor, qui s'en était sorti avec un pantalon déchiré et quelques contusions [84]. C'était toujours moins impressionnant que l'ictus amnésique qui l'avait pris, chez lui ou chez Blanche, on ne sait, pendant deux heures, le 30 juin. Sans doute n'en dit-il rien à Juliette, qui semble l'avoir ignoré. Elle-même souffrait d'un peu partout : son genou lui faisait mal, et la goutte la clouait parfois chez elle ; elle essaya la genouillère et des bas élastiques pour retarder le moment où elle craignait de ne pouvoir plus du tout avancer [85]. Quand ce n'était pas les jambes, c'étaient les entrailles : fin août, elle fut prise de vomissements, puis d'une néphrite épouvantable, que le médecin tâcha de calmer avec des cataplasmes, des potions et du laudanum, et dont seule l'expulsion de trois petits calculs la soulagea, instantanément, lui faisant s'exclamer « je suis dans le paradis [86] ». Victor la soignait, s'occupait d'elle, tout en passant ses après-midi avec Blanche : l'une n'empêchait pas l'autre.

Il attendit pour trier ses manuscrits le départ en vacances des petits, et l'arrivée de sa belle-sœur [87]. Autant la venue de Julie réjouissait Juliette, pourtant dépossédée de sa chère copie, autant le départ des jeunes lui faisait deuil, comme à chaque fois qu'ils descendaient dans le Sud avec leur mère. Pendue au courrier, elle s'extasiait de recevoir des nouvelles : on lui envoyait une photo de groupe prise à Aix-les-Bains, c'était gentil [88] ; les enfants s'appliquaient à écrire, Georges sur une carte de son hôtel, Jeanne « une bonne petite lettre pleine de gros papillons » [89] ; l'air de la montagne creusait l'appétit de Georges, capable d'avaler trois côtelettes crues par jour [90], mais Jeanne se plaignait de la hauteur des sommets ; lui grimpait aux arbres, elle chassait les « lièvres » et les « cigognes », c'est-à-dire les lézards et les cigales [91].

Comme la petite n'était pas rentrée pour son anniversaire, on le fêta en son absence. Toutes les occasions étaient bonnes pour porter des toasts. Pour la Saint-Victor, on avait donné une grande réception et Juliette avait été couverte de cadeaux [92]. Deux mois plus tard, on avait de nouveau banqueté pour l'anniversaire de la Première République [93].

La Troisième, timidement entérinée par la Constitution, s'enorgueillissait du joyau national ouvert au public le 5 du même mois : l'Opéra de Paris devenait l'éclatante vitrine de la culture française. Napoléon III l'avait voulu, Charles Garnier l'avait fait, le président Mac Mahon l'avait inauguré, entouré du lord-maire de Londres et de têtes couronnées. Le clou était le grand escalier d'honneur[94]. Juliette et Victor le découvrirent quelques mois plus tard, en allant écouter le *Faust* de Gounod. Comme presque chaque fois qu'elle allait à l'opéra, sauf quand c'était Rossini ou Offenbach, seuls à trouver grâce à ses yeux, Juliette s'ennuya à mourir, les oreilles écorchées par « ce contrepoint plus ou moins cacophonique » qui contrastait péniblement avec la splendeur du lieu :

> La corvée a été longue et dure hier mais je ne la regrette pas en tant qu'architecture, car il est impossible de rien voir de plus monumental et de plus magnifique que l'intérieur de ce théâtre à partir de la première marche de l'escalier jusqu'au cintre de la salle ! Quel dommage que ce splendide laboratoire de l'art ne serve qu'à distiller splendidement l'ennui le plus épais qui soit donné, je veux dire imposé, à des créatures humaines, sous prétexte de les amuser et de les civiliser ! C'est à se faire naturaliser sauvages ! Heureusement nous en voilà quittes pour longtemps[95].

Avec l'arrivée de l'automne, Juliette limita ses sorties, sauf pour faire provision de flanelles et de bas de laine aux magasins du Louvre, mieux approvisionnés, à ses yeux, que le Bon Marché[96]. Victor, lui, continuait de voir Blanche en cachette. Son immeuble étant exposé à une démolition prochaine, il la déménagea dans un autre[97]. Juliette, qui n'en savait rien, se doutait tout de même bien de quelque chose. La mort de sa « perruchette », que Victor avait immédiatement remplacée pour ne pas laisser le mâle veuf sans compagne, la faisait plaindre, par identification, l'âme de la petite femelle trop vite oubliée[98]. Elle se demandait par qui il la remplacerait le jour où elle quitterait cette terre à son tour. Malade, elle ne put assister, au Père-Lachaise, le jour des morts, à l'hommage rendu par la foule aux fils Hugo. Son estomac aussi, désormais, la faisait souffrir, mais elle luttait, encouragée par Victor qui ne pouvait se passer d'elle, et le lui répétait tant qu'elle finissait par s'en convaincre : « Il y a des moments où le corps semble abandonner la partie mais ce n'est pas une raison pour que l'âme déserte[99]. »

Elle s'activait. C'était elle qui ouvrait le courrier, pas ravie de voir arriver encore des lettres d'admiratrices enflammées. C'était elle qui veillait sur le cabinet de travail encombré de livres et de feuilles où le chat, enfermé un après-midi par mégarde, avait laissé un « tohu-bohu » invraisemblable[100]. C'est à elle qu'il offrit, quatre jours avant sa sortie publique le 8 novembre 1875, le deuxième tome d'*Actes et Paroles*, « Pendant l'exil ». Fière de cette exclusivité, elle espérait qu'Alice ne s'en offusquerait pas. Tout juste rentrée de vacances, celle-ci se montrait charmante.

Elle installa quelques jours à la maison son amie Mme Ménard, dont Georges, plus tard, épouserait la fille. Il était déjà, à sept ans, « mâlement beau » et sa sœur « irrésistiblement jolie, tendre et adorable »[101]. La petite disait tout haut ce que les grands pensaient tout bas, et veillait à la concorde familiale. Un soir que son grand-père avait élevé la voix sur une question politique, elle s'était glissée jusqu'à lui pour lui murmurer à l'oreille : « Tu ne grondes pas maman, n'est-ce pas[102] ? » Cette question la préoccupait tant qu'elle lui inspira deux semaines plus tard cette maxime à méditer : « Ne gronde pas les autres quand on t'aime[103]. » Il s'empressa de la noter.

À l'approche de Noël, on songea de nouveau à gâter Georges et Jeanne, sans oublier les indigents dont la détresse fendait le cœur, livrés qu'ils étaient aux hasards de la charité individuelle. On n'oublia pas non plus de combler les petits Koch. Juliette, de son côté, attendait avec impatience sa lettre du premier de l'an. Ce qu'elle y lut ne la déçut pas : « Je sens profondément que tu es ma vraie épouse ; je ne pourrais vivre sans toi sur cette terre ni rayonner sans toi dans l'éternité. Il me faut toi. Je te demande à Dieu, ici-bas et là-haut, à présent et à jamais[104]. » Par bonheur elle ignorait que Victor s'était disputé avec Blanche le jour de la Saint-Sylvestre.

Le Sénat des polichinelles

À cette « vraie épouse » qu'elle était pour lui il rendit un hommage public quoique discret, en sa présence, aux obsèques de Mme Louis Blanc, morte en avril 1876 après sept mois d'agonie. Hugo y salua le courage, la grandeur et les idéaux républicains de son ami, et la femme qui l'avait accompagné dans son combat. Devant une foule immense réunie au Père-Lachaise, Hugo truffait son éloge funèbre, publié le lendemain dans *Le Rappel*, d'hommages adressés aussi à Juliette :

> La vie portée à deux, c'est la vie heureuse. [...] Il était sa gloire, elle était sa joie. [...] Plus le travailleur est grand, plus la compagne doit être douce. [...] La femme contient le problème social et le mystère humain. Elle semble la grande faiblesse, elle est la grande force. L'homme sur lequel s'appuie un peuple a besoin de s'appuyer sur une femme[105].

Juliette ne s'y trompa pas, « bien fière et bien reconnaissante de cette demi-apothéose anticipée[106] ».

Hugo aurait encore besoin de s'appuyer sur elle. L'année avait commencé en fanfare. D'abord, Juliette, apprenant que le conseil municipal de Paris l'avait choisi pour l'élection des sénateurs inamovibles, avait ressenti une fierté mêlée d'inquiétude, tant « la joie fait peur [107] ». Elle proposa son service pour copier la lettre publique où Hugo appelait les maires de France à désigner des penseurs plutôt que des hommes d'épée [108]. Elle croulait sous les messages et les cadeaux de félicitations : « De quelque côté que je me retourne je n'entends, je ne vois, je ne comprends que l'enthousiasme général qui applaudit à ta réapparition dans la vie publiquement ostensible de la politique [109]. » À l'annonce de son investiture, elle dépouilla les journaux qui relayaient la nouvelle et répondit à une partie de son abondant courrier [110].

Dans un tel tourbillon, elle ne savait pas s'il se rendrait aux obsèques de Frédérick Lemaître, dont elle avait été jadis la partenaire à l'Odéon et à la Porte-Saint-Martin ; aussi ne proposa-t-elle pas de l'accompagner. Elle regretta après coup cette occasion manquée d'entendre son beau discours improvisé qui rendait hommage au « comédien suprême », incarnation du peuple [111].

Le lendemain, Hugo était élu sénateur de la Seine. Gambetta n'y était pas pour rien et lui avait sacrifié Louis Blanc, à qui Hugo restait fidèle : il présida une réunion pour soutenir sa candidature aux législatives, cette fois. On n'avait pas voulu de lui à la chambre haute ? Le suffrage universel corrigerait l'injustice du suffrage restreint [112] ! Juliette l'approuvait, et attendit ce soir-là son retour, seule dans la maison endormie. Elle épousait toutes ses causes, et suivait, en ouvrant le courrier, le sort réservé au communard Simbozel, condamné à la déportation : sa femme avait demandé le soutien de Hugo, qui le lui accorda dans plusieurs prises de position publiques, dont une lettre ouverte à Mac Mahon, et une autre au président de la commission des grâces ; ce fut peine perdue. Simbozel fut déporté, avec douze condamnés politiques, le reste du convoi étant composé « de forçats de la pire espèce [113] », à ce que disait sa femme. Juliette transmettait aussi les recommandations pour des candidats aux élections que lui envoyaient ses amis, dont Rochefort et George Sand [114].

Elle ne savait plus où donner de la tête dans le courrier qu'elle dépouillait. Il y en avait pour tous les goûts, du plus noble au plus vulgaire. Gounod, chargé de concevoir un hymne pour la statue de *La Liberté guidant le monde* construite par Bartholdi, et que la France offrirait bientôt aux États-Unis d'Amérique, demandait à Hugo d'en écrire les paroles ; Juliette jugeait que le comité anglo-américain aurait dû solliciter lui-même cet honneur plutôt que de laisser le compositeur sous-traiter la démarche [115]. Il y avait aussi, à foison, des messages de femmes, que Juliette ouvrait comme les autres, attendant de Victor qu'il lui montrât ses réponses[116]. Il y avait encore, depuis qu'il était sénateur, des lettres de gens qui se prétendaient ses parents éloignés, espérant prébende, secours, reconnaissance ou considération[117], et autres fâcheux de toutes sortes, tel ce prétendu créancier de son fils qui se rappelait tardivement à lui[118]. Les lettres, journaux et brochures, après avoir encombré le bureau de Victor, avaient fini par envahir la propre chambre de Juliette ; elle ne savait plus quoi en faire.

Quand il était sorti l'après-midi, c'est elle qui recevait. Le 15 mars, elle accueillit ainsi Tourgueniev, qui avait sympathisé avec Hugo, et venait demander pour son compatriote le peintre Ilya Répine la faveur de faire son portrait. On pouvait admirer chez Pauline Viardot ceux qu'il avait déjà réalisés d'elle et de l'écrivain russe. Selon Juliette, la chose méritait d'être examinée, sinon le portrait, du moins la visite. Plus cruciale était la question d'un autre copiste. Cela faisait longtemps qu'elle n'y suffisait pas, et on ne pouvait plus compter sur Mme Chenay, restée à Hauteville House. Leur amie Joséphine Benderitter se proposait[119]. Finalement Hugo accepta les offres de Richard Lesclide, journaliste, bibliophile et éditeur de livres d'artistes. En échange d'un travail de secrétariat et de copie quasi bénévole[120], on lui offrait le couvert, il était à pied d'œuvre pour élargir le cercle de ses fréquentations, il recevait de beaux livres, et bientôt il eut l'estime de Hugo qui voyait en lui un « esprit charmant, compliqué d'un cœur excellent[121] » ; Juliette, d'abord réticente, ne tarderait pas à l'appeler « le bon Lesclide ».

D'autres nouveaux commensaux avaient rejoint les rangs. Parmi eux, Arsène Houssaye, ancien administrateur général de la Comédie-Française et dédicataire du *Spleen de Paris* de Baudelaire, et son fils Henry ; Émile Blémont, mécène, traducteur de poésie et grand admirateur de Hugo ; Ernest Renan, philosophe des religions, rendu célèbre par sa *Vie de Jésus*, parue en 1863, et qui avait rejoint *Les Misérables* à l'Index des livres interdits par le Vatican ; l'écrivain Paul de Saint-Victor, à qui Hugo avait pensé en 1870, s'il venait à être tué au combat, pour publier ses œuvres posthumes avec Meurice et Vacquerie. Invités aussi les hommes politiques partisans de l'amnistie des communards : Esquiros, militant de la libre-pensée élu sénateur le même jour que lui, et les jeunes députés Périn, Allain-Targé, et Clemenceau, qui plaidaient cette cause à la chambre basse. Le combat avait beau être perdu d'avance, ce n'était pas une raison pour y renoncer.

Ce fut la grande affaire du printemps 1876. Le 21 mars, Hugo déposa son projet de loi au Sénat, qui siégeait à Versailles. Juliette l'y accompagna en voiture, et l'attendit dans un café. Le lendemain soir, elle l'entendit lire aux invités le discours qu'il tiendrait pour présenter son texte avant son examen : l'amnistie n'était pas qu'une question de miséricorde ; elle répondait aussi à la nécessité politique d'effacer le passé pour ressouder la nation ; cette responsabilité de principe devait être portée par la représentation nationale, là où la grâce présidentielle n'était qu'une mesure individuelle.

En attendant le grand jour du discours dans l'hémicycle, Hugo exerça ses talents d'orateur à une conférence devant une délégation d'ouvriers français invités à l'Exposition universelle de Philadelphie. Juliette l'avait laissé préparer son intervention sans le déranger, suffisamment informée par Mariette : « Monsieur travaille. Monsieur prendra trois œufs crus. Monsieur ne déjeunera pas[122]. » Juliette, accompagnée des Koch, des demoiselles Meurice et de Georges et Jeanne, était aux premières loges dans la salle du Château où se tenait la réunion. Hugo rendit hommage au peuple de Paris qui avait résisté à l'invasion de l'ennemi, et qui, par son travail, donnait l'exemple de la marche vers le progrès. Il avait soigneusement amené sa conclusion vers le sujet qui l'obsédait : l'Amérique s'était inspirée de la France pour délivrer ses esclaves ; c'était au tour de la France de s'inspirer de l'Amérique qui montrait la voie de l'amnistie. On cria « Vive Victor Hugo ! » « Vive la République ! », « Vive l'amnistie ! », les trois ne faisaient plus qu'un ; l'orateur reçut une couronne de fleurs rouges et blanches, Georges et Jeanne envoyaient des baisers à Papapa triomphant. Juliette, qui avait craint l'hostilité d'ennemis capables de noyauter le public dans « ce théâtre sournois plein de couloirs coupe-gorge et d'antres faits exprès pour les lâches attaques », était au comble de l'émotion au milieu de cette foule qui le comprenait presque aussi bien qu'elle. Elle en ressentait encore au matin une « douce et sainte fatigue »[123].

À l'approche de son discours au Sénat, Hugo développa un zona. On ne sait quel effet lui firent l'eau de Pullna, le vin de quinquina et la pommade amidonnée prescrits par le médecin. Ce dont Juliette était sûre, c'est qu'il devait cette poussée virale à l'amnistie, et qu'il n'en serait débarrassé qu'après son discours. La veille du grand jour, il trouva le temps d'écrire une petite lettre rituelle pour la Sainte-Julie, adressée à sa « dame » :

> Aujourd'hui une douce fête, demain une rude bataille : telle est la vie. Tu es le rayon de mes ténèbres. Ma bien-aimée, reste-moi à jamais. Ta lumière près de moi, ta flamme en moi ; c'est par là que j'existe. Je t'aime, j'ai bien dormi, et je vais bien. Quant à la bataille de demain, nos adversaires auront

leur victoire, qui sera leur vote, et j'aurai la mienne, qui sera ma conscience. Je suis tranquille. Je vis en toi, et par toi, et par nos petits anges d'ici-bas, et par nos grands anges de là-haut. Sois bénie[124].

Juliette avait obtenu d'assister à la séance. Bien ou mal placée, peu importait, elle espérait juste se montrer digne du stoïcisme nécessaire à l'orateur pour parler devant une assemblée hostile[125]. Elle l'entendit demander l'amnistie pleine et entière, pour « éteindre toute la haine », « dans un but de réconciliation », pour sortir de la misère toutes ces familles à qui il avait rendu visite, à qui manquait un père, un fils, un mari, l'homme, « le pilier de la famille ». Elle l'entendit prôner la clémence, lui le vieillard qui parlait « pour des femmes et pour des enfants », lui le proscrit qui parlait « pour des vaincus ». À son évocation des quartiers sinistrés de Paris d'où était parti le soulèvement du 18 mars 1871, elle entendit monter « cette clameur confuse des victimes qui va quelquefois si loin dans l'avenir ». Notre industrie aussi avait besoin de tous ces bras qui manquaient : dans l'intérêt de la nation, il était urgent de faire revenir nos ouvriers. Elle l'entendit enfin comparer les traitements inéquitables réservés par la justice et la représentation nationale aux crimes du Deux-Décembre et à ceux de la Commune : d'un côté le poteau d'exécution de Satory, le bagne de Nouméa, 18 984 condamnés, de l'autre Napoléon III mort dans son lit, et les noms de ses complices donnés à des rues de Paris : « contre le peuple, toutes les rigueurs ; devant l'empereur, toutes les bassesses[126]. » Seuls neuf sénateurs votèrent comme lui, le reste de l'Assemblée se leva contre, mais il avait gagné la bataille de l'opinion, Juliette l'avait bien vu :

D'un côté le Sénat tout entier baissant la tête confus et humilié, de l'autre côté le public tout entier électrisé par toi, ta parole fière, sublime et divine comme celle de Dieu, je n'ai jamais vu de contraste plus frappant. Certes, si le public avait pu voter, l'amnistie était proclamée d'emblée et tu aurais été porté en triomphe pour l'avoir si généreusement et si superbement demandée[127].

Ce discours, et la publication en juillet du troisième volume de ses *Actes et Paroles* intitulé *Depuis l'exil* accrurent encore, si besoin était, la popularité de Hugo au sein de l'extrême gauche ; il fut désigné en août président du groupe qu'elle formait au Sénat, l'Union républicaine. On décida de se réunir chez lui deux fois par mois, avec pour secrétaire l'Alsacien patriote Scheurer-Kestner, futur homme clef dans l'affaire Dreyfus.

Juliette suivait comme elle pouvait. À force de fatiguer, elle crut sa mort prochaine. L'ami médecin Émile Allix vint leur faire la démonstration d'un appareil à injecter de la morphine : elle pensa qu'il pourrait bien lui servir (elle ne se trompait pas)[128]. La grande faucheuse rôdait, chez les illustres comme chez les obscurs. Après Louise Colet, morte en mars, et que Juliette recommanda à la bénédiction de Hugo parce qu'elle le vénérait[129], c'est George Sand qui disparaissait. Hugo chargea Meurice de lire sur sa tombe, à Nohant, son hommage à « la grande femme » dont le génie littéraire prouvait « l'égalité des sexes »[130]. Ce fut ensuite Zoé Hugo, petite-nièce de Victor, qui mourut à dix-neuf ans, l'âge fatal, déjà, pour Léopoldine et Claire. Juliette s'imagina qu'elles l'avaient accueillie dans l'autre monde, et se retint d'aller aux obsèques, par discrétion auprès de la famille. C'est enfin le mari de la servante Henriette qui mourut en septembre. La pauvre jeune femme, qui s'était mariée en janvier, se retrouvait veuve huit mois après ses noces. Sa maîtresse fit son possible pour la consoler, et lui offrit la chambre adjacente à la sienne, mais la jeune femme préférait passer son veuvage seule et tranquille là-haut[131].

On était bien seuls, comme chaque été, après le départ des enfants. Jeanne avait emporté toutes ses poupées[132]. Ils ne reviendraient pas avant fin octobre. Cela faisait long. Juliette eut tout de même droit à une sortie qu'elle réclamait depuis longtemps, au restaurant, où ils invitèrent le bon Lesclide[133]. Elle fut aussi distraite par la visite affectueuse de Préveraud, compagnon d'exil rentré en France lors de l'amnistie de 1859, et désormais maire du Donjon, dans l'Allier[134]. Quant à Victor, qui avait ses escapades de l'après-midi, il se passait de distractions : des milliers de vers jaillissaient de son esprit, et des meilleurs. Elle fut bouleversée, le soir où ils fêtèrent l'anniversaire de Jeanne en son absence, par la lecture de son dernier poème, « Petit Paul », où l'orphelin martyrisé par sa belle-mère se laisse mourir sur la tombe du grand-père qui l'avait recueilli. Première auditrice du chef-d'œuvre, elle espéra qu'il puisse « entrer tout entier au fond du cœur de toutes les marâtres et y provoquer le remords et la pitié » ; comme elle le lui écrivait à chaque fois, jamais elle ne l'avait « plus admiré, plus vénéré et plus adoré qu'après cette poignante et navrante et sublime poésie »[135].

La pitié, la clémence, la douceur, le soin de l'autre, la charité, Hugo les pratiquait dans sa vie, les figurait dans son œuvre, les exigeait dans son action politique. Il multipliait les secours aux indigents et aux solliciteurs (dont Léonie Biard, à qui, Juliette ne le sut sans doute pas, il envoya 2 000 francs pour la mettre à l'abri du besoin), et donnait aux pauvres 5 000 francs à Noël. Les gens du peuple, dont Juliette relayait soigneusement les messages, le remerciaient de ses combats pour eux : il y avait parmi eux le soldat Blanc à qui Hugo avait sauvé la vie dix-huit mois plus tôt, une ouvrière parisienne qui lui envoyait chaque année une couronne de jais noir pour mettre sur le tombeau de ses fils le jour des morts[136], un ouvrier anonyme et désintéressé qui ne donnait pas son adresse, « preuve d'intelligence et de modestie vraie[137] ». Hugo apportait son soutien à la militante féministe Eugénie Niboyet, avec la bénédiction de Juliette qui veillait scrupuleusement à ce qu'il n'oublie pas de lui répondre[138]. Son profond amour du peuple transparaissait dans cette grande allégorie politique qu'est *L'Art d'être grand-père* : « Jeanne était au pain sec dans le cabinet noir », composé à l'automne, dit la solidarité entre l'enfant puni et l'auteur accusé de démolir l'ordre social. Il continuait à se battre pour l'amnistie, malgré l'échec de son discours du 22 mai au Sénat ; échec relatif, car l'orateur s'adressait moins aux sénateurs hostiles qu'au public qui le lirait. Le combat allait durer, compliqué par la défection de Gambetta, désormais hostile à une amnistie pleine et entière : il se désolidarisait de Hugo, en qui il voyait un idéaliste. Hugo n'en avait cure.

Il poussa l'idéalisme jusqu'à organiser un Noël des enfants insolent et jubilatoire. Cette fois-ci, Georges et Jeanne côtoyaient des petits pauvres, par exemple ceux du portier ; Hugo se méfiait de lui (il s'était livré à des trafics), mais sa progéniture avait bien le droit à la fête et aux joujoux. Il y en avait trois par personne, et quarante invités. On fit siéger la Chambre des poupées et le Sénat des polichinelles devant quatre moineaux enfermés dans une cage, et l'hôte prononça cette version carnavalesque de son discours du 22 mai devant un public enthousiaste :

> Ceux qui se débattent dans cette prison sont de grands coupables. Ce sont des communeux. Ce sont des partageux. Ils ont commis une foule de crimes de droit commun : vol, pillage, etc. Ils ne respectent aucune loi ni aucune institution. Ils sont même capables de pousser la familiarité et l'irrévérence jusqu'à leurs dernières limites à l'égard de la magistrature, du clergé et de l'armée. Je le répète, ces prisonniers sont les pires des communards.
>
> Cependant, comme ils sont faibles et désarmés, je propose à la Chambre des poupées, au Sénat des polichinelles, et à vous, messieurs les bébés, qui représentez ici le pouvoir exécutif, de décréter pour ces grands criminels l'amnistie pleine et entière.
>
> La Chambre et le Sénat ne faisant pas d'opposition, le pouvoir exécutif a la parole.
>
> Les enfants battirent des mains, la cage fut ouverte et l'amnistie proclamée[139].

Puis les petits avaient eu droit à un *luncheon* et à un bal. Juliette était épuisée par tout ce monde, et faisait le compte des quelque 1 000 francs dépensés en joujoux et en aumône. Il n'importe : le bonheur et la joie des marmots et des petits pauvres rémunéraient ses fatigues. Elle ne pensait plus, comme à la Toussaint, aller finir ses jours à Guernesey, quitte à ce qu'il la remplace par une plus jeune puisqu'elle n'était plus bonne à rien. D'ailleurs, il ne l'entendait pas de cette oreille, et le lui écrivit à la Saint-Sylvestre : « À travers la vie, si orageuse et si troublée, à travers tous les nuages et toutes les ombres, nous nous aimons depuis quarante-quatre ans d'un inébranlable amour. » Il la voulait, elle, et aucune autre, pour « compagne éternelle »[140]. Elle était encore bonne à l'aimer, et cela suffisait bien.

XXIII

Vertiges
(1877-1878)

« Peu mentir n'est pas possible ; celui qui ment, ment tout le mensonge. »

Les Misérables, I, VII, 1

Ce qui la fatiguait aussi, maintenant, c'étaient tous ces messages et cadeaux de circonstance pour souhaiter la bonne année. On n'y répondait plus. Hugo avait calculé que remercier pour les vœux coûtait 250 francs ; depuis deux ans, il préférait en faire don aux pauvres du 9e arrondissement. Même délivrée de cette corvée, Juliette accumulait le courrier en retard : « Décidément je n'ai pas la vocation épistolaire [1] », écrit-elle.

La République en danger

Il travaillait trop, elle le lui répétait, en vain. Il était tout aussi vain de souhaiter un prochain séjour à Guernesey, d'autant qu'un événement se préparait. Alice se remariait. Mme Jules Simon, femme de son ancien tuteur devenu président du Conseil, était venue l'annoncer à Victor le 11 janvier ; Juliette l'apprit trois jours plus tard, et s'émut de voir la nouvelle ébruitée dans les journaux. Elle épousait Édouard Lockroy, fils de l'acteur partenaire de Juliette à l'Odéon jadis. Compagnon du *Rappel* dès sa création, Édouard était un ami des fils Hugo ; François-Victor et Alice l'avaient invité à Guernesey en 1872. Dans sa jeunesse, il avait combattu pour Garibaldi, puis avait servi de secrétaire à Ernest Renan en Syrie. Pendant le siège de Paris, on lui avait confié un bataillon, et en 1871, il siégeait à la Chambre sur les bancs de l'extrême gauche. On l'avait souvent reçu à dîner ; ainsi s'était nouée son idylle avec Alice.

Une mise au point s'imposait : Lockroy viendrait habiter chez eux, et le grand-père continuerait à financer l'éducation des enfants.

Hugo retrouva donc la sérénité nécessaire pour préparer la sortie de la nouvelle série de *La Légende des siècles*, le 26 février 1877. Le premier tirage s'écoula en vingt-quatre heures. La semaine précédente, la maison était un véritable atelier : sitôt terminée la correction des épreuves du recueil à paraître, le poète se mettait déjà à la composition du suivant, *L'Art d'être grand-père*, dont la plupart des pièces étaient achevées, tandis que Juliette et Lesclide, l'ami de Hugo qui lui tenait lieu de secrétaire, commençaient la collation d'*Histoire d'un crime*. Pas étonnant qu'à ce rythme effréné, son corps regimbe, même si Juliette trouvait cela navrant : « Tu as été souffrant cette nuit, mon pauvre bien-aimé, ça n'est pas juste et je m'en plains au bon Dieu. Il y a tant de gens qui n'ont rien à faire sur la terre qu'il pourrait bien t'épargner cette bête de besogne-là[2]. » Pourquoi, aussi, continuait-il à prendre le vent et les intempéries sur les impériales des omnibus, « au lieu d'entrer dedans comme un simple mortel sujet au coryza et aux rhumatismes [...], et au risque même de n'être plus qu'un gribouille de génie remplaçant le riflard par la gouttière[3] » ?

Il avait tout de même trouvé le temps d'écrire un mot sur le Livre rouge pour leur petite fête intime. La chance souriait à Juliette : pour l'anniversaire de cette « nuit à jamais bénie[4] », son bien-aimé, empêché de dormir, lui avait fait la douce surprise de descendre l'étage pour se réfugier dans sa chambre.

Le sommeil lui revint avec la sortie de son recueil. Comme le jour coïncidait avec son anniversaire, on avait fait la fête. La vie était belle. Il y avait foule, la maison était pleine de bouquets. Au dessert, Jeanne se leva, dit : « Moi la plus petite, je bois au plus grand. » Et ajouta : « Silence, – La parole, – papapa. – Vive Victor Hugo. »[5] Elle multipliait les bons mots. Comme Mariette avait cassé le couvercle d'un vase en porcelaine flamande, l'enfant avait rassuré la servante effarée : « N'aie pas peur. Dis que c'est moi. Papapa ne dira rien[6]. » Hugo en fit aussitôt un poème domestique, floral, exotique, animalier, fantastique et libertaire[7]. Quelques jours plus tard, son frère et elle assistèrent à une allocution de leur grand-père pour une conférence en marge d'une souscription organisée par *Le Rappel* en solidarité avec les ouvriers de la soie, en pleine crise lyonnaise. L'ovation qu'il reçut fit dire à Jeanne : « On a si tant applaudi papapa que j'ai eu peur[8]. »

La première explication n'ayant pas suffi, le remariage d'Alice faillit faire perdre à Hugo la tutelle de ses petits-enfants, dont il avait légalement remplacé le père mort, six ans plus tôt. Un conseil de famille devait se réunir, qui donnerait non seulement à la mère, ce qui allait de soi, mais aussi à Lockroy, l'autorité conjointe. Hugo fit ajourner la convocation du conseil de famille, et protesta haut et fort. Ce « grave incident[9] » mit Juliette dans tous ses états pendant quatre jours[10]. Il posa ses conditions, les inscrivit noir sur blanc, Alice pleura et se jeta dans ses bras, on se réconcilia, il serra la main de Lockroy, et finit par accepter que son nom figure sur le faire-part. On se maria dans l'intimité, le 3 avril 1877, à la mairie de la rue Drouot, où Jules Ferry unit les époux sous les yeux de Juliette et Victor, devant Vacquerie et Louis Blanc, témoins de la mariée, Périn et Clemenceau, pour le marié. On s'était, bien sûr, dispensé de passer par l'église devant monsieur le curé.

Quelques jours plus tard, les jeunes époux emmenèrent les enfants au Pays basque. Juliette, qui y était allée en 1843, aurait bien aimé les accompagner, pour partager « leurs douces joies, leurs surprises devant toutes les curiosités du voyage : mer, terre, ciel, oiseaux et fleurs[11] » ; au lieu de cela, elle espérait que Victor l'emmènerait se promener aux Champs-Élysées et dans les cabarets voisins, mais il avait *L'Art d'être grand-père* à finir. Elle patienta, le laissant travailler. Elle trouvait désolant qu'il dépensât des journées inutiles à Versailles, pour des palabres de sénateurs où il perdait son temps alors qu'il avait tant de chefs-d'œuvre à écrire[12]. C'était d'autant plus rageant qu'elle pouvait de moins en moins l'accompagner, elle qui perdait progressivement « la vue, la mémoire, la force, le courage, le diable au corps[13] ».

Le retour des enfants au bout de trois semaines remit de la gaieté dans la maison. On en avait bien besoin ; la femme de Lesclide avait été emportée en quelques jours par une fluxion de poitrine ; la veille, on avait appris la mort de Louise Bertin, l'amie qui avait composé pour Hugo la musique de *La Esmeralda* en 1836. Juliette repensait aux marques de sympathie que Louise, cœur généreux, lui avait adressées jadis.

Faute d'être allé aux obsèques de George Sand un an plus tôt, Hugo reçut les délégués de la Société des gens de lettres chargée de lui faire élever un monument. Juliette fit bon accueil au comité réuni chez elle, dont étaient les amis Louis Blanc, Émile de Girardin et Gustave Flaubert[14]. Elle ne savait trop si son nom s'orthographiait avec « o » ou « au », mais il était devenu un de leurs habitués.

Il fallait désormais faire attention à qui l'on invitait, car depuis le mariage d'Alice avec Lockroy, certains hôtes n'étaient pas très bien vus du nouveau ménage[15]. Juliette guettait les soirs où les jeunes époux sortaient pour convier ceux qui n'avaient pas l'heur de leur plaire.

S'ils ne partageaient pas toutes leurs amitiés, Lockroy et Hugo étaient solidaires en politique. Deux jours après la publication de *L'Art d'être grand-père*, le président de la République, dans une surprenante lettre publiée le 16 mai au *Journal officiel*, provoqua la démission de Jules Simon, son président du Conseil ; il lui reprochait sa politique d'épuration de la haute administration, son action en faveur de la liberté de la presse, et le rendait responsable de l'agitation anticléricale. Le même jour, Simon était remplacé par le monarchiste Albert de Broglie, un des chefs de la droite minoritaire à la Chambre mais majoritaire au Sénat. Juliette, se faisant l'écho du sentiment général, jugea que cette « menaçante frasque de Mac Mahon contre le ministère » ressemblait « à une répétition générale d'un coup d'État »[16]. Les députés (dont Lockroy) ayant dès le lendemain voté une motion de défiance au nouveau gouvernement, le président de la République suspendit les deux chambres. Dans un manifeste réunissant 363 signatures, les élus des trois gauches parlementaires dénoncèrent deux jours plus tard la « politique de réaction et d'aventure » menée par le président de la République, qui, en se défiant de la représentation nationale, s'opposait à la souveraineté du peuple. Le lendemain, le rédacteur de ce manifeste, Spuller, dînait chez Juliette, avec un groupe de sénateurs d'extrême gauche, et son ami Gambetta, chef de l'Union républicaine.

Elle fut moins ravie de recevoir l'empereur du Brésil, grand admirateur de Victor Hugo qui s'était fait inviter à dîner. Elle, la républicaine, se désolait d'avoir à accueillir « ce fonctionnaire couronné[17] », à « héberger ce César brésilien comme un simple homme » ; c'était « à se mettre les cinq doigts et le pouce dans l'œil, pour ne pas voir ce spectacle écœurant, abrutissant et navrant »[18]. Elle estimait avoir mieux à faire, à tort, car l'empereur don Pedro de Alcantara – dont un invité traduisit le nom en l'appelant « Pierre Dupont » – séduisit tout le monde par sa charmante conversation : il assura qu'à cette table il n'y avait d'autre majesté que le poète, expliqua qu'il utilisait l'argent destiné à embellir sa résidence pour construire des écoles, et discuta à bâtons rompus jusqu'à deux heures du matin[19].

Quoi de plus surprenant qu'un empereur brésilien démocrate et socialiste, quand le président français s'attaquait à la République ? S'étonnant de ne trouver aucune allusion à la lettre de Mac Mahon dans *Le Rappel* du lendemain, Juliette jugea le journal aussi timoré que le sergent fouillant prudemment avec son bataillon républicain le bois de la Saudraie aux mains des rebelles chouans au début de *Quatrevingt-Treize*[20]. Le jour où Hugo se rendit à l'Académie afin de voter pour Leconte de Lisle, et y salua Jules Simon chaleureusement, à haute et intelligible voix, devant de Broglie livide, Juliette le plaignit de devoir fréquenter ces « jésuites malfaisants et ineptes », ces « traîneurs de sabres et de soutanes »[21]. Ne sachant pas si elle pourrait assister au discours de trois quarts d'heure qu'il prononça le 21 juin pour dissuader le Sénat de voter la dissolution de la Chambre, elle le lut à l'avance, émerveillée. Elle l'accompagna à Versailles trois jours de suite, épousant son combat : « Dieu veuille que nous ayons partie gagnée[22] », écrit-elle avant de l'écouter. Dieu ne le voulut pas – du moins pas tout de suite. Le lendemain, le Sénat votait la dissolution de la Chambre, par 149 voix contre 130[23]. En attendant de nouvelles élections hasardeuses, on redoutait un coup d'État. Les sénateurs se réunirent chez Hugo pour décider de la conduite à tenir[24]. Juliette s'attendait au pire de la part de Mac Mahon et de « son entourage de sacripants bonapartistes, de gâteux légitimistes et de doctrinaires orléanistes » ; elle aurait bien voulu « être plus vieille de quatre mois pour savoir au juste comment la pauvre République » se sortirait « de cet affreux in-Broglio »[25].

L'Art d'être grand-père publié, il restait à finir la collation d'*Histoire d'un crime*. Ce travail aurait pu être fait à Guernesey, mais la situation politique était trop incertaine pour que Hugo s'absente. Il fallait espérer que les élections à venir désavouent le coup de force de Mac Mahon, et que le verdict des urnes le contraigne à « se soumettre ou se démettre », selon la formule de Gambetta le 15 août 1877, dans un discours à Lille. D'ici là, pas question de quitter le continent.

La saison des toasts

Les distractions ne manquaient pas à Paris même. On emmena les petits au cirque. Leur effarement « devant les clowneries cocassement bariolées et la haute et forte voltige des trapéziennes » mit Juliette en verve gaillarde : « Quelle souplesse et quelle grâce chez l'une, quels reins et quelle mâchoire chez l'autre ! Je plains le vivant qu'elle prend aux dents. Au moins chez le cheval ce n'est que le mors… pardon, je ne le ferai plus. »[26] On alla aussi voir les bêtes à la Porte-Saint-Martin[27]. On avait fait venir de Guernesey la mère d'Henriette, pour distraire la jeune veuve de ses sorties au cimetière ; éblouie de découvrir la capitale, elle eut droit à une sortie au théâtre, et repartit au bout de quinze jours éperdue de reconnaissance[28]. On fit la fête pour la Saint-Victor, le 21 juillet. Les enfants récitèrent des poèmes de *L'Art d'être grand-père*, dont ils étaient déjà les héros immortels, et apportèrent à son auteur des compositions florales à ses initiales. Vacquerie lut « La Fête du grand-père » des *Chansons des rues et des bois*, et porta un toast, Jeanne aussi, « au grand chêne[29] ». On avait la folie des toasts. Le 16 août, c'est Georges qui se précipita dans les bras de Papapa quand celui-ci lui en réserva un pour son anniversaire[30]. Une semaine plus tard, comme c'était sa fête, Jeanne lui en réclama un tout bas[31]. Même en vacances, à Saint-Étienne, Georges pensa encore, pour l'anniversaire de sa sœur, à porter un toast à son grand-père absent avant de se cacher, épouvanté de son audace, sous la table[32]. Juliette ne portait pas de toast, ce n'était pas son style, mais réclamait des bombances et de bonnes petites virées estivales sur les boulevards. Parfois on enchaînait la promenade et le cabaret, ou le restaurant et le théâtre, comme ce 6 août où ils se rendirent à la Comédie-Française pour *Andromaque* après un dîner chez Ledoyen[33], et ce 29 août où, après avoir dîné chez Maire, ils allèrent voir *Le Juif errant* d'Eugène Sue adapté par Dennery à la Porte-Saint-Martin. Au retour, une roue du fiacre s'était rompue, mais personne n'avait été blessé, ni eux, ni Julie Chenay qui les accompagnait.

Arrivée depuis peu de Guernesey, Julie logeait dans la chambre du haut[34]. Sa présence divertissait Juliette de l'absence des enfants partis mi-septembre à Firminy, dans la Loire, chez Mme Ménard, grande amie d'Alice. On ne pouvait pas prévoir qu'au lieu de revenir début novembre, Jeanne resterait chez son hôtesse bien au-delà. Au début de l'année, elle avait déjà souffert de maux de tête et d'une affection des yeux durable et douloureuse ; elle fut prise de symptômes alarmants, puis enchaîna la rougeole et la scarlatine. Sa mère ayant d'abord ramené Georges avant de retourner à son chevet, Jeanne ne revint que pour Noël.

Lockroy n'était donc pas à Paris lorsque mourut Thiers, d'une attaque d'apoplexie, le 3 septembre 1877. La nouvelle fut un coup de tonnerre dans l'atmosphère déjà électrique de cet été mouvementé. D'un côté, signataire du manifeste des 363, il venait de défendre la République contre Mac Mahon. De l'autre on lui devait le traité inique avec la Prusse et la sanglante répression de la Commune. Juliette sentit l'embarras de la situation : « Je ne sais pas si la mort inattendue de Thiers ajoutera une complication de plus à celle si inquiétante que nous avons depuis le 16 mai mais, en elle-même, cette mort serait peu regrettable, la balance du mal l'emportant de beaucoup sur celle du bien pendant la vie de ce petit homme de petite politique[35]. » Elle insista auprès de Hugo, réticent, et lui-même embarrassé, pour l'accompagner aux obsèques qui donnèrent lieu à une manifestation républicaine. Touchée qu'on y ait crié « Vive

Victor Hugo ! », elle était encore, le lendemain, émerveillée par la vénération du peuple parisien pour son grand homme[36].

Histoire d'un crime parut le 1er octobre avec un léger retard mais encore au vif de la campagne électorale à laquelle il était destiné. La comparaison entre la situation de 1877 et celle de 1851 s'imposait. Le récit du passé valait mise en garde pour l'avenir immédiat. Le très catholique Louis Veuillot ne s'y trompa pas, qui dénonça dans cette publication une attaque contre le président de la République. Juliette était fière de la place, pourtant discrète, que l'auteur lui avait réservée[37], et observait les réactions de ceux de leurs invités qui étaient comme elle des héros de cette histoire. Elle crut déceler ainsi qu'Alexandre Rey était « un peu jaloux de la grande, grande, grande place[38] » faite à Schœlcher. On s'arrachait l'édition à 2 francs parue cinq jours après l'originale. Cinquante mille exemplaires avaient été vendus dans les vingt-quatre premières heures[39]. La campagne électorale faisait rage. Mac Mahon parcourait la province et lançait une proclamation à l'armée, l'Église donnait un avis conforme. Sans aller, comme Gambetta, jusqu'à prédire la défaite du président de la République, Hugo ne fut pas en reste. Dans une réunion de soutien à Jules Grévy, il en appela au respect de la loi, réaffirma la prééminence du législatif sur l'exécutif, la garantie que la République offrait contre les révolutions, et glorifia les vertus civilisatrices de la France[40]. Les élections eurent lieu le surlendemain. Mac Mahon en fut pour ses frais : une nouvelle majorité républicaine sortait du suffrage universel, certes moins nombreuse que dans la Chambre dissoute, mais la défaite du président de la République était incontestable[41]. Quelles conséquences allait-il en tirer ? Juliette prévoyait de nouveaux combats[42]. Mac Mahon commença par maintenir de Broglie au pouvoir, et envisagea une autre dissolution de la Chambre. Le président du Sénat l'en dissuada. Hugo mit prudemment ses malles à l'abri chez Louis Koch, et le nota dans son carnet en espagnol, langue qu'il réservait habituellement à ses rencontres quasi quotidiennes avec Blanche. Le 2 décembre, Juliette craignait de voir se reproduire le coup d'État dont c'était le vingt-sixième anniversaire, Mac Mahon ne s'étant encore ni soumis ni démis, ce qu'il commença à faire le 13 décembre, en rappelant Jules Dufaure, ancien président du Conseil qu'il avait limogé jadis, et qui était devenu, depuis la crise, chef de la gauche modérée. C'était, selon Hugo, que Juliette avait accompagné à Versailles avant cet épilogue, une « demi-solution[43] ». Le danger momentanément écarté, il fit revenir ses malles de manuscrits[44].

Il avait suivi attentivement les préparatifs d'*Hernani*, repris à la Comédie-Française dans une somptueuse mise en scène. Il avait proposé à Juliette, jalouse, de l'accompagner à une répétition où elle aurait pu voir Sarah Bernhardt et Mounet-Sully, mais elle y avait renoncé, laissant l'auteur profiter avec Meurice des délices de « cette Capoue de carton et de maquillage[45] ». Pour le grand soir, l'auteur fit à Juliette l'honneur public de l'inviter, avec Louis et Ottilie, dans sa propre baignoire. Elle n'avait pas oublié les servantes, à qui elle avait promis des places, même si ce devait être un simple « bonnet d'évêque[46] », cette petite loge haut perchée en forme d'ogive. Car il n'y en aurait pas pour tout le monde. Depuis deux jours, la sonnette ne cessait de tinter et on ne pouvait satisfaire aux demandes. C'était Meurice qui gérait les billets de faveur ; le dessinateur humoriste Gill le représenta faisant trafic devant le théâtre de places vendues « plus cher qu'au bureau ». Les caricatures étant alors soumises à l'avance aux personnes qu'elles visaient, Juliette vit celle-ci avant sa parution dans *La Lune rousse* et se scandalisa de « cette infamie inattendue et imméritée[47] ». Elle se serait sans doute scandalisée davantage si elle avait su qu'au lendemain de la Première, l'auteur fit parvenir à Sarah Bernhardt un bracelet assorti d'une goutte en diamant, avec ce message : « Vous m'avez ému, moi le vieux combattant, et à un certain moment… j'ai pleuré. Cette larme que vous avez fait couler est à vous[48]. » Sa générosité s'étendait aux machinistes et aux gagistes, à qui il distribua 500 francs[49] ; à Alice et Juliette il remit les bouquets reçus ; les couronnes allèrent à Georges et Jeanne.

La Première avait été triomphale. L'« immense chœur » du public avait répété à l'unisson les vers de cette « poésie sacrée et divine »[50], Juliette en était encore toute retournée. Dans son bonheur, elle prit soin de ne pas oublier Carjat, leur ami photographe, alors au creux de la vague. Comble de guignon, on n'avait pas pu lui procurer de place pour la Première, il en était vexé. On l'inviterait à dîner à la maison.

De son côté, Juliette donna un petit banquet privé, exclusivement composé de femmes, le soir même du 9 décembre où Hugo festoya avec les acteurs et la fine fleur de la presse littéraire[51]. C'était au Grand Hôtel, il présidait, Sarah Bernhardt à son côté, devant cette assemblée presque entièrement masculine puisque, doña Sol et la duègne exceptée, tous les personnages d'*Hernani* sont des hommes. Papapa avait fait à Georges l'honneur de participer à cette cérémonie, du haut de ses neuf ans ; Juliette s'en émut : il avait « joliment bien fait[52] » de le convier, mais c'était injuste pour Jeanne. Certes, la petite était toujours en convalescence et, encore contagieuse, ne devait pas côtoyer son frère ; mais de toute manière elle n'aurait pas été invitée en raison de son sexe, et c'était bien dommage.

Ramenée à Paris, la petite passa Noël chez Mme Ménard et fit sa rentrée parmi les siens au jour de l'an. Dans l'agitation de ce grand événement et le va-et-vient incessant des visiteurs, Juliette, tout étourdie, n'eut pas le temps d'écrire sa lettre quotidienne. Elle y vit un mauvais présage pour l'année à venir.

La piperette du jour

Elle l'avait pourtant prévenu [53]. Il travaillait trop, sortait trop, recevait trop, se donnait trop, et dépensait trop. Trop d'argent, trop de temps perdu en vanités, ou pour les autres, et trop d'énergie. Un de ces jours la fatigue vengerait tous ces excès et la nature lui rappellerait ses soixante-seize ans.

Le rythme des invitations devenait frénétique. Certains soirs, elle ne savait pas s'ils seraient dix ou dix-huit [54] ; cela compliquait l'intendance et causait du gâchis. Il fallait veiller aux appariements : on ne pouvait pas inviter les filles Gautier en même temps que Catulle Mendès, dont Judith était séparée ; le romancier Cladel pouvait en revanche être associé à Gustave Rivet (qui raconterait ses souvenirs des dîners rue de Clichy) et Alphonse Daudet (futur beau-père de Jeanne) ; Lesclide, lui, pouvait être convié avec tout le monde au dernier moment, par exemple avec Flaubert ou Mallarmé [55]. On recevait aussi les Vacquerie, non seulement Auguste, le plus souvent retiré dans sa maison de Villequier, mais aussi sa sœur et son neveu Ernest Lefèvre. Quant au jeune neveu de Victor, Paul Foucher, qui avait perdu son père l'année précédente, il était d'autant plus souvent convié qu'un chagrin d'amour redoublait sa peine. Il y avait aussi ce groupe d'étudiants espagnols, venus plusieurs fois témoigner leur admiration au Maître : leurs visites de courtoisie leur valurent une invitation à dîner le surlendemain, qui amusa Juliette sans qu'elle sache où elle allait faire s'asseoir tout ce monde-là ; ils étaient même revenus chanter une sérénade [56]. Les dîners étaient suivis parfois de réceptions de nouveaux invités plus tardifs ; il y avait foule.

Juliette n'était pas impressionnée de traiter le ministre de l'Instruction publique, des Cultes et des Beaux-Arts, Agénor Bardoux, qui était de leurs amis avant ce portefeuille ; il avait été président du centre gauche à la Chambre, et avait signé le manifeste des 363 ; il faisait partie des habitués de la rue de Clichy ; il fallait juste prendre garde, les soirs où il était là, aux préséances dans le plan de table, souvent compliquées par des défections de dernière minute ; Juliette laissait Hugo s'en occuper, disant, comme Mariette, « ça ne m'ahagarde pas [57] ».

On entretenait quatorze personnes en moyenne tous les soirs, et il y avait aussi sept servantes à nourrir[58]. Elle en avait fait le compte, on dépensait environ 100 francs par jour (plus de trois mois de salaire pour une ouvrière) ; on ne pouvait pas continuer sur ce train-là. Elle avait beau conseiller à Hugo de fermer sa « buvette[59] », ça n'en prenait pas le chemin. La commande trimestrielle au marchand de vins et spiritueux donne une idée de leur hospitalité : « deux barriques de vin de bordeaux ordinaire, deux cents bouteilles de médoc, deux cents bouteilles de madère, cent bouteilles de champagne, un fût de rhum et un fût de cognac[60] ».

La charité aussi coulait à flots. Elle-même était bien dotée : Victor souscrivit pour elle 12 000 francs de rente viagère[61]. Il remerciait les cochers des omnibus et tramways qui l'emmenaient courir la prétentaine en offrant 500 francs d'étrennes aux préposés des lignes allant du Trône à l'Étoile et des Batignolles au Jardin des Plantes[62]. Émile Blémont, invité régulièrement, se souviendrait que Hugo avait reçu en deux jours trente-quatre lettres de demandes de secours pour un total de 240 000 francs[63]. C'était un pêle-mêle hétéroclite. Juliette faisait le tri, mais renonçait parfois à en savoir plus. La jeune comédienne Albertine Séran ne demandait que 50 francs ; cela ne mettrait pas les finances en péril, mais Juliette se sentait humiliée de savoir Victor « en proie à de pareilles créancières[64] » ; sa consœur Jane Essler ne demandait rien, mais Juliette se demandait ce qu'il pouvait bien lui écrire « en catimini[65] » ; elle ne vit pas davantage sa réponse à une aristocrate du faubourg Saint-Germain, qui envoyait une lettre « pleine d'enthousiasme, cela va sans dire, et… d'autre chose aussi, cela va encore sans dire[66] » ; certaines demanderesses réclamaient jusqu'à 1 000 francs ; elle le laissait s'occuper de leur répondre, ayant assez de son amour à elle sans pousser la complaisance jusqu'à l'aider « à en aimer d'autres[67] ».

On ne voulait pas toujours de l'argent, du reste. On espérait aussi des recommandations : une telle, qui se prétendait vaguement cousine, lui demandait d'appuyer sa pétition pour ouvrir un bureau de tabac[68] ; la romancière Eugénie Guinault sollicitait son appui auprès du ministre pour obtenir un poste d'institutrice[69]. Elle n'était pas la seule à passer par lui pour atteindre Bardoux : Henry Descamps, qui, en décembre 1851, avait offert l'hospitalité à Hugo recherché par la police, voulait décrocher un avancement auprès du ministre ; Juliette trouva la démarche d'autant plus inélégante qu'il croyait bon de rappeler les anciens services rendus[70]. L'attitude de Dulac lui semblait plus digne. Cet ancien proscrit de Jersey n'avait pas osé quémander directement. « Comme un pauvre honteux qui craint de mettre sa misère à nu [71] », il avait envoyé son fils demander un secours pour entrer à l'hospice Sainte-Perrine, qu'il ne pouvait s'offrir sans l'aide financière de ses amis [72].

Parmi les nouveaux invités rue de Clichy, il y avait John Pradier, le demi-frère de Claire, et sa femme, Lina. Le jeune peintre soumit au jugement de Hugo une aquarelle représentant la *Porte des comptables à Alger*, avec ses inscriptions et ses ornements, qu'il montrerait à l'Exposition universelle de 1878. Juliette s'intéressait à ce garçon qui avait connu des revers de fortune ; Hugo l'avait déjà reçu en 1871 rue de La Rochefoucauld ; à l'époque, le jeune homme, féru de chiromancie, avait deviné, en lisant la main de François-Victor, qu'il avait failli mourir vers l'âge de douze ans – vrai, il avait réchappé d'une pleurésie –, et qu'il serait de nouveau en danger entre quarante et quarante-cinq ans – âge auquel, en effet, il était mort. Après leur visite du 6 février, où ils parlèrent longuement avec Juliette, qu'ils trouvèrent « extrêmement aimable, intelligente et distinguée [73] », John et Lina furent invités à dîner pour le dimanche suivant. Juliette rappela à Victor de se préparer à lui parler de son aquarelle, et de dédicacer à ses enfants son portrait photographique ; le jeune homme serait honoré de ce geste. Elle voyait juste, puisque John Pradier a laissé, dans ses souvenirs destinés à ses enfants, le récit de ce repas du 10 février 1878. Hugo avait dédicacé la photo, sur une feuille séparée, « Au digne fils du grand Pradier » ; Juliette rappela qu'elle les avait bien connus enfants, ses sœurs et lui, qu'elle l'avait vu danser la polka avec sa cadette Thérèse, et que leur aînée, Charlotte, ressemblait à Claire ; au dîner, auquel étaient aussi conviés Paul de Saint-Victor, Louis Koch et sa femme Ottilie, Hugo plaça Lina à sa droite, et demanda des précisions sur l'aquarelle de la porte d'Alger, dont les couleurs lui évoquaient les vestiges de Pompéi [74]. C'était le prélude à une vingtaine d'autres invitations dont John Pradier garderait le souvenir reconnaissant.

Le mois suivant, la grande affaire, après la publication du second volume d'*Histoire d'un crime*, fut la reprise des *Misérables*. La Porte-Saint-Martin donnait, dans une version remaniée, l'adaptation de Paul Meurice et Charles Hugo créée à Bruxelles quinze ans plus tôt. Juliette et les enfants se rendirent à la Première, le 22 mars 1878. On ne manqua pas d'y retourner. Hugo était satisfait du succès public et de la mise en scène. Les acteurs jouaient bien. La petite Cosette, Cécile Daubray, était charmante [75]. Elle dédicaça sa photo à Juliette, qui gardait en réserve des cadeaux pour elle et pour les deux autres petites actrices. Sa mère demanda à Juliette d'intercéder en sa faveur : Hugo connaissait bien Perrin, l'administrateur général de la Comédie-Française. Lasse de courir la province, elle accepterait de jouer les utilités dans n'importe quel théâtre de Paris[76]. Le 3 avril, on donna une petite fête pour les jeunes acteurs qui jouaient Cosette, Petit-Gervais et Éponine, comblés de joujoux et de cadeaux. Georges et Jeanne y participèrent, déguisés[77].

On n'eut garde d'oublier Meurice, qui s'était dépensé pour les répétitions : on alla applaudir sa pièce, *La Brésilienne*, créée le 9 avril à l'Ambigu-Comique.

Cela faisait beaucoup de sorties, beaucoup d'agitation. Victor et Juliette dormaient mal, ou peu. Elle se levait donc souvent à la piperette du jour, comme elle disait, à l'heure où les oiseaux commencent à pépier, ceux de la rue, et ses serins surnommés « petits-déjeuners jaunes », parce que le chat Gavroche guettait l'occasion d'en croquer un. Aux soucis s'ajoutaient des douleurs d'estomac, qui iraient empirant, des vertiges causés par la chaleur et des atteintes de goutte qui la privaient parfois de promenades.

Elle l'accompagna pourtant au vernissage de l'Exposition universelle, le 1er mai 1878 ; comme on avait reçu trop de cartons d'invitation, Hugo en fit un usage cocasse, en écrivant sur l'un d'eux :

> Il pleuvait le 30 avril, à verse ; j'étais sur l'impériale d'un omnibus, j'avais cette carte dans ma poche ; je ne reconnais à personne le droit d'inviter les représentants du peuple à une fête qui est la fête du peuple ; ils y sont de droit ; ne sachant que faire de cette carte, je me suis assis dessus, elle m'a isolé du banc mouillé, et je déclare qu'elle m'a rendu service et qu'elle a ainsi prouvé qu'elle était bonne à quelque chose, et puisque vous le voulez, madame, je signe.
>
> Victor Hugo[78]

Un mois plus tard, elle l'accompagnait à une autre solennité : on fêtait le centenaire de la mort de Voltaire au Théâtre de la Gaîté, dans une soirée au profit des pauvres. Le discours de Hugo commençait ainsi, prophétique d'un autre deuil :

> Il y a cent ans aujourd'hui un homme mourait. Il mourait immortel. Il s'en allait chargé d'années, chargé d'œuvres, chargé de la plus illustre et de la plus redoutable des responsabilités, la responsabilité de la conscience humaine avertie et rectifiée. Il s'en allait maudit et béni, maudit par le passé, béni par l'avenir et ce sont là, messieurs, les deux formes superbes de la gloire[79].

Puis, pendant trois quarts d'heure, il enrôla Voltaire dans le camp de la République, de la paix et de la laïcité. Le lendemain, les journaux bruissaient de son triomphe ; Juliette les dépouillait avec délices, sans perdre son sens du calembour : « J'espère qu'on te laissera cependant le temps

Cécile Daubray dans le rôle de Cosette, photographie, 1878

de cuver ta gloire car tu dois en être saturé jusqu'au delirium très gros[80]. » Hugo ne prit le temps ni de cuver sa gloire, ni de se reposer. Son activité débordante du mois de juin lui fit au contraire enchaîner les fatigues.

Le corps a ses raisons

D'abord il répondit à M. Dupanloup. Mandaté par ses confrères, l'évêque d'Orléans s'était offusqué de son éloge de Voltaire (comparé à Jésus !), dans une tribune diffusée par les journaux catholiques, déjà indignés par la sortie, en avril, du *Pape*, « rêve en deux scènes » où l'auteur exposait à la fois sa croyance religieuse et son anticléricalisme. Hugo retourna l'opprobre contre son accusateur, rappelant la collusion de l'Église française avec Napoléon III, les « *Te Deum, Magnificat, Salvum fac, Gloria tibi,* etc.[81] », chantés en l'honneur de celui qui avait été parjure, despote et assassin de son peuple. Juliette applaudit cette mise au point « altière et laconique[82] ». Puis il y eut une séance du Sénat à Versailles ; elle ne put l'y suivre ; elle en pleurait[83]. Mais elle l'accompagna, le 13 juin, à l'Académie où il ne se rendait plus que pour les élections ; il tenait à soutenir Renan, qui fut élu. Il enchaîna avec le Congrès littéraire international où il ne prononça pas moins de trois discours en neuf jours, les 17, 21 et 25 juin. Entre-temps, il était allé à Saint-Mandé rendre visite à sa fille le 18 (pendant que Juliette se rendait sur la tombe de la sienne) ; on était retourné voir l'Exposition universelle le 24 avec Alice et les enfants, Juju était rentrée éblouie et enivrée par cette « orgie des yeux et la saoulerie des richesses sous toutes ses formes[84] ». On le priait encore de présider la cérémonie du 14 juillet qui devait associer Voltaire et Rousseau dans un hommage commun à l'union des Lumières et de la Révolution. La lettre était arrivée pendant qu'il prononçait son deuxième discours au Congrès. Juliette le mit en garde : « J'espère que tu résisteras à la prière tenace, mais bien déraisonnable de Louis Blanc et je te demande bien pardon de mon outrecuidante immixtion dans des choses qui ne me regardent pas[85]. » Elle avait raison, mais c'était peine perdue. Louis Blanc insista, revint à la charge le 25 juin, après la clôture du Congrès, et le 27 juin.

Ce jour-là, caniculaire, Victor et Juliette avaient renoncé à retourner une fois encore à l'Exposition universelle. Mais lui n'avait pas renoncé à sa visite quotidienne à Blanche, entre deux réunions politiques qui se tenaient chez lui : d'abord pour reparler de l'amnistie, puis pour organiser le centenaire de Rousseau ; Louis Blanc était des deux conciliabules. Les esprits s'échauffèrent. Dans la nuit, Hugo fut victime d'un accident vasculaire cérébral. Examiné le lendemain par les médecins Allix et Sée, il eut quelques embarras de parole et une grande fatigue[86], mais se sentait encore suffisamment valide pour se promener en voiture avec Juliette, dont les mises en garde avaient été vaines et qui lui écrivit au retour :

> Cher bien-aimé, tu m'as paru bien préoccupé pendant toute la promenade et même un peu fatigué. Vraiment, mon cher adoré, je crois que tu te surmènes au-delà du possible et je voudrais pour tout au monde te voir prendre un peu de repos. Je ne serai tranquille que lorsque tu seras hors de la portée de tous ceux qui te harcèlent qui pour le centenaire de Voltaire, qui pour l'Académie, qui pour le Sénat, qui pour le congrès littéraire, qui pour Rousseau, qui pour la prise de la Bastille, qui pour l'amnistie, qui pour ceci, qui pour CELLE-LÀ et tous ensemble pour le diable et son train sans souci de ton repos, de ta santé et de ta vie. Tout cela m'inquiète par moments et aujourd'hui surtout que tu m'as paru fatigué et triste. Reviens vite me tranquilliser. Je t'adore[87].

Le jour suivant, contre l'avis unanime de ses proches, Hugo sortit le soir sans dire où il allait, et récidiva le lendemain, défendant qu'on le suive. Il parlait peu, mais presque sans erreurs[88]. Il sortit encore les jours suivants et retrouva une parole aisée, parfois ponctuée d'une difficulté à trouver ses mots qui ne dura pas[89]. Nulle paralysie, nulle aphasie, l'accident n'était donc pas gravissime, contrairement à ce que certains journaux hostiles, pressés d'enterrer sinon l'homme, du moins son esprit, annoncèrent à leurs lecteurs. Quoi qu'il en soit, Hugo resta très fatigué dans les premiers temps, et mit plusieurs mois à récupérer[90]. Après la visite du Dr Broca, spécialiste du cerveau, le 30 juin, on décida un voyage de convalescence à Guernesey. Le plus tôt serait le mieux.

Lui n'y tenait pas, mais tout le monde se ligua pour l'y contraindre, petite Jeanne en tête, dépêchée pour l'attendrir. Juliette, pour mieux s'en convaincre elle-même sans doute, dans la grande inquiétude où elle était, assura Victor qu'après cet épisode où il venait d'être « un peu souffrant par suite de la fulgurante et sublime campagne » qu'il venait « de faire en politique et en littérature »[91], il retrouverait sûrement dans l'île la pleine santé, et se hâta de faire descendre les malles. On confia les manuscrits à Vacquerie, et la famille, accompagnée du fidèle Lesclide qui resta avec eux pendant tout le séjour, partit le 4 juillet.

Hugo, si actif ces derniers temps, se trouva désœuvré à Hauteville House. Frustré des décisions qu'on prenait désormais à sa place, affaibli, désorienté, les premiers jours, par le coup brutal qui l'avait frappé, il passa quatre mois dans l'île dans une humeur morose.

Certes, les visiteurs se succédèrent, à commencer par Mme Ménard et sa fille Pauline qui fêtèrent avec eux tous la Saint-Victor, le 21 juillet ; on fleurit la maison, on applaudit les vers de Papapa récités par Georges et Jeanne. Mais le couple traversa une crise qui ébranla toute la vie de famille.

Car Juliette fit une fâcheuse découverte dans le meuble où Victor rangeait ses carnets[92]. Ceux de 1872-1873 consignaient en espagnol les progrès de ses amours avec Blanche à Guernesey, et la preuve du retour de la jeune femme sur l'île, *incognita*, pendant l'été. Ceux des années suivantes dévoilaient, sans en donner la clef, les noms de code que Victor avait inventés pour désigner sa jeune maîtresse, ses adresses changeantes et la gamme de leurs ébats. Sans doute les expressions latines telles que « *Turris nova* », les allusions mythologiques ou religieuses telles que « Ève » ou « Trinité » la laissaient-elles, comme nous, perplexe ; peut-être comprit-elle pourquoi « Aristote », qu'on alléguait pour légitimer les règles du théâtre classique, revenait entre trois et cinq jours d'affilée toutes les quatre semaines.

Comprenant que la liaison avec Blanche durait toujours, persuadée que sa fréquentation était la cause de l'accident qui avait frappé Victor, Juliette entra en fureur, et menaça de rentrer à Paris. Elle fit part de son affligeante découverte à son neveu le 17 juillet, dans une lettre-fleuve ; elle l'appelait au secours et mettait au point une stratégie d'enquête : elle lui enverrait la liste des notations en espagnol qu'il ferait traduire ; elle avait bien une modiste dont le mari connaissait l'espagnol, mais c'était le barbier de Lockroy. Elle demandait à Louis de retrouver discrètement la trace de celle qui n'avait pas seulement détruit son bonheur, mais aussi, « plus que cela, hélas ! hélas ! peut-être le plus grand génie du monde » ; il fallait se défier de Mme Lanvin, susceptible de jouer double jeu. Qu'il trouve où habitait aujourd'hui « la personne qui prenait le nom de Duvivier et qui demeurait le 25 juillet 1873 rue de La Motte-Picquet, 38, à Jean-Bart, hôtel meublé, probablement au 5e, n° 34, et aurait demeuré ensuite rue Berthe, n° 6, à Montmartre, ou simultanément dans les deux quartiers, pour être plus près de la rue Pigalle et de la rue de Clichy » ; elle résidait sans doute maintenant vers le pont de l'Alma. Son prénom : Marie Blanche. Ses pseudonymes : après Duvivier, Berthe (sans doute à cause du nom de la rue), puis Héberthe. De nom, cette enfant trouvée n'en avait pas, Mme Lanvin l'avait juste élevée. Qu'il se renseigne auprès des portières, et de la femme de confiance de Hugo, Mme Noël, qui, en leur absence, s'occupait de la maison et de nourrir le chat. S'il répugnait à mener l'enquête lui-même, qu'il engage quelque fonctionnaire de police, sans lésiner ; elle lui rembourserait tout. Ah, oui, elle oubliait le signalement de la « créature » : « 26 à 28 ans, petite, très brune ; les cheveux très crêpelés dans lesquels le peigne ne peut pas pénétrer ; les yeux divergents par suite d'anciens maux d'yeux ; intelligente ; demi-éducation ; très rusée et très dépravée ; tournure de grisette de seconde classe ». Cela devait suffire pour la retrouver sans compromettre celui qu'elle continuait « d'admirer et… d'aimer, hélas ! »[93].

Quatre jours plus tard, elle écrivait de nouveau à Louis, l'invitait à les rejoindre, voulait savoir si ses recherches avançaient, proposait de revenir elle-même à Paris au besoin, et réclamait un vocabulaire franco-espagnol, il trouverait ça rue de Richelieu à la Librairie étrangère. L'affaire embarrassait le pauvre garçon, attentionné envers sa tante mais soucieux de ne pas perdre l'estime de Victor Hugo, patiemment acquise au fil des ans. Il envoya le dictionnaire ; sur deux colonnes et plusieurs pages, elle transcrivit et traduisit les notations qui concernaient Blanche dans les carnets de 1872 et 1873. Elle voyait bien que l'enquête de Louis n'avançait guère, elle comprenait ses scrupules, elle lui redonna tous les renseignements, et d'autres glanés entre-temps ; il semblait finalement que la créature habitait près du Jardin des Plantes ou de Notre-Dame, peut-être avec une autre personne, à qui Hugo faisait également des dons quotidiens[94] ; on pouvait aussi retrouver le fils Lanvin par *Le Rappel*, et savoir s'il fréquentait encore sa sœur[95].

Mi-août, ne voyant rien venir, elle dispensa Louis de poursuivre ses recherches si cela devait retarder son séjour à Guernesey, où il vint passer quelques jours avec son petit René. Louis avait confié l'enquête à cette Mme Noël qu'elle lui avait recommandée d'abord : cela n'avait rien donné, on aurait mieux fait de stipendier « un commissionnaire intelligent[96] », enfin, c'était égal, on arrêtait là les frais, elle se débrouillerait seule à son retour. Juliette profita de la visite de Louis pour faire de lui son légataire universel[97].

La visite, en septembre, de Saint-Victor, puis de Meurice et ses trois filles, bientôt rejoints par le neveu de Vacquerie, Ernest Lefèvre, et son adorable fils Pierre (seize ans), fit le plus grand bien à Hugo[98]. Lockroy aussi retrouva les siens. On s'octroya une sortie en famille au Cirque royal, et une autre, festive, pour l'anniversaire de Jeanne, à l'Hôtel du Gouffre qui, comme son nom ne l'indiquait pas, n'était pas si cher que ça, tous comptes faits par Juliette[99]. Mais quand on partait tous ensemble en promenade dans l'île, Hugo se désintéressait de la destination, dont il laissait l'initiative au cocher[100]. Trouvant humiliante pour les amis cette

« apathie dédaigneuse[101] », Juliette, relayée par Lesclide, prit le parti de choisir elle-même le but des excursions.

Persuadée d'avoir affaire à une conspiration du silence[102], elle s'était confiée à Meurice, et à Lesclide, tous deux pris, comme Louis, dans un conflit de loyauté. Lesclide fut bien embarrassé quand Juliette lui demanda le sens du latin *oscula* (baisers) : il feignit de n'en rien savoir ; la traduction fantaisiste « oh ! ce cul-là » eut beau lui traverser l'esprit, il la garda pour lui, et fit bien[103]. Meurice donna à Juliette des conseils pour mener son enquête, mais il était des premiers à tenter d'escamoter les preuves. De Paris, avant de venir sur l'île, il avait écrit à Lesclide, le 16 août :

> Je suis allé rue de Clichy et j'ai visité la chambre à coucher ; mais le tiroir du meuble est fermé à clef, et la clef doit être là-bas. Que faire ? je n'ai pas osé prendre sur moi, malgré le conseil de Vacquerie, de faire ouvrir le tiroir par un serrurier. Il est clair que si on faisait le voyage de Paris pour s'éclairer, on n'hésiterait pas devant ce scrupule. Mais alors nous serions avertis par les dépêches de Mme Lockroy et de vous, et nous prendrions les devants[104].

Cela n'avait pas été nécessaire, Juliette avait renoncé à revenir et s'attelait à une autre tâche : convaincre Victor de renoncer à des débauches indignes de sa gloire et de son génie, dangereuses pour son corps et pour son esprit[105]. De là disputes, parfois publiques, mécontentement, bouderies, et interruption du journal épistolaire – repris au bout de quelques semaines. Elle voulait pouvoir « entrer à toute heure[106] » dans sa vie. Quant à lui, il avait beau écrire à Meurice, avant son arrivée, « Une femme belle et bonne me prie de vous embrasser », et « Vous le savez, Mme Drouet est l'espérance de ma vie »[107], il n'était pas prêt à se laisser gouverner. La maison entière était tétanisée par les coups de sang de Juliette ; un malencontreux lapsus inspiré par une prévenance distraite avait causé l'un d'eux : « Mets donc ton châle, Blanche », lui avait dit Victor. On eut toutes les peines du monde à la calmer[108]. Ces scènes violentes épouvantaient Victor, l'attristaient, l'inquiétaient et troublaient son sommeil[109]. Elles étaient suivies de réconciliations qui réjouissaient l'entourage et faisaient retrouver au vieil homme sa tranquillité d'esprit[110]. C'était une lutte pénible, pour lui comme pour elle, tantôt « découragée et pleine d'une défiance incurable[111] », tantôt ragaillardie pour peu qu'il se dise prêt à rompre avec son « odieux et redoutable passé[112] ».

Les amis de Hugo s'inquiétaient de savoir s'il pourrait reprendre une activité créatrice, car il prétendait travailler, mais on ne voyait rien venir[113]. On le pressa au moins de composer pour Paul de Saint-Victor les dessins qu'il lui avait promis pour la série complémentaire de *La Légende des siècles*, mais il avait du mal à s'y mettre. On poussa un soupir d'aise et de soulagement le jour où l'on trouva de beaux vers de sa main dont Mariette certifia que le « maître » les avait écrits tout récemment, dans l'île[114].

Pour l'éloigner de l'agitation et des tentations parisiennes, on convainquit Hugo de déménager. Meurice, reparti le 11 octobre, prospectait. Il avait d'abord envisagé une installation en banlieue, à Bellevue, sur les hauteurs de Meudon, à Sèvres ou à Courbevoie ; mais Alice ne voulait pas s'éloigner trop de Paris[115]. Finalement, Meurice trouva une jolie maison au 130, avenue d'Eylau, dans un quartier calme et arboré de l'ouest de la capitale. Hugo s'était résigné. Deux jours après le départ de son fidèle ami, sa santé inquiéta de nouveau. Juliette s'affola. Il toussait et crachait du sang. Avait-il pris froid dans la voiture ouverte à tous les vents ? Le Dr Corbin, qui craignait une rechute prochaine de l'accident vasculaire cérébral[116], traita par des sinapismes cette affection pulmonaire en réalité sans rapport avec l'épisode de juin. On s'alarma beaucoup, mais au bout de quelques jours, le danger était écarté.

Une lettre de Mme Lanvin qui s'inquiétait de la santé de Juliette inspira à sa destinataire des soupçons confiés à Louis : elle ne croyait « pas du tout à la sollicitude tardive » de ces gens-là, mais à « leur collective trahison » ; elle trouvait leur prose suspecte, et lisait derrière leur « vive *crainte* »[117] un secret espoir de se voir débarrassés d'elle. Si Meurice et Vacquerie, désormais acquis à sa cause, y donnaient leur accord, ce serait l'occasion rêvée, pour Louis, d'aller trouver Mme Lanvin, sous prétexte que son amie était trop souffrante pour lui répondre, et de lui soutirer quelque information intéressante.

Adolphe Pelleport, le jeune poète admirateur de Hugo, avait remplacé Meurice à Hauteville House, et leur lisait tous les soirs ses propres vers ou ceux de son idole ; Victor l'écoutait avec complaisance, mais Juliette le trouvait assommant. La réciproque n'était pas vraie : le jeune homme lui confia « qu'il ne lui donnait le bras qu'avec un tremblement de respect et d'effroi, en songeant que Hugo avait couché avec elle[118] ! ».

On ne savait quoi inventer pour se distraire. Outre les sorties et promenades, où le vieil homme marchait vaillamment, s'amusant, au Gouffre, à frôler le bord du ravin tandis que Juliette avait le vertige[119], on multipliait les activités collectives à Hauteville House. Il y avait les dominos, et le jeu du renard et de l'oie, dont Victor, mauvais perdant, se lassa vite ; Juliette et lui n'aimaient rien tant que le loto. On faisait des feux d'artifice, des séances de lanterne magique, des ombres chinoises, des tours de cartes, Alice jouait de la musique, les enfants dansaient souvent le soir, et entraînaient Lesclide dans leurs quadrilles. Ils eurent les premiers rôles dans un drame en dix tableaux qu'il écrivit pour eux. Avec lui, on s'amusait bien : il se prêtait à leurs caprices. Le pauvre essuyait les humeurs de Jeanne, à qui l'on passait tout. Cachant sa misère comme il le pouvait, il cherchait à consolider sa position, se demandant si l'on ferait encore appel à ses services de copiste et de secrétaire bénévole au retour à Paris. Épouvanté par les accès de colère de Juliette, il s'étonnait de voir Victor s'inquiéter à la moindre de ses indispositions ; à Alice qui demandait à son beau-père ce qu'il ferait si celle-ci mettait à exécution son projet de partir, il avait répondu : « – J'irai la chercher. – Même en Prusse ? – Même en Prusse [120]. » Attendri par la passion toujours vive entre ces deux vieillards, Lesclide tâchait de se concilier les bonnes grâces de Juliette, de ne pas la contrarier, et la raccompagnait chez elle le soir.

Elle serait bien restée éternellement à Guernesey, au calme, en famille, avec de bons amis, sans aucune tentation. À la perspective de rentrer en France, fût-ce dans le nouveau logis excentré que Meurice leur préparait, elle prit peur. Son cœur se serrait à « ce dernier va-tout [121] » de sa destinée. Il était encore temps, écrivait-elle à Victor, s'il ne la supportait plus, ou s'il s'apprêtait à la tromper encore, de l'envoyer habiter ailleurs que sous son toit, voire de la laisser finir ses jours seule à Guernesey [122]. Il n'en fit rien. On appareilla en famille le 9 novembre ; Lockroy était parti deux semaines plus tôt préparer le déménagement avec Meurice [123].

Au 130, avenue d'Eylau, où ils s'installent dès leur retour, le 10 novembre 1878, Juliette et Victor sont voisins d'Alice, Lockroy et les enfants, locataires de la maison mitoyenne, qui communique. Configuration idéale : on est à la fois près les uns des autres, et chacun chez soi. Dans cet hôtel particulier, il y a un rez-de-chaussée, un étage, des mansardes et un jardin ombragé, sur lequel donne la chambre de Victor. Quatre jours après leur arrivée, un dégât des eaux survenu en pleine nuit l'avait endommagée : Juliette, logée au même étage, l'invita à s'installer dans ses appartements le temps des réparations [124]. Elle n'avait jamais vécu durablement si près de lui. Émile Blémont se souvient qu'on avait transféré la décoration du grand salon de la rue de Clichy dans celui de l'avenue d'Eylau :

> Même lustre, mêmes appliques. […] Le milieu de la pièce est libre. Entre deux riches paravents japonais, le manteau de la cheminée monumentale est revêtu d'une étoffe Renaissance de velours pourpre à fines broderies d'or. Les sièges sont rangés sur deux lignes en éventail, partant de la cheminée. Le grand salon communique avec la bibliothèque, située à droite de la porte d'entrée. […] Le petit salon est tendu en cuir de Cordoue Louis XV, à figures chinoises. Primitivement, on avait songé à en faire une salle de spectacle. Le

long des deux salons, sur le jardin, règne une véranda vitrée, qu'orne le buste du poète par David d'Angers. [...] Le petit salon mène à la salle à manger dont le plafond est tendu d'antiques bordures vénitiennes d'argent fin, encadré de velours vert. [...] Grande table carrée de douze ou quatorze couverts, dont le Maître, à dîner, occupe seul le haut bout, faisant face à tous les convives. Sa chambre à coucher est au premier étage, sur le jardin, avec le large lit Renaissance, où il dort sans traversin ni oreiller. À côté, une petite pièce est consacrée aux souvenirs de famille et aux offrandes amicales [125].

La maison, bien choisie par Meurice, était coquette, mais l'installation fut conflictuelle. Victor n'était pas disposé à se laisser dicter sa conduite. Contrairement à ce qu'on attendait de lui désormais, il était sorti en ville dès le premier soir. Juliette lui en fit l'amer reproche le lendemain :

Quand je te vois te désintéresser de toi-même à ce point-là je crois que tu ne m'aimes plus et que ma présence t'est tellement insupportable que tu veux t'en affranchir par tous les moyens inavouables et tacitement. Alors il me prend un besoin désespéré et fou de te délivrer à tout jamais de moi plutôt que d'être complice involontaire de tes sacrilèges et multiples tentatives de suicides, non suivies d'effet jusqu'à présent, non pas par ta volonté, mais par celle de Dieu qui veut que tu vives encore longtemps pour sa plus grande gloire et pour la tienne [126].

Pour sa plus grande gloire cependant, Hugo se mit à la préparation de *Toute la lyre*. Pour sa plus grande gloire aussi, il reprit la route de l'Académie afin d'élire ses confrères : il vota de nouveau pour Leconte de Lisle, habitué des dîners de la rue de Clichy, à qui fut préféré Taine, lui-même rival malheureux de Renan au printemps précédent [127]. Pour sa plus grande gloire encore, il retourna au Sénat, où Juliette l'accompagnait parfois. À sa gloire également, le télégramme qui annonçait le triomphe de *Marion de Lorme* en Autriche [128]. Pour sa plus grande gloire enfin, le portrait maintenant célèbre du peintre Bonnat exposé au Salon de 1879 avant de décorer, un an plus tard, le grand salon de l'avenue d'Eylau *(voir cahier hors texte)*. En parallèle, un autre peintre, proche de Bonnat, Charles Voillemot, fit poser Georges et Jeanne [129]. Pour la plus grande gloire de Juliette, il réaliserait, quelques années plus tard, à titre posthume, un portrait d'elle en sa jeunesse éclatante, imaginaire, et, semble-t-il, peu ressemblant *(voir cahier hors texte)*.

Leurs querelles, en revanche, n'avaient rien de glorieux. Depuis leur retour, elles étaient fréquentes, et de nature à remettre leur vie commune en question. Ils n'en dormaient plus. Il y avait eu cette dispute autour d'une belle table en laque. Meurice avait voulu l'offrir à Juliette, croyant que cela ferait plaisir à Victor, celui-ci s'y était opposé, puis, se ravisant, la lui donnait ; c'était trop tard, son premier mouvement avait tout gâché, elle n'en voulait plus[130].

Et puis il prit Louis Koch en grippe. Avait-il eu vent de ses démarches timidement entreprises pendant l'été pour retrouver la trace de Blanche, qui se poursuivaient activement depuis que Juliette était rentrée à Paris et payait cher portières, détectives et intermédiaires ? On était sur la trace d'un déménagement, ou peut-être d'un couvent dans le quartier Saint-Marcel-Glacière où Blanche était déjà descendue jadis, mais il fallait jouer serré, car tout laissait à penser que sa mère était complice, et vendait la mèche. Averti par elle, sans doute, Victor se méfiait de Louis. Il fit modifier le testament que Juliette avait refait à son profit en août, après la découverte des carnets. Rien n'y lésait pourtant les intérêts de Georges et Jeanne, qui hériteraient de la rente à vie dont elle bénéficiait s'il venait à mourir avant elle ; Louis ne recevait que les affaires personnelles de Juliette, tandis que les « titres, actions ou obligations immobilières » inscrits à son nom revenaient aux petits-enfants. Il n'importe, Hugo demanda un ajout pour exclure le mobilier – qu'il lui avait acheté, et dont une partie était son œuvre – des possessions personnelles de Juliette. Elle consentit à cette modification, mais c'était humiliant, à la fin[131]. Louis, à qui deux ans plus tôt Hugo avait confié ses malles aux manuscrits, était devenu *persona non grata* avenue d'Eylau, et Juliette ne savait plus ni comment le lui expliquer ni sous quel prétexte le justifier :

> J'espère qu'à force de le chercher je le trouverai, ne fût-ce qu'en lui avouant la vérité : une espèce d'aversion latente que tu as contre moi depuis que tu as mis ton cœur et ta vie au pillage, en faisant litière aux plus misérables et aux plus vulgaires passions. Cette confidence difficile à faire à un jeune homme, et à un jeune homme qui me touche de si près, me répugne et je ne la lui ferai qu'à mon cœur défendant et pour lui épargner un affront qu'il n'a pas mérité. Je te prie s'il vient ce soir de lui faire l'accueil que tu lui dois jusqu'à plus amples explications de ma part[132].

Des explications, ils en avaient assez eu. Juliette sut la vanité des serments. Elle préférait « la mort sous toutes ses formes à la torture » de le céder « pour si peu que soit à une autre femme » et priait Dieu de faire « cesser la sinistre tourmente »[133] déchaînée sur leur vie depuis quelques mois.

Afin de se racheter, peut-être, du soupçon indélicat que comportait la révision du testament, Victor proposa à Juliette de l'argent à partager avec sa famille[134]. Elle déclina cette aimable offre qui la vexait autant qu'elle l'honorait : à défaut de la fidélité qui lui était nécessaire il lui offrait des gros sous, dont elle n'avait que faire. À elle le « désintéressement pauvre », à lui l'« ingratitude riche »[135]. Il imagina un remède à son calvaire : il lui verserait la rente nécessaire pour qu'elle retourne finir ses jours sans lui à Guernesey. Depuis huit ans qu'ils étaient rentrés d'exil, elle-même avait brandi cette menace de temps à autre. Cette fois, il la prenait au mot.

XXIV

Des idées qu'elle avait (1879-1883)

« Elle avait passé une très mauvaise nuit. Toux affreuse, redoublement de fièvre ; elle avait eu des songes. [...] Elle ne dit rien et se remit à faire des plis à son drap. [...] Fantine était toujours immobile et paraissait attentive à des idées qu'elle avait. »

Les Misérables, I, VII, 6

Juliette refusa de s'exiler à Guernesey : si leurs disputes s'aggravaient, elle pourrait toujours s'installer à proximité, comme jadis, mais il avait besoin d'elle à Paris[1]. Il le reconnaissait dans sa lettre d'étrennes, où il n'était plus question de se séparer : « Mon cœur est à toi. Mon cœur est avec toi. Je t'embrasse et je te baise. Je te veux, et je te possède [...] tu es mon bonheur, tu es ma volonté, tu es ma passion, tu es ma vie et mon éternité[2]. »

Idées noires

Échaudée par son acte manqué du 1er janvier 1878 où elle avait oublié sa lettre quotidienne, meurtrie par la réalisation de ce mauvais présage, Juliette remercia Dieu d'avoir préservé leur amour malgré les épreuves de l'année écoulée[3].

1879 s'annonçait sous de meilleurs auspices. Victor avait repris, à un rythme ralenti, une activité littéraire et politique. Il ne terminerait pas l'agencement de *Toute la lyre* entrepris à Guernesey, mais publia en février *La Pitié suprême*, long poème conçu pour *La Légende des siècles*, qui appelait à pardonner la violence révolutionnaire ; le propos coïncidait avec la bataille pour l'amnistie ; ses partisans sortaient renforcés de la victoire de la gauche républicaine qui amena Mac Mahon, après s'être soumis en décembre, à se démettre en janvier ; le 28 février 1879, Hugo déposa au Sénat une nouvelle proposition d'amnistie : la guerre civile était une faute commise par « tout le monde et personne », et « sur une vaste faute, il faut un vaste oubli »[4] ; l'opinion publique aidant, l'espoir était permis ; Juliette se réjouissait de cette « bonne santé de la République[5] ». L'amnistie partielle fut votée le 3 mars 1879. Encore un peu de chemin à parcourir, mais on était en bonne voie.

On reprit les dîners. D'abord il n'y eut que le cercle rapproché composé de Lesclide parfois accompagné de sa belle-sœur, Paul Meurice et Ernest Lefèvre, neveu de Vacquerie ; on vit revenir Louis Koch, rentré en grâce quand Juliette renonça à faire filer Blanche ; les anciens habitués réapparurent ; puis des nouveaux. On avait des invités de marque, tel l'astronome Camille Flammarion, frère de l'éditeur[6]. Au fil des mois, le rythme redevint presque aussi soutenu que naguère.

Les mondanités ramenèrent le marivaudage. Les galanteries de Victor envers sa nouvelle propriétaire, Mme de Nar-Bey, étant inoffensives, Juliette fermait les yeux de ce côté-là. Mais elle se trouvait complaisante de transmettre les minauderies épistolaires. Elle n'était pas dupe du mot « particulièrement tendre » de Judith Gautier qui envoyait son livre, et, rappelant à Victor l'invitation à dîner, pour le même soir, d'Alphonsine Lucas, accompagnée de son « bonhomme » de mari et de « son irrésistible mère », veuve récente, et joyeuse[7], elle prévoyait une soirée charmante : « C'est-à-dire : joie et délire autour, dessus et surtout dessous la table. J'espère que ton pied exercé dans ces parties de tric-trac occultes ne se trompera pas de pédale et que tu ne confondras pas la fille avec la mère et réciproquement[8]. » La séduction du grand homme, sollicité pour honorer de sa présence maintes cérémonies publiques et privées, l'inquiétait toujours. Elle craignait qu'il ne fît le joli cœur au mariage du fils de Jules Simon[9]. Jalouse, elle brava tous ses « bobos, ceux du corps comme ceux de l'âme[10] », pour l'accompagner à celui de la petite-nièce de Vacquerie.

Hugo faisait encore le déplacement de Versailles pour aller au Sénat, et militait toujours. Il apostilla une demande de grâce pour six condamnés, et reçut du ministère une réponse encourageante : ce que trois lignes de lui pouvaient faire, tout de même, Juliette trouvait cela admirable[11]. Il apporta son soutien au meeting des Ligues de la paix réunies à Milan[12], et prononça le 18 mai 1879, à la demande de Schœlcher, un discours au banquet commémoratif de l'abolition de l'esclavage. Le 27 du même mois, au Théâtre des Nations, devant Juliette, il fut ovationné à une matinée au profit des amnistiés, où Mlle Favart, Marie Laurent et Mounet-Sully disaient ses poèmes.

Fidèle à ses défunts compagnons de route, il présida le comité pour l'érection d'une statue à Béranger [13] et salua dans le baron Taylor, qui avait fait entrer les romantiques à la Comédie-Française, « l'auxiliaire de tout ce qui s'est fait de noble et d'utile dans le sens du progrès littéraire universel [14] ». La gloire lui revenait au centuple : il reçut pour son 77e anniversaire « une montagne de lettres, de télégrammes et de cartes » qui laissèrent Juliette « aveuglée, ahurie et attendrie » [15].

Il était à l'honneur à la Comédie-Française, qui reprenait *Ruy Blas*. Sarah Bernhardt faisait encore tandem avec Mounet-Sully. L'un et l'autre furent reçus avenue d'Eylau pendant les répétitions. Juliette souffrit la visite de la première, « accompagnée, comme toujours, d'une jolie femme de renfort en prévision, probablement, d'un *en-cas* toujours possible [16] ». Mounet-Sully, pour l'entrée de la pièce au répertoire de la Comédie-Française, vint perfectionner son rôle avec l'auteur. Le 4 avril, soir de Première, elle se demanda pourquoi elle n'avait eu droit qu'à une loge de trois places pour elle, sa nièce et son neveu. À supposer qu'il y fût pour quelque chose, voulait-il ainsi fuir sa « maussade compagnie [17] » ?

Cette maussaderie venait aussi de ses douleurs, trop peu calmées par le laudanum. Le cancer lui coupait l'appétit, désolait ses nuits et tordait son corps souffrant. Elle priait Dieu d'en finir puisque Victor, peut-être, ne l'aimait plus, sans savoir si la mort serait une délivrance, comme elle l'espérait, ou une séparation, comme elle le craignait.

Le succès de *Ruy Blas* au Français fut suivi par la création, au Théâtre des Nations, de *Notre-Dame de Paris*. Paul Foucher avait adapté le roman de son oncle avec l'aide de Meurice. Juliette et Victor se rendirent à la répétition générale et à la Première, le 7 juin 1879. Ce fut un triomphe, auquel succéda la tournée d'*Hernani*, montré au public londonien.

L'été commençait en beauté. On jouait au jardin avec les enfants, les mentions « parfait » données par son institutrice à Jeanne lui valaient des gratifications en gros sous de Papapa. On alla dîner au Pré Catelan pour la fête nationale. On monta dans le ballon captif des Tuileries, à 295 mètres au-dessus du niveau du sol, quatre fois plus haut que les tours de Notre-Dame. Entraînée dans « ce casse-cou entre terre et ciel [18] », Juliette se blottit au fond de la nacelle tandis que Victor Hugo contemplait Paris à vol d'oiseau.

Ce qui donnait le tournis aussi, c'était les courriers de femmes intéressées. Lesclide rapporte « la façon un peu hautaine » qu'elle avait de glisser à Hugo les lettres sur lesquelles elle avait « à peine passé un coup d'œil, lui disant : "Tenez, monsieur, c'est de madame une telle. Vous savez que vous n'avez rien à lui refuser." » [19] Elle jouait l'indifférence, mais confiait à son journal épistolaire le fond de sa pensée : la féministe Louise Retoux était « fort incandescente[20] » et la républicaine Eugénie Guinault, dont Juliette avait noté la présence dans les carnets, avait l'air d'une fameuse toupie :

> [Elle] t'a écrit hier pour te dire qu'elle a perdu son père… Elle demande à te voir… Cette dame a le cynisme persistant. Il est vrai que tu l'as tant osculée (*oscula*) [21] des pieds à la tête et de la tête aux pieds qu'elle se croit tout permis en tout temps, en tout lieu, à toute heure, partout et toujours. Au reste la distance de Lockroy à toi et de toi à Lockroy n'est pas infranchissable et le voisinage a des avantages dont vous pouvez profiter en commun tous les trois[22].

Qu'il lui dise la vérité, à la fin. Elle préférait mourir, ou qu'on se sépare, mais ne voulait pas être trompée[23]. On frissonnait en plein été, ceci pouvait expliquer cela : « Peut-être qu'à ton insu et comme moi, tu subis l'influence du baromètre, laquelle suffirait de reste à expliquer l'espèce de froideur que tu me témoignes et la tristesse noire que j'en ressens[24]. » Il était temps de changer d'air. À défaut d'accompagner les enfants en Suisse et en Italie, on accepta l'invitation de Meurice et Vacquerie en Normandie, à Veules, puis à Villequier.

Équinoxe, ténèbres et chants d'oiseaux

Partis de la gare Saint-Lazare le 28 août en début d'après-midi, Victor et Juliette furent accueillis à Rouen par Meurice. On traversa de beaux paysages sous la pluie d'été qui cessa pour leur arrivée au soleil couchant. La vue sur la mer, depuis la maison perchée à flanc de coteau, était superbe. La famille et des amis les attendaient sur le pas de la porte. Juliette et Victor passèrent à Veules deux semaines délicieuses, « dans une quiétude parfaite de corps, d'esprit et de cœur[25] ». On profitait du spectacle des pêcheurs à marée basse, et des baigneuses à marée haute ; on discutait entre amis. Juliette ouvrait le courrier qu'on avait fait suivre : il y avait les affaires courantes, et des surprises. Un cercle de douze cents ouvriers du Havre sollicitait l'honneur de rencontrer Hugo lors de son prochain séjour à Villequier[26]. La vie rêvée fut troublée, l'avant-veille du départ, par une lettre de Blanche que Juliette montra à Hugo le lendemain, après une nuit d'insomnie :

> Depuis hier j'hésite à te faire part d'une double lettre pour toi et pour moi écrite par l'odieuse créature qui a failli tuer ton génie avant ton corps et qui me fait douter de Dieu à l'heure qu'il est. J'ai remis à aujourd'hui à t'en parler tant je redoute de rouvrir la plaie mal fermée de mon cœur. Mais je

> ne veux pas devoir à une suppression indigne de moi, dussé-je en mourir, la démarche qu'on ose faire auprès de toi à travers moi. Je ne veux pas poser sur ta liberté d'action ni mettre le veto sur le choix de ton bonheur quelle qu'en soit la personnification ; je n'en ai pas le droit. Je te prie seulement de ne pas me tromper. Je t'en prie par respect pour toi et pour moi[27].

Villequier fit diversion. La famille Lefèvre-Vacquerie les y reçut délicieusement du 11 au 20 septembre. Victor se rendit au cimetière, c'était la première fois qu'il voyait la tombe de sa femme. Adèle avait rejoint onze ans plus tôt, dans la petite nécropole familiale qui unissait les Vacquerie aux Hugo, les victimes de la noyade du 4 septembre 1843. Il pria, visita l'église, et resta sur place tout l'après-midi. Par décence, Juliette renonça à l'accompagner, se réservant d'y aller seule, à l'abri des curieux[28]. On fit deux excursions aux ruines de Boscherville et de Jumièges, « deux restes admirables », puis à celles de Tancarville, « ruine de forteresse sur une ruine d'écueil – Rien de plus beau », et au cirque romain de Lillebonne[29].

Aux joyaux historiques s'ajoutait une curiosité naturelle : le mascaret, vague marine remontant le fleuve par marée d'équinoxe. Depuis la maison de Vacquerie située sur les berges de la Seine, Juliette était aux premières loges :

> Ce matin, pendant que tu dormais, j'ai assisté de ma fenêtre ouverte au premier bouillonnement du mascaret ; cela faisait déjà un petit vacarme ressemblant de loin à la rumeur d'une émeute. Les ouvriers du quai s'étaient retirés du travail pour laisser passer le flot et une partie des domestiques de la maison étaient venus voir ce spectacle comme s'ils le voyaient pour la première fois[30].

Le phénomène se reproduisit pendant cinq jours, jusqu'à leur départ : le 20 septembre, en passant par Yvetot, Rouen et Vernon, ils regagnèrent leurs pénates.

Faute de rejoindre les enfants à Naples, on célébra encore l'anniversaire de Jeanne en son absence. Alice envoyait des nouvelles, ils étaient montés à dos d'âne, c'était bien. La joie revint avec eux, le 24 novembre. On les emmena voir le marionnettiste Thomas Holden et ses fantoches de bois, exotiques, horrifiques et fantastiques ; jaloux de ses trucages dont il gardait le secret, il n'acceptait personne en coulisse, pas même le pompier de service[31]. Hugo aima ce spectacle « réjouissant pour les enfants et sérieux pour les hommes[32] ». Content de combler Georges et Jeanne, il était rassuré, aussi, d'avoir revu sa fille à l'asile : il l'avait trouvée ratissant et sablant une allée du jardin, elle avait eu une permission de sortie pour assister à *Hernani*, elle était sereine[33]. Lui aussi.

Notre-Dame de Paris marchait si bien qu'on fêta la centième. Hugo fit un discours au banquet, et offrit, en parallèle, un dîner et un bal aux employés et figurants. Les dignités l'accaparaient : il accepta la présidence d'honneur du Congrès libre et laïque de l'éducation, celle de l'association philotechnique, à la demande de Camille Sée, promoteur de l'instruction publique et de l'éducation des femmes, et soutint le projet de donner le nom de Simon Bolivar à une rue de Paris[34].

Bientôt on plongea dans les froides ténèbres. Celles du cœur, lorsque Juliette reçut le faire-part de mariage de Blanche qui aurait pu la réjouir, mais dont elle trouva l'envoi déplacé :

> Je déplore le chagrin involontaire que je t'ai fait hier et c'est parce que je redoutais d'appeler ton attention sur les déplorables torts que tu as eus envers notre amour que j'ai différé pendant deux jours à te parler de ce billet de faire-part qui n'aurait jamais dû m'être adressé si cette audacieuse créature avait eu le moindre sentiment des convenances[35].

Le 2 décembre, jour historique qui avait déjà marqué la vie de Hugo d'une pierre noire, Blanche, s'étant fait une raison, épousait un homme de son âge, Émile Rochereuil, pour son malheur. Une page se tournait. Et même deux : Léonie Biard était morte en mars, à cinquante-huit ans.

En cet hiver glacial, rares étaient les passants qui s'aventuraient dehors, semblables à « des loups et des ours errants dans ces steppes glacées et givrées et blanches comme un linceul[36] ». On manqua de bois ; les canalisations du gaz avaient gelé chez Alice ; les veilleuses de Victor et Mariette s'éteignaient la nuit[37]. Juliette acheta au magasin du Louvre des édredons pour les servantes, désolée, le lendemain, que Hugo se soit enrhumé à l'attendre dans le fiacre[38]. Au moins les riches comme eux avaient-ils de quoi se réchauffer, mais le sort des pauvres, « qui n'ont ni feu ni lieu et pas de pain toujours[39] », fendait le cœur. Aux cris de douleur que l'onglée arrachait sous sa fenêtre à un petit indigent, elle s'était précipitée pour que les domestiques le fassent entrer, le réchauffent, le consolent et lui offrent du lait sucré. Mais le temps d'arriver, « il avait été rejoint par une escouade de jeunes écolières un peu plus grandes que lui qui s'en étaient emparées et qui l'emmenaient fraternellement en lui frottant ses petites menottes dans les leurs en le baisant et en lui souriant tendrement[40] ». Mariette avait jugé qu'il était entre de bonnes mains, et Juliette trouva la morale de l'histoire dans un refrain de Béranger :

> Les gueux, les gueux, sont des gens heureux,
> Ils s'aiment entre eux, vivent les gueux[41] !

Elle avait vu aussi un maçon secourir une fillette transie, la porter et la réchauffer dans ses bras jusqu'à la salle d'asile[42]. Hugo, de son côté, avait fait entrer les ouvriers qui cassaient la glace devant sa porte et au carrefour de la Pompe ; les servantes leur avaient servi du vin dans une joyeuse ambiance ; il offrit comme chaque année des étrennes aux indigents de son arrondissement, et le 29 décembre on fit jouer *Ruy Blas* au bénéfice des pauvres.

Les froides ténèbres s'abattirent aussi sur Mariette, qui devint folle à trente-neuf ans. La veille de la Saint-Sylvestre, un médecin venu de Sainte-Anne la remmena avec lui. Elle se laissa faire, et monta sans broncher dans le fiacre. Victor pria pour elle[43]. Il pourrait aller la voir, et son état n'était peut-être pas incurable. Elle allait revenir guérie, Juliette le lui souhaitait de tout cœur, le docteur était confiant, il savait ce qu'il disait, on pouvait le croire[44]. Mariette ne revint pas.

Dans cette atmosphère lugubre, Hugo se comparait « à ces gros vieux arbres que le vent secoue avant de les arracher[45] ». Ils dormaient mal ; lui parce qu'il se couchait tard, et rattrapait ses nuits le matin ; elle à cause des douleurs. Victor étant grippé, pour suppléer Mariette qui veillait jadis sur son maître depuis la chambre adjacente, Juliette s'y installa. Dans l'attente de son réveil, vers midi, elle compensait les heures perdues en consignant le spectacle qu'il manquait à la fenêtre, telles les premières matinées du printemps « tout ensoleillées, regorgeantes de sèves, remplies de chants d'oiseaux et des rires des petites filles qui vont à l'école bras dessus bras dessous, avec des petites câlineries d'amoureuses précoces[46] », ou les béguines et leurs élèves rentrant de la messe des Rameaux[47].

Les après-midi et les soirées, en revanche, étaient remplies. Moins par la création littéraire que par l'action politique. Sinon quelques poèmes de temps en temps, Hugo ne composait plus de nouveaux ouvrages. Il confia à Meurice et Vacquerie la responsabilité de ses œuvres complètes dont l'édition dite *ne varietur* était en préparation chez Hetzel et Quantin. Dans la quantité de textes qu'il n'avait pas encore publiés, certains pouvaient servir aux nouveaux combats. Comme l'année précédente avec *La Pitié suprême* qui prônait, en pleine discussion sur l'amnistie, le pardon des violences révolutionnaires, Hugo fit paraître le 29 avril 1880 *Religions et Religion*, qui distinguait la vraie foi de son dévoiement clérical. La question religieuse était au cœur du débat en cette année 1880 où Jules Ferry, ministre de l'Instruction publique et bientôt président du Conseil, entamait ses grandes réformes de l'éducation. La question divisait l'opinion. Juliette, qui ne manquait pas de rappeler à son compagnon sénateur l'ordre du jour des séances, lui annonçait ainsi le 4 mars la discussion d'une proposition de loi visant à interdire l'enseignement supérieur aux congrégations religieuses. Celle-ci ne passerait pas, mais une autre semblable serait adoptée le 29 mars 1880. Hugo soutenait aussi la grande cause défendue par Camille Sée : l'élargissement de l'enseignement secondaire aux jeunes filles. Lui qui s'était battu, en vain à l'époque, contre la loi Falloux en 1850, devenait le héros de l'école républicaine dont les bases furent posées cette année-là et consolidées la suivante avec le vote de la gratuité absolue de l'école primaire et la création de l'École normale de professeurs-femmes (future École normale supérieure de jeunes filles). Au Trocadéro, le 1er août, il présida la distribution des prix. Il évitait de mettre « de la colère dans les mots » – il y en avait déjà suffisamment « dans les choses » –, mais, entre l'école catholique et l'école laïque, il ne faisait pas mystère de sa préférence :

> Cette société est absorbée par l'histoire, la géographie, la morale, la littérature, la cosmographie, l'hygiène, l'arithmétique, la géométrie, le droit usuel, la chimie, la physique, la musique ; par ce premier art, lire et écrire ; et pendant que l'enseignement ecclésiastique inquiet pour l'erreur dont il est l'apôtre, entre en folie et pousse des cris de rage, cette société, profondément calme, se tourne vers les enfants, les mères et les familles, et se laisse pénétrer par la sérénité céleste des choses nécessaires ; elle travaille [48].

On l'invitait à poser des premières pierres : pour un groupe scolaire à Saint-Ouen, des écoles de son quartier, le lycée Janson-de-Sailly [49]. Hugo avait l'oreille du ministre. Un de ses protégés avait été admis grâce à son appui au lycée Henri-IV [50]. Le critique dramatique et musical Armand Gouzien, souvent invité chez eux, avait obtenu par son entremise un poste à l'inspection des théâtres, et Juliette en espérait autant pour leur cher Gustave Rivet. On pourrait faire avoir la croix à des Essarts, l'un des premiers et meilleurs amis de Mallarmé, fervent admirateur de Hugo et proche de Louis Koch [51] ; il faudrait demander la palme pour Mounet-Sully [52]. Cinq de ses camarades l'avaient obtenue au Théâtre-Français, il la voulait aussi, et il la méritait.

Juliette ne fut pas fâchée de voir la jeune Julia Bartet reprendre à son côté le rôle de la reine dans *Ruy Blas*, d'autant plus qu'elle se méfiait de Sarah Bernhardt. Celle-ci fut à l'honneur le 29 février, pour le cinquantenaire d'*Hernani*. Après la représentation, on salua le buste de l'auteur apporté sur scène, et la grande actrice dit des vers composés pour la circonstance par François Coppée. Au banquet, devant un aréopage d'acteurs, d'écrivains, d'hommes politiques et de journalistes, Hugo, salué par le dramaturge Émile Augier et le critique Francisque Sarcey, porta un toast à l'indépendance de la presse française [53].

Drapeaux agités, cœur en berne

La République avait fait quitter Versailles au Sénat pour le palais du Luxembourg. Son rapatriement dans la capitale populaire exprimait le raffermissement de la République. Juliette y accompagnait parfois Victor, quitte à l'attendre dans le fiacre, et devinait quelles questions à l'ordre du jour valaient la peine de s'y rendre. Il y avait l'autorisation de travailler les dimanches et jours fériés, les grandes pêches, le partage des chemins vicinaux, les bourses aux lycéens, la liberté de réunion pour le culte, le secret du vote dans tous les scrutins publics[54]. Et surtout l'amnistie pleine et entière, votée après le troisième discours de Hugo sur ce sujet en quatre ans, qu'il prononça le 3 juillet 1880[55]. On allait célébrer pour la première fois la fête nationale le 14 juillet. La France serait alors le point de mire de l'humanité. Comme on donne « à l'armée le drapeau, qui exprime à la fois la guerre glorieuse et la paix puissante », c'était le moment ou jamais de donner « à la nation l'amnistie, qui signifie concorde, oubli, conciliation »[56]. L'amnistie pleine et entière fut votée le 11 juillet 1880.

Fixer la fête nationale au 14 juillet, quatre-vingt-onze ans après la prise de la Bastille, c'était fonder la République sur la Révolution française. Juliette ne perdit pas une miette de la manifestation populaire qui passait sous leurs fenêtres : « Les passants qui saluent ta maison, les femmes qui battent des mains, les soldats qui sourient à tes éblouissants petits-enfants, tout cela exalte ma joie et mon amour pour toi jusqu'au délire[57]. »

Ce qui ne l'exaltait guère, c'était les demandes d'anciennes conquêtes effrontées, telle la jeune actrice Albertine Séran qui réclamait régulièrement de l'argent. Juliette avait la solution : arrêter les subsides pour mettre fin au chantage[58]. Trois mois plus tard, Albertine réapparue exigeait 50 francs pour le jour même, faute de quoi, risquant l'expulsion avec sa mère et son enfant, elle serait réduite à la mendicité ou au suicide[59]. Édifiée par les carnets déchiffrés deux ans plus tôt, Juliette reconnaissait des noms. D'autres envois, moins sordides de n'être pas inspirés par la nécessité, rappelaient d'anciennes galanteries, tel ce quintil cité par sa dédicataire :

À Madame la Princesse Sophie de Galitzine

Mon vers se hâte et vole à celle qui l'appelle,
Elle fait de bien loin rêver mon cœur charmé.
Quand l'esprit est si grand l'âme doit être belle.
Si c'est un tel bonheur d'être compris par Elle,
Que serait-ce donc d'être aimé ?

1859. Victor Hugo[60]

Juliette reçut ce coup avec fatalisme et se souvint de Fantine : « Toute l'eau de la mer ne saurait ajouter une goutte d'amertume à l'éponge qui en est saturée[61]. » Dépit, tristesse, indifférence et dévotion se succédaient parfois en quelques lignes. Elle pouvait commencer une lettre par « Je passe ma vie à recoller tant bien que mal les morceaux de mon idole, sans pouvoir en dissimuler les cassures », passer aux affaires courantes et terminer par « et puis je vous sourirai et je vous embrasserai comme une vieille lâche que je suis »[62]. Ce n'était pas de sa faute si la mort l'oubliait.

Cette mort qui la fuyait emporta l'auteur de *Madame Bovary* à cinquante-huit ans. Caroline Commanville, « la nièce du pauvre regretté Flaubert[63] », le leur avait écrit. Deux mois plus tard ce fut le tour, à cinquante-six ans, du Dr Broca, qui s'était si bien occupé de Victor lors de son accident cérébral et depuis son retour de Guernesey[64]. Le patient survivait à son médecin. Juliette, elle, avait « la vie entêtée au corps d'une façon si forte » que rien ne pouvait « l'en faire déloger »[65].

Elle avait beau manger de moins en moins, elle tenait toujours son rôle d'hôtesse, au titre près. Les préjugés sont tenaces ; elle-même, à la date anniversaire de la mort de Mme Hugo, priait encore cette « noble et généreuse femme[66] » de lui pardonner. Faute de mariage, les domestiques ne considéraient pas Mme Drouet comme leur maîtresse. Un échotier en témoigne : « À huit heures précises, un valet de chambre annonce le dîner : "M. Victor Hugo est servi." Et Victor Hugo, se tournant soudain vers Mme Drouet, a l'habitude de lui dire : "Vous êtes servie, Madame[67]." » Elle tenait aussi son rang dans la conversation. Arsène Houssaye s'en souvient : « C'est toujours Mme Drouet qui dit le mot le plus fin et qui conte l'histoire la plus gaie. Elle a tout vu, elle a tout deviné[68]. »

Comme elle devinait tout, on la prenait parfois pour confidente. C'était embarrassant. Paul Foucher, sorti de son chagrin d'amour, voulait épouser la plus jeune fille de Meurice et lui demandait de s'entremettre[69]. Mme Jules Simon ne voyait guère plus son sénateur de mari, parti par monts et par vaux, et ne pouvait s'en plaindre « sous peine de forfaiture à la loi conjugale[70] ». La nièce par alliance de Victor, Clémentine Hugo, séparée de son époux, voulait lui faire désavouer la paternité de sa fille, morte quatre ans plus tôt, dont elle envoyait la photo sans révéler pour autant le nom du père biologique ; il fallait aussi convaincre ce mari de lui venir en aide financièrement, faute de quoi elle entacherait d'un scandale leur nom glorieux ; Juliette, sans juger ni chercher à connaître l'identité du mystérieux géniteur, se contentait de transmettre le message ; Victor saurait quoi faire[71]. Entre l'éternel prétendant, l'épouse esseulée, et la femme adultère, elle restait dans son coin ; elle ne s'était jamais sentie concernée par le mariage.

Les vacances d'été ramenèrent la villégiature à Veules. Dans une lettre charmante, toute la bande, par la plume de Saint-Victor, pressait Hugo d'y venir : les Meurice, les Dorian, les Chazotte, petits et grands, invitaient Juliette à apostiller leur requête[72]. Ils partirent le 21 août, et restèrent trois bonnes semaines. Il y avait là une femme de lettres d'origine russe, Tola Dorian, belle-sœur d'Aline Ménard (l'amie d'Alice). Georges épouserait successivement leurs deux filles, Pauline Ménard-Dorian (fille d'Aline), puis Dora Dorian (fille de Tola), cousines germaines. L'extravagante Mme Dorian choqua d'abord Juliette par ses impairs : entichée du grand homme, elle avait tendance à considérer les autres comme quantité négligeable. Il fallait remettre cette « descendante de Gengis Khan[73] » dans le droit chemin. Du reste, on sympathisa avec elle, et on se reverrait à Paris, pour des virées dans son landau, ou des sorties au théâtre.

Au retour, du travail attendait Hugo, la publication d'un poème conçu pour *La Légende des siècles*, « L'Âne », dénonciation des dérives bornées du positivisme plus que de la *libido sciendi*. Zola, indigné, fit paraître dans *Le Figaro* une critique assassine[74]. Il y avait plus grave. Le gros chat était mort. Une patte d'oiseau lui était restée coincée dans l'estomac. La petite grande âme du pauvre Gavroche reviendrait un an plus tard dans le corps d'un chaton angora donné par les voisins. Le matou était puni par où il avait péché. Que ça lui serve de leçon, pensait Juliette, pour les oiseaux du paradis où on ne manquerait pas de l'accueillir, « eu égard à ses nombreuses vertus d'ici-bas[75] ».

Le retour des enfants illumina l'automne. Depuis leurs villégiatures suisse et italienne, ils avaient envoyé de charmants courriers. Jeanne était désormais, à onze ans, une « Sévigné en herbe[76] », aux dires de Juliette qui s'y connaissait, quoiqu'elle eût justement décidé d'arrêter son journal épistolaire. Elle ne tint pas plus de quinze jours dans cette funeste résolution, due à « la brièveté des matinées dans cette saison », à « l'accroissement des mille riens qui font un tout fort compact au bout de la journée », courrier, collation des copies des manuscrits, « promenade de deux heures presque tous les jours, etc., etc., sans compter les découragements et les tristesses d'une très longue vie »[77]. Elle s'était dit que Victor ne verrait pas la différence, mais si, il avait fini par réclamer son dû, et elle s'y était remise. Deux mois plus tard, de nouvelles humiliations lui firent derechef arrêter quelques jours son « œuvre d'amour[78] ».

On scrutait l'avenir au-delà de la mort. Juliette, lasse de vivre, mit son héritage en ordre. On chercha en vain les titres des obligations que Victor avait acquises jadis pour elle et qu'il fallait désormais rendre aux enfants ; la banque arrangea les choses. Hugo, de son côté, voulait désigner Louis Koch, aux côtés de Meurice et Vacquerie, comme exécuteur testamentaire. Cet honneur, selon Juliette, comportait des risques : son neveu ne connaissant rien au droit, mieux valait l'en dispenser[79].

Les autorités n'attendirent pas que Hugo eût quatre-vingts ans révolus pour le célébrer. Autant prendre le temps de vitesse et profiter de son entrée dans sa quatre-vingtième année. Juliette percevait les échos des préparatifs :

> Perrin, de la Comédie-Française, met ses acteurs les meilleurs à la disposition du comité pour dire des vers de toi au Trocadéro. Il jouera *Hernani* le soir et on y lira des vers de Coppée faits pour la circonstance. Théodore de Banville en fait aussi de son côté pour l'Odéon. Enfin la fameuse Madame Judic du Palais Royal dira en travesti : « Je ne pensais pas à Rose. » Catulle Mendès, paraît-il, se multiplie à miracle et Paul Foucher se dévoue *con amor* à la réussite de cette grandiose et pieuse manifestation[80].

Les lettres arrivaient par centaines. La maison de l'avenue d'Eylau et son voisinage étaient pris d'assaut :

> Les employés de la ville sont venus ce matin prendre les mesures pour parer le dedans de ta véranda des fleurs les plus belles qu'il y ait dans les serres de l'État. D'autre part, la maison en face porte à toutes ses fenêtres ces mots en lettres énormes : FENÊTRE À LOUER. On installe de formidables gradins dans le jardin du marchand de vin qui exige, non seulement le droit d'entrer, mais la consommation payante et obligatoire de sa gargote et de sa cave. On a enlevé un arbre placé en porte-à-faux devant ta porte et bitumé le terrain dans lequel il était. Les écoliers du lycée Louis-le-Grand te prient à défaut d'un jour de congé en l'honneur de ton anniversaire au moins l'amnistie de toutes les punitions encourues jusqu'ici. Ils pensent, et avec raison, je crois, que le ministre Ferry ne te refusera pas[81].

Leur espoir était fondé : pour l'anniversaire du défenseur de l'amnistie pleine et entière, il y eut levée générale des punitions dans toutes les écoles de France.

La fête dura trois jours. Le 25 février 1881, Jules Ferry, président du Conseil, offrit à Hugo, comme à un chef d'État, un vase de Sèvres peint par Fragonard, visible aujourd'hui place des Vosges. Le 26, on reprit *Lucrèce Borgia* à la Gaîté. Le lendemain dimanche, le peuple parisien défila sous ses fenêtres, par centaines de milliers de personnes. Quand parut le Conseil municipal, Hugo prononça une allocution en l'honneur de Paris, « la ville immense[82] », qui était au monde moderne ce qu'Athènes et Rome avaient été à l'Antiquité. Les journaux se firent l'écho des cérémonies. Lettres, télégrammes, brochures, cadeaux, afflueraient encore pendant des jours.

Juliette ne fut pas oubliée. *Le Voltaire* du 28 février lui consacra un « Camée parisien » signé Banville :

> Ce visage de reine, sérieux et calme, est magnifiquement couronné par des cheveux qui sont du même blanc satiné que les pétales d'un lys. Les yeux bruns, vifs, spirituels et aisément attendris, le nez droit, petit et délicat, la bouche un peu éloignée du nez, un peu douloureuse et qui fait ses plaintes sans parler, ont un charme exquis et pénétrant. Le menton est large et ferme. Toute la construction de la tête, solide et carrée, révèle bien l'origine bretonne ; mais le modelé des chairs est si gracieux, si finement caressé, si élégant, qu'il éveille une idée d'apaisement et de sérénité[83].

À la couleur des cheveux près, Banville le remarquait, l'ancien portrait que Gautier avait fait de Juliette était toujours exact : finesse et pureté du nez et du visage, suavité de l'ovale, petitesse de la bouche, clarté sereine du front, rien n'avait changé. Elle fut enchantée de cette attention qui lui ménageait une petite place au milieu des hommages.

Les demandes de secours et de services étaient diversement soutenues par Juliette. L'acteur qui avait créé le rôle du duc d'Este dans *Lucrèce Borgia* et de Fabiano Fabiani dans *Marie Tudor*, Isidore Delafosse, demandait un soutien à sa requête d'aide publique ; Juliette avait pitié de son vieux camarade, « octogénaire maintenant et nécessiteux[84] ». La fille de Laure d'Abrantès (l'amante de Balzac morte dans la misère et dédicataire d'un poème des *Rayons et les Ombres*), femme de lettres aujourd'hui âgée de quatre-vingts ans, réduite au même sort que sa défunte mère, réclamait le même service[85]. Autant Juliette compatissait avec les deux vieillards, autant elle trouvait gourmand le poète Jean Aicard, à qui l'Académie avait déjà versé 7 000 francs, et qui passait maintenant par la femme de lettres Juliette Adam pour demander la Croix[86]. Il y avait aussi cet « olibrius canaille[87] » qui demandait à Hugo de lui obtenir un bureau de tabac pour avoir jadis prêté 500 francs sans retour à François-Victor ; si ce n'était pas vrai, c'était bien trouvé. Passe encore pour les escroqueries, mais Juliette eut l'humiliation de transmettre elle-même à Eugénie Guinault l'apostille que la demoiselle demandait au grand homme pour appuyer sa candidature à la Société des gens de lettres ; Juliette consentit à se prêter « à ce rôle ridicule d'idiote et de dupe[88] » qu'elle avait trop longtemps joué à son insu. Elle avait déjà vu passer une lettre du ministère des Postes assurant Hugo que cette dame avait bien obtenu une place de receveuse ; ce n'était pas la première fois que cette faveur était accordée à l'une des protégées de Hugo, « peu importe, disait Juliette, si la foule est grande, les ministères nombreux et la reconnaissance du maître inépuisable[89] » ; puis ce fut le cabinet de Jules Ferry qui confirma que sa Mlle Lemoine était nommée institutrice. D'où tirait-il donc « ces jeunes et intéressantes postulantes à tous les emplois[90] » ? Et voilà que l'Albertine Séran, à qui on avait renvoyé ses dernières lettres non décachetées, passait désormais par sa mère pour réclamer directement à Juliette ; on lui enverrait 40 francs pour solde de tout compte, ce qui ne dissuada pas la dame de récidiver pour intéresser son ancien bienfaiteur à « son éternelle misère[91] ».

Plus révoltantes encore étaient les sollicitations du couple Rochereuil. Depuis son mariage, Blanche ne vivait plus de la protection de Hugo ; encouragée par son sinistre époux, elle n'en sollicita pas moins des subsides auprès de Juliette, laquelle envoya 200 francs, et reçut en remerciement une lettre « d'insultes et de bas outrages » qui serra son cœur de « poignantes étreintes »[92]. Pour comble, le jour même où lui parvint cette demande, la fille de Léonie Biard, chroniqueuse au *Figaro*, était invitée à dîner chez eux :

> Je viens de recevoir une lettre qui me force à regarder une fois de plus les torts graves que tu as eus envers mon amour. Ce soir, je suis forcée par respect humain, de recevoir à ta table la fille de la femme que tu m'as préférée il y a plus de trente ans. Ces deux humiliations, ces deux douleurs en un seul jour, c'est beaucoup. Je ne te fais pas de reproche, à quoi bon ? Mais je sens se réveiller en moi avec une force nouvelle le besoin de m'enfuir de cette maison où les souvenirs honteux vont et viennent autour de moi impunément et osent me braver en face. Je ne me sens plus le courage de lutter. J'aime mieux en finir une bonne fois et te laisser seul aux prises avec le souvenir de tes amours et de leurs exigences. [...] Ce serait peut-être le moyen de me débarrasser de tous ces souvenirs odieux qui me poursuivent et me harcèlent sans paix ni trêve.
>
> L'absence, dit-on, est le remède à tous les maux. Je voudrais être loin, si loin que je ne puisse pas revenir.
>
> Je souffre, je souffre, je te pardonne. Tâche d'être heureux, toi qui as le bonheur si facile et qui es assez riche pour le payer[93].

Avenue Victor-Hugo

Quand ce n'était pas son argent, c'est son nom ou son image qu'on réclamait, pour ce qu'on n'appelait pas encore des produits dérivés, comme du papier à cigarettes, ou une enseigne, par exemple celle d'un café dans la rue de Paris qui désormais portait son nom[94]. Le 12 juillet

1881, avant-veille de la fête nationale, les ouvriers mirent sur le tronçon de l'avenue d'Eylau où ils habitaient les plaques qui permettraient désormais à Juliette de recevoir son courrier adressé à « Mme Drouet, avenue Victor-Hugo ». Presque toutes les villes de France suivirent bientôt l'exemple de Paris et de Besançon, qui avait déjà rebaptisé une rue à son nom et fait poser un marbre sur sa maison [95]. Juliette sentait son cœur « battre à l'unisson de l'enthousiasme et de l'amour universel [96] ».

Les hommages reprirent à la sortie des *Quatre Vents de l'esprit*, le 31 mai 1881. Hugo avait travaillé avec Meurice pour ordonner, classer et organiser les quatre livres du recueil : le premier, satirique, s'inscrit dans la veine polémique et anticléricale des *Châtiments* ; le deuxième, dramatique, diptyque théâtral en vers, *Les Deux Trouvailles de Gallus*, cible l'exploitation de la femme ; le troisième, lyrique, donne un prolongement des *Contemplations* ; le quatrième, épique, aurait pu avoir sa place dans *La Légende des siècles*. Juliette accompagna Hugo au *Rappel* où il dédicaça les exemplaires pour les amis et pour la presse [97], et elle passa les jours qui suivirent sa sortie à dévorer les comptes rendus : ceux de Maurice Talmeyr, Émile Bergerat et Edmond Texier lui parurent admirables [98]. Zola saisissait l'occasion de faire « le procès suprême au romantisme » et d'inciter la jeune génération à se tourner vers l'avenir, qui appartenait au positivisme et au naturalisme. Il retrouvait dans ce volume « le rhétoricien de génie, l'admirable jongleur de mots qui a révolutionné et conquis l'empire de la prosodie, où il règne en César tout-puissant » ; mais il ne voyait pas ce que ces « fonds de tiroirs » ajoutaient à son œuvre et dénonçait l'hypocrisie de ses confrères admiratifs ; lui, il condamnait carrément Hugo : son « idée du progrès purement sentimentale, une humanitairerie se noyant dans un rêve d'amour universel, [...] son continuel cabotinage, sa défroque de poète en zinc, son piétinement sur place au milieu de grands mots vides » [99]. Juliette rendait à Zola mépris pour mépris, et, recevant les excuses d'une invitée qui se décommandait pour voir l'adaptation de *Nana*, écrivait : « Grand bien lui fasse et à tous ceux qui ont les goûts du fumier et de l'égout [100]. » Hugo lui-même, selon un témoin, estimait que les réalités montrées par Zola dans *L'Assommoir* ne devaient pas être données en spectacle, l'écrivain n'ayant « pas le droit de nudité sur le malheur [101] ».

Leur malheur à eux était d'une autre sorte. Les deuils s'enchaînaient. D'abord le beau-frère breton de Juliette mourut en février 1881, à quatre-vingts ans, des suites d'une mauvaise chute ; sa veuve vint s'installer chez Louis ; Juliette voyait désormais sa sœur plus souvent, c'était une consolation [102]. Le mois suivant on apprit la mort d'Adolphe Pelleport, qui n'avait pas quarante ans ; il était venu plusieurs fois à Guernesey, avait combattu au côté de Garibaldi, et avait fait de la prison en tant que gérant du *Rappel* ; il était revenu à Guernesey lors de la convalescence de Hugo en 1878 ; la mort de « ce pauvre aimable et excellent garçon [103] » troubla le sommeil de Juliette. Enfin, Paul de Saint-Victor, fidèle parmi les fidèles, à qui Hugo s'était vu déléguer le privilège de remettre la croix d'officier de la Légion d'honneur en avril, mourut brusquement le 9 juillet 1881, à cinquante-trois ans. Il laissait une fille qu'il avait eue avec la sœur de Rachel, l'actrice Lia Félix. Victor nota dans son carnet : « Coup violent. J'ai pleuré [104]. » Trop accablé pour se rendre aux obsèques, il fit lire un texte, saluant « cette rudesse, généreux défaut d'une nature franche, que recouvrait une grâce charmante », l'exquise délicatesse de « ce noble esprit », qui combinait « la science d'un mage assyrien avec la courtoisie d'un chevalier français » [105].

Juliette s'étonnait d'être vivante ; ils n'avaient qu'à se « laisser aller tout doucement à la dérive jusqu'au Styx, parage un peu démodé depuis l'invention des stations balnéaires, mais qu'importe si on arrive heureusement au rendez-vous des âmes dans le Grand Hôtel du bon Dieu [106] ». Ils souffraient, lui de la grippe puis d'une bronchite qui le cloua au lit début mai et lui fit cracher du sang, elle de la goutte et du cancer, mais le sirop de tolu pour l'un, la morphine pour l'autre, les remettaient sur pied. Ils s'encourageaient à sortir, et à marcher, ce qui lui était plus facile qu'à elle. Il s'offrait encore, aux beaux jours, des promenades de trois quarts d'heure.

Revint la saison des mariages. Hugo était témoin à celui de son fervent admirateur Edmond Bazire, compagnon du *Rappel*, critique d'art, futur biographe de Rochefort et de Manet. De son côté, Meurice maria son aînée, Paule ; on offrit un beau bracelet [107]. Georges et Jeanne avaient eu d'autres réjouissances : on avait fait venir un magicien [108] ; on s'était tant diverti pour la Saint-Victor le 21 juillet que les deux enfants dansaient et chantaient toujours à tue-tête le lendemain matin pendant que Papapa dormait encore ; en août, Juliette lui conseilla de céder aux enfants ses billets d'entrée à l'Exposition internationale d'électricité [109] ; on s'émerveilla en famille de la naissance de quatre canetons domestiques [110] ; les Dorian emmenèrent petits et grands à l'hippodrome, les enfants en avaient raffolé, et Juliette en redemandait [111]. Mais on repoussa les vacances à Guernesey toujours ajournées.

S'ils s'y étaient rendus en août, comme ils en avaient eu l'intention, ils auraient échappé aux importunités de Mme Baa, revenue voir Adèle qu'elle avait jadis ramenée de la Barbade. Après une première visite charmante où elle apporta à Victor et Juliette un splendide bouquet de plumes d'oiseaux de couleur [112], elle les accabla de courriers plaintifs : elle envoyait la facture de son séjour à Saint-Mandé, réclamait aussi le défraiement de son transport, puis un logement permanent à l'hôtel. Elle évoquait des services rendus et de vagues promesses faites. Dépassé par ce demi-chantage de plus en plus pressant, Victor pensa un temps l'installer quelque part chez lui. Juliette fut horrifiée : le racisme ordinaire excluait la cohabitation avec cette dame que Jeanne petite avait prise pour un « momomme » (bonhomme) ; elle craignait le qu'en-dira-t-on et trouvait louche que Mme Baa, qu'elle surnommait « la pieuvre noire », fît appel à une somnambule et un imprésario en intermédiaires menaçants ; mieux valait couper court en lui donnant de quoi rentrer dans son pays [113]. C'est ce qu'il fit.

Journal interrompu

Juliette interrompit son journal épistolaire en novembre et décembre 1881. Mise à part une lettre de nouvel an, elle ne le reprit que mi-février. On sait néanmoins qu'elle invita Louis et Ottilie à les rejoindre dans leur loge à la Gaîté pour la Première de *Quatrevingt-Treize* adapté par Meurice, le 24 décembre, et qu'elle leur recommanda d'y envoyer sa sœur et les enfants : l'action se passait en Bretagne, le héros portait le nom de la famille Gauvain, on pouvait être « attendris et fiers [114] ». On fêta la centième trois mois plus tard.

Elle était trop souffrante en revanche pour l'accompagner chez le ministre des Postes avec Alice et les enfants, le soir où, grâce à des écouteurs attachés au mur, ils entendirent successivement, en direct, ce qu'on jouait à l'Opéra, au Théâtre-Français et à l'Opéra-Comique. Hugo fut captivé : « Nous sommes rentrés à dix heures et demie. J'ai été embrasser JJ. Elle souffre, mais c'est peu de choses. Demain je lui prodiguerai mille tendresses, et elle ira bien [115]. » Juliette, quelques jours plus tôt, avait fait commander pour elle et pour Claire deux nouvelles pierres tombales ; elle en voulait une plus épaisse, qui, comme le manteau de don César dans *Ruy Blas*, lui « tienne chaud l'hiver » et la « fasse belle l'été » [116].

À partir du 17 février 1882 elle reprit son « tendre papotage quotidien [117] ». Comme viatique pour l'année nouvelle, il lui avait écrit : « Dieu est avec nous. Je te tiens étroitement embrassée [118]. » Tout nouveau jour sur terre était bon à prendre. Elle vérifiait tous les matins qu'il dormait bien, n'osant pas le réveiller pour lui donner sa potion, recevait parfois un tendre murmure en réponse à son doux baiser[119], et transformait l'insomnie en quatrain :

Ma bêt' ne bat que d'une aile ;
Tant pis pour elle.
Mais mon cœur est réjoui ;
Tant mieux pour lui[120].

Un an après l'entrée du poète national dans sa quatre-vingtième année, Hugo était toujours là pour ses quatre-vingts ans révolus : on le fêta derechef. Les théâtres rivalisaient d'invention : la Comédie-Française donna une représentation gratuite d'*Hernani*, à laquelle ils assistèrent avec Alice et les enfants, et où il fut ovationné, avec arrivée de son buste sur scène et récitation par Mounet-Sully du poème de François Coppée « L'Anniversaire ». Parallèlement, on donnait *Quatrevingt-Treize* à la Gaîté, où Mme Laurent lut des vers, tandis que Paul Mounet en déclamait d'autres à l'Odéon. Le comité organisateur de la cérémonie de l'année précédente participa à la fête donnée par Hugo à son domicile, où Émile Blémont, qui préparait pour lui un gros *Livre d'or* en son hommage, lui offrit un bronze. Lesclide passa les jours suivants à trier le nombreux courrier consécutif à ces réjouissances. Son service bénévole ne convenait plus à Hugo, qui le trouvait brouillon. Mais on ne voyait pas bien par qui le remplacer[121].

Car il y avait toujours du pain sur la planche, l'activité politique de Hugo ne faiblissant pas. Il assista à plusieurs séances de la plus haute importance au Sénat : on rendait l'enseignement primaire obligatoire. Comme son neveu habitait dans le quartier du Luxembourg, Juliette en profitait pour rendre visite à sa sœur. La proposition de loi visant à porter de 6 à 10 millions le montant des indemnités aux victimes du Deux-Décembre valut à Hugo un abondant courrier, qu'elle dépouilla. Le combat politique se menait aussi dans la presse. Le 8 mars, Hugo publia une lettre au tsar de Russie demandant la grâce de dix condamnés à mort pour terrorisme (dont deux femmes), et dénonçant la déportation de dix autres personnes en Sibérie. Pour ce combat, il avait retrouvé son élan oratoire de jadis[122]. Juliette admira. Ils étaient à table lorsque arriva la nouvelle d'une grâce partielle. Devant les invités, Hugo porta un toast : « Je bois au czar qui vient de faire grâce à cinq condamnés et qui la fera à tous. » Applaudissements ; il continua : « Les journaux diront la chose et le czar la lira. Si le bon effet continue, ce sera beau. »[123] En mai, on apprit la reprise des pogroms. Ils sévissaient depuis la Semaine sainte de l'année précédente, prenant les Juifs pour boucs émissaires de la misère, des attentats nihilistes et de l'assassinat d'Alexandre II. Juliette, impuissante devant « ce crime de lèse-humanité[124] », comme elle disait, s'en remettait à Hugo. Il décida de hâter la publication de la pièce sur l'Inquisition qu'il avait sous le coude depuis treize ans, *Torquemada*, et fit paraître dans *Le Rappel* un texte splendide :

> Ces populations exterminantes n'ont même plus la conscience du crime ; elles ne sont plus à cette hauteur ; leurs cultes les ont abaissées dans la bestialité ; elles ont l'épouvantable innocence des tigres ; les vieux siècles, l'un avec les Albigeois, l'autre avec l'Inquisition, l'autre avec le Saint-Office, l'autre avec la Saint-Barthélemy, l'autre avec les dragonnades, l'autre avec l'Autriche de Marie-Thérèse, se ruent sur le dix-neuvième siècle et tâchent de l'étouffer ; la castration de l'homme, le viol de la femme, la mise en cendres de l'enfant, c'est l'avenir supprimé ; le passé ne veut pas cesser d'être ; il tient l'humanité ; le fil de la vie est entre ses doigts de spectre[125].

Juliette approuvait cette activité militante et y encourageait son bien-aimé. Aussi craignait-elle qu'il ne se disperse en mondanités, en « conversations stériles avec des étrangers trop indiscrets dans leur curiosité » et « trop peu intelligents » pour le comprendre. Elle le suppliait d'« envoyer paître tous ces moutons de Panurge » qui venaient « à la queue leu leu bêler autour de [lui] leur stupide admiration »[126].

Plutôt garder son énergie pour ce qui en valait la peine : son allocution au banquet de la centième de *Quatrevingt-Treize*, le 26 mars 1882, et son discours à celui que les mécaniciens de France offrirent le 10 mai au camarade Grisel. La Troisième République décernait la Légion d'honneur à ce conducteur pour avoir sauvé jadis les 125 passagers d'un train en refusant de lui faire franchir un pont ferroviaire sur une rivière en crue, qui s'était ensuite écroulé. Une députation de cheminots avait prié Hugo de présider le banquet donné pour 2 000 personnes à l'Élysée-Montmartre. Placé entre Grisel, à sa droite, et le ministre du Commerce, à sa gauche, il avait salué « cette vie qui unit le bras laborieux au cerveau intelligent[127] » ; elle illustrait tout le glorieux compagnonnage des chemins de fer français. Pendant ce temps, comme elle l'avait fait au banquet de la centième de *Quatrevingt-Treize*, Juliette l'attendait dans le fiacre[128]. N'étant ni journaliste ni homme politique, elle était restée invisible, mais près de lui, et c'était bien ainsi.

Elle se montrait à son côté, en revanche, quand il s'agissait d'assister à des spectacles. Elle avait vu avec lui la création de *Margarita*, la première des *Deux Trouvailles de Gallus*, le 21 janvier, au Cercle des arts intimes. On se rendit en famille le 29 avril à la Comédie-Française, pour applaudir

Got et Julia Bartet dans la comédie d'Erckmann-Chatrian *Les Rantzau* ; Georges et Jeanne s'amusèrent beaucoup, et elle aussi ; on avait hâte de retrouver Got dans le rôle de Triboulet pour la reprise annoncée du *Roi s'amuse*.

Les enfants avaient leurs propres distractions. Juliette laissa Papapa les accompagner, en mars, à deux bals costumés, et en profita pour s'offrir aux magasins du Louvre deux robes neuves, et y faire une razzia de linge de maison. Leur table ne désemplissait pas. On continuait de dépenser 30 francs par mois environ (le salaire mensuel d'une ouvrière) rien qu'en vins et spiritueux. Il y avait toujours la garde rapprochée, et les invités occasionnels, telle leur excentrique propriétaire, Mme de Nar-Bey, avec son arménien de mari et son archevêque de frère que Juliette trouvait aussi exotiques l'un que l'autre, chacun dans son genre ; on reçut aussi à dîner Jules Ferry, et Gambetta [129], qui mourrait le dernier jour de l'année. Hugo écrirait en vain à son père pour le dissuader de rapatrier sa dépouille à Nice, et le convaincre de laisser son corps à Paris dont il avait été l'un des héros [130].

De son côté, l'ami Robelin, l'architecte, essuyait une publicité dont il se serait bien passé : Alexandre Dumas fils, pour justifier sa participation à l'écriture d'une pièce à succès, s'était répandu dans un journal pour raconter qu'il s'était inspiré de son histoire : Robelin avait revendiqué sur le tard les enfants qu'il avait faits à sa maîtresse, reconnus entre-temps par Alfred Leroux (frère du philosophe) qui avait épousé leur mère. Juliette trouvait le procédé de Dumas un peu raide [131].

À l'inverse, elle regrettait que la nièce de Victor, Isabelle Ancelet, en annonçant la mort de sa mère, ait exclu de la longue liste des membres de la famille figurant sur le faire-part son demi-frère adultérin Paul Foucher, reconnu tardivement par leur père [132]. Juliette jugeait trop dur « ce déni de fraternité jusque devant la mort [133] ». Les convenances dictaient pourtant de répondre au faire-part ; Juliette dut insister auprès de Victor pour qu'il s'acquitte de ce devoir qu'il repoussait à plus tard, comme toutes les corvées épistolaires. Il devait répondre aussi à Julie Chenay, qui s'ennuyait à Guernesey et demandait en vain la permission de leur rendre visite à Paris au printemps ; et ne pas oublier la mère du pauvre Pelleport, à qui il n'avait toujours pas envoyé le mot à mettre en tête du recueil posthume que ses amis réunissaient [134]. Juliette serait récompensée de sa constance en y découvrant le poème « Le Ciel et l'Océan », écrit à Guernesey et dédié « À Madame J. D*** » [135].

Un autre souvenir bien agréable de Guernesey fut la visite du Dr Corbin, qui les avait si aimablement soignés jadis, et sur les conseils de qui Hugo portait la barbe depuis vingt et un ans. Juliette mit les petits plats dans les grands pour lui faire les honneurs de Paris ; on porterait un toast à l'île, à la capitale, et aux amis du monde entier qui admiraient Hugo [136].

Parmi les visiteurs, l'un ne savait certainement pas à qui il avait affaire : un perroquet échappé s'était fourvoyé dans son jardin et dans ceux du voisinage. Sans parler des chats aux aguets, enfants, passants et ouvriers grimpaient aux arbres pour l'attraper [137]. Cette chasse exotique divertit Juliette pendant quelques jours.

Ses douleurs l'avaient suffisamment oubliée au printemps pour qu'elle pût s'octroyer une promenade en voiture quasi quotidienne avec Victor, le plus souvent au bois de Boulogne, parfois au parc Monceau ou aux Champs-Élysées. Mais elles revinrent, pendant l'été, cruelles, à s'en plaindre au bon Dieu : « Décidément la vie trop prolongée est une stupide chose car le jeu n'en vaut pas la chandelle [138]. » Elle économisa ses forces pour aller voir *Ruy Blas* donné pour la fête nationale et n'accompagna pas Hugo à l'inauguration, la veille, du nouvel Hôtel de Ville, qui renaissait de ses cendres après son incendie sous la Commune. Puis il y eut une mauvaise passe : elle interrompit son journal pendant trois semaines [139], et mit à exécution son projet de refaire son testament, toujours en faveur de son neveu ; le bon ami Lecanu, avocat, fut son témoin, avec son médecin Émile Allix [140]. Le codicille ajouté le 17 mars 1883 préciserait (contrairement à ce que Hugo lui avait fait écrire cinq ans plus tôt) que « tout le mobilier, meubles meublants, tableaux, objets d'art, faïences, boiseries, livres [141] » et les dessins de Hugo se trouvant dans Hauteville II lui appartenaient. Tout cela revenait désormais à Louis Koch, légataire universel.

On fut à deux doigts de partir à Guernesey, pour les vacances du Sénat ; elle en rêvait depuis des mois mais une petite indisposition de Hugo leur fit renoncer à ce projet imminent [142]. Elle plaida la cause de Mme Chenay, à qui on faisait encore faux bond : on aurait pu l'inviter à partager en France les joies de la vie de famille ; Hugo ne le souhaita pas. Faute d'aller à Guernesey, Alice et les enfants partirent en Suisse. C'était l'occasion d'accepter l'invitation de Vacquerie et Meurice à Veules et Villequier. Même cette idée qui naguère l'enthousiasmait faisait hésiter Juliette, tant elle était souffrante. Victor lui ordonna amoureusement de se bien porter, « et tout de suite [143] ». Meurice leur avait préparé deux chambres contiguës ; elle apprécia cette gentille attention : « Voilà, mon cher adoré, les douces et charmantes amitiés qui nous appellent et qui nous attendent ! Acceptons-les avec reconnaissance et soyons heureux [144]. »

Après une dernière visite à leurs filles respectives enfermées l'une dans son tombeau, l'autre dans son asile, ils partirent le 7 septembre. L'accueil des amis fut comme toujours excellent. On retrouva à Veules le bon Anatole de La Forge, héros de la guerre de 1870 comme « défenseur de Saint-Quentin », désormais député de la Seine, et accessoirement « voisin de campagne »[145] de Meurice ; déjà présent au banquet des *Misérables* en 1862, cet homme vouait un culte à Juliette[146]. On quitta Veules le 3 octobre au matin, et on arriva à neuf heures et demie avenue Victor-Hugo[147].

Noces d'or

À partir de cette date, les informations nous manquent sur les activités quotidiennes, la santé et l'état d'âme de Juliette : son journal épistolaire s'arrête à son départ en Normandie, et ne reprendra plus. La lettre du jour de l'an 1883 fait exception. C'est la dernière de sa main qui nous soit parvenue : « Cher adoré, je ne sais pas où je serai l'année prochaine à pareille époque, mais je suis heureuse et fière de te signer mon certificat de vie pour celle-ci par ce seul mot : JE T'AIME[148]. » En échange, il inventait rien que pour elle une sainte Trinité :

> Quand je te dis sois bénie – c'est le ciel
> Quand je te dis dors bien – c'est la terre
> Quand je te dis je t'aime – c'est moi[149]

La voix des lettres éteinte, ce que l'on peut savoir vient donc des carnets de Hugo, de quelques documents d'archives et de témoignages extérieurs.

Les dîners s'interrompirent, Juliette n'étant plus assez vaillante pour accueillir les invités. Hugo, pourtant, organisa ailleurs un banquet, le 17 décembre 1882, où Louis Koch fut convié, par l'intermédiaire de Juliette, heureuse de transmettre l'invitation. Dans son remerciement, il avait le plaisir d'apprendre à sa tante qu'il avait réussi à faire figurer au programme de l'agrégation d'allemand, session 1883, *Les Feuilles d'automne* et *Notre-Dame de Paris*, ainsi que *Cromwell* au concours de l'enseignement secondaire spécial, en section littéraire. À l'agrégation de lettres d'en faire autant, maintenant, elle qui aurait dû donner l'exemple[150] !

Victor et Juliette ne se rendirent ni l'un ni l'autre aux obsèques de Louis Blanc, le 12 décembre 1882 : on lut un texte que Hugo avait écrit pour son vieux compagnon de lutte ; après Garibaldi, mort en juin, et pour qui la France et l'Italie avaient organisé une cérémonie dont Hugo était le président honoraire[151], la page héroïque du premier combat des peuples pour l'Europe républicaine et démocratique se tournait.

Hugo tenait bon. Il se promenait, à pied parfois, plus souvent en voiture, presque tous les jours, dans Paris ou au bois de Boulogne. On ignore si Juliette l'accompagnait encore, mais on sait qu'elle eut droit au moins à deux spectacles. D'abord un concert, chez eux, de musique tzigane, le 29 octobre ; quatre chansons hongroises, entre deux *Marseillaise* entonnées pour commencer et pour finir, furent très applaudies[152]. Puis Juliette trouva la force d'assister à la deuxième représentation du *Roi s'amuse*, donné à la Comédie-Française pour son cinquantenaire, le 22 novembre 1882. *Le Monde illustré* rendit compte de cette soirée en première page avec une lithographie où elle est peu ressemblante : le tableau de Bastien-Lepage, réalisé début 1883, donne d'elle une idée plus juste *(voir cahier hors texte)*. On l'y voit amaigrie, mais toujours aussi douce, les mains croisées comme dans la gravure de ses vingt-six ans, et lumineuse avec ses yeux noirs et ses traits fins. Ce portrait, dernier que fit le peintre, fut très remarqué lors de l'exposition de ses œuvres consécutive à sa mort, pour sa « sympathie attirante au regard vivant qui va jusqu'au fond de l'âme[153] ». Le critique d'art Edmond Bazire avait suivi l'aventure :

> C'est un chef-d'œuvre. Tout s'y trouve : et la pureté des lignes, et la grâce majestueuse de l'attitude, et la pensée profonde, et le cœur si bon de cette excellente et grande femme [...]. Je me souviens. Elle était atteinte déjà, quand elle posait pour lui. Un jour, elle s'évanouit, au milieu de la séance. Et ce fut fini. Quelques semaines après, nous la conduisions tristement au cimetière de Saint-Mandé[154].

Entre-temps, les dîners avaient repris, certes moins fréquents. Victor et Juliette avaient fêté leur jubilé. « Cinquante ans d'amour, c'est le plus beau mariage[155] », lui avait-il écrit. Quand elle entra dans sa soixante-dix-septième année, il la supplia encore de ne pas l'abandonner :

> C'est ton anniversaire ; jour heureux ; car tu es née ; jour triste ; car tu es souffrante. Mais je suis tranquille, parce que je demande à Dieu de me prendre en même temps que toi ; et j'espère en Dieu. Je t'aime. Entrer dans l'éternité avec toi, c'est là mon espoir. Si Dieu le veut, et il le voudra ; c'est là mon bonheur. Que je puisse, de la vie future, voir dans celle-ci mes petits-enfants, les conseiller et les aider, je serai bien reconnaissant à Dieu. Je t'aime. Je t'adore. Tu es ma vie. Ma bien-aimée, rétablis-toi, et aime-moi[156].

Ceci était plus facile que cela. Julia Daudet, femme du romancier, et future belle-mère de Jeanne[157], l'avait vu de ses yeux :

LE MONDE ILLUSTRÉ

JOURNAL HEBDOMADAIRE

ABONNEMENTS POUR PARIS ET LES DÉPARTEMENTS
Un an, 24 fr.; — Six mois, 13 fr.; — Trois mois, 7 fr.; — Un numéro, 56 c.
Le volume semestriel, 12 fr. broché. — 17 fr., relié et doré sur tranche.
LA COLLECTION DES 25 ANNÉES FORME 50 VOLUMES

Directeur, M. PAUL DALLOZ.

BUREAUX
13, QUAI VOLTAIRE

26e Année. N° 1339 — 25 Nov. 1882

DIRECTION ET ADMINISTRATION, 13, QUAI VOLTAIRE
Toute demande d'abonnement non accompagnée d'un bon sur Paris ou sur la poste, toute demande de numéro à laquelle ne sera pas joint le montant en timbres-poste, seront considérées comme non avenues. — On ne répond pas des manuscrits envoyés.

Secrétaire, M. ÉDOUARD HUBERT.

Ce numéro est spécialement consacré au cinquantenaire du « Roi s'amuse »

M. Perrin. M. Paul Meurice. Mme Drouet. M. Victor Hugo. Georges. Jeanne. M. A. Vacquerie.

COMÉDIE-FRANÇAISE. — La seconde représentation du drame de Victor Hugo : *LE ROI S'AMUSE* (22 novembre 1882). — La loge de Victor Hugo

(Composition de M. Gaston Vuillier, d'après les photographies.)

Couverture du *Monde illustré*, 25 novembre 1882

> Dans les derniers temps, le Maître regardait douloureusement, aux dîners intimes, cette assiette vide, cette noble figure ravagée.
>
> – Madame Drouet, vous ne mangez pas, il faut manger, avoir du courage.
>
> Manger ! Elle se mourait. Le savait-il ? Essayait-il de se leurrer lui-même, le beau vieillard si résistant et si fort, et qui voyait partir cette compagne de cinquante années [158] !

Il le savait, bien sûr, et elle aussi. Juliette mourut d'épuisement le 11 mai 1883, c'était un vendredi, dans la nuit.

Hugo nota dans son carnet, le mois suivant : « Je vais bientôt te rejoindre, ma bien-aimée [159]. » Et le 11 mai 1884 : « Il y a aujourd'hui un an, à trois heures. Femme admirable ! Nous nous reverrons dans la vie future [160]. » Il lui survivrait deux ans, jusqu'au 22 mai 1885, jour de la Sainte-Julie qu'ils fêtaient ensemble chaque année.

Il n'y eut pas de faire-part. L'annonce dans la presse valait invitation aux amis. Les obsèques, le lendemain, furent un événement considérable. Elle qui, depuis cinquante ans, vivait dans l'ombre, mourait dans la lumière. On tendit la marquise de l'hôtel particulier de draperies noires à étoiles et franges d'argent. Une presse nombreuse décrivit la réunion des invités venus s'incliner devant le cercueil installé dans le salon japonais, saluer Louis Koch, Alice Lockroy [161], Georges Hugo, Meurice, Vacquerie et Lesclide qui accueillaient, et signer le registre de condoléances installé dans la salle d'entrée, à gauche du vestibule. Il y avait du monde jusque dans la rue et le jardin. À l'étage, seul, derrière ses volets clos, Hugo ne voulait voir personne. Autant il avait ouvert ses dîners à tous vents, y compris aux indiscrets, autant ce chagrin-là ne se partageait pas.

Il y a dans les deux cents noms, et même davantage, du registre de condoléances, tous les amis, la fine fleur des arts, des lettres et de la politique [162]. Les plus grands s'inclinèrent devant le cercueil de l'orpheline bretonne devenue héroïne nationale : les poètes parnassiens et symbolistes, dont Stéphane Mallarmé ; le sculpteur Auguste Rodin ; Paul Demeny, le destinataire de la seconde lettre dite « du voyant » d'Arthur Rimbaud ; l'académicien Ernest Renan ; le savant Alfred Nobel, fondateur des prix qui portent son nom ; un ancien (Arsène Houssaye), l'actuel (Émile Perrin) et le futur (Jules Claretie) administrateur général de la Comédie-Française ; un futur président de la République, Paul Deschanel ; l'actuel (Jules Ferry) et un futur (Georges Clemenceau) président du Conseil ; le ministre de l'Instruction publique, Camille Sée ; des députés ; des sénateurs ; d'anciens compagnons d'exil, comme le brave Préveraud dont Juliette avait partagé l'hôtel à son arrivée à Guernesey, désormais député sur les bancs de l'extrême gauche, et le non moins brave Luthereau, qui l'avait logée en exil dans la galerie des Princes de Bruxelles ; un visiteur inattendu, le docteur Philippe-Charles Pinel, fils de Scipion, l'amant de Juliette qui s'était endetté pour elle, avait fui avec elle en Allemagne, et s'était injecté le choléra-morbus pour faire avancer la science ; le sculpteur Victor Vilain, qui avait réalisé son buste et aimé sa cousine ; Henry Descamps, qui, après le coup d'État, avait fourni une cache à Hugo, où Juliette allait le ravitailler ; Amélie Désormeaux, la folle responsable de sa fugue en Belgique ; Constantin Lanvin, frère de Blanche et père de la future grande couturière Jeanne Lanvin ; Caroline Commanville, la nièce de Flaubert ; Bastien-Lepage qui avait réalisé le dernier portrait de Juliette et mourrait bientôt du même mal, à trente-six ans ; les Ménard, les Dorian, les Daudet, futurs beaux-parents de Georges ou Jeanne ; des femmes de lettres dont elle avait été jalouse, Judith Gautier et Juliette Adam.

Plusieurs centaines de personnes massées à l'extérieur attendaient le départ du convoi, qui se mit en route à trois heures moins le quart et traversa tout Paris d'ouest en est, par le mauvais temps. Louis et René Koch, Georges Hugo, Vacquerie et Meurice ouvraient la marche. On passa par l'avenue d'Eylau, l'avenue Marceau, les quais et le faubourg Saint-Antoine, l'avenue de Vincennes, pour arriver à une heure incertaine, les versions données par la presse étant différentes.

C'est Vacquerie qui parla sur la tombe de Juliette, où ne figuraient pas encore les vers qu'on peut y lire aujourd'hui, écrits pour elle par Hugo en 1835 :

Quand je ne serai plus qu'une cendre glacée,
Quand mes yeux fatigués seront fermés au jour,
Dis-toi, si dans ton cœur ma mémoire est fixée :
    Le monde a sa pensée,
    Moi, j'avais son amour [163].

Ce quintil, dédicace à l'unique exemplaire de *Lucrèce Borgia* sur grand papier, parut dans un recueil posthume. Vacquerie salua la « vaillante » femme qu'il avait connue en exil. Cette vaillance s'était faite « bravoure virile » dans Paris assiégé. Elle avait « droit à sa part de gloire, ayant pris sa part de l'épreuve ». Il célébra « tout ce qu'il y avait de douceur et de bonne grâce dans cette fière nature. Quelle vieillesse jeune ! Quel mélange de dignité et de gaieté ! Et quelle profondeur et quelle hauteur d'intelligence ! Ouverte à tout, à la politique comme à la littérature, habituée des grandes luttes du théâtre et de la tribune, Mme Drouet était de niveau avec tous les hommes supérieurs que recevait l'illustre maison[164] ».

Les journaux rendirent compte, souvent sur deux jours, de la mort, puis des obsèques, avec des bonheurs inégaux[165]. Presque tous soulignèrent la beauté de Mme Drouet, sa finesse, sa douceur, sa patience, sa dignité, son esprit, son « très grand air sous ses admirables cheveux blancs[166] ». *La Lanterne* saluait « un grand cœur, un noble esprit, une nature d'élite[167] ». On rappelait son compagnonnage avec Hugo, son hospitalité, son dévouement, son courage en exil ; on se souvenait parfois de sa carrière de comédienne, surtout dans *Lucrèce Borgia*, notamment son portrait en princesse Negroni fait par Gautier jadis ; on cita aussi celui de Banville, qui, pour l'occasion, en brossa un autre, tout aussi réussi, dans le *Gil Blas* :

> Sa distinction, sa suprême grâce, sa bonté indulgente à tous prouvaient une fois de plus que les aristocraties sont éternelles, mais que la nature fait des grandes dames où et comme il lui plaît, et en vertu de lois qui nous échappent. [...] Sa parole, si simple pourtant et si peu maniérée, avait gardé la précision et la musique du rythme[168].

Certains turent le mal qui l'avait emportée, se contentant d'évoquer des douleurs rhumatismales[169] ou « une anémie causée par son grand âge[170] » ; d'autres nommèrent le cancer ; *Le Gaulois* se livra, le premier jour, à un récit réaliste, aussi fantaisiste que déplacé, de son agonie et de la réaction des enfants.

On s'accordait pour dire que ses proches avaient dissuadé Hugo de suivre le cortège. Certains livraient sur les derniers jours de Juliette des confidences invérifiables, et semblaient lire dans ses pensées : pour un peu, ils auraient deviné ce qui, dans *Les Misérables*, traversait l'esprit de Fantine sur son lit de souffrances où, sans plus dire un mot, elle « était immobile et paraissait attentive à des idées qu'elle avait[171] ». Juliette aurait tenu son rôle d'hôtesse jusqu'au bout, sans rien laisser paraître. Il y a quelques semaines encore, dans un dîner intime, le maître de maison avait porté un toast à sa santé[172]. Alors qu'elle ne tenait plus debout, et qu'il toussait, elle se relevait pour lui préparer ses tisanes[173]. Elle n'aurait accepté qu'au dernier moment de quitter son petit lit de fer installé dans la chambre mitoyenne. Paul Meurice et Vacquerie avaient été appelés le soir avant sa mort ; muette, elle aurait pris leurs mains et les aurait serrées longuement ; Hugo, on l'assurait, avait passé la dernière nuit près d'elle[174] ; les amis avaient voulu reporter le prochain dîner, mais Hugo avait dit : « Non, que rien ne soit changé ; nous parlerons d'elle. » On comparait le couple à Philémon et Baucis : « C'était la même douceur de langage, la même délicatesse d'accueil que chez les bons héros de La Fontaine[175]. »

Ce beau récit et ces concerts de louanges exaspérèrent la presse nationaliste et catholique. La *Gazette de France*, *La Patrie*, *Le Gaulois*, *Le Clairon* et *Le Pays* virent dans ces obsèques médiatisées d'une concubine jamais épousée et enterrée sans prêtre un incident « grave et triste[176] », une « hideuse apothéose[177] », « une de ces scandaleuses et révoltantes exhibitions destinées à outrager les croyances de la majorité des Français[178] ». Quel exemple à donner à nos femmes, nos filles et nos fils que cet hommage rendu à l'adultère par « tous ces libres penseurs, tous ces esprits forts, tous ces chantres de l'union libre[179] », avec la caution des élus de la nation et du ministre de l'Instruction publique ! Quoi, parce que Hugo était un génie, il fallait non seulement lui pardonner (certes, nul n'était à l'abri du péché), mais encore célébrer ses vices ! « Vous me direz que le génie ne court pas les rues et que, si son concours est requis pour autoriser les accrocs à la morale, celle-ci ne court pas grand risque[180]. »

Du côté des amis, le spirituel Charles Monselet se souvint du soir où on l'avait reçu à dîner, impromptu, parce qu'il s'était trompé de jour. Il s'était retrouvé en tête à tête avec les deux vieillards, à la fortune du pot :

> Dîner là dans une intimité inespérée, les tenir là tous les deux, l'homme de génie et la femme extra-aimable ; jouir de leur causerie, et quelle causerie ! Surprendre des lambeaux de souvenirs, des fragments de confidences ; sentir sur moi leur regard expansif et leur sourire abandonné ; les croire un instant mes amis, vivre de leur vie de tous les jours[181] !

Jules Claretie se rappelait ses hôtes assis chacun d'un côté de la cheminée, lui à gauche, elle à droite ; lui revenait cette aventure arrivée au révolutionnaire russe Alexandre Herzen, partisan de l'abolition du servage, à qui Hugo avait dit, devant Juliette : « – Je vous présente le véritable auteur de *La Légende des siècles*, des *Travailleurs de la mer* et de tout ce que j'ai écrit depuis Décembre, qui m'a protégé alors et sauvé[182]. »

C'était gentiment dit, et bien trouvé, mais ce n'était pas vrai. Juliette n'avait pas écrit son œuvre. En revanche, elle l'avait bien protégé, sauvé, et pas seulement du Deux-Décembre. Elle l'avait guéri de la peur de l'abandon, approuvé dans ses choix, aidé dans ses combats et tiré vers le haut. Il l'avait fait entrer en littérature, devenir épistolière, portraitiste attendrie ou acerbe, philosophe sans le savoir ; il lui avait appris la politique, qu'elle voyait par ses yeux, devenue républicaine après avoir eu si peur du spectre rouge. En retour, il écoutait ce qu'elle disait du monde.

À ce qu'elle avait subi jeune fille, aux sacrifices qu'elle avait consentis pour lui, aux confidences qu'elle recueillait, aux histoires qu'elle lui rapportait, aux discours de vérité qu'elle lui tenait, aux cris d'amour et d'indignation dont ses lettres étaient pleines, il avait compris que la faute de la prostitution incombe aux hommes, que les femmes sont capables d'un dévouement sans borne comme d'héroïsme quotidien et que le dogme peut servir à les soumettre. Elle l'avait éveillé aux scandales de l'exploitation, de l'enfance martyrisée, de la misère et du préjugé. Elle lui avait montré l'exemple du pardon. Cosette l'orpheline, Fantine la misérable, Tisbe la sacrifiée, Maria de Neubourg la cloîtrée, Zabeth la révoltée, Michèle Fléchard l'obstinée, Jeannie la généreuse, Mademoiselle Baptistine la confiante et Sœur Simplice l'audacieuse en sont encore témoins : il avait bien un peu nourri son œuvre des idées qu'elle avait.

État de la recherche : sources et documents principaux

Pour l'enfance, les années de formation, les premières amours et la carrière d'actrice de Juliette Drouet, longtemps restées obscures, mon information doit beaucoup aux recherches effectuées par Gérard Pouchain pour les premiers chapitres de la biographie *Juliette Drouet ou « la dépaysée »* parue en 1992[1]. Trente ans plus tard, c'est à ses encouragements, sa curiosité et son aide que je dois de m'être autorisée à mon tour cette aventure biographique, à la lumière de l'édition en ligne intégrale des quelque 22 000 *Lettres à Victor Hugo* que je dirige depuis 2006[2].

Écrit de leur rencontre en 1833 jusqu'à 1882, quelques mois avant la mort de Juliette Drouet, ce journal épistolaire est une source majeure. L'outil numérique que nous nous sommes forgé offre des ressources dont ne disposaient pas nos prédécesseurs. Encadré par un comité scientifique composé de spécialistes de Victor Hugo, du romantisme ou des écritures de soi (Chantal Brière, Jean-Marc Hovasse, Sylvain Ledda, Gérard Pouchain, Guy Rosa, Nicole Savy, Françoise Simonet-Tenant), ce site créé en 2012 par Tony Gheeraert et administré par Hélène Hôte accueille les transcriptions annotées, indexées et mises en ligne par une centaine d'enseignants-chercheurs, professeurs de lettres, docteurs et étudiants de master[3]. La majorité de ces lettres sont conservées à la Bibliothèque nationale de France ; un grand nombre le sont à la Maison de Victor Hugo de la place des Vosges ; on en trouve aussi à la Bibliothèque historique de la Ville de Paris, aux Archives municipales de Saint-Mandé, dans les bibliothèques des universités anglaises de Leeds et de Manchester, à la Maison de Poésie – Fondation Émile-Blémont, à la médiathèque La Clairière de Fougères (ville natale de Juliette Drouet), à la bibliothèque patrimoniale Romain-Gary de Nice, au Musée Victor-Hugo – Maison Vacquerie de Villequier, à la Maison littéraire Victor-Hugo de Bièvres, au musée de Waterloo (fonds José-Camby), aux Archives et musée de la littérature de Bruxelles. Celles qui sont conservées dans les bibliothèques américaines (Harvard University Houghton Library, Yale University Beinecke Rare Books and Manuscripts Library, Syracuse University Library, Pierpont Morgan Rare Book Library) ont été publiées par Gérard Pouchain et Marva Barnett [4]. Le reste est essentiellement dispersé chez des collectionneurs, et passe régulièrement en vente publique.

La correspondance de Pradier, remarquablement éditée par le généreux Douglas Siler, fournit beaucoup de circonstances de la vie de Juliette Drouet avant sa rencontre avec Hugo [5]. Les lettres familiales de Juliette Drouet à sa sœur, son beau-frère, son neveu et sa nièce ont été éditées par Gérard Pouchain [6], qui a aussi publié plusieurs récits de souvenirs de Juliette Drouet (sa jeunesse au couvent, le voyage de 1843, la révolution de 1848, le coup d'État, la visite à une famille chinoise à Bruxelles, quelques semaines de la vie à Jersey, des conversations) [7] ; ils font apparaître le rôle de documentaliste joué occasionnellement par Juliette Drouet auprès de Victor Hugo. Les lettres qu'elle a écrites à ses amies, encore inédites, renseignent sur la représentation qu'elle donne de son couple.

Les carnets, journaux et agendas de Victor Hugo sont une autre mine. Ils sont en partie accessibles, comme sa correspondance, dans l'édition chronologique des œuvres complètes de Victor Hugo publiées au Club français du livre sous la direction de Jean Massin [8]. Réunis sous le titre *Carnets d'amour à Juliette Drouet (1833-1834)*, trois carnets tenus par l'un ou l'autre lors des deux premières années de leur relation réunissent des déclarations, billets doux et poèmes composés par lui pour elle [9]. Nous avons aussi consulté des carnets inédits.

Bien d'autres sources nous ont été utiles, dont la presse. Nous n'avons mentionné ici que les principales.

Avant nous, d'autres ont écrit des vies de Juliette Drouet. On ne les citera pas toutes ici, ni même en bibliographie, certaines étant de seconde ou de troisième main, ou de peu d'intérêt. La monographie de l'Américain Henry Wellington Wack (1905), parue à New York et Londres et traduite en français avec une préface de François Coppée [10], est plus une compilation de documents collectionnés qu'un récit de vie. Le livre de Louis Guimbaud (1914 [11]) est à la fois une biographie (la première vraiment développée, mais non dénuée de stéréotypes) et une anthologie ; son auteur eut le mérite de faire découvrir la plume de Juliette Drouet ; son choix de lettres se porte sur les plus spectaculaires dans l'expression du sentiment amoureux, donnant de l'épistolière l'image d'une femme souffrante et obsédée par sa passion. Louis Barthou a fourni des informations complémentaires précieuses dans son ouvrage sur les amours de Victor Hugo [12] ; Jean-Pierre Barbier et Maurice Levaillant ont aussi publié des documents inédits [13] ; Jean Savant a effectué des découvertes dans sa série consacrée à *La Vie sentimentale de Victor Hugo* [14]. Paul Souchon a mené son enquête dans plusieurs publications ; le nom de la collection où sort sa petite biographie, « Amantes et égéries » (1941 [15]), et son titre *Juliette Drouet inspiratrice de Victor Hugo*, comme celui de son ouvrage *La Servitude amoureuse de Juliette Drouet à Victor Hugo*, témoignent de la manière dont on a longtemps réduit Juliette Drouet à une muse, et sa présence au côté de Hugo à un rapport de dépendance érotisée. Sa principale anthologie (1951 [16]), qui reprend en partie certaines lettres éditées par Guimbaud, et en ajoute de nouvelles jusqu'alors inédites, opère le même genre de choix que son prédécesseur, en ciblant l'expression de la passion exigeante et le plus souvent malheureuse. Les lettres publiées dans l'édition chronologique Massin reprennent les éditions de Guimbaud et Souchon, jusqu'à en reproduire les coupures, les fautes de lecture et les erreurs de datation. Dans cette même édition Massin, Jean Gaudon édite les lettres de Victor à Juliette, et les procure aussi en volumes séparés (1964, 1985 puis 2001 [17]) incluant *Le Livre de l'anniversaire*. Celui-ci est intégré par Gérard Pouchain à une anthologie comprenant toutes les lettres des deux amants qui célèbrent, quand revient la date des 16-17 février, le souvenir de leurs premières étreintes (2005 [18]). L'anthologie procurée par Evelyn Blewer (1985, puis 2001 [19]) procède d'un choix différent. La passion amoureuse n'en est pas le seul thème. Le choix, la préface et l'annotation mettent aussi en valeur la verve, la personnalité attachante, l'originalité et l'esprit de Juliette.

Deux ouvrages collectifs témoignent de l'intérêt grandissant des chercheurs pour Juliette Drouet. Le premier est le catalogue de l'exposition qui lui fut consacrée pour le bicentenaire de sa naissance, en 2006, à la Maison de Victor Hugo de la place des Vosges [20] ; dans le cadre de cette manifestation, une journée d'études organisée par Gérard Pouchain (commissaire de l'exposition) et Arnaud Laster a semé dans mon esprit l'idée d'entreprendre l'édition intégrale en ligne du journal épistolaire. Le second ouvrage collectif en est donc la conséquence lointaine, onze ans plus tard : ce sont les actes du colloque *Juliette Drouet épistolière* que j'ai organisé avec Françoise Simonet-Tenant les 16-17 octobre 2017, à la Maison de Victor Hugo de la place des Vosges, et à la Bibliothèque nationale de France. Il a permis à mes étudiantes de thèse et de master ayant édité à elles seules plus du quart du corpus (Mmes Duthion, Kieffer, Heute, Paploray, Sifferlen, Stranart) de livrer les résultats de leur recherche, parmi d'autres experts, chercheurs et conservateurs spécialistes de Hugo ou des écritures de soi [21].

Dans son livre sur les dessins de Victor Hugo, Gérard Audinet identifie les œuvres graphiques composées chez ou pour Juliette, dont ses décorations pour ses différents domiciles, et notamment pour ses maisons de Guernesey [22]. Il m'a été très utile, ainsi que les notices des collections de la Maison de Victor Hugo accessibles sur le site de Paris Musées. L'iconographie de ce volume et les renseignements qu'il contient sur les maisons de Juliette et l'œuvre plastique de Hugo doivent beaucoup à son expertise heureuse et à son hospitalière disponibilité.

Tout chercheur qui s'intéresse à Victor Hugo consulte régulièrement la chronologie Massin informatisée et mise à jour sur le site « Victor Hugo » par Guy Rosa [23]. On trouvera aussi sur ce site la bibliographie des œuvres de et sur Victor Hugo établie par Jacques Cassier, et son catalogue de sa correspondance publiée. Les notes et notices de l'édition d'*Histoire d'un crime* élaborées par Guy Rosa sont aussi une mine d'informations [24]. Son introduction à *Ce que c'est que l'exil* m'a aussi inspirée [25]. Mon livre doit plus que je ne pourrais le dire à son style et sa vision ; il n'a ménagé ni son temps ni son attention pour me les faire partager.

Les biographies de Victor Hugo ne manquent pas. Nombre d'entre elles véhiculent d'anciens clichés et légendes, ou prêtent à Hugo des sentiments et intentions qu'on ignore. J'ai consulté celle d'Hubert Juin, qui suit la chronologie Massin [26], et celle de Graham Robb, qui commente aussi l'œuvre [27]. Les deux qui suivent m'ont été vraiment indispensables. Celle d'Annette Rosa est un récit énergique, lumineux et inspiré [28]. J'ai gardé pour la fin la magistrale biographie de Victor Hugo par Jean-Marc Hovasse chez Fayard (2001 et 2008), savant ultime et généreux, compagnon de route infatigable. Alpha et oméga, cet ouvrage, qui est aussi étude de l'œuvre, peinture de la vie littéraire et histoire du XIXe siècle [29], contient en creux une biographie de Juliette Drouet. La vie de l'une ne va pas sans l'autre.

Notes

Première partie
Comment Julienne Gauvain
devint Mlle Juliette
(1806-1832)

I. L'ORPHELINE AU COUVENT (1806-1821)

1. Victor Hugo, « Les Pauvres Gens », *La Légende des siècles*, XIII, 3. **2.** Ces renseignements, comme bien d'autres dans ce chapitre et les trois suivants, viennent des recherches de Gérard Pouchain, qui nourrissent la première partie de *Juliette Drouet ou « la dépaysée »*, Fayard, 1992. **3.** Voir Gérard Pouchain, *Juliette Drouet ou « la dépaysée »*, *op. cit.*, p. 16. **4.** Son nom figure sur l'*État nominatif des chouans rentrés.* **5.** La maison fut rasée en 1921, d'après Alfred Jamaux à qui nous empruntons les renseignements qu'il a trouvés dans les Archives (*Victor Hugo en Bretagne*, Cristel, 2002), dont le cadastre et l'inventaire notarial après décès. **6.** Le fer à dépresser sert à réduire le lustre imprimé au drap par la presse. **7.** On conservait de l'eau bénite pour se signer, dans un petit bénitier en biscuit, porcelaine ou faïence, parfois en forme de coquille Saint-Jacques, surmonté d'un crucifix, d'un ange ou d'une figurine de la Vierge. La « boîte à bonne Vierge » désigne-t-elle le bénitier surmonté d'une Vierge abritée par une voûte, une statuette de Vierge à l'enfant recouverte d'une cloche de verre ou posée sur un petit autel en carton et dentelle ? [Remerciements à Mgr Descubes et à Dominique Millet-Gérard.] **8.** Le 31 octobre 1807. Alfred Jamaux en a retrouvé le procès-verbal et donne dans son étude maints autres renseignements sur l'identité des personnes. **9.** On doit cette découverte et cette hypothèse à Alfred Jamaux, *Victor Hugo en Bretagne*, *op. cit.* **10.** 6 avril 1840 [Chantal Brière]. **11.** Arsène Houssaye, *Les Confessions. Souvenirs d'un demi-siècle, 1830-1890*, Dentu, 1885-1891, t. V, Livre XLI, p. 298. **12.** Gérard Pouchain évoque cette hypothèse dans *Juliette Drouet ou « la dépaysée »*, *op. cit.*, p. 20. **13.** Victor Hugo à Juliette Drouet, 27 juillet 1837 ; Victor Hugo, *Œuvres complètes*, Club français du livre, 1967-1970 [désormais abrégé CFL], t. V, p. 1248. **14.** 14 novembre 1842 [Mézeret / N.]. **15.** 3 février 1841 [Gwenaëlle Sifferlen / N.]. **16.** 21 juillet 1841 [Sifferlen / N.]. **17.** Juliette Drouet à sa sœur et son beau-frère, 21 novembre 1869 ; *Lettres familiales*, éd. Gérard Pouchain, Presses universitaires de Rouen et du Havre, 2019 [désormais abrégé *LF*], p. 209. **18.** Voir Gérard Pouchain, *Juliette Drouet ou « la dépaysée »*, *op. cit.*, p. 15, 17, 22. **19.** Arsène Houssaye, *Les Confessions…*, *op. cit.*, p. 299. **20.** Nicolas Brazier, *Chronique des petits théâtres de Paris, depuis leur création jusqu'à ce jour* [1837], Georges d'Heylli, 1883, t. I, p. 300. **21.** La seconde dizaine des arrondissements sera intégrée à Paris sous le Second Empire. **22.** Voir Catherine Naugrette-Christophe, *Paris sous le Second Empire. Le Théâtre et la Ville*, Librairie théâtrale, 1998, p. 182-201. **23.** Arsène Houssaye, *Les Confessions…*, *op. cit.*, p. 299. **24.** L'anecdote est rapportée par Théodore Faucheur dans son *Histoire du boulevard du Temple*, Dentu, 1863, p. 44-45. **25.** Juliette Drouet, « Souvenirs d'une pensionnaire », in *Souvenirs. 1843-1854*, édition de Gérard Pouchain, Des femmes – Antoinette Fouque, 2006, p. 128. **26.** *Ibid.*, p. 130. **27.** *Ibid.*, p. 132. **28.** *Ibid.* **29.** *Ibid.*, p. 126 ; *Les Misérables* [1862], II, VI, 5, Robert Laffont, « Bouquins », 1985, p. 391. **30.** Juliette Drouet, « Souvenirs d'une pensionnaire », in *Souvenirs. 1843-1854*, *op. cit.*, p. 127. **31.** Victor Hugo, *Les Misérables*, *op. cit.*, p. 391. **32.** *Ibid.*, p. 393.

II. Le nez hors du ruisseau (1822-1828)

1. Voir Gérard Pouchain, *Juliette Drouet ou « la dépaysée »*, *op. cit.*, p. 32. **2.** Juliette Drouet à Victor Hugo, 9 août 1833 [Jeanne Stranart et Véronique Cantos / N.]. **3.** Juliette Drouet à Victor Hugo, 24 février 1843 [Olivia Paploray / N.]. **4.** 23 février 1846 [Audrey Vala / N.]. **5.** Victor Hugo, *Marie Tudor* [1833], in *Théâtre II*, Robert Laffont, « Bouquins », 1985, p. 1094 et p. 1123. **6.** 9 juillet 1841 [Sifferlen / N.]. **7.** *Angelo, tyran de Padoue* [1835], in *Théâtre II*, *op. cit.*, p. 1280. **8.** Victor Hugo, *Les Misérables*, *op. cit.*, p. 98-99. **9.** 25 mars 1838 [Baty / P.]. **10.** Voir Arnaud Laster, « Quand les personnages du théâtre de Victor Hugo parlent comme Juliette », *Juliette Drouet. Mon âme à ton cœur s'est donnée. Victor Hugo*, Paris Musées, 2006, p. 43-47 ; du même auteur, « Juliette et la clef possible de quelques noms », *Pleins feux sur Victor Hugo*, Comédie-Française, 1981, p. 71-72. **11.** Victor Hugo, préface d'*Angelo, tyran de Padoue*, in *Théâtre II*, *op. cit.*, p. 1189. **12.** Alphonse Karr en témoigne dans l'article de *L'Artiste* qu'il lui consacre en 1832, p. 225-226. Hennet de Kesler, compagnon d'exil de Hugo, raconte à Gertrude Tennant (*Mes souvenirs sur Hugo et Flaubert*, De Fallois, 2020, p. 108) que Juliette a été l'élève de Redouté. **13.** Son portrait par Gérard avait été gravé par le frère de Pradier, Charles-Simon, vers 1811. [Remerciements à Douglas Siler.] **14.** 13 mars 1852 [Chantal Brière]. **15.** Théophile Gautier, « Mademoiselle Juliette », *Figaro*, 29 octobre 1837. Repris dans *Les Belles Femmes de Paris* (1839). Cité par Françoise Court-Pérez : Théophile Gautier, *Victor Hugo*, Honoré Champion, 2000, p. 191. **16.** Gérard Pouchain a démenti cette légende sans fondement d'une liaison de Juliette avec le comte Demidoff, déjà mise en doute par Jean Savant. **17.** Parmi eux, je remercie Douglas Siler pour son aide et ses indications. **18.** 5 septembre 1870 [Naugrette]. L'année suivante, *La Ville de Strasbourg* sera drapée d'un crêpe noir après le rattachement de l'Alsace-Lorraine à l'Allemagne, en attendant d'être fleurie et ornée de drapeaux tricolores à l'armistice de 1918 pour fêter le retour de la province en France. **19.** Douglas Siler expose son enquête sur Marianne Brun dans son édition de la *Correspondance* de Pradier [désormais abrégé *Corr.*], Genève, Droz, 1984, t. I, p. 71-72, n. 3. **20.** Antoine Étex, *J. Pradier. Étude sur sa vie et ses ouvrages*, Paris, chez l'auteur, rue de l'Ouest, 1859, p. 23. **21.** Laure Krafft est la fille d'un architecte autrichien immigré, auteur d'ouvrages sur les maisons de Paris, les bâtiments et jardins de France, d'Angleterre et d'Allemagne. **22.** Elle raconta ce souvenir à John Pradier, fils légitime de James, invité à dîner chez Hugo – en 1878 (voir *Corr.*, t. I, p. 103, n. 1). **23.** Jules Canonge, *Passim. Notes, souvenirs et documents d'art contemporain*, Jules Tardieu éditeur, 1863, p. 17. **24.** Antoine Étex, *J. Pradier. Étude sur sa vie et ses ouvrages*, *op. cit.*, p. 14. **25.** Je dois cette information à Douglas Siler. **26.** Douglas Siler le note (*Corr.*, t. I, p. 181, n. 3). Sa fuite en Allemagne avec Scipion Pinel est le signe que sa passion pour lui était plus forte que son attachement au père de Claire. **27.** Ce certificat a été trouvé et publié par Douglas Siler, *ibid.*, p. 144. **28.** Je dois encore ce renseignement à Douglas Siler. **29.** Mme Dupuis à Pradier, 13 mai 1828 ; *Corr.*, t. I, p. 143. **30.** Michel Foucault, dans son *Histoire de la folie*, critique le conformisme normatif de cette conception, qui en son temps constituait pourtant un progrès dans l'approche humaine et morale de la maladie mentale. **31.** Dr René Semelaigne, *Aliénistes et philanthropes. Les Pinel et les Tuke*, G. Steinheil éditeur, 1912, p. 217 et 229. **32.** *Gazette des tribunaux*, jeudi 19 avril 1832, n° 2084. **33.** Gustave Rivet, *Victor Hugo chez lui*, Maurice Dreyfous éditeur, 1878, p. 30-32. **34.** James Pradier à Juliette Drouet, 11 (et 12 ?) août 1828, *Corr.*, t. I, p. 158 et 161. **35.** [s. d.] 1834 [Stranart / N.]. **36.** James Pradier à Juliette Drouet, 14 octobre 1828 ; *Corr.*, t. I, p. 162. **37.** James Pradier à Juliette Drouet, 4 novembre 1828 ; *ibid.*, t. I, p. 164.

III. Débuts à Bruxelles (1828-1829)

1. Voir Cécile Vanderpelen-Diagre, *Le Théâtre royal du Parc. Histoire d'un lieu de sociabilité bruxellois (de 1782 à nos jours)*, Éditions de l'université de Bruxelles, 2008. **2.** Scribe pratiquait beaucoup la collaboration, pratique courante à l'époque, soit par affinités entre auteurs, soit pour allier un bon « charpentier », ou « carcassier », qui savait composer une intrigue, à un bon dialoguiste. **3.** En 1829, à l'initiative de Scribe, deux agences, héritières du Bureau de législation dramatique fondé par Beaumarchais en 1777 pour obtenir la rémunération des auteurs en proportion du succès commercial de leurs œuvres et non plus au forfait, fusionnent pour donner naissance à la Société des auteurs dramatiques. Elle devient la Société des auteurs et compositeurs dramatiques en 1837. Sur Scribe, voir Jean-Claude Yon, *Eugène Scribe. La Fortune et la Liberté*, Nizet, 2000. **4.** Douglas Siler récapitule ce qu'on peut savoir de cette Mme Giraudier dans James Pradier, *Corr.*, p. 160, n. 2. **5.** 10 novembre 1828 ; *ibid.*, p. 165. **6.** On tient ces renseignements de Douglas Siler, *ibid.*, p. 166, note 1. **7.** 10 novembre 1828, *ibid.*, p. 165. **8.** 27 novembre 1828, *ibid.*, p. 173. **9.** 27 novembre 1828 ; *ibid.*, t. I, p. 173. **10.** 10 novembre 1828 ; *ibid.*, t. I, p. 165. **11.** 27 novembre 1828 ; *ibid.*, t. I, p. 173. **12.** 4 novembre 1828 ; *ibid.*, t. I, p. 164. **13.** 27 novembre 1828 ; *ibid.*, t. I, p. 173. **14.** 24 novembre 1828 ; *ibid.*, t. I, p. 171. **15.** La plaquette de Gustave Charlier *Juliette Drouet à Bruxelles* (Bruxelles, M. Weissenbruch, 1919) a rectifié les approximations de ses devanciers. Elle signale les dates et titres des pièces où elle joua en Belgique, et donne des extraits du dossier de presse. Gérard Pouchain a complété ce travail (*Juliette Drouet ou « la dépaysée »*, *op. cit.*, p. 47-54). **16.** Scribe et De Courcy, *Simple histoire*, Pollet, 1826, p. 8. **17.** *Gazette des Pays-Bas*, 17 décembre 1828 ; citée par Gérard Pouchain, *Juliette Drouet ou « la dépaysée »*, *op. cit.*, p. 49. **18.** Cité par Douglas Siler (*Corr.*, t. I, p. 178). **19.** Gérard Pouchain cite le journal qui rapporte les faits, in *Juliette Drouet ou « la dépaysée »*, *op. cit.*, p. 48. **20.** *L'Argus*, 21 décembre 1828, p. 812 ; cité *ibid.*, p. 50. **21.** *Gazette des Pays-Bas*, 17 décembre 1828 ; cité *ibid.*, p. 49. **22.** 12 décembre 1828 ;

Corr., t. I, p. 177. **23.** Pradier ne s'y trompe pas : « C'est un joli rôle où il faut bien du naturel, et l'enfance qui se fait toujours reconnaître au milieu de son air de protection est bien facile à rendre pour toi. » (12 décembre 1828 ; *Corr.*, t. I, p. 177.) **24.** *L'Impartial*, 21 décembre 1828 ; cité par Gérard Pouchain, *Juliette Drouet ou « la dépaysée »*, *op. cit.*, p. 51. **25.** James Pradier à Juliette Drouet, 21 décembre 1828 ; *Corr.*, t. I, p. 179. **26.** James Pradier à Henry, fin décembre 1828 ; *ibid.*, p. 182. **27.** 21 décembre 1828 ; *ibid.*, p. 179. **28.** *L'Impartial*, t. I, p. 223 ; cité par Gérard Pouchain, *Juliette Drouet ou « la dépaysée »*, *op. cit.*, p. 52. **29.** Pièce créée au Théâtre de la Cité le 22 thermidor de l'an VI. **30.** *Le Journal de la Belgique*, 24 février 1829 ; cité par Gustave Charlier, « Les singuliers débuts de Juliette Drouet à Bruxelles où couve déjà une révolution », *Les Cahiers léopoldiens*, n° 8, août-septembre 1961, p. 75-88. **31.** On le sait par la réponse que lui adresse Pradier le 17 février 1829 ; *Corr.*, t. I, p. 195. **32.** On reprend cette supposition à Gérard Pouchain, *Juliette Drouet ou « la dépaysée »*, *op. cit.*, p. 53. **33.** 18 janvier 1829 ; *Corr.*, t. I, p. 188. **34.** 6 (?) mars 1829 ; *ibid.*, t. I, p. 197. **35.** 17 février 1829 ; *ibid.*, t. I, p. 195. **36.** 3 avril 1829 ; *ibid.*, p. 199.

IV. Brûler les planches (1829-1831)

1. C'est Gérard Pouchain qui a reconstitué sa carrière et établi son dossier de presse, dans *Juliette Drouet ou « la dépaysée »*, *op. cit.*, p. 55-109. **2.** Evelyn Blewer, dans *La « Campagne » d'Hernani*, retrace les démêlés de Hugo avec la presse pendant les mois qui ont précédé et suivi la création. **3.** Il y avait mené un premier essai infructueux en 1828 où son drame *Amy Robsart* avait chuté à l'Odéon. **4.** Heinrich Heine, cité par Henry Lyonnet, *Dictionnaire des comédiens, ceux d'hier : biographie, bibliographie*, Genève, Bibliothèque de la *Revue internationale illustrée*, 1912, t. I, p. 180. **5.** *L'Homme du monde* d'Ancelot et Saintine, drame en cinq actes représenté pour la première fois au Théâtre royal de l'Odéon, le 25 octobre 1827. **6.** Voir le chapitre que Sylvie Vielledent consacre aux parodies d'*Hernani* dans *1830 aux théâtres*, Honoré Champion, 2009, p. 31-103. **7.** *Le Journal des comédiens*, 4 avril 1830 ; cité par Gérard Pouchain, in *Juliette Drouet ou « la dépaysée »*, *op. cit.*, p. 63. **8.** *La Silhouette. Journal des caricatures, Beaux-Arts, Dessins, Mœurs, Théâtres, etc.*, 1830, 2e volume, 4e livraison, p. 41. **9.** Sauvage, Georges et Ozanneaux sont les auteurs de ce mélodrame en trois actes. **10.** *Feuilleton du Journal des comédiens*, 16 mai 1830. Le *Feuilleton du Journal des comédiens* détaille les mises en scène des pièces à succès. **11.** *Le Feuilleton du Journal des comédiens*, 16 mai 1830. **12.** Voir Sylvie Vielledent, *1830 aux théâtres*, *op. cit*, p. 140-142. **13.** Voir la partie « Les barricades » de l'ouvrage de Sylvie Vielledent, *1830 aux théâtres*, *op. cit.*, p. 105-246. *Aben Humeya* y est évoqué p. 140-142. **14.** Voir la partie « Napoléon » de l'ouvrage de Sylvie Vielledent, *1830 aux théâtres*, *op. cit.*, p. 389-552. **15.** Sylvie Vielledent, *1830 aux théâtres*, *op. cit.*, p. 392-393. **16.** Dans la réalité, on avait retrouvé sur Staps un couteau et le portrait d'une jeune fille. En 1809, le patriote autrichien fut reçu par l'Empereur qui lui proposa en vain de le gracier, puis fusillé sept mois plus tard après sa condamnation par un tribunal militaire. **17.** Lucas-Dubreton, cité par Sylvie Vielledent, *1830 aux théâtres*, *op. cit.*, p. 445. **18.** *Le Foyer*, 12 décembre 1834 ; cité par Gérard Pouchain, in *Juliette Drouet ou « la dépaysée »*, *op. cit.*, p. 76. **19.** Voir Sylvie Vielledent, « Les Jésuites », in *1830 aux théâtres*, *op. cit.*, p. 247-324. **20.** Le 15 octobre 1830. C'était une représentation à bénéfice pour le comédien Jemma. Les représentations à bénéfice garantissaient quelques revenus aux comédiens dans le besoin ou partant en retraite. **21.** *Le Courrier français*, 30 mai 1831. **22.** *Le Cabinet de lecture*, 4 juin 1831. **23.** Elle ne l'a pas créé, mais le reprend le 19 juin 1831. **24.** Alexandre Soumet, *Norma, ou l'Infanticide*, Barba, 1831, p. 84. **25.** C'est ce qu'explique Maurizio Melai, dans *Les Derniers Feux de la tragédie classique au temps du romantisme*, PUPS, 2015, p. 177-179. **26.** James Pradier à Juliette Drouet, vers le 11 novembre 1831 ; *Corr.*, t. I, p. 245. **27.** Alexandre Dumas, *Mes Mémoires*, t. II, *1830-1833*, Robert Laffont, « Bouquins », 1989, p. 583. **28.** Arnould et Fournier, *Catherine II*, Barba, 1831, p. 80. **29.** *Courrier des théâtres*, 30 septembre 1831.

V. AMANTS, BIENFAITEURS, AMIS ET PARASITES (1829-1832)

1. Cité par Gérard Pouchain, in *Juliette Drouet ou « la dépaysée »*, *op. cit.*, p. 86. **2.** Voir la mise au point de Gérard Pouchain, *ibid.*, p. 84-89. **3.** Paul Chenay, *Victor Hugo à Guernesey*, Félix Juven, 1902, p. 158. **4.** Léon Séché, « Juliette Drouet d'après des documents inédits », *La Revue de Paris*, 15 février 1903, p. 730. **5.** Cette recherche a été effectuée par Gérard Pouchain. **6.** James Pradier à Juliette Drouet, vers le 11 novembre 1831 ; *Corr.*, t. I, p. 245. **7.** On remercie Elena Oliva d'avoir mené pour nous cette enquête. **8.** J'emprunte cette hypothèse à la fois intéressante et invérifiable à Gérard Pouchain, *Juliette Drouet ou « la dépaysée »*, *op. cit.*, p. 89. **9.** Je dois cette découverte à l'appui de Matilde Esposito, qui a traduit pour moi les passages du journal de Peruzzi où il est question de Giulia. **10.** Voir *infra*, chap. VIII, « Cris et renoncements », p. 118. **11.** Arsène Houssaye, *Les Confessions. Souvenirs d'un demi-siècle (1830-1880)*, *op. cit.*, t. V, p. 300. **12.** Philibert Audebrand, *Mémoires d'un passant*, Calmann-Lévy, 1893, p. 309.

VI. ALEXANDRE DUMAS ET SA CAMARADERIE (1832)

1. Dans ce chapitre, nombre d'informations sur les engagements et la réception critique du jeu de Juliette, et sur ses ennuis judiciaires, proviennent des recherches effectuées par Gérard Pouchain, *Juliette Drouet ou « la dépaysée »*, *op. cit.*, p. 91-109. **2.** *Journal des débats*, 19 mars 1832, p. 2-3. **3.** Gustave Planche, *Portraits littéraires*, Paris, Charpentier, 1848, p. 271. **4.** *L'Entracte*, 3 avril 1832. **5.** James Pradier à Juliette Drouet, 13 avril 1832 ; *Corr.*, t. I, p. 254. **6.** Cité par Alexandre Dumas dans ses *Mémoires*, t. II, p. 713. **7.** *Ibid.* **8.** *Gazette des tribunaux*, 19 avril 1832. **9.** James Pradier à Juliette Drouet, 30 avril 1832 ; *Corr.*, t. I, p. 258. **10.** Claire Pradier à sa mère, 21 mai 1832 ; *ibid.*, p. 260. **11.** *Gazette des théâtres*, 29 avril 1832. **12.** Je reprends ces informations à Gérard Pouchain, *Juliette Drouet ou « la dépaysée »*, *op. cit.*, p. 97. Les nouvelles usurières ont pour nom Delaunay et Marcillac. **13.** *L'Entracte*, 14 juillet 1832. **14.** *Le Courrier français*, 16 juillet 1832. **15.** James Pradier à Juliette Drouet, 11 juillet 1832 ; *Corr.*, t. I, p. 267. **16.** James Pradier à Juliette Drouet, 8 juillet 1832 ; *ibid.*, p. 265. **17.** James Pradier à Juliette Drouet, 11 juillet 1832 ; *ibid.*, p. 267. **18.** Alexandre Dumas, *Mes Mémoires*, t. II, p. 651. **19.** *La France nouvelle*, 16 août 1832. **20.** Les auteurs en sont Varin, Desvergers et Lubize. **21.** James Pradier à Juliette Drouet, 27 décembre 1832 ; *Corr.*, t. I, p. 285. **22.** Maxime Du Camp, *Mémoires d'un vieil homme de lettres*, Bibliothèque de l'Institut, fonds Maxime Du Camp, 38, ms. 3755, f° 22 ; cités par Douglas Siler, *Corr.*, t. I, p. 281. **23.** Voir

Claude Schopp, *Alexandre Dumas* [1985], Fayard, 2002, p. 224-232. **24.** Cité par Louis-Henry Lecomte, *Alexandre Dumas*, Paris, Tallandier, 1902, p. 172. Lemaître joue le rôle principal. **25.** Voir Claude Schopp, *Alexandre Dumas*, *op. cit.*, p. 244. **26.** Je reprends ce décompte à Gérard Pouchain, *Juliette Drouet ou « la dépaysée »*, *op. cit.*, p. 103. **27.** *Le Régisseur des théâtres*, cité par Gérard Pouchain, *ibid.*, p. 103-104. **28.** L'admirateur signe Alfred. Collection particulière. **29.** *Le Figaro*, 8 décembre 1832. **30.** *Vert-vert*, 8 décembre 1832. **31.** *Gazette des théâtres*, 9 décembre 1832. **32.** Alphonse Karr, « Mlle Juliette, artiste de la Porte-Saint-Martin », *L'Artiste*, 1832, p. 225-226.

Deuxième partie
Vivre d'amour, mourir au monde
(1833-1851)

VII. Naître à l'amour (1833)

1. Victor Hugo, « À Ol. », *Les Voix intérieures*, XII. **2.** 6 novembre 1870 [Pouchain]. **3.** Victor Hugo à Juliette Drouet, 31 décembre 1854 ; *JG*, p. 212. **4.** « Discours prononcé par M. Victor Hugo, le 19 décembre 1832, devant le Tribunal du Commerce », *Théâtre I*, p. 845. **5.** Juliette Drouet à François Harel, 5 janvier 1833 ; coll. particulière. Le catalogue de vente qui reproduit cette lettre note qu'elle est accompagnée d'un billet autographe : « Cette lettre me fut envoyée le 5 janvier 1833 par M. Harel. V. H. » **6.** François Harel à Juliette Drouet, 10 janvier 1833 ; billet conservé à la BHVP, cité par Gérard Pouchain, *Juliette Drouet ou « la dépaysée »*, *op. cit.*, p. 111. Ce chapitre doit beaucoup aux pages 110-151 de cet ouvrage. **7.** *Victor Hugo raconté par Adèle Hugo*, édition dirigée par Annie Ubersfeld et Guy Rosa, Plon, « Les Mémorables », 1985, p. 519. **8.** S. d., BnF, Mss, 16322, f. 7-8 [Cantos et Stranart / N.]. **9.** *L'Observateur des tribunaux*, 1833, p. 37. **10.** *Gazette des tribunaux*, 26 janvier 1833, n° 2324. **11.** « Note » pour l'édition Furne, dans Victor Hugo, *Lucrèce Borgia*, *Théâtre I*, p. 1065. **12.** Théophile Gautier, « Mademoiselle Juliette », *Le Figaro*, série *Les Belles Femmes de Paris*, art. cité, 1837 ; *Théophile Gautier – Victor Hugo*, *op. cit.*, p. 190. **13.** Victor Hugo, « Note » [1841], in *Lucrèce Borgia*, p. 1065. **14.** Paul Foucher à Victor et Adèle Hugo, 3 février 1833 ; *Correspondance familiale et écrits intimes*, éd. Jean et Sheila Gaudon, Robert Laffont, « Bouquins » [désormais abrégé *CFEI*], t. II, p. 103. **15.** Juliette s'en souvient dans sa lettre du 15 février 1839. **16.** 16 février 1833 [Stranart et Cantos / N.]. **17.** Victor Hugo à Juliette Drouet, 16-17 février 1836 ; *JG*, p. 333. **18.** Invitation collée sur la première page du *Livre de l'anniversaire*, p. 333. **19.** 19 février 1833 ; CFL, t. IV, p. 1137-1138. **20.** Victor Hugo à Juliette Drouet, nuit du 17 au 18 février 1842 ; *JG*, p. 337. **21.** Victor Hugo à Juliette Drouet, 20 février 1849 ; *JG*, p. 181. **22.** Victor Hugo, *Les Misérables*, *op. cit.*, p. 1074. **23.** « La lettre de change », *Vert-vert*, 18 mars 1833. **24.** Alphonse Karr, *Une heure trop tard* [1833], Paris, Bureaux du Siècle, 1865, p. 140. **25.** Hermance Sandrin, « À V. H. », *Rêveuse*, Just-Tessier et Mame-Delaunay, p. 150. **26.** Pierre Foucher à Amélie Asseline, 27 juin 1833 ; Alfred Asseline, *Victor Hugo intime*, Paris, C. Marpon et E. Flammarion, 1885, p. 42-43. **27.** Victor Hugo à Victor Pavie, 25 juillet 1833 ; CFL, t. IV, p. 1106. **28.** Balzac à Mme Hanska, *Lettres à l'étrangère*, 29 mai-1er juin 1833 ; *Lettres à Mme Hanska*, éd. Roger Pierrot, Robert

Laffont, « Bouquins », t. I, 1990, p. 42. **29.** Gérard Pouchain, *Juliette Drouet ou « la dépaysée »*, *op. cit.*, p. 122. **30.** James Pradier à Juliette Drouet, 14 ou 19 mai 1833 (?) ; *Corr.*, t. I, p. 302. **31.** James Pradier à Juliette Drouet, 17 ou 18 juillet 1833 (?) ; *ibid.*, p. 312. **32.** François Harel à Juliette Drouet, 15 juillet 1833 (inédit conservé à la BHVP, cité par Gérard Pouchain, in *Juliette Drouet ou « la dépaysée »*, *op. cit.*, p. 127). **33.** *Gazette des théâtres*, 18 juillet 1833. **34.** Gustave Flaubert, Lettre à Ernest Chevalier, 3 septembre 1833 ; *Correspondance*, édition électronique dirigée par Yvan Leclerc et Danielle Girard : flaubert-v1.univ-rouen.fr/correspondance/ **35.** *Journal des débats*, 8 août 1833 ; *L'Estafette*, 9 août 1833. **36.** *Ibid.* **37.** Alphonse Karr, *Le Figaro*, 7 août 1833. **38.** Alphonse Karr, *Le Figaro*, 23 août 1833. **39.** S. d., 1833, BnF, Mss, NAF 16322, f. 50-51 [Stranart & Cantos / N.]. **40.** Victor Hugo, *Cahier de l'anniversaire*, textes recopiés par Juliette Drouet, édités par Jean-Marc Hovasse, *Juliette Drouet épistolière*, sous la direction de Florence Naugrette et Françoise Simonet-Tenant, Eurédit, 2019. **41.** *Ibid.*, p. 301. **42.** Victor Hugo, *Toute la lyre*, *Poésie IV*, Robert Laffont, « Bouquins », p. 407-408. **43.** Victor Hugo, *Cahier de l'anniversaire*, *op. cit.*, p. 293. **44.** Sainte-Beuve à Victor Pavie, 13 juillet 1833 ; CFL, t. IV, p. 1340. **45.** On doit cette hypothèse à Jean Gaudon, CFL, t. IV, p. 1151, n. 2. **46.** S. d., 1833, BnF, Mss, NAF 16322, f. 70-71. **47.** Jean Gaudon, « Présentation », CFL, t. IV, p. 1130. **48.** 17 août 1833 [Stranart & Cantos / N.]. **49.** S. d., 1833, BnF, Mss, NAF 16322, f. 40-41. **50.** S. d., 1833, BnF, Mss, NAF 16322, f. 86-87. **51.** S. d., 1833, BnF, Mss, NAF 16322, f. 102-103 [Stranart & Cantos / N.] **52.** Victor Hugo à Juliette Drouet, 1833 ; *JG*, p. 25. **53.** Juliette Drouet à Victor Hugo, 1833 ; *CFL*, t. IV, p. 1149. **54.** S. d., juin 1833, BnF, Mss, NAF 16322, f. 11-12 [Stranart & Cantos / N.]. **55.** S. d., BnF, Mss, NAF 16322, f. 21-23 [Stranart & Cantos / N.]. **56.** Victor Hugo à Juliette Drouet, octobre 1833 ; *JG*, p. 29. **57.** S. d., BnF, Mss, NAF 16322, f. 15-16 [Stranart & Cantos / N.]. **58.** S. d. (1833) ; *CFL*, t. IV, p. 1149. **59.** S. d., 1833, BnF, Mss, NAF 16322, f. 90-91. **60.** S. d., 1833, BnF, Mss, NAF 16322, f. 7-8. **61.** Victor Hugo, *Cahier de l'anniversaire*, *op. cit.*, p. 294. **62.** S. d., 1833, BnF, Mss, NAF 16322, f. 26-27. **63.** *Courrier des théâtres*, 6 septembre 1833. **64.** Par ce traité, selon Anne Ubersfeld, « les deux hommes se ligotaient mutuellement ». (*Le Roi et le Bouffon*, José Corti, 1974, p. 209. Sur le détail des tractations, voir p. 205 *sqq.*) **65.** Sylvain Ledda, *Des feux dans l'ombre. La représentation de la mort sur la scène romantique (1827-1835)*, Honoré Champion, 2009, p. 311-424. **66.** *Courrier des théâtres*, 16 septembre 1833. **67.** Lettre non datée (fin 1833) [Stranart / N.]. **68.** Granier de Cassagnac avait été introduit par Hugo auprès de Bertin l'Aîné, directeur du *Journal des débats*. **69.** *Gazette des théâtres*, 9 novembre 1833 ; *Gazette de France*, 10 novembre 1833. **70.** Voir Gérard Pouchain, chap. « La pauvre Jane », in *Juliette Drouet ou « la dépaysée »*, *op. cit.*, p. 141-151. **71.** *La Lanterne magique*, décembre 1833. **72.** *Gazette des théâtres*, 10 novembre 1833. **73.** *Le Courrier des théâtres*, 9 novembre 1833. **74.** *Brid'Oison*, 9 novembre 1833. **75.** *Brid'Oison*, 12 novembre 1833. **76.** *La Revue des deux mondes*, t. IV, 1833. **77.** *Vert-vert*, 9 novembre 1833. **78.** Victor Hugo à Juliette Drouet, après le 6 novembre 1833 ; *JG*, p. 30-31. **79.** *Gazette des théâtres*, 1er décembre 1833. **80.** S. d., automne 1833 [Lemaire].

VIII. Cris et renoncements (1834-1836)

1. *La Tribune des départements*, 9 décembre 1833. **2.** S. d. (1834), BnF, Mss, NAF 16322, f. 117-118 [Stranart / N.] **3.** S. d. (1834), BnF, Mss, NAF 16322, f. 294-295

[Stranart / N.]. **4.** La négociation aboutit le 13 février. Elle est engagée au 1er avril, après la fin de son contrat à la Porte-Saint-Martin. Le contrat stipule un engagement du 1er avril 1834 au 1er avril 1836. **5.** James Pradier à Juliette Drouet, 10 mars 1834 ; *Corr.*, t. II, p. 14. **6.** Dossier « Personnel (artistes) – Pensionnaires – Mlle Juliette », Archives nationales, F21-1085. **7.** *Ibid.* **8.** Voir Sheila Gaudon, « James Pradier, Victor Hugo et l'Arc de triomphe de l'Étoile », *RHLF*, 1968, septembre-octobre, p. 713-725. **9.** Victor Hugo, « M. Pradier et l'Arc de l'Étoile », *Revue de Paris*, nouvelle série, 1834, t. VII, 3e livre, p. 209-211. **10.** 4 juillet 1834 [Stranart / N.]. **11.** 2 août 1834 [Stranart / N.]. **12.** Victor Hugo à sa femme, Adèle, 8 août 1834 ; *CFEI*, t. II, 1991, p. 175. **13.** Carnet-Agenda de Victor Hugo pour Juliette Drouet, 9 août 1834 ; *Carnets d'amour à Juliette Drouet (1833-1834)*, éd. Jean-Marc Hovasse, Arnaud Laster, Florence Naugrette, Charles Méla et Danièle Gasiglia-Laster, Gallimard, 2022. **14.** Jean-Marc Hovasse raconte ce voyage, in *Victor Hugo*, t. I, *Avant l'exil. 1802-1851*, Fayard, 2001, p. 631-632. **15.** Adèle Hugo à Victor Hugo, 27 août 1834 ; *CFEI*, t. II, p. 188. **16.** 20 septembre 1834 [Stranart / N.]. **17.** Juliette Drouet à Charles Séchan ; citée par Louis Barthou, *Les Amours d'un poète*, Librairie Arthème Fayard, 1919, p. 189. **18.** *Ibid.*, p. 103. **19.** *Ibid.*, p. 204. **20.** 21 septembre 1835 [Stranart / N.]. **21.** Claire Pradier à sa mère, 20 novembre 1834. **22.** Juliette Drouet et Victor Hugo à Claire Pradier, 25 janvier 1835. **23.** S. d. (fin 1834), BnF, Mss, NAF 16322 [Stranart et Cantos / N.] **24.** Victor Hugo à Juliette Drouet, 26 février 1835 ; Gérard Pouchain, *Victor Hugo / Juliette Drouet, 50 ans de lettres d'amour (1833-1883)*, Ouest-France, 2005, p. 25. **25.** S. d. (1835), BnF, Mss, NAF 16323, f. 109-110 [Stranart / N.]. **26.** Jouslin de La Salle à Védel, 6 avril [1835] ; Bibliothèque-musée de la Comédie-Française. [Remerciements à Apolline Ponthieux.] **27.** C'est ce qu'explique le document sur l'engagement de Juliette Drouet conservé aux Archives nationales, cité ci-dessus. **28.** Dans une lettre à Hugo du 12 janvier 1836, elle annonce son intention de ne pas le renouveler. **29.** S. d. (1835), BnF, Mss, NAF 16323, f. 73-74 [Stranart / N.]. **30.** 28 avril 1835 [Stranart / N.]. **31.** S. d. (1835), BnF, Mss, NAF 16323, f. 75-76 [Stranart / N.]. **32.** S. d. (1835), BnF, Mss, NAF 16323, f. 185-186 [Stranart / N.]. **33.** S. d. (1835), BnF, Mss, NAF 16323, f. 147-148 [Stranart / N.]. *Cornaro, tyran pas doux* avait été créé au Vaudeville le 18 mai 1835. **34.** S. d. (1835), BnF, Mss, NAF 16323, f. 82-83 [Stranart / N.]. **35.** S. d. (1835), BnF, Mss, NAF 16323, f. 34-35 [Stranart et Cantos / N.]. **36.** S. d. (1835), BnF, Mss, NAF 16323, f. 24-25 [Stranart /N.]. **37.** S. d. (1835), BnF, Mss, NAF 16323, f. 54-55 [Stranart / N.]. **38.** S. d. (1835), BnF, Mss, NAF 16323, f. 281-282 [Stranart / N.]. **39.** 31 octobre 1835 [Stranart / N.]. **40.** S. d. (1835), BnF, Mss, NAF 16323, f. 259-260 [Stranart / N.]. **41.** S. d. (1835), BnF, Mss, NAF 16324, f. 112-113. **42.** Victor Hugo, « Anacréon, poète aux ondes érotiques », *Les Chants du crépuscule* (XIX). **43.** S. d. (1835), BnF, Mss, NAF 16323, f. 239-240 [Stranart / N.]. **44.** 17 septembre 1835 [Stranart / N.]. **45.** Victor Hugo à Juliette Drouet, 25 septembre 1835 ; *JG*, p. 73. **46.** 26 septembre 1835 [Stranart / N.]. **47.** Victor Hugo à Juliette Drouet, 31 décembre 1835 ; *JG*, p. 81. **48.** Sainte-Beuve à Béranger, 23 septembre 1835 ; CFL, t. V, p. 1078. **49.** Sainte-Beuve à Pavie, 26 septembre 1835 ; CFL, t. V, p. 1466. **50.** Sainte-Beuve, « *Les Chants du crépuscule*, poésies par M. Victor Hugo », *Revue des deux mondes*, novembre 1835, 1re quinzaine, p. 351-362. **51.** 1er et 2 novembre 1835 [Stranart / N.]. **52.** « *Date Lilia* », *Les Chants du crépuscule* (XXXIX). **53.** 2 décembre 1835 [Stranart / N.]. **54.** Dossier « Personnel (artistes) – Pensionnaires

– Mlle Juliette », Archives nationales, F21-1085. **55.** 27 février 1836 [André Maget / Guy Rosa]. **56.** 5 mars 1836 [Maget / Rosa]. **57.** 6 mars 1836 [Maget / Rosa]. **58.** Voir Jean-Claude Yon, *Une histoire du théâtre à Paris de la Révolution à la Grande Guerre*, Aubier, 2012, p. 71-72. **59.** 29 janvier 1836 [Maget / Rosa]. **60.** 13 mars 1836 [Maget / Rosa]. **61.** 13 mars 1836 [Maget / Rosa]. **62.** 19 mai 1836 [Korda / N.]. **63.** 20 mai 1836 [Louis Guimbaud, édition citée, p. 322]. **64.** Voir Jean-Marc Hovasse, *Victor Hugo*, t. I, *op. cit.*, p. 666-667. **65.** Cet album est conservé à la Maison de Victor Hugo. **66.** Victor Hugo à Adèle Hugo, 22 juin 1836 ; *CFEI*, t. II, p. 284. **67.** Jean-Marc Hovasse raconte ce voyage in *Victor Hugo*, t. I, *op. cit.*, p. 668-674. **68.** 21 juillet 1836 [Nicole Savy]. **69.** 26 juillet 1836 [Savy]. Le jeu de mots revient le 15 septembre 1836. **70.** Gérard Pouchain donne le compte rendu de l'audience, in *Juliette Drouet ou « la dépaysée »*, *op. cit.*, p. 177-179. **71.** 13 août 1836 [Savy]. **72.** 25 août 1836 [Savy]. Voir aussi la lettre du 23 août. **73.** 30 août 1836 [Savy]. Reprise d'une réplique de Gilbert dans *Marie Tudor.* **74.** 30 août 1836 [Savy]. **75.** 5 septembre 1836 [Savy]. **76.** Voir lettre du 9 novembre 1836. **77.** 24 novembre 1836 [Cardona / N.]. **78.** 20 janvier 1837 [Erika Gomez / N.]. **79.** 13 décembre 1836 [Cardona / N.]. **80.** 12 janvier 1837 [Gomez / N.] **81.** 6 janvier 1837 [Gomez / N.]. **82.** 13 décembre 1836 [Cardona / N.]. **83.** 18 janvier 1837 [Gomez / N.].

IX. L'ADIEU AU THÉÂTRE (1837-1839)

1. 23 juin 1837 [Sylviane Robardey-Eppstein]. **2.** 7 mars 1837 [Erika Gomez / N.]. **3.** 13 mars 1837 [Gomez / N.]. **4.** Cette pratique de l'autobiographie par personne interposée peut faire penser aux relations de Goethe avec son secrétaire Eckermann, de Boswell avec Samuel Johnson, de Napoléon avec Las Cases, de Gide avec ses *Cahiers de la petite dame*, de Colette et ses secrétaires Claude Chauvière et Germaine Beaumont, de Sartre et Beauvoir. Voir Jean-Benoît Puech, *L'Auteur comme œuvre*, Presses universitaires d'Orléans, 2000 ; Martine Boyer-Weinmann, *La Relation biographique*, Ceyzérieu, Champ Vallon, 2005. [Remerciements à Françoise Simonet-Tenant et Jean-Louis Jeannelle.] **5.** 12 mars 1837 [Gomez / N.]. **6.** Françoise de Motteville (1615-1689) fut d'abord dame de compagnie de Louis XIV, puis confidente d'Anne d'Autriche. **7.** 30 décembre 1839 [Madeleine Liszewski / N.] ; 2 mars 1840 [Chantal Brière] ; 25 septembre 1841 [Gwenaëlle Sifferlen / N.] ; 20 novembre 1841 [Sifferlen / N.] ; 16 novembre 1861 [Sophie Gondolle / N.]. **8.** 13 mars 1840 [Brière]. **9.** 16 mars 1837 [Erika Gomez / N.]. **10.** 9 mai 1837 [Robardey-Eppstein]. **11.** 2 juin 1837 [Robardey-Eppstein]. Son dessin revient le 9 juin. **12.** Voir lettre du 10 août 1837. **13.** Remerciements à Sylviane Robardey-Eppstein. **14.** 24 juin 1841 [Sifferlen / N.]. **15.** 3 mars 1837 [Gomez / N.]. Une « brioche » est ce qu'on appellerait aussi par métaphore une « boulette », une faute, une impropriété. **16.** Voir Jean Maurice, « Les calembours », *Juliette Drouet épistolière*, Florence Naugrette et Françoise Simonet-Tenant (dir.), Eurédit, 2019, p. 217-228. **17.** 29 mars 1837 [Gomez / N.]. **18.** « À un riche », *Voix intérieures*, XIX. **19.** Victor Hugo à Juliette Drouet, 22 mai 1837 ; *JG*, p. 90. **20.** 22 mai 1837 [Robardey-Eppstein]. **21.** Remerciements à Sylvain Ledda et Sophie Van den Abeele-Marchal. **22.** *Madame de Pontivy* paraît le 15 mars 1837. **23.** 9 avril 1837 [Brière]. « La haine, tantôt fière, effrontée, ingénue », paraîtra dans *Toute la lyre.* **24.** 12 juin 1837 [Robardey-Eppstein]. **25.** 26 juin 1837 [Robardey-Eppstein]. **26.** « À Ol. », *Les Voix* *intérieures*, XII. **27.** 3 juillet 1837 [Robardey-Eppstein]. **28.** 30 juin 1837 [Robardey-Eppstein]. **29.** Victor Hugo à Juliette Drouet, 22 juillet 1837 ; *JG*, p. 94. **30.** 22 juillet 1837 [Robardey-Eppstein]. **31.** 22 décembre 1835 [Stranart / N.]. **32.** 27 juillet 1837 [Robardey-Eppstein]. **33.** 3 août 1837 [Robardey-Eppstein]. **34.** Jean-Marc Hovasse raconte ce voyage dans *Victor Hugo*, t. I, *op. cit.*, p. 702-710. **35.** Adèle Hugo à Victor Hugo, 19 août 1837 ; *CFEI*, t. II, p. 416. **36.** Victor Hugo à Adèle Hugo, 22 août 1837 ; *ibid.*, p. 421. **37.** Victor Hugo à Adèle Hugo, 4 septembre 1837 ; *ibid.*, p. 462. **38.** Victor Hugo à Juliette Drouet, 18 septembre 1837 ; *JG*, p. 96. **39.** « Tristesse d'Olympio », *Les Rayons et les Ombres*, XXXIV. **40.** Son excursion solitaire aux Metz a lieu les 15 et 16 octobre 1837. Hugo met la dernière main à son poème le 21 octobre. **41.** 24 octobre 1837 [Robardey-Eppstein]. **42.** 15 janvier 1838 [Nathalie Gibert-Joly / Pouchain]. **43.** *Hernani* est repris à la Comédie-Française les 20, 23, 25, 27, 29 et 31 janvier et les 6, 9, 12, 18, 21, 23 février. *Marion de Lorme* est repris les 8, 10, 12, 15, 17, 20 mars. *Angelo* est repris le 25 mars, puis pendant l'été. **44.** James Pradier à Juliette Drouet, 16 février 1838 ; *Corr.*, t. II, p. 157. **45.** 11 février 1838 [Rouat / P.]. **46.** 10 février 1838 [Rouat / P.]. **47.** 26 février 1838 [Rouat / P.]. **48.** 20 mai 1837 [Robardey-Eppstein]. **49.** 7 juin 1838 [Armelle Baty / P.]. **50.** Victor Hugo à Juliette Drouet, 4 mai 1838 ; *JG*, p. 102. **51.** *Victor Hugo raconté par Adèle Hugo* [1863], Plon, 1985, p. 576. **52.** Sur la création du Théâtre de la Renaissance, voir Jean-Marc Hovasse, *Victor Hugo*, t. I, *op. cit*, p. 720-721 ; Jean-Claude Yon, *Une histoire du théâtre à Paris. De la Révolution à la Grande Guerre*, *op. cit.*, p. 78-79. **53.** Contrat d'embauche de Juliette Drouet, conservé à la Maison Victor Hugo de la place des Vosges, 1er classeur 1832-1846, cote MVH a7771. **54.** 25 mai 1838 [Hôte]. **55.** « À cette terre où l'on ploie », *Les Rayons et les Ombres*, XXX. **56.** 12 août 1838 [N.]. **57.** 15 août 1838 [Armelle Baty / P.]. **58.** Victor Hugo à Anténor Joly, 16 août 1838 ; cité par Gérard Pouchain, in *Juliette Drouet ou « la dépaysée »*, *op. cit.*, p. 193. **59.** Voir lettre du 1er septembre 1838 [Élodie Congar / P.]. **60.** Adèle Hugo à Anténor Joly, 19 août 1838 ; CFL, t. V, p. 1135-1136. **61.** 29 août 1838 [Armelle Baty / Pouchain]. **62.** 4 septembre 1838 [Congar / P.]. **63.** 2 septembre 1838 [Congar / P.]. **64.** 22 novembre 1838 [Capéran / N.]. **65.** 26 novembre 1838 [Capéran / N.]. **66.** James Pradier à Juliette Drouet, décembre 1838 ; *Corr.*, t. II, p. 173. **67.** Victor Hugo à Juliette Drouet, 1er janvier 1839 ; *JG*, p. 106. **68.** Victor Hugo, « L'hiver blanchit le dur chemin », *Les Contemplations*, II, 20. **69.** 18 février 1839 [Liszewski / N.]. **70.** 14 février 1839 [Liszewski / N.]. **71.** 5 mars 1839 [Liszewski / N.]. [Remerciements à Roxane Martin.] **72.** 19 mars 1839 [Liszewski / N.]. **73.** « L'Ombre », *Les Rayons et les Ombres*, XXX. **74.** 30 mai 1839 [Liszewski / N.]. Dans le *Freischütz* de Weber, la 7e diminuée fait office de motif caractéristique récurrent associé au personnage de Samiel, l'esprit du mal. [Remerciements à Hervé Lacombe.] **75.** 10 mai 1839 [Liszewski / N.]. **76.** 13 mai 1839 [Liszewski / N.]. **77.** Sur cet épisode, et sur le soutien de Hugo à Barbès, voir Jean-Marc Hovasse, *Victor Hugo*, t. I, *op. cit.*, p. 745-747. **78.** 19 juillet 1839 [Liszewski / Jean-Marc Hovasse]. **79.** Victor Hugo, *Les Misérables*, *op. cit.*, p. 657. **80.** 28 juin 1839 [Liszewski / N.]. **81.** Remerciements à Gérard Audinet. **82.** Sur l'inachèvement des *Jumeaux*, voir la notice d'Arnaud Laster dans *Théâtre II*, p. 968-970 ; Jean-Marc Hovasse, *Victor Hugo*, t. I, *op. cit.*, p. 750-756. **83.** Juliette Drouet à Claire Pradier, 2 octobre 1839 ; *Corr.*, t. II, p. 188. **84.** 4 novembre 1839 [Liszewski / H.]. **85.** 1er novembre 1839

[Liszewski / H.] **86.** 18 novembre 1839 [Liszewski / H.] **87.** 21 novembre 1839 [Liszewski / H.] **88.** Elle est conservée à la Maison de Victor Hugo de Paris.

X. La recluse en voyage (1839-1843)

1. 19 février 1840 [Brière]. **2.** Victor Hugo, « Rencontre », *Les Rayons et les Ombres*, XXXI. **3.** Victor Hugo, « Elle est gaie et pensive… », *Dernière Gerbe*, LIX. **4.** Victor Hugo, « En passant dans la place Louis XV, un jour de fête publique », *Les Rayons et les Ombres*, XXV. **5.** 10 juin 1840 [Pouchain]. **6.** 1er juillet 1840 [Brière]. **7.** 18 juillet 1840 [Brière]. **8.** 20 juillet 1840 [Brière]. **9.** 18 août 1840 [Brière]. Polysarcie : obésité. **10.** Balzac à Mme Hanska, 26 (?) mars – 15 mai 1840 ; *Lettres à Mme Hanska. 1832-1844*, éd. de Roger Pierrot, Robert Laffont, « Bouquins », 1990, p. 508. [Remerciements à Nathalie Preiss.] La Première eut lieu le 14 mars. L'interdiction tomba le 15 et Hugo accompagna Balzac au ministère le 16. **11.** Elle le cite dans sa lettre du 11 décembre 1841. **12.** Victor Hugo, *Le Rhin*, *Voyages*, p. 224. **13.** *Ibid.*, p. 280. **14.** 1er novembre 1841 [Sifferlen / N.]. **15.** 10 novembre 1840 [Brière]. **16.** 26 novembre 1840 [Brière]. **17.** Voir lettre du 23 décembre 1840, et Victor Hugo à James Pradier, 22 août 1840 ; *Corr*, t. II, p. 202. **18.** 15 décembre 1840 [Brière]. **19.** Édouard Thierry, *Simples lettres sur la Comédie-Française*, VI, 20 janvier 1841, in *La France littéraire*, t. IV, Paris, janvier 1841, p. 125-126. À la même époque, Mlle Anaïs joue aussi Chérubin dans *Le Mariage de Figaro*. [Remerciements à Agathe Giraud et Virginie Yvernault.] **20.** Victor Hugo à Juliette Drouet, nuit du 17 au 18 février 1841 ; *JG*, p. 337. **21.** On ne sait pas de quel document il s'agit précisément, ni à quoi Hugo voulait l'utiliser. **22.** Gwenaëlle Sifferlen, « Hugo académicien (1841) », in *Juliette Drouet épistolière*, *op. cit.*, p. 75-88. **23.** Voir lettre du 28 février 1841. **24.** 26 février 1841 [N.]. **25.** 5 mars 1841 [Sifferlen / N.]. **26.** Victor Hugo à Juliette Drouet, 26 mai 1841 ; *JG*, p. 64-65. **27.** Delphine de Girardin, *La Presse*, 6 juin 1841. **28.** 4 juin 1841 [Sifferlen / N.]. **29.** Victor Hugo, « Carnets, Albums, Journaux », CFL, t. VI, p. 1313. **30.** Voir Gwenaëlle Sifferlen, article cité, et sa thèse *Édition critique de la correspondance de Juliette Drouet à Victor Hugo (1841)*, Université de Paris-Sorbonne, 2017. **31.** Ils ne sont plus à la Terrasse, comme l'année précédente, mais chez la veuve Michel. **32.** 7 août 1841 [Sifferlen / N.]. **33.** Jean-Marc Hovasse, *Victor Hugo*, t. I, *op. cit.*, p. 836. **34.** 14 juillet 1841 [Sifferlen / N.]. **35.** 9 novembre 1841 [Sifferlen / N.]. **36.** 29 septembre 1841 [Sifferlen / N.]. **37.** *Dernière Gerbe*, LXII. **38.** 26 janvier 1842 [Hélène Hôte]. **39.** Voir lettre du 22 septembre 1842. **40.** 20 août 1842 [Laurie Mézeret / N.]. **41.** 1er janvier 1843 [Olivia Paploray / N.]. **42.** 4 février 1843 [Paploray / N.]. **43.** Victor Hugo à Juliette Drouet, 17 février 1843 ; *JG*, p. 338. **44.** 26 février [Paploray / N.]. **45.** Cinquième note, première édition des *Burgraves*, Michaud, 1843, p. 187-188 ; *Théâtre II*, p. 259. [Remerciements à Agathe Giraud.] **46.** 25 février 1843 [Paploray / N.]. **47.** 7 février 1843 [Paploray / N.]. **48.** 24 janvier 1843 [Paploray / N.]. **49.** 5 mars 1843 [Paploray / N.]. **50.** Remerciement à Agathe Sanjuan pour cette indication. **51.** 13 mars 1843 [Paploray / N.]. **52.** Voir Agathe Giraud, *L'Autre Légende du siècle. Création et réception des* Burgraves *de Victor Hugo*, Classiques Garnier, à paraître en 2023. **53.** Victor Hugo à Juliette Drouet, 8 juillet 1843 ; *JG*, p. 127. **54.** « Autre Guitare », *Les Rayons et les Ombres*, XXIII. **55.** Droit de douane d'origine musulmane perçu en Andalousie. **56.** Victor Hugo, *Voyages*, p. 793. **57.** *Ibid.*, p. 839. **58.** Juliette

Drouet, « Journal de 1843-1854 », in *Souvenirs. 1843-1854*, p. 30. **59.** *Ibid.*, p. 30. **60.** *Ibid.*, p. 31. **61.** *Ibid.*, p. 34. **62.** *Ibid.*, p. 35. **63.** *Ibid.*, p. 76. **64.** *Ibid.*, p. 87.

XI. Survivre à son enfant (1843-1847)

1. Victor Hugo, « Oh ! je fus comme fou… », *Les Contemplations*, IV, 4. **2.** 12 octobre 1843 [Paploray / N.]. **3.** Gérard Pouchain, *Juliette Drouet ou « la dépaysée »*, *op. cit.*, p. 218. **4.** Jacquot arrive le 21 novembre 1843. **5.** La visite a lieu le 9 juillet. Il lui offre la robe et le mantelet le 3 juillet, le bracelet le 19 juillet 1844. **6.** Laure Krafft se marie avec Jean Luthereau en février. **7.** 20 avril 1844 [Attisme / N.]. **8.** 19 septembre 1844 [Caroline Lucas / N.]. **9.** 1er avril 1844 [Attisme / N.]. **10.** « Je pressais ton bras qui tremble… », *Toute la lyre*, VI, 56. **11.** Voir Gérard Audinet, *François Auguste Biard, peintre voyageur*, Maison de Victor Hugo (5 novembre 2020-7 mars 2021), Paris Musées, 2020. **12.** Les hypothèses sur la chronologie de la rencontre sont envisagées par Jean-Marc Hovasse, *Victor Hugo*, t. I, *op. cit.*, p. 929 *sqq*. Gérard Audinet propose aussi une chronologie en interprétant le dessin « Souvenir » sur le site de Paris Musées. **13.** 4 décembre 1844 [Yves Debroise / N.]. **14.** Au jeu de l'oie. **15.** Gustave Flaubert à Louise Colet, 21 mai 1853, in *Correspondance*, édition électronique dirigée par Yvan Leclerc et Danielle Girard, en ligne : flaubert-v1.univ-rouen.fr/correspondance/ **16.** - Gertrude Tennant, *Mes souvenirs sur Hugo et Flaubert*, *op. cit.*, p. 95-96. **17.** 14 juin 1844 [Attisme / N.]. **18.** Victor Hugo à Juliette Drouet, 3 juin 1844 ; *JG*, p. 130. **19.** Voir les lettres des 28 juin, 3 août et 28 septembre 1844. **20.** 30 juin 1844 [Attisme / N.]. **21.** Cette virée a lieu de 30 septembre au 2 octobre 1844. **22.** 31 décembre 1844 [Debroise / N.] **23.** 2 mars 1845 [Stranart / N.]. **24.** 8 janvier 1845 [Stranart / N.]. **25.** 9 février 1845 [Stranart / N.]. **26.** 19 mai 1845 [Stranart / N.]. **27.** 27 février 1845 [Stranart / N.]. **28.** *Le Livre d'amour* est imprimé hors commerce le 11 novembre 1843. **29.** 3 avril 1845 [Stranart / N.]. **30.** 26 avril 1845 [Stranart / N.]. **31.** James Pradier à Claire Pradier, 25 avril 1845 ; *Corr.*, t. III, p. 182. **32.** 27 avril 1845 [Stranart / N.]. **33.** Voir Claire Pradier à Juliette Drouet, 2 mai 1845 ; *Corr.*, t. III, p. 187. **34.** Claire Pradier à Juliette Drouet, 13 juin 1845 ; *ibid.*, p. 198. **35.** 24 mai 1845 [Stranart / N.]. **36.** 16 mai 1845 [Stranart / N.]. **37.** Le petit Gustave venait de mourir à l'âge de sept ans. **38.** Juliette Drouet à Laure Luthereau, 11 juillet 1845 ; citée par Gérard Pouchain, in *Juliette Drouet ou « la dépaysée »*, *op. cit.*, p. 226. **39.** 20 juillet 1845. **40.** Par exemple *Le National* et *La Quotidienne* des 10 et 11 juillet 1845. **41.** 4 août 1845 [Stranart / N.]. **42.** 13 septembre 1845 [Stranart / N.]. **43.** 14 septembre 1845 [Stranart / N.]. **44.** 7 octobre 1845 [Stranart / N.]. **45.** Il lui recommande Claire dans une lettre du 9 décembre 1845. **46.** 19 octobre 1845 [Stranart / N.]. **47.** 17 décembre 1845 [Stranart / N.]. **48.** Victor Hugo, *Les Misérables*, p. 29. **49.** 15 décembre 1845 [Stranart / N.]. **50.** 30 mars 1846 [Audrey Vala / N.]. **51.** 16 avril 1846 [Vala / N.]. **52.** James Pradier à Claire Pradier, 27 ou 28 avril 1846 ; *Corr.*, t. III, p. 276. **53.** James Pradier à Victor Hugo, 2 mai 1846 ; *ibid.*, t. III, p. 285. **54.** 5 mai 1846 [Andrieux / N.]. **55.** 7 juin 1846 [Andrieux / N.]. Il s'agit de Lecomte. **56.** Cette visite a lieu le 29 mai 1846. Thérèse est venue le 9 mai, et John le 10. **57.** Voir lettre du 11 juin 1846 et James Pradier à Juliette Drouet, 16 mai 1846, *Corr.*, t. III, p. 252. **58.** Cette visite de son ancienne maîtresse de pension a lieu le 16 mai 1846. **59.** 9 mai 1846 [Marion Andrieux / N.]. **60.** 19 mai 1846 [Andrieux / N.]. **61.** 29 mai

1846 [Andrieux / N.]. **62.** L'inauguration a lieu le 14 juin 1846. **63.** 17 juin 1846 [Andrieux / N.]. **64.** Le « somnambulisme » désigne soit le phénomène naturel, soit le magnétisme artificiel, discuté depuis Puységur (élève de Mesmer), auteur du *Mémoire pour servir à l'histoire et à l'établissement du magnétisme animal*, 1785. De cet ouvrage date la « renaissance » de la notion de magnétisme. [Remerciements à Florence Dumora et Virginie Yvernault.] **65.** 17 juin 1846 [Andrieux / N.]. **66.** 18 juin 1846 [Andrieux / N.]. **67.** Cité par Douglas Siler, *Corr.*, t. III, p. 311. **68.** 29 juin 1846 [Andrieux / N.]. Mme Lanvin sert d'intermédiaire. **69.** 26 juin 1846 [Andrieux / N.]. **70.** Victor Hugo, *Les Contemplations*, IV, 11. **71.** « Claire P » (V, 14) et « Claire » (VI, 8), *Les Contemplations*. **72.** Voir lettre du 6 septembre 1846. **73.** 7 septembre 1846 [Sifferlen / N.]. **74.** Voir lettre du 5 octobre 1846. **75.** 2 novembre 1846 [N.]. **76.** Victor Hugo, *Les Contemplations*, II, 15. **77.** 13 novembre 1846 [Sifferlen / N.]. **78.** 18 décembre 1846 [Savy]. **79.** 27 novembre 1847 [Sifferlen]. **80.** 9 janvier 1847 [Savy]. **81.** Il rencontre Marquis. Dans un discours non prononcé, il plaide pour l'incarcération individuelle, contre la peine de mort et l'infamie, irréparables. **82.** 7 septembre 1845 [Stranart / N.]. Mme Rivière vient avec son fils les 16 août et 6 septembre 1845, avant qu'il ne reparte pour Rochefort et Brest. **83.** Victor Hugo, *Les Misérables*, III, VIII, 2. **84.** *Ibid.*, III, VIII, 19. Juliette évoque ces recherches menées à la demande de Hugo le 25 février 1847. **85.** 10 février 1847 [Sifferlen / N.]. **86.** Le portrait de Lamennais dans *Choses vues* est daté du 5 août 1848. **87.** 9 septembre 1847 [Savy]. **88.** 3 janvier 1847 [Sifferlen / N.]. **89.** Voir lettre du 12 mars 1847. **90.** Voir lettre du 16 mai 1847. **91.** Voir lettre du 8 août 1847. **92.** Balzac, *Petites misères de la vie conjugale*, éd. de Jean-Louis Tritter, in *La Comédie humaine*, sous la dir. de Pierre-Georges Castex, Gallimard, « Bibliothèque de la Pléiade », 1981, t. XII, p. 150. **93.** Victor Hugo, *Choses vues*, éd. de Franck Laurent, Le Livre de Poche, 2013, p. 138. **94.** Victor Hugo, *Journal de ce que j'apprends chaque jour*, 19 septembre 1847 ; *Histoire*, p. 647. **95.** 17 février 1848 [Sifferlen / N.]. **96.** 15 mars 1847 [Sifferlen / N.]. **97.** Voir lettre du 20 avril 1847. Juliette et sa cousine s'étaient retrouvées en 1837, quand Eugénie avait eu un enfant. **98.** Leur voyage en Normandie a lieu du 30 septembre au 8 octobre 1847. **99.** 8 octobre 1847 [Savy]. **100.** 19 octobre 1847 [Yves Debroise / N.]. **101.** C'est ce qu'il note dans son carnet le 29 novembre 1847. **102.** 24 décembre 1847 [Savy]. **103.** 4 janvier 1848 [Anne Kieffer / Michèle Bertaux]. **104.** 1er février 1848 [Kieffer / N.]. **105.** 3 février 1848 [Kieffer / N.]. **106.** Noté sur le manuscrit des *Misères* le 31 août 1851.

XII. Comment on devient républicaine (1848-1851)

1. 20 février 1848 [Bertaux]. La tête de veau fait partie du menu rituel des banquets républicains fêtant la mort de Louis XVI le 21 janvier 1793. Cette tradition antiroyaliste était importée d'Angleterre. **2.** « Journal de 1848 », in *Souvenirs. 1843-1854*, *op. cit.*, p. 147. **3.** *Ibid.*, p. 149. **4.** 24 février 1848 [Joëlle Roubine]. **5.** « Journal de 1848 », p. 152. **6.** *Ibid.*, p. 155. **7.** *Ibid.*, p. 157. **8.** *Ibid.* **9.** *Ibid.*, p. 151. **10.** Le muguet est l'ancien nom de la candidose buccale. **11.** Guy Rosa a édité *Les Misères*, site Victor Hugo : groupugo.div.jussieu.fr **12.** 24 mars 1848 [Kieffer / N.]. **13.** 4 mai 1848 [Kieffer / N.]. **14.** 5 juin 1848 [Kieffer / N.]. **15.** 16 mai 1848 [Kieffer / B.]. **16.** 20 mai 1848 [Kieffer / B.]. **17.** Il devient son président le 28 mai 1848. **18.** 6 juin 1848 [Kieffer / N.]. **19.** Victor Hugo à Juliette Drouet, 24 juin 1848 ; *JG*, p. 176. **20.** Victor

Hugo à Juliette Drouet, 26 juin 1848 ; *JG*, p. 177. **21.** Voir lettre du 24 juin 1848. **22.** Voir Victor Hugo, *Histoire d'un crime*, édition de Guy Rosa et Jean-Marc Hovasse, La Fabrique, 2009, p. 216-217. **23.** Voir lettre du 14 juillet 1848. **24.** 10 octobre 1848 [Kieffer N.]. **25.** 22 août 1848 [Kieffer / N.]. **26.** 7 juin 1848 [Kieffer / N.]. **27.** 6 octobre 1848 [Kieffer / N.]. **28.** Victor Hugo, « Discours sur les Ateliers nationaux, 20 juin 1848 » ; *AP,* p. 170-171. **29.** Victor Hugo, *Les Caves de Lille*, CFL, t. VII, p. 382. **30.** Voir lettre du 29 août 1848. **31.** Voir lettre du 8 octobre 1848. **32.** 28 novembre 1848 [Véronique Heute]. **33.** Voir lettre du 3 décembre 1848. **34.** Jean-Marc Hovasse, *Victor Hugo*, t. I, *op. cit.*, p. 1042. **35.** 7 décembre 1848 [Heute]. **36.** Victor Hugo, « Réunion électorale du 29 mai 1848 » ; *AP,* p. 155. **37.** Voir lettres du 14 mai et du 13 juin 1849. **38.** Hugo est invité chez lui le 18 mars 1849. **39.** 11 avril 1849 [Kieffer / H.]. **40.** 13 décembre 1849 [Roubine et Bertaux]. **41.** Voir lettre du 29 mars 1849. **42.** 8 décembre 1849 [Roubine et Bertaux]. **43.** Voir lettre du 26 février 1849. **44.** 27 mars 1849 [Kieffer / H.]. **45.** Voir lettre du 9 mai 1849. **46.** 9 avril 1849 [Bertaux et Roubine]. **47.** Victor Hugo, « Séance des associations. Après le mandat accompli », 6 mai 1849 ; *AP,* p. 164. **48.** Discours du 3 avril 1849. **49.** Victor Hugo, « La Misère, discours du 9 juillet 1849 » ; *AP,* p. 204. **50.** La salle Sainte-Cécile se trouvait rue de la Chaussée-d'Antin. Le Congrès dura trois jours (22-24 août 1849). **51.** 22 août 1849 [Kieffer / H.]. **52.** Victor Hugo à Juliette Drouet, 3, 4 ou 5 septembre 1849 ; *JG*, p. 186. **53.** 19 septembre 1849 [Roubine et Bertaux]. **54.** 29 septembre 1849 [Roubine et Bertaux]. **55.** Hugo est entendu par la commission des théâtres le 17 et le 30 septembre. **56.** Il y était déjà allé le 17 février pour un bal, et le 1er septembre, après le Congrès de la paix. **57.** Voir Guy Rosa, « Comment on devient républicain ou Hugo représentant du peuple », *Revue des sciences humaines*, n° 156, 1974. Le titre de notre chapitre est un hommage à cet article majeur. **58.** 21 octobre 1849 [Kieffer / H.]. **59.** Voir lettre du 29 avril 1850. **60.** 5 avril 1850 [Kieffer / H.]. **61.** 6 avril 1850 [Kieffer / H.]. **62.** 23 avril 1850 [Kieffer / H.]. **63.** 20 juin 1850 [Savy]. **64.** 1er juillet 1850 [Kieffer / H.]. **65.** 6 décembre 1850 [Robardey-Eppstein]. **66.** 1er avril 1850 [Savy]. **67.** 28 juillet 1850 [Kieffer / N.]. **68.** Théophile Gautier, « Mademoiselle Rachel dans *Angelo* », *La Presse*, 27 mai 1850. Cette reprise dure du 18 mai 1850 au 21 mai 1851. **69.** Cette fête a lieu le 7 juin 1850. **70.** Voir lettre du 5 août 1850. **71.** 19 septembre 1850 [Roubine et Bertaux]. **72.** 19 septembre 1850 [Roubine et Bertaux]. **73.** 19 mars 1850 [Kieffer / H.]. **74.** Sa première visite à la somnambule date du 7 mars 1850. **75.** 18 mars 1850 [Savy]. **76.** 25 mars 1850 [Kieffer / H.]. **77.** 21 avril 1850 [Kieffer / H.]. **78.** 19 mars 1850 [Kieffer / H.]. **79.** Voir lettre du 22 mars 1850. **80.** Voir lettre du 13 mai 1850. **81.** 24 juillet 1850 [Savy]. **82.** 27 juin 1850 [Kieffer / H.]. Ces bains réservés aux femmes étaient situés près de l'hôtel Lambert. **83.** 6 septembre 1850 [Roubine et Bertaux]. **84.** 24 septembre 1850 [Roubine et Bertaux]. **85.** Gérard Audinet, *François Auguste Biard, peintre voyageur, op. cit.*, p. 143. **86.** Voir lettre du 20 novembre 1850. **87.** 10 octobre 1850 [Kieffer / N.]. **88.** 13 octobre 1850 [Roubine et Bertaux]. **89.** Il se peut que la perspective soit celle qu'on avait depuis son appartement de La-Tour-d'Auvergne. La vue peut aussi être en partie imaginaire ou reconstituée de mémoire. **90.** Voir lettre du 9 février 1851. **91.** Victor Hugo, *Choses vues. Le Temps présent*, Le Livre de Poche, édition citée, p. 355. **92.** 14 mai 1851 [N.]. **93.** Léonie Biard à Victor Hugo, s. d. ; CFL, t. VII, p. 784. **94.** *Ibid.* **95.** 17 avril 1851 [Sifferlen / N.].

96. Voir lettre du 1er mars 1851. **97.** Voir lettre du 7 mai 1851. **98.** Voir lettre du 23 janvier 1851. **99.** Voir lettre du 11 mars 1851. **100.** Voir lettre du 21 mai 1851. **101.** Voir lettre du 30 janvier 1851. **102.** Voir lettre du 15 mai 1851. **103.** 9 avril 1851 [Roubine et Bertaux], 17 février 1851 [Pouchain]. **104.** 5 juin 1851 [Kieffer / N.]. **105.** Victor Hugo à Juliette Drouet, 20 mai 1851 ; *JG*, p. 191.

XIII. L'ANNÉE DE TOUS LES DANGERS (1851)

1. 28 juin 1851 [Lemaire]. **2.** 30 juin 1851 [Lemaire]. **3.** 2 juillet 1851 [Kieffer / N.]. **4.** Adèle Hugo, *Journal*, t. IV, Lettres modernes Minard, édition de Frances Vernor Guille revue et complétée par Jean-Marc Hovasse, 2002, p. 31. **5.** 9 juillet 1851 [N.]. **6.** 12 juillet 1851 [Kieffer / N.]. **7.** 11 juillet 1851 [Kieffer / N.]. **8.** 15 juillet 1851 [Kieffer / N.]. **9.** 14 juillet [Sifferlen]. **10.** 17 juillet 1851 [Kieffer / N.]. **11.** Victor Hugo, « Révision de la Constitution » ; *AP*, p. 290. **12.** Lamartine, *Le Conseiller du peuple*, juillet 1851. **13.** Jean-Marc Hovasse, *Victor Hugo*, t. I, *op. cit.*, p. 1114. **14.** 23 juillet 1851 [Kieffer / N.]. **15.** 24 juillet 1851 [Kieffer / N.]. **16.** Victor Hugo, « La Misère – 9 juillet 1849 » ; *AP*, p. 204. **17.** Victor Hugo, « Réponse à M. de Montalembert – 20 octobre 1849 » ; *AP*, p. 216. **18.** 30 août 1851 [Kieffer / N.]. **19.** 10 novembre 1851 [Kieffer / N.]. **20.** 17 août 1851 [Kieffer / N.]. **21.** 18 août 1851 [Kieffer / N.]. **22.** 22 septembre 1851 [Lemaire]. **23.** 19 octobre 1851 [Kieffer / N.]. **24.** 16 novembre 1851 [Kieffer / N.]. **25.** 22 septembre [Kieffer / N.]. **26.** Guy Rosa, note 1, p. 554 de son édition de Victor Hugo, *Histoire d'un crime* [1877], La Fabrique, 2009. **27.** Victor Hugo, *ibid.*, IV, 11, p. 557. **28.** 17 novembre 1851 [Kieffer / N.]. **29.** 13 novembre 1851 [Kieffer / N.]. **30.** 15 novembre 1851 [Kieffer / N.]. **31.** 28 novembre 1851 [Kieffer / N.]. **32.** « L'Âne vint à son tour et dit : J'ai souvenance / Qu'en un pré de Moines passant, / La faim, l'occasion, l'herbe tendre, et je pense / Quelque diable aussi me poussant, / Je tondis de ce pré la largeur de ma langue. » **33.** 30 novembre 1851 [Kieffer / N.]. **34.** Victor Hugo, *Histoire d'un crime* [1877], p. 558. **35.** « Journal du coup d'État », in *Souvenirs. 1843-1854*, *op. cit.*, p. 177. **36.** On reprend ici l'analyse de Jean-Marc Hovasse et Guy Rosa dans leur édition d'*Histoire d'un crime*. **37.** Surnom du soldat français en Algérie. **38.** « Journal du coup d'État », p. 181. **39.** *Ibid.* **40.** *Ibid.*, p. 186. **41.** *Ibid.*, p. 190. **42.** *Ibid.*, p. 190-191. **43.** *Ibid.*, p. 191. **44.** Voir Jean-Marc Hovasse, *Victor Hugo*, t. I, *op. cit.*, p. 1141. **45.** « Journal du coup d'État », p. 194. **46.** Victor Hugo, *Histoire d'un crime*, p. 260. **47.** « Journal du coup d'État », p. 203. **48.** Louis Véron, *Mémoires d'un bourgeois*, Librairie nouvelle, 1856, t. V, p. 271. **49.** Victor Hugo à Juliette Drouet, 31 décembre 1851 ; *JG*, p. 197. **50.** « Journal du coup d'État », p. 209. **51.** Victor Hugo à Juliette Drouet, 31 décembre 1851 ; *JG*, p. 197. **52.** Jean-Marc Hovasse, *Victor Hugo*, t. I, *op. cit.*, p. 1147. **53.** « Journal du coup d'État », p. 217. **54.** Victor Hugo, *Histoire d'un crime*, *op. cit.*, p. 458. **55.** Victor Hugo, « Souvenir de la nuit du 4 », *Châtiments*, II, 3. **56.** « Journal du coup d'État », p. 223. **57.** *Ibid.*, p. 226-227. **58.** *Ibid.*, p. 245. **59.** *Ibid.*, p. 246. **60.** Victor Hugo à Vacquerie, 19 décembre 1851 ; CFL, t. VIII, p. 952. **61.** Juliette s'en souvient dans sa lettre du 12 décembre 1865. **62.** Juliette la reçoit le lendemain. **63.** Victor Hugo à Juliette Drouet, 12 décembre 1851 ; *JG*, p. 194.

Troisième partie
Le bonheur en exil
(1852-1870)

XIV. Belgiquois et chinoiseries (1852)

1. Voir lettres du 2 décembre 1852 et du 12 décembre 1865. **2.** 17 décembre 1851 [Guimbaud]. **3.** 13 janvier 1852 [Duthion / N.]. **4.** Voir lettre du 24 décembre 1851. **5.** 4 avril 1852 [Duthion / N.]. **6.** 19 décembre 1851 [Pouchain]. **7.** 19 décembre 1851 [Duthion / N.]. **8.** 12 mars 1852 [Duthion / N.]. **9.** Voir lettre du 19 janvier 1852. **10.** 2 février 1852 [Duthion / N.]. **11.** Voir lettre du 29 février 1852. **12.** Voir lettre du 5 juin 1852. **13.** Voir lettre du 13 mars 1852. **14.** François-Victor Hugo fut libéré de prison le 16 avril 1852. **15.** 17 décembre 1851 [Duthion / N.]. **16.** Ce récit commença à paraître en août. [Remerciements à Guillaume Cousin.] **17.** Adèle Hugo à son mari, 17 janvier 1852 ; CFL, t. VIII, p. 967. **18.** Victor Hugo à sa femme, 24 janvier 1852 ; *ibid.*, p. 970. **19.** Voir lettre du 4 mars 1852. **20.** Voir lettre du 29 mars 1852. **21.** Voir lettre du 13 janvier 1852. **22.** Voir lettre du 5 mars 1852. **23.** 19 mars 1852 [Duthion / N.]. **24.** Voir lettre du 22 décembre 1852. **25.** 22 juillet 1852 [Duthion / N.]. **26.** « Visite aux Chinois qu'on voyait à Bruxelles Galerie Saint-Hubert, le mardi 30 mars 1851 », in *Souvenirs. 1843-1854*, *op. cit.*, p. 270. **27.** *Ibid.*, p. 266-267. **28.** *Ibid.*, p. 270. **29.** *Ibid.*, p. 270. **30.** *Ibid.*, p. 260. **31.** Voir lettre du 18 février 1852. **32.** Voir Jean-Marc Hovasse, *Victor Hugo chez les Belges*, Le Cri, 1994, p. 75. **33.** 12 février 1852 [Duthion / N.]. **34.** Voir Sylvain Ledda, *Alexandre Dumas*, Gallimard, coll. « Petites biographies », 2014, p. 274-281. **35.** 26 avril 1852 [Duthion / N.]. **36.** 9 mai 1852 [Duthion / N.]. **37.** 16 janvier 1852 [Duthion / N.]. **38.** Le Visapour est une région de l'Inde. Le sérail de son sultan fascinait les romantiques. Hugo l'évoque dans « La Blanche Arminte », et on le trouve aussi sous la plume de Jules Janin et de Laure d'Abrantès. [Remerciements à Jean-Marc Hovasse, Chantal Brière, Gérard Pouchain et Sylvain Ledda.] **39.** 23 janvier 1852 [Duthion / N.]. **40.** 24 janvier 1852 [Duthion / N.]. **41.** 6 mars 1852 [Duthion / N.]. **42.** 31 décembre 1851 [Duthion / N.]. **43.** 1er mars 1852 [Duthion / N.]. **44.** Jean-Marc Hovasse, *Victor Hugo*, t. II, *Pendant l'exil I. 1851-1864*, Fayard, 2008, p. 41. **45.** Victor Hugo à Juliette Drouet, 21 mai 1852 ; *JG*, p. 200. **46.** La date traditionnellement avancée du début de l'écriture est le 14 juillet. Selon Jean-Marc Hovasse, il aurait commencé le 7 avril. **47.** Voir lettre du 24 mai 1852. Le séjour d'Adèle dure du 24 au 26 mai 1851. **48.** Adèle Hugo à son mari, 11 juin 1852 ; CFL, t. VIII, p. 1009. **49.** Victor Hugo, *Napoléon le Petit* [1852], édition de Jean-Marc Hovasse, notes de Guy Rosa, Actes Sud, 2007, p. 416. **50.** James Pradier meurt le 4 juin 1852 d'une apoplexie pendant une partie de campagne à Rueil et à Bougival. **51.** 18 juillet 1852 [Duthion / N.]. **52.** Victor Hugo à sa femme, 2 août 1852 ; CFL, t. VIII, p. 1026. **53.** Victor Hugo, « À Alexandre D. », *Les Contemplations*, V, 15. **54.** 14 août 1852 [Duthion / N.].

XV. Les proscrits de Jersey (1852-1855)

1. Elle emménage à Nelson Cottage le 12 août 1852, les Hugo à Marine-Terrace le 16 août. **2.** Victor Hugo, *William Shakespeare*, *Critique*, p. 246. **3.** « Journal de Jersey », in *Souvenirs. 1843-1854*, *op. cit.*, p. 285-286. **4.** Voir lettre du 25 septembre 1852. **5.** « Journal de Jersey », p. 292. **6.** « Tirer sa coupe » : nager. **7.** 24 août 1852 [Duthion / N.] **8.** Voir lettre du 19 septembre 1853. **9.** 26 décembre 1852 [Duthion / N.]. **10.** « Journal de l'exil », in *Souvenirs. 1843-1854*, *op. cit.*, p. 293. **11.** *Ibid.*, p. 298. **12.** 16 août 1852 [Duthion / N.]. Voir aussi la lettre du 18 septembre 1852. **13.** 9 décembre 1852 [Duthion / N.]. **14.** Voir lettre du 29 septembre 1852. **15.** Voir lettre du 16 septembre 1852. **16.** Victor Hugo, *Les Contemplations*, V, 24. **17.** Victor Hugo à Paul Meurice, 21 février 1854 ; CFL, t. IX, p. 1073. **18.** « Déclaration à propos de l'Empire », 31 octobre 1852 ; *AP*, p. 427. **19.** Voir lettre du 26 novembre 1852. **20.** 6 mars 1849 [M. Bertaux et J. Roubine]. **21.** Victor Hugo à Louis Blanc, 14 novembre 1852 ; CFL, t. VIII, p. 1172. **22.** 2 décembre 1852 [Duthion / N.]. **23.** Juliette interrompt définitivement son journal de l'exil le 10 janvier 1853. **24.** Voir lettre du 31 octobre 1852. **25.** Voir lettre du 24 décembre 1852. **26.** Voir lettre du 28 juin 1853. **27.** Voir lettre du 17 octobre 1852. **28.** Voir lettre du 3 décembre 1852. **29.** Alexandre Dumas fils à François-Victor Hugo, s. d. (dernier trimestre 1852), cité par Claudette Combes, *Pour ton sourire d'ange perdu*, Nantes, Cid, 1984, t. I, p. 287. **30.** 26 septembre 1852 [Duthion / N.]. **31.** 31 janvier 1853 [Duthion / N.]. **32.** Voir lettre du 17 janvier 1853. **33.** 17 janvier 1853 [Duthion / P.]. **34.** Voir lettre du 26 novembre 1853. **35.** Victor Hugo à Gustave Flaubert, 28 juin 1853 ; CFL, t. VIII, p. 1070. **36.** Victor Hugo, « Sur la tombe de Louise Julien. Cimetière de Saint-Jean », 26 juillet 1853 ; *AP*, p. 440. **37.** Sur ces trois enterrements et ces deux oraisons funèbres, voir Jean-Marc Hovasse, *Victor Hugo*, t. II, *op. cit.*, p. 186-192. **38.** Voir lettre du 22 février 1853. **39.** 25 mars 1853 [Duthion / N. et P.]. **40.** Voir lettre du 18 mars 1853. **41.** 19 mars 1853 [Duthion / N.]. **42.** Voir lettre du 29 mars 1853. **43.** 7 juin 1853 [Duthion / N.]. **44.** 15, 16, 18 juillet et 30 août 1853 [Duthion / N.]. **45.** 2 octobre 1853 [Duthion / N.]. **46.** Du 20 au 30 juillet 1853. **47.** Delphine de Girardin reste à Jersey du 6 au 14 septembre 1853. **48.** « La Vision de Dante » prendra place dans *La Légende des siècles*. **49.** Séances des 11, 12 et 13 septembre 1853 ; *Le Livre des Tables. Les séances spirites de Jersey*, édition de Patrice Boivin, Folio classique, 2014, p. 51-87. **50.** Voir lettre du 10 septembre 1853. **51.** Voir lettre du 14 septembre 1853. **52.** 21 septembre 1853 [Duthion / N.]. **53.** *Le Livre des Tables. Les séances spirites de Jersey*, *op. cit.*, p. 134. **54.** 3 janvier 1854 [Duthion / B.]. **55.** Sur les contacts de Hugo avec la Dame blanche, et sur leur interprétation, voir Jean-Marc Hovasse, *Victor Hugo*, t. II, *op. cit.*, p. 267-272 et p. 279. **56.** 25 janvier 1854 [Duthion / B.]. **57.** Voir lettre du 18 janvier 1854 [Duthion / B]. La troupe avait donné fin 1853 *La Dame aux camélias*, *La Case de l'oncle Tom* et *Louise de Lignerolles* avant de jouer *Ruy Blas* en janvier 1854 (voir Jean-Marc Hovasse, *Victor Hugo*, t. II, *op. cit.*, p. 301), avec M. Besombes dans le rôle-titre. Hugo fit répéter celui de la reine à Mlle Grave. **58.** Voir lettre du 23 février 1854. **59.** 7 janvier 1854 [Duthion / Brière]. **60.** Voir lettre du 5 février 1854. **61.** 9 avril 1854 [Brière]. **62.** 23 février 1854 [Duthion / B.]. **63.** Voir lettre du 21 avril 1854. **64.** La scène a lieu le 20 octobre 1853. Philippe Asplet le fit interpeller pour dettes. Emprisonné, Hubert ne pouvait plus ni être liquidé par les proscrits les plus échauffés, ni être exfiltré par le vice-consul de France. **65.** 1er avril 1854 [Brière]. **66.** 8 avril 1854 [Brière]. **67.** 28 mars 1854 [Brière]. **68.** Victor Hugo, « Sur la tombe de Félix Bony. 27 septembre 1854 » ; *AP*, p. 468-469. **69.** Voir lettres des 26 et 27 septembre 1854. **70.** Voir lettre du 31 août 1854. **71.** 30 août 1854 [Brière]. **72.** Voir lettre du 20 août 1854. **73.** 28 août 1854 [Brière]. **74.** Voir lettre du 1er septembre 1854. **75.** Juliette Drouet à son neveu Louis Koch, 7 septembre 1854 ; *LF,* p. 45-46. **76.** 1er septembre 1854 [Brière]. **77.** 26 novembre 1854 [Brière]. **78.** 11 décembre 1854 [Brière]. **79.** Voir lettre du 11 novembre 1853. **80.** Victor Hugo, « Claire P. », *Les Contemplations,* V, 14. **81.** 5 janvier 1855 [Vaugier / Rosa]. **82.** 14 juillet 1855 [Vaugier / R.]. **83.** Poème publié un demi-siècle plus tard, dans *Les Quatre Vents de l'esprit* (*Livre lyrique,* « La Destinée », XXXIII). **84.** 8 avril 1855 [Vaugier / R.]. **85.** 3 mars 1855 [Vaugier / R.]. **86.** « Banquet anniversaire du 24 février 1855 » ; *AP,* p. 483-492. **87.** « La Guerre d'Orient » paraît dans *L'Homme* le 6 décembre 1854 puis en brochure à Jersey sous le titre *Vingt-quatrième anniversaire de la Révolution polonaise – 29 novembre 1854 : Discours de Victor Hugo.* **88.** Napoléon III quitte Paris le 15 avril 1855 et rencontre la reine le 17 avril. **89.** Le 18 août 1855, elle rend visite à Napoléon III et l'impératrice Eugénie. Le 24 août, elle s'incline sur le tombeau de Napoléon Ier. **90.** Félix Pyat, Rougée et G. Jourdain, « À la reine d'Angleterre », 22 septembre 1855 ; Charles Hugo, *Les Hommes de l'exil,* CFL, t. IX, p. 1512. **91.** 17 octobre [Vaugier / N.]. **92.** Victor Hugo, « Expulsion de Jersey – Déclaration », 17 octobre 1855 ; *AP,* p. 500. **93.** Voir Gérard Audinet (dir.), *Entrée des médiums. Spiritisme et art de Hugo à Breton,* Paris Musées, 2012, p. 15 et 162. **94.** L'album de Charles Asplet est conservé aux Archives de l'Oise, celui de son frère Philippe Asplet à la Maison de Victor Hugo de Paris. **95.** 18 juin 1855 [Vaugier / R.]. **96.** Agenda, 31 octobre 1855 ; CFL, t. X, p. 1383.

XVI. Les toits de Guernesey (1855-1860)

1. François-Victor Hugo, *La Normandie inconnue,* Pagnerre, 1857, p. 19-20. Jean-Marc Hovasse note que la malle aux manuscrits ne fait pas partie des comptes du débarquement. On la voit réapparaître dans la correspondance le 13 novembre, après l'arrivée de Mme Hugo. Le manuscrit des *Contemplations,* dont François-Victor écrit qu'il aurait pu passer par-dessus bord, était déjà parvenu à Bruxelles (moins la préface et le dernier poème). **2.** Victor Hugo, *Les Travailleurs de la mer,* III, III, 1 ; CFL, t. XII, p. 780. **3.** Auguste Vacquerie, *Profils et grimaces,* p. 285. **4.** Juliette Drouet au Dr Barbier, 13 janvier 1856, coll. particulière ; citée par Jean-Marc Hovasse, *Victor Hugo,* t. I, *op. cit.,* p. 371. **5.** Voir chap. XIV, p. 275. **6.** Sur François Ratier, Jean-Isidore Gornet et le comte de Vallerot, voir les notices de Gauthier Langlois dans le « Maitron ». **7.** Voir lettre du 17 novembre 1855. **8.** 29 décembre 1855 [Vaugier / R.]. **9.** Voir lettre du 1er décembre 1855. **10.** Il en fit le récit le 12 décembre 1855. **11.** Victor Hugo, « Aux Anglais », 25 novembre 1855 ; *AP,* p. 504-505. **12.** Juliette Drouet au Dr Barbier, 13 janvier 1856, coll. part., cité par Jean-Marc Hovasse, *Victor Hugo,* t. II, *op. cit.,* p. 373. **13.** 7 avril 1856 [Brière]. **14.** Voir lettre du 5 février 1856. **15.** Voir lettres du 16 mai et du 22 juillet 1856. **16.** Voir lettres des 5 et 6 février 1856. **17.** *La Presse,* 24 et 26 juin 1856. **18.** 4 janvier 1856 [Brière]. **19.** Louise Colet et sa fille viennent à Guernesey du 4 au 8 août 1856. Elles descendent au Crown Hotel, mais passent l'essentiel de leur temps chez les Hugo (voir Jean-Marc Hovasse, *Victor Hugo,* t. II, *op. cit.,* p. 417). **20.** 4 août 1856 [Mélanie Leclère / N.]. **21.** Juliette Drouet à son neveu Louis Koch, 18 mars 1856 ; *LF,* p. 48. **22.** 23 avril 1856 [Brière]. **23.** 1er mai 1856 [Brière]. **24.** *Le Pays,* 18 juin 1856. **25.** *Gazette de Guernesey,* 24 mai 1856. **26.** Voir lettre du

26 juin 1856. **27.** 2 juillet 1856 [Leclère / N.]. La perspective de Juliette sur le jardin de Hauteville est aujourd'hui visible depuis la chambre 14 de l'hôtel Pandora, au-dessus de laquelle se trouvait son *look-out*. **28.** Voir lettre du 10 juillet 1856. **29.** Jean-Marc Hovasse, *Victor Hugo*, t. II, *op. cit.*, p. 422. **30.** Ce costume est conservé à la Maison de Victor Hugo de Paris. **31.** Voir lettres du 13 juillet et du 10 août 1856. **32.** Voir lettre du 25 septembre 1856. **33.** Voir lettre du 15 octobre 1856. **34.** Victor Hugo à Juliette Drouet, 25 octobre 1856. Juliette mentionne ce « clou » pour la première fois le 16 octobre. **35.** Voir lettre du 27 octobre 1856. **36.** Voir lettre du 29 novembre 1856. **37.** La crise débute le 6 décembre 1856. **38.** Voir Jean-Marc Hovasse, *Victor Hugo*, t. II, *op. cit.*, p. 434 et 1054. **39.** 13 avril 1857 [Routier-Lecarpentier / B.]. **40.** Jean-Marc Hovasse, *Victor Hugo*, t. II, *op. cit.*, p. 441. **41.** Voir lettres du 2 novembre et du 19 décembre 1856. **42.** Voir lettre du 30 mars 1857. **43.** On remercie Gérard Pouchain et Dinah Bott pour cette information. **44.** 23 janvier 1857 [Brière]. **45.** Voir lettre du 14 mai 1857. **46.** Victor Hugo à Juliette Drouet, 21 mai 1857 ; *JG*, p. 216. **47.** Voir lettre du 9 avril 1857. **48.** 4 avril 1857 [Routier-Lecarpentier / B.]. **49.** Voir lettre du 5 avril 1857 [Routier-Lecarpentier / B.]. Dumas séjourne du 4 au 6 avril. **50.** Les Lucas restent du 2 au 12 août. Les Meurice du 17 au 31 août. Hetzel et Noël Parfait arrivent le 8 septembre pour quatre jours. **51.** 21 juillet 1857 [Brière]. **52.** 11 août 1857 [Brière]. **53.** Le 5 octobre 1857, il se baigne encore. **54.** Henri Guillemin, *Victor Hugo et la sexualité*, Gallimard, 1954. **55.** Agenda, 24 et 27 août 1857 ; CFL, t. X, p. 1412. **56.** Selon Henri Guillemin, les indications soulignées indiqueraient une « pleine performance ». **57.** 22 août 1857 [Brière]. **58.** 27 juillet 1857 [Brière]. **59.** 19 septembre 1857 [Brière]. Les travaux avaient commencé le 25 juillet. **60.** 8 novembre 1857 [Brière]. **61.** 12 novembre 1857 [Brière]. **62.** Voir lettre du 15 novembre 1857. **63.** Jean-Marc Hovasse, *Victor Hugo*, t. II, *op. cit.*, p. 448. **64.** 18 décembre 1857 [Brière]. **65.** 9 décembre 1857 [Brière]. **66.** Adèle Hugo à Victor Hugo, 1857 (?), CFL, t. X, p. 1283. **67.** Voir lettres du 23 décembre 1857 et du 6 janvier 1858. **68.** Il sort le 1er mai 1858. Les *Sonnets* sont parus l'année précédente. **69.** Il compose aussi, à cette époque, le poème de *L'Âne*, initialement destiné à *La Légende des siècles*, mais qui sera publié isolément en 1880. **70.** Voir lettre du 3 avril 1858. Après *Le Cochon de saint Antoine*, Charles compose le conte *Crapouillet*, « fantaisie paysanne un peu à la manière de George Sand » et *La Chaise de paille*, qui reprend des éléments à *Notre-Dame de Paris* (Jean-Marc Hovasse, *Victor Hugo*, t. II, *op. cit.*, p. 489). **71.** Agenda, 18 avril 1858. **72.** Les deux Adèle et Vacquerie reviennent le 5 juin 1857. Célina est embauchée le lendemain. **73.** Le 19 juin 1858, il s'interrompt dans la lecture aux siens de *La Pitié suprême*. Le troisième furoncle apparaît le 30 juin 1857. Le 3 juillet, Hugo note sur son carnet l'apparition de l'anthrax. **74.** Victor Hugo à Juliette Drouet, 16 juillet 1858 ; *JG*, p. 219. **75.** Son agenda reprend le 15 septembre 1858. **76.** 24 juillet 1858 [Lancel / N.]. **77.** Voir lettres du 17, 18, 22 et 23 juillet 1858. **78.** Voir lettre du 31 juillet 1858. **79.** 31 juillet 1858 [Lancel / N.]. « JOLIE » est volontairement au féminin. **80.** 31 juillet 1858 [Lancel / N.]. **81.** Voir lettre du 6 août 1858. **82.** Leur séjour dure du 11 au 18 août 1858. **83.** Il repart le 11 septembre. **84.** 29 juillet 1858 [Lancel / N.]. **85.** Le 25 août et le 15 septembre 1858. **86.** Leur séjour dure du 23 septembre au 12 octobre. **87.** Une dispute a lieu le 1er octobre 1858. Hugo note cette phrase dans son agenda le 3 octobre 1858. Voir Jean-Marc-Hovasse, *Victor Hugo*, t. II, *op. cit.*, p. 500. **88.** 2 octobre 1858 [Lancel / N.]. **89.** 4 novembre 1858 [Lancel / N.].

90. Voir lettre du 2 novembre 1858. **91.** Hetzel, Noël Parfait et Gustave Frédérix séjournent du 7 au 12 novembre 1858. **92.** 8 novembre 1858 [Lancel / N.]. **93.** 9 novembre 1858 [Lancel / N.]. **94.** 23 novembre 1858 [Lancel / N.]. **95.** Hugo le note dans son agenda le 17 novembre 1858. **96.** 21 février 1859 [Mélanie Leclère / N.]. **97.** 30 avril 1859 [Leclère / N.]. **98.** 15 mars 1859 [Leclère / N.]. **99.** Juliette Drouet à son neveu Louis Koch, 15 mars 1859 ; *LF*, p. 53. Se souvient-elle des paysages allemands en général, ou de ceux du Grand-Duché de Saxe-Weimar, où elle n'est pas allée avec Hugo, mais qu'elle aurait pu connaître lors de son escapade de jeunesse avec Scipion Pinel ? **100.** Victor Hugo à Juliette Drouet, 22 mai 1859 ; *JG*, p. 222. **101.** Agenda de Victor Hugo, 26 janvier 1859 ; CFL, t. X, p. 1466. **102.** 21 mai 1859 [Leclère / N.]. **103.** Charles Hugo à sa mère, 2 juin 1859 ; Claudette Combes, *Pour ton sourire d'ange perdu*, *op. cit.*, t. II, p. 979. **104.** Elle dîne pour la première fois chez eux le 20 juin 1859. **105.** Agenda, 19 juin 1859 ; CFL, t. X, p. 1531-1532. **106.** Ce 29 juin 1859, il y avait les Duverdier, Miss Joss, les Marquand, le Dr Terrier, Mme Ménage, Dujardin, Lefèvre, Charles, et des enfants. **107.** Victor Hugo note, le 24 juillet 1859 : « Charles, Terrier, Lefèvre, M. et Mme Marquand, M. et Mme Préveraud, Jeanne, Mlle Loisel et Berthe, miss Allix, Kesler, JJ, moi. » CFL, t. X, p. 1486. **108.** Julie Chenay, sœur de Mme Hugo, arrive le 16 août 1859. **109.** Voir lettres du 13 et du 15 mars et du 22 avril 1859. **110.** Voir lettre du 18 juin 1859. Suzanne s'absente du 18 juin au 20 juillet. **111.** François-Victor part le 4 août et revient avec Célina le 25 août 1859. **112.** Ann Mourant sera définitivement embauchée le 6 juillet 1859. **113.** Voir Jean-Marc Hovasse, *Victor Hugo*, t. II, *op. cit.*, p. 565. **114.** Il lui offre la croix le 22 juin, l'alcazara le 27 juillet, la table de *La Légende des Siècles* le 16 août, la boîte en cèdre le 10 octobre 1859. **115.** Agenda, 16 août 1859 ; CFL, t. X, p. 1488. **116.** 19 août 1859 [Leclère / N.]. Le décret est paru le 16 août 1859. La nouvelle leur parvient deux jours plus tard. **117.** Victor Hugo à son fils François-Victor, 15 août 1859 ; CFL, t. X, p. 1311. **118.** Victor Hugo, « L'Amnistie », 18 août 1859 ; *AP*, p. 511. **119.** Voir lettre du 25 août 1859. **120.** Ce dîner a lieu le 5 septembre 1859. **121.** Louis Koch à Juliette Drouet, 12 septembre 1859 ; *LF*, p. 60. **122.** Juliette Drouet à Louis Koch, 10 octobre 1859 ; *ibid.*, p. 60. **123.** Voir lettre du 15 septembre 1859. **124.** Voir lettre du 22 septembre 1859. **125.** Voir lettre du 19 septembre 1859. **126.** 5 novembre 1859 [Leclère / N.]. **127.** Voir lettre du 16 janvier 1859. **128.** Voir lettre du 21 octobre 1859. **129.** Voir lettre du 24 novembre 1859. **130.** Voir lettres des 2 et 6 novembre 1859. **131.** Les 15 et 16 novembre 1859. **132.** Agenda, 16 novembre 1859 ; CFL, t. X, p. 1500. **133.** Elle tombe malade le 29 novembre 1859. **134.** Hugo lui en apporte la copie le 23 octobre 1859. **135.** Agenda ; CFL, t. X, p. 1502-1508. **136.** À deux exceptions près, les 15 décembre 1859 et 1er janvier 1860. **137.** Juliette Drouet à son neveu Louis Koch, 5 décembre 1859 ; *LF*, p. 62. **138.** Victor Hugo à Juliette Drouet, 31 décembre 1850 ; *JG*, p. 223. **139.** Elle lui offre l'encrier à fleurs le 22 novembre 1859. **140.** Dédicace recopiée dans son carnet, CFL, t. X, p. 1534. **141.** La première sortie en ville de Juliette, avec Victor, a lieu le 7 février 1860. Ils visitent la maison à vendre le lendemain. **142.** 2 mars 1860 [Claire Villanueva]. Juliette fait allusion à la fable de La Fontaine « L'Astrologue qui se laisse tomber dans un puits ». **143.** Agenda, 26 janvier 1860 ; CFL, t. X, p. 1507. **144.** 14 février 1860 [Amandine Chambard / N.]. **145.** Adèle, sans donner d'excuse cette fois, part du 4 février au 19 mars 1860. **146.** Charles vient lui lire sa pièce le 6 mars 1860. **147.** Voir lettres du 5 et du 7 octobre 1859. **148.** Activiste blanc anti-esclavagiste, John Brown, qui se sentait investi d'une mission divine, avait commis des crimes contre des propriétaires d'esclaves, et mené une action violente dans un arsenal. Les protestations contre sa condamnation à mort et son exécution sont des prémices de la guerre de Sécession. Sur l'action de Hugo en sa faveur, voir Jean-Marc Hovasse, *Victor Hugo*, t. II, *op. cit.*, p. 580-584. **149.** Victor Hugo à M. Heurtelou, 31 mars 1860, *Le Progrès* de Port-au-Prince ; *AP,* p. 525-526. **150.** Voir lettre du 16 avril 1860. **151.** 25 avril 1860 [Villanueva].

XVII. La première lectrice des *Misérables* (1860-1862)

1. 27 avril 1860 [Villanueva]. **2.** 30 avril 1860 [Villanueva]. **3.** Voir lettre du 11 juin 1860. **4.** 12 juin 1860 [Chambard / N.]. **5.** 13 juin 1860 [Chambard / N.]. **6.** « Message télégraphique. Steamer Aurigny demain Jersey ! » **7.** Ces vers, dont le manuscrit porte la date du 13 juin 1860, se retrouvent dans « Pétrarque » et « Shakespeare », « Le Groupe des Idylles », XIII et XV, nouvelle série de *La Légende des siècles* [1877]. **8.** 14 juin 1860 [Chambard / N.]. **9.** Victor Hugo, « Rentrée à Jersey », 14 juin 1860 ; *AP,* p. 518. **10.** 15 juin 1860 [Chambard / N.]. **11.** Victor Hugo à Adèle Hugo, lettre du 14 juin 1860 ; CFL, t. XIII, p. 1100. **12.** 15 juin 1860 [Chambard / N.]. **13.** 16 juin 1860 [Chambard / N.]. **14.** 18 juin 1860 [Chambard / N.]. **15.** « Balthazar » transformé en nom commun signifie depuis le XVIe siècle « festin », en référence à celui de Balthazar, dans la Bible. **16.** 29 septembre 1860 [Chambard / N.]. **17.** 4 septembre 1860 [Chambard / N.]. **18.** Voir lettre du 14 juillet 1860. **19.** Voir Jean-Marc Hovasse, *Victor Hugo*, t. II, *op. cit.*, p. 632. **20.** 20 juillet 1860 [Chambard / N.]. **21.** 23 novembre 1860 [Chambard / N.]. **22.** 26 octobre 1860 [Chambard / N.]. **23.** Fragment signé « V. H. 26 juillet 1860 » ; *Océan*, p. 276. **24.** Carnet, 24 janvier 1861 ; CFL, t. XII, p. 1532. **25.** 1er février 1861 [Gondolle / N.]. **26.** Carnet, 17 mars 1861 ; CFL, t. XII, p. 1362. **27.** Carnet, 28 mars 1861 ; *ibid.*, p. 1532. **28.** Victor Hugo à Charles Baudelaire, 10 avril 1861 ; *ibid.*, p. 1113. **29.** On s'inspire ici de Jean-Marc Hovasse, *Victor Hugo*, t. II, *op. cit.*, p. 642 *sqq*. **30.** Victor Hugo à son fils François-Victor, 22 avril 1861 ; CFL, t. XII, p. 1115. **31.** Un biscaïen est un projectile de gros mousquet. **32.** Victor Hugo à son fils François-Victor, 20 juin 1861 ; CFL, t. XII, p. 1117. **33.** 17 juin 1861 [Naugrette]. **34.** 18 juin 1861 [Naugrette]. **35.** On s'inspire directement, ici, du chapitre « Voyage en Hollande » de Jean-Marc Hovasse, *Victor Hugo*, t. II, *op. cit.*, p. 656-672. **36.** Victor Hugo, *L'Homme qui rit* ; CFL, t. XIV, p. 36. **37.** Carnet, 6 août 1861 ; CFL, t. XII, p. 1536. **38.** Victor Hugo à Charles Hugo, 15 août 1861 ; CFL, t. XII, p. 1123. **39.** 7 septembre 1861 [Naugrette]. **40.** 8 décembre 1861 [Naugrette]. **41.** 6 décembre 1861 [Naugrette]. **42.** Victor Hugo, « Les Fleurs », *Proses philosophiques 1860-1865*, *Critique*, p. 550. Je reprends ce rapprochement à Jean-Marc Hovasse, *Victor Hugo*, t. II, *op. cit.*, p. 687. **43.** 25 novembre 1861 [Naugrette]. **44.** 20 janvier 1862 [Siot /N.]. **45.** 16 février 1862 [Rouat / Brière]. **46.** 12 février 1862 [Brière]. **47.** 14 février 1862 [Brière]. **48.** 5 octobre 1861 [Naugrette]. **49.** 25 octobre 1861 [Naugrette]. **50.** Albert Lacroix à Victor Hugo, 30 mars 1862 ; CFL, t. XII, p. 234. **51.** 28 décembre 1861 [Naugrette]. **52.** Victor Hugo, *Les Misérables*, I, V, 4, p. 133. **53.** 2 octobre 1861 [Naugrette]. **54.** 30 décembre 1861 [Naugrette]. **55.** 29 mars 1862 [Guicheteau / R.]. **56.** 19 janvier 1862 [Naugrette]. **57.** 26 mars 1862 [Legret / N.]. **58.** 2 mai 1862 [Guicheteau / R.]. **59.** Victor Hugo à

Auguste Vacquerie, 14 juin 1862 ; CFL, t. XII, p. 1179. **60.** Charles Baudelaire à Mme Aupick, 10 août 1862 ; Baudelaire, *Correspondance*, éd. Claude Pichois et Jean Ziegler, Gallimard, « Bibliothèque de la Pléiade », 1973, t. II, p. 254. **61.** Prosper Mérimée à Jenny Dacquin, 1er septembre 1862 ; Prosper Mérimée, *Correspondance générale*, éd. Maurice Parturier avec la collaboration de Pierre Josserand et Jean Mallion, Deuxième série, t. V (1862-1863), 1957, p. 177. **62.** Gustave Flaubert à Edma Roger des Genettes, juillet 1862 ; *Correspondance*, édition électronique dirigée par Yvan Leclerc et Danielle Girard, en ligne : flaubert-v1.univ-rouen.fr/correspondance/ **63.** Barbey d'Aurevilly, « Fantine », *Le Pays*, 19 avril 1862. **64.** Victor Hugo à Hetzel, 26 juin 1862 ; CFL, t. XII, p. 1183. **65.** 13 juillet 1862 [Guicheteau / R.]. **66.** 28 juillet 1862 [Guicheteau / R.]. **67.** Voir Jean-Marc Hovasse, *Victor Hugo chez les Belges*, *op. cit.*, p. 98 *sqq.* et le catalogue d'exposition *Les Éditeurs belges de Victor Hugo et le banquet des « Misérables »*, Bruxelles, Crédit communal, 1986. **68.** Victor Hugo à sa femme, 27 septembre 1862 ; CFL, t. XII, p. 1193. **69.** Juliette Drouet à Louis et Renée Koch, 7 octobre 1862 ; *LF*, p. 98. **70.** 30 septembre 1862 [Guicheteau / R.].

XVIII. Cinq mariages et un enterrement (1862-1866)

1. Juliette et Victor quittent Bruxelles le 21 septembre, sont à Londres le 22, et de retour à Guernesey le 26. **2.** Anne Ubersfeld et Guy Rosa, « D'Adèle au "témoin" et retour », *Victor Hugo raconté par Adèle Hugo*, Plon, 1985, p. 57. **3.** 28 octobre 1862 [Camille Guicheteau / R.]. **4.** 24 octobre 1862 [Guicheteau / R.]. **5.** 10 octobre 1862 [Guicheteau / R.]. **6.** Gertrude Tennant, *Mes souvenirs sur Hugo et Flaubert*, *op. cit.*, p. 103. **7.** Voir Jean-Marc-Hovasse, *Victor Hugo*, t. II, *op. cit.*, p. 756. **8.** Victor Hugo à Juliette Drouet, 31 décembre 1862 ; *JG*, p. 233. **9.** Victor Hugo à Juliette Drouet, 16 février 1863 ; *JG*, p. 348. **10.** 1er février 1863 [Brière]. **11.** 17 février 1833 [Brière]. **12.** Agenda ; CFL, t. XII, p. 1415. **13.** Voir lettres du 16 février et du 30 mars 1863. **14.** Voir lettres des 6 et 12 février, 9, 11, 12, 14 et 17 mars et 2 avril 1863. **15.** Voir lettre du 3 avril 1863. **16.** Juliette Drouet à Renée Koch, Guernesey, 5 juin 1863 ; *LF*, p. 138. **17.** Voir, entre autres, les lettres du 25 et du 28 avril 1863. **18.** 13 juillet 1863 [Pouchain]. **19.** 6 août 1863 [Pouchain]. **20.** Victor Hugo à Juliette Drouet, 21 mai 1863 ; *JG*, p. 234. **21.** *Victor Hugo raconté par un témoin de sa vie* paraît chez Lacroix en 1863. Le texte original, d'abord étudié par Philippe Lejeune, est ensuite publié, commenté et annoté par un collectif animé par Annie Ubersfeld et Guy Rosa, sous le titre *Victor Hugo raconté par Adèle Hugo*, chez Plon, en 1985. **22.** 6 juillet 1863 [Pouchain]. **23.** Agenda, 2 juin 1863 ; CFL, t. XII, p. 1424. **24.** Adèle annonce son départ pour Malte le 24 juin ; Hugo reçoit la lettre de New York le 28 juillet, et celle d'Halifax le 4 août 1863. **25.** À partir du 18 juillet 1863. **26.** Jules Bastide, ministre des Affaires étrangères en 1848, avait soutenu Cavaignac à l'élection présidentielle. **27.** Il repart le 3 août 1863. Il était déjà venu, avec Philippe Asplet, du 28 au 31 (?) mars 1863 et reviendra régulièrement. **28.** 3 août 1863 [Pouchain]. **29.** Carnet, 1er septembre 1863 ; CFL, t. XII, p. 1547. **30.** Juliette Drouet à son beau-frère et à sa sœur Louis et Renée Koch, 6 septembre 1863 ; *LF*, p. 119. **31.** Juliette Drouet à son neveu Louis Koch, 9 octobre 1863 ; *ibid.*, p. 121. **32.** 8 octobre 1863 [Pouchain]. **33.** François-Victor reçoit cette lettre le 11 novembre 1863. **34.** Le 1er mars 1864, Victor communique à sa femme les nouvelles qu'il a reçues : « Adèle est moins triste ; elle vit absolument seule et n'a d'autre occupation que de guetter le départ de cet homme… Ses logeurs sont bons avec elle ; Victor leur a écrit de ne la laisser manquer de rien. » CFL, t. XII, p. 1685. **35.** Voir lettre du 25 octobre 1863. **36.** Juliette Drouet à Louis Koch, 22 novembre 1863 ; *LF*, p. 128. **37.** Voir lettres du 22 et du 28 novembre 1863. **38.** Voir lettre du 19 novembre 1863. **39.** 3 novembre 1863 [Pouchain]. Même allusion dans la lettre du 3 avril 1864. Victor Hugo consacre un poème aux « Jardins de la margrave Sibylle » dans *Toute la lyre* (II, 27). **40.** 28 octobre 1863 [Pouchain]. **41.** Kesler aussi utilisait cette expression. Il arrive à Juliette de l'employer également. François-Victor désigne ainsi Hauteville II dans une lettre à son père du 3 mai 1868 ; Juliette lui attribue la paternité de cette appellation dans une lettre à Hugo du 4 septembre 1872. Hugo, lui, note toujours Hauteville II dans ses carnets. **42.** Victor Hugo à Auguste Vacquerie, 25 décembre 1863 ; CFL, t. XII, p. 1682. **43.** Victor Hugo à Juliette Drouet, 31 décembre 1863 ; *JG*, p. 235. **44.** Les ramponneaux sont des figurines lestées qui culbutent pour se redresser quand on les incline. Il les lui offre le 4 février, et les appliques le 4 avril 1864. **45.** Voir lettre du 14 janvier 1864. **46.** Voir lettre du 7 janvier 1864. **47.** Agenda, 14 février 1864 ; CFL, t. XII, p. 1449. **48.** Juliette traite le sergent-major de « jeune filou » et de « tourloure Macaire » (24 avril 1864). **49.** Il en informe sa femme dans sa lettre du 12 avril 1864. **50.** Hugo paya sa part immédiatement. Celle de Juliette (qu'il finançait, naturellement) serait versée le 27 octobre 1864. **51.** C'était déjà le cas dans le testament qu'elle avait fait l'année précédente, le 19 mars 1863. **52.** Voir lettre du 28 juillet 1864. **53.** Lebœuf commence le buste le 22 avril 1864, Juliette l'admire le 10 mai. **54.** 27 avril 1864 [Prévost]. **55.** Voir lettre du 19 mai 1864. **56.** Voir lettre du 17 avril 1864. **57.** Voir les lettres des 25 juin, 1er juillet, 20 juillet et 18 juin 1864. **58.** Ce rituel est inauguré le 15 juillet 1864. **59.** Voir lettre du 1er août 1864. **60.** Juliette Drouet à Laure Luthereau, 29 juin 1864 ; lettre inédite, conservée à la Maison Vacquerie-Musée Victor-Hugo de Villequier. Remerciements à Marie-Jean Mazurier (pour la communication de ces lettres et des suivantes). **61.** Juliette Drouet à Laure Luthereau, 19 juillet 1864. **62.** Juliette Drouet à Laure Luthereau, 30 octobre 1864. **63.** La première femme de Marquand mourut à 34 ans, le 21 septembre 1864. **64.** 26 novembre 1864 [Kieffer / N.]. **65.** Adèle Hugo à Juliette Drouet, 22 décembre 1864 ; CFL, t. XII, p. 1321. **66.** 20 décembre 1864 [Kieffer / N.]. **67.** Juliette Drouet à Adèle Hugo, 22 décembre 1864 ; CFL, t. XII, p. 1321. **68.** 14 décembre 1864 [Kieffer / N.]. **69.** Agenda, 19 janvier 1865 ; CFL, t. XII, p. 1482. **70.** Voir lettre du 11 avril 1865. **71.** François-Victor Hugo à Juliette Drouet, 2 février 1865 ; lettre citée par Robert Sabourin, *Juliette Drouet ou « la dépaysée »*, *op. cit.*, p. 313-314. **72.** Agenda, 21 février 1865 ; CFL, t. XIII, p. 1486. **73.** Agenda, 30 novembre 1864 ; CFL, t. XII, p. 1474. **74.** Adèle Hugo à Victor Hugo, 26 avril 1865 ; CFL, t. XIII, p. 1698. **75.** Voir lettre du 6 mai 1865. **76.** Victor Hugo, *Les Travailleurs de la mer*, I, I, 3 ; CFL, t. XII, p. 559. **77.** 29 mai 1865 [Villanueva]. **78.** 10 juin 1865 [Villanueva]. **79.** 12 juin 1865 [Villanueva]. **80.** Victor Hugo, *Les Travailleurs de la mer*, CFL, t. XII, p. 793. **81.** 13 juin 1865 [Villanueva]. **82.** « Voulez-vous bien me donner de l'eau ? » **83.** Carnet, 1er juillet 1865 ; CFL, t. XIII, p. 1069. **84.** Les 6 et 13 juillet 1865. **85.** Le premier séjour à Bruxelles dure du 4 juillet au 20 août 1865 ; le voyage, du 21 août au 25 septembre. **86.** Renée Koch à sa sœur Juliette Drouet, 4 juillet 1865 ; *LF*, p. 149. **87.** Louis Koch à sa tante Juliette Drouet, 5 mai 1865 ; *LF*, p. 149. **88.** Voir lettres du 2 décembre 1865, 14 janvier 1868, 12 février 1868, 11 juillet 1868, 24 novembre 1868.

89. Agenda, 11 janvier 1866 ; CFL, t. XIII, p. 941. **90.** Elle est accrochée le 27 décembre 1865. **91.** Voir lettre du 3 novembre 1865. **92.** Barbey d'Aurevilly, *Le Nain jaune*, 15 novembre 1865. **93.** Charles Baudelaire à Mme Aupick, 3 novembre 1865 ; *Correspondance*, éd. citée, t. II, p. 540-541. **94.** Élisa se présente le 16 novembre 1865, et est embauchée à l'essai le 20. Les notations figurent dans le carnet de Hugo les 23 et 24 novembre 1865. **95.** Voir lettre du 28 novembre 1865. **96.** 21 décembre 1865 [Anne-Estelle Baco / N.]. **97.** Victor Hugo à sa femme Adèle, 22 novembre 1865 ; CFL, t. XIII, p. 734. **98.** Voir lettre du 23 décembre 1865. **99.** Victor Hugo à Adèle, Charles et François-Victor Hugo, 31 janvier 1866 ; CFL, t. XIII, p. 757. **100.** La rédaction de *Mille francs de récompense* commence le 5 février et s'achève le 29 mars 1866. *L'Intervention* est écrite du 7 au 14 mai 1866. **101.** 9 février 1866 [Stranart / N.]. **102.** Adèle Hugo à Victor Hugo, 25 février 1866 ; CFL, t. XIII, p. 765. **103.** Victor Foucher, frère d'Adèle, meurt le 2 février 1866. Le cousin Trébuchet les avait quittés l'année précédente, comme Julie Duvidal de Montferrier, leur belle-sœur, femme d'Abel Hugo. **104.** Celui-ci, sous le titre « L'Archipel de la Manche », paraîtrait dans une version ultérieure, à la fin de la vie de Hugo. **105.** Voir Jean-Marc Hovasse, « Baudelaire et *Les Travailleurs de la mer* », *L'Année Baudelaire*, n° 22, *Hommage à Claude Pichois*, textes recueillis par Jacques Dupont et Andrea Schellino, Honoré Champion, 2018, p. 131-140. [Remerciements à André Guyaux et Aurélia Cervoni.] **106.** Elle reste alitée du 5 au 11 mars 1866. Elle chute de nouveau le 29 mars et a l'index et le majeur engourdis quelques jours plus tard. **107.** Victor Hugo à sa femme Adèle, 25 mai 1866 ; CFL, t. XIII, p. 793. **108.** Il avait contribué à *L'Ami de la jeunesse et des familles*, venait de publier un article sur l'université d'Iéna dans la *Revue des cours littéraires*, et s'apprêtait à traduire une pièce de Hebel pour *L'Illustration.* (Lettre de Jean-Louis Koch à sa tante Juliette Drouet, 29 juillet 1866 ; *LF*, p. 155.) **109.** Carnet inédit du 20 juin 1866 au 12 août 1867. BnF, Mss, NAF 13465.

XIX. En famille (1866-1870)

1. 11 octobre 1866 [Stranart / N.]. **2.** Voir lettre du 19 octobre 1866. **3.** 5 novembre 1866 [Stranart / N.]. **4.** 16 octobre 1866 [Stranart / N.]. **5.** Victor Hugo à Juliette Drouet, 31 décembre 1866 ; *JG*, p. 246. **6.** Voir lettre du 3 janvier 1867 [Stranart / N.]. **7.** 14 mars 1866 [Stranart / N.]. **8.** Agenda, 18 janvier 1867 ; CFL, t. XIII, p. 1003. **9.** Adèle rend le 22 janvier 1867 une visite à Juliette, qui la lui rend le 24, et revient début février. **10.** 25 février 1867 [Stranart / N.]. **11.** Victor Hugo, « Paris » ; CFL, t. XIII, p. 595. **12.** Voir lettre du 7 avril 1867. **13.** Agenda, 23 avril 1867 ; CFL, t. XIII, p. 1024. **14.** Voir lettre du 24 avril 1867. **15.** Juliette Drouet à son neveu et à sa nièce, 14 juin 1867 ; *LF*, p. 164. **16.** Voir Ottilie Koch à Juliette Drouet, 4 juin 1867 ; *ibid.*, p. 165. **17.** Voir lettre du 13 juillet 1867. Hugo avait écrit son soutien à l'insurrection du peuple crétois le 2 décembre 1866 et le 17 février 1867, son éloge de Mickiewicz le 17 mai et sa défense des républicains irlandais le 28 mai 1867. **18.** Voir lettre du 22 juillet 1867. **19.** Voir lettre du 24 juillet 1867. **20.** 25 juillet 1867 [Stranart / N.]. **21.** Il le note dans son carnet le 31 juillet 1867. **22.** Voir lettre du 10 décembre 1867. **23.** Voir lettre du 7 août 1867. **24.** Charles Hugo, *Victor Hugo en Zélande* ; CFL, t. XIII, p. 1093-1094. **25.** 26 août 1867 [Stranart / N.]. **26.** Le séjour à Chaudfontaine dure du 29 août au 11 septembre 1867. **27.** Voir lettre du 19 septembre 1867. **28.** Voir lettre du 3 octobre 1867. **29.** Voir lettre du 20 septembre 1867.

30. Voir lettre du 25 septembre 1867. **31.** Francisque Berton devait jouer Ruy Blas, et Jane Essler (qui serait Fantine dans l'adaptation des *Misérables* en 1878) devait jouer la reine. **32.** Voir lettre du 30 septembre 1867. **33.** Voir lettre du 14 novembre 1867. **34.** Juliette Drouet à Louis Koch, 18 novembre 1867 ; *LF*, p. 172. **35.** Voir lettre du 7 novembre 1867. **36.** 19 novembre 1867 [Stranart / N.]. **37.** Rome ne deviendrait capitale de l'Italie enfin unifiée qu'à la faveur de la défaite de l'Empire en 1870. **38.** Victor Hugo à M. Louis Bonaparte, 8 décembre 1867 ; CFL, t. XIII, p. 1058. **39.** Voir lettre du 7 janvier 1868. **40.** Victor Hugo à ses fils, 26 janvier 1868 ; CFL, t. XIV, p. 1238. **41.** Victor Hugo à Auguste Vacquerie et Adèle Hugo, 26 janvier 1868 ; CFL, t. XIV, p. 1237-1238. **42.** Chifflart arrive le 27 janvier et repart le 10 février 1868. **43.** Victor Hugo à Adèle Hugo, 31 janvier 1868 ; CFL, t. XIV, p. 1239. **44.** 20 février 1868 [Stranart / N.]. **45.** Voir lettre du 20 mars 1868. **46.** 28 février 1868 [Stranart / N.]. **47.** Voir l'agenda de Hugo à la date du 27 février 1868. **48.** Elles y vont le 2 avril 1868. La troupe joua le spectacle plusieurs soirs. **49.** 9 mars 1868 [Stranart / N.]. **50.** 28 mars 1868 [Stranart / N.]. **51.** 4 avril et 30 mars 1868 [Stranart / N.]. **52.** 10 avril 1868 [Stranart / N.]. **53.** Georges Hugo meurt le 14 avril et est inhumé le 16 avril 1868. **54.** Hugo reçoit ce portrait mortuaire le 7 mai 1868. **55.** François-Victor Hugo à son père, 3 mai 1868 ; CFL, t. XIV, p. 1362. **56.** Voir lettre du 18 juin 1868. **57.** Suzanne part du 14 avril au 19 mai 1868. **58.** Voir lettre du 29 avril 1868. **59.** 7 juillet 1868 [Stranart / N.]. **60.** Adèle Hugo à Victor, 31 juillet 1868 ; CFL, t. XIV, p. 1554. **61.** Ce fut décidé entre le 31 juillet et le 4 août 1868. **62.** 6 août 1868 [Stranart / N.]. **63.** Carnet, 16 août 1868 ; CFL, t. XIV, p. 1512. **64.** 27 août 1868 [Stranart / N.]. **65.** 28 août 1868 [Stranart / N.]. **66.** 28 août 1868 [Stranart / N.]. **67.** Voir lettre du 22 septembre 1868. **68.** *Peut-être un frère de Gavroche* pourrait correspondre à la même pièce. **69.** 10 octobre 1868 [Stranart / N.]. **70.** « La femme est obligée de choisir entre acheter un homme, ce qui s'appelle le mariage, ou se vendre aux hommes, ce qui s'appelle la prostitution. » / « Traite des nègres : l'esclavage. / Traite des blanches : le mariage. » (« Faits et croyances », *Océan*, p. 122). **71.** Voir lettre du 1er décembre 1868. **72.** Charles Hugo à son père, 19 décembre 1868 ; CFL, t. XIV, p. 1394-1395. **73.** Paul Meurice à Victor Hugo, 24 janvier 1869 ; CFL, t. XIV, p. 1264. **74.** 24 février 1869 [Stranart/ N.]. **75.** Paul Meurice, « Lettre à une dépaysée », *Le Rappel*, 7 mai 1869. **76.** 9 mai 1869 [Stranart / N.]. **77.** 1er mai 1869 [Stranart / N.]. **78.** Barbey d'Aurevilly, *Le Nain jaune*, 25 avril et 23 mai 1869. **79.** René Koch naît le 27 mai 1869. **80.** Carnet, été 1869 ; CFL, t. XIV, p. 1518. **81.** Victor Hugo à Gustave Flaubert, 20 décembre 1869 ; CFL, t. XIV, p. 1290. **82.** Voir lettre du 18 mai 1869. **83.** Agenda, 4 juillet 1869, p. 1431. **84.** Victor Hugo à Alphonse Karr, 30 mai 1869 ; *AP*, p. 685. **85.** 23 avril 1869 [Stranart / N.]. **86.** 23 juillet 1869 [Stranart / N.]. **87.** Voir lettre des 11-12 juillet 1869. **88.** 31 juillet 1869 [Stranart / N.]. **89.** Voir lettre du 22 août 1869 [Stranart / N.]. **90.** Voir lettre du 24 août 1869. **91.** Juliette Drouet à Louis Koch, 16 septembre 1869 ; *LF*, p. 203. **92.** Victor Hugo, « La crise d'octobre 1869 », 12 octobre 1869 ; *AP*, p. 630. **93.** Victor Hugo, « Aubin », *Les Années funestes*, L. **94.** Charles Hugo, « Nos divisions », *Le Rappel*, 25 novembre 1869. **95.** 10 décembre 1869 [Stranart]. **96.** Les obsèques de Victor Noir, tué le 10 janvier 1870, ont lieu le 12 janvier. **97.** L'article de Charles paraît dans *Le Rappel* le 20 mars 1870. **98.** 9 mars 1870 [Héricher / N.]. **99.** 30 avril 1870 [Héricher / N.]. **100.** Compte tenu des conditions, guère démocratiques, du suffrage, les 7 500 000 « oui », qui intituleront le prologue de *L'Année terrible*, n'écrasent pas les 1 500 000 « non » et 2 millions d'abstentions.

101. 16 mars 1870 [Héricher / N.]. **102.** Victor Hugo à Juliette Drouet, 2 février 1870 ; *JG*, p. 254. **103.** Voir lettre du 5 février 1870. **104.** Victor Hugo à Théophile Gautier, 9 février 1870 ; CFL, t. XIV, p. 1293. **105.** Les Nicolle et les Duverdier rentrent à Jersey le 12. **106.** Ce dessin a été réalisé du 11 au 17 mai 1870. **107.** Ils rendent visite aux cousins Asseline du 21 juin au 11 juillet 1870. **108.** Voir lettre du 10 juillet 1870. **109.** « Jeanne fait son entrée », *L'Art d'être grand-père*, I, 3. **110.** *Le Rappel*, 18 juillet 1870. **111.** Victor Hugo, « Aux femmes de Guernesey », 22 juillet 1870 ; *AP*, p. 661. **112.** Victor Hugo à Paul Meurice, 19 août 1870 ; CFL, t. XIV, p. 1309. **113.** Victor Hugo à Paul Meurice, 26 août 1870 ; CFL, t. XIV, p. 1311.

Quatrième partie
Aimer hors de saison
(1870-1883)

XX. Paris incendié (1870-1872)

1. 8 septembre 1870 [Naugrette]. **2.** 18 septembre 1870 [Evelyn Blewer et Sheila Gaudon]. **3.** Charles et sa famille quittent l'Hôtel Navarin pour le Pavillon de Rohan, rue de Rivoli, le 20 septembre 1870. Juliette les y rejoint le 26 septembre. **4.** 29 septembre 1870 [Blewer]. **5.** Lors de cette promenade, le 18 octobre 1870, Hugo constate que sa maison et son jardin n'existent plus, une rue ayant été percée à la place. **6.** 20 septembre 1870 [Blewer]. **7.** Douglas Siler conteste cette hypothèse avec des arguments convaincants, voir *supra*, chap. II, p. 33. Le 27 septembre 1870, Strasbourg capitulera. **8.** Carnet, 2 octobre 1870 ; CFL, t. XV-XVI/2, p. 632. **9.** C'est Rey qui lui fait cette proposition le lendemain de son arrivée. **10.** La Commune est déjà réclamée le 22 septembre 1870. **11.** Il formule cette demande le 25 septembre 1870 au général Trochu. **12.** 25 septembre 1870. Je remercie Marie-Laure Prévost de m'avoir communiqué ce feuillet détaché. **13.** Carnet, 9 décembre 1870 ; CFL, t. XV-XVI/2, p. 646. **14.** 8 septembre 1870 [N.]. **15.** Cette nouvelle édition paraît le 20 octobre 1870. **16.** Ces soirées à la Porte-Saint-Martin ont lieu les 5 et 13 novembre 1870. **17.** Voir lettre du 13 novembre 1870. **18.** Cette soirée a lieu le 28 novembre 1870. **19.** Carnet, 27 novembre 1870 ; CFL, t. XV-XVI/2, p. 644. **20.** Hugo le note sur son carnet le 16 octobre 1870. Il note la fondation de l'orphelinat le 1er décembre 1870. **21.** Ce décret parut au *Journal officiel* du 13 octobre 1870. **22.** Voir lettre du 7 octobre 1870. Il obtient sa mise en liberté le 1er décembre. **23.** Hugo écrit au ministère le 29 décembre 1870. **24.** Carnet, 30 décembre 1870 ; CFL, t. XV-XVI/2, p. 650. **25.** Voir lettre du 28 décembre 1870. **26.** Voir lettre du 29 décembre 1870. **27.** « Mon Dieu que ta petite Jeanne est donc ravissante ! J'en suis insensée », écrit Juliette le 2 mars 1872. « Ma Jeanne, dont je suis doucement insensé » (*L'Art d'être grand-père*, VI, 5) est généralement daté du 27 octobre 1872. **28.** 30 décembre 1870 [Pouchain]. **29.** Agenda, 13 janvier 1871 ; CFL, t. XV-XVI/2, p. 657. **30.** La cérémonie a lieu le 18 janvier 1870. **31.** 26 janvier 1870 [Pouchain]. **32.** Carnet, 12 février 1871 ; CFL, t. XV-XVI/2, p. 661. **33.** 12 février 1871 [Héricher / N.]. **34.** « Pour la guerre dans le présent et pour la paix dans l'avenir », 1er mars 1871 ; *AP*, p. 753. **35.** Le 10 mars 1870 dans les trois cas. **36.** C'est l'actuelle gare d'Austerlitz. **37.** Victor Hugo à Paul Meurice et Auguste

Vacquerie, 18 avril 1871 ; CFL, t. XV-XVI/2, p. 473. **38.** Victor Hugo à Paul Meurice, 26 mars 1871 ; CFL, t. XV-XVI/2, p. 473. **39.** Carnet, 15 mai 1871 ; CFL, t. XV-XVI/2, p. 677. **40.** Carnet, 21 mai 1871 ; CFL, t. XV-XVI/2, p. 678. **41.** 26 mai 1871 [Héricher / N.]. **42.** 27 mai 1871 [Héricher / N.]. **43.** Carnet, 30 mars 1871 ; CFL, t. XV-XVI, p. 672. **44.** Le 19 juin 2019. **45.** Henriette Morvan arrive le 19 octobre 1871. **46.** 31 octobre 1871 [Héricher / N.]. [Remerciements à Mgr Descubes.] **47.** « Le Bateau ivre » a été écrit à la fin de l'été 1871, pendant les procès des communards. **48.** 10 février 1872 [Rosa]. **49.** 25 novembre 1871 [Héricher / N.]. **50.** 28 novembre 1871 [Héricher / N.]. **51.** Victor Hugo, « À Madame Paul Meurice », *L'Année terrible*, Juin, VI. **52.** Le 4 février 1872. **53.** Carnet, 7 janvier 1872 ; CFL, t. XV-XVI/2, p. 732. **54.** Carnet, 17 février 1872 ; CFL, t. XV-XVI/2, p. 734. **55.** 9 mars 1872 [Rosa]. **56.** Voir lettre du 6 février 1872. **57.** Voir lettre du 27 janvier 1872. **58.** Carnet, 23 février 1872 ; CFL, t. XV-XVI/2, p. 739. **59.** Voir lettre du 12 avril 1872. **60.** 12 avril 1872 [Rosa]. **61.** Voir lettre du 7 février 1872. **62.** Elle tombe malade le 19 mars 1872. **63.** Carnet, 18 avril 1872 ; CFL, t. XV-XVI/2, p. 757. **64.** 3 avril 1872 [Rosa]. **65.** 19 mars 1872 [Rosa].

XXI. COLÈRE BLANCHE (1872-1873)

1. Voir lettre du 24 juin 1872. **2.** Voir lettre du 20 juin 1872. *Barbares et bandits. La Prusse et la Commune* était sorti en 1871. **3.** Ils vont chez eux le 13 juillet 1872. **4.** 3 mai 1872 [Rosa]. **5.** Victor Hugo à M. Léon Richer, rédacteur en chef de *L'Avenir des femmes*, 8 juin 1872 ; *AP*, p. 853. **6.** Ils dînent ensemble chez Juliette le 24 mai 1872. **7.** Voir lettre du 8 juillet 1872. **8.** 23 juillet 1872 [Bulle Prévost / N.]. **9.** Voir lettre du 19 juin 1872. **10.** Voir lettre du 26 avril 1872. **11.** Voir lettres du 12 mars et du 7 mai 1872. **12.** Le 9 juillet 1872. **13.** 22 mai, 27 mai, 14 juin, 21 juin, 3 août 1872. **14.** 5 mai 1872 [Rosa]. **15.** Juliette Koch naît le 29 mai 1872. Sa santé inquiéta pendant les premiers jours, mais elle survécut. **16.** 13 juin 1872 [Rosa]. **17.** Victor Hugo à Juliette Drouet, 13 juin 1872 ; *JG*, p. 222. **18.** 13 juin 1872 [Rosa]. **19.** 21 juin 1872 [Rosa]. **20.** Victor Hugo à Alexandre Dumas fils, 15 avril 1872 ; *AP*, p. 843-844. **21.** Judith lui rend visite le 23 juin 1872. Il saisit le ministre le lendemain. La pension est accordée le 26. **22.** Voir lettre du 29 avril 1872. **23.** Voir lettre du 7 juin 1872. **24.** *L'Année terrible* paraît le 20 avril 1872. **25.** Carnet de Victor Hugo, 10 juin 1872 ; CFL, t. XV-XVI/2, p. 779. **26.** La lettre de Jules Renard est publiée dans *Le Rappel* le 17 juin 1872. **27.** Voir carnet de Victor Hugo, 10 juillet 1872 ; CFL, t. XV-XVI/2, p. 788. **28.** Voir lettre du 18 juillet 1872. **29.** Victor Hugo, « Je la revois, après vingt ans, l'île où décembre », *Toute la lyre*, V, XXXVII. **30.** 5 septembre 1872 [Prévost / N.]. **31.** 3 mai 1873 [Maggy Lecomte / N.]. **32.** 14 août 1872 [Prévost / N.]. **33.** Carnet, 21 septembre 1872 ; CFL, t. XV-XVI, p. 791. **34.** Voir lettres du 26 septembre, du 6 octobre, du 23 et du 29 octobre 1872. **35.** Victor Hugo à François-Victor Hugo, 24 décembre 1872 ; CFL, t. XV-XVI, p. 501. **36.** Victor Hugo, « L'Avenir de l'Europe », 20 septembre 1872 ; CFL, t. XV-XVI, p. 859. **37.** 23 novembre 1872 [Prévost / N.]. Marie Mercier arrive le 20 novembre. **38.** 3 octobre 1872 [Prévost / N.]. **39.** Voir lettre du 13 octobre 1872. **40.** On attendrait : « *Beso de mano con Alba. Me parece muy digna de respeto.* » [Remerciements à Claire Villanueva, ici et après.] **41.** Voir lettre du 15 octobre 1872. **42.** 30 octobre 1872 [Simonne et Jacques Charpentreau, p. 68-71].

43. Voir lettre du 11 décembre 1872. **44.** Victor Hugo à Paul Meurice, 15 décembre 1872 ; CFL, t. XV-XVI/2, p. 499. Le 12 janvier 1873, Hugo remercie Meurice pour son intervention. **45.** 18 décembre 1872 [Prévost / N.]. **46.** Voir lettre du 10 décembre 1872. **47.** Je remercie Gérard Pouchain et Jean-Marc Hovasse pour l'accès à ces carnets. **48.** Victor Hugo à Judith Gautier, 25 décembre 1872 ; CFL, t. XV-XVI/2, p. 1027. **49.** On attendrait : « *A medio día ha venido Alba y me ha hablado de sus asuntos. Hay peligro.* » **50.** 28 décembre 1872 [Prévost / N.]. **51.** Voir lettre du 30 octobre 1872 [Simonne et Jacques Charpentreau, p. 72-73]. **52.** 24 janvier 1873 [Maggy Lecomte / N.]. **53.** Carnet, 27 janvier 1872 ; CFL, t. XV-XVI, p. 798. **54.** Carnet, 4 février 1872 ; CFL, t. XV-XVI, p. 798. **55.** On attendrait : « *Su dulce y blanca piel* ». **56.** 5 février 1873 [Lecomte / N.]. **57.** Victor Hugo à Mounet-Sully, 10 janvier 1873 ; CFL, t. XV-XVI, p. 502. **58.** Voir le carnet de Victor Hugo, 14 février 1873 ; CFL, t. XV-XVI, p. 798. **59.** Voir lettre du 27 février 1873. **60.** Voir lettre du 1er février 1873. **61.** Victor Hugo à Auguste Vacquerie, 3 janvier 1873 ; CFL, t. XV-XVI/2, p. 502. **62.** René Koch est né le 27 mai 1869. **63.** Voir lettre du 18 janvier 1873. **64.** Victor Hugo à Paul Meurice, 24 mars 1873 ; CFL, t. XV-XVI/2, p. 510. **65.** Voir lettres des 19, 20 février, 19 mars 1873. **66.** 8 mai 1873 [Lecomte / N.]. **67.** 13 avril 1873 [Lecomte / N.]. **68.** Carnet inédit, 3 juin 1873. **69.** 4 juin 1873 [Lecomte et Manon Da Costa / N.]. **70.** L'intérim est assuré par Joséphine Richet. **71.** 1er juillet 1873 [Da Costa]. **72.** Voir lettre du 30 juin 1873. **73.** Voir lettres des 23-24 juin 1873. **74.** Carnet, 12-21 juillet ; CFL, t. XV-XVI/2, p. 806-809. **75.** Carnet, 9 août 1873 ; CFL, t. XV-XVI/2, p. 817. **76.** 9 août 1873 [Da Costa / N.]. **77.** 8 août 1873 [Da Costa / N.]. **78.** 29 août 1873 [Da Costa / N.]. **79.** Carnet, 19 septembre 1873 ; CFL, t. XV-XVI/2, p. 830. **80.** Carnet, 20 septembre 1873 ; CFL, t. XV-XVI/2, p. 830. **81.** Victor Hugo à Juliette Drouet, 20 septembre 1873 ; *JG*, p. 285-288. **82.** Victor Hugo à Louis Koch, 22 septembre 1873 ; *JG*, p. 288. **83.** Carnet, 22-23 septembre 1873 ; CFL, t. XV-XVI/2, p. 830.

XXII. Le Tout-Paris à sa table (1873-1877)

1. Juliette Drouet à M. et Mme Berru, septembre 1873. Cité par Robert Sabourin, *Juliette Drouet ou « la dépaysée »*, *op. cit.*, p. 367-368. **2.** Victor Hugo à Juliette Drouet, 25 septembre 1873 ; *JG*, p. 290-293. **3.** Carnet de Victor Hugo, 26 septembre 1873 ; CFL, t. XV-XVI/2, p. 831. **4.** Victor Hugo à Juliette Drouet, 27 septembre 1873 ; cité par Robert Sabourin, *Juliette Drouet ou « la dépaysée »*, *op. cit.*, p. 374. **5.** 27 septembre 1873 [Da Costa / N.]. **6.** 28 septembre 1873 [Da Costa / N.]. **7.** Paru dans la *Revue des deux mondes* en 1835, *Le Chandelier* fut créé au Théâtre-Historique en 1848. **8.** Juliette Drouet à M. et Mme Berru, 29 septembre 1873. **9.** 16 octobre 1873 [Da Costa / N.]. **10.** 18 novembre 1873 [collection particulière]. **11.** Voir lettre du 3 novembre 1873. **12.** Carnet, 9 décembre 1873 ; CFL, t. XV-XVI/2, p. 840. **13.** 20 décembre 1873 [Da Costa / N.]. **14.** Carnet, 27 décembre 1873 ; CFL, t. XV-XVI/2, p. 841. **15.** Gustave Flaubert à George Sand, 31 décembre 1873 ; *Correspondance*, édition électronique dirigée par Yvan Leclerc et Danielle Girard, en ligne : flaubert-v1.univ-rouen.fr/correspondance/ **16.** Carnet, 31 décembre 1873 ; CFL, t. XV-XVI/2, p. 842. **17.** Garibaldi à Victor Hugo, 6 janvier 1874 ; CFL, t. XV-XVI/2, p. 520. **18.** Victor Hugo à Alphonse Karr, 8 janvier 1874 ; CFL, t. XV-XVI/2, p. 520.

19. Carnet, 30 janvier 1874 ; CFL, t. XV-XVI/2, p. 844. **20.** 9 janvier 1874 [Véronique Heute / N.]. **21.** Carnet, 30 janvier 1874 ; CFL, t. XV-XVI/2, p. 845. **22.** Victor Hugo à Juliette Drouet, 26 février 1874 ; *JG*, p. 297. **23.** Article d'Achard dans le *Journal des débats*, 6 mars 1874. L'article de Barbey paraît le 9 mars. **24.** Victor Hugo à Gustave Flaubert, 5 avril 1874 ; CFL, t. XV-XVI/2, p. 522-523. **25.** *Être aimé*, 14-15 mars 1874 ; *Théâtre II*, p. 549-552. **26.** Voir lettre du 25 février 1874 [Heute / N.]. **27.** 9 mars 1874 [Heute / N.]. **28.** Voir lettre du 10 mars 1874. **29.** Voir lettre du 9 avril 1874 [Heute / N.]. **30.** Voir lettre du 12 avril 1874. **31.** Voir lettre du 16 avril 1874 [Heute / N.]. **32.** Voir lettre du 18 mai 1874 [Heute / N.]. **33.** Gustave Rivet, *Victor Hugo chez lui*, Dreyfous, 1878, p. 12-14. **34.** *Ibid.*, p. 64. **35.** Carnet, 13 mai 1874 ; CFL, t. XV-XVI/2, p. 850. **36.** Carnet, 24 juin 1874 ; CFL, t. XV-XVI/2, p. 851-852. **37.** Carnet, 12 juin 1874 ; CFL, t. XV-XVI/2, p. 851. **38.** Carnet, 8 juin 1874 ; CFL, t. XV-XVI/2, p. 851. **39.** Carnet, 6 juin 1874 ; CFL, t. XV-XVI/2, p. 850. **40.** 29 juin 1874 [Heute / N.]. **41.** Voir lettre de Juliette Drouet à Louis Koch, 19 juin 1874 ; *LF*, p. 262. **42.** 18 juin 1874 [Heute / N.] **43.** Carnet, 20 juillet 1874 ; CFL, t. XV-XVI/2, p. 852. **44.** 21 juin 1874 [Guimbaud]. **45.** Carnet, 24 juin 1874 ; CFL, t. XV-XVI/2, p. 852. **46.** 28 juin 1874 [Heute / N.]. **47.** 12 juillet 1874 [Heute / N.]. **48.** 28 juillet 1874 [Heute / N.]. **49.** 20 août 1874 [Heute / N.]. **50.** 31 août 1874 [Heute / N.]. **51.** Carnet, 21 août 1874 ; CFL, t. XV-XVI/2, p. 853. **52.** 22 août 1874 [Pouchain]. **53.** Carnet, 23 août 1874 ; CFL, t. XV-XVI/2, p. 853. **54.** 2 mars 1874 [Heute]. **55.** Elle obtient la séparation de corps en avril et vient rendre visite à Hugo le 10 juillet 1874. **56.** Cet accident lui arrive le 16 août 1874. **57.** Juliette Drouet à la famille Koch, 30 août 1874 ; *LF*, p. 264. **58.** Carnet, 29 août 1874 ; CFL, t. XV-XVI/2, p. 853. **59.** 13 septembre 1874 [Heute]. **60.** 11 septembre 1874 [Heute]. **61.** Jules Claretie, *Portraits contemporains*, Librairie illustrée, t. I, 1875, p. 22. **62.** 25 octobre [Heute / N.]. **63.** 11 décembre 1874 [Heute / N.]. **64.** Jeune cerf (qui a cinq andouillers sur chaque bois). **65.** Extrait de « La Double Chasse », chanson de Béranger. **66.** 24 décembre 1874 [Heute / N.]. **67.** 12 novembre 1874 [Heute / N.] **68.** Victor Hugo, « Obsèques de Madame Paul Meurice », 15 novembre 1874 ; *AP*, p. 886. **69.** 1er janvier 1875 [Heute / N.]. **70.** 25 janvier 1875 [Heute / H.]. **71.** 27 janvier 1875 [Heute / H.]. **72.** 17 mars [Heute / H.]. **73.** Voir lettre du 2 mars 1875. **74.** 28 février 1875 [Heute / H.]. **75.** Voir lettre du 3 mars 1875. **76.** Carnet, 31 décembre 1875 ; CFL, t. XV-XVI/2, p. 864. **77.** 24 janvier 1875 [Heute / H.]. **78.** Voir lettre du 7 avril 1875. **79.** 11 avril 1875 [Heute / H.]. **80.** Voir lettre du 21 avril 1875. **81.** Voir lettre du 25 août 1875. **82.** Voir lettre du 18 juin 1875. **83.** 19 juin 1875 [Heute / H.]. **84.** L'accident se produit le 16 août 1875. **85.** Voir lettres du 16 et du 21 août 1875. **86.** Carnet, 28 août 1875 ; CFL, t. XV-XVI/2, p. 860. **87.** Julie Chenay arrive le 1er août. Alice et les enfants partent le 6 août et Hugo commence la mise en ordre de ses manuscrits le 10 août 1875. **88.** Voir lettre du 27 août 1875. **89.** 7 septembre 1875 [Heute / H.]. **90.** Carnet, 15 août 1875 ; CFL, t. XV-XVI/2, p. 860. **91.** Voir lettres des 11 et 23 septembre 1875. **92.** Voir lettre du 22 juillet 1875. **93.** Carnet, 22 septembre 1875 ; CFL, t. XV-XVI/2, p. 861. **94.** Sur ce « lieu transitionnel de l'urbanité », voir Catherine Naugrette-Christophe, *Paris sous le Second Empire. Le Théâtre et la Ville*, Librairie Théâtrale, 1998, p. 157-178. **95.** 19 septembre 1875 [Heute / H.]. **96.** Voir lettre du 9 novembre 1875. **97.** Carnet, 24 septembre, 22 et 28 décembre 1875 ; CFL, t. XV-XVI/2, p. 862-864. **98.** Voir lettre du 1er septembre

1875. **99.** 22 octobre 1875 [Heute / H.]. **100.** Voir lettre du 9 octobre 1875 [Heute / H.]. **101.** 1er novembre 1875 [Heute / H.]. **102.** Carnet, 17 novembre 1875 ; CFL, t. XV-XVI/2, p. 864. **103.** Carnet, 30 novembre 1875 ; CFL, t. XV-XVI/2, p. 864. **104.** Victor Hugo à Juliette Drouet, 1er janvier 1876 ; *JG*, p. 301. **105.** Victor Hugo, « Obsèques de Madame Louis Blanc. 25 avril 1876 » ; *AP*, p. 913-914. **106.** 26 avril 1876 [Erminie Baudry / N.]. **107.** 16 janvier 1876 [Baudry / N.]. **108.** Voir lettre du 18 janvier 1876. **109.** 19 janvier 1876 [Baudry / N.]. **110.** Voir lettres des 21 et 22 janvier 1876. **111.** Victor Hugo, « Obsèques de Frédérick Lemaître, 29 janvier 1876 » ; *AP*, p. 902. **112.** Voir lettre du 2 février 1876. **113.** 27 février 1876 [Baudry / N.]. **114.** Voir lettre du 5 février 1876. **115.** Voir lettre du 1er mars 1876. **116.** Voir lettre du 8 février 1876. **117.** Voir lettre du 2 mars 1876. **118.** Voir lettre du 11 mars 1876. **119.** Voir lettre du 25 juillet 1876. **120.** Juliette commence à évoquer cette tâche de copiste en août 1876. **121.** Dédicace de *La Légende des siècles* à Richard Lesclide, 26 février 1877. **122.** 14 avril 1876 [Baudry / N.]. **123.** 16 et 17 avril 1876 [Baudry / N.]. **124.** Victor Hugo à Juliette Drouet, 21 mai 1876 ; *JG*, p. 305. **125.** Voir lettre du 21 mai 1876. **126.** Victor Hugo, « L'Amnistie au Sénat. Séance du lundi 22 mai 1871 » ; *AP*, p. 917-925. **127.** 23 mai 1876 [Baudry / N.]. **128.** Voir lettre du 28 mai 1876. **129.** Voir lettre du 9 mars 1876. **130.** Victor Hugo, « Obsèques de George Sand », 10 juin 1876 ; *AP*, p. 914. **131.** Les obsèques d'Henry, le mari d'Henriette, ont lieu le 9 septembre 1876. **132.** Carnet, 12 août 1876 ; CFL, t. XV-XVI/2, p. 873. **133.** Voir lettre du 2 août 1876. **134.** Voir lettre du 13 septembre 1876. **135.** 30 septembre 1876 [Ben Khalifa / N.]. **136.** Carnet, 27 et 29 octobre 1876 ; CFL, t. XV-XVI/2, p. 874. **137.** 25 novembre 1876 [Ben Khelifa / N.]. **138.** Voir lettre du 11 octobre 1876. **139.** *Gazette de Guernesey*, 10 janvier 1877 ; CFL, t. XV-XVI/2, p. 875. **140.** Victor Hugo à Juliette Drouet, 31 décembre 1876 ; CFL, t. XV-XVI/2, p. 594-595.

XXIII. VERTIGES (1877-1878)

1. 24 janvier 1877 [Rosa]. **2.** 21 février 1877 [Rosa]. **3.** 20 janvier 1877 [Rosa]. **4.** 17 février 1877 [Rosa]. **5.** Carnet, 26 février 1877 ; CFL, t. XV-XVI/2, p. 880. **6.** Carnet, 23 mars 1877 ; CFL, t. XV-XVI/2, p. 881. **7.** Victor Hugo, « Le Pot cassé », *L'Art d'être grand-père*, VI, 8. **8.** Carnet, 26 mars 1877 ; CFL, t. XVI-XVII/2, p. 882. **9.** Carnet, 23 mars 1877 ; CFL, t. XVI-XVII/2, p. 881. **10.** Du 23 au 26 mars 1877. **11.** 9 avril 1877 [Rosa]. **12.** Voir lettre du 7 mai 1877. **13.** 8 janvier 1878 [Brière]. **14.** Voir lettre du 9 mai 1877 ; Carnet de Hugo, 9 mai 1877 ; CFL, t. XV-XVI/2, p. 885. **15.** 11 mai 1877 [Rosa]. **16.** 16 mai 1877 [Rosa]. **17.** 25 mai 1877 [Rosa]. Il rend une première visite le 22 mai et s'invite à dîner le 29. **18.** 22 mai 1877 [Rosa]. **19.** Voir Juana Richard-Lesclide, *Victor Hugo intime*, Félix Juven, 1902, p. 174-175. **20.** 17 mai 1877 [Rosa]. **21.** 7 juin 1877 [Rosa]. **22.** 21 juin 1877 [Rosa]. **23.** Hugo raconte ces trois jours dans son Carnet, 21-23 juin 1877 ; CFL, t. XV-XVI/2, p. 887-888. **24.** Cette réunion a lieu le 26 juin 1877. **25.** 28 juin 1877 [Rosa]. Le jeu de mots, bien trouvé, n'était pas nouveau. **26.** 3 juillet 1877 [Rosa]. **27.** Voir lettres du 15 et du 17 juillet 1877. **28.** La mère Morvan arrive le 14 juillet 1877 et reste deux semaines. **29.** Carnet, 21 juillet 1877 ; CFL, t. XV-XVI/2, p. 888. **30.** Carnet, 16 août 1877 ; CFL, t. XV-XVI/2, p. 897. **31.** Carnet, 21 août 1877 ; *ibid.* **32.** Alice Lockroy à Victor Hugo, septembre 1877 ; CFL, t. XV-XVI/2, p. 899. **33.** Carnet inédit, 6 août 1877 ;

BnF, Mss, NAF 13481, f. 5 r. **34.** Son séjour parisien dure du 26 août au 3 octobre 1877. **35.** 4 septembre 1877 [Rosa]. **36.** Voir lettre du 9 septembre 1877. **37.** Voir le chapitre XIII, p. 249. **38.** 2 octobre 1877 [Rosa]. **39.** Voir lettre du 7 octobre 1877. **40.** Victor Hugo, « Les Élections. Discours pour la candidature de M. Jules Grévy », 12 octobre 1877 ; *AP*, p. 974-976. **41.** Les élections ont lieu le 14 octobre 1877. **42.** Voir lettre du 18 octobre 1877. **43.** Carnet, 13 décembre 1877 ; CFL, t. XV-XVI/2, p. 901. Elle accompagne Hugo à Versailles les 7, 16, 17 novembre, et le 11 décembre. **44.** Il l'indique le 5 janvier 1878 ; Carnet inédit, 5 janvier 1878, BnF, Mss, NAF 13481, f. 60 v. **45.** 18 novembre 1877. **46.** 21 novembre 1877 [Rosa]. **47.** 29 novembre 1877 [Bertaux]. La caricature parut le 2 décembre 1877. Voir Gérard Pouchain, *Victor Hugo par la caricature*, Les Éditions de l'Amateur, 2013, p. 119-120. **48.** Victor Hugo à Sarah Bernhardt, 22 novembre 1877 ; CFL, t. XV-XVI/2, p. 1056. **49.** Carnet inédit, 27 novembre 1877 ; BnF, Mss, NAF 13481, f. 46 r. **50.** 22 novembre 1877 [Rosa]. **51.** Juliette, qui avait lancé aussi une invitation à Ottilie Koch (car Louis était invité au banquet d'*Hernani*) se contenta de dîner avec Mme Lesclide, Mme Rivet et Mme Daudet. **52.** Voir lettre du 7 décembre 1877. **53.** Voir lettres des 15 et 17 février 1878. **54.** Voir lettre du 5 janvier 1878. **55.** Pour Flaubert, voir Carnet inédit, 21 mars et 1er avril 1878 (BnF, Mss, NAF 13481 ; f. 99 r. et 104 r.) et Carnet inédit, 30 mai 1878 (BnF, Mss, NAF 13482, f. 10 r. Pour Mallarmé, voir Carnet inédit, 23 avril 1878 ; BnF, Mss, NAF 13481, f. 118, r. et v.). **56.** Ces trois visites ont lieu les 5, 7 et 11 mars 1878. **57.** 30 mars 1878 [Brière]. **58.** Voir lettre du 26 janvier 1878. **59.** 13 janvier 1878 [Pouchain]. **60.** 28 janvier 1878 [Brière]. **61.** Carnet inédit, 15 janvier 1878 ; BnF, Mss, NAF 13481, f. 64 r. **62.** Carnet inédit, 3 janvier 1878 ; BnF, Mss, NAF 13481, f. 59 r. **63.** Émile Blémont, « Les Habitations – L'Intimité », *Le Livre d'or de Victor Hugo par l'élite des artistes et des écrivains contemporains*, Libraire artistique H. Launette, 1883, p. 64. **64.** 11 mars 1878 [Brière]. **65.** 18 avril 1878 [Brière]. **66.** 20 mai 1878 [Brière]. **67.** 31 janvier 1878 [Brière]. **68.** Voir lettre du 13 mai 1878 [Brière]. **69.** Voir lettres des 9 février et 5 avril 1878. **70.** Voir lettre du 1er mars 1878. **71.** 3 mars 1878 [Brière]. **72.** Voir lettre du 22 février 1878. **73.** John Pradier, *Cahier des enfants* (édition en préparation par Douglas Siler sur www.jamespradier.com). **74.** Pour les renseignements qui précèdent, remerciements à Douglas Siler. **75.** Adulte, Cécile Daubray (1871-1954) prendra le relais de Gustave Simon, lui-même successeur de Meurice pour l'édition des *Œuvres complètes* de Victor Hugo dite de l'Imprimerie nationale, dont elle assurait depuis le début le secrétariat. **76.** Voir lettre du 15 mai 1878. **77.** Voir Carnet inédit, 3 avril 1878 ; BnF, Mss, NAF 13481, f. 105 r. **78.** Victor Hugo à Juliette Drouet, 30 avril 1878 ; *JG*, p. 312. **79.** Victor Hugo, « Discours pour Voltaire », 30 mai 1878 ; *AP*, p. 984. **80.** 1er juin 1878 [Brière]. **81.** Victor Hugo, « À M. l'évêque d'Orléans », 3 juin 1878 » ; *AP*, p. 991. **82.** 6 juin 1878. **83.** Voir lettre du 7 juin 1878. **84.** 24 juin 1878 [Brière]. **85.** 23 juin 1878 [Brière]. Elle a reçu la lettre le 21 juin 1878. **86.** Voir le journal de Lesclide, 28 juin 1878. Je remercie Jean-Marc Hovasse de m'avoir communiqué sa transcription de ce journal encore en partie inédit. **87.** 28 juin 1878 [Brière]. **88.** Voir le journal de Lesclide, 30 juin 1878. **89.** Voir le journal de Lesclide, 9 et 10 juillet 1878. **90.** Pour l'analyse clinique de cet accident vasculaire cérébral, voir Dominique Mabin, « Qu'est-il arrivé à Victor Hugo fin juin 1878 ? Affabulations, rumeurs, témoignages, conjectures », *L'Écho Hugo* n° 5, 2005, p. 19-48. **91.** 2 juillet 1878 [Brière]. **92.** Le journal de Lesclide parle de scènes de ménage dues à cette découverte à partir du 13 juillet 1878 ; une première dispute a eu lieu la veille. **93.** Juliette Drouet à son neveu Louis Koch, 17 juillet 1878 ; *LF*, p. 284-286. **94.** Les visites à Blanche sont le plus souvent corrélées, dans les carnets de Hugo des derniers mois, à des secours à « Nouméa ». **95.** Voir lettre de Juliette Drouet à Louis Koch, 4 août 1878 ; *LF*, p. 289-291. **96.** Juliette Drouet à Louis Koch, 6 septembre 1878 ; *LF*, p. 293. **97.** Le 26 août 1878. **98.** Paul de Saint-Victor arrive avec sa fille le 9 septembre 1878 et repart le 25 septembre, jour de l'arrivée de Meurice et ses trois filles, qui repartent le 11 octobre. Ernest Lefèvre arrive le 28 septembre. **99.** Voir lettre du 30 septembre 1878. La sortie au cirque eut lieu le 18 septembre. **100.** Voir lettre du 19 septembre 1878. **101.** 24 septembre 1878 [Pouchain]. **102.** « Il est évident pour moi qu'on a le parti-pris (très injuste et très faux) de tout me cacher », Juliette Drouet à Louis Koch, 6 septembre 1878 ; *LF*, p. 293. **103.** Voir le journal de Lesclide, 25 juillet 1878. **104.** Paul Meurice à Richard Lesclide, 16 août 1878 ; cité par Juana Richard-Lesclide, *Victor Hugo intime*, *op. cit.*, p. 141. **105.** Voir lettre du 20 août 1878. **106.** 30 août 1878 [Mazurier]. **107.** Victor Hugo à Paul Meurice, 13 juillet et 30 août 1878 ; CFL, t. XV-XVI/2, p. 543 et 1059. **108.** Voir le journal de Lesclide, 1er octobre 1878. L'incident a eu lieu la veille. **109.** Richard Lesclide en témoigne à plusieurs reprises dans son journal, à partir du 13 juillet 1878. **110.** Voir le journal de Lesclide, 16 juillet et 29 août 1878. **111.** 11 septembre 1878 [Mazurier]. **112.** 8 octobre 1878 [Mazurier]. **113.** Voir le journal de Lesclide, 10 août 1878. **114.** Voir le journal de Lesclide, 26 septembre 1878. D'après Mariette, les vers ont été écrits en août 1878. **115.** Voir le journal de Lesclide, 1er, 5 et 7 octobre 1878. **116.** Voir le journal de Lesclide, 15 octobre 1878. **117.** Juliette Drouet à son neveu Louis Koch, 21 octobre 1878 ; *LF*, p. 299. **118.** Journal de Lesclide, 27 octobre 1878. **119.** Voir le journal de Lesclide, 11 juillet 1878. **120.** Journal de Lesclide, 28 août 1878. Anecdote reprise par Juana Richard-Lesclide, *Victor Hugo intime*, *op. cit.*, p. 74. **121.** 11 octobre 1878 [Mazurier]. **122.** Voir lettres du 22 octobre et du 5 novembre 1878. **123.** Lockroy quitte Guernesey le 25 octobre 1878. **124.** Voir lettre du 15 novembre 1878. **125.** Émile Blémont, « Les Habitations – L'Intimité », *Le Livre d'or de Victor Hugo*, *op. cit.*, p. 64-65. **126.** 11 novembre 1878 [Brière]. **127.** Taine est élu le 14 novembre 1878. **128.** Voir lettre du 7 décembre 1878. **129.** Voir lettre du 14 décembre 1878. **130.** Voir lettre du 11 décembre 1878. **131.** Voir lettre du 18 décembre 1878. **132.** 22 décembre 1878 [Pouchain]. **133.** 14 décembre 1878 [Brière]. **134.** Voir lettre du 23 décembre 1878. **135.** 18 décembre 1878 [Pouchain].

XXIV. DES IDÉES QU'ELLE AVAIT (1879-1883)

1. Voir lettre du 18 décembre 1878. **2.** Victor Hugo à Juliette Drouet, 1er janvier 1879 ; *JG*, p. 318. **3.** Voir lettre du 1er janvier 1879. **4.** Victor Hugo, « Discours pour l'amnistie. 28 février 1879 » ; *AP*, p. 1008. **5.** 31 janvier 1879 [Brière]. **6.** Voir lettre du 7 février 1879. **7.** À la mort d'Hippolyte Lucas, Juliette avait écrit : « De notre visite de condoléances à Mmes Lucas et Alphonsine je ne t'en parle pas et pour cause. J'ai trop de respect pour la vraie douleur pour plaindre celle-là. » (17 novembre 1878 [Brière].) **8.** 10 février 1879 [Brière]. **9.** Voir lettre du 4 février 1879. **10.** Voir 17 avril 1879 [Brière]. **11.** Voir lettre du 9 février 1879. **12.** Voir lettre de Victor Hugo à Aurelio Saffi, président du meeting des Ligues de la paix, 11 mai 1879 ; CFL, t. XV-XVI/2, p. 547. **13.** Victor Hugo au Comité pour l'érection d'une statue à Béranger, avant le 13 février 1879 ;

CFL, t. XV-XVI/2, p. 547. **14.** Victor Hugo au baron Félix Taylor, 10 septembre 1879 ; CFL, t. XV-XVI/2, p. 549. **15.** 27 février 1879 [Brière]. **16.** 3 mars 1879 [Brière]. **17.** 4 avril 1879 [Brière]. **18.** 2 juillet 1879 [Brière]. **19.** Richard Lesclide, *Propos de table de Victor Hugo*, Dentu, 1885, p. 95-96. **20.** 20 juillet 1879 [Brière]. **21.** Juliette avait compris dans les carnets de Hugo le sens de « *osc.* », du latin *osculum* et *osculare*, baiser. **22.** 21 juin 1879 [Brière]. **23.** Voir lettre du 15 juillet 1879. **24.** 7 août 1879 [Brière]. **25.** Juliette Drouet à son neveu Louis Koch, 6 septembre 1879 ; *LF*, p. 319. **26.** Voir lettre du 9 septembre 1879. **27.** 10 septembre 1879 [Pouchain]. **28.** Voir lettres des 12-13 décembre 1879. **29.** Carnet, 13 et 19 septembre 1879 ; CFL, t. XV-XVI, p. 907. **30.** 15 septembre 1879 [Ponthieux / N.]. **31.** Voir Paul Ginisty, *Thomas Holden et ses fantoches*, Imprimerie du journal *Le Programme satirique*, 1879, p. 4. **32.** Carnet inédit, 30 novembre 1879 ; BnF, Mss, NAF 13486, f. 46 r. **33.** Carnet inédit, 14 novembre 1879 ; BnF, Mss, NAF 13486, f. 43 r. **34.** Victor Hugo, « Pour une rue Bolivar – 19 décembre 1879 » ; *AP*, p. 1064-1065. **35.** 17 décembre 1879 [Ponthieux / N.]. **36.** 21 décembre 1879 [Ponthieux / N.]. **37.** Carnet inédit, 8 décembre 1879 ; BnF, Mss, NAF 13486, f. 47 r. **38.** Voir lettre du 10 décembre 1879. **39.** 25 décembre 1879 [Ponthieux / N.]. **40.** 16 décembre 1879 [Ponthieux / N.]. **41.** Refrain de l'air « Les Gueux » de Béranger. **42.** Voir lettre du 27 décembre 1879. **43.** Victor Hugo à Juliette Drouet, 31 décembre 1879 ; *JG*, p. 321. **44.** Voir lettres des 12 et 15 janvier 1880 [Claire Josselin]. **45.** Victor Hugo à Juliette Drouet, 31 décembre 1879 ; *JG*, p. 321. **46.** 19 mars 1880 [Josselin]. **47.** 28 mars 1880 [Josselin]. **48.** Victor Hugo, « L'instruction élémentaire », 1er août 1880 ; *AP*, p. 1019-1020. **49.** Il pose la première pierre du lycée Janson-de-Sailly le 16 octobre 1881. **50.** Voir lettre du 2 octobre 1880. **51.** Voir lettre du 9 juillet 1880. **52.** Voir lettre du 19 avril 1880. **53.** « Le cinquantenaire d'*Hernani* », 29 février 1880 ; *AP*, p. 1015-1016. **54.** Voir lettres des 7 décembre, 3 et 10 mai, 22 juillet, 20 novembre 1880. **55.** Après celui du 22 mai 1876 et celui du 28 février 1879. **56.** Victor Hugo, « Troisième discours pour l'amnistie », 3 juillet 1879 ; *AP*, p. 1018. **57.** 14 juillet 1880 [Josselin]. **58.** Voir lettre du 3 juillet 1880. **59.** 12 octobre 1880 [Josselin]. **60.** Victor Hugo, « Les sept cordes », *Toute la lyre*, VI, 36. **61.** 9 mars 1880 [Pouchain]. Souvenir des *Misérables* (I, V, 11) : « Elle a tout ressenti, tout supporté, tout éprouvé, tout souffert, tout perdu, tout pleuré. Elle est résignée de cette résignation qui ressemble à l'indifférence comme la mort ressemble au sommeil. Elle n'évite plus rien. Elle ne craint plus rien. Tombe sur elle toute la nuée et passe sur elle tout l'océan ! que lui importe ! c'est une éponge imbibée. » **62.** 8 août 1880 [Josselin]. **63.** 11 mai 1880 [Josselin]. **64.** Voir lettre du 10 juillet 1880 [Josselin]. **65.** 30 mai 1880 [Josselin]. **66.** 27 août 1880 [Josselin]. **67.** « Victor Hugo chez lui », *Le Gaulois*, 29 octobre 1880. **68.** Arsène Houssaye, *Les Confessions. Souvenirs d'un demi-siècle*, *op. cit.*, t. V, p. 298. **69.** Voir lettre du 9 juin 1880. **70.** 29 août 1880 [Josselin]. **71.** Voir lettre du 13 mai 1880. **72.** Voir lettre du 9 août 1880. Le colonel Martial Chazotte servit onze ans en Algérie, fut blessé pendant la guerre de Crimée, et à Magenta, puis en 1870 à la bataille de Rezonville, et récompensé par la légion d'honneur. **73.** 31 août 1880 [Josselin]. Voir aussi la lettre du 5 septembre 1880. **74.** *L'Âne* paraît le 24 octobre 1880. L'article de Zola paraît dans *Le Figaro* le 2 novembre. **75.** 30 novembre 1880 [Josselin]. **76.** 13 octobre 1880 [Josselin]. Voir aussi lettre du 18 septembre 1880. **77.** 30 octobre 1880 [Josselin]. Journal interrompu entre le 14 et le 29 octobre. **78.** 15 janvier 1881 [Caroline Lucas / N.]. **79.** 21 mars 1881 [Lucas / N.]. Voir aussi lettre du 7 février 1881. **80.** 19 février 1881 [Lucas / N.]. Juliette cite de manière approximative « Je ne songeais pas à Rose… » (*Les Contemplations*, I, 19). **81.** 25 février 1881 [Lucas / N.]. **82.** Victor Hugo, « La fête du 27 février 1881 » ; *AP*, p. 1023. **83.** Théodore de Banville, « Mme Juliette Drouet », *Camées parisiens*, t. V, p. 365-366. **84.** 29 mars 1881 [Lucas / N.]. **85.** Voir lettre du 7 avril 1881. **86.** Voir lettre du 25 juin 1881. **87.** 18 mars 1881 [Lucas / N.]. **88.** Voir lettre du 15 mai 1882. **89.** 21 décembre 1878 [Pouchain]. **90.** 17 juillet 1881 [Lucas / N.]. **91.** 14 octobre 1881 [Lucas / N.] Voir aussi la lettre du 20 mars 1881. **92.** 19 juin 1881 [Lucas / N.]. Voir aussi Carnet inédit, 17 juin 1881, BnF, Mss, NAF 13486, f. 79 r. **93.** 14 juin 1881 [Pouchain]. La fille de Léonie Biard est Marie Peyronny. **94.** Voir lettre du 11 mai 1881. **95.** Le conseil municipal de Besançon avait voté ces mesures en 1879. **96.** 13 mai 1881 [Lucas / N.]. **97.** Voir lettre de Juliette Drouet à Louis Koch, 31 mai 1881 ; *LF*, p. 338. **98.** Voir lettres des 6 et 9 juin 1881. **99.** Émile Zola, « Hugo et Littré », *Le Figaro*, 13 juin 1881. **100.** 28 janvier 1881 [Lucas / N.]. **101.** Alfred Barbou, *Victor Hugo. Sa vie, ses œuvres*, Paris, Alfred Duquesne, 1880, p. 284-285. **102.** Voir lettres des 11 mars, 30 avril et 11 octobre 1881. Louis Koch (père) meurt le 17 février 1881. Son fils avait voulu l'installer à Paris dans une maison de santé, mais il mourut avant. Voir la lettre de Louis Koch (fils) à Juliette Drouet, 14 février 1881 ; *LF*, p. 336-337. **103.** 13 mars 1881 [Lucas / N.]. **104.** Carnet, 9 juillet 1881 ; CFL, t. XV-XVI/2, p. 910. **105.** Victor Hugo, « Obsèques de Paul de Saint-Victor », 12 juillet 1881 ; *AP*, p. 1025. **106.** 30 juin 1881 [Lucas / N.]. **107.** Bazire se marie le 9 juin ; Paule Meurice le 24 septembre 1881. **108.** Voir lettre du 16 avril 1881. **109.** Voir lettre du 11 août 1881. **110.** Voir lettre du 30 juin et Carnet inédit, 29 et 30 juin 1881 ; BnF, Mss, NAF 13486, f. 80 r. **111.** Voir lettres des 30 et 31 août 1881. **112.** Carnet inédit, 3 août 1881 ; BnF, Mss, NAF 13486, f. 84 r. **113.** Voir lettres des 6, 15, 19, 25 et 27 août 1881. **114.** Juliette Drouet à sa nièce Ottilie Koch, 24 décembre 1881 ; *LF*, p. 340. **115.** Carnet inédit, 11 novembre 1881 ; BnF, Mss, NAF 13486, f. 91 r. **116.** 30 octobre 1881 [Lucas / N.]. **117.** 17 février 1882 [Debroise]. **118.** Victor Hugo à Juliette Drouet, 1er janvier 1882 ; *JG*, p. 325. **119.** Voir lettre du 21 février 1882. **120.** 18 février 1882 [Debroise / N.]. **121.** Voir lettres des 13 avril et 19 juin 1881. **122.** Victor Hugo, « Des condamnés à mort. Mars 1882 » ; *AP*, p. 1069-1070. **123.** Carnet inédit, 20 mars 1881 ; BnF, Mss, NAF 13486, f. 104. **124.** 24 mai 1882 [Debroise]. **125.** Victor Hugo, « Les Juifs – la Russie. 1er juin 1882 », *Le Rappel*, 19 juin 1882 ; *AP*, p. 1070-1071. *Torquemada* paraît le 26 mai 1882. **126.** 14 avril 1882 [Debroise]. **127.** Victor Hugo, « Le banquet Grisel », 10 mai 1882 ; *AP*, p. 1027. **128.** Voir Carnet inédit, 26 mars 1882 ; BnF, Mss, NAF 13486, f. 105 r. **129.** Le premier le 3 mars 1882, le second le lendemain. **130.** Victor Hugo à Gambetta père, 3 janvier 1883 ; CFL, t. XV-XVI/2, p. 560. **131.** Voir lettre du 25 avril 1882. La pièce est *Héloïse Paranquet*, écrite par Alexandre Dumas fils et Durantin en collaboration en 1866. **132.** Paul est le fils adultérin de Paul Foucher, beau-frère de Hugo, qui avait épousé en 1850 Célestine Alin. Isabelle est leur fille légitime. **133.** 19 avril 1882 [Debroise]. **134.** Voir lettres du 26 et du 29 mai, et du 10 juin 1882. Hugo finit par écrire la lettre tant attendue le 11 juin 1882. **135.** Adolphe Pelleport, *Tous les amours*, Charpentier, 1882, p. 64-66. **136.** Voir lettre du 9 mai 1882. Le Dr Corbin vient avec sa fille Rose. **137.** Voir lettres des 26 et 28 mai 1882. **138.** Voir lettre du 6 juin 1882 [Debroise]. **139.** Entre le 16 juillet et le 6 août 1882. **140.** Ce testament fut fait le

2 août 1882. **141.** Cité par Robert Sabourin, *Juliette Drouet ou « la dépaysée »*, *op. cit.*, p. 419. **142.** Voir lettre du 10 août 1882. **143.** 2 septembre 1882 [Debroise]. **144.** 3 septembre 1882 [Debroise]. **145.** 5 septembre 1882 [Debroise]. **146.** Voir sa lettre à Louis Koch du 1er décembre 1884, citée par Robert Sabourin, *Juliette Drouet ou « la dépaysée »*, *op. cit.*, p. 423-424. **147.** Carnet inédit, 3 octobre 1882 ; BnF, Mss, NAF 13486, f. 115 r. **148.** 1er janvier 1883 [Guimbaud]. **149.** Victor Hugo à Juliette Drouet, 1er janvier 1883 ; *JG*, p. 329. **150.** Louis Koch à sa tante Juliette Drouet, 15 décembre 1882 ; *LF*, p. 344. **151.** Cette cérémonie en l'honneur de Garibaldi eut lieu le 11 juin 1882. **152.** Carnet inédit, 29 octobre 1882 ; f. 116-117. **153.** Paul Gilbert, *Journal des artistes*, 4 avril 1885. **154.** Edmond Jacques (pseudonyme de Bazire), « Bastien-Lepage », *L'Intransigeant*, 13 décembre 1884. **155.** Victor Hugo à Juliette Drouet, autour des 16-17 février 1883 (?) ; CFL, t. XV-XVI/2, p. 1074. **156.** Victor Hugo à Juliette Drouet, 11 avril 1882 ; *JG*, p. 330. **157.** Jeanne restera mariée à Léon Daudet de 1891 à 1895. Elle épousera ensuite Jean-Baptiste Charcot, puis Michel Negroponte. **158.** Julia Daudet, *Souvenirs autour d'un groupe littéraire*, Charpentier, 1910, p. 45-46. **159.** Carnet, 20 juin 1883 ; CFL, t. XV-XVI/2, p. 915. **160.** Carnet, 11 mai 1884 ; *ibid.* **161.** Son mari, souffrant, ne se montra pas. **162.** Ce registre de condoléances est conservé à la médiathèque La Clairière de Fougères. [Remerciements à Marie Cerri.] **163.** Victor Hugo, *Dernière Gerbe* [1902], LXIX. **164.** Auguste Vacquerie, *Le Rappel*, 14 mai 1883. **165.** Remerciements à Gérard Pouchain pour la réunion du dossier de presse. **166.** *Le Petit National*, 13 mai 1883. **167.** *La Lanterne*, 13 mai 1883. **168.** Théodore de Banville, *Gil Blas*, 13 mai 1883. **169.** C'est le cas du *Petit Parisien*, le 13 mai 1883. **170.** *Le Petit National*, 13 mai 1883. **171.** Victor Hugo, *Les Misérables*, p. 201. **172.** *Le Constitutionnel*, 13 mai 1883. **173.** Jules Claretie, *Le Temps*, 13 mai 1883. **174.** Jehan Valter, *Le Figaro*, 12 mai 1883. **175.** Charles Monselet, *L'Événement*, 14 mai 1883. **176.** *La Patrie*, 16 mai 1883. **177.** C'est le titre de l'article du *Clairon*, repris par *Le Pays*. **178.** *Le Pays*, 14-15 mai 1883. **179.** *La Patrie*, 16 mai 1883. **180.** *Le Gaulois*, 15 mai 1883. **181.** Charles Monselet, *L'Événement*, 14 mai 1883. **182.** Jules Claretie, *Le Temps*, 13 mai 1883.

ÉTAT DE LA RECHERCHE : SOURCES ET DOCUMENTS PRINCIPAUX

1. Gérard Pouchain et Robert Sabourin, *Juliette Drouet ou « la dépaysée »*, Fayard, 1992. **2.** www.juliettedrouet.org, sous la direction de Florence Naugrette (université de Rouen Normandie / Sorbonne Université). **3.** Emmanuelle Akoun, Armelle Andrieux, Marion Andrieux, Hélène Anton, Mylène Attisme, Jean-Pierre Aubrit, Anne-Estelle Baco, Marva Barnett, Armelle Baty, Élise Banéat, Erminie Baudry, Azza Ben Khalifa, Patricia Bernard-Dodelin, Michèle Bertaux, Evelyn Blewer, Chantal Brière, Francine Canard, Véronique Cantos, Élise Capéran, Claudia Cardona, Angéline Carouge, Patricia Chabot, Mathieu Chadebec, Amandine Chambard, Christine Chaumartin, Anna Colléoc, Élodie Congar, Guillaume Cousin, Manon Da Costa, Nelly Dassonville, Yves Debroise, Nicole Deffontaines, Maïté Doumeingts, Hugo Duteil, Bénédicte Duthion, Géraldine Faucon, Émilie Gauthier, Adeline Geffroy, Marie Geneix Legret, Antoine Gheerbrant, Nathalie Gibert-Joly, Frédéric Gillman, Sandra Glatigny, Erika Gomez, Sophie Gondolle, Benoît Guérard, Camille Guicheteau, Hugues Hennetier, Hélène Hôte, Jean-Christophe Héricher, Véronique Heute, Aline Hodroge, Hélène Hôte, Jean-Marc Hovasse, Martine

Jean, Claire Josselin, Cindy Justin, Anne Kieffer, Isabelle Korda, Julia Lacroix, Anne-Sophie Lancel, Mélanie Leclère, Maggy Lecomte, Gisèle Lequepeys, Madeleine Liszewski, Caroline Lucas, André Maget, Jean Maurice, Marie-Jean Mazurier, Sophie Mentzel, Chadia Messaoudi, Laurie Mézeret, Émilie Morsent, Anne-Lise Narvaez, Florence Naugrette, Olivia Paploray, Marine Parent, Dorothée Paris, Alex Pepino, Charlotte Petitbon, Apolline Ponthieux, Gérard Pouchain, Bulle Prévost, Marie-Laure Prévost, Ella Quernel, Claire Raimbaud, Karine Ribot, Inès Rieul, Sylviane Robardey-Eppstein, Guy Rosa, Christelle Rossignol, Marie Rouat, Joëlle Roubine, Christine Routier-Lecarpentier, Emmanuelle Roux, Khadidiatou Sarr, Nicole Savy, Gwenaëlle Sifferlen, Brigitte Siot, Frédéric Smolnik, Jeanne Stranart, Célia Tranchart, Magali Vaugier, Valentine Verroust, Audrey Vala, Claire Villanueva, Julia Wahl, Muriel Wilmet-Duveau. **4.** *Lettres inédites de Juliette Drouet à Victor Hugo*, éditées par Marva A. Barnett et Gérard Pouchain, Presses universitaires de Rouen et du Havre, 2012. **5.** James Pradier, *Correspondance*, édition de Douglas Siler, Droz, t. I à III, 1984-1988. **6.** Juliette Drouet, *Lettres familiales*, texte établi et présenté par Gérard Pouchain, Presses universitaires de Rouen et du Havre, 2019. **7.** Juliette Drouet, *Souvenirs (1843-1854)*, texte établi, présenté et annoté par Gérard Pouchain, Éditions des femmes – Antoinette Fouque, 2006. **8.** Victor Hugo, *Œuvres complètes*, sous la direction de Jean Massin, Club français du livre, 1967-1970. **9.** Victor Hugo, *Carnets d'amour à Juliette Drouet (1833-1834)*, éd. de Jean-Marc Hovasse, Arnaud Laster, Florence Naugrette, Charles Méla et Danièle Gasiglia-Laster, Gallimard, « Folio classique », 2022. **10.** Henry Wellington Wack, *The Romance of Victor Hugo and Juliette Drouet*, G. P. Putnam's Sons, 1905 ; Librairie universelle, 1905. **11.** Louis Guimbaud, *Victor Hugo et Juliette Drouet, d'après les lettres inédites de Juliette Drouet à Victor Hugo et avec un choix de lettres*, Auguste Blaizot, 1914. **12.** Louis Barthou, *Les Amours d'un poète*, Librairie Arthème Fayard, 1919. **13.** Jean-Pierre Barbier, *Juliette Drouet. Sa vie, son œuvre, par des documents inédits*, Bernard Grasset, 1913 ; Maurice Levaillant, *Victor Hugo, Juliette Drouet et « Tristesse d'Olympio »*, Delagrave, 1945. **14.** Voir notamment Jean Savant, *Juliette ou le supplice de la chasteté*, chez l'auteur, 1982 et *Les Amants de Juliette. L'histoire de ses dettes et les personnages de sa vie*, chez l'auteur, 1983. **15.** Paul Souchon, *Juliette Drouet inspiratrice de Victor Hugo*, Tallandier, « Amantes et égéries », 1941 ; *La Servitude amoureuse de Juliette Drouet à Victor Hugo*, Albin Michel, 1942. **16.** Juliette Drouet, *Mille et une lettres d'amour à Victor Hugo*, choix, préface et notes par Paul Souchon, Gallimard, 1951, rééd. « L'Imaginaire », 2002. **17.** Victor Hugo, *Lettres à Juliette Drouet. Le Livre de l'anniversaire*, texte établi et présenté par Jean Gaudon, Fayard, 2001. **18.** Victor Hugo, Juliette Drouet, *Cinquante ans de lettres d'amour (1833-1883). Lettres de l'anniversaire*, Ouest-France, 2005. **19.** Juliette Drouet, *Lettres à Victor Hugo (1833-1882)*, édition d'Evelyn Blewer, Fayard, 2001. **20.** Danièle Gasiglia-Laster, Gabrielle Houbre, Jean-Marc Hovasse, Arnaud Laster, Gérard Pouchain, *Juliette Drouet. Victor Hugo. Mon âme à ton cœur s'est donnée*, Maison de Victor Hugo, Paris Musées, 2006. **21.** Gérard Audinet, Marva Barnett, Michèle Bertaux, Josselin Blieck, Chantal Brière, Pierre-Jean Dufief, Bénédicte Duthion, Véronique Heute, Jean-Marc Hovasse, Anne Kieffer, Jean Maurice, Florence Naugrette, Alain Pagès, Olivia Paploray, Gérard Pouchain, Marie-Laure Prévost, Sylviane Robardey-Eppstein, Joëlle Roubine, Nicole Savy, Gwenaëlle Sifferlen, Françoise Simonet-Tenant, Jeanne Stranart, Charles-Éloi Vial, *Juliette Drouet épistolière*, sous la direction de Florence Naugrette et Françoise Simonet-Tenant, Eurédit, 2019. **22.** Gérard Audinet, *Victor*

Hugo. Dessins, Maisons de Victor Hugo Paris – Guernesey / Paris Musées, 2019. **23.** groupugo.div.jussieu.fr/groupugo/ChronoHugo.htm **24.** Victor Hugo, *Histoire d'un crime. Déposition d'un témoin* [1877], préface de Jean-Marc Hovasse, notes et notices de Guy Rosa, La Fabrique, 2009. **25.** Guy Rosa, « La parole exilée », introduction à Victor Hugo, *Ce que c'est que l'exil* [1875], Équateurs, 2008. **26.** Hubert Juin, *Victor Hugo*, Flammarion, 3 tomes, 1980-1984-1986. **27.** Graham Robb, *Victor Hugo*, New York / Londres, W. W. Norton & Company, 1998. **28.** Annette Rosa, *Victor Hugo. L'Éclat d'un siècle*, Messidor, 1985 [accessible sur le site « Victor Hugo » cité ci-dessus]. **29.** Jean-Marc Hovasse, *Victor Hugo*, t. I, *Avant l'exil, 1802-1851*, Fayard, 2001 ; t. II, *Pendant l'exil I, 1851-1864*, Fayard, 2008 ; t. III à paraître.

BIBLIOGRAPHIE

On ne note ici que les sources et études citées, ou directement utiles au présent ouvrage. Pour une recension générale des œuvres de Victor Hugo et des études sur sa vie et son œuvre, voir la bibliographie de Jacques Cassier sur le site « Victor Hugo » : groupugo.div.jussieu.fr

On trouve aussi sur ce site la chronologie Massin des *Œuvres complètes* publiées au Club français du livre (voir ci-dessous), augmentée et complétée, et le catalogue, par Jacques Cassier, de la correspondance de Victor Hugo.

Pour une présentation des publications de la correspondance Hugo-Drouet, et de leurs biographies de référence, voir ci-dessus la section « État de la recherche ».

Le journal épistolaire adressé par Juliette Drouet à Victor Hugo est cité dans l'édition intégrale du site « Juliette Drouet. Lettres à Victor Hugo » : www.juliettedrouet.org (voir ci-dessous).

I. Carnets, journaux, correspondances, témoignages

ÉCRITS PERSONNELS DE JULIETTE DROUET

Correspondances intégrales

DROUET, Juliette, *Lettres à Victor Hugo*, édition chronologique sous la dir. de Florence Naugrette, site du CÉRÉdI : www.juliettedrouet.org, en cours depuis 2012. [Édition de référence des lettres citées. On donne entre parenthèses le nom du transcripteur, suivi éventuellement de son relecteur, « B. » pour « Brière », « H. » pour Hovasse, « N. » pour « Naugrette », « P. » pour Pouchain, « R. » pour « Rosa ».]

DROUET, Juliette, *Lettres familiales*, éd. Gérard Pouchain, Rouen, Publications des universités de Rouen et du Havre, 2019 [abrégé *LF*].

Anthologies

Correspondance Juliette Drouet – Victor Hugo, in HUGO, Victor, *Œuvres complètes*, sous la dir. de Jean Massin, Club français du livre, 18 tomes, 1967-1970 [abrégé CFL].

DROUET, Juliette, *« Je ne veux qu'une chose, être aimée ». Cinquante lettres de Juliette Drouet à Victor Hugo*, éd. Simonne et Jacques Charpentreau, La Maison de Poésie, 1997.

DROUET, Juliette, *Lettres à Victor Hugo (1833-1882)*, éd. Evelyn Blewer, Fayard, 2001.

DROUET, Juliette, *« Mon grand petit homme… » Mille et une lettres d'amour à Victor Hugo* [1951], éd. Paul Souchon, Gallimard, « L'Imaginaire », 2002.

HUGO, Victor, DROUET, Juliette, *Cinquante ans de lettres d'amour (1833-1883). Lettres de l'anniversaire*, éd. Gérard Pouchain, Ouest-France, 2005.

Lettres inédites de Juliette Drouet à Victor Hugo, éd. Marva A. Barnett et Gérard Pouchain, Publications des universités de Rouen et du Havre, 2012.

Notes et journaux personnels

DROUET, Juliette, « Journal de 1843 », « Souvenirs d'une pensionnaire », « Journal de 1848 », « Journal du coup d'État », « Journal de Bruxelles », « Visite aux Chinois qu'on voyait à Bruxelles Galerie Saint-Hubert, le mardi 30 mars 1852 », « Jersey », *Souvenirs (1843-1854)*, éd. Gérard Pouchain, Éditions des Femmes – Antoinette Fouque, 2006.

ÉCRITS PERSONNELS DE VICTOR HUGO

Carnets conservés à la Bibliothèque nationale de France et à la Maison Victor-Hugo de la place des Vosges

Carnets intimes 1870-1871, éd. Henri Guillemin, Gallimard, 1953.

Correspondances, Carnets et agendas, in HUGO, Victor, *Œuvres complètes*, sous la direction de Jean Massin, Club français du livre, 18 tomes, 1967-1970 [abrégé CFL].

Correspondance familiale et écrits intimes, éd. Jean et Sheila Gaudon, Robert Laffont, « Bouquins », t. I : *1802-1828* ; et t. II : *1828-1839*, 1988-1991 [abrégé *CFEI*].

Lettres à Juliette Drouet. Le Livre de l'anniversaire, éd. Jean Gaudon, Fayard, 2001 [abrégé *JG*].

Cahier de l'anniversaire, éd. Jean-Marc Hovasse, in NAUGRETTE, Florence et SIMONET-TENANT, Françoise, *Juliette Drouet épistolière*, Eurédit, 2019, p. 287-328.

Carnets d'amour à Juliette Drouet (1833-1834), éd. Jean-Marc Hovasse, Arnaud Lester, Florence Naugrette, Charles Méla et Danièle Gasiglia-Laster, Gallimard, « Folio classique », 2022.

AUTRES TÉMOIGNAGES, SOUVENIRS ET LETTRES

ASSELINE, Alfred, *Victor Hugo intime*, C. Marpon et E. Flammarion, 1885.

AUDEBRAND, Philibert, *Mémoires d'un passant*, Calmann-Lévy, 1893.

BALZAC, Honoré de, *Lettres à Mme Hanska*, éd. Roger Pierrot, Robert Laffont, « Bouquins », 1990.

BANVILLE, Théodore de, « Madame Juliette Drouet », *La Lanterne magique. Camées parisiens. La Comédie-Française*, G. Charpentier, 1883, p. 365-366.

BARBOU, Alfred, *Victor Hugo. Sa vie, ses œuvres*, Alfred Duquesne, 1880.

BAUDELAIRE, Charles, *Correspondance*, éd. Claude Pichois et Jean Ziegler, Gallimard, « Bibliothèque de la Pléiade », t. II, 1973.

BLÉMONT, Émile (dir.), *Le Livre d'or de Victor Hugo par l'élite des artistes et des écrivains contemporains*, Librairie artistique H. Launette, 1883.

CANONGE, Jules, *Passim. Notes, souvenirs et documents d'art contemporain*, Jules Tardieu éditeur, 1863.

CHENAY, Paul, *Victor Hugo à Guernesey*, Félix Juven, 1902.

CLARETIE, Jules, *Portraits contemporains*, Librairie illustrée, t. I, 1875.

DAUDET, Julia, *Souvenirs autour d'un groupe littéraire*, Charpentier, 1910.

DU CAMP, Maxime, *Mémoires d'un vieil homme de lettres*, Bibliothèque de l'Institut, fonds Maxime Du Camp, 38, ms. 3755 ; *Souvenirs d'un demi-siècle*, Hachette, 1949.

DUMAS, Alexandre, *Mes Mémoires*, Robert Laffont, « Bouquins », 1989.

FLAUBERT, Gustave, *Correspondance*, éd. Jean Bruneau, Gallimard, « Bibliothèque de la Pléiade », t. III, 1991.

FLAUBERT, Gustave, *Correspondance*, éd. sous la direction d'Yvan Leclerc et de Danielle Girard, en ligne : flaubert-v1.univ-rouen.fr/correspondance/

FONTANEY, Antoine, *Journal intime*, éd. René Jasinski, Les Presses françaises, « Bibliothèque romantique », 1925.

GAUTIER, Théophile, « Mademoiselle Juliette », *Le Figaro*, 29 octobre 1837 ; *Les Belles Femmes de Paris*, par des hommes de lettres et des hommes du monde, Première Série, Paris, au bureau, rue Christine, 10, et chez tous les libraires, 1839, p. 48-51.

HOUSSAYE, Arsène, *Les Confessions. Souvenirs d'un demi-siècle, 1830-1880*, Dentu, 1885-1891.

HUGO, Adèle, *Victor Hugo raconté par Adèle Hugo*, éd. Annie Ubersfeld et Guy Rosa (dir.), Plon, « Les Mémorables », 1985.

HUGO, Adèle (fille), *Journal*, t. IV, éd. Frances Vernor Guille revue et complétée par Jean-Marc Hovasse, Lettres modernes Minard, 2002.

HUGO, Charles, *Victor Hugo en Zélande*, in CFL, *op. cit.*, t. XIII, p. 1087-1123.

HUGO, Charles, *Les Hommes de l'exil*, Alphonse Lemerre, 1875.

HUGO, François-Victor, *La Normandie inconnue*, Pagnerre, 1857.

Le Livre des Tables. Les séances spirites de Jersey, éd. Patrice Boivin, Gallimard, « Folio classique », 2014.

LESCLIDE, Richard, *Propos de table de Victor Hugo*, Dentu, 1885.

LESCLIDE, Richard, *Journaux et correspondances (1876-1878)*, transcription inédite de Jean-Marc Hovasse.

MÉRIMÉE, Prosper, *Correspondance générale*, éd. Maurice Parturier avec la collaboration de Pierre Josserand et Jean Mallion, deuxième série, t. V : *1862-1863*, Le Divan, 1957.

PLANCHE, Gustave, *Portraits littéraires*, Charpentier, 1848.

PRADIER, James, *Correspondance*, éd. Douglas Siler, Genève, Droz, t. I à III, 1984-1988 [abrégé *Corr.*].

PRADIER, John, *Cahier des enfants*, édition en préparation par Douglas Siler, en ligne : www.jamespradier.com

RICHARD-LESCLIDE, Juana, *Victor Hugo intime*, Félix Juven, 1902.

RIVET, Gustave, *Victor Hugo chez lui*, Maurice Dreyfous éditeur, 1878.

TENNANT, Gertrude, *Mes souvenirs sur Hugo et Flaubert*, éd. Florence Naugrette et Yvan Leclerc, traduction de Florence Naugrette et Danielle Wargny, postface de Jean-Marc Hovasse, De Fallois, 2020.

Théophile Gautier – Victor Hugo, éd. Françoise Court-Pérez, Honoré Champion, 2000.

THIERRY, Édouard, *Simples lettres sur la Comédie-Française*, VI, 20 janvier 1841, *La France littéraire*, t. IV, Paris, janvier 1841, p. 125-126.

VACQUERIE, Auguste, *Profils et grimaces*, Pagnerre, 1864.

VÉRON, Louis, *Mémoires d'un bourgeois*, Librairie nouvelle, 1856.

II. Œuvres de Victor Hugo

Sauf mention contraire, les œuvres de Hugo sont citées dans l'édition Robert Laffont, « Bouquins » (voir ci-dessous). La mention « CFL » désigne, principalement pour la correspondance, les carnets et la chronologie Massin, l'édition du Club français du livre.

ŒUVRES COMPLÈTES

Œuvres complètes, éd. sous la direction de Jean Massin, Club français du livre, 18 tomes, 1967-1970 [abrégé CFL].

Œuvres complètes, éd. Jacques Seebacher et Guy Rosa (dir.), Robert Laffont, « Bouquins », 1985. [L'abréviation « *AP* » est utilisée pour l'édition d'*Actes et Paroles* dans le volume *Politique*.]

ÉDITIONS SÉPARÉES

Les Misères, éd. Guy Rosa, site « Victor Hugo » : groupugo.div.jussieu.fr

Histoire d'un crime. Déposition d'un témoin [1877], éd. Guy Rosa, préface de Jean-Marc Hovasse, La Fabrique, 2009.

Ce que c'est que l'exil [1875], éd. Guy Rosa, Équateurs, 2008.

Choses vues, éd. Franck Laurent, Le Livre de Poche, 2013.

Napoléon le Petit [1852], éd. Jean-Marc Hovasse, notes de Guy Rosa, Arles, Actes Sud, 2007.

III. Biographies, études et enquêtes documentaires

AUDINET, Gérard, « Lecture de Hauteville House », communication au groupe Hugo, site « Victor Hugo », 21 janvier 2017 : groupugo.div.jussieu.fr/groupugo/17-01-21audinet.htm

AUDINET, Gérard, *Victor Hugo. Dessins*, Paris Musées, 2020.

BARBIER, Jean-Pierre, *Juliette Drouet. Sa vie, son œuvre, par des documents inédits*, Bernard Grasset, 1913.

BAREISS, Geneviève, *Le Roman de Claire, fille de Juliette Drouet, de James Pradier et de Victor Hugo*, CPL Geneviève Bareiss, 1992.

BARTHOU, Louis, *Les Amours d'un poète*, Librairie Arthème Fayard, 1919.

BLEWER, Evelyn, *La Campagne d'*Hernani. *Édition du manuscrit du souffleur*, Eurédit, 2002.

CHARLIER, Gustave, *Juliette Drouet à Bruxelles*, Bruxelles, M. Weissenbruch, 1919.

CHARLIER, Gustave, « Les singuliers débuts de Juliette Drouet à Bruxelles où couve déjà une révolution », *Les Cahiers léopoldiens*, n° 8, août-septembre 1961, p. 75-88.

COMBES, Claudette, *Pour ton sourire d'ange perdu*, Nantes, Cid, 3 tomes, 1983-1984.

COMBES, Claudette, *Claire ou la Vie de Claire Pradier*, Trédaniel, 1990.

COX, Gregory S., *Victor Hugo's Guernsey Neighbours*, Toucan Press, 2015.

COX, Gregory S., *Victor Hugo's St. Peter Port*, Blue Ormer, 2018.

Les Éditeurs belges de Victor Hugo et le banquet des « Misérables », Bruxelles, Crédit communal, 1986.

ÉTEX, Antoine, *J. Pradier. Étude sur sa vie et ses ouvrages*, Chez l'auteur, rue de l'Ouest, 1859.

GASIGLIA-LASTER, Danièle, « Biographies. Les Interprètes du théâtre de Hugo. Quelques décorateurs du théâtre de Victor Hugo. Quelques directeurs et administrateurs de théâtre du temps de Victor Hugo », in *Voir des étoiles. Le Théâtre de Victor Hugo mis en scène*, catalogue de l'exposition dirigée par Danièle Molinari, commissaire Odile Blanchette assistée d'Alexandrine Achille, Paris Musées / Arles, Actes Sud, 2002, p. 324-347.

GAUDON, Sheila, « James Pradier, Victor Hugo et l'Arc de triomphe de l'Étoile », *Revue d'histoire littéraire de la France*, 1968, septembre-octobre, p. 713-725.

GEORGEL, Pierre (dir.), *La Gloire de Victor Hugo*, Réunion des musées nationaux, 1985.

GIRAUD, Agathe, *L'Autre Légende du siècle. Création et réception des* Burgraves *de Victor Hugo*, Garnier, « Études sur le théâtre et les arts de la scène », à paraître en 2023.

GOMIS, Jean-Marc, *Victor Hugo devant l'objectif*, L'Harmattan, 2018.

GUILLEMIN, Henri, *Victor Hugo et la sexualité*, Gallimard, 1954.

GUIMBAUD, Louis, *Victor Hugo et Juliette Drouet*, d'après les lettres inédites de Juliette Drouet à Victor Hugo et avec un choix de lettres, Auguste Blaizot, 1914.

HOVASSE, Jean-Marc, *Victor Hugo chez les Belges*, Le Cri, 1994.

HOVASSE, Jean-Marc, « La vue de Victor Hugo », in ROSA, Guy et SAVY, Nicole (dir.), *L'Œil de Victor Hugo*, Éditions des Cendres / Musée d'Orsay, 2004, p. 3-25.

HOVASSE, Jean-Marc, *Victor Hugo*, t. I, *Avant l'exil, 1802-1851*, Fayard, 2001 ; t. II, *Pendant l'exil I, 1851-1864*, Fayard, 2008 ; t. III à paraître. [Cette biographie est l'ouvrage de référence.]

HOVASSE, Jean-Marc, « Correspondance et biographie : le cas Victor Hugo », in HOVASSE, Jean-Marc (dir.), *Correspondance et biographie*, Brest, Cahiers du Centre des correspondances, n° 7, UMR6563/UBO, 2011, p. 109-132.

HOVASSE, Jean-Marc, « Baudelaire et *Les Travailleurs de la mer* », *L'Année Baudelaire*, n° 22, *Hommage à Claude Pichois*, textes recueillis par Jacques Dupont et Andrea Schellino, Honoré Champion, 2018, p. 131-140.

JAMAUX, Alfred, *Victor Hugo en Bretagne*, Saint-Malo, Cristel, 2002.

JUIN, Hubert, *Victor Hugo*, Flammarion, 3 tomes, 1980-1984-1986.

LASTER, Arnaud, *Pleins feux sur Victor Hugo*, Comédie-Française, 1981.

LECOMTE, Louis-Henry, *Alexandre Dumas*, Tallandier, 1902.

LEDDA, Sylvain, *Alexandre Dumas*, Gallimard, « Petites biographies », 2014.

LEVAILLANT, Maurice, *Victor Hugo, Juliette Drouet et « Tristesse d'Olympio »*, Delagrave, 1945.

MABIN, Dominique, « Qu'est-il arrivé à Victor Hugo fin juin 1878 ? Affabulations, rumeurs, témoignages, conjectures », *L'Écho Hugo*, n° 5, 2005, p. 19-48.

POUCHAIN Gérard et SABOURIN, Robert, *Juliette Drouet ou « la dépaysée »*, Fayard, 1992.

POUCHAIN, Gérard, *Dans les pas de Victor Hugo en Normandie et aux îles anglo-normandes*, OREP, 2010.

POUCHAIN, Gérard, *Victor Hugo par la caricature*, Les Éditions de l'Amateur, 2013.

ROBB, Graham, *Victor Hugo*, New York / Londres, W. W. Norton & Company, 1997.

ROSA, Annette, *Victor Hugo. L'Éclat d'un siècle*, Messidor, 1985, en ligne : groupugo.div.jussieu.fr

ROSA, Guy, « Comment on devient républicain ou Hugo représentant du peuple », *Revue des sciences humaines*, n° 156, 1974, p. 653-671.

SAVANT, Jean, *Juliette ou le supplice de la chasteté*, chez l'auteur, 1982.

SAVANT, Jean, *Les Amants de Juliette. L'Histoire de ses dettes et les personnages de sa vie*, chez l'auteur, 1983.

SCHOPP, Claude, *Alexandre Dumas* [1985], Fayard, 2002.

SÉCHÉ, Léon, « Juliette Drouet d'après des documents inédits », *La Revue de Paris*, 15 février 1903.

SOUCHON, Paul, *Juliette Drouet inspiratrice de Victor Hugo*, Tallandier, « Amantes et égéries », 1941.

SOUCHON, Paul, *La Servitude amoureuse de Juliette Drouet à Victor Hugo*, Albin Michel, 1942.

SOUCHON, Paul, *Le Roman vécu d'une jeune fille romantique. Claire Pradier et Victor Hugo*, in *France Illustration. Le Monde illustré. Supplément théâtral et littéraire*, n° 52, 11 février 1950.

SPIQUEL, Agnès, *Du passant au passeur. Quand Victor Hugo devenait grand-père (1871-1877)*, Eurédit, 2002.

STEPHENS, Bradley, *Victor Hugo*, Londres, Reaktion Books, « Critical Lives », 2019.

UBERSFELD, Anne, *Le Roi et le Bouffon* [1974], José Corti, 2002.

WACK, Henry Wellington, *The Romance of Victor Hugo and Juliette Drouet*, New York / Londres, G. P. Putnam's Sons, 1905 ; trad. fr. : *Le Roman de Juliette et de Victor Hugo*, lettres inédites de Juliette Drouet, préface de François Coppée, Librairie universelle, 1906.

WILHELM, Frank, *Luxembourg Paris Luxembourg 1871. Migrations au temps de la Commune. Victor Hugo sympathisant des communards, lors de son séjour luxembourgeois en 1871 ?*, Publications du Musée d'histoire de la ville de Luxembourg / Amis de la Maison Victor-Hugo à Vianden, t. IX, 2001.

IV. Études sur Juliette Drouet

OUVRAGES COLLECTIFS

Mon âme à ton cœur s'est donnée – Juliette Drouet / Victor Hugo, catalogue de l'exposition (commissaire Gérard Pouchain), Maison de Victor Hugo, Paris Musées, 2006.

Juliette Drouet épistolière, sous la dir. de Florence Naugrette et Françoise Simonet-Tenant, actes du colloque des 16-17 octobre 2017, Eurédit, 2019.

ARTICLES ET THÈSES

AUDINET, Gérard, « Victor Hugo décorateur de Hauteville II », in *Juliette Drouet épistolière*, *op. cit.*, p. 49-67.

AUDINET, Gérard et BERTAUX, Michèle, « Le fonds Juliette Drouet à la Maison de Victor Hugo », in *Juliette Drouet épistolière*, *op. cit.*, p. 69-71.

BARNETT, Marva, « Copier et lire *Les Misérables* », in *Juliette Drouet épistolière*, *op. cit.*, p. 101-113.

BLIECK, Josselin, « Le fonds Drouet de Leeds : constitution, catalogage, résumé », in *Juliette Drouet épistolière*, *op. cit.*, p. 43-47.

BRIÈRE, Chantal, « Dessins à lire entre les lignes », in *Juliette Drouet épistolière*, *op. cit.*, p. 195-215.

BRIÈRE, Chantal, « Victor Hugo dessiné par un témoin de sa vie », communication au colloque *Représenter Victor Hugo. La légende d'un siècle*, organisé par Delphine Gleizes et Cyril Devès, 20-21 mars 2015, site « Juliette Drouet, *Lettres à Victor Hugo* » : www.juliettedrouet.org

DUFIEF, Pierre-Jean, « Le ressassement », in *Juliette Drouet épistolière*, *op. cit.*, p. 229-240.

DUTHION, Bénédicte, *Édition critique de la correspondance de Juliette Drouet à Victor Hugo durant les premières années de l'exil (décembre 1851-février 1854)*, thèse de doctorat sous la direction de Florence Naugrette et Françoise Simonet-Tenant, Université de Rouen, 1er juin 2016.

DUTHION, Bénédicte, « L'atelier photographique de Jersey », *Juliette Drouet épistolière*, *op. cit.*, p. 129-139.

GASIGLIA-LASTER, Danièle, « Une lectrice attentive et passionnée de Victor Hugo », *Mon âme à ton cœur s'est donnée, op. cit.*, p. 130-134.

HEUTE, Véronique, *Édition critique des lettres de Juliette Drouet à Victor Hugo (1874-1875)*, thèse de doctorat sous la direction de Florence Naugrette et Jean-Marc Hovasse, Université de Paris-Sorbonne, 29 juin 2017.

HEUTE, Véronique, « L'agenda d'amour (1874-1875) », in *Juliette Drouet épistolière, op. cit.*, p. 153-162.

HOUBRE, Gabrielle, « Toi, la femme de ton siècle », in *Mon âme à ton cœur s'est donnée, op. cit.*, p. 145-149.

HOVASSE, Jean-Marc, « Les poèmes à Juliette ou les contemplations d'Olympio », in *Mon âme à ton cœur s'est donnée, op. cit.*, p. 29-42.

HOVASSE, Jean-Marc, « Le plaisir d'être en voyage ou les voyages vus par Juliette », *Mon âme à ton cœur s'est donnée, op. cit.*, p. 135-144.

KIEFFER, Anne, *Édition de la correspondance de Juliette Drouet à Victor Hugo sous la Deuxième République*, thèse de doctorat sous la direction de Florence Naugrette et Jean-Marc Hovasse, Université de Paris-Sorbonne, 26 septembre 2014.

KIEFFER, Anne, « Devenir républicaine », in *Juliette Drouet épistolière, op. cit.*, p. 115-127.

LASTER, Arnaud, « Quand les personnages du théâtre de Victor Hugo parlent comme Juliette », in *Mon âme à ton cœur s'est donnée, op. cit.*, p. 43-47.

MAURICE, Jean, « Les calembours », in *Juliette Drouet épistolière, op. cit.*, p. 217-228.

NAUGRETTE, Florence, « La servante-maîtresse et l'éthique du *care* », in *Juliette Drouet épistolière, op. cit.*, p. 243-256.

NAUGRETTE, Florence, « "La page sortie de mon encrier". Les révélations de Juliette Drouet sur la genèse de l'œuvre de Hugo », in HOVASSE, Jean-Marc (dir.), *Genesis. Revue internationale de génétique*, n° 45/17, Presses de l'université Paris-Sorbonne, 2017, p. 113-123.

NAUGRETTE, Florence, « La robe et le paletot : les vêtements dans le journal épistolaire de Juliette Drouet à Victor Hugo », in MODENESI, Marco, COLLINI, Benedetta et PARABOSCHI, Francesca (dir.), *La Grâce de montrer son âme dans le vêtement. Scrivere di tessuti, abiti, accessori. Studi in onore di Liana Nissim*, Milan, Ledizioni, 2015, p. 347-361.

NAUGRETTE, Florence, « Une lettre de Juliette Drouet, source du poème de Victor Hugo "Paroles dans l'ombre" (*Les Contemplations*), *Revue d'histoire littéraire de la France*, « Correspondances d'écrivains et histoire littéraire », 2012-4, p. 949-954.

NAUGRETTE, Florence, « Les gens de théâtre jugés par Juliette Drouet », in BELLAVIA, Sonia, DE SANTIS, Vincenzo, MARCHETTI, Marta, ZAPPALÀ, Giuseppe, *Teatro e storia. Scritti in onore di Mara Fazio*, Rome, Bulzoni Editore, 2018, p. 161-174.

NAUGRETTE, Florence, « Le théâtre dans les lettres de Juliette Drouet à Victor Hugo », in WITTMAN, Jean-Michel, HALEN, Pierre et FREYERMUTH, Sylvie (dir.), *Échappées littéraires en francophonie. Mélanges offerts à Frank Wilhelm*, revue *Écritures*, n° 9, Université de Lorraine, 2016, p. 257-276.

NAUGRETTE, Florence, « Juliette Drouet sociologue », *Romantisme*, n° 175, repris in ARON, Paul et BERTRAND, Jean-Pierre (dir.), *Le Sens du social*, Armand Colin, 2017, p. 17-28.

NAUGRETTE, Florence, « Juliette Drouet juge de Dumas », in LEDDA, Sylvain (dir.), *Dumas*, L'Herne, « Cahiers de L'Herne », 2020, p. 262-267.

PAGÈS, Alain, « Le roman du quotidien. Juliette, Alexandrine et Jeanne », in *Juliette Drouet épistolière*, *op. cit.*, p. 271-284.

PAPLORAY, Olivia, « La saison des *Burgraves* (1843) », in *Juliette Drouet épistolière*, *op. cit.*, p. 89-100.

PATIN, Jacques, « L'automne aux Metz en 1835 », in *Figaro*, supplément littéraire, 23 février 1929.

POUCHAIN, Gérard, « "Je t'aime, c'est par là seulement que je veux aller à la postérité" », in *Mon âme à ton cœur s'est donnée*, *op. cit.*, p. 14-28.

POUCHAIN, Gérard, « Écrire à la famille », in *Juliette Drouet épistolière*, *op. cit.*, p. 181-193.

PRÉVOST, Marie-Laure, « De copires en restitus, le fonds Juliette Drouet à la Bibliothèque nationale de France », in *Juliette Drouet épistolière*, *op. cit.*, p. 25-47.

ROBARDEY-EPPSTEIN, Sylviane, « L'écritoire », in *Juliette Drouet épistolière*, *op. cit.*, p. 165-180.

SAVY, Nicole, « Juliette et Victor : le rapport de forces », in *Juliette Drouet épistolière*, *op. cit.*, p. 257-269.

SIFFERLEN, Gwenaëlle, « Delphine de Girardin par une femme de son temps : Juliette Drouet », in COURT-PÉREZ, Françoise (dir.), *Delphine de Girardin et son temps*, Publications numériques du CÉRÉdI, « Actes de colloques et journées d'études » (ISSN 1775-4054, 2016, n° 15, 2016).

SIFFERLEN, Gwenaëlle, *Édition critique de la correspondance de Juliette Drouet à Victor Hugo (1841)*, thèse de doctorat sous la direction de Florence Naugrette, Université de Paris-Sorbonne, 2017.

SIFFERLEN, Gwenaëlle, « Hugo académicien », in *Juliette Drouet épistolière*, *op. cit.*, p. 75-88.

SIFFERLEN, Gwenaëlle, « Extraits érotiques de la correspondance de Juliette Drouet à Victor Hugo », *Épistolaire. Revue de l'AIRE*, n° 43, dossier « Éros dans la lettre », Honoré Champion, décembre 2017, p. 25-35.

SIFFERLEN, Gwenaëlle, « La voix dans l'épistolaire : lettres de Juliette Drouet à Victor Hugo », in GENAND, Stéphanie et SIMONET-TENANT, Françoise (dir.), *« Ce qui parle en moi ». La voix ou l'autre du sujet*, *Revue des sciences humaines*, Presses du Septentrion, n° 333, janvier-mars 2019, p. 143-157.

SIFFERLEN, Gwenaëlle, « "Le paradis perdu" ou les retours d'exils de Juliette Drouet dans ses *Lettres* à Victor Hugo », in LÉGER, Céline et ROULIN Jean-Marie (dir.), *Retours d'exils (1848-1885)*, *Autour de Vallès*, n° 50, 2020, p. 41-63.

SIFFERLEN, Gwenaëlle, « Publier les *Lettres* de Juliette Drouet à Victor Hugo, une aventure éditoriale singulière », in AVOUT, Aurélien d', et PEPINO Alex (dir.), *D'Outre-tombe. Vie et destin des œuvres posthumes*, actes du colloque organisé à l'université de Rouen Normandie en juin 2018, Publications numériques du CÉRÉdI, « Actes de colloques et journées d'étude », n° 25, 2020, en ligne : ceredi.labos.univ-rouen.fr

SIFFERLEN, Gwenaëlle, « Juliette Drouet, amoureuse emprisonnée ou épistolière libérée ? », in CHIONNE Iris, CARDINI Karine et LETISSIER Georges (dir.), *Le Cercle étroit. Femmes à l'épreuve de l'enfermement*, actes du colloque organisé à l'université de Nantes en décembre 2021, Presses universitaires de Rennes, 2022.

SIFFERLEN, Gwenaëlle, « Alphonse Karr et Juliette Drouet, une liaison dangereuse », site « Juliette Drouet, *Lettres à Victor Hugo* », « Études », 2022 : www.juliettedrouet.org

SIMONET-TENANT, « Juliette Drouet, chantre de l'intimité », in *Juliette Drouet épistolière, op. cit.*, p. 17-21.

STRANART, Jeanne, « L'interdiction de *Ruy Blas* et l'interruption d'*Hernani* en 1867, vues par Juliette Drouet », in HOVASSE, Jean-Marc (dir.), *Correspondance et théâtre*, Presses universitaires de Rennes, 2012, p. 227-236.

STRANART, Jeanne, *Lettres de Juliette Drouet à Victor Hugo. Édition et étude comparative des années 1833-1834, 1845, 1866-1869*, thèse de doctorat sous la direction de Florence Naugrette et Françoise Simonet-Tenant, Université de Rouen, 14 novembre 2014.

STRANART, Jeanne, « L'île de Guernesey », *Juliette Drouet épistolière, op. cit.*, p. 141-151.

STRANART, Jeanne, entretien avec DIAZ, Brigitte, « Éditer les écrits personnels. Édition des lettres de Juliette Drouet à Victor Hugo », *Le Magasin du XIXe siècle*, n° 5, « America », Société des études romantiques et dix-neuviémistes, 2015, p. 278-280.

STRANART, Jeanne, « Les dessins dans le journal épistolaire de Juliette Drouet », *Le Magasin du XIXe siècle*, n° 6, *Et la BD fut !*, Société des études romantiques et dix-neuviémistes, 2016, p. 270-273.

V. Histoire et théorie littéraire

HISTOIRE, HISTOIRE DU THÉÂTRE ET HISTOIRE DE L'ART

AUDINET, Gérard (dir.), *Entrée des médiums. Spiritisme et art de Hugo à Breton*, Paris Musées, 2012.

BRAZIER, Nicolas, *Chronique des petits théâtres de Paris, depuis leur création jusqu'à ce jour* [1837], Georges d'Heylli, 1883.

FAUCHEUR, Théodore, *Histoire du boulevard du Temple*, Dentu, 1863.

FOUCAULT, Michel, *Histoire de la folie à l'âge classique*, Gallimard, « Tel », 1972.

GILLE, Vincent et HENRIOT, Baptiste (dir.), *François Auguste Biard, peintre voyageur*, préface de Gérard Audinet, Maison de Victor Hugo (5 novembre 2020 – 7 mars 2021), Paris Musées, 2020.

GINISTY, Paul, *Thomas Holden et ses fantoches*, Imprimerie du journal *Le Programme satirique*, 1879.

LAPAIRE Claude et GABORIT Jean-René, *Statues de chair. Sculptures de James Pradier*, Genève, Musée d'Art et d'Histoire, 1986.

LAPLACE-CLAVERIE, Hélène, LEDDA, Sylvain et NAUGRETTE, Florence (dir.), *Le Théâtre français du XIXe siècle*, L'Avant-Scène Théâtre, 2008.
LEDDA, Sylvain, *Paris romantique. Tableaux d'une ville disparue*, CNRS éditions, 2013.
LYONNET, Henry, *Dictionnaire des comédiens, ceux d'hier : biographie, bibliographie*, Genève, Bibliothèque de la *Revue internationale illustrée*, 1912.
MAITRON, Jean et PENNETIER, Claude (dir.), *Dictionnaire biographique du mouvement ouvrier français, 1964-1997* ; en ligne : maitron.fr
MELAI, Maurizio, *Les Derniers Feux de la tragédie classique au temps du romantisme*, PUPS, 2015.
NAUGRETTE-CHRISTOPHE, Catherine, *Paris sous le Second Empire. Le Théâtre et la Ville*, Librairie théâtrale, 1998.
NAUGRETTE, Florence, *Le Théâtre romantique. Histoire, écriture, mise en scène*, Seuil, « Points histoire », 2001.
PUYSÉGUR, *Mémoire pour servir à l'histoire et à l'établissement du magnétisme animal*, 1785.
RHODES, Luba, *« Un romantisme mitigé ». La vie et l'œuvre du sculpteur Chaponnière (1801-1835)*, Éditions Slatkine, Genève, 2006.
SEMELAIGNE, Dr René, *Aliénistes et philanthropes. Les Pinel et les Tuke*, G. Steinheil éditeur, 1912.
VANDERPELEN-DIAGRE, Cécile, *Le Théâtre royal du Parc. Histoire d'un lieu de sociabilité bruxellois (de 1782 à nos jours)*, Éditions de l'Université de Bruxelles, 2008.
VIELLEDENT, Sylvie, *1830 aux théâtres*, Honoré Champion, 2009.
YON, Jean-Claude, *Eugène Scribe. La Fortune et la Liberté*, Nizet, 2000.
YON, Jean-Claude, *Une histoire du théâtre à Paris. De la Révolution à la Grande Guerre*, Aubier, 2012.

HISTOIRE ET THÉORIE LITTÉRAIRES

BOYER-WEINMANN, Martine, *La Relation biographique*, Seyssel, Champ Vallon, 2005.
DIAZ, Brigitte, *L'Épistolaire ou la pensée nomade*, Presses universitaires de France, 2002.
HAROCHE-BOUZINAC, Geneviève, *L'Épistolaire*, Hachette, 1995.
MILLET, Claude, *Le Romantisme. Du bouleversement des lettres dans la France postrévolutionnaire*, Le Livre de Poche, 2007.
PUECH, Jean-Benoît, *L'Auteur comme œuvre*, Presses universitaires d'Orléans, 2000.
SIMONET-TENANT, Françoise, *Journal personnel et correspondance (1715-1939) ou les Affinités électives*, Louvain-la-Neuve, Academia Bruylant, « Au cœur des textes », 2009.
SIMONET-TENANT, Françoise (dir.), avec la collaboration de BRAUD, Michel, JEANNELLE, Jean-Louis, LEJEUNE, Philippe et MONTÉMONT, Véronique, *Dictionnaire de l'autobiographie. Écritures de soi de langue française*, Honoré Champion, 2017.
VAILLANT, Alain (dir.), *Dictionnaire du romantisme*, CNRS éditions, 2011.

VI. Presse

Argus (L')
Artiste (L')
Avenir des femmes (L')
Brid'Oison
Cabinet de lecture (Le)
Clairon (Le)
Conseiller du peuple (Le)
Constitutionnel (Le)
Courrier français (Le)
Courrier des théâtres
Drapeau (Le)
Entracte (L')
Estafette (L')
Événement (L')
Figaro (Le)
Foyer (Le)
France nouvelle (La)
Gaulois (Le)
Gazette de France
Gazette de Guernesey
Gazette des Pays-Bas
Gazette des théâtres
Gazette des tribunaux
Gil Blas
Homme (L')
Illustration (L')
Impartial (L')
Intransigeant (L')
Journal de la Belgique
Journal des artistes
Journal des comédiens
Journal des débats
Journal du Havre
Lanterne (La)
Lanterne magique (La)
Lune (La)
Monde illustré (Le)
Mousquetaire (Le)
Nain jaune (Le)
National (Le)
Observateur des tribunaux (L')
Patrie (La)
Pays (Le)
Petit National (Le)
Petit Parisien (Le)
Presse (La)
Progrès (Le)
Quotidienne (La)
Rappel (Le)
Régisseur des théâtres (Le)
Revue de Paris
Revue des deux mondes
Silhouette (La)
Temps (Le)
Tribune des départements (La)
Vert-vert

INDEX DES NOMS

INDEX DES ŒUVRES

REMERCIEMENTS

Pour leurs relectures, à Gérard Audinet, Sophie Berlin, Régine Borderie, Marianne Bouchardon, Chantal Brière, Agnès Fontvieille, Jean-Marc Hovasse, Sylvain Ledda, Sophie-Anne Leterrier, Jean Maurice, Esther Pinon, Thomas Pogu, Gérard Pouchain, Annette Rosa, Guy Rosa, Douglas Siler, Claire Villanueva, Virginie Yvernault.

Pour leurs indications, leur travail, leur aide ou leurs encouragements, à ceux qui précèdent, et à Jean-Christophe Abramovici, Didier Alexandre, Élisabeth Angel-Pérez, Pascal Aquien, Jean-Claude Arnould, Marie Audet, Sophie Bancquart, Olivier Bara, Marva Barnett, Sophie Basch, Michèle Bertaux, Evelyn Blewer, Josselin Blieck, Dinah Bott, Renaud Bret-Vitoz, Maxime Catroux, Thomas Cazentre, Marie Cerri, Aurélia Cervoni, Line Cottegnies, Guillaume Cousin, Gregory S. Cox, Mgr Jean-Charles Descubes, Brigitte et Daniel Desserre, Brigitte Diaz, Florence Dumora, Bénédicte Duthion, Laurent El Ghaoui, Matilde Esposito, Andrea Fabiano, Georges Forestier, Philippe Forget, Pierre Frantz, Émilie Gauthier, Tony Gheeraert, Antoine Gheerbrant, Françoise Gillard (de la Comédie-Française), Agathe Giraud, Jean-Marc Gomis, Alizé Grignon, Nelly Guignard, Valérie Guiter, Ramon Gutierrez, André Guyaux, Chantal Hamon, Robert Harrison, Sara Harvey, Véronique Heute, Hélène Hôte, Véronique Jacob, Michel Jarrety, Jean-Louis Jeannelle, Anne Kieffer, Hervé Lacombe, Pascale Langlois, Arnaud Laster et Danièle Gasiglia-Laster, Franck Laurent, François et Doranne Lecercle, Yvan Leclerc, Anne-Caroline Lissoir, Jean-François Louette, Bénédicte Louvat, Sophie Marchand, Christophe Martin, Roxane Martin, Axelle Maurice, Guillaume Maurice, Wandrille Maurice, Marie-Jean Mazurier, Sophie Mentzel, Hélène Merlin-Kajman, Claude Millet, Dominique Millet-Gérard, Jean et Paulette Naugrette, Jean-Pierre et Catherine Naugrette, Marion Naugrette-Fournier et Jean-Baptiste Fournier, Florence Noiville, Elena Oliva, Alain Pagès, Olivia Paploray, Évelyne Poirel, Apolline Ponthieux, Claudine Poulouin, Nathalie Preiss, Marie-Laure Prévost, Claude Rétat, Amandine Rioul, Sylviane Robardey-Eppstein, Glenn Roe, Myriam Roman, Joëlle Roubine, Florence Rouzières, Fenny Rutgers, Caroline Sabourin, Jean-Marie Salamito, Agathe Sanjuan, Alain Satgé, Alain Saudan, Nicole Savy, Clément Scotto di Clemente, Gwenaëlle Sifferlen, Françoise Simonet-Tenant, Bradley Stephens, Jeanne Stranart, Jacques et Isabelle Téphany, Hélène Thil-Moreau, Anne Tomiche, Sophie Vanden Abeele, Violaine Vielmas, Bernard Vouilloux, Jean-Claude Yon et Fériel Younsi.

Pour leur participation au site « Juliette Drouet, *Lettres à Victor Hugo* », les personnes mentionnées p. 571-572, n. 3.

Pour leur aide institutionnelle ou documentaire, nous remercions le Centre d'Études et de Recherche Éditer/Interpréter de l'Université de Rouen, la Maison de Victor Hugo (Paris-Guernesey), la Bibliothèque nationale de France, la médiathèque La Clairière de Fougères.

Ouvrage publié avec le soutien du Centre national du Livre, de l'Institut Universitaire de France, de la Faculté des Lettres de Sorbonne Université et de l'UMR 8599-CELLF (Centre d'étude de la langue et des littératures françaises, Sorbonne Université-CNRS).

TABLE DES ILLUSTRATIONS

Illustrations in-texte

p. 213 : Juliette Drouet, « Les quatre saisons », dessin, 16 juin 1847 © BnF.

p. 271 : Régnier, *Chung-Ataï*, lithographie à partir du daguerréotype de Richard Beard (1851), © Österreichische Nationalbibliothek.

p. 280 : Frédéric-Théodore Lix, *Le Quai d'Anvers. Victor Hugo quitte la Belgique pour l'Angleterre*, dessin gravé par Fortuné Méaulle, vers 1893 © Paris Musées / Maisons de Victor Hugo Paris-Guernesey.

p. 388 : François Chifflart, Projet de frontispice pour *Les Travailleurs de la mer*, dessin, 1868 © Paris Musées / Maisons de Victor Hugo Paris-Guernesey.

p. 389 : Henry Frankland, *Repas des enfants pauvres*, photographie, 1868 © Paris Musées / Maisons de Victor Hugo Paris-Guernesey.

p. 390-391 : Arsène Garnier, *Victor Hugo dans le salon rouge à Hauteville House* et *Victor Hugo dans le jardin de Hauteville House*, photographies, 1868 © Paris Musées / Maisons de Victor Hugo Paris-Guernesey.

p. 392 : Arsène Garnier, *Repas des enfants pauvres*, photographie, vers 1868 © Paris Musées / Maisons de Victor Hugo Paris-Guernesey.

p. 438 : Étienne Carjat, *Victor Hugo*, photographie, août 1872 © Paris Musées / Maisons de Victor Hugo Paris-Guernesey.

p. 439 : Arsène Garnier, *Victor Hugo et ses petits-enfants Jeanne et Georges* et *Alice Hugo et ses enfants Jeanne et Georges*, photographies, 1872 © Paris Musées / Maisons de Victor Hugo Paris-Guernesey.

p. 461 : Anonyme, *Juliette Drouet en 1877*, photographie. Collection particulière.

p. 493 : Cécile Daubray dans le rôle de Cosette, photographie, 1878 © Paris Musées / Maisons de Victor Hugo Paris-Guernesey.

p. 527 : Couverture du *Monde illustré*, 25 novembre 1882 © Paris Musées / Maisons de Victor Hugo Paris-Guernesey.

Illustrations hors-texte

Charles-Émile Callande de Champmartin, *Juliette Drouet en femme de Smyrne*, huile sur toile, vers 1827 © Paris Musées / Maisons de Victor Hugo Paris-Guernesey.

Charles Voillemot, *Juliette Drouet vers 1835*, après 1883 © Paris Musées / Maisons de Victor Hugo Paris-Guernesey.

Jean-Étienne Chaponnière, *Mlle Juliette artiste dramatique*, statuette de plâtre, 1832 © Paris Musées / Maisons de Victor Hugo Paris-Guernesey.

Jean-Étienne Chaponnière, *L'Écolière*, statuette de plâtre, 1831 © Musée d'art et d'histoire, Ville de Genève, photographe : Bettina Jacot-Descombes.

Jean-Étienne Chaponnière, *James Pradier*, statuette de bronze, 1832 © Pierre TASSOT pour l'Association des Amis du sculpteur James Pradier (AASJP).

James Pradier, *Claire Pradier à 16 ans*, 1842. Photo © Beaux-Arts de Paris, Dist. RMN-Grand Palais / image Beaux-arts de Paris.

James Pradier, *Claire Pradier*, 1846, mine graphite, papier © Paris Musées / Maisons de Victor Hugo Paris-Guernesey.

Victor Vilain, *Juliette Drouet*, 1846 et *Claire Pradier*, après 1846, bustes en plâtre © Paris Musées / Maisons de Victor Hugo Paris-Guernesey.

Stanislas Darondeau, *Marie. Costume de Mlle Juliette dans* Périnet Leclerc, estampe parue dans *Le Charivari* le 24 décembre 1832 © BnF.

Tony Johannot, *Mlle Juliette dans* Périnet Leclerc, aquarelle, 1832 © Paris Musées / Maisons de Victor Hugo Paris-Guernesey.

Louis Maleuvre, *Costume de Juliette Drouet, rôle de la princesse Negroni dans* Lucrèce Borgia, lithographie, 1833 © BnF.

Robe portée par Juliette Drouet dans le rôle de la princesse Negroni, 1833 © Paris Musées / Maisons de Victor Hugo Paris-Guernesey.

Auguste de Châtillon, *La Première Communion de Léopoldine Hugo à Fourqueux*, huile sur toile, 1836 © Paris Musées / Maisons de Victor Hugo Paris-Guernesey.

Louis Boulanger, *Victor Hugo*, huile sur toile, 1839 © Paris Musées / Maisons de Victor Hugo Paris-Guernesey.

Anonyme, *Portrait du lieutenant René-Henry Drouet*, huile sur toile © Paris Musées / Maisons de Victor Hugo Paris-Guernesey.

Victor Hugo, *Le Mythen*, plume, lavis, crayon, fusain, pierre noire, encre, or, papier vélin, 1855 © Paris Musées / Maisons de Victor Hugo Paris-Guernesey.

Victor Hugo, *Lucerne. Ce que je vois de ma fenêtre*, crayon de graphite, plume et lavis d'encre brune sur papier, 13 septembre 1839 © Paris Musées / Maisons de Victor Hugo Paris-Guernesey.

Victor Hugo, *Gibet de Montfaucon*, 1847 © Jean-Yves Dubois pour Binoche et Giquello / Sotheby's.

Victor Hugo, *Gallia*, plume, lavis, crayon, fusain, gouache, gratté, encre, papier, bois, peinture à l'huile, 1850 © Paris Musées / Maisons de Victor Hugo Paris-Guernesey.

Victor Hugo, *Champignon*, plume, lavis, crayon, fusain, gouache, gratté, frotté, pochoir, encre, papier, 1850 © Paris Musées / Maisons de Victor Hugo Paris-Guernesey.

Victor Hugo, *Vue de Paris*, plume, lavis, crayon, fusain, gratté, encore, papier, vers 1850 © Paris Musées / Maisons de Victor Hugo Paris-Guernesey.

Victor Hugo, *Non liber monet, non gladius servat*, plume, lavis, encre, crayon, fusain, pierre noire, gouache, frotté, papier vélin, 1850 © Paris Musées / Maisons de Victor Hugo Paris-Guernesey.

Hugo, *Marine-Terrace*, plume et lavis d'encre brune, gouache rouge, fusain, papier, 1855 © Artefact / Alamy Stock Photo.

Victor Hugo, *Souvenir*, 1854 (?) - 1864 (?), plume, pinceau, lavis, encre, fusain, pochoir, papier © Paris Musées / Maisons de Victor Hugo Paris-Guernesey.

Edmond de Palezieux, *Salle à manger de Hauteville II*, huile sur toile, 1883 © Paris Musées / Maisons de Victor Hugo Paris-Guernesey.

Victor Hugo, *Laetitia* et *Harmonia*, vers 1863-1864 © Paris Musées / Maisons de Victor Hugo Paris-Guernesey.

Charles-Henri Cordier, *Chinoise*, *Chinois*, bronze, 1852 © Daniel Ponsard - Musée de l'Homme.

Victor Hugo, *Chinois à l'éventail*, *Chinois endormi dans une barque*, *Chinois acrobate*, *Shu-Zan*, vers 1863-1864 © Paris Musées / Maisons de Victor Hugo Paris-Guernesey.

Zacharie-Charles Landelle, *La Ville de Strasbourg*, huile sur bois, 1871 © Musée Historique de Strasbourg. Photo Musées de Strasbourg, M. Bertola.

Léon Bonnat, *Portrait de M. Victor Hugo*, huile sur toile, 1879/1903 © Paris Musées / Maisons de Victor Hugo Paris-Guernesey.

TABLE

Deuxième partie
Vivre d'amour, mourir au monde
(1833-1851)

Troisième partie
Le bonheur en exil
(1852-1870)

Quatrième partie
Aimer hors de saison
(1870-1883)

Cet ouvrage a été mis en pages par

<pixellence>

Cet ouvrage a été achevé d'imprimer en septembre 2022
dans les ateliers de Normandie Roto Impression s.a.s.
61250 Lonrai
N° d'édition : 436668-0
Dépôt légal : septembre 2022
N° d'impression : 2202949

Imprimé en France